『폴 틸리히 조직신학』은 20세기 중반 서구 지성인들의 눈높이에 맞추어 기독교의 신학 체계(theological system)를 재구성한 고전적 작품이다. 경계에 선 신학자로서 틸리히는 상황의 질문에 복음으로 응답하는 변증신학의 진수를 보여준다. 특히 복음과 상황을 연결하는 틸리히의 상관관계 방법은 지난 반세기 동안 상황과 상황을 이해하는 방식이 다변화하는 가운데 다양한 상황 신학의 출현에 직간접적인 영향을 끼쳤다. 이 점에서 이 책은 현대 기독교 사상을 공부하는 모든 사람이 읽어야 할 필독서다.

김정형 | 연세대학교 연합신학대학원 종교철학 부교수

폴 틸리히는 우리나라에 신학책보다는 설교집으로 더 잘 알려져 있다. 청년 시절 『존재에의 용기』나 『흔들리는 터전』, 『영원한 지금』, 『새로운 존재』 등의 설교집을 읽었던 기억이 있다. 이러한 설교집은 지금까지도 출간되어 수많은 사람의 사랑을 받고 있다. 틸리히는 바르트와 같이 신정통주의 신학자로 분류되면서도 그와는 그 논조나 신학 방법론이 상당히 다른 것을 볼 수 있다. 바르트의 신학이 복음주의 신학이 맞느냐는 것에 대한 토론이 여전하지만 그럼에도 분명한 것은 "하나님의 말씀의 신학"을 바르트가 시도했다는 것은 분명하다고 할 수 있다. 그런 의미에서 보면 『폴 틸리히 조직신학』은 바르트의 『교회교의학』과는 달리 성경 인용 구절이 거의 없는 것으로 유명하나, 신학의 기본적인 출발점이 실존적인 물음이기 때문이다. 틸리히나 바르트 두 사람 모두 히틀러의 나치를 반대한 사람들이다. 그것 때문에 두 사람 모두 독일을 떠나야 했지만, 틸리히가 바르트보다 치른 대가는 더 컸다고 할 수 있다. 바르트는 여전히 독일어를 모국어로 신학 작업을 계속할 수 있었지만, 틸리히는 영어라는 새로운 언어로 신학 작업을 해야 했기 때문이다. 『폴 틸리히 조직신학』은 이전에 한 번 번역 출간된 적이 있다. 금번 새롭게 새물결플러스에서 심혈을 기울여 다시금 출간하게 되었다. 아무래도 보수적인 신학의 약점은 상황에 대한 관심의 부족이라고 할 수 있을 것이다. 그런 의미에서 격동의 시대 가운데 자신의 모국에서 추방당하여 미국 땅에서 신학 작업을 했던 틸리히가 제시하고 있는 이 시대의 진지한 물음들에 대한 존재론적 대답을 발견할 수 있기를 바라는 마음으로 이 책의 일독을 권한다.

박찬호 | 백석대학교 신학대학원 조직신학 교수

틸리히는 현재의 문화와 역사적 기독교를 중재하는 문화신학을 시도한다. 그것은 변증학적 차원을 지닌 상관관계의 신학이며, 유한한 인간의 실존이 당면한 깊은 질문을 하나님의 계시로부터 신학적으로 대답하는 체계다. 하나님은 존재 자체이시며 존재의 근거이시다. 인간의 실존은 이 존재로부터 소외되었고, 육신이 되신 로고스인 예수 그리스도는 궁극적 관심을 계시하는 새로운 존재이시다. 이를 실존주의적인 언어로 표현하는 틸리히는 철학을 포함한 문화의 어휘들을 새롭게 해석하고, 신학적 용어들도 새롭게 해석하는 방식으로 이 책에서 서론과 신론을 제시한다. 새로운 존재에 실존적 참여를 독려하는 그의 생각은 깊고 우상 파괴적이며 표현은 명료하면서도 함축적이어서 이 책의 독서에 필요한 인내만큼 얻는 유익도 황홀할 것이다.

유해무 | 고려신학대학원대학교 교의학 은퇴 교수

폴 틸리히는 칼 바르트와 함께 개신교 현대신학의 새로운 문을 활짝 열었다. 그는 신과 존재의 심원한 차원을 심층적으로 해명한 가장 영향력 있는 신학자다. 『폴 틸리히 조직신학』은 진리를 상황과 연결시킨 20세기 개신교 신학의 최고 역작이다. 이 책은 복음의 합리적 증언을 목적으로 한 기독교 신학의 고전이다. 신학적 사유의 깊이와 체계적 완결성은 독자에게 깊은 울림을 선사한다. 특히 이 책은 시대의 물음에 대한 많은 대답의 실마리를 제공한다. 신의 의미를 상실한 혼돈의 시대일수록 『폴 틸리히 조직신학』은 신학의 매력과 존재의 심원한 의미를 더욱 드러낼 것이다.

전 철 | 한신대학교 신학부 조직신학 교수

"조직신학"이라고 번역되는 틸리히의 작품은 사실 "신학의 체계화"로 새기는 것이 취지에 더 적합할 수 있다. 여기서 "체계"는 긴장관계를 이루는 상황과 복음 사이의 상호관계를 작동시키기 위한 장치를 가리킨다. 말하자면,『폴 틸리히 조직신학』은 진리의 보편타당성과 객관성이라는 근대적 기준이 우리가 살아야 하는 상황에 무관하게 군림해온 문제를 직시하고 상황에 의미 있게 구현될 진리의 가능성을 추구하려는 우리 시대를 열어준 선구적 작품이다. 아직도 초역사적 진리관이라는 강박에 지배당하는 한국교회를 향한 흔하지 않은 예언자적 사자후이니 밀도 있는 독해는 새로운 믿음의 지평을 열어줄 것이다.

정재현 | 연세대학교 연합신학대학원 종교철학 교수

『폴 틸리히 조직신학』이 새롭게 번역 출간된다는 소식을 듣게 되어 너무나 기쁘다. 틸리히에 대해 계속해서 연구하고 가르치는 본인에게 반가운 소식이 아닐 수 없다. 문화신학자로 널리 알려진 틸리히는 전 세계의 많은 신학자에게 "궁극적 관심"과 "철학적 질문과 신학적 응답"이라는 상관관계의 신학으로 널리 알려진 대단히 훌륭한 학자다.『폴 틸리히 조직신학』이 앞으로 한국 신학이 발전하는 일에 밑바탕이 되길 소망한다. 이 책이 조직신학을 배우길 소망하는 목회자와 신학생 그리고 평신도들에게 두루 읽히길 바란다. 조직신학자로서 본인은 이 책을 적극적으로 추천한다.

최태관 | 감리교신학대학교 조직신학 교수

Systematic Theology

Volume 3

Life and The Spirit,

History and the Kingdom of God

Paul Tillich

폴 틸리히 조직신학

조직신학

생명과 영,
역사와 하나님 나라

3

폴 틸리히 지음 · 남성민 옮김

PAUL TILLICH

SYSTEMATIC THEOLOGY

LIFE AND THE SPIRIT,
HISTORY AND THE KINGDOM OF GOD

새물결플러스

머리말

제3권으로 『폴 틸리히 조직신학』이 완결되었다. 제1권이 나온 후 6년 만에 제2권이 나왔고 제2권이 나온 후 6년 만에 제3권이 나왔다. 출판일 사이에 오랜 간격이 있었던 이유는 그 주제의 질적·양적 방대함뿐만 아니라 조직신학자로서의 작업과 관련해 내게 시간이 필요했기 때문이다. 이 필요 때문에 더 작고 덜 기술적인 책에서 개별적인 문제를 발전시키는 작업과 국내와 해외의 많은 곳에서 있었던 강의와 토론들을 통해 내 견해를 제시하는 작업에 참여했다. 나는 이 필요들이 정당한 것이라고 간주했으며 이로 인해 주저의 완성이 지연되더라도 그 필요를 채우고자 했다.

많은 논의 주제와 씨름했던 책들에서 충분한 작업이 이루어진 것 같지는 않지만, 결국 나이를 고려했을 때 더 이상의 지연은 불가능했다. 저자도 때로는 자신의 유한성을, 이와 함께 완성품의 불완전성을 받아들여야 한다. 박사학위 학생들이 그렇게 해야 할 강력한 동기가 되었다. 그들은 내 신학에 관한 논문을 써야 했기 때문에 아직 단편으로만 존재하는 제3권의 수고를 공개해달라고 몇 년 동안 요청했다. 이 의심스러운 절차를 끝내야 했으며 제3권을 향한 이외의 수많은 요청을 만족시켜야 했다. 종종 내 친구들과 나는 이 조직신학이 미완성으로 남겨질까 두려웠다. 최상의 경우 나의 조직신학은 단편적이며 또 때로는 불충분하고 의심스러울 수도 있겠지만, 미완성으로 남는 일은 발생하지 않았다. 그것은 내 신학적 사고가 도달한 단계를 보여준다. 하지만 그것은 도착점이기도 하고 출발점이기도 하다. 그것은 진리를 향한 끝없는 길에서 예비적 진리를 정리하는 정류장일 뿐이다.

나는 엘리자베스 분 부인(Mrs. Elizabeth Boone)에게 감사를 표하고자 하는데, 그녀는 독일어 같을 수밖에 없는 내 문체를 "영어화"하는 데 꼭 필요한 일을 감당해주었다. 또 교정쇄를 읽어준 윌리엄 크라우트(William Crout)에게 감사한다. 색인 준비 작업을 도와준 엘리자베스 스토너 부인(Mrs. Elizabeth Stoner)과 마리아 펠리컨 부인(Mrs. Maria Pelikan)에게 감사한다. 또 내 비서이자 이 책의 특별 편집자인 클라크 윌리엄슨(Clark Williamson)에게 감사하는데, 그는 어려운 과제를 담당했으며 우리는 개별 문제들에 관해 유익한 토론을 했다. 그리고 나는 세 권이 천천히 성장해나가는 것을 친절하고 인내심 있게 기다려준 출판 관계자들에게도 감사한다.

롱 아일랜드, 이스트 햄프턴

1963년 8월

목차

II. 영적 현존

III. 역사의 종말로서의 하나님 나라

서론

서론

"왜 조직(system)이어야 하는가?"라는 물음은 조직신학 제1권이 등장했을 때부터 계속 제기되어왔다. 내 신학을 비판적으로 다룬 케네스 해밀턴(Kenneth Hamilton)의 『조직과 복음』(*The System and the Gospel*)은 조직신학에서 언급된 그 어떤 내용보다도 조직이라는 사실 자체가 내 신학의 결정적 오류라고 규정했다. 물론 그런 논증은 오리게네스, 그레고리오스, 다마스쿠스의 요한네스로부터 보나벤투라, 토마스, 오컴 및 최종적으로 칼뱅, 요한 게르하르트, 슐라이어마허, 언급되지 않은 많은 다른 이들에 이르는 기독교 사상사 속에서 만들어진 모든 신학 조직에 반대하는 논증으로 활용될 수 있다. 신학이 조직적·구성적(systematic-constructive) 형식에 혐오감을 가지게 된 많은 이유가 있다. 그중 하나는 중세의 룰루스(Lullus), 근대의 스피노자의 것과 같은 연역적 조직, 수학과 유사한 조직을 조직이라는 형식 자체와 혼동했기 때문이다. 하지만 연역적 조직의 예는 거의 없으며, 심지어 그런 예들에서도 연역적 형식은 경험된 자료들과 별개였다. 스피노자의 영향력은 형이상학적이었던 동시에 예언자적이고 신비주의적이었다. 그런데 조직을 혐오하는 또 다른 이유가 있다. 신학에서 종종 조직적 형식은 계시적 경험을 합리화하려는 시도라고 간주된다. 하지만 이것은 누군가의 진술이 일관적이어야 한다는 정당한 요구를 계시적 경험 이외의 자료들에서 신학적 진술을 끌어내려 하는 정당하지 않은 시도와 혼동한 것이다.

조직적·구성적 형식은 내게 다음과 같은 의미가 있다. 첫째, 그 형식은 일관적이기를 요구한다. 진정한 일관성은 (실재에 대한 모든 인지적 접근법처럼) 신학에서도 가장 힘든 과제 중 하나이며 아무도 완벽하게 성공하지 못했다. 하지만 새로운 진술을 할 때 그 진술과 이전의 진술이 서로 양립 가능한지 알아볼 목적으로 이전의 진술을 조사함으로써 비일관성을 감소시킬 수 있다. 둘째이자 매우 놀라운 의미는 조직적 형식이 상징과 개념의 관계를 발견하는 도구가 되었다는 점이다. 그런 도구가 없었다면 그 관계는 드러나지 않았을 것이다. 마지막으로, 조직적 구성은 내가 신학의 대상을 전체, **게슈탈트**로 인식할 수 있게 해주었는데, 그 **게슈탈트**의 많은 부분과 요소들은 결정하는 원리에 따라서 역동적인 상호관계를 이루며 연합되어 있다.

조직적 형식의 중요성을 강조한다고 해서 모든 구체적 조직이 일시적이라는 사실과 최종적인 것은 없는 사실을 부인하는 것이 아니다. 새로운 체계화의 원리가 나타나고, 무시되어온 요소가 핵심적 의의를 획득하게 되며, 방법이 더 정교해지거나 완전히 달라지면 전체 구조에 대한 새로운 개념이 등장한다. 이것은 모든 조직의 숙명이다. 하지만 기독교 사상사가 수 세기 동안 거쳐온 규칙적 변화이기도 하다. 조직은 개별적 문제에 관한 논의들이 응집되는 지점이며 새로운 논의와 신선한 문제가 펼쳐지는 지점이다. 제한적으로라도 이 조직이 이런 기능을 수행하길 바란다.

많이 알려져 있기도 하고 종종 비판받기도 하는 이 세 권의 유별난 특질은 이 책들에서 사용된 언어의 종류와 그 용법에 있다. 그 특질은 일상적으로 조직신학이 성서의 언어를 사용하는 방법, 즉 개별적 주장을 적절한 성서 인용문으로 지지하는 방법을 벗어나 있다는 점이다. 역사-비평적인 "성서신학"이라는 토대 위에 신학 조직을 세우는 더 만족스러운 방법조차도 직접적으로 사용하지 않았다. 비록 그 방법의 영향력이 신학 조직의 각 부에서 드러나고 있다고 하더라도 말이다. 그 대신 철학적이고 심리학적인 개념들이 선호되며 사회학 이론과 과학 이론을 참조하는 모습이 종종 나타난다. 열린 사고를 가진 신학생을 포함해서 교양인 집단이 이해할 수 있게 말하려는 신학 조직에는 이런 절차가 더 어울리는 것 같다. 그 사람들에게는 전통적 언어가 부적절해졌기 때문이다. 물론 이렇게 할 때 기독교 메시지의 실체가 상실될 수도 있는 위험을 모르지 않는다. 하지만 이 위험은 감수해야 하며, 이 위험을 깨달았다면 이 방향으로 나아가야 한다. 위험은 진지한 요구를 외면할 이유가 될 수 없다. 로마 가톨릭교회가 개신교회보다 개혁적 요구에 더 개방적이라는 사실이 최근 종종 나타나고 있다. 분명히 기독교를 탄생시킨 사건에 그 사건 이전과 이후의 온 인류를 향한 핵심적 의의가 있다는 사실을 확신하지 못했다면, 이 세 권의 책은 저술되지 못했을 것이다. 하지만 이 사건을 이해하고 수용할 수 있는 방식은 변화하는 모든 역사적 시대의 조건과 함께 변화한다. 다른 한편, 내 생애의 많은 시간 동안 기독교 상징들의 의미를 탐구하는 일에 천착하지 않았다면, 이 작업은 이루어지지 못했을 것이다. 그 상징들은 우리 시대의 문화적 맥락 속에서 점차 문제 있는 것이 되었다. 문화에 수용될 수 없는 신앙과 신앙에 수용될 수 없는 문화로 분리하는 것은 내게 불가능한 일이기 때문에 내 유일한 대안은 우리의 문화적 표현들을 통해서 신앙의 상징을 해석하고자 시도하는 것이다. 이 시도의 결과가 세 권의 『폴 틸리히 조직신학』이다.

제3권을 마치기도 전에 내 신학을 비판하는 몇 권의 책과 많은 논문이 나왔다. 나는 직접 대답하면서 그것들을 상대할 필요성을 느끼지 않았다. 그런 작업은 논쟁적인 내용으로 이 책을 지나치게 무겁게 할 것이기 때문이다. 그리고 나는 책 자체가 특히 영에 관한 교리 부분이 암묵적으로 수많은 비판에 대답할 것이라고 믿었다. 이전 책들의 논증을 반복하지 않으면 다른 비판에도 대답할 수 없을 것이고 어떤 경우에는 전통적인 초자연주의나 배타적인 그리스도 중심주의에서 제기되는 비판의 경우처럼 나는 "아니요"라고 답할 수밖에 없을 것이다.

생명과 그 모호성에 관한 부분을 쓰고 나서 한참 후에 나는 피에르 테이야르 드 샤르댕(Pierre Teilhard de Chardin)의 『인간 현상』(*The Phenomenon of Man*)[1]을 읽게 되었다. 인정받는 과학자가 생명의 차원과 과정에 관한 생각을 내 생각과 매우 유사하게 발전시켰다는 사실을 그 책을 통해 알고서 나는 큰 용기를 얻었다. 미래에 대한 그의 매우 낙관주의적 전망에는 공감하지 않지만, 자연의 진화 과정에 대한 그의 묘사를 신뢰한다. 신학이 과학 이론에 의존할 수 없다는 것은 당연하다. 하지만 인간이 자연의 일부이고 자연에 관한 진술이 인간에 관한 진술의 기저에 놓여 있기 때문에 신학은 인간 이해를 보편적 자연 이해와 연관시켜야 한다. 생명의 차원과 모호성에 관해 서술하는 이 책은 철학에 대해 가장 적대적인 신학에도 함축되어 있는 것을 명백하게 드러낸다. 신학자는 인간과 자연, 인간과 우주의 관계에 관한 물음을 외면할 수 있을지라도, 모든 시간과 장소에서 살아가는 사람들은―때로는 실존적으로 긴급하고 인지적으로 정직하게―여전

---

1   역주. Pierre Teilhard de Chardin, 『인간 현상』, 양명수 옮김(서울: 한길사, 1997).

히 그 물음을 물을 것이다. 그리고 그 대답이 부재하면 인간의 종교 생활 전체에 문제가 발생할 것이다. 바로 이것이 내가 신학적 관점에서 생명의 철학이라는 장에 개입하는 이유이며 이와 관련된 인지적 위기 또한 아주 잘 알고 있다.

"전집"(*summa*, "대전")이 아니며 이 조직은 완결성을 추구하지도 않는다. 어떤 주제들은 다른 것보다 부족하게 다루어졌다. 예를 들어, 속죄, 삼위일체, 개별적 성례 등이 그렇다. 하지만 나는 많은 문제가 완전히 간과된 것은 아니라고 생각한다. 나는 대중적 논의에서 주로 긴급하게 나타나는 현실적인 문제-상황들을 선택했다. 이 요인으로 인해 어떤 물음과 대답은 아주 전통적인 용어로 제시되어야 했지만, 반면에 다른 문제와 대답에서는 새로운 언어와 사유 방법이 시도되었다. 후자의 방법이 종말론의 몇몇 장들에 적용되었는데, 그 장들은 이 책의 결론이 되었고 또 조직 전체를 로마서 11:36이 의미하는 시작으로 되돌렸다. "만물이 그에 **의해서** (of), 그로 **말미암아**(through), 그를 **향하여**(to) 있기 때문입니다." 그 장들에서 "그를 향하여"의 신비를 해결하는 것이 아니라 해석하고자 시도했다. 그 시도는—이 **에스카톤**이 개인적인 것으로 구상되든 아니면 우주적인 것으로 구상되든—**에스카톤**(*eschaton*, 종말)에 관한 원시적이고 때로는 미신적인 상상력에 의미 있는 대안을 제시하는 방식으로 이루어졌다.

조직신학이 저술되어온 교회사적 상황은 종교적 의의라는 측면에서 신학적이기만 한 것을 넘어서면서 발전했다는 특징을 보여준다. 가장 의의가 있는 것은 역사적 종교들과 세속주의의 만남 및 역사적 종교들과 세속주의에서 유래한 "유사-종교들"의 만남이다. (이 주제와 관련해서 내 책『기독교와 세계 종교들의 만남』[*Christianity and the Encounter of the World Religions*]을 보라.)[2] 세속 사상, 자유주의적 인문주의, 민족주의, 사회주의 같은 몇 가지 개별적인 세속 신앙이 수행하는 종교 비판을 진지하게 다루지 않는 신학은 "시대착오적인"(a-kairos)—역사적 순간의 요구를 놓친—신학이 될 것이다. 현 상황의 또 다른 중요한 특질은 역사적 종교들 사이에서 덜 극적이지만 의의 있는 교류가 증가하고 있다는 점이다. 그 특질은 침공하는 세속적 권세들에 맞서는 공동 전선이 필요하다는 사실에 부분적으로 의존하고 있으며, 서로 다른 종교적 중심들 사이의 공간적 거리를 극복해야 한다는 사실에도 부분적으로 의존하고 있다. 다시 말하지만, 다른 종교들의 신학 사상과 창조적으로 대화하지 못하는 기독교 신학은 세계사적 기회를 놓치고 지역적인 것으로 남게 될 것이다. 마지막으로, 개신교 조직신학은 로마 가톨릭과 개신교 사이의 현재적이고 더 긍정적인 관계를 고찰해야 한다. 현대 신학은 종교개혁이 종교적 이득이기도 했고 종교적 손실이기도 했다는 사실을 고찰해야 한다. 내 조직신학은 "개신교적 원리"를 매우 두드러지게 강조하지만, "로마 가톨릭적 실체"를 개신교적 원리와 연합시켜야 한다는 요구도 간과하지 않는다. 교회에 관한 부분 곧, 전체 조직에서 가장 긴 부분이 그 사실을 보여주고 있다. 개신교-로마 가톨릭의 관계에는 **카이로스**, 즉 잠재성이 충만한 순간이 있다. 그리고 개신교 신학은 그것을 깨달아야 하고 깨닫고 있어야 한다.

1920년대 이후 몇몇 개신교 조직신학들이 제시되었고 어떤 것은 30년 이상의 시간 또는 그 이상에 걸쳐서 제시되었다. (나는 1924년 독일 마르부르크에서 행한 "조직신학" 강의를 내 조직신학 작업의 시작이라고 생각한다.) 이 접근법은 바로 앞 시대의 접근법, 특히 미국 개신교의 접근법과 매우 달

---

2   역주. Paul Tillich, 『기독교와 세계종교』, 정진홍 옮김(서울: 대한기독교서회, 1969).

랐다. 미국 개신교는 철학적 비평이 한쪽에서, 교파적 전통주의가 다른 한쪽에서 구성적인 조직신학의 융성을 억제하고 있었다. 이 상황이 극적으로 변했다. 역사비평적 성서 연구 방법에서 발생하는 위협뿐만 아니라 세계사적 사건들의 충격으로 인해 개신교 신학의 모든 전통을 긍정적으로 개선해야 한다는 필요가 일어났다. 그리고 이 일은 조직적 구성 작업(systematic construction)을 통해서만 이루어질 수 있다.

제4부

생명과 영

I. 생명과 그 모호성 및 모호하지 않은 생명 요청

A. 생명의 다차원적 일치

1. 생명: 본질과 실존

일반 사전에는 "생명"이라는 단어와 관련해서 열 가지 이상의 서로 다른 의미들이 나오기 때문에, 우리는 많은 철학자가 "생명"이라는 단어를 사용하기를 주저하는 이유와 어떤 철학자들이 살아 있는 존재자의 영역만으로 그 단어의 사용을 제한함으로써 죽음과 대조되는 의미를 갖게 된 이유를 이해할 수 있다. 이와 달리 19세기에서 20세기로 접어드는 전환기 유럽 대륙에서 활동한 많은 철학 학파는 "생명의 철학"에 관심을 기울였다. 그 철학에는 니체, 딜타이, 베르그송, 짐멜, 셸러 같은 사람들이 포함되었으며 그 철학은 다른 많은 사람, 특히 실존주의자들에게 영향을 끼쳤다. 동시에 미국에서는 "과정 철학"이 발전했는데, 그것은 제임스와 듀

이의 실용주의로부터 영향을 받았고 화이트헤드와 그의 학파에 의해 정교해졌다. "과정"이라는 용어는 "생명"이라는 용어보다 훨씬 덜 모호하지만, 훨씬 더 적은 것을 표현하기도 한다. 살아 있는 몸과 죽은 몸은 "과정"에 동일하게 종속되어 있다. 하지만 죽음이라는 사실에서 보듯이 "생명"에는 그 자체의 부정이 포함되어 있다. "생명"이라는 단어의 강조 용법은―"다시 태어난 생명"(life reborn)이나 "영원한 생명"에서 볼 수 있듯이―이 부정의 정복을 제시하는 일에 기여한다. 생명에 해당하는 단어들이 앞서 있었던 죽음 경험을 통해서 생겼다고 가정하는 것이 지나치게 대담한 일은 아닐 것이다. 어쨌든 생명과 죽음의 양극성이 늘 "생명"이라는 단어에 덧붙여져 있었다. 이러한 양극적 생명 개념은 실존하는 일군의 특별한 것들, 즉 "살아 있는 존재자들"에 대해 그 단어를 사용할 것을 전제하고 있다. "살아 있는 존재자들"은 또한 "죽어가는 존재자들"이기도 하며 유기적 차원이 우세한 상황에서 특별한 성질을 드러낸다. 이러한 유형의 **유적**(generic) 생명 개념에 의해서 존재론적 생명 개념이 형성되었다. 시간과 공간 속에서 자신을 현실화하는 어떤 종의 잠재성이든 아니면 어떤 개인의 잠재성이든 존재자들의 개별적 잠재성을 관찰함으로써 **존재론적** 생명 개념―"존재의 현실성"으로서의 생명―에 이르게 되었다. 이런 생명 개념은 존재에 관한 두 가지 주요 규정을 연합하고 있는데, 그 규정들은 이 전체 조직의 바탕을 이루고 있다. 존재에 관한 두 가지 주요 규정은 본질적 존재와 실존적 존재다. 잠재성은 현실화될 수 있는 힘, 역동성을 가진 그런 종류의 존재다(예를 들어 모든 나무의 잠재성은 나무라는 본질[treehood]이다). (삼각형 같은) 기하학적 형식들처럼 이런 힘이 없는 다른 본질들도 있다. 하지만 현실화되는 본질들은 유한성, 소외, 갈등 등과 같은 실존의 조건에 종속된다. 이것은 그 본질들이 본질적 특징을 상실한다는 말이 아니라(나무는 나무로 남아 있다), 실존의 구조에 들어가서 성장, 왜곡, 죽음에 개방된다는 말이다. 우리는 "생명"이라는 단어를 본질적 요소와 실존적 요소의 "혼합"(mixture)이라는 의미로 사용한다. 철학사에 따르면 우리는 다음과 같이 말할 수 있다. 실존주의적 관점에서 우리는 아리스토텔레스의 **뒤나미스**(*dynamis*)와 **에네르게이아**(*energeia*)의 구분 곧 잠재성과 현실성의 구분을 볼 수 있다. 아리스토텔레스의 관점에 따르면 모든 실존에는 질료(matter)와 형상(form)의 존재론적 긴장이 지속적으로 존재한다는 사실이 강조되는데, 분명히 실존주의적 관점은 아리스토텔레스의 관점과 크게 다르지 않다.

존재론적 생명 개념은 "생명의 철학자"가 사용하는 **보편적** 개념의 바탕이 된다. 잠재적인 것의 현실화가 모든 존재자의 구조적 조건이며 이 현실화를 "생명"이라고 부른다면, 보편적인 생명 개념은 불가피하다. 결국 별과 바위의 탄생, 그것들의 성장과 쇠퇴를 생명 과정이라 불러야 할 것이다. 존재론적 생명 개념은 "생명"이라는 단어를 유기적 영역의 굴레에서 해방하면서 기본적 용어의 수준으로 격상한다. 그런 용어는 실존적 용어로 해석되는 경우에만 조직신학에서 사용될 수 있다. "과정"이라는 용어는 생명 과정에 관해 말하는 많은 경우에 도움을 줄지라도, 그런 해석에는 개방되어 있지 않다.

존재론적 생명 개념과 그 개념의 보편적 적용은 두 종류의 고찰을 요구한다. 그 하나는 "본질주의"라고 불리는 것이고 다른 것은 "실존주의"라고 불리는 것이다. 전자는 생명의 본질적 본성 안에서 이루어지는 생명의 일치와 다양성을 다룬다. 그것은 내가 **"생명의 다차원적 일치"**(the multidimensional unity of life)라고 부르는 것을 묘사한다. 생명의 차원들과 영역들이 이루는 이러한 일치와 그것들의 관계를 이해하는 경우에만 우리는 모든 생명 과정의 모호성을 정확하게 분석할 수 있으며, 모호하지 않은 생명 또는 영원한 생명 요청을 적절하게 표현할 수 있다.

2. "수준들"에 반대되는 사례

존재자들의 다양성으로 인해 인간의 마음은 다양성 속의 일치를 추구하게 되었다. 인간은 일치시키는 원리들의 도움이 있어야만 직면하는 사물들의 다양성을 인지할 수 있기 때문이다. 이 목적을 이루고자 사용되는 가장 보편적인 원리 중 하나는 위계질서(hierarchy)의 원리인데, 그 원리를 따라서 모든 만물의 유(genus)와 종(species), 그리고 유와 종을 통해서 모든 개별자가 고유의 자리를 갖게 된다. 혼란스러워 보이는 실재 안에서 질서를 발견하는 이런 방법은 존재의 등급(grades)과 수준(levels)을 구별한다. 보편성의 더 높은 등급이나 잠재성의 더 풍성한 발전 같은 존재론적 성질이 존재의 수준에 해당하는 자리를 결정한다. "위계질서"("성례적 힘의 순위에 따라 배치되는 다스리는 자들의 거룩한 질서")라는 옛 용어는 이런 종류의 생각을 가장 잘 표현해준다. 그 용어는 무기물, 유기물, 심리적인 것 등과 같은 자연 속 존재자들의 유와 종에도 적용될 수 있으며 지상의 통치자들에게도 적용될 수 있다. 이런 관점에서 실재는 각각의 것들이 존재의 힘과 가치의 등급에 따라 수직 방향으로 이어지는 수준들의 피라미드처럼 보인다. "위계질서"라는 용어가 보여주는 이런 통치자들(archoi)의 형상은 상급 수준에 질은 더 높지만 양은 더 적은 것을 위치시킨다. 꼭대기에는 군주가 있으며, 그 군주는 제사장, 황제, 신 또는 유일신론의 하나님일 수 있다.

　　"수준"이라는 용어는 은유인데, 개별 수준에 속해 있는 모든 대상의 평등함을 강조한다. 그 대상들은 "평등"하다. 다시 말해 공통적 평면으로 옮겨져 그 위에 놓인다. 한 수준에서 다른 수준으로 넘어가는 유기적 운동은 없다. 더 높은 수준은 더 낮은 수준에 내포되어 있지 않고, 더 낮은 수준은 더 높은 수준에 내포되어 있지 않다. 수준들은 통제(control)나 반역(revolt)을 통한 개입으로 관계 맺는다. 예를 들어, 자연과 은혜의 관계에 관한 토마스 아퀴나스의 정의("은혜는 자연을 부인하는 것이 아니라 완성한다")에서 볼 수 있듯이, 분명히 사상의 (그리고 사회구조의) 역사에서 각 수준들의 내적 독립성은 조정받아왔다. 하지만 자연을 완성하는 은혜를 묘사했던 그의 방법은 위계적 조직이 지속적으로 지배적이었음을 보여준다.[1] 니콜라우스 쿠자누스가 "대립의 일치"(예를 들어 무한과 유한의 일치)라는 원리를 정식화한 이후 그리고 루터가 "죄인의 칭의"(하나님에 의해 수용되면 성자를 죄인이라 부르게 되고 죄인을 성자라 부르게 됨)라는 원리를 정식화한 이후에야 위계적 원리는 그 힘을 상실하고 대체되었다. 위계질서의 자리를 종교 영역에서는 만인제사장설이 차지했고, 사회-정치 영역에서는 모든 사람의 인간적 본성이 동일하다는 민주주의 원리가 차지했다. 개신교와 민주주의 원리는 존재의 힘의 수준들이 상호 독립적이며 위계적으로 체계화되어 있음을 부인한다.

　　서로 다른 수준들의 관계를 고찰해보면 "수준" 은유가 부적합하다는 사실이 드러난다. 은유의 선택은 문화적 상황 전체에 지대한 영향을 끼쳤

1　　역주. "은혜는 자연을 파괴하지 않고 완성한다"(*gratia naturam non tollit sed percifit*)라는 명제에서 은혜와 자연은 서로 대립적인 개념이 아니다. 토마스에 따르면, 하나님은 낙원의 아담에게 자연적 선물뿐만 아니라 덧붙여진 선물(*donum superadditum*)도 주었다. 하나님과의 일치에 이를 수 있게 하는 이 덧붙여진 선물(은혜)로 자연은 완성된다. 토마스의 신학에서 은혜가 자연적인 것과 초자연적인 것이라는 두 개의 수준으로 구성되어 있듯이, 실재도 자연적인 것과 초자연적인 것이라는 두 개의 수준으로 구성되어 있다. Paul Tillich, 『그리스도교교 사상사』, 송기득 옮김(서울: 대한기독교서회, 2005), 303-04.

다. 그리고 반대로 그 선택 자체가 문화적 상황을 표현해주기도 한다. 자연의 유기적 "수준"과 무기적 "수준"의 관계는 다음과 같은 반복되는 문제를 일으킨다. 수리 물리학에서 사용하는 방법으로 생물학적 과정을 온전히 이해할 수 있는가? 또는 유기적 성장의 내적 방향성을 설명하기 위해 목적론적 원리를 사용해야만 하는가? "수준"이라는 은유가 우세해지면 무기적 수준이 유기적 수준을 삼켜버리거나(통제), 무기적 과정에 낯선 "생기론적" 힘이 개입하게 된다(반역). 당연히 후자의 관념은 물리학자들과 그 생물학적 추종자들에게서 열정적이고 정당한 반작용을 낳는다.

"수준" 은유를 사용한 또 다른 결과는 유기적 수준과 정신적 수준의 관계를 고찰할 때 나타나는데, 보통 그 관계는 몸(body)과 마음(mind)의 관계로 논의된다. 몸과 마음이 수준이라면, 그것들의 관계 문제는 정신적인 것을 유기적인 것으로 환원하거나(생물학주의와 심리학주의) 생물학적 과정과 심리학적 과정에 정신적 활동이 개입한다고 주장함으로써만 해결될 수 있을 것이다. 이 후자의 주장은 생물학자와 심리학자의 강하고 정당한 반작용을 낳는데 그들은 "영혼"을 개별적 인과율이 실행되는 분리된 실체로 설정하는 것에 반대한다.

"수준" 은유를 사용한 세 번째 결과는 종교와 문화의 관계 해석에서 드러난다. 예를 들어 문화란 인간이 자신을 창조하는 수준이고 종교는 인간이 신적 자기-현현을 받아들이는 수준이라고 말하면서 우리가 종교에 문화를 초월하는 궁극적 권위를 부여한다면, 종교와 문화 사이에는 파괴적인 갈등이 나타날 것이다. 역사가 그 사실을 보여준다. 더 우월한 수준인 종교는 문화를, 또는 과학, 예술, 윤리, 정치 같은 어떤 문화적 기능들을 통제하고자 한다. 자율적인 문화적 기능들이 억압받음으로써 혁명적 반동이 발생해왔으며 문화는 그 반동을 통해 종교를 포획하고 자율적 이성의 규범에 종속시키고자 해왔다. 여기서 "수준" 은유를 사용하는 것은 부적합할 뿐만 아니라 인간 실존의 문제들과 관련해서 결정을 내려야 하는 문제임이 확실해진다.

종교적 이원론이나 신학적 초자연주의처럼 앞의 예들은 하나님과 인간(및 인간의 세계)의 관계를 두 개의 수준, 즉 신적 수준과 인간적 수준으로 묘사할 수 있는가라는 물음으로 귀결될 수 있다. 이 물음에 대해서 결정적인 대답을 제시하려는 시도는 종교 언어의 비신화화로 단순화되었다. 비신화화는 참된 신화적 형상 자체를 사용하는 것에 반대하는 것이 아니라 이 형상을 문자적으로 받아들이는 초자연주의적 방법에 반대한다. 이런 초자연주의에서 유래한 그 엄청난 미신적 결과들은 "수준" 은유가 신학적 사유에 가져오는 위험성을 충분히 입증했다.

3. 차원, 영역, 정도

이런 고찰을 통해 "수준" 은유(와 이와 유사한 "층"[stratum], "계층"[layer] 은유)가 생명 과정 묘사에서 배제되어야 한다는 결론에 도달한다. 그 은유는 "영역"(realm), "등급"(grade) 등의 개념과 관련 있는 "차원"(dimension) 은유로 대체되어야 한다. 이것이 내 제안이다. 하지만 중요한 것은 어떤 은유를 다른 것으로 대체하는 것이 아니라 그렇게 대체하여 변화된 실재관을 표현하는 것이다.

"차원" 은유도 공간 영역에서 받아들인 것이지만, 그것은 상호 개입이 이루어지지 않는 방식으로 존재의 영역들의 관계를 묘사한다. 깊이는 넓이에 개입하지 않는다. 모든 차원이 동일한 지점에서 만나기 때문이다. 그 차원들은 서로 간섭하지 않으면서 겹친다. 다시 말해 차원들 사이에는 갈등이 없다. 따라서 "수준" 은유를 "차원" 은유로 대체한다는 것은 실재와의 어떤 만남, 수준의 갈등을 넘어서서 생명의 일치를 보게 되는 만남을 나타내는 것이다. 이 갈등을 부인하지는 않지만, 그 갈등은 수준의 위계질서에서 나오는 것이 아니다. 그 갈등은 모든 생명 과정의 모호성의 결과이며, 따라서 어떤 수준이 다른 수준을 파괴하지 않고서도 그 갈등을 정복할 수 있다. 갈등은 생명의 다차원적 일치라는 교설을 논박하지 않는다.

"수준" 은유를 사용하는 이유는 생명의 특질을 전혀 나타내지 않는 실재의 넓은 영역들이 있기 때문이다. 예를 들어 유기적 차원의 어떠한 흔적도 발견할 수 없는 많은 무기물이 있고 심리학적이거나 정신적인 차원을 드러내지 않는 많은 유기적 생명 형식이 있다. "차원" 은유는 이런 조건들을 다 아우를 수 있는가? 나는 아우를 수 있다고 믿는다. 생명의 어떤 차원들이 나타나지 않을지라도 그 차원들이 잠재적으로 실재하고 있다는 사실을 "차원" 은유는 제시할 수 있다. 잠재적인 것과 현실적인 것의 구별에는 모든 차원이 현실적으로는 아닐지라도 적어도 잠재적으로는 늘 실재하고 있다는 사실이 내포되어 있다. 차원의 현실화는 늘 현존해 있는 것은 아닌 조건들에 의존하고 있다.

생명의 어떤 차원들이 현실화되기 위한 첫 번째 조건은 다른 어떤 차원이 이미 현실화되어 있어야 한다는 것이다. 무기적 차원이 현실화되지 않으면 유기적 차원도 현실화될 수 없으며, 유기적 차원이 현실화되지 않으면 정신의 차원도 잠재적인 것으로 남는다. 하지만 이것은 오직 한 가지 조건일 뿐이다. 또 다른 조건은 이미 현실화된 차원에 의해 그 특징이 결정되어 있는 영역에서 새로운 차원의 현실화를 가능케 하는 개별적 배치가 발생한다는 것이다. 유기적 차원에서 어떤 것이 출현하는 것을 무기적 영역이 허용하기까지 수십억 년이 필요했고 언어를 가진 존재자의 등장을 유기적 영역이 허용하기까지 수백만 년이 필요했다. 또 언어의 힘을 가진 존재자가 역사적 인간들—우리는 그들이 우리 자신임을 알고 있다—이 되기까지 수만 년이 필요했다. 존재의 잠재적 차원들은 이 모든 경우들을 통해 현실화되었다. 왜냐하면 언제나 잠재적으로 실재해 있었던 것을 현실화하기 위한 조건들이 현존했기 때문이다.

어떤 개별적 차원이 우세하게 나타나는 생명의 한 부분을 "영역"이라는 용어를 사용하여 지칭할 수 있다. "영역"은 "수준"이나 "차원" 같은 은유지만, (공간적이면서도) 기본적으로는 공간적 은유가 아니다. 기본적으로 그것은 사회적 은유다. 우리는 한 영역의 통치자에 관해 말하곤 하는데 바로 이런 함의 때문에 그 은유는 적합한 것이 된다. 왜냐하면 은유적 영역은 실재의 한 부분이며, 그 부분에 속해 있는 모든 개체—그것이 원자이든, 인간이든—의 특징은 어떤 특별한 차원에 의해서 결정되기 때문이다. 이런 의미로 우리는 식물의 영역, 동물의 영역, 역사적 영역에 관해 말한다. 그 모든 영역에 모든 차원이 잠재적으로 현존해 있고, 몇 가지 차원들은 현실화된다. 그 모든 차원은 우리가 알고 있는 인간에서 현실화되지만, 정신적 차원과 역사적 차원이 이 영역의 특징을 결정한다. 원자에서는 오직 무기적 차원만 현실화되지만, 다른 모든 차원도 잠재적으로 현존해 있다. 상징적으로 말하자면, 우리는 하나님이 자신 안에서 원자의 잠재성을 창조했을 때 인간의 창조성도 창조했고, 인간의 잠재성을 창조했을 때 원자의 잠재성도 창조했으며, 인간과 원자 사이의 다른 모든 잠재성도 창조했다고 말할 수 있다. 그 잠재성들은 모든 영역에 모두 현존해 있는데 어떤 부분에서는 잠재적으로, 어떤 부분에서는 (또는 전체에서는) 현실적으로 현존해 있다. 현실적인 차원 중에서 한 차원이 그 영역의 특징을 결정한다. 왜냐하면 그 영역에서 다른 현실적 차원들은 (그 자체로는 다른 차원들을 위한 조건이 아니면서도) 결정하는 차원이 현실화되기 위한 조건으로서만 존재하기 때문이다. 유기적인 것의 현실화가 없어도 무기적인 것은 현실적일 수 있지만, 그 반대는 아니다.

이 사실은 서로 다른 차원 중에서 가치의 등급이 있는가라는 물음으로 귀결된다. 대답은 긍정적이다. 이외의 다른 것을 전제하는 것과 이외의 다른 것에 덧붙여지는 것은 훨씬 더 풍성하다. 역사적 인간은 자신의 존재에 전제되어 있고 포함되어 있는 다른 모든 차원에 역사적 차원을 더한다. 그런 인간은 가치 평가의 관점에서 최상의 등급에 위치하며 그런 가치 판단은 하나의 살아 있는 현실성 안에 최대한의 잠재성을 포함시킬 수 있는 존재자의 힘을 기준으로 삼아 이루어진다. 이것은 존재론적 기준이며 가치 판단은 가치 평가를 받는 대상의 성질에 근거해야 한다는 규칙을 따른다. 그리고 그 기준은 완벽함이라는 기준과 혼동되어서는 안 된다. 인간은 우리의 경험 영역 안에서 최상의 존재자지만, 결코 가장 완벽한 존재자는 아니다. 이 마지막 고찰은 "수준" 은유를 거부한다고 해서 곧바로 존재의 힘에 기초한 가치 판단을 부정하는 것이 아니라는 사실을 보여준다.

4. 생명의 차원들과 그것들의 관계

a) 무기적 영역과 유기적 영역 안에 있는 차원들

우리가 접하는 실재의 서로 다른 영역들이 특별한 차원들에 의해서, 예를 들어 무기적·유기적·역사적 차원에 의해서 결정된다고 말했다. 이제 우리는 생명의 차원을 차원으로 확립하는 원리가 무엇인지 물어야 한다. 첫째, 생명의 차원들은 유동적인 기준들에 따라 확립되기 때문에 차원의 개수는 확정되지 않는다. 직면한 일부 실재에 관한 현상학적 묘사가 독특한 범주적 구조와 또 다른 구조들을 보여주는 경우, 우리가 개별적 차원에 관해서 말하는 것은 정당하다. "현상학적" 묘사는 우리가 이론적 설명이나 추론으로 나아가기 전에 실재를 주어진 그대로 제시한다. 많은 경우 단어를 생산해내는 마음과 실재의 만남은 정확한 현상학적 관찰을 위한 길을 예비한다. 다른 경우 그런 관찰로 인해 생명의 새로운 차원이 발견되거나, 반대로 둘 이상의 가상의 차원들이 하나의 차원으로 환원된다. 이런 기준들을 명심하면서 또 어떠한 최종성도 주장하지 않으면서, 우리는 생명의 몇몇 확실한 차원들을 구별할 수 있다. 조직신학의 맥락에서 그 차원들을 논의하는 목적은 생명의 다차원적 일치를 보여주고 모든 생명 과정에서 나타나는 모호성의 원인과 결과를 구체적으로 결정하기 위함이다.

　어떤 차원을 차원으로 확립하는 그 차원의 개별적 특징은 그 차원이 우세한 상황 속에서 시간, 공간, 인과율, 실체가 변경될 때 가장 잘 드러난다. 이 범주들은 실존하는 모든 것에 적용될 수 있는 보편적인 유효성을 가지고 있다. 하지만 이것은 오직 **한 가지** 시간과 공간 등만 있다는 말이 아니다. 왜냐하면 각각의 차원들이 우세한 상황 속에서 그 범주들의 특징이 변하기 때문이다. 사물들은 시간과 공간 **속에**(in) 있는 것이 아니라 오히려 한정된 시간과 공간을 **가진다**(have). 무기적 공간과 유기적 공간은 서로 다른 공간이다. 심리학적 시간과 역사적 시간은 서로 다른 시간이다. 무기적 인과율과 정신적 인과율은 서로 다른 인과율이다. 하지만 이것은 범주들, 예를 들어 무기적 특징을 가진 범주들이 유기적 영역에서 사라진다거나 시계로 측정되는 시간이 역사적 시간에 의해 사라진다는 말이 아니다. 유기적 영역과 관계 맺고 있는 무기적 영역이 그러하듯이, 조건의 영역에 속해 있는 범주적 형식은 새로운 범주적 형식에 새로운 요소로서 들어간다. 역사적 시간과 인과율에는 이전의 모든 형식의 시간과 인과율이 현존해 있다. 하지만 그것들은 이전의 것과 같지 않다. 이런 고찰들을 통해서 모든 종류의 환원주의적 존재론들, 즉 자연주의적 존재론과 관념론적 존재론을 거부할 수 있는 견고한 기초가 제공된다.

전통을 따라서 무기적 차원을 제1차원이라고 칭하면, 우리는 "무기적"이라는 부정적 용어를 사용하면서 그 용어가 제시하는 그 장(field)의 무한정성을 나타내게 된다. 우리는 그 장 안에서 하나 이상의 많은 차원을 구별할 수 있을 것이고 그것은 적절한 행동일 것이다. 이것은 앞서 우리가 물리적 영역과 화학적 영역을 구별했던 것처럼 그 영역들의 일치가 증가하고 있음에도 불구하고 여전히 특별한 목적을 위해서 구별하고 있는 것과 마찬가지다. 우리가 소우주의 영역뿐만 아니라 대우주의 영역에도 존재하는 특별한 차원들에 관해 말할 수 있음을 알려주는 표지들이 있다. 여하튼 **한 개의** 영역을 구축할 수도 있고 아닐 수도 있는 이 장(field) 전체는 다른 차원들에 의해 결정되는 영역들과 현상학적으로 다르다.

무기적인 것의 종교적 의의는 대단하지만, 신학은 그것을 거의 고찰하지 않는다. 가장 신학적인 토론에서도 "자연"이라는 일반적 용어에는 "자연적인" 것의 모든 개별 차원이 다 담겨 있다. 바로 이런 이유로 양적으로 압도적인 무기적인 것의 영역은 고대와 현대 세계의 많은 사람에게 반(anti)종교적인 영향을 주었다. "무기적인 것의 신학"이 빠져 있다. 생명의 다차원적 일치라는 원리에 따르면, 그것은 생명 과정과 그 모호성에 관한 현재의 논의에 포함되어야 한다. 전통적으로 무기적인 것의 문제는 물질의 문제라고 논의되었다. "물질"이라는 용어에는 존재론적 의미와 과학적 의미가 있다. 두 번째 의미의 물질은 보통 무기적 과정의 바탕에 있는 것과 동일시된다. 만약 실재 전체가 무기적 과정으로 환원된다면, 유물론이나 환원주의적 자연주의라 불리는 비과학적인 존재론적 이론이 도출될 것이다. 그 이론이 특별하게 주장하는 것은 실존하는 모든 것에 물질이 있다는 것—모든 형식의 실증주의를 포함한 모든 존재론은 이 사실을 말해야 한다—이 아니라 우리가 무기적인 것의 차원에서 만나는 물질은 단지 물질일 뿐이라는 것이다.

무기적 차원에서 잠재성은 시간과 공간 속에 있는 것들을 통해 현실화되는데, 그것들은 물리적 분석에 종속되어 있으며 그것들의 공간적·시간적·인과율적 관계는 측정될 수 있다. 하지만 앞서 언급했듯이 그런 측정은 매우 작은 것과 매우 큰 것의 영역 및 대우주적 연장(extension)과 소우주적 연장에서 한계가 있다. 여기서는 일반적 의미의 시간과 및 공간, 인과율과 및 그것들에 기초하고 있는 논리가 현상들을 묘사하기에 충분하지 않다. 어떤 조건에서 양은 질이 된다는 원리를 따른다면(헤겔), 아원자의 차원, 천문학적 차원 및 인간과 실재의 일상적 만남에서 등장하는 그 두 차원 사이의 차원을 구분하는 것이 옳을 것이다. 하지만 양이 질이 되는 이행을 부인한다면, 우리는 무기적 영역에 있는 **한 가지** 차원에 관해서만 말하게 되고, 그 일상적 만남을 소우주적 또는 대우주적 구조 중 한 가지 개별적 사례로 간주하게 될 것이다.

무기적인 것의 차원이 가진 특질은 다른 차원들의 특질과의 비교와 무엇보다도 그 특질과 범주의 관계 및 또 모든 차원에서 이루어지는 생명 과정에 관한 논의에서 나타날 것이다. 무기적인 것이 모든 차원의 현실화를 위한 제1조건이라면, 그것은 차원들 중에서 더 우선적인 지위를 가질 것이기 때문이다. 무기적 구조가 사라지는 것이 기본적으로 배치된 조건이라면, 비로 이런 이유 때문에 존재의 모든 영역은 허물어질 것이다. 성서적으로 말하자면, "너는 흙에서 나왔으니 흙으로 돌아갈 것이다"(창 3:19). 바로 이런 이유로 앞서 언급한 "환원주의적 자연주의"나 유물론은 물질을 무기적 물질과 동일시한다. 이런 정의를 따르면, **유물론은 죽음의 존재론이다.**

유기적인 것의 차원은 모든 생명의 철학에서 매우 핵심적이다. 언어적으로는 유기적 생명이 "생명"의 기본적 의미이기 때문이다. 하지만 "유기적 생명"이라는 용어는 무기적 영역보다 더 확실하게 몇 가지 차원들을 현실적으로 포괄한다. 식물 영역의 전형적인 대표자와 동물 영역의 전형적인 대표자의 구조적 차이 때문에 식물적 차원과 동물적 차원 사이에서 이루어지는 불확정적인 이행에도 불구하고 두 차원을 설정하는 일이 권장된다. 동물 차원이 결정하는 영역에서 다른 차원, 즉 생명의 자기-깨달음, 곧 (이 단어에서 그 비의적[occultist] 함의를 덜어낼 수 있다면) 심리적 차원이 출현한다는 사실로 인해 그런 설정은 지지받는다. 유기적 차원에는 자기-관계적·자기-보존적·자기-증식적·자기-유지적 **게슈탈트**("살아 있는 전체")라는 특징이 있다.

유기적 차원과 무기적 차원의 차이 때문에 제기되는 신학적 문제는 신화론과 선동 종교가 신화론에 가하는 잘못된 공격과 관련 있다. 갈등은 진화론이 인간론에서 가지는 의의와 관련해서도 일어났고 무기적인 것에서 유기적인 것으로의 이행과 관련해서도 일어났다. 어떤 신학자들은 무기적인 것에서 유기적인 것이 탄생하는 사건에 대한 우리의 무지를 바탕으로 하나님의 실존을 논증했다. 그들은 "원시 세포"(first cell)는 특별한 신적 개입으로만 설명될 수 있다고 주장했다. 분명히 생물학은 그런 초자연적 인과율 설정을 거부해야 했으며 유기물의 출현 조건에 관한 우리의 무지를 줄이고자 시도해야 했다. 그 시도는 매우 성공적으로 수행되었다. 유기적 생명을 가진 종의 기원에 관한 물음은 더 심각하다. 여기에는 두 가지 관점, 즉 아리스토텔레스적 관점과 진화론적 관점이 대립하고 있다. 전자는 **뒤나미스**, 즉 잠재성 관점에서 종의 영원성을 강조하며 후자는 **에네르게이아**, 현실성 관점에서 종의 출현 조건을 강조한다. 다음과 같은 방식으로 정식화된다면 그 차이로 인한 갈등이 발생하지 않을 것이다. 유기적인 것의 차원은 무기적인 것에 본질적으로 현존해 있다. 즉 유기적인 것의 현실적 출현은 출현 조건들에 의존하는데, 그 조건을 기술하는 것이 생물학과 생화학의 과제다.

식물 차원에서 동물 차원으로, 특히 자신에 대한 "내적 깨달음"이라는 현상으로 이행하는 문제와 관련해서도 유사한 해답을 제시해야 한다. 여기서도 잠재적인 것과 현실적인 것의 구별이 해답을 제공한다. 다시 말해 자기-깨달음은 모든 차원에 잠재적으로 현존해 있으며 동물 차원에서만 현실적으로 나타날 수 있다. 식물 차원으로 되돌아가서 자기-깨달음을 추구하려는 시도는 거부될 수도 수용될 수도 없다. 왜냐하면 그 시도는 직관적 참여에 의해서도 인간이 자기 안에서 발견하는 표현형과 유사한 표현형에 대한 재귀적 유비에 의해서도 결코 검증될 수 없기 때문이다. 이런 환경에서는 내적 깨달음이라는 가정을 특수한 영역들로 한정하는 것이 더 현명할 것 같다. 그 영역들은 내적 깨달음이 적어도 유비에 의해서 대단히 개연적으로 이루어질 수 있거나—고등 동물에서 가장 확실하게 볼 수 있듯이—참여에 의해서 감정적으로 확실하게 이루어질 수 있는 영역들이다.

특별한 조건에서 내적 깨달음의 차원 또는 심리학적 영역은 자신 안에 있는 또 다른 차원, 인격적이고 공동체적인 것의 차원 또는 "정신"의 차원을 현실화한다. 현재 인간의 경험 범위 안에서 보면, 이런 현상은 인간에게서만 일어났다. 그 현상이 우주의 다른 곳에서도 일어났는지 그 여부를 묻는 물음에 아직 긍정적으로도 부정적으로도 대답할 수 없다. (이 문제의 신학적 의의에 관해서 『폴 틸리히 조직신학 2』, 제3부, Ⅰ. E, 6을 보라.)

b) 생명의 한 차원인 정신의 의미

이 제목에 나오는 "정신"(spirit)이라는 용어는 중요한 문제를 제기한다. 정신은 스토아주의가 사용한 그리스어로는 **프뉴마**(*pneuma*), 라틴어의 **스피리투스**(*spiritus*), 히브리어의 **루아흐**(*ru'ach*), 독일어의 **가이스트**(Geist)에 해당한다. 이런 언어들에서는 의미론적 문제가 발생하지 않지만, 영어에서는 발생한다. 왜냐하면 소문자 "s"의 "spirit"(정신)이라는 단어를 잘못 사용하기 때문이다. "Spirit"(영)과 "Spiritual"(영적)이라는 단어는 오직 신적인 영(divine Spirit)과 인간에게서 나타나는 그 영의 효과에 대해서만 사용되며 대문자 "S"로 기록된다. 그런데 문제는 이런 것이다. 인간에게만 해당하는 개별적인 생명의 차원을 지시하고자 "spirit"(영/정신)이라는 단어를 복권해야만 하는가, 또 할 수 있는가? 그렇게 하려는 강력한 논증들이 있고 나는 조직신학 제4부에서 계속 그런 논의를 할 것이다.

인도-게르만어뿐만 아니라 셈어에서도 정신을 가리키는 단어들은 기본적으로 "숨"(breath)을 의미한다. 인간은 바로 숨 쉬는 경험을 통해서, 특히 시체에서 숨이 중단되는 일을 통해서 다음과 같은 물음에 집중하게 되었다. 무엇이 생명을 살아 있게 하는가? 인간의 대답은 "숨"이었다. 숨이 있는 곳에는 생명의 힘이 있다. 숨이 사라진 곳에서는 생명의 힘이 사라진다. 생명의 **힘**인 정신은 정신에 의해 움직이는 무기적인 기체(*substratum*)와 동일하지 않다. 오히려 정신은 유기적 조직에 덧붙여진 한 부분이 아니라 움직이게 하는 힘 자체다. 그러나 고대 후기 세계에서 신비주의적 경향, 금욕주의적 경향과 관련하여 발전된 어떤 철학들은 정신과 몸을 분리했다. 근대에 들어와 이 경향은 데카르트와 영국 경험론에서 완성되었다. 그 단어에는 "마음"(mind)이라는 함의가 포함되었으며, "마음" 자체에는 "지성"(intellect)이라는 함의가 포함되었다. 정신의 근원적 의미에 있는 힘의 요소가 사라졌고 결국 그 단어 자체는 버림받았다. 현대 영어에서 정신은 "마음"으로 거의 대체되었고 이런 물음을 묻게 되었다. "마음"이 비지성화되면 "정신"을 완전히 대체할 수 있는가?

어떤 이들은 가능하다고 하지만, 이 물음에 대답하는 대다수는 반대 입장이다. 그들은 "정신"이라는 용어의 의미가 생명력과 생명의 일치를 지시하도록, 좀 더 응축된 형식으로 말하자면 "힘과 의미의 일치"를 지시하도록 회복되어야 한다는 필요성을 알고 있다. "영"이라는 용어가 종교 분야에서 보존되어온 것은 부분적으로는 종교 영역의 강력한 전통 덕분이고 또 부분적으로는 신적인 영에서 힘의 요소를 제거할 수 없었기 때문이다. (예를 들면 "오소서, 창조주 영이여"[*Veni, Creator Spiritus*]라는 찬양이 있다).[2] "하나님은 영이다"[3]라는 말은 "하나님은 마음이다" 또는 "하나님은 지성이다"라는 말로 결코 번역될 수 없다. 그리고 헤겔의 『정신현상학』(*Phänomenologie des Geistes*)은 절대로 『마음의 현상학』(*Phenomenology of the Mind*)으로 번역되어서는 안 된다. 헤겔의 정신(spirit) 개념에는 의미와 힘이 결합되어 있다.

신학은 "정신"이라는 용어를 생명의 한 차원으로서 새롭게 이해할 필요가 있다. 모든 종교 용어는 일상 경험에서 얻은 재료들을 활용한 상징이며 상징의 재료에 대한 이해 없이는 그 상징 자체를 이해할 수 없다. ("아

---

2   역주. 이 찬송은 9세기경부터 등장하기 시작하며 출처는 미상이다. 유해무, 『개혁교의학』(서울: 크리스챤다이제스트, 2003), 206, 각주 217. 이 찬양의 전문은 같은 책의 부록, 651-52을 참조.

3   역주. 요 4:24.

버지"의 의미를 알지 못하는 자에게 "아버지"로서의 하나님은 무의미하다.) "거룩한 영"이라는 상징이 생동적인 그리스도인의 의식에서 사라져가는 부분적 이유가 인간론에서 "정신"이라는 단어가 사라졌기 때문이라는 말은 꽤 개연적이다. 정신(spirit)이 무엇인지 알지 못하면 영(Spirit)이 무엇인지도 알 수 없다. 바로 이런 이유로 "신적인 영"이라는 단어는 유령(ghost)과 같은 함의들을 가지게 되었으며 일상적 담론에서, 심지어 교회 안에서도 이런 단어들이 사라졌다.[4] "정신"이라는 용어는 구출할 수 있을지 몰라도 "정신적"이라는 형용사는 가망이 없는 것 같다. 이 책은 그 단어를 근원적 의미로 재설정하기 위한 어떠한 시도도 하지 않을 것이다.

그런데 다른 원인들이 "정신"이라는 단어의 의미를 가려서 의미론적 혼동이 일어나기도 한다. 예를 들어 우리는 민족 정신, 법의 정신, 예술 양식의 정신을 말하면서 그런 것들의 현현을 통해 표현된 본질적 특징을 가리킨다. 인간-집단의 자기-표현들이 정신의 차원과 정신의 서로 다른 기능들에 의존하고 있기 때문에 "정신"이라는 단어의 이러한 용법과 정신의 근원적 의미가 관계 맺게 된 것이다. 의미론적 혼동이 일어나는 또 다른 원인은 우리가 "정신적 세계"에 관해 말하는 방식 때문이다. 플라톤적 의미의 정신적 세계는 본질들과 관념들의 영역을 의미한다. 하지만 "정신"이라는 단어에 부합하는 생명, 즉 관념 "안에 있는" 생명은 관념 자체와 다르다. 그 관념은 생명 자체가 아니라 생명의 잠재성이다. 정신은 "잠재성들의 우주"가 아니라 생명의 차원이다. 그 우주 자체는 생명이 아니다. 신

---

4   역주. 예를 들어 1647년 채택된 개혁파의 웨스트민스터 신앙고백서는 "하나님은 영이시다"라고 영을 말할 때는 "Spirit"을 사용하지만, 삼위의 세 번째 위격으로서의 성령을 말할 때는 "the Holy Ghost"를 사용한다. 또 KJV 성경 또한 Spirit과 Ghost를 혼용한다. 하지만 현대 영어 성경은 Spirit만을 사용하고 있다.

화론적으로 말하면, "몽환적 순결의 낙원"에는 잠재적 정신은 있지만 현실적 정신은 없다. "타락 이전의 아담" 역시 현실화된 정신(과 역사) 이전의 상태를 의미한다.

의미론적 혼동의 세 번째 원천은 "정신들"이라는 개념이다. 정신이 생명의 차원이라면, 우리는 이 차원을 현실화한 살아 있는 존재자들에 관해 확실히 말할 수 있을 것이며 그것들을 정신을 가진 존재자들이라고 말할 수 있을 것이다. 하지만 그것들을 "정신들"이라고 부르는 것은 엄청난 오해를 가져올 수 있다. 이로 인해 생명과 구별된 "정신"의 영역이 실존한다는 의미가 만들어질 수 있기 때문이다. 정신은 무기적 물질과 어느 정도 같은 것이 되고, 모든 생명 안에 잠재적으로나 현실적으로 현존해 있는 생명의 차원이라는 특징을 상실한다. 그것은 "유령" 같은 특징을 가지게 된다. 죽은 자의 "영"이나 "유령"과 접촉하여 이를 통해 물리적 효과(소리, 말, 물리적 움직임, 가시적 효과)를 일으키고자 하는 소위 영매주의 운동(spiritualistic movement, 대륙의 용어로 하면 영혼 운동[spiritistic movement])에서 그 사실을 확인할 수 있다. 따라서 그런 경험을 주장하는 자들은 이 "영"에 물리적 인과율을 적용해야 할 필요성에 직면한다. 그들은 죽음 이후 인간이 어느 정도 변형되어 심리적·물리적으로 실존하는 것처럼 그것의 현현을 묘사한다. 하지만 그런 실존은 영적(Spiritual)이지도 않고(신적인 영에 의해서 이루어지는 것도 아니고), 기독교 메시지가 "영원한 생명"이라고 부르는 것과 일치하지도 않는다. 초감각적인 지각에 관한 물음과 마찬가지로 그것은 경험론적으로 조사해야 할 문제이며, 그 조사의 결과가 긍정적이든 부정이든 그 결과는 인간 정신에 관한 문제 또는 영으로서의 하나님에 관한 문제와 아무런 직접적 연관도 없다.

정신의 의미에 담긴 근원적인 힘의 요소가 "신들린"(spirited)이라는 단어에서 여전히 보존되고 있다는 것은 다행스러운 일이다. 비록 일상적 의사소통의 작은 부분일 뿐이지만 말이다. 그 단어는 플라톤이 사용한 **튀모에이데스**(*thymoeides*)라는 단어의 번역어로 사용되는 단어인데, 영혼의 어떤 기능을 묘사하고 있다. 그것은 합리성(rationality)과 욕정(sensuality) 사이에 위치하며, 용기라는 덕과 전사 귀족이라는 사회적 집단에 해당하는 기능이다.[5] 플라톤 철학 개요에서 종종 생략되는 이 개념이야말로 진정한 정신 개념에 가장 가깝다.

정신의 차원은 오직 인간을 통해서만 우리에게 나타나기 때문에 "정신"이라는 용어를 인간론에서 사용되는 다른 용어들, 즉 "영혼"(soul[*psyche*]), "마음"(mind[*nous*]), "이성"(reason[*logos*])과 관련시키는 것은 바람직한 일이다. "영혼"은 "정신"과 매우 유사한 숙명으로 인해 고통받았다. 그 단어는 "영혼에 관한 교설", 즉 심리학이라 불리는 인간의 시도에서 상실되었다. 근대 심리학은 **영혼**(*psyche*) 없는 심리학(psychology)이다. 이런 일이 일어난 이유는 흄과 칸트 이후 근대 인식론이 불멸의 "실체"(substance)로서의 영혼을 거부했기 때문이다. "영혼"이라는 단어는 주로 시에서 보존되었는데 시에서 그 단어는 열정과 감정의 자리를 가리킨다. 현대 인간론에서 인격성의 심리학은 인간 영혼에 의해 발생한 결과로 여겨지는 현상들을 다룬다. 만약 정신을 힘과 의미의 일치라고 정의한다면, 정신은 상실된 영혼 개념을 부분적으로 대체할 수 있을 것이다. 비록 정신이 범위, 구조, 특히 역동성에 있어서 영혼을 초월한다고 하더라도 말

---

5   역주. 플라톤은 『국가』에서 영혼(*psyche*)을 세 부분, 즉 사고하는 이성적인 부분(*logistikon*)과 욕정, 허기, 갈증 등과 같이 결핍과 충족 욕구를 느끼는 욕구적인 부분(*epithymetikon*) 및 이성적인 부분과 욕구적인 부분이 행동화되도록 에너지를 부여하는 의지적인 부분(*thymoeides*)으로 구분한다. 플라톤, 『국가』, 천병희 옮김(고양: 도서출판 숲, 2013), 439e-440b(249-50), 580d-e(511-12).

이다. 여하튼 "영혼"이라는 단어는 성서, 예배, 시의 언어에서는 살아 있지만, 인간, 인간의 정신, 인간의 영(spirit)과 신적인 영(Spirit)의 관계를 신학적으로 엄격하게 이해하는 일에서는 유용성을 상실했다.

"마음"이라는 단어는 "정신"의 대체물은 될 수 없을지라도 생명에 관한 교설에서 기본적인 기능을 담당한다. 마음은 살아 있는 존재자가 자신의 환경 및 자신과 관계 맺으면서 가지게 되는 의식을 표현한다. 마음에는 깨달음(awareness), 지각(perception), 의도(intention)가 포함되어 있다. 자기-의식이 나타나자마자 마음은 동물성의 차원에서 나타난다. 그리고 마음은 기초적 형식이나 발전된 형식으로 지성, 의지, 의도된 행위를 포함한다. 정신 차원이 우세한 상황에서, 즉 인간에서 마음은 지각과 의도를 통해 보편자들과 연결된다. 마음은 구조적으로 이성(로고스)에 의해서 결정되는데, 이성은 고찰해야 할 세 번째 단어다.

이성 개념은 조직신학의 제1부 "이성과 계시"에서 충분히 논의했다. 제1부에서 기술적 또는 형식적 이성과 존재론적 이성의 차이가 강조되었다. 여기서 제시되는 물음은 이 두 개념과 정신 차원의 관계에 관한 것이다. **로고스**라는 이성은 형식의 원리인데 그 원리에 의해서 실재의 모든 차원과 사고의 모든 방향이 구조화된다. 전자의 운동에도, 아이들의 옹알이에도—정신을 표현하는 모든 구조에도—이성이 있다. 생명의 한 차원인 정신은 이성 이상의 것—**에로스**, 열정, 상상력—을 포함하고 있지만, **로고스**-구조 없이는 어느 것도 표현할 수 없다. 기술적 이성이라는 이성 또는 추론(reasoning)이라는 이성은 인간 정신이 가진 인지 분야의 잠재성 중 하나다. 그것은 실재에 대한 과학적 분석과 기술적 통제의 도구다.

이런 의미론적 고찰들은 결코 완벽하지는 않겠지만 이후에 나올 핵심 용어들을 활용할 수 있도록 충분히 인도해줄 것이며 동의 여부와 상관

없이 신학적 진술을 할 때 인간학적 용어를 더 엄격하게 사용할 수 있도록 도울 것이다.

c) 정신의 차원과 앞에 언급된 차원들의 관계

앞서 했던 의미론적 논의에서 우리는 생명의 구별된 차원들과 그 차원들 간의 관계를 차근차근 고찰하지 못했다. 이제 두 가지 문제를 물어야 한다. 첫 번째는 정신과 심리학적 차원, 생물학적 차원의 관계에 관한 물음이고, 두 번째는 조건 형성(conditioning)의 순서에 따라 정신 이후에 나오는 차원, 즉 역사적 차원에 관한 물음이다. 두 번째 물음은 예비적 논의를 한 이후에 조직신학 제5부, "역사와 하나님 나라"에서 충분히 고찰될 것이다. 여기서는 첫 번째 물음, 즉 정신과 심리학적 차원―내적 깨달음의 차원―의 관계에 집중하도록 하겠다.

　생명의 새로운 차원이 출현하는 일은 차원들이 형성해내는 조건들의 배치에 달려 있다. 조건들의 배치에 따라 무기적인 영역에서 유기적인 것이 나타날 수 있게 된다. 무기적 영역에서 이루어지는 배치에 따라 자기-깨달음의 차원이 현실화될 수 있고 마찬가지로 심리학적 차원이 우세한 가운데 이루어지는 배치에 따라서 정신의 차원이 현실화될 수 있다. 어떤 차원이 현실화되는 일을 "가능하게 한다"와 그 일이 이루어지기 위한 "조건을 제공한다"라는 말은 이 진술에서 매우 중요하다. 물어야 할 것은 그 조건들이 제공되는 방식이 아니다. 그것은 하나님이 인도하는 창조성에서, 예를 들어 신적 섭리에서 이루어지는 자유와 운명의 상호작용에 관한 문제다. 오히려 물어야 할 것은 조건들의 배치에 따라 잠재적인 것이 현실화되는 방식이다.

　이 물음에 대답하기 위해서 우리는 이제 생명의 역동성 또는 역사적 차원을 예견적으로 고찰해야 한다. 최종적이면서 모든 것을 포괄하는 생명의 차원은 인간에게서만 온전히 현실화되는데 이는 현실화를 위한 조건들이 정신의 담지자인 인간에게만 현존해 있기 때문이다. 하지만 역사적 차원은—비록 다른 차원들이 우세한 상황일지라도—생명의 모든 영역에서 현현한다. 현실적 존재의 보편적 특징 때문에 생성이라는 범주는 생명의 철학이나 과정 철학에서 최상의 존재론적 범주로 격상되었다. 하지만 우리는 존재 범주야말로 이런 등급에 있다는 주장의 정당성을 부인할 수 없다. 왜냐하면 생성은 상대적 비존재를 포함하고 있으면서 이를 극복하는 반면 존재 자체는 절대적 비존재의 부정이기 때문이다. 생성은 무언가가 있음을 긍정한다. 실제로 이러한 긍정은 생성과 과정이 생명의 보편적 성질이라는 사실을 보호해준다. 하지만 "생성"과 "과정"이 생명 전체의 역동성을 살피는 관점으로 적합한지는 의심스럽다. 그 단어들에는 모든 생명의 특징인 어떤 함의, 즉 새로운 것의 창조라는 함의가 결여되어 있다. 이 함의는 역사적 차원과 관련하여 강하게 현존해 있는데 그 차원은 생명의 모든 영역에서—종속적으로라도—현실화된다. 역사는 새로운 것을 창조하는 차원이기 때문이다.

어떤 차원의 현실화는 우주의 역사 안에서 일어나는 역사적 사건이지만, 시간과 공간의 명확한 지점으로 지역화될 수 없는 사건이다. 은유적으로 말하자면, 차원들은 동일한 영역에서 오랜 기간 이행하면서 서로 갈등한다. 무기적인 것에서 유기적인 것으로, 식물에서 동물로, 생물학에서 심리학으로의 이행과 관련해서 이 사실은 분명하다. 이 사실은 심리학적 차원에서 정신 차원으로의 이행에도 해당된다. 만약 우리가 인간을 정신 차원이 우월한 유기체라고 정의한다면, 인간이 지구에 나타나는 명확한 지점을 확정할 수 없을 것이다. 정신 차원의 우월함을 불러일으키는 도약의 조건이 갖추어질 때까지 오랫동안 차원들의 투쟁이 동물의 몸 안에서 진행되고 있었다는 것은 매우 개연적인데 동물의 몸은 역사적 인간으로서의 우리와 해부학적으로나 생리학적으로 유사하기 때문이다. 하지만 우리는 한걸음 더 나아가야 한다. 언어가 있는 존재자들과 없는 존재자들을 예리하게 구분하게 했던 갈등과 동일한 종류의 차원들 사이의 갈등이 정신의 우월함의 기초를 묻는 영속적인 문제로서 모든 인간에게 이어지고 있다. 동물은 동물이 아닐 수 없듯이 인간은 인간이 아닐 수 없다. 하지만 인간은 정신의 우월함이 심리학적인 것의 우월함을 극복하는 그 창조적 행위를 부분적으로 놓칠 수 있다. 우리가 보게 되겠지만, 이것이 도덕적 문제의 본질이다.

이런 고찰들은 하나님이 진화 과정의 특정 순간에 특별한 행위를 통해서 "불멸의 영혼"을 그렇지 않아도 완벽했던 인간의 몸에 추가했고 이로써 이 영혼이 정신적 생명을 담지하게 되었다는 교설을 암묵적으로 거부한다. ("수준" 은유와 이에 상응하는 초자연주의적 인간론에 기초하고 있는) 이 관념은 생명의 다차원적 일치, 특히 심리학적인 것과 정신의 일치를 파괴하며, 따라서 인간적 인격성의 역동성을 완전히 파악할 수 없게 한다.

조건이 되는 심리학적 영역에서 정신을 분리하는 대신, 우리는 심리학적 요소들의 배치에서 정신의 행위가 발생하는 것을 묘사하고자 한다. 정신의 모든 활동은 기존의 심리학적 소재들을 전제하고 있으며 동시에 전체적으로 중심화된 자기, 다시 말해서 자유로운 자기만이 감행할 수 있는 도약을 구축한다.

정신과 심리학적 소재의 관계는 도덕적 행위뿐만 아니라 인지적 행위에서도 관찰할 수 있다. 인식을 추구하는 모든 사상은 늘 현존해 있는 의지적 요소와 감정적 요소와는 별개로 감각 인상과 의식적이고 무의식적인 과학 전통과 경험 및 의식적이고 무의식적인 권위에 기초하고 있다. 이 소재가 없으면 생각은 어떤 내용도 가질 수 없을 것이다. 하지만 이 소재를 인식으로 변형하기 위해서는 소재에 중요한 무엇이 더해져야 한다. 소재는 논리적 기준에 따라서 쪼개지고 환원되며 더해지고 연결되어야 하고 방법론적 기준들에 따라서 정밀해져야 한다. 이 모든 일은 인격적 중심에 의해서 수행되어야 하는데, 그 중심은 이 요소 중 개별적인 어떤 것과도 동일하지 않다. 그 중심이 심리학적 소재를 초월함으로써 인지적 행위가 이루어지는데, 그런 행위가 바로 정신의 현현이다. 우리는 인격적 중심이 심리학적 내용 중 어느 것과도 동일하지 않으며, 그것들에 더해지는 또 다른 요소도 아니라고 말했었다. 만약 동일한 것이라면, 그 중심 자체는 심리학적 소재가 될 뿐 정신의 담지자는 되지 못했을 것이다. 그렇지만 인격적 중심이 심리학적 소재들과 별개인 것도 아니다. 그것은 **그 소재들의** 심리학적 중심이지만 정신의 차원으로 변형된다. 심리학적 중심, 곧 자기-깨달음의 주체는 균형 잡힌 전체인 고등 동물의 생명 영역에서 활동하며, 유기적으로나 자발적으로 (하지만 기계적이지는 않게) 전체 상황에 의존하고 있다. 정신의 차원이 생명 과정을 지배하면, 심리학적 중심은 자신의 내용을 인격적 중심에 제공하여 일치시킨다. 이런 일은 심사숙고와 결정을 통해서 일어난다. 그렇게 하면서 그 중심은 자신의 잠재성을 현실화하지만, 그렇게 현실화하면서 자신을 초월한다. 이런 현상은 모든 인지 활동에서 경험된다.

동일한 상황이 도덕적 행동에서도 나타난다. 또 심리학적 중심에는—충동, 편향성, 욕망, 다소간의 강압적인 경향, 도덕적 경험, 윤리적 전통과 권위, 다른 사람과의 관계, 사회적 조건과 같은—많은 소재가 포함되어 있다. 하지만 도덕적 행위는 이 모든 화살표(vector)들이 서로를 제한하고 수렴하는 접점(diagonal)이 아니다. 그 행위의 요소들을 구별·분리·거부·선호·연결하고 또 이를 통해 그 요소를 초월함으로써 자기를 인격적 자기로 현실화하는 것은 바로 중심을 가진 자기다. 이런 일이 일어나게 되는 행위, 더 정확히 말해서 행위들의 전체적인 복합체에는 자유라는 특징이 있는데, 그 자유는 의지적 행동의 비결정성이라는 나쁜 의미의 자유가 아니라 심사숙고하고 결정하는 중심을 가진 자기의 전체적 반작용을 의미하는 자유다. 도덕적 행위에 개입하는 심리학적 소재들이 운명이라는 극을 드러내듯이 그런 자유는 운명과 연합되어 있다. 반면에 심사숙고하고 결정하는 자기는 자유와 운명의 존재론적 양극성을 따라서 자유라는 극을 드러낸다.

정신의 행위들에 관한 앞의 묘사로 인해서 정신과 심리학적인 것의 이원론적 대조는 반박되며, 정신을 정신이 발생했던 심리학적인 것으로 해소하는 일도 암묵적으로 반박된다. 다차원적 일치의 원리는 이원론뿐만 아니라 심리학적 (또는 생물학적) 일원론도 거부한다.

프리드리히 니체는 생명은 생명 자체 안으로 파고든다(cut into)고 말하면서 정신의 차원과 앞에서 거론된 생명의 차원들이 맺는 복잡한 관계를 잘 표현했다. 생명은 생명의 고통을 통해서 완성으로 이끌려 간다(『차라투스트라는 이렇게 말했다』).[6]

---

6   역주. 차라투스트라는 "이름 높은 현자들"에게 이렇게 말한다. "정신은 생명으로 파고드는 생명 자체다. 고통을 통해서 생명은 자신의 지식을 증가시킨다. 당신들도 이전에 그것을 알지 않았는가?"(역자 번역); Friedrich Nietzsche, 『차라투스트라는 이렇게 말했다』, 장희창 옮김(서울: 민음사, 2006), 181 참조.

d) 정신 차원의 규범들과 가치들

정신과 그 심리학적 전제들의 관계를 묘사할 때, "자유"는 정신이 심리학적 소재에 작용하는 방식과 관련해서 사용되었다. 생물학적·심리학적 운명의 한계 안에서 자유롭기 위해 정신이 종속되어야 하는 규범이 존재하는 경우에만 그런 자유가 가능하다. 자유와 타당한 규정에 종속되는 것은 하나이며 동일하다. 그래서 이런 물음이 제기된다. 이런 규범들의 원천은 무엇인가?

우리는 이 물음에 대한 세 가지 대답, 즉 실용주의적 대답, 가치론적 대답, 존재론적 대답을 구별할 수 있는데, 그 각각의 대답은 과거부터 현재까지 반복적으로 제시되어왔다. 그것들은 어떤 점에서는 서로 모순되지만, 서로 배제하지는 않는다. 존재론적 대답이 결정적이며 다른 두 가지 대답에 내포되어 있을지라도 각각의 대답은 해답에 이르도록 중요한 요소를 제공한다. 대답하는 자들이 이 사실을 깨닫고 있는지의 여부는 상관없다.

실용주의적 규범 추론에 따르면, 생명이 자체의 기준이다. 실용주의는 생명을 판단하고자 생명을 초월하지 않는다. 정신의 기준들은 정신의 생명에 내재되어 있다. 이 사실은 생명의 다차원적 일치라는 교설과 "수준" 은유를 거부하는 일과 일관적이다. 즉 생명의 규범은 생명의 외부에서 유래하지 않는다. 하지만 실용주의에는 생명의 개별적 표현이 어떻게 생명 전체의 규범이 될 수 있는지 설명할 방법이 없다. 실용주의적 방법이 윤리적 판단, 정치적 판단, 미학적 판단에 일관적으로 적용될 때마다 그 방법은 기준을 선택하는데, 그 기준은 더 높은, 결국에는 가장 높은 기준으로 측정되어야 할 기준일 뿐이다. 그리고 이 지점에 도달하게 되면, 분명하게 알지도 못한 채 존재론적 원리가 실용주의적 방법을 대체하게 된다. 존재론적 원리는 실용주의적으로 검사할 수 없다. 그것은 모든 검사의 기준이기 때문이다.

이 상황은 정신의 차원에 존재하는 규범들을 설명하는 가치론으로 명백하게 인식할 수 있다. 그 가치론은 현재의 철학 사상에서 높은 지위를 차지하고 있으며, 철학적이지 않고 심지어 대중적이기까지 한 사상에 크게 영향을 주었다. 그 이론의 큰 공헌은 타율적 신학이나 그런 종류의 형이상학에서 피난처를 찾지 않으면서 규범의 타당성을 확립하고자 해왔다는 것이다. 그런 형이상학의 붕괴 후 (로체[Lotze], 리츨, 신칸트주의자 등과 같은 사람들에 의해서) 그 가치론이 만들어졌다. 그들은 실용주의적 상대주의나 형이상학적 절대주의를 피하면서 **타당성**(Geltung)을 구원하고자 했다. 그들은 자신만의 "가치의 위계질서"를 따라서 **신성한**(sacred) 위계질서 없는 사회 규범을 확립하고자 했다. 하지만 그들은 다음과 같은 물음에 대답할 수 없었고 지금도 할 수 없다. 그런 가치들이 생명을 통제해야 한다고 주장하는 기초는 무엇인가? 그 가치들이 타당하다고 여겨지는 정신 차원의 생명 과정에 대해서 그 가치들은 얼마나 적절한가? 왜 생명, 곧 정신의 담지자는 그 가치들을 선호해야 하는가? 의무와 존재는 무슨 관계인가? 이 물음들 때문에 어떤 가치 철학자들은 존재론적 문제로 되돌아갔다.

실용주의적 해답은 재진술되고 수정되어야 한다. 정신 차원의 생명의 기준들이 생명 자체 안에 내포되어 있다는 것은 사실이다. 그렇지 않다면 그 기준들은 생명에 적절하지 않았을 것이다. 하지만 생명은 본질적 요소와 실존적 요소가 연합되어 있기 때문에 모호하다. 정신 차원의 생명의 규범이 이끌려 나오게 되는 원천은 인간과 인간의 세계에 있는 본질적인 것 또는 잠재적인 것이다. 존재의 본질적 본성, 스토아주의와 기독교가 **로고스**라 부르는 것에 의해 결정되는(*logos*-determined) 실재의 구조야말로 가치론이 지향하는 "가치들의 천국"이다.

하지만 이것이 수용되고 이윽고 존재론적 대답이 재진술되면, 다음과 같은 물음이 제기된다. 우리는 어떻게 이 "천국"에 이를 수 있는가? 우리는 어떻게 존재의 **로고스**-구조와, 인간과 세계의 본질적 본성을 알 수 있는가? 우리는 그것을 생명이라고 하는 (본질과 실존이-역자) 모호하게 혼합된 현현을 통해서만 알 수 있다. 이런 현현은 계시하기도 하고 은폐하기도 하기 때문에 모호하다. 정신의 차원에는 행위의 규범을 향해 곧바로 나아가는 확실한 길이 없다. 잠재적인 것은 부분적으로는 가시적이지만 부분적으로는 은폐되어 있다. 따라서 정신의 영역에 있는 규범을 구체적 상황에 적용하는 일은 모험이며 위기다. 그것은 용기를 필요로 하며 실패의 가능성을 받아들일 것을 요구한다. 생명의 창조적 기능에서 나타나는 과감함이라는 생명의 특징은 정신의 차원, 즉 도덕, 문화, 종교에도 해당된다.

B. 생명의 자기-현실화와 그 모호성들

근본적 고찰: 생명의 기본적 기능들과 그 기능들의 모호성의 본성

생명은 잠재적 존재의 현실화라고 정의된다. 모든 생명 과정에서 그런 현실화(actualization)가 일어난다. "행위"(act, action)와 "현실적"(actual)이라는 용어들은 중심의 의도적인 전진 운동(the centrally intended movement ahead), 곧 행동의 중심에서 벗어남을 의미한다. 하시만 이 벗어나는 운동은 중심을 상실하지 않는 방식으로 일어난다. 자기-동일성은 자기-변형에서도 남아 있다. 변형 과정에서 발생하는 **타자성**(alterum)은 중심에서 멀어지기도 하고 중심으로 되돌아가기도 한다. 그래서 우리는 생명 과정의 세 가지 요소, 즉 자기-동일성, 자기-변형, 자기로의 복귀를 구별할 수 있다. 잠재성은 우리가 생명이라고 부르는 과정 속에 있는 세 가지 요소를 통해서만 현실성이 된다.

생명 과정의 구조가 가진 이런 특징 때문에 생명의 첫 번째 기능, 즉 자기-통합을 인식하게 된다. 자기-통합에서 자기-동일성의 중심은 확립되고, 자기-변형으로 이끌려가며 변경된 자기의 내용과 함께 재확립된다. 모든 생명에는 중심성(centeredness)이 실재이자 과제로서 존재한다. 중심을 현실화하는 운동을 생명의 자기-통합이라 부를 것이다. "자기"라는 말은 생명 자체가 자기-통합의 모든 과정에서 중심을 지향함을 의미한다. 중심에서 변형을 거쳐 중심으로 되돌아가는 생명의 운동은 생명 아닌 어떤 것에 의해서도 일어나지 않는다. 생명 자체의 본성은 모든 개별적 생명 과정에서 수행되는 자기-통합의 기능을 통해 드러난다.

하지만 현실화 과정에는 자기-통합 기능만, 즉 중심에서 나가서 중심으로 되돌아오는 생명의 순환적 운동만 내포되어 있는 것이 아니다. 현실화 과정에는 새로운 중심을 생산하는 기능, 즉 자기-창조 기능도 내포되어 있다. 자기-창조 기능을 통해서 잠재적인 것을 현실화하는 생명의 운동은 수평 방향으로 전진한다. 자기-창조 기능에서도 자기-동일성과 자기-변형은 유효하지만, 자기-변형이 우세한 가운데 유효하다. 생명은 새로운 것을 지향한다. 생명은 중심이 있어야만 이런 일을 할 수 있는데 모든 개체적 중심을 초월하는 방식으로 이런 일을 한다. 성장의 원리가 자기-창조 기능을 결정하는데 그 성장은 자기-중심적 존재의 순환 운동 안에서와 이 순환을 넘어 새로운 중심을 창조하는 방식으로 이루어진다.

"창조"는 하나님과 우주의 관계를 묘사하는 중요한 상징어 중 하나다. 현대어에서는 "창조적", "창조성", 심지어 "창조"라는 단어가 인간(인간 이전의 존재), 행위, 제품에 적용된다. 그리고 생명의 자기-창조적 기능에 관해 말하는 것은 이런 유행과 일치한다. 물론 생명의 자기-창조성은 절대적 의미의 창조성이 아니다. 생명은 생명이 발원하는 창조적 근거를 전제로 한다. 그럼에도 우리가 정신(spirit)을 가지고 있다는 이유만으로 영 (Spirit)에 관해 말할 수 있듯이 창조적 힘이 우리에게 주어져 있다는 이유만으로 창조에 관해 말할 수 있다.

잠재적인 것이 현실화되는 세 번째 방향은 순환 방향, 수평 방향과 대조되는 수직 방향이다. 이 은유는 이른바 자기-초월 기능이라는 생명의 기능을 나타낸다. "자기-초월"이라는 용어 자체도 두 가지 다른 기능과과 연관해서 활용될 수 있을 것이다. 동일성에서 변경을 거쳐 동일성으로 되돌아가는 자기-통합은 중심을 가진 존재자 안에서 일어나는 일종의 내재적 자기-초월이며 모든 성장 과정에서 후속 단계는 이전 단계를 수평 방향으로 초월한 것이다. 하지만 이 두 경우에서 자기-초월은 유한한 생명의 한계 안에 남아 있다. 한 가지 유한한 상황은 다른 상황에 의해서 초월되지만, 유한한 생명이 초월되는 것은 아니다. 그러므로 이런 일을 하는―생명이 유한한 생명인 자신을 초월하는―생명의 기능을 위해서 "자기-초월"이라는 용어를 보존하는 것이 적합해 보인다. 그것은 **자기**-초월인데, 그 이유는 생명은 생명 아닌 것에 의해서는 초월되지 않기 때문이다. 생명은 생명의 본성에 따라 **그 자체로** 남아 있기도 하고 그 자체를 **넘어서기도** 하며 이 상황은 자기-초월 기능에서 나타난다. 자신을 넘어서는 생명의 이러한 상승이 명백해지는 방식과 관련하여, 나는 "숭고한 것을 향한 추동"(driving toward the sublime)이라는 말을 사용할 것을 제안한다. "숭고한", "숭고화", "숭고"라는 단어들은 위대한 것, 존엄한 것, 높은 것을 향해 "한계를 넘어가는 것"을 의미한다.

따라서 잠재적인 것이 현실화되는 생명 과정에서 우리는 생명의 세 가지 기능을 구별할 수 있다. 그 기능들은 중심성의 원리에 따른 자기-통합, 성장의 원리에 따른 자기-창조, 숭고의 원리에 따른 자기-초월이다. 자기-동일성과 자기-변경이라는 기본적 구조는 각각의 기능들에 작용하며 그 기능들은 존재의 기본적 양극성에 의존한다. 즉 자기-통합은 개체화와 참여의 양극성에, 자기-창조는 역동성과 형식의 양극성에, 자기-초월은 자유와 운명의 양극성에 의존한다. 그리고 자기-동일성과 자기-변경이라는 구조는 자기와 세계라는 기본적인 존재론적 상관관계에 뿌리를 두고 있다. (생명의 구조와 기능들이 존재론적 양극성들과 맺는 관계는 개별 기능들에 관한 논의에서 더 온전하게 다루어질 것이다.)

생명의 세 가지 기능은 자기-동일성의 요소와 자기-변경의 요소를 연합시킨다. 하지만 이 연합은 실존적 소외에 의해 위협받는데 실존적 소외는 생명을 어느 한쪽 방향으로 몰아가고 따라서 그 연합을 파괴한다. 이 파괴가 실현되는 정도에 따라 자기-통합은 분열에 의해 반박되고 자기-창조는 파괴에 의해 반박되며 자기-초월은 세속화에 의해 반박된다. 모든 생명 과정에는 모호성이 있는데, 모호성은 긍정적 요소로부터 부정적 요소를 확실하게 분리하는 것이 불가능할 정도로 두 요소가 혼합되어 있음을 의미한다. 즉 생명은 모든 순간 모호하다. 생명의 개별 기능들을 실존적 왜곡으로부터 분리하여 기능들의 본질적 본성에 관해서만 논의하는 것은 내 의도가 아니다. 나는 모호하게 현실화되는 생명의 개별 기능들에 관해 논의하고자 한다. 왜냐하면 생명은 본질적이지도 않고 실존적이지도 않고 모호하기 때문이다.

1. 생명의 자기-통합과 그 모호성

a) 개체화와 중심성

존재의 구조의 첫 번째 양극성은 개체화와 참여의 양극성이다. 그 양극성은 중심성의 원리를 통해 자기-통합 기능으로 표현된다. 중심을 가진 것은 나누어지지 않는 것이기에 중심성은 개체화의 성질을 의미한다. 그 은유를 이어가면, 중심은 나누어질 수 없는 한 점이다. 중심을 가진 존재자는 그 자체에서 다른 존재자를 발전시킬 수도 있고 전체에 속하는 어떤 부분들을 빼앗길 수도 있다. 하지만 중심 그 자체는 나누어질 수 없다. 그것은 파괴될 수 있을 뿐이다. 그러므로 완전히 개체화된 존재자는 동시에 완전하게 중심을 가진 존재자다. 인간의 경험이라는 한계 안에서 보면, 오직 인간만이 이 성질을 온전하게 가지고 있다. 다른 모든 존재자에서는 중심성과 개체화가 모두 제한되어 있다. 하지만 제한되어 있든 아니면 완전히 발전되어 있든 중심성과 개체화는 존재하는 모든 것의 성질이다.

"중심성"이라는 용어는 기하학적인 원에서 유래한 것인데, 한쪽에서 실행된 원인이 직간접적으로 다른 쪽에서 결과를 낳는 존재자의 구조에 은유적으로 적용된다. "전체" 또는 **게슈탈트**라는 단어들이 그런 구조를 가진 것에 적용되었다. 그리고 때로 이 용어들은 무기적 차원을 제외한 모든 차원에 적용되었다. 가끔은 무기적 차원도 포함되었다. 우리가 추종해 온 사상 계열은 더 포괄적인 해석에 도달했다. 개체화는 존재론적 극이기 때문에 보편적 의의가 있으며 그래서 중심성이 있다. 그 중심성은 살아 있는 개체적인 것들이 현실화되기 위한 조건이다. 하지만 이 때문에 "중심성"이라는 용어가 전체성 또는 **게슈탈트**보다 더 선호된다. 그것은 통합된 게슈탈트나 "전체"가 아니라 한 지점에서 나가고 돌아오는 과정만을 의미한다. 그 지점은 전체 안에 있는 어떤 특별한 장소로 특정될 수 없지만, 모든 생명 과정의 두 기본 운동의 방향이 나타나는 지점이다. 이런 의미의 중심성은 존재의 모든 차원의 통제를 받으며 실존하지만, 나가고 되돌아오는 과정으로서 실존한다. 왜냐하면 중심이 있는 곳에는 많은 공간을 포함하는 주변부, 비은유적 용어로 말하자면 다양한 요소들이 연합된 주변부가 있기 때문이다. 이것은 참여에 해당하며 개체화는 참여와 함께 양극성을 형성한다. 개체화는 나눈다. 가장 개체적인 존재자는 가장 접근하기 힘들 가장 외로운 존재자다. 하지만 동시에 그는 보편적 참여라는 가장 큰 잠재성을 가지고 있다. 그는 자기 세계와 교제할 수 있으며 자기 세계를 향한 **에로스**를 가질 수 있다. 이 **에로스**는 이론적일 수도 있고 실천적일 수도 있다. 그는 우주의 모든 차원에 참여할 수 있고 자신 안으로 우주의 요소들을 끌어들일 수도 있다. 그러므로 자기-통합의 과정은 중심과 중심 안으로 받아들여지는 다양성 사이에서 이루어진다.

통합에 관한 이러한 묘사에는 분열의 가능성이 내포되어 있다. 분열은 자기-통합에 도달하지 못하거나 이 통합을 보존하지 못함을 의미한다. 두 방향 중 한 방향만 있으면 실패한다. 또 그 실패는 제한된, 안정화된, 움직이지 않는 중심성을 극복할 수 없음을 의미하며, 그런 경우 그 중심은 존재하기는 하지만 내용을 변화시키거나 확장하는 생명 과정은 없는 중심이다. 따라서 그것은 단지 자기-동일성일 뿐인 죽음에 가깝다. 또 그 실패는 다양성이 가진 흩어버리는 힘 때문에 되돌아올 수 없음을 의미한다. 그런 경우 그 생명은 존재하기는 하지만, 그 생명의 중심성은 흩어지면서 약해지게 되고 생명의 중심을 완전히 상실할 위험─단지 자기-변형일 뿐인 죽음─에 직면하게 된다. 분열과 모호하게 혼합되어 있는 자기-통합 기능은 이러한 양극 사이에서 모든 생명 과정을 거치면서 작동한다.

b) 일반적인 자기-통합과 분열: 건강과 질병

중심성은 보편적 현상이다. 그것은 무기적 영역의 소우주적 차원뿐만 아니라 대우주적 차원에서도 나타나며 무기적 대상들과 만나는 일상적 영역에서도 나타난다. 그것은 원자와 별, 세포와 돌에서 나타난다. 그것은 예술가의 열정을 고무시키는 구조, 시적으로 말하자면 천체의 음악적 조화라는 피타고라스적 상징을 확증하는 구조를 만들어낸다. 이 때문에 모든 별뿐만 아니라 모든 원자와 돌에도 일종의 개체성이 부여된다. 그것들은 나누어질 수 없다. 그것들은 파괴될 수 있을 뿐이다. 그것들의 중심성은 해체되며 일치를 이루었던 부분들은 상실되어 다른 중심들로 이끌려 간다. 중심이 전혀 없는 무기적 존재의 영역을 상상해보면, 이런 사실들의 온전한 의미가 명확해질 것이다. 창조 신화에서 물은 혼돈의 상징이다. 소우주 분야와 대우주 분야 및 그 둘 사이에 있는 모든 것의 개체적 중심성이 창조의 "시작"이다. 하지만 자기-통합 과정은 분열의 힘에 의해 저지당한다. 즉 강압은 매력에 의해 저지당한다. (원심력과 구심력을 비교해보라.) (이상적으로 한 점으로의) 집중은 (이상적으로 무한한 주변으로의) 확장에 의해 저지당하고 섞임은 나뉨에 의해 저지당한다. 자기-통합과 분열의 모호성들은 이런 과정들에 영향을 주며 동일한 과정에서 동시에 영향을 준다. 통합하는 힘과 분열하는 힘은 모든 상황에서 갈등하고 있으며 모든 상황은 그 힘들이 타협한 결과다. 이로 인해 무기적 영역에서 역동적 특징이 발생하기 때문에 그 영역은 양적 용어만으로는 기술될 수 없다. 우리는 다음과 같이 말할 수도 있을 것이다. 여기서 "사물"이 완전히 조건에 의해 정해지는 것, 즉 어떤 종류의 "존재 그 자체"(being in itself)나 중심성이 없는 대상을 의미한다면, 자연 속 그 어떤 것도 사물이기만 한 것이 될 수 없다. 아마 인간만이 중심을 가진 대상들을 분해하고 그 조각들을 기술적 대상으로 삼아 재조립하여 "사물들"을 생산할 수 있을 것이다. 기술적 대상들에는 중심 자체가 없지만, 인간이 부여한 중심은 있다. (예를 들어, 컴퓨터 같은 것이 있다.) 무기적 영역과 그 차원들에 대한 이런 관점은 무기적인 것과 유기적인 것(및 심리학적인 것)의 분열을 극복하는 중요한 단계가 된다. 다른 모든 차원과 마찬가지로 무기적 차원 역시 생명에 속하며 무기적 차원은 생명 일반이 지닌 통합성과 발생할 수도 있는 분열을 보여준다.

자기-통합과 분열은 유기적인 것의 차원에서 가장 현저하게 나타난다. (전체 자연 과정의 그 어떤 지점에서 우리가 살아 있는 존재자에 관해 말하든지) 모든 살아 있는 존재자는 고유의 중심을 가지고 있다. 모든 살아 있는 존재자는 전체로서 반작용한다. 생명이 살아 있는 한, 그 생명은 자신 밖으로 나가서 자신에게로 되돌아오는 과정을 밟고 있다. 그것은 만났던 실재의 요소들을 흡수하고 그것들을 자신의 중심 전체에 동화시키거나 동화가 불가능할 경우 거부한다. 그것은 개체적 구조가 허용하는 한, 우주 공간으로도 나아가기도 하고 한계를 초과했을 경우나 다른 살아 있는 개별자가 되돌아가도록 강요할 경우 다시 되돌아온다. 그 생명은 연합하는 중심의 통제를 받으며 생명의 부분들을 균형적으로 발전시키고 어떤 부분에 의해 일치가 파괴되는 경향이 발생할 경우 다시 균형을 찾는다.

자기-통합 과정은 생명을 구축하는 요소지만, 분열과 지속적으로 갈등하면서 생명을 구축한다. 그리고 통합하는 경향과 분열하는 경향은 모든 순간 모호하게 혼합되어 있다. 동화되어야만 하는 낯선 요소에는 중심을 가진 전체 안에서 독립하려는 경향과 중심을 가진 전체를 파괴하려는 경향이 있다. 많은 질병, 특히 전염병은 유기체가 자기-동일성을 회복하지 못하는 것으로 이해할 수 있다. 질병은 낯선 요소들을 동화하는 데 실패하고 몰아내지 못하는 것이다. 하지만 질병은 중심을 가진 전체가 자기를 제한한 결과일 수도 있고 자기-변형으로 나아가는 위험을 회피하면서 자기-동일성을 유지하는 경향의 결과일 수도 있다. 생명의 연약함은 필수적인 운동, 바람직한 음식, 환경에 참여하는 일을 거부하는 것으로 드러난다. 유기체는 안전하기 위해서 자신을 유지하지만, 이것은 자기-통합이라는 생명 기능과 모순되기 때문에 그렇게 되면 유기체는 질병과 분열에 이르게 된다.

이런 질병관에 따르면, 우리는 생명이 분열되는 현상―예를 들어 분석적인 양적 계산법을 따르는 중심 없는 과정―이후에야 얻을 수 있는 생명 개념을 만들어내는 생물학 이론을 거부하게 된다. 자극-반응 이론은 생명 과학에서 중요한 기능을 담당하지만, 그 이론이 절대적 타당성을 가진 것으로 격상되면 오류에 빠진다. 중심 없는 계산 가능한 과정이 질병에 의해서 생산되든지(왜냐하면 그런 과정의 생산이 질병의 본질이기 때문이다) 아니면 실험 상황에서 인공적으로 생산되든지, 그 과정은 규범적인 자기-통합 과정과 대조된다. 그 과정은 건강한 생명의 모델이 아니라 분열하는 생명의 모델이다.

우리는 유기적인 것의 영역 속에서 열등한 생명 형식과 고등한 생명 형식을 구별할 수 있다. 모든 유기적 생명 형식들, 특히 고등한 형식들이 폭넓게 상징적으로 사용되기 때문에, 또 많은 자연주의자의 반대에도 불구하고 인간은 종종 가장 고등한 살아 있는 존재자라 불리기 때문에 신학적 관점에서 이 구별에 관해 말할 것이 있다. 무엇보다도 우리는 "가장 고등한 존재자"와 "가장 완전한 존재자"를 혼동해서는 안 된다. 완전함이란 한 존재자가 가진 잠재성이 현실화된 것을 의미한다. 그러므로 열등한 존재자가 잠재성을―거의 최고치로―현실화했다면, 그 열등한 존재자는 고등한 존재자보다 더 완전할 수 있다. 그리고 가장 고등한 존재자―인간―가 다른 존재자보다도 덜 완전할 수 있다. 인간은 자신의 본질적 존재를 현실화하는 일에 실패할 수도 있고 그 본질적 존재를 부정하고 왜곡할 수도 있기 때문이다.

그러므로 살아 있는 고등한 존재자일지라도 더 완전한 존재자인 것은 아니다. 오히려 서로 다른 정도의 열등함과 고등함이 있을 뿐이다. 그렇다면 이런 물음이 제기된다. 고등함과 열등함의 기준은 무엇이며 왜 인간은 가장 큰 불완전함에 책임이 있으면서도 가장 고등한 존재자인가? 그 기준으로 한쪽에는 중심의 명확함이라는 기준이 있고 다른 쪽에는 그 중심과 연합된 많은 내용이라는 기준이 있다. 생명의 차원들에서 고등한 등급과 열등한 등급을 가르는 기준은 바로 이것이다. 그 기준들을 따라 식물적 차원 위에 동물적 차원을 두게 된다. 그 기준들을 따라 내적 깨달음의 차원이 생물학적 차원보다 위에, 정신의 차원은 내적 깨달음의 차원보다 위에 자리 잡는다. 그 기준들을 따라 인간은 가장 고등한 존재자가 되는데 그 중심이 명확하고 그 내용의 구조는 모든 것을 포괄하기 때문이다. 다른 모든 존재자와 달리 인간은 환경만 가지는 것이 아니다. 인간은 세계, 즉 있을 수 있는 모든 내용의 구조적 일치를 가진다. 이 사실과 그 내포적 의미 때문에 인간은 가장 고등한 존재자가 된다.

중심의 명확함과 내용의 풍성함과 관련하여 보면, 생명의 자기-통합에서 결정적 단계는 동물의 영역 어딘가에서 자기-깨달음이 출현한 일이다. 자기-깨달음이란 존재자와 환경의 모든 만남이 그 만남을 깨닫는 개체 존재자에게 연결된 것으로 경험됨을 의미한다. 중심화시키는 깨달음에는 명확한 중심이 내포되어 있다. 동시에 그 깨달음에는 가장 발전된 전의식적(preconscious) 존재자가 가진 내용보다도 더 많은 내용이 내포되어 있다. 깨달음이 없으면 만남에는 오직 현재만 있을 뿐이다. 깨달음이 있으면 기억과 예견에 의해 과거와 미래가 개방된다. 기억된 것과 예견된 것의 격차가 매우 적을 수도 있지만, 그 격차가 동물의 생명에서 틀림없이 나타난다는 사실은 새로운 차원, 즉 심리학적 차원의 우월함을 보여준다.

심리학적 영역에서 이루어지는 생명의 자기-통합에는 자신으로부터 나갔다가 비매개적 경험을 통해 자신에게 되돌아오는 기본적인 운동이 포함되어 있다. 자기-깨달음의 차원에서 존재자의 중심은 "심리학적 자기"라고 불릴 수 있다. 이런 "자기"를 실존을 논할 수 있는 대상이나 살아 있는 존재자의 일부라고 오해하면 안 된다. 오히려 "내"가 깨달음의 모든 내용을 깨닫고 있는 한, "자기"를 그 모든 내용을 연결하는 어떤 지점으로 이해해야 한다. 이 중심에서 나가는 행위는 환경을 받아들이고 환경에 반작용함으로써 환경과 연결된다. 이것은 모든 실재가 개체화와 참여라는 기본적인 양극적 요소를 가지고 있음을 의미한다. 그리고 그것은 생물학적 영역, 무기적 영역에서 존재하는 긴장과 동일한 양극적 긴장의 지속이다. 자기-깨달음의 차원에서 그것은 만났던 실재를 인지하고 그 실재에 반작용하는 데 영향을 준다.

심리학적 영역과 그 영역에서 작동하는 생명의 기능들에 관해 논하는 일은 어렵다. 왜냐하면 인간은 일상적으로 정신의 차원과 일치하는 자기-깨달음의 차원을 경험하기 때문이다. 심리학적 자기와 인격적인 자기는 인간에게서 연합되어 있다. 꿈, 극도의 흥분 상태, 가수면 등의 특별한 상황에서만 부분적 분리가 일어날 뿐 심리학적인 것을 예리하게 구분하여 기술할 수 있을 정도의 분리는 결코 완전하게 일어나지 않는다. 이런 난점을 피하고자 동물 심리학의 방법으로 자기-깨달음의 차원에서 이루어지는 자기-통합 과정에 접근하기도 한다. 이런 접근법의 한계는 가장 고등한 동물들의 심리학적 자기에게도 감정 이입적으로 참여할 수 있는 인간의 능력에 있다. 예를 들어 인간은 심리학적 건강과 질병을 완전히 이해할 수 있다는 듯이 그런 동물들의 심리학적 자기에 참여한다. 과장된 불안이나 적대감처럼 동물에게서 나타나는 인공적으로 유도된 심리적 분열은 동물이 생물학적으로 표현되는 한 간접적으로만 관찰될 수 있다. 말하자면, 자기-깨달음은 생물학적 차원과 정신의 차원 양쪽에 다 있으며 직접적 관찰이 아니라 분석과 결론을 통해서만 접근할 수 있다.

이러한 한계를 의식하면서 우리는 이렇게 말할 수 있을 것이다. 건강과 질병의 구조, 심리학적 분야에서 나타나는 성공적인 자기-통합과 성공적이지 않은 자기-통합의 구조는 이전 차원들에서 작동하는 동일한 요소들인 자기-동일성을 지향하는 힘과 자기-변형을 지향하는 힘의 작동에 의존한다. 심리학적 자기는 동화시키지 못하는 무능력(즉 많은 수의 광범위하거나 강렬한 인상을 중심에서 통합하지 못하는 무능력)에 의해 파괴될 수도 있고, 지나치게 다양하거나 지나치게 대립적인 방향으로 자기를 이끌어가는 인상들의 파괴적 충격에 저항하지 못하는 무능력에 의해 파괴될 수도 있으며, 그런 충격을 빙자 개별적인 심리학적 기능들이 다른 기능들과 균형을 이루지 못하게 되는 무능력에 의해서 파괴될 수도 있다. 자기를 상실할 수도 있다는 심리학적 자기의 두려움 때문에 정반대의 혼란이 발생하기도 하는데, 그 결과 자기는 자극에 무관심하게 되며 어떠한 자기 변형도 외면하면서 자기-동일성을 죽은 형식으로 변형시켜버리는 마비 상태에 이르게 된다. 심리적 자기-통합과 분열의 모호성은 이 양극 사이에서 일어난다.

c) 정신의 차원에서 이루어지는 생명의 자기-통합: 도덕성 또는 인격적 자기의 구축

인간은 본질적으로 완벽한 중심을 갖추고 있지만, 자유와 운명을 통해 현실화할 때까지는 중심을 현실적으로 갖추지 못한다. 인간이 자신의 본질적 중심성을 현실화하는 행위가 도덕적 행위다. 도덕성은 정신 영역을 존재케 하는 생명의 기능이다. 도덕성은 정신의 구축적(constitutive) 기능이다. 그러므로 도덕적 행위는 어떤 신적이거나 인간적인 법에 순종하는 행위가 아니라 생명이 정신 차원에서 자신을 통합하는 행위이며 이것은 생명이 공동체 안에 있는 인격성(personality)임을 의미한다. 도덕성은 중심을 가진 자기가 자신을 한 인격으로 구축하는 생명의 기능이다. 그것은 잠재적인 인격적 생명 과정을 거쳐 현실적 인격이 만들어지는 그 전체 행위다. 그런 행위들은 인격적 생명에서 지속적으로 발생한다. 인격이 인격으로 구축되는 활동은 인간의 생명 과정 전체를 통해 결코 중단되지 않는다.

도덕성은 인간의 잠재적인 전체적 중심성을 전제하고 있으며 인간의 정신 차원의 생명은 그 중심성을 통해 현실화된다. "전체적 중심성"이란 자신과 직면하면서 세계를 가지는 동시에 자신이 그 세계에 일부로서 속하게 되는 상황이다. 이런 상황 때문에 자기는 앞의 차원에 속한 모든 존재자가 의존하며 속박당하고 있는 환경에서 해방된다. 인간은 환경 속에서 살지만 자신의 세계도 갖고 있다. 인간의 행동을 오직 인간의 환경과 연관해서 설명하는 이론들은 인간을 유기적인 것-심리학적인 것의 차원으로 환원하고, 인간을 정신 차원에 참여하지 못하게 하며, 따라서 어떻게 인간이 참이라고 주장되는 이론을 가질 수 있는지 설명하지 못한다. 환경 결정론 자체는 그런 이론의 한 예일 뿐이다. 하지만 인간은 세계, 즉 무한한 잠재성과 현실성으로 이루어진 구조를 갖춘 전체를 가지고 있다. 인간은 자신의 환경(이 가정, 이 나무, 이 인격)과 만남으로써 환경과 세계를 모두 경험한다. 더 정확하게 말하면, 인간은 자신의 환경이 되는 사물과 만남으로써 그리고 그런 만남을 통해서 세계와 만난다. 인간은 그들 자신의 단순한 환경적 특성을 초월한다. 그렇지 않으면, 인간은 완벽하게 중심을 가질 수 없을 것이다. 인간은 자기 존재의 어떤 부분을 통해서 자신의 환경의 일부가 될 것이며, 이 부분은 중심을 가진 자기에 속한 한 요소가 되지 못할 것이다. 하지만 인간은 자기 자신을 자기 세계의 모든 부분―여기에는 세계의 일부인 자신도 포함된다―과 대립시킬 수 있다.

이것이 도덕성과 일반적인 정신 차원의 첫 번째 전제다. 두 번째 전제는 여기에서 뒤따라 나온다. 인간은 자기 세계를 가지고 있으며 중심을 가진 자기로서 세계를 직면하기 때문에 물음을 물을 수 있고 대답과 명령을 받을 수도 있다. 이 가능성은 정신 차원의 유일무이한 특징인데 그 이유는 단지 주어져 있을 뿐인 것(환경)으로부터의 자유와 자유를 통해 도덕적 행위를 결정하는 규범이 모두 이 가능성에 내포되어 있기 때문이다. 앞서 보았듯이 이 규범은 환경이라는 실존적 조건을 이겨내는 실재와 자기 및 세계의 본질적 구조를 표현하며, 또 자유가 무조건적이거나 본질적인 타당성의 규범을 향해 개방되어 있음을 드러낸다. 규범은 존재의 본질을 표현한다. 그리고 자기-통합 기능의 도덕적 측면은 직면했던 세계의 본질에서 기인하는 명령에 순종하거나 불순종하는 전체적 행위다. 또 우리는 이렇게 말할 수 있다. 인간은 이런 명령에 반응할 수 있으며 이 능력으로 인해 인간은 책임을 질 수 있다. 모든 도덕적 행위는 책임지는 행위, 곧 타당한 명령에 대한 반응이지만, 인간은 반응하기를 거부할 수도 있다. 인간이 거부한다면, 그는 도덕적 분열의 힘에 굴복하는 것이다. 인간은 정신의 힘으로 정신에 맞서는 행위를 한다. 그는 결코 정신으로서의 자기를 제거할 수 없기 때문이다. 인간은 자신의 본질에 반하고 도덕을 반대하는 행위를 통해서도 자기 자신을 완벽하게 중심을 갖춘 자기로 구축한다. 이런 행위는 도덕적 중심을 해소하는 경향이 있을지라도 도덕적 중심성을 표현한다.

인격적 자기의 구축에 관한 논의를 이어가기 전에 의미론적 문제를 논하는 것이 유익할 것이다. "도덕"이라는 단어와 그 파생어에는 많은 나쁜 함의들이 축적되어왔기 때문에, 그것들을 긍정적인 의미로 사용하는 것이 불가능해 보인다. 도덕성은 도덕주의, 비도덕적인 성적 함의, 관습적 도덕 등을 연상시킨다. 이런 이유로 "도덕들"이라는 용어를 "윤리"라는 용어로 대체해야 한다는 제안이 (특히 대륙 신학에서) 있었다. 하지만 이 제안은 아무런 실제적 해답도 제공하지 못하는데, 그 이유는 금세 "도덕"의 부정적 함의들이 새로운 단어에 덧씌워질 것이기 때문이다. "도덕의 학문", 즉 정신의 도덕적 기능을 이론적으로 다루는 학문을 가리키는 "윤리"라는 용어와 그 파생어를 보존하는 것이 더 유용할 것이다. 물론 이것은 "도덕"이라는 용어가 18세기 이후 점차 왜곡되어온 부정적 함의로부터 해방될 수 있음을 전제하고 있다. 이전과 이후의 논의들은 이런 방향으로 작업하는 시도다.

도덕적 행위를 통해서 정신의 영역이 존재하게 되는데, 도덕적 행위는 명령을 받아들이고 그 명령에 순종하거나 불순종하는 자유를 전제한다. 이런 명령의 원천은 인간 자신 안에와 세계 안에 있는 인간의 도덕적 규범, 즉 인간이 만났던 실재의 본질적 구조다. 이 지점에서 첫 번째로 이런 물음이 제기된다. 어떻게 인간은 자신과 존재의 만남에서 당위를 깨닫게 되는가? 어떻게 인간은 도덕적 명령을 무조건적으로 타당한 명령이라고 경험하게 되는가? 현대의 윤리적 논의는 개신교와 칸트의 통찰에 근거하여 거의 만장일치로 다음과 같은 대답을 제시한다. 이미 인격이지만 아직 완성되지 않은(already and not yet) 인격과 이와 동일한 조건에 처해 있는 다른 인격의 만남 속에서 그 둘은 실제적 인격으로 구축된다. "당위"는 기본적으로 나-너 관계에서 경험된다. 또 이 상황은 다음과 같이 묘사될 수 있다. 자기의 세계를 직면하는 인간은 전체 우주를 중심을 가진 자기의 잠재적 내용으로 삼는다. 확실히 모든 존재자의 유한성 때문에 현실적 한계가 있지만, 세계는 인간에게 무한히 개방되어 있다. 모든 것은 자기의 내용이 될 수 있다. 이 사실은 소외 상태에서 끝없는 리비도가 존재할 수밖에 없는 구조적 기초를 이룬다. 그런 조건 때문에 인간의 욕망은 "전체 세계를 얻고자" 한다.

하지만 모든 내용을 자신 안으로 끌어들이는 인간의 시도에는 다른 자기라는 한 가지 한계가 존재한다. 우리는 심리학적 자기를 포함한 그의 유기적 기초 때문에 다른 자기를 종속시키거나 착취할 수 있다. 하지만 정신의 차원에서는 다른 자기를 종속시키거나 착취할 수 없다. 우리는 자기인 그것을 파괴할 수는 있지만, 그것을 자신의 중심성의 내용으로 동화시킬 수는 없다. 전체주의적 통치자의 그런 시도는 결코 성공할 수 없었다. 인격이고자 하며 인격으로 대우받고자 하는 한 인격의 주장을 누구도 묵살할 수 없다. 그러므로 다른 자기는 전체 세계를 동화시키려는 욕망에 무조건적 한계가 되며 당위, 도덕적 명령의 경험이 바로 그 한계다. 정신의 차원에서 자기를 노력적으로 구축하는 일은 이 경험과 함께 시작한다. 인격적 생명은 인격과 인격의 만남에서 드러나며 다른 방법으로는 드러나지 않는다. 만약 우리가 완벽하게 인간 공동체의 외부에 있으면서도 인간적인 심신상관적(psychosomatic) 구조를 가진 살아 있는 존재자를 상상할 수 있다면, 그런 존재자는 자신의 잠재적 정신을 현실화할 수 없을 것이다. 그것은 모든 방향으로 추동될 것이고 그 유한성에 의해서만 제한될 것이다. 하지만 그 존재자는 당위를 경험할 수는 없을 것이다. 그러므로 인격을 인격으로 구축하는 자기-통합은 공동체에서 일어나며 그 공동체 안에서는 중심을 가진 자기와 중심을 가진 자기 상호간의 지속적인 만남이 가능하며 또 그 만남이 현실화된다.

공동체 자체는 모든 영역에서 유비를 보여주는 생명 현상이다. 그것은 개체화와 참여의 양극성에 의해서 (모든 영역에 — 역자) 내포되어 있다. 한 극이 없으면 다른 극도 현실화되지 않는다. 자기-통합 기능에 해당되는 이 사실은 자기-창조 기능에도 해당된다. 그리고 개체화와 참여의 상호의존성을 거치지 않으면 생명의 자기-초월도 있을 수 없다.

중심성과 자기-통합에 관한 논의와 관련하여 참여와 공동체에 관한 논의를 이어갈 수 있을 것이다. 이를 통해 역사적인 차원에 속하는 묘사들을 예견하게 될 것이지만, 그런 예견은 생명 과정을 이해하는 데 위험할 수도 있다. 예를 들어 그것은 도덕적 원리는 인격성과 연관되는 방식과 동일하게 공동체와 연관되어 있다는 잘못된 가정을 지지할지도 모른다. 하지만 중심성의 구조를 포함하는 공동체의 구조는 인격성의 구조와 질적으로 다르다. 공동체에는 완벽한 중심성도 없고 완벽한 중심화와 일치하는 동일한 자유도 없다. 사회 윤리에서 혼란을 일으키는 문제는 공동체가 정신의 담지자인 개인들로 이루어지지만 공동체에는 중심을 가진 자기가 없기 때문에 공동체 자체란 존재하지 않는다는 것이다. 이런 상황을 인식하게 되면, 어떤 평화주의가 주장하는 것처럼 도덕적 명령을 받는 인격화된 공동체라는 개념은 불가능하다. 이렇게 고찰하면, 공동체와 관련된 생명의 기능들은 가장 포괄적인 차원, 즉 역사적 차원의 맥락에서 논의되어야 한다는 결론에 도달한다. 이 지점에서 논의할 것은 인격이 인격이 되는 방식에 관한 물음이다. 인격의 공동체적 성질을 고찰한다는 것은 공동체를 고찰한다는 의미가 아니다.

d) 인격적 자기-통합의 모호성: 희생의 가능성, 실재성, 모호성

자기-통합의 다른 형식들처럼 인격 역시 자기-동일성과 자기-변형이라는 양극 사이에서 움직인다. 통합은 양극의 균형이고 분열은 이 균형의 파괴다. 두 경향은 언제나 실존적 소외의 조건에서 일어나는 현실적 생명 과정에 작용한다. 인격적 생명은 본질적 중심성의 힘과 실존적 파괴의 힘 사이에서 모호하게 이끌려 나온다. 전자의 힘이나 후자의 힘 중 어느 하나만 우세한 그런 인격적 생명 과정의 순간은 없다.

유기적 영역과 심리학적 영역에서 그러하듯이 자기-통합 기능에서 나타나는 생명의 모호성은 어떤 존재자가 자신이 만났던 실재의 내용의 양과 질에 파괴당하지 않으면서 그 내용을 존재자의 중심 안으로 받아들여 일치시켜야 하기 때문에 발생한다. 인격적 생명은 언제나 누군가의 생명이다. 모든 차원에서 그러하듯이 중심성의 원리에 따르면 생명은 어떤 개체적 존재자의 생명이다. 나는 내 생명, 당신의 생명, 우리의 생명에 관해 말하고 있다. 모든 것—내 몸, 내 자기-깨달음, 내 기억과 예견, 내 인지와 사고, 내 의지와 감정—은 내게 속한 내 생명에 포함되어 있다. 이 모든 것은 중심에서 일치를 이루는데 그 일치가 곧 나다. 나는 나감으로써 이 내용을 증가시키고자 하고, 되돌아와 바로 나인 중심에서 일치를 이룸으로써 이 내용을 보존하고자 한다. 이런 과정을 거치면서 나는 수많은 가능성과 만나는데, 그 각각의 가능성을 수용하는 것은 자기-변형을 의미하며, 수용만 하다 보면 결국 파괴의 위험에 직면하게 된다. 지금의 나라는 실재를 위해서 나는 많은 가능성을 자기라는 내 중심의 외부에 간직해야 할 수도 있고, 또는 자기라는 내 중심을 확장하고 강화할 수도 있는 어떤 것을 위해서 나는 지금의 나를 포기해야 할 수도 있다. 그래서 내 생명의 과정은 가능한 것과 실재적인 것 사이에서 요동하며 이것을 위해서 저것을 포기할 것을 요구한다. 그런 희생이 모든 생명의 특징이다.

모든 개체는 본질적 잠재성을 가지고 있으며 잠재적인 것이 현실적인 것이 되는 일반적 운동을 따라서 본질적 잠재성을 현실화하는 경향이 있다. 이 잠재성 중 몇몇은 구체적인 가능성의 단계에 결코 이르지 못한다. 즉 역사적·사회적·개체적 조건들에 의해서 가능성이 심각하게 손상된다. 인간적 잠재성이라는 관점에서 보면, 중부 아메리카 지역의 인디언은 북미의 대학생과 동일한 잠재성을 가지고 있지만, 그 잠재성을 현실화할 수 있는 동일한 가능성을 가지고 있는 것은 아니다. 그도 역시 실재를 위해서 가능성을 희생해야 할 수도 있고 그 반대일 수도 있지만, 그의 선택은 훨씬 더 제한적이다.

이런 상황을 예증하는 본보기들은 매우 많다. 우리는 실제적이거나 실재가 될 수도 있는 관심들을 위해서 가능성 있는 관심들을 희생해야 한다. 우리는 우리가 선택한 사역과 소명을 위해서 가능성 있는 사역과 소명을 포기해야 한다. 우리는 실제적 관계를 위해서 가능성 있는 인간적 관계나 가능성 있는 인간적 관계를 위해서 실제적 관계를 희생해야 한다. 우리는 우리의 생명을 일관적이지만 자기-제한적으로 만들어가는 것과 일관성과 방향을 상실하더라도 가능한 한 많은 한계를 돌파하는 것 사이에서 선택해야만 한다. 우리는 부유함과 가난 사이에서와 특별한 종류의 부유함과 특별한 종류의 가난 사이에서 지속적으로 선택해야 한다. 어떤 측면에서 또는 많은 측면에서 가난하게 남겨지는 것을 불안해하기 때문에 우리가 지향하는 생명의 부유함이 있다. 하지만 이 부유함은 그 불안과 우리를 공정하게 다루는 우리의 힘을 능가할 수도 있으며, 그때 그 부유함은 공허한 반복이 될 수도 있다. 만약 그 결과 그 반대의 불안, 즉 생명 과정 속에서 자신을 상실하는 불안으로 인해 부유함을 부분적으로 유보하거나 완전히 거부하면, 가난은 공허한 자기-관계성이 된다. 인격적 자기라는 중심에서 서로 다른 많은 경향은 일치를 이루는데, 그 각각의 경향에는 중심을 지배하려는 경향이 있다. 우리는 벌써 심리학적 자기와 연관해서 이 사실을 언급했으며 강제의 구조를 제시했다. 자기-통합의 모호성이 정신의 차원에도 동일하게 현존해 있다. 그것은 보통 인격적 중심에서 일어나는 가치들의 투쟁으로 묘사된다. 존재론적 용어로 하면, 그것은 실존하는 자기에서 일어나는 본질들의 갈등이라 할 수 있다. 수많은 윤리적 규범 중 어느 하나가 세계와 만나는 경험에 의해 강화되고, 인격적 중심을 사로잡으며, 중심에서 일치를 이루었던 본질들의 균형을 뒤흔든다. 이로 인해 강력하지만 편협한 도덕성을 가진 인격은 자기-통합에 실패할 수 있다. 그것은 마치 지배하는 윤리적 규범과 억압받는 윤리적 규범 사이에서 파괴적인 갈등이 일어나는 것과 같다. 희생의 모호성은 정신의 도덕적 기능에서도 명백하게 나타난다.

생명의 자기-통합에는 실재성을 위해서 가능성을 희생하는 일 또는 가능성을 위해서 실재성을 희생하는 일이 정신 차원에서는 불가피한 결정으로 포함되어 있고 그 외의 모든 차원에서는 불가피한 과정으로 포함되어 있다. 공통적 판단에 따르면, 희생은 모호하지 않게 선하다. 기독교 상징 체계에 따르면 하나님이 직접 희생을 하는데 기독교에서 희생 행위는 어떠한 모호성도 초월하는 것처럼 보인다. 하지만 신학 사상들과 참회의 실천에서 잘 알려져 있듯이 이것은 사실이 아니다. 그 사상과 실천은 모든 희생이 도덕적 위기이고 영웅적 희생 같아 보이는 것이 숨겨진 동기들로 인해 의문스러워진다는 점을 알고 있다. 이것은 희생이 없다는 말이 아니다. 도덕적 생명은 희생을 지속적으로 요구한다. 하지만 희생이 위기이며 희생이란 모호하지 않게 선한 것이라서 양심이 편안하게 의지할 수 있는 것이 아니라는 사실을 깨달으면서 그 위기를 받아들여야 한다. 위기 중 하나는 가능성을 위해서 실재성을 희생할지 아니면 실재성을 위해서 가능성을 희생할지를 결정하는 것이다. "불안한 양심"은 가능성보다 실재성을 선호하는 경향이 있다. 실재성은 적어도 친숙한 반면, 가능성은 알지 못하는 것이기 때문이다. 하지만 중요한 가능성을 희생하는 도덕적 위기는 중요한 실재성을 희생하는 도덕적 위기만큼이나 큰 것일 수 있다. 또 희생의 모호성은 "무엇이 희생되어야 하는가?"라는 물음을 물을 때 드러난다. 희생할 만한 가치가 있는 자기가 없다면, 자기-희생은 무가치할 수 있다. 자기를 희생하는 이유였던 다른 자기나 원인이 그 희생을 통해 아무것도 받지 못할 수도 있고, 희생하는 자가 그 희생을 통해 도덕적 자기-통합을 이루지 못할 수도 있다. 그는 약자가 강자에게 희생을 감내하며 양도했던 힘만을 획득할 수도 있다. 하지만 "희생된 자기가 가치 있는 것이라고 한다면, 희생의 목적이 된 그것은 희생을 받을 만한 가치가 있는 것인가?"라는 물음이 제기된다. 희생의 원인이 악할 수도 있고 희생을 제공받는 인격이 이기적 착취를 목적으로 희생을 활용할 수도 있다. 따라서 희생의 모호성은 생명의 자기-통합 기능의 모호성을 결정적이고 포괄적으로 표현한다. 그 모호성은 본질적 요소와 실존적 요소가 혼합된 인간의 상황과 그 요소들을 선과 악으로 명확하게 분리할 수 없음을 보여준다.

e) 도덕법의 모호성: 도덕적 명령, 도덕적 규범, 도덕적 동기

규범들의 갈등 및 다른 규범을 위해서 어떤 규범의 희생을 감수해야 할 필요성 등을 논의하면서 인격적 자기-통합의 모호성이 도덕법의 궁극적 특징임을 보여주었다. 도덕성은 정신의 구축적 기능이기 때문에, 그 본성을 분석하고 그 모호성을 증명하는 일은 정신과 인간의 곤경을 이해하는 데 중요하다. 확실히 그런 연구를 통해 우리는 현재의 논의를 하나님과 인간의 관계에서 그 법이 가지는 의미에 대한 성서적 판단과 고전 신학적 판단에 연결할 수 있다. 정신의 세 가지 기능―도덕, 문화, 종교―은 이곳과 뒤에서 각각 다루어질 것이다. 이 일이 이루어지고 나서야 그 기능들의 본질적 일치, 현실적 갈등, 이루어질 수 있는 재연합이 고찰될 것이다. 그 기능들은 그 각각의 기능을 초월하는 것, 즉 새로운 실재 또는 신적인 영에 의해서만 재연합될 수 있기 때문에 이런 순서가 필요하다. 인간의 생명에서 현실화되는 정신 차원에서는 재연합이 불가능하다.

도덕법의 세 가지 주요 문제―도덕적 명령의 무조건적 특징, 도덕적 행동의 규범들, 도덕적 동기―가 윤리적 연구와 직면한다. 정신 차원에서 나타나는 생명의 모호성은 세 가지 모든 문제에서 나타난다.

우리가 보았듯이 도덕적 명령은 실존적 소외의 상태를 극복하는 우리의 본질적 존재를 제시하기 때문에 타당하다. 이런 이유로 도덕적 명령은 범주적이며 그 명령의 타당성은 외적 혹은 내적 조건에 의존하지 않는다. 도덕적 명령은 모호하지 않다. 하지만 이 비모호성은 구체적인 것과 아무런 연관이 없다. 그 비모호성은 도덕적 명령이 있다면 그것은 무조건석임을 의미할 뿐이다. 이후 "도덕적 명령이 있는가, 어디에 있는가?"라는 물음이 제기된다. 우리의 첫 번째 대답은 다음과 같다. 다른 인격과의 만남에는 그를 인격으로 인정해야 한다는 무조건적 명령이 내포되어 있다. 기본적으로 그 도덕적 명령의 타당성은 그런 만남에서 경험된다. 하지만 이 대답은 어떤 종류의 만남이 그런 경험을 제공하는지 말해주지 않으며, 이 물음에 대답하기 위해서는 규정적인(qualifying) 묘사가 필요하다. 실제로는 (군중 속에 함께 걷기, 신문에서 사람들 소식 읽기와 같은) 수많은 비인격적 만남이 있는데, 이러한 만남은 잠재적으로는 인격적이지만 결코 현실화되지 않는다. 잠재적으로 인격적인 만남에서 현실적인 만남으로 이행하는 장(field)에는 셀 수 없이 많은 모호성이 존재하며, 그중 많은 모호성으로 인해 우리는 고통스러운 결정을 하게 된다. 그 모든 문제가 담겨 있는 "누가 내 이웃인가?"라는 물음은 선한 사마리아인 이야기를 통해 예수가 제시한 **한 가지** 대답에도 불구하고[7]—더 정확하게 말하자면, 그 대답 때문에—타당하게 남아 있다. 이 대답은 "다른 인격을 인격으로 인정한다"는 추상적 개념이 다른 인격에 참여한다는 개념으로만 구체화될 수 있음을 보여준다. (참여 개념은 개체화와 참여의 존재론적 양극성에서 나온 것이다.) 참여가 없으면 우리는 "다른 자기"의 의미를 알지 못할 것이다. 사물과 인격의 차이를 식별하는 어떠한 감정 이입도 불가능할 것이다. 나-너 만남에 대한 묘사에서 나오는 "너"라는 단어조차도 사용할 수 없을 것이다. 왜냐하면 그 단어에는 참여가 내포되어 있으며 이 참여는 우리가 누군가를 인격으로 언급할 때마다 현존해 있기 때문이다. 그래서 우리는 이렇게 물어야만 한다. 도덕적 자기를 구축하고 무조건적인 타당성을 가진 참여는 어떤 종류의 참여인가? 분명히 그것은 나 자신의 개별적 특질을 가지고서 다른 자기의 개별적 특질에 참여하는 것이 아닐 것이다. 이런 것은 공감이나 반감, 우정이나 적대에 이를 수도 있었던 두 가지 개별성이 어느 정도 성공적으로 모이는 수렴점일 뿐이다. 이것은 우연의 문제이고 우연은 도덕적 명령을 구축하지 않는다. 도덕적 명령은 비록 두 개인 사이에 수렴점이 없을지라도 어떤 자기가 다른 자기의 중심에 참여하고 결국 다른 자기의 개별성을 수용할 것을 요구한다. 다른 자기의 인격적 중심에 참여하여 다른 자기를 수용하는 것은 신약성서의 용어인 **아가페**적 사랑의 핵심이다. 도덕적 명령의 무조건적 특징은 인격과 인격의 만남에서 경험된다는 예비적인 형식적 내답을 이세 내용적 대답으로 체현한다. 그 내용적 대답

---

7   역주. 눅 10:25-37.

은 **아가페**가 정언명령에 구체성을 제공한다는 것과 인격과 정신적 생명의 토대에 중심성을 제공한다는 것이다.

도덕법의 궁극적 규범인 **아가페**는 형식과 내용의 구별을 초월한다. 하지만 **아가페**의 내용적 요소 때문에 이 주장은 도덕법의 모호성을 드러내는데, 바로 "사랑의 법"[8]이라는 용어에서 그렇게 드러난다. 문제를 이런 식으로 정리할 수 있다. 다른 자기의 중심에 참여하는 것은 그의 개별적 특질에 참여하는 것 혹은 그 특질을 거부하는 것과 무슨 관련이 있는가? 그것들은 서로를 지지하거나 배척하거나 제한하는가? 예를 들어 무엇이 **아가페**와 리비도의 본질적 관계이고 무엇이 실존적 관계인가? 그리고 도덕적 행동에서 두 관계가 혼합되어 있음은 궁극적 규범으로서의 **아가페**의 타당성과 관련해서 무엇을 의미하는가? 도덕법의 타당성과 관련된 도덕법의 모호성을 보여주기 위해서 이런 물음들이 제기될 수 있다. 동시에 그 물음들은 그 내용—현실적 계명들—과 관련된 도덕법의 모호성을 묻는 물음으로 귀결된다.

도덕법의 계명들은 인간의 본질적 본성을 표현하고 인간의 본질적 존재를 실존적 소외 상태의 인간과 대립시킨다는 점에서 타당하다. 이런 이유로 다음과 같은 물음이 제기된다. 본질적 요소와 실존적 요소의 모호한 혼합이라는 생명의 특징에도 불구하고 도덕적 자기-통합은 어떻게 가능할 수 있는가? 우리는 이렇게 대답한다. **아가페**적인 사랑으로! 비록 형식적일지라도 사랑에는 궁극적 정의라는 원리가 포함되어 있으며 사랑은 구체적인 상황 속에서 그 원리를 계속 변경하며 적용한다.

이 해답은 도덕법의 내용에 관한 물음에서 결정적이다. 그렇지만 이

---

8   역주. 약 2:8.

해답은 두 방향에서 공격받을 수 있다. 우리는, 예를 들어 칸트에게서 나타난 것과 같은 순수한 형식주의 윤리학을 옹호하면서 궁극적 원리로서의 **아가페**를 거부할 수도 있다. 왜냐하면 **아가페**는 무조건적인 타당성을 결여한 모호한 결정으로 귀결되기 때문이다. 하지만 현실적으로 칸트조차도 자신이 의도했던 철저한 형식주의를 유지할 수 없었고 도덕적 명령에 관한 그의 설명은 그가 기독교와 스토아주의의 자유주의적 계승자임을 보여주었다. 언제나 형식에는 내용에서 추상화된 흔적이 남아 있기 때문에 철저한 윤리적 형식주의는 논리적으로 불가능해 보인다. 이런 환경에서는 형식을 추상화했던 내용에 이름을 붙이면서도 철저한 순수 형식과 구체적 내용을 결합하는 원리들을 정식화하는 일이 더 실재적이다. 그 원리가 모호하게 적용될지라도 이것이 바로 **아가페**의 역할이다.

도덕법의 내용은 역사적 조건을 따른다. 이런 이유 때문에 칸트는 윤리적 규범을 모든 구체적 내용으로부터 해방시키고자 했으며—반대로—대부분의 자연주의 형식들은 도덕적 행위의 절대적 원리를 거부했다. 그 원리에 따르면, 도덕적 명령의 내용은 생물학적 필연성과 심리학적 필연성에 의해서 결정되거나 사회학적 실재와 문화적 실재에 의해서 결정된다. 그래서 절대적인 윤리 규범은 불가능하며 오직 계산적인 윤리적 상대주의만이 허용된다.

윤리적 상대주의의 진리는 도덕법이 모호하지 않은 계명을 일반적 형식이나 계명의 구체적 적용을 통해서 제시할 수 없다는 사실에 있다. 모든 도덕법은 유일무이하고 완전히 구체적인 상황과 연관되었을 때 추상적이다. 이 사실은 자연법이라 불리는 것과 계시법이라 불리는 것에도 해당된다. 자연법과 계시법의 이러한 구별은 윤리적으로 부적절하다. 고전적인 개신교 신학에 따르면, 산상수훈의 계명뿐 아니라 십계명은 자연법,

곧 "사랑의 법"의 재진술이기 때문이다. 그러한 법이 부분적으로 망각되거나 부분적으로 왜곡된 시대 이후에도 말이다. 그 계명들의 실체는 자연법, 또는 우리 식으로 표현하자면 실존적 소외 상태의 인간에 맞서 있는 인간의 본질적 본성이다. 만약 계명으로 정식화되면 결코 이 법은 개별적이면서도 시의적절한 결정이 될 수 없다. 이 법과 관련해서 말하자면, 계명은 특별한 상황에서 주로 금지라는 형식으로 옳을 수 있지만, 바로 그 금지 형식 때문에 다른 상황에서는 틀릴 수 있다. 모든 도덕적 결정은 진술된 도덕법에서 부분적으로 해방될 것을 요구한다. 모든 도덕적 결정은 위기다. 왜냐하면 그 결정으로 인해서 사랑의 법, 즉 다른 사람과의 만남에서 등장하는 무조건적 요구가 성취될 것이라는 보장이 없기 때문이다. 위기는 수용되어야 하지만, 받아들여질 경우 다음과 같은 물음이 제기된다. 이런 조건에서 인격적 자기-통합에 도달하는 것이 어떻게 가능할 수 있는가? 인간의 도덕적 생명과 그 모호성이 존재하는 영역에서는 이 물음에 대한 대답을 찾을 수 없다.

윤리적 내용과 관련된 도덕법의 모호성은 도덕법을 적용하는 개별적 예들뿐만 아니라 도덕법에 관한 추상적 진술에서도 나타난다. 예를 들어 십계명의 모호성은 다음과 같은 사실, 즉 그 계명들은 그 보편적 형식에도 불구하고 이스라엘 문화와 또 그 주변 문화에서 이스라엘 문화가 발전했다는 사실에 의해서 역사적 조건을 따른다. 예수의 윤리적 진술을 포함한 신약성서의 윤리적 진술은 로마 제국이라는 조건과 사회적이고 정치적인 실존의 문제에서 개인이 철저히 배제되었다는 조건을 반영하고 있다. 그리고 이 상황은 교회사의 모든 시대에서 반복되었다. 윤리적 물음과 대답은 변했고 인간 역사의 모든 시대에 있었던 모든 대답이나 도덕법에 관한 진술은 모호하게 남아 있다. 인간의 본질적 본성과 그 본성을 표현하는 **아**

가페라는 궁극적 규범은 생명 과정에서 은폐되기도 하고 드러나기도 한다. 인간의 창조된 본성과 그 본성의 역동적 잠재성에 다가가는 모호하지 않은 접근법이 우리에게는 없다. 우리에게는 계시적 경험들을 통한 간접적이고 모호한 접근법만 있을 뿐이고, 그 계시적 경험들은 모든 민족의 윤리적 지혜의 바탕을 이루고 있다. 하지만 그 경험들은 계시적일지라도 모호하지 않은 것은 아니다. 모든 계시는 인간의 수용이라는 측면 때문에 인간의 행위와 관련해서 모호한 것이 된다.

이런 고찰들의 실천적 결과는 도덕적 양심이 우리에게 하라고 또는 하지 말라고 명령할 때 그 양심이 모호해진다는 것이다. 수많은 역사적이고 심리학적인 사례들을 보았을 때, 우리는 "잘못을 범하는 양심"(erring conscience)이 있다는 사실을 부인할 수 없다. 전통과 혁명, 율법주의와 자유, 권위와 자율의 갈등으로 인해서 "양심의 소리"에만 의존하는 것은 불가능하다. 자신의 양심을 따르는 것은 위기다. 양심에 반대하는 것은 더 큰 위기다. 하지만 양심을 따르는 것이 불확실하면 바로 이 더 큰 위기가 나타난다. 그러므로 자신의 양심을 따르는 것이 더 안전할지라도 그 결과는 끔찍할 수도 있고, 양심의 모호성을 드러낼 수도 있으며, 도덕적 확실성을 요구하게 될 수도 있다. 그 확실성은 시간적 생명 안에서 오직 단편적으로만, 그리고 예견을 통해서만 주어진다.

아가페의 원리는 도덕적 명령의 무조건적 타당성을 표현하며 모든 윤리적 내용에 궁극적 규범을 제공한다. 그런데 또 세 번째 기능이 있다. 그 원리는 도덕적 동기화의 원천이 된다. 그것은 필연적으로 명령하고 위협하며 약속한다. 그 이유는 그 법의 완성이 곧 자신의 본질적 존재와의 재연합, 또는 중심을 가진 자기의 통합이기 때문이다. 바울이 말했듯이 법은 "선하다."[9] 하지만 바로 이 지점에서 가장 깊고 위험한 모호성이 나타나는데, 그 모호성은 바울, 아우구스티누스, 루터를 혁명적 경험으로 내몰았던 모호성이다. 법은 인간이 자기로부터 소외되었음을 표현한다. 잠재성이기만 한 것 또는 창조된 순결 상태에서는 법이 없다. 왜냐하면 인간은 자신이 속해 있는 것, 곧 자기 세계와 자기 자신의 신적 근거와 본질적으로 연합되어 있기 때문이다. 잠재성의 상태에서는 당위와 존재가 동일하다. 실존에서는 그 동일성이 깨지고 모든 생명 과정에서는 당위와 존재의 동일성과 비동일성이 혼합된다. 그러므로 법에 대한 순종과 불순종이 혼합된다. 법에는 부분적 성취를 추동하는 힘이 있지만, 그렇게 하면서도 법은 또 저항한다. 왜냐하면 법은 본성적으로 우리가 완성 상태에서 분리되어 있음을 확증하기 때문이다. 그 법은 하나님, 인간, 자기 자신에 대한 적대감을 낳는다. 이로 인해 우리는 법에 대해서 서로 다른 태도를 갖게 된다. 법에는 동기화하는 힘이 있기 때문에 우리는 법이 우리의 본질적 존재와의 재연합, 즉 정신 영역에서 생명의 완벽한 자기-통합을 생산할 수 있다는 자기-기만에 이르게 된다. 이 자기-기만은 의인이라 불리는 나쁜 자들, 바리새인, 청교도, 경건주의자, 도덕주의자, 선의지를 가진 사람 등에게서 두드러지게 나타난다. 그들은 **의로우며** 존경받을 만하다. 제한적으로 그들은 중심을 잘 갖추고 있으며 자기 확신이 있고 주도적이다. 그들은 말로 판단을 표현하지 않을 때도 판단을 드러내는 사람들이다. 그러나 바로 그 의로움 때문에 종종 그들은 그들이 만나는 자들, 그들의 판단을 받는 자들의 분열에 책임이 있다.

    법에 대한 다른 태도, 아마도 대부분의 사람이 취하는 태도는 법의 동

---

9   역주. 롬 7:12.

기화하는 힘이 제한적이라는 사실과 법은 당위와의 완전한 재연합을 이룰 수 없다는 사실을 체념적으로 수용하는 것이다. 사람들은 법의 타당성을 부인하지 않는다. 그들은 반율법주의에 빠지지 않는다. 그래서 그들은 계명들과 타협한다. 이것은 법에 순종하고자 하고 완성과 미완성 사이에서, 제한적 중심성과 제한적 분산 사이에서 요동하는 자들이 취하는 태도다. 그들은 관습적인 적법성이라는 의미에서는 선하다. 그리고 그들이 단편적으로 이룬 법의 완성 때문에 사회적 삶은 가능하다. 하지만 의인들의 선함과 마찬가지로 그들의 선함은 모호하다. 더 적은 자기-기만과 더 적은 도덕적 교만이 있을 뿐이다.

법에 대한 세 번째 태도도 있는데, 그것은 법의 타당성에 대한 철저한 수용과 법의 동기화하는 힘에 대한 완벽한 절망을 결합하는 것이다. 이 태도는 "의인"이 되고자 하고 또 타협 없이 무조건적으로 진지하게 법을 완수하고자 하는 열정적인 시도 이후에 나타난다. 만약 이러한 열망 이후에 실패를 경험하면, 중심을 가진 자기는 의지(willing)와 행위(doing)의 갈등 때문에 파괴될 것이다. 우리는 인격적 결정들의 무의식적 동기들이 계명에 의해 변형되지 않는다는 사실을 알고 있다. 이 사실은 현대 분석 심리학에 의해 재발견되었고 방법론적으로 서술되었다. 법의 동기화하는 힘은 무의식적 동기들에 의해서, 때로는 직접적 저항에 의해서, 때로는 합리화 과정에 의해서 그리고—사회적 영역에서 이루어지는—이데올로기의 생산에 의해서 저지된다. 신적인 법의 동기화하는 힘은 바울이 "우리 지체들 속에 있는 법"[10]이라 했던 것의 저항으로 좌초당한다. 또한 이 사실은 법 전체를 **아가페**의 법으로 환원할지라도 변하지 않는다. 왜냐하면 (하나

---

10   역주. 롬 7:23.

님, 인간, 자기 자신을 향한) **아가페**가 우리에게 법으로 부여될 경우, 그 법을 성취하는 것이 불가능하다는 사실은 어떠한 개별적 법의 경우보다도 더 명확할 것이기 때문이다. 우리는 이 상황을 경험하고 법을 초월함으로써 법을 완성하는 도덕성, 즉 법이 아니라 재연합하고 통합하는 새로운 실재로서 인간에게 주어지는 **아가페**를 요청하게 된다.

2. 생명의 자기-창조와 그 모호성

a) 역동성과 성장

존재의 구조에 존재하는 두 번째 양극성은 역동성과 형식의 양극성이다. 그 양극성은 자기-창조라는 생명의 기능에 성장의 원리로서 작용한다. 형성된 실재가 자신을 넘어서서 본래적 실재를 보존하면서도 변형된 또 다른 형식으로 나아가는 과정을 성장이라고 한다면, 그것은 역동성이라는 양극성의 요소에 의존한다. 이 과정은 생명이 자신을 창조하는 방식이다. 생명은 근원적인 창조라는 측면에서는 생명 자체의 창조라고 할 수 없다. 생명은 모든 생명의 과정을 초월하면도 그 과정의 기저를 이루는 신적 창조성에 의해서 생명 자체에 주어진다. 하지만 생명은 이 기초 위에서 성장의 역동성을 통해 생명을 창조한다. 성장이라는 현상은 생명의 모든 차원에서 근본적이다. 모든 궁극적 규범을 공개적으로 거부하는 철학자들(예를 들어 실용주의자들)도 빈번하게 성장을 궁극적 규범으로 활용한다. 성장은 정신 차원의 과정과 신적인 영의 사역을 가리킬 때 사용된다. 성장은 개인적 생명뿐만 아니라 사회적 생명에서도 주요 범주이고, 이는 "과정철학"이 "존재"보다 "생성"을 선호하는 숨겨진 이유이기도 하다.

하지만 역동성은 형식과 양극적으로 상호의존한다. 생명의 자기-창조는 언제나 형식의 창조다. 성장하는 모든 것은 형식을 가지고 있다. 형식은 사물을 그것이게끔 한다. 즉 형식은 인간 문화의 창조물—시, 건물, 법 등—을 그것이게끔 한다. 하지만 연속되는 일련의 형식만이 성장인 것은 아니다. 역동성이라는 한 극단에서 기인하는 다른 요소로 인해 성장 자체가 느껴지게 된다. 모든 새로운 형식은 옛 형식의 한계를 붕괴시킴으로써만 가능하다. 다시 말해서, 옛 형식과 새로운 형식 사이에는 "혼돈"의 순간, 즉 이전의 형식이 존재하지 않으면서 아직 새로운 형식도 존재하지 않는 순간이 있다. 이 혼돈은 결코 절대적이지 않다. 혼돈이 절대적일 수 없는 이유는 존재론적 양극성의 구조로 인해서 존재에는 형식이 내포되어 있기 때문이다. 심지어 상대적인 혼돈에도 상대적인 형식이 있다. 하지만 상대적 형식을 가진 상대적 혼돈은 일시적이며 생명의 자기-창조 기능에 위험이 된다. 이 위험한 순간에 생명은 그 출발점으로 되돌아가서 창조에 저항할 수도 있고 또는 새로운 형식에 도달하기를 꾀하면서 자신을 파괴할 수도 있다. 여기서 우리는 개인이나 종의 탄생, 심리학적 억압 현상의 탄생, 새로운 사회적 실재나 새로운 예술적 양식의 탄생 등 모든 탄생이 가진 파괴적 함의를 생각할 수 있다. 여기서 등장하는 혼돈이라는 요소는 벌써 창조 신화에서, 심지어 구약성서의 창조 이야기에서도 나타난다. 창조와 혼돈은 서로에게 속해 있으며 성서 종교의 배타적 일신론도 이러한 생명의 구조를 확증해준다. 혼돈의 요소는 신적 생명, 그 생명의 심연적 깊이, 타오르는 불과 같은 그 생명의 특징, 피조물로 인해 그리고 피조물과 함께 그 생명이 겪는 고난, 그 생명의 파괴적 진노라는 상징적 묘사에서도 나타난다. 그런데 혼돈 요소가 신적 생명에서는 그 생명의 영원한 완성을 위협하지 못할지라도 소외의 조건에 처해 있는 피조물의 생명에서는 자기-창조와 파괴의 모호성을 낳는다. 그래서 우리는 파괴를 생명의 역동성에서 혼돈 요소가 형식이라는 극단보다 우세한 상태라고 묘사할 수 있다.

하지만 어떠한 생명의 과정에도 순수한 파괴는 없다. 단지 부정적이기만 한 것은 존재하지 않는다. 모든 생명 과정에는 창조의 구조가 파괴의 힘들과 혼합되어 있는데, 모호하지 않게 분리될 수 없도록 혼합되어 있다. 그리고 현실적인 생명 과정에서 파괴의 힘들 중 어떤 것이 그 과정을 지배하도록 우리는 확실하게 설정할 수 없다.

우리는 통합을 창조의 요소로, 분열을 파괴의 형식으로 간주할 수도 있다. 이어서 우리는 왜 통합과 분열이 생명의 특별한 기능으로 이해되어야 하는지 물을 수 있다. 하지만 통합과 분열이 의존하고 있는 두 개의 양극이 구별되어야 하듯이 통합과 분열은 구별되어야 한다. 자기-통합은 개체적 존재자의 중심성으로 그 개체적 존재자를 구축한다. 자기-창조는 성장의 원리를 따라서 생명을 중심으로 가진 상태에서 중심을 가진 다른 상태로 이끌어가는 역동적 충동(impulse)을 제공한다. 중심성에 성장이 내포되어 있지는 않지만, 성장은 중심성의 상태에서 나와 그 상태로 되돌아가는 것을 전제하고 있다. 마찬가지로 분열은 파괴일 수도 있지만, 반드시 파괴인 것이 아니다. 분열은 중심을 가진 단일체에서 일어난다. 하지만 파괴는 중심을 가진 단일체와 중심을 가진 단일체의 만남에서만 일어날 수 있다. 분열은 질병으로, 파괴는 죽음으로 드러난다.

b) 정신의 차원 밖에서 이루어지는 자기-창조와 파괴: 생명과 죽음

중심성과 마찬가지로 성장 역시 생명의 보편적 기능이다. 하지만 중심성은 무기적인 것의 차원과 그 차원의 기하학적 측정으로부터 가져온 개념인 반면, 성장은 유기적 차원으로부터 가져온 개념이며 유기적인 것의 기본적 특질 중 하나다. 그 두 경우에서 그것은 생명의 보편적 원리를 제시하기 위해 은유적으로 사용되었는데, 생명의 기본적인 세 가지 기능 중 하나가 그 원리에 따라 작동한다. 하지만 그 개념은 그 개념을 취하게 된 영역에서는 문자적으로 사용되기도 한다.

"성장"이라는 단어는 무기적 영역—대우주의 영역, 소우주의 영역, 일상 경험의 영역—을 언급할 때마다 은유적으로 사용된다. 대우주 분야에서 벌어지는 성장과 쇠퇴에 관한 문제는 신화론만큼 오래되었으나 최신 천문학만큼 새롭다. 예를 들어 그 문제는 "우주"가 불타고 갱신되는 주기적 과정에서, "엔트로피"(entropy)에 관한 논의에서, 또 열기를 상실함으로써 세계가 "죽음"에 이르게 된다는 위협에 관한 논의에서, 우리가 팽창하는 우주에서 살아가고 있다는 현대 천문학의 가르침에서 등장한다. 인류가 무기적 차원을 포함한 생명 과정 일반에 존재하고 있는 자기-창조와 파괴의 모호성을 늘 알고 있었다는 사실을 그런 관념들은 보여준다. 이런 관념들의 종교적 의의는 명확하지만, (엔트로피 교설을 오용하듯이) 그 관념들에 기초해서 최상의 존재자의 실존을 논증하는 방식으로 그 관념들을 오용해서는 안 된다.

창조와 파괴의 모호성은 소우주 분야, 특히 아원자 분야에서도 동일하게 드러난다. 가장 작은 입자의 지속적인 탄생과 쇠퇴, "반물질"(countermatter) 개념에서 표현되는 상호적 무화,[11] 방사능 물질의 소진 등 이 모든 가설적 개념에서 생명은 무기적 차원이 우세한 상황에서 자신을 창조하고 소멸하는 것처럼 보인다. 이러한 소우주적 발전은 일상적으로 만나는 무기물의 영역과 심지어 현실적으로나 상징적으로 변함없이

---

11   역주. "반물질"(countermatter 또는 antimatter)은 양성자, 중성자, 전자 등의 입자에 반대되는 반양성자, 반중성자, 반전자 등의 반입자로 이루어진 물질이다. 현대 물리학 이론에 따르면, 물질과 반물질이 만나면 소멸/쌍소멸(pair annihilation)이 일어난다.

유지되는 인상을 주는 물질(바위, 금속 등)에도 성장과 쇠퇴가 전개되는 배경이다.

자기-창조와 파괴, 성장과 쇠퇴라는 개념들은 유기적 차원이 우세한 영역에서 실현된다. 바로 이 영역에서 생명과 죽음이 경험되기 때문이다. 사실 자체를 확증하는 일은 불필요하며, 중요한 것은 유기적인 것의 모든 영역에서 자기-창조와 파괴가 모호하게 뒤섞여 있음을 주목하는 것이다. 모든 성장 과정에서 생명의 조건은 죽음의 조건이기도 하다. 살아 있는 존재자의 현실적 죽음이 그 개별적 생명 과정의 모호성뿐만 아니라 생명 전체 안에서 그 존재자가 차지하는 위치에 의존할지라도 죽음은 존재자의 시작부터 끝까지 모든 생명 과정에 현존해 있다. 내부에서 일어나는 죽음이 지속적으로 작동하지 않았다면, 외부에서 오는 죽음은 존재자를 능가하는 힘을 갖지 못했을 것이다.

그러므로 우리는 임신의 순간이 우리가 살기 시작하는 순간일 뿐 아니라 죽기 시작하는 순간이기도 함을 인정해야 한다. 존재자에게 생명의 힘을 주는 세포의 구성은 마찬가지로 이 힘의 소멸을 지향하고 있다. 모든 생명의 과정에서 나타나는 자기-창조와 파괴의 모호성은 모든 생명의 근본 경험이다. 살아 있는 존재자들은 의식적으로 그 모호성을 깨달으며, 그리고 살아 있는 모든 존재자의 얼굴은 그 존재자의 생명 과정에서 나타나는 성장과 쇠퇴의 모호성을 표현한다.

자기-창조와 파괴의 모호성은 살아 있는 존재자의 성장만으로도, 그 존재자가 다른 생명과 관계 맺으며 성장하는 것만으로도 한정되지 않는다. 개체적 생명은 모든 생명과 연결되어 움직인다. 개체적 생명은 생명 과정의 각 순간에 낯선 생명을 만나며, 그 둘은 창조적 반작용과 파괴적 반작용을 한다. 생명은 다른 생명을 억압하거나 제거하거나 소비함으로써 성장한다. 생명은 생명을 기반 삼아 살아간다.

이로 인해 모든 영역에서 우리는 생명의 모호성의 징후인 갈등 개념에 도달하지만, 유기적 영역에서 가장 적절하게 말할 수 있고 역사적 차원에서 가장 의미 있게 말할 수 있다(제5부를 보라). 자연을 보면, 갈등하는 실재는 생명의 자기-창조에서 모호한 수단이라고 확신하게 된다. 헤라클레이토스는 이 사실을 "전쟁"은 만물의 아버지라는 정식으로 표현했다. 우리는 "만남의 현상학"이라는 글을 통해 모든 단계에서 이루어지는 생명의 성장에 다른 생명과의 갈등이 어떻게 포함되는지 보여줄 수 있을 것이다. 우리는 개인이 자신을 현실화하기 위해서는 도전, 패배, 승리를 통해 전진할 필요가 있다는 점과, 그것이 다른 생명의 시도, 경험 등과 불가피하게 충돌할 수밖에 없다는 점을 지적할 수 있을 것이다. 생명은 나아감과 물러남을 통해 모든 차원에서 잠재적 균형을 이루지만, 이런 갈등의 결과가 선험적으로 확실하게 존재하는 것이 아니다. 잠시 이루어진 균형은 금방 붕괴한다.

이것은 유기적 존재자들의 관계, 종들의 관계에서도 마찬가지다. 하지만 갈등은 한 종이 다른 종을 잡아먹는 만남에서 더 두드러진 성장의 도구가 된다. 생명과 죽음의 갈등은 이른바 "자연"의 모든 영역에서 계속되고 있으며, 그것이 생명의 다차원적 일치 때문에 인간들 사이에서, 인간 안에서, 인류의 역사에서 이어지고 있다. 이것이 보편적인 생명의 구조이며 이 사실을 간과했기 때문에 율법주의적 평화주의는 이론적 오류와 실천적 실패에 빠지게 되었다. 율법주의적 평화주의는 모든 생명의—적어도 역사적 인류의—이러한 자기-창조적 특질을 폐기하고자 했다.

생명은 생명을 기반으로 살아간다. 또한 생명은 생명을 통해서 살아가는데, 갈등에 의해서 보호받고 강화되고 자신을 초월하도록 추동된다.

강자의 생존은 자기-창조 과정 중에 있는 생명이 잠재적 균형에 도달하는 수단인데, 그 균형은 존재의 역동성과 생명의 성장에 의해서 지속적으로 위협당한다. 자연의 잠재적 균형은 생산력을 가진 수많은 씨앗과 현실적 개인들을 소모하여서만 유지될 수 있다. 기후적 조건이나 인간의 활동이 개입할 때 자연적 생명의 복합체가 파괴되기도 하듯이 그런 소모가 없어도 그 복합체는 파괴될 것이다. 죽음의 조건은 생명의 조건이기도 하다.

　개체적 생명 과정은 두 방향, 즉 생명의 자기-창조가 이루어지는 노동과 번식으로 자신을 초월한다. 타락 이야기에서 아담과 하와에게 내려진 저주는 생명의 자기-창조 형식인 노동의 모호성을 강하게 표현하고 있다. "노동"(labor)이라는 영어 단어는 출생의 고통과 땅을 경작하는 노고를 가리키는 의미로 사용된다. 노동은 낙원에서 쫓겨난 결과로서 여자와 남자에게 부여되었다. 구약성서나 신약성서 또는 중세 교회에는 (심지어 수도원 생활에도) 노동에 대한 긍정적인 가치 평가가 거의 없었다. 개신교, 산업사회, 사회주의에서 나타난 것과 같은 노동의 신성화가 확실히 없었다. 후자는 노동의 부담을 종종 특히 교육적 맥락에서 은폐했으며, 때로는 억눌렀다. 마치 현대 행동주의 이데올로기와 일을 멈추었을 때 공허함을 느끼는 사람들이 그 부담을 억누르는 것처럼 말이다. 노동에 대한 가치 평가에서 나타나는 이런 극단적 입장들은 노동의 모호성, 유기적 차원의 모든 생명 과정에서 나타나는 모호성을 보여준다.

　마주친 실재로부터 떨어져 개체화되고 분리된 생명은 무기적 차원에서든 아니면 유기적 차원에서든 자신을 초월하고 다른 생명을 동화시킨다. 하지만 생명이 밖으로 나가기 위해서는 잘 보존된 자기-동일성을 포기해야 한다. 생명은 완성된 자기 안에 머무르는 복을 포기해야 한다. 그것은 괴로운 일이다. 리비도나 **에로스**에 의해 생명이 추동된다고 해도 생명은 현실적인 창조적 불균형을 위해서 잠재적인 균형을 파괴하는 노동을 해야만 한다. 구약의 구체적·상징적 언어에 따르면, 하나님조차도 자신의 복된 균형에서 내던져졌고 인간의 죄로 인해 노동을 하게 되었다. 바로 이런 맥락 속에서 기술적 진보에 대한 낭만주의적 평가 절하는 거부되어야 한다. 기술적 진보가 인간의 몸을 손상시키고 인간 정신의 잠재성의 현실화를 가로막는 고된 일들로부터 수많은 인간을 해방시키는 한 그것은 노동의 파괴적 함의들이 발생시킨 상처들과 관련하여 치유하는 힘이 된다.

하지만 노동의 모호성에는 또 다른 측면이 있다. 노동은 살아 있는 개체자의 자기-동일성이 역동성을 상실하고 공허해지는 것을 막는다. 바로 이런 이유 때문에 많은 사람이 신화적 상징에서 나타나는 무노동이라는 천국의 축복을 혐오한다. 그들은 무노동을 지옥의 영원한 권태(ennui)와 동일시하고 지옥의 영원한 고통을 무노동보다 선호한다. 이것은 다음의 사실을 보여준다. 시간과 공간에 의해 생명이 한정되어 있는 존재자에게는 노동의 수고가 그 실재적 생명의 표현이며, 따라서 그 수고는 몽환적 순결이나 순수한 잠재성이라는 가상적인 복보다 더 우월한 복이다. 노동의 수고 때문에 쉬는 한숨에는 그 노동을 상실하는 것에 대한 불안도 모호하게 혼합되어 있으며, 그 한숨은 생명의 자기-창조의 모호성을 증언한다.

생명의 자기-창조 기능에서 나타나는 가장 두드러지고 신비한 모호성은 번식의 모호성이고 구체적으로는 성적 구별과 재연합의 모호성이다. 생명의 자기-창조 과정은 유기적인 것의 차원에서 최상의 힘과 이 힘의 가장 깊은 모호성에 도달한다. 개체적 유기체들은 최상의 황홀경을 경험하기 위해서 서로에게로 다가가지만, 개체는 이런 경험을 통해 분리된 개체로서 소멸하거나 때로는 사망하거나 동료에 의해서 살해당한다. 생명의 자기-창조를 보여주는 가장 두드러진 형식은 분리된 것의 성적인 연합인데, 개체에서 현실화된 종의 생명은 이를 통해 개체를 완성하기도 하고 부정하기도 한다. 이 사실은 모든 종에 속한 개체에게 해당되며 종 자체에게도 해당된다. 종은 개체를 생산하면서 때때로 새로운 종으로의 이행을 보여주는 개체를 생산하기도 하고 역사적 차원에서 나타나는 생명의 모호성을 예견하기도 한다.

노동의 모호성에 관한 논의와 마찬가지로 번식의 모호성에 관한 논의에서도 유기적인 차원에서 정신 차원으로의 이행을 보여주는 영역, 자기-깨달음의 영역, 심리학적인 것의 영역이 언급되었다. 위에서 보았듯이 심리학적 차원이 연결하고 있는 그 두 차원으로부터 심리학적인 것을 분리해내는 것은 어려운 일이다. 그렇지만 우리는 그 차원들로부터 몇 가지 요소를 추상해내어 그 요소들을 독립적으로 논할 수 있다.

자기-창조의 모호성은 쾌락과 고통의 모호성과 "생명 본능"과 "죽음 본능"의 모호성을 통해서 노날하는 사기-깨날음에 의해 나타난다. 첫 번째 모호성과 관련해서 말하자면, 생명의 모든 자기-창조 과정은—그 과정이 깨달음에 이르기만 한다면—쾌락의 원천이고, 생명의 모든 파괴적 과정은 고통의 원천이다. 이런 단순하면서도 모호하지 않은 듯한 진술에서 모든 생명의 과정은 쾌락을 추구하고 고통을 멀리한다는 심리학적 법칙이 추론된다. 그런 추론은 완전히 잘못된 것이다. 건강한 생명은 자기-창조의 원리에서 나오며, 일반적으로 살아 있는 존재자는 창조의 순간에 고통과 쾌락을 모두 무시한다. 고통과 쾌락은 창조적인 행위의 결과와 이러한 결과로서 현존해 있을 수 있지만, 행위 자체를 통해서 추구하거나 외면해야 할 대상은 아니다. 그러므로 다음과 같은 물음은 전적으로 오해를 일으킬 수 있는 물음이다. 비록 고통이 더 높은 질서의 쾌락과 연결되어 있다 하더라도, 창조적 행위 자체가 더 높은 질서의 쾌락을 제공하지 않는가? 그리고 이로 인해 쾌락 원리는 확증되지 않는가? 그 원리는 확증되지 않는다. 왜냐하면 그 원리는 의도적인 행복 추구를 주장하고 있지만, 창조적 행위 자체에는 그런 의도가 없기 때문이다. 확실히 그 원리는 생명이 자신의 내적 역동성—이것의 고전적 이름은 **에로스다**—을 따라 지향하는 어떤 것을 완성한다. 바로 이것이 성공적 생산으로 기쁨을 얻게 되는 이유지만, 어떤 행위가 기쁨을 가져오기 위한 수단으로 의도된다면, 어떠한 창조적 행위도 그리고 어떠한 완성의 기쁨도 없을 것이다. 창조적 에로스에는 **에로스**의 대상에 대한 복종이 내포되어 있으며, 기쁨과 고통 때문에 발생하는 **에로스**의 결과들에 대한 반성은 그 **에로스**를 파괴한다. 고통-쾌락 원리는 아프고, 중심을 가지고 있지 않으며, 따라서 자유롭지도 않고 창조적이지도 않은 생명에서만 타당하다.

고통과 쾌락의 모호성은 종종 이른바 신경과민(morbid) 현상만 아니라 병약한 생명을 포함해 건강한 생명에 보편적으로 현존해 있는 현상, 즉 쾌락 속에서 고통을 경험하고 고통 속에서 쾌락을 경험하는 현상에서 가장 두드러지게 나타난다. 생명의 자기-창조에서 나타나는 이 모호성을 뒷받침하는 심리학적 자료는 광범위하지만 충분히 이해되지 못했다. 그 모호성은—"신경과민"이라는 용어가 제시하듯이—생명이 모호하지 않게 왜곡되어 있는 문제가 아니다. 그것은 생명의 모호성이 자기-깨달음의 차원에 영원히 현존해 있다는 징후다. 그 모호성은 생명의 자기-생산의 두 가지 특질—갈등과 성관계—에서 가장 충격적으로 나타난다.

고통과 쾌락의 모호성은 생명 본능과 죽음 본능의 모호성을 예견하고 있다. 후자의 모호성에 속해 있는 두 어구는 생명의 자기-창조적 기능에 깊이 뿌리내리고 있는 현상들을 파악하는 일에서 의심스러운 도구다. 살아 있는 존재자가 자신의 생명을 긍정하기도 하고 부정하기도 한다는 것은 자연의 모순 중 하나다. 생명의 자기-긍정은 보통 당연하게 여겨지지만, 생명의 자기-부정은 그렇지 않다. 그리고 그 후자가 프로이트의 **토데스트리브**(Todestrieb) 교설―이것은 "죽음 본능"이라고 형편없이 번역되었다―에서처럼 설명되면, 정통 프로이트주의자조차도 반발할 것이다. 하지만 비매개적 자기-깨달음을 통해서 주어지는 사실은 프로이트가 묘사한 것 같은 (그리고 바울이 이 세계를 슬퍼하는 것이 죽음에 이르게 한다고 말했을 때 그가 보았던 것과 같은)[12] 생명의 모호성을 증명한다. 모든 의식 있는 존재자의 생명은 생명의 소진 가능성을 깨닫고 있다. 그 존재자는 자신이 끝날 수밖에 없음을 희미하게나마 느끼고 있으며 생명 소진의 징후로 인해서 생명은 이 사실을 알게 되는 동시에 생명에 대한 열망도 가지게 된다. 극심한 고통의 상태 때문에 고통을 제거할 목적으로 자신을 제거하려는 욕망이 발생하는 것이 아니다. (비록 이런 일이 일어날 수 있을지라도 말이다.) 자신의 유한성에 대한 실존적 깨달음은 유한한 실존의 부담을 짊어지고 그 실존을 이어가야 할 가치가 있는가라는 물음을 제기한다. 하지만 생명이 있는 한 이 경향은 생명의 자기-긍정과 동일성을 유지하려는 생명의 욕망으로 인해 상쇄된다. 비록 그것이 유한하며 소진될 개체적 생명의 동일성이라 하더라도 말이다. 자살은 모든 생명 안에 잠복해 있는 충동을 현실화한다. 하지만 바로 이런 이유로 대부분의 사람이 자살에 대한 환상을 가지고 있을지라도, 현실적 자살은 비교적 드물다. 생명의 모호성에 따르면, 자살은 자살의 모호성과 관련해서 타당한 것만을 모호하지 않게 할 뿐이다.

---

12   역주. 고후 7:10.

이 모든 요인은 정신의 차원과 역사의 차원을 고려하지 않고 고찰되었지만, 이런 차원들에서 나타나는 생명의 자기-창조에 관해 묘사하기 위한 토대가 된다.

c) 정신의 차원에서 이루어지는 생명의 자기-창조: 문화

(1) 문화의 기본적 기능들: 언어와 기술적 활동 문화(culture), 쿨투라(*cultura*)는 무언가를 돌보고 살아 있게 하고 성장시키는 것이다. 이런 방식으로 인간은 자신이 만나는 모든 것을 양육할(cultivate) 수 있지만, 그렇게 양육하면서 양육되는 대상을 그대로 내버려두지 않는다. 인간은 그 대상으로 새로운 무언가를 창조한다. 기술적(technical) 기능을 통해서는 새로운 내용을, **테오리아**(*theoria*) 기능을 통해서는 새로운 수용을, **프락시스**(*praxis*) 기능을 통해서는 새로운 반작용을 만들어낸다. 문화는 세 가지 각각의 기능으로 마주친 실재를 넘어서는 새로운 무언가를 창조한다.

인간의 문화적 활동에서 등장하는 새로운 것은 무엇보다도 언어와 기술이라는 두 가지 창조물이다. 그것들은 서로에게 속해 있다. 성서의 첫 번째 책에서 하나님은 낙원의 인간에게 동물들의 이름을 지으라는 것(언어)과 동산을 경작하라는 것(기술)을 요청한다.[13] 소크라테스는 장인의 기술적 문제 및 군사 기술자와 정치 기술자의 기술적 문제를 언급하면서 그 단어들의 의미를 논한다.[14] 실용주의는 기술적 적용 가능성을 가지고 개념들의 타당성을 측정한다. 말하기와 도구 활용은 서로 속해 있다.

---

13 역주. 창 2:19, 15.

14 역주. 플라톤은 소크라테스의 입을 빌려 "정의"의 문제를 논하면서, 지혜는 통치자(철학자), 용기는 수호자(군인), 절제는 피치자의 덕이며, 국가 안에서 각 계급이 각자의 덕을 실현하는 것을 "정의"라 규정한다. 플라톤, 『국가』, 천병희 옮김(고양: 도서출판 숲, 2013), 제4권, 428e-435b(227-39).

언어는 의사소통하며 지시한다. 언어의 의사소통 능력은 소리와 몸짓 같은 그런 비지시적 의사소통 수단에 의존하기도 하지만, 지시 (denotation)가 이루어질 때만 의사소통은 완성된다. 언어로 의사소통은 의미의 우주에 상호적으로 참여하는 행위가 된다. 인간에게는 완벽하게 발전된 자기와 상관관계를 맺는 세계가 있기 때문에 그런 의사소통에는 힘이 있다. 이 때문에 인간은 구체적 상황의 굴레, 즉 현재 자기의 특정한 환경의 굴레에서 해방된다. 그는 구체적인 모든 것에서 세계를, 모든 개별적인 것에서 보편적인 것을 경험한다. 인간에게는 세계가 있기에 언어가 있으며 언어가 있기에 세계가 있다. 그리고 인간에게 세계와 언어가 모두 있는 이유는 인간의 자아가 한계를 경험한 자아를 만나기 때문이다. 인간은 이 한계 때문에 어떤 "지금 여기"에서 다음 "지금 여기"로의 구조와 무관하게 진행할 수 없으며 다시 자신에게로 되돌아와서 만났던 실재를 세계로 간주할 수 있다. 여기에 도덕성과 문화의 공통적인 뿌리가 있다. 이 진술은 몇 가지 정신적인 방해 효과를 관찰함으로써 확증될 수 있다. 어떤 인격이 다른 인격을 인격으로 만날 수 있는 능력을 상실했을 때, 그 인격은 의미 있는 대화를 할 수 있는 능력도 상실한다. 지시 구조나 의사소통 능력이 없는 말이 연쇄적으로 그에게서 쏟아져 나올 것이다. 그는 경청하는 너라는 "벽"을 결코 깨닫지 못할 것이다. 이것은 모든 이들에게 어느 정도 해당되는 위험이다. 경청하지 못하는 것은 문화적 왜곡이기도 하고 도덕적 잘못이기도 하다.

우리는 언어 철학을 제시하고자 문화 분석의 기초에 언어를 둔 것이 아니다. 초기 및 현대 철학자들이 이 분야에서 수행한 거대한 작업을 고려하면, 그런 시도는 터무니없을 것이고 게다가 우리의 목적에 불필요할 것이다. 하지만 정신 차원에서 이루어지는 생명의 자기-창조에 관한 논의를 언어로 시작하는 이유는 언어가 모든 문화적 기능에서 근본적이기 때문이다. 언어는 기술적이거나 정치적인 기능, 인지적이거나 미학적인 기능, 윤리적이거나 종교적인 기능 등 모든 기능에 현존해 있다. 언어는 언어가 나타나는 개별적인 문화적 기능과 관련해서 그리고 언어가 표현하는 실재와의 만남과 관련해서 이러한 편재를 한없이 다양하게 현실화한다. 언어는 이 두 가지 기능을 통해서 인간의 문화적 활동의 기본 특질들을 드러내며 그 특질들의 본성과 차이에 접근할 수 있는 유용한 접근법을 제공한다. 의미론이 이런 넓은 의미로 받아들여지면 정신 차원의 생명으로 들어가는 문이 될 수 있을 것이며 반드시 그렇게 되어야 한다. 조직신학과 관련된 의미론의 의의를 여기서 몇 가지 제시하겠다.

언어는 만나게 된 실재를 "손안에 있음"으로-"취급"의 대상으로 있음 또는 (그 자체가 또 다른 목적을 위한 수단이 될 수 있는) 목적을 이루기 위해서 관리해야 할 대상으로 있음이라는 문자적 의미로-파악한다. 이것은 하이데거가 **손안에 있음**(Zuhandensein[처분을 기다리며 있음])이라고 불렸던 것이며 **눈앞에 있음**(Vorhandensein[실존해 있음])과 대조되는 것이다. "손안에 있음"은 실재에 대한 기술적 관계를, "눈앞에 있음"은 실재에 대한 인지적 관계를 가리킨다. 그 각각의 관계에 해당하는 특정한 언어가 있지만, 그 언어들은 서로를 배제하지 않고 서로에게 침투할 뿐이다. "손안에 있음"의 언어는 일상적인 언어이고 때로는 매우 원초적이고 제한적인 언어이며 다른 언어들은 그 언어를 차용한다.

하지만 시간적 의미에서 보았을 때 아마도 그 언어는 첫 번째 언어가 아닐 것이다. 신화론적 언어 역시 동일하게 오래된 듯 보인다. 그 언어는 대상에 대한 기술적 파악과 직면한 대상의 성질에 대한 종교적 경험을 결합한다. 그 대상은 일상생활에서도 최상의 의의를 갖지만, 또 다른 언어,

곧 종교적 상징들과 그 상징들의 조합으로 이루어진 언어, 즉 신화의 언어를 요구하는 방식으로 그 최상의 의의를 초월하는 대상이다. 심지어 종교 언어는 사실과 사건을—이것들은 일상에서 이루어지는 실재와의 기술적 만남 영역에 속해 있는 것들이다—해석할 때도 상징적이고 신화론적이다. 과학 이전 시대 이 두 언어의 혼란 때문에 일상적으로 만났던 실재이며 기술적 활용의 대상을 이해하는 일이 방해받았던 것처럼 현대에 나타나는 두 언어의 혼란은 종교 이해를 가장 심하게 방해하는 원인 중 하나다.

실재와의 일상적 만남을 드러내는 기술적 언어뿐만 아니라 신화의 언어 역시 다른 두 종류의 언어, 즉 시적 언어와 과학적 언어로 번역될 수 있다. 종교 언어처럼 시적 언어도 상징으로 살아가지만, 시적 상징은 종교적 상징이 표현하지 않는 인간과 실재의 만남의 또 다른 성질을 표현한다. 종교 언어처럼 시적 상징 역시 일상적 경험의 대상과 그 언어적 표현을 활용하지만, 시적 상징은 감각적 심상을 통해서 다른 방식으로는 보여줄 수 없는 존재의 차원을 보여준다. 또 이런 종류의 언어들을 혼동하는 일(시적 언어와 종교적 언어를, 기술적 언어와 시적 언어를 혼동하는 일)은 그것들이 속해 있는 정신의 기능들을 이해하기 위해서 금지되어야 한다.

이 사실은 특히 인지 기능과 그 기능에 의해 만들어진 언어에도 해당한다. 그 기능은 다른 모든 기능과 혼동되었는데, 부분적으로는 인지 기능이 과학 이전의(prescientific) 형식으로 다른 기능들에 현존해 있기 때문이고 또 부분적으로는 인지 기능이 인간의 모든 문화적 자기-창조를 통해서 간접적으로 묻게 된 물음, 즉 진리 물음에 직접적으로 대답하기 때문이다. 하지만 경험론적 진리를 향한 방법론적 탐구와 이 목적을 위해서 사용된 인공적 언어는 실재와의 기술적·신화론적·시적 만남 및 그 만남을 표현하는 자연적이거나 상징적인 언어에 내포된 진리와 예리하게 구별되어야 한다.

언어를 통해 보편적으로 드러나는 문화의 또 다른 특질은 문화의 세 요소—주제(subject matter), 형식, 실체—의 창조적 조합이다. 언어는 만나 게 된 끝없이 다양한 대상에서 어떤 것들을 선택하는데, 그것들은 수단과 목적의 우주 또는 종교적·시적·과학적 표현의 우주에서 중요한 것들이 다. 그것들은 매번 다를지라도 문화적 활동들을 거치면서 주제를 구축한 다.

그 차이는 문화적 창조의 두 번째이자 결정적 요소인 형식에 의해서 발생한다. 문화적 창조물—철학 논문, 그림, 법률, 기도—은 형식으로 인 해서 그것이 된다. 이런 의미의 형식이 문화적 창조의 본질이다. 형식은 정의될 수 없는 개념 중 하나인데, 그 이유는 모든 정의에 형식이 전제되 어 있기 때문이다. 이런 개념들은 동일한 특징을 가진 다른 개념들과 함께 배치될 때만 설명될 수 있다.

세 번째 요소는 문화적 창조의 실체라고 불릴 수 있다. 달리 말하자 면, 문화적 창조의 주제는 선택되고 그 형식은 의도되는 반면 그 실체는 문화적 창조가 자라나는 토양이다. 실체는 의도될 수 없다. 실체는 문화, 집단, 개인에게 무의식적으로 현존해 있고, 창조하는 자에게 열정과 추진 력을 제공하며, 그 창조물들에게 의미의 중요성과 힘을 제공한다. 한 언어 의 실체는 언어에 개별성과 표현력을 부여한다. 어떤 언어에서 다른 언어 로 온전하게 번역하는 일이 (수학처럼) 형식이 실체보다 우세한 분야에서 는 가능하지만 실체가 우세한 경우에는 어렵거나 불가능한 것은 바로 이 때문이다. 예를 들어 시의 번역은 본질적으로 불가능한데, 시는 실체가 개 인을 통해서 가장 직접적으로 표현된 것이기 때문이다. 한 언어가 기반으 로 삼고 있는 실재와 만나는 일은 다른 언어를 통해서 실재를 만나는 일과 다르다. 그리고 언어의 전체성과 언어의 깊이에서 이루어지는 이 만남이야말로 생명의 문화적 자기-창조의 실체다.

"양식"이라는 단어는 예술 작품과 관련하여 일상적으로 사용된다. 하지만 우리는 자주 그 단어를 인간의 문화적 생명이 다른 모든 기능들에 따라 개별적으로 실체에 맞는 형식을 규정하는 일에 적용했다. 이것은 사유, 탐구, 윤리, 법률, 정치의 양식에 관해 말하기 위함이다. 그리고 그 단어를 이런 식으로 적용하면 우리는 양식과 관련된 유비들이 특정한 시대, 집단, 문화적 영향권에서 실행된 모든 문화적 기능에서 발견된다는 것을 알게 될 것이다. 이 때문에 양식은 형식-창조라는 요구와 실체-표현이라는 요구 사이에서 갈등의 원천이 되기도 하지만, 특정한 집단이나 시대가 실재를 만났던 방식을 이해하는 열쇠가 되기도 한다.

언어 해석은 이후의 논의에서 자주 재론될 문화적 창조의 구조와 긴장을 예견하고 있다. 정신 차원에서 이루어지는 생명의 자기-창조에서 언어가 근본적으로 중요하다는 사실은 이런 방식으로 반영되어 드러난다. 서로 다른 종류의 언어들을 분석할 때 우리는 실재와의 일상적인 기술적 만남을 표현하는 언어로 시작한다. 하지만 앞서 언급했듯이 기술적 기능은 생명이 정신 차원에서 자신을 창조하는 기능 중 하나일 뿐이다. 언어가 보편자를 가지고 우리를 "지금 여기"라는 굴레에서 해방시키는 것처럼 만나게 된 실재를 기술적으로 취급하는 일은 도구 생산을 통해 우리를 자연적으로 주어진 실존의 조건이라는 굴레에서 해방시킨다. 고등 동물 또한 특정한 조건에서는 손에 쥔 사물을 도구로 사용하지만, 무제한적으로 사용될 수 있는 도구를 만들어내는 것은 아니다. 그 동물은 둥지, 동굴, 언덕 등을 만들면서 명확한 계획에 속박되어 있고 이 계획의 범위를 벗어나서는 이 도구들을 사용할 수 없다. 인간은 도구로서의 도구를 생산하는데 여기에는 보편자라는 개념, 즉 언어의 힘이 전제되어 있다. 도구의 힘은 언어의 힘에 의존한다. 로고스는 모든 것에 선행한다. 인간이 **도구적 인간**(*homo faber*)이라고 불린다면, 암묵적으로 **로고스적 인간**(*anthropos logikos*) 즉 로고스에 의해서 결정되며 의미 있는 말을 사용할 수 있는 인간이라고 불린 것이다.

도구 생산이 가진 해방의 힘은 유기적 과정 자체에 내포되어 있지 않은 목적도 현실화할 수 있는 가능성에 있다. 도구로서의 도구가 등장하는 곳마다 유기적 차원에서 나타나는 보존과 성장을 넘어선다. 유기적 과정의 내적 **목표들**(*tele*)은 과정에 의해서 결정되지만 기술적 생산의 외적 목표들(목적들)은 결정되어 있지 않으며 무한한 가능성을 드러낸다는 점이 결정적인 차이이다. 우주 여행은 기술적 목표이면서 어느 정도는 기술적 가능성이기도 하지만, 살아 있는 존재자의 유기적 필요에 의해서 결정된 것이 아니다. 그것은 자유로운 선택의 문제다. 하지만 이로 인해 현대 문화의 많은 갈등을 유발하는 긴장, 즉 무제한적인 기술적 가능성이라는 특징에 의해 유발된 수단과 목적 관계의 왜곡이 발생한다. 수단은 단지 그런 일이 가능하다는 이유로 목적이 된다. 그런데 가능성이 가능성이라는 이유만으로 목적이 된다면, 목적의 참된 의미는 상실된다. 모든 가능성은 현실화될 수 있을 것이다. 궁극적 목적의 이름으로 나오는 저항은 전혀 없다. 강박적인 수다쟁이가 말하는 것을 목적 자체로 삼듯이 수단의 생산 자체가 목적이 된다. 그런 왜곡은 전체 문화에 영향을 줄 수 있으며, 그런 문화에서는 수단의 생산이 궁극적 목적이 된다. 기술적 문화에 내재되어 있는 이런 문제는 기술의 의의를 부정하는 것이 아니라 기술의 모호성을 보여준다.

(2) "테오리아"의 기능: 인지적 행위와 미학적 행위 문화의 두 가지 기본적 기능, 즉 말과 기술적 행위는 그 이중성을 통해서 생명의 문화적 자기-창조에 담긴 일반적 이중성을 제시한다. 이 이중성은 개체화와 참여라는 존재론적 양극성에 기반하고 있으며 모든 차원에서 이루어지는 생명 과정을 통해 현실화된다. 모든 개체적 존재자에게는 다른 개체적 존재자에 대한 개방성이라는 성질이 있다. 존재자들은 "서로를 받아들이고" 그렇게 함으로써 서로를 변화시킨다. 그들은 받아들이고 반작용한다. 유기적인 것의 영역에서 이것은 자극과 반응이라 불린다. 자기-깨달음의 차원에서 이것은 인지와 반작용이라고 불린다. 정신의 차원에서 나는 이것을 **테오리아**(*theoria*)와 **프락시스**(*praxis*)라고 부르고자 한다. "이론"(theory)과 "실천"(practice)이라는 단어들의 그리스 어원 형식을 사용하고자 하는데, 그 이유는 그 현대적 형식들이 고대 단어들의 의미와 힘을 잃어버렸기 때문이다. **테오리아**는 만나게 된 세계를 바라보는 행위인데, 그 목적은 중심을 가진 자기 안으로 그 세계의 어떤 것을 의미 있고 구조화된 전체로서 받아들이는 것이다. 모든 미학적 이미지나 인지적 개념은 그런 구조화된 전체다. 관념적으로 사고는 모든 이미지를 포괄하는 이미지와 모든 개념을 포함하는 개념을 지향하지만, 실제로 우주는 결코 시야에 직접 나타나지 않는다. 우주는 오직 특정한 이미지와 개념을 통해서만 나타날 뿐이다. 그러므로 창조된 모든 개별적 **테오리아**는 실재의 반영이며 의미의 우주의 파편이다. 언어는 보편자들로 살아간다는 사실에 이런 내용이 내포되어 있다. 세계는 모든 보편자를 이용하여 환경을 돌파한다. "이것은 나무다"라는 말에는 개체적 나무의 본질(treehood)과 함께 의미의 우주의 파편이 있는 것이다.

이런 예에서 언어는 **테오리아**의 인지적 표현으로서 주어지지만, 동일한 예가 그 용어의 미학적 의미에 대해서도 사용될 수 있다. 만약 판 고흐(Van Gogh)가 나무를 그렸다면, 그것은 그의 역동적 세계관을 보여주는 이미지가 될 것이다. 그는 나무의 본질의 이미지와 함께 개별 나무의 모습을 통해 드러난 우주의 이미지를 창조함으로써 의미의 우주를 창조하는 데 공헌한 것이다.

테오리아가 미학적 기능과 인지적 기능을 통해서 실재를 수용하는 두 가지 방식을 가리키는 "이미지"와 "개념"이라는 용어들에는 몇 가지 정당화 과정이 필요하다. 그 두 단어, 즉 모든 미학적 창조물을 가리키는 이미지와 모든 인지적 창조물을 가리키는 개념은 매우 폭넓은 의미로 사용된다. 대부분의 사람은 아마 문자 예술뿐만 아니라 시각 예술도 감각적이거나 상상적인 이미지를 창조한다는 것에 동의하겠지만, 음악에도 "이미지"라는 용어를 적용하는 것에는 의아해할 것이다. "이미지"의 의미를 이렇게 확장함으로써 우리가 음악의 "심상"(figure)에 관해 말하는 것이 정당화되며, 따라서 정의상 시각적인 용어를 소리의 영역에 적용하는 것이 정당화된다. 그리고 그 운동은 일방적이지 않다. 우리는 음악적 용어로 색, 장식품, 시, 연극에 관해 말할 수 있다. 그러므로 (플라톤이 **에이도스**[eidos]나 "이데아"라는 시각적 용어를 보편적으로 사용했던 것처럼) 그 용어의 시각적 기원에도 불구하고 우리는 미학적 창조 활동 전체에 "이미지"라는 용어를 사용할 것이다.

개념이나 명제가 가장 중요한 인식의 도구인가라는 물음은 내게 공허해 보인다. 왜냐하면 모든 정의된 개념에는 수많은 명제가 함축되어 있고, 동시에 모든 구조화된 명제들은 옛 명제들을 전제하는 새로운 개념을 향해 나아가기 때문이다.

앞서 이성의 구조를 서술하면서 미학적 이성과 인지적 이성의 구별에 관해 설명한 바 있지만,[15] 이성의 구조는 생명의 역동성과 정신의 기능에 있는 한 가지 요소일 뿐이다. 그것은 정신 차원에서 이루어지는 생명의 자기-창조에 작용하는 정적 요소다. 우리가 "이성과 계시"(『폴 틸리히 조직신학 1』 제1부)에서 이성의 실존적 갈등에 관해 말했을 때, 정신의 역동성에 합리적 구조를 모호하게 적용함으로써 산출되는 실존적 갈등에 관해 좀 더 풀어서 말하는 것이 더 나았을 것 같다. 왜냐하면 이성은 마음과 세계의 구조인 반면 정신은 인격성과 공동체에서 이루어지는 그것들의 역동적 현실화이기 때문이다. 엄격하게 말해서, 모호성은 구조로서의 이성 안에서는 발생할 수 없고 오직 생명으로서의 정신에서만 발생할 수 있다.

인간 생명의 인지적 기능과 관련된 문제들은 대부분 "이성과 계시"에서 논의되었다. 여기서는 모호성에 이르게 되는 인지적 과정의 본성에 내재되어 있는 기본적 긴장만 제시하면 된다. (도덕과 종교를 포함한 정신 차원에서 이루어지는 생명의 모든 자기-창조적 기능들처럼) 생명의 인지적 창조 행위에서는 의도되는 것과 의도를 유발하면서 동시에 의도의 완성을 막는 상황 사이에 근본적인 갈등이 있다. 이 갈등은 주체와 대상의 소외를 기초로 삼고 있는데, 이 소외는 창조하고 수용하며 변형하는 행위 전체로서 문화의 조건이기도 하다.

그러므로 우리는 인지적 행위란 주체와 대상의 틈을 메우려는 욕망에서 나온 것이라고 말할 수 있다. 그러한 재연합의 결과에 해당하는 불분명한 용어가 "진리"다. 과학과 종교 두 가지와 때로는 예술도 그것을 주장한다. 만약 우리가 이런 주장 중 하나만 배타적으로 수용하면, 다른 주장들에 대해서는 그에 맞는 새로운 단어들을 찾아야 할 것이다. 내가 보기에

---

15   『폴 틸리히 조직신학 1』, 제1부, I, A, 2.

그것은 불필요한 일이다. 그 이유는 그 기본적 현상—인식 활동에서 이루어지는 인식하는 주체와 인식되는 대상의 단편적 재연합—이 모든 경우에서 동일하게 나타나기 때문이다.

진리 탐구라는 의도는 미학적 기능의 한 가지 요소일 뿐이다. 그 주요 의도는 예술적 창조로만 파악될 수 있는 존재의 성질들을 표현하는 것이다. 그런 창조의 결과는 아름다움이라고 불려왔고, 때로는 진리와 결합했으며, 때로는 선함과 결합했고, 또 때로는 그 둘과 최상의 가치의 삼각형을 이루면서 결합했다. 간단히 말해 "아름다움"이라는 단어는 아름다움과 선함(*kalon k'agathon*)이 결합된 그리스어의 **조합**에서 그 단어의 힘을 상실해버렸고,[16] 최근의 미학에서 그 단어는 고전주의 양식의 데카당스적 국면—미화하는 자연주의—과 연결되면서 거의 만장일치로 거부되었다. 아마 우리는 표현력이나 표현성에 관해 말할 수도 있을 것이다. 이로 인해 미학적 관념론이나 자연주의가 배제되는 것은 아니지만 미학적 기능의 목표 즉 표현이 제시될 것이다. 미학적 기능에서 발생하는 긴장은 표현과 표현된 것 사이의 긴장이다. 우리는 표현의 진리와 비진리에 관해 말할 수 있다. 하지만 그 대신 우리는 표현 형식의 진실성(authenticity)이나 비진실성에 관해 말해야 한다. 그것은 두 가지 이유로 진실하지 않다. 그것이 깊이를 표현하는 대신 표면을 모방하기 때문일 수도 있고, 예술가와 실재의 예술적 만남 대신 창조하는 예술가의 주관성을 표현하기 때문일 수도 있다. 예술 작품이 마음과 세계의 만남을 표현한다면 그 예술 작품은 진실하

---

16   역주. 칼론 카가톤(*kalon k'agathon*)은 아름다움을 의미하는 칼로스(*kalos*)와 선함을 의미하는 아가토스(*agathos*)의 합성어로서, 인격적 이상, 특히 군사적 맥락에서 인격적 이상을 의미하는 단어로 고전 그리스 작가들에 의해 사용되었다. https://en.wikipedia.org/wiki/Kalos_kagathos 참조(2022. 8. 17 검색).

다. 그 만남은 그 만남이 없었다면 은폐되어 있었을 우주 일부의 (암시적으로는 우주 자체의) 성질과 그 만남이 없었다면 은폐되어 있었을 마음의 (암시적으로는 인격 전체의) 수용하는 힘이 연합되는 만남이다. 개별 작품과 함께 예술 양식도 결정하는 수많은 조합이 미학적 만남의 두 가지 요소 사이에서 이루어질 수 있다. 미학적 기능의 긴장과 인지적 기능의 긴장은 그 특징이 서로 다르다. 확실히 미학적 기능의 긴장도 궁극적으로는 인지적 기능에서 주체와 대상의 분리로 나타났던 자기와 세계의 실존적 소외에 뿌리내리고 있다. 하지만 자기와 세계의 실제적 연합은 미학적 만남에서 성취된다. 이 연합에는 깊이와 진실성의 정도들(degrees)이 존재하며 이 연합은 예술가의 창조적 힘에 의존하고 있다. 그렇지만 언제나 몇 가지 종류의 연합이 있다. 바로 이런 이유로, 예를 들면 (신칸트학파뿐만 아니라 고전적인) 칸트 학파의 철학자들은 예술에서 생명의 최상의 자기-표현과 다른 모든 기능의 한계에 내포된 물음에 대한 대답을 보았다. 그리고 바로 이런 이유 때문에 교양 있는 문화에서는 종교적 기능을 미학적 기능으로 대체해버리는 경향이 존재한다. 하지만 이런 시도는 인간의 상황과 미학적 본성에 해당되지 않는다. 예술 작품은 자기 쪽과 세계 쪽의 한계 안에서 이루어진 자기와 세계의 연합이다. 세계 쪽의 한계는 이런 것이다. 예술 작품이 없었다면 은폐되어 있었을 우주의 **한 가지** 성질에 미학적 기능을 통해서 도달할지라도, 모든 성질을 초월한 궁극적 실재에 도달한 것은 아니다. 그리고 자기 쪽의 한계는 이런 것이다. 미학적 기능을 통해서 자기는 이미지로 실재를 파악하게 되지만, 실재의 존재 전체를 파악한 것은 아니다. 이런 이중적 한계 때문에 미학적 기능을 따라 이루어지는 연합에는 비실재의 요소가 개입된다. 그 비실재의 요소는 "가상"(seeming)이다. 그것은 아직 실존하지 않는 어떤 것을 예견한다. 가상이 실재와 비실재 사이에서 요동침으로써 미학적 기능의 모호성이 발생한다.

인지적 기능이 과학적 창조로 제한되지 않는 것처럼 미학적 기능은 예술적 창조로 제한되지 않는다. 우리에게는 과학 이전의 정신적 기능과 예술 이전의 정신적 기능이 있다. 그 기능들은 인간 생명 전체에 스며들어 있기 때문에 "창조적"이라는 용어가 직업적·과학적·예술적 창조에만 적용된다면 그것은 옳지 않다. 예를 들어 신화에서 체현되는 지식과 표현력—이것은 매우 이른 시대에 경험되었다—은 대부분의 사람에게 문화의 모든 측면으로 들어가는 문이 되었다. 그리고 자연과 인간에 대한 직접적인 미학적 경험뿐만 아니라 사실과 사건에 대한 일상적 관찰 역시 정신 차원에서 일어나는 생명의 자기-창조에 일상적 영향을 준다.

(3) "프락시스"의 기능: 인격적 행위와 공동체적 행위 프락시스는 중심을 가진 인격이 수행하는 문화적 행위 전체인데, 그 인격은 사회적 집단의 일원으로서 서로와 자신에게 영향을 준다. 이런 프락시스는 인격적·공동체적 영역에서 이루어지는 생명의 자기-창조를 의미한다. 그러므로 그 프락시스에는 자신과 다른 인격 및 그 인격들이 속해 있는 집단, 그 인격들을 통해서 다른 집단과 간접적으로는 인류 전체에게 작용하는 인격의 행위가 포함되어 있다.

생명은 프락시스 기능을 통해 정신 차원에서 개별적 방식으로 창조된다. 모호성에 이르게 되는 모든 기능에는 긴장도 있고 모호하지 않은 것에 대한 요청도 있다. 그 기능들에 대한 전통적인 이름을 찾아내는 것은 어려운 일인데, 활동들 자체와 그것들에 대한 학문적 해석 사이에는 겹치는 많은 부분이 있기도 하고 때로는 구별되지 않기도 하기 때문이다. 우리는 사회적 관계, 법, 행정, 정치에 관해 말할 수도 있고 인격적 관계와 인격적 발전에 관해 말할 수도 있다. 그리고 이러한 모든 변형 양태들에 문화적 행위를 인도하는 규범이 있는 경우 우리는 "윤리"라는 단어에 모든 영역을 포함할 수도 있을 것이고 개인 윤리와 사회 윤리를 구별할 수도 있을 것이다. 하지만 "윤리"라는 용어는 앞서 기술된 것과 같이 주로 도덕적 행위의 원리, 타당성, 동기를 가리킨다. 그리고 우리는 윤리를 도덕적 행위에 관한 학문으로 정의하고 "문화 이론" 전체에 프락시스의 문화적 기능에 관한 이론을 포함함으로써 정신의 기능을 더 편하게 이해하게 될 것이다. 이러한 의미론적 구별은 도덕적 행위가 정신의 자기-구축으로 이해될때 도덕적 행위에 가정되어 있는 근본 입장 때문에 중요하다. 동시에 이용어법으로 인해서 도덕의 특별한 내용은 생명의 **문화적** 자기-창조의 산물임이 분명하게 드러난다.

프락시스는 정신 차원에서 성장을 지향하는 행위다. 그것은 목적을 위해 수단을 사용하며 (테오리아가 만났던 실재를 파악하는 말의 연속이듯이) 이런 점에서 기술적 행위의 연속이다. 이런 연결 관계에서 "연속"(continuation)이 의미하는 바는 프락시스의 서로 다른 기능늘이 그 기능의 목적에 적합한 도구를 선택하며, 말과 함께 이전에 인간을 환경의 속박에서 해방시켰던 물리적 도구의 생산을 초월한다는 것이다. 가장 중요한 몇 가지 기술적 활동은 경제, 의료, 행정, 교육이다. 그것들은 정신의 복합적 기능으로서 궁극적 규범들, 과학 자료들, 인간관계들, 풍성하게 축적된 기술적 경험을 결합한다. 서구 세계에서 그것들이 고평가된 것은 하나님 나라가 만났던 실재를 그 목적에 맞게 종속시킨다는 유대교적·기독교적 상징에 기인한다.

테오리아에 관한 부분에서 우리는 문화적 창조의 목표들인 진리와 진실한 표현성을 찾아냈다. 이제 우리는 프락시스에 관한 부분에서 이에 상응하는 용어들을 발견하고자 한다. 첫 번째는 **"선함"**(good; *agathon*; *bonum*)이다. 그리고 선함은 사물의 본질적 본성과 사물에 내포되어 있는 잠재성의 완성으로 정의될 수 있다. 하지만 이것은 존재하는 모든 것에 적용되며 창조의 내적 목표 자체를 묘사한다. 그것이 프락시스가 열망하는 선함 물음에 특별한 대답을 제시하는 것은 아니다. 그것을 제시하기 위해서 우리에게 필요한 것은 선함에 종속되어 있지만 선함의 개별적 성질을 표현해 주는 다른 개념이다. 그런 개념 중 하나가 정의(justice)다. 정의는 테오리아의 분야에서 진리에 해당한다. 정의는 사회 변형을 지향하는 모든 문화적 행위의 목표다. 개인이 정의로운 방식으로 행동하는 한, 그 단어는 개인에게도 적용될 수 있다. 하지만 다른 용어, 즉 의로움(righteous)이 더 자주 이런 의미로 사용된다. 말하자면 의로운 사람이 정의를 실행한다. 하지만 그렇다고 해서 정의가 사회적 선함을 지시하는 것과 동일한 방식으로 인격적 선함을 지시하는 용어를 찾아내는 작업이 종결되는 것은 아니다. 아레테(*arete*; *virtue*; *virtus*)라는 그리스어 단어가 그 본래적 의미를 완전히 상실하고 지금은 우스꽝스러운 함의를 가지게 된 것은 정말 유감스러운 일이다.[17] 경건하고 정의롭고 거룩하고 영적이기도 한 종교적 용어들이 여기서 사용되면 이후의 논의에서 혼란이 일어날 것이다. 왜냐하면 그 용어들은 프락시스의 모호성에 내포되어 있는 물음들에 대답하는 기독교적 대답들에 의존하기 때문이다.

아레테(*arete*[virtue]) 같은 그런 용어는 인간의 본질적 잠재성의 현실화를 의미한다. 이런 관점에서 인간의 잠재성의 완성에 관해 직접적으로

---

17 역주. 아레테(ἀρετή)라는 그리스어는 "탁월함", "칭송받을 만한 비상한 특징", "신적 힘의 현현", "기적" 등을 의미한다. *BDAG*, 130.

말하는 것과 개인 자체에게 지향되어 있는 프락시스의 내적 목표를 "인간성"이라고 부르는 것도 가능할 것이다. 하지만 일상 언어에서 사용되는 "인간성"의 다른 의미들과 인간의 잠재성에 대한 특별한 해석으로서 "인문주의"(humanism)가 가진 철학적 함의 때문에 "인간성"이라는 단어의 사용에도 문제가 있다.[18] 이런 함의에 따르면 인간의 프락시스의 목표로서의 인간성은 "하나님을 닮아감"이라는 의미로 인해 목표로서의 신성과 대립할 수도 있을 것이다. 이런 위험에도 불구하고 나는 "인간성"이라는 단어를 사용할 것을 제안한다. 정의가 사회적 집단의 내적 목표와 집단들의 상호 관계의 내적 목표의 완성을 의미하듯이 인간성은 인간 자신의 내적 목표와 인격적 관계들 안에서의 인간의 내적 목표의 완성을 의미한다.

이 지점에서 "무엇이 인간성과 정의의 본성 안에서 긴장을 발생시키는가?"라는 물음이 제기된다. 인간성과 정의가 현실화될 때 발생하는 모호성은 그 긴장에서 기원한다. 일반적 대답은 정신 차원에서 이루어지는 생명의 자기-창조에 관한 묘사에서 제시되었던 대답과 동일하다. 즉 실존적 소외의 조건들에서 나타나는 주체와 대상의 무한한 분리가 그 대답이다. 테오리아의 기능들에서 살펴보면, 그 분리는 인식하는 주체와 인식되는 대상 사이와 표현하는 주체와 표현되는 대상 사이에 존재한다. 프락시스의 기능들에서 살펴보면, 그 분리는 실존하는 인간 주체와 주체가 열망하는 대상—본질적 인간성의 상태—사이와 실존하는 사회 질서와 그 사회가 지향하는 대상—보편적 정의의 상태—사이에 존재한다. 주체와 대

---

18   역주. 휴먼(human)이라는 영어와 후마누스(*humanus*)라는 라틴어는 무기물이나 동물과는 다른 것, 인간에게 고유한 것을 의미한다. 그리고 인간에게 고유한 대표적인 특징이 "언어"다. 이마미치 도모노부, 『단테 「신곡」 강의』, 이영미 옮김(파주: 교유당, 2022), 18-19 참조.

상의 이러한 실천적 분리에 따른 결과는 이론적 분리에 따른 결과와 동일하다. 주체-대상 구도는 인식론적 문제이면서 동시에 윤리적 문제이기도 하다.

모든 문화적 행위는 중심을 가진 자기의 행위이고 공동체 안에서 이루어지는 인격의 도덕적 자기-통합에 근거하고 있다. 인격이 생명의 문화적 자기-창조의 담지자인 한, 그는 우리가 논의했던 모든 문화적 긴장과 우리가 앞으로 논의하게 될 모든 문화적 모호성에 종속되어 있다. 문화의 운동, 성장 및 있을 수도 있는 파괴에 참여하는 인격은 문화적으로 창조적이다. 이런 의미에서 모든 인간은 오직 말하기와 도구 활용 덕분에 문화적으로 창조적이다. 이런 보편적 특질은 근원적인 창조성과 구별되어야 한다. "근원적"이라는 단어의 온전한 의미에 합당한 근원적 창조성은 오직 소수에게만 적용될 수 있다. 하지만 이런 구별이 필수일지라도 그 구별이 기계적 구분으로 왜곡되어서는 안 된다. 눈에 띄지 않는 이행들이 있다.

그러므로 모든 사람은 주관적 의미와 객관적 의미에 따른 문화의 모호성에 종속되어 있다. 그들은 역사적 운명과 분리될 수 없다.

d) 문화적 행위의 모호성: 의미의 창조와 파괴

(1) 생명의 언어적·인지적·미학적 자기-창조의 모호성 말은 의미의 담지자다. 따라서 언어는 정신 차원에서 이루어지는 생명의 자기-창조의 첫 번째 결과다. 언어는 모든 문화적 행위와 간접적으로는 정신의 모든 기능에 스며들어 있다. 하지만 언어는 테오리아 기능—인지 및 표현—과 특별한 관계를 맺는다. 기술적 행위가 문화적 자기-창조의 모든 기능에 현존해 있음에도 프락시스 기능과 특별한 관계를 맺고 있는 것과 마찬가지다. 이런 이유로 나는 진리와 표현의 모호성과 함께 말의 모호성 및 인간성과 정의의

모호성과 함께 기술적 행위의 모호성을 논하고자 한다.

　의미의 담지자인 말은 환경의 속박과 이전 모든 차원의 생명이 종속되어 있는 속박에서 벗어난다. 의미는 초심리학적으로 타당한 생명의 자기-깨달음을 전제한다. 구술된 주제가 개별적이고 일시적일지라도 보편적으로 타당한 어떤 것은 의미 있는 모든 문장에서 의도되고 있다. 문화는 그런 의미들로 살아간다. 의미는 개별 사회 집단들의 언어만큼이나 같기도 하고 다르기도 하다. 말이 의미를 창조하는 힘은 마음이 실재를 만나는 서로 다른 방식들에 의존하는데, 그 방식은 신화적 언어로부터 일상생활 언어에 이르는 언어이며 이 두 언어 사이에서 과학적 기능과 예술적 기능으로 표현된다. 이 모든 것은 의미의 우주를 생산하는 연속적인 생명의 자기-창조 활동이다. 논리학과 의미론은 이 우주가 창조된 구조와 규범을 학문적으로 다룬다.

　이 과정에 개입하는 모호성은 다음과 같은 사실에서 기인한다. 말은 의미의 우주를 창조하기도 하지만, 말이 언급하는 실재로부터 의미를 분리하기노 한다. 언어가 근거로 삼는 마음의 대상 파악 행위는 파악되는 대상과 말이 창조하는 의미 사이의 분열에 개방되어 있다. 언어에 내재해 있는 모호성은 언어가 실재를 의미로 변형할 때 마음과 실재를 분리한다는 것이다. 수많은 본보기가 제시될 수 있겠지만, 우리는 다음과 같은 말의 주요한 모호성을 구별할 수 있다. 즉 다른 수많은 가능성을 무시함으로써 파악된 것을 오류에 빠뜨리는 풍요 속의 빈곤, 특정한 언어 구조를 통해 다른 언어로는 포착되지 않는 실재와의 명확한 만남을 표현함으로써 감수해야 할 보편성의 제한과 말이 마음을 배신하는 명확한 의미 속의 불명확성, 중심을 가진 인격인 자기의 의도적 함의와 비의도적 함의가 혼재한다는 이 중요한 의사소통 도구의 궁극적인 비의사소통적 특징, 인격이나 대상에 의해 제한받기를 거부함으로써 언어의 자유가 가지게 되는 무제한적 특징, 공허한 대화와 이에 반하는 저항적 침묵으로의 도피, 아첨, 논쟁, 중독, 선동과 같이 아무런 실재적 기초도 없는 목적을 위한 언어 조작, 마지막으로 언어가 제시해야 하는 것을 은폐하고 왜곡하며 반대함으로써 생명의 자기-창조적 힘이 의도하는 기능과는 정반대 방향으로 언어를 전복하는 행위 등이 있다.

　회피 가능한 모호성에 맞선 연속적이지만 단지 파편적으로 성공적이었던 의미론적 분석의 투쟁에도 불구하고, 이것들은 여러 방식의 모든 언술에서 진행되는 과정들을 보여준다. 우리는 이를 통해 성서의 사상에서 나타나는 말이 창조자의 힘과 연합되어 있다는 것, 말은 그리스도를 통해 역사적 인격성이 되었다는 것, 말은 영을 통한(in the Spirit) 황홀경적 자기-현현이라는 것 등을 이해할 수 있다. 말은 이런 상징들로 만나게 된 실재를 파악하기만 하는 것이 아니다. 말 자체가 주체와 대상의 분열을 초월한 실재다.

　생명의 자기-창조에서 나타나는 인지적 행위의 모호성은 주체와 대상의 분열에 뿌리를 두고 있다. 이 분열은 모든 인식의 전제조건이며 동시에 모든 인식에 작용하는 부정적인 힘이다. 인식론의 전 역사는 주체와 대상의 궁극적 일치를 보여줌으로써 이 분열을 극복하고자 하는 인지적 시도인데, 그 방법은 한쪽을 위해서 분열된 다른 쪽을 무화시키거나 아니면 양쪽을 포함하는 연합의 원리를 설정하는 것이다. 이런 시도들이 인식의 가능성을 설명하기 위해서 수행되어왔다. 물론 실제적 분열은 외면할 수 없다. 그 실제적 분열은 실존의 모든 인지 행위를 결정한다. 그리고 문화적 자기-창조 행위로서의 인지적 실존이 우리의 탐구 주제다.

　또 몇 가지의 본보기들을 언급할 수 있다. 우리는 모든 인식의 굳건한 기초라고 통상적으로 이해하는 "관찰의 모호성"으로 시작할 수 있을 것이다. 하지만 그 관찰의 굳건함도 모호성을 막지 못한다. 물리학뿐만 아니라 역사에서도, 의학뿐만 아니라 윤리학에서도 관찰자는 현상을 "실재"로 간주하길 원한다. "실재"라는 말은 관찰자로부터 독립되어 있음을 의미한다. 하지만 관찰자로부터 독립된 그런 것은 없다. 관찰되는 것은 관찰되는 동안 변한다. 이것은 철학, 인간, 역사에서 언제나 확실한 사실이었고 지금은 생물학, 심리학, 물리학에서도 확실한 사실이 되었다. 그 결과 "실재인" 실재가 아니라 만나게 된 실재가 남았으며, 절대적 진리라는 의미에서 만나게 된 실재는 왜곡된 실재다.

문화의 인지적 기능에서 나타나는 생명의 자기-창조의 모호성을 보여주는 본보기로 "추상화의 모호성"도 들 수 있다. 인지란 본질이 현존해 있는 많은 개별적인 것들을 추상화함으로써 대상이나 과정의 본질에 도달하고자 시도하는 것이다. 이 사실은 역사에도 해당되는데, 역사에서 "르네상스"나 "중국 예술" 같은 포괄적인 개념들은 수많은 구체적인 사실들을 포함하는 한편 그 사실들을 해석하면서 은폐하기도 한다. 모든 개념은 이러한 추상화의 모호성을 보여주며 그 모호성으로 인해 "추상"이라는 단어가 경멸적으로 사용되는 일이 종종 발생한다. 하지만 모든 개념은 추상이며, 신경학자 쿠르트 골드슈타인(Kurt Goldstein)에 따르면 바로 그 추상화의 힘으로 인해 인간은 인간이 된다.

"전체로서의 진리의 모호성" 때문에 많은 논의가 발생했다. 확실히 대상에 대한 모든 진술은 정의가 필요한 개념 자체를 사용하고 있으며 이 정의에서 사용되는 개념도 정의가 필요하고 이런 과정은 **무한히**(*ad infinitum*) 이어진다. 유한한 존재자는 전체를 파악할 수 없으므로 모든 개별적 주장은 잠재적이다. 또한 어떤 형이상학자들처럼 자신은 파악할 수 있다고 주장하면, 그는 자신을 속이는 것이다. 따라서 유한성에 처해 있는 인간에게 주어지는 유일한 진리를 전체로 체현된 진리에 비추어 가늠해본다면, 그 유일한 진리는 파편적이고 깨어져 있으며 참되지 않다. 그런데 이러한 가늠 자체가 참되지 않은데, 그 이유는 인간은 그런 가늠으로 인해서 모든 진리로부터, 심지어 이런 진술의 진리로부터도 배제되기 때문이다. 개념적 형태(pattern)의 모호성은 심오한 형이상학적 논의를 향한다. 오늘날 그것은 물리학에서 두드러진 문제인데, 어떤 물리학자들은 원자, 에너지장(power field) 등과 같은 중요한 물리학적 형태들을 어떠한 **실재적 토대**(*fundamentum in re*)도 없는 인간적 사유의 산물일 뿐인 것으로 해석한다. 반대로 다른 물리학자들은 그 형태들에 실재적 토대가 있다고 주장한다. 동일한 문제가 사회학에서는 사회 계급 개념과 관련하여, 심리학에서는 콤플렉스(complex) 개념과 관련하여, 역사학에서는 역사적 시대의 명칭과 관련하여 제기되었다. 인지 행위는 거대한 개념적 형식을 창조하면서 만나는 실재를 인지할 수 없는 것으로 만들어버리는 방식으로 그 실재를 변화시킨다. 바로 그 사실에 모호성이 존재한다.

마지막으로 우리는 "논증의 모호성"을 언급해야 한다. 우리는 사물의 구조를 개념화하기 위해서 일련의 논증을 시도하지만, 인지 주체가 인지하지 못한 논의되지 않은 가정이 논증에서 결정적 역할을 한다. 이 사실은 논증이 발생하는 역사적 맥락에도 해당되고, 인지 주체의 사회적 지위가 논증에 끼친 인지되지 않는 영향력—이데올로기라 불리는 영향력—에도 해당되며, 마지막으로 인지 주체의 심리학적 상황이 끼치는 무의식적 충격—합리화라고 불리는 충격—에도 해당된다. 비록 강력한 학문적 훈련이 이루어질지라도, 모든 논증은 이런 힘들에 의존한다. 방법(method)으로는 주체와 대상의 기본적 분리를 메울 수 없다.

인지적 행위의 모호성을 깨달은 자들이 모호성을 피하고자 그 분리를 초월하여 신비적 일치를 지향했던 이유를 이 본보기들은 설명해준다. 그들에게 진리는 주체-대상 구도의 신비주의적 정복이었다.

모호하지 않은 것을 찾는 또 다른 시도는 예술이 창조하는 이미지들을 통해서 수행된다. 사람들은 예술적 직관과 예술적 이미지를 통해서 테오리아와 실재의 재연합이 가능하며 이런 방식이 아니면 재연합에 도달할 수 없을 것이라고 믿는다. 하지만 미학적 이미지는 인지적 개념, 파악하는 단어만큼이나 모호하다. 표현과 표현되는 것의 분리는 미학적 기능을 통해서 테오리아 행위들과 만나게 된 실재의 분열로 드러난다. 이 분열에서 기인하는 모호성은 모든 예술 작품의 특징이 되고 간접적으로는 실재와의 모든 미학적 만남의 특징이 되는 양식적 요소들의 갈등으로 제시될 수 있다. 이 요소들은 자연주의적 요소, 이상주의적 요소, 표현주의적 요소다. 이 각각의 용어들은 앞서 언급된 몇 가지 언어적 모호성으로 인해 수난을 겪고 있지만, 우리는 이 용어들을 폐기할 수 없다. 이 맥락의 자연주의는 대상을 일상적으로 알려진 것이나 과학적으로 정제된 것 또는 극적으로 과장된 것으로 제시하려는 예술적 충동을 가리킨다. 만약 이 충동을 철저히 따른다면 주제(subject matter)가 표현을 압도할 것이고 의심스러운 자연 모방—"양식적 자연주의의 모호성"—에 이르게 될 것이다. 이 맥락의 이상주의는 정반대의 예술적 충동, 즉 일상적으로 만나는 실재를 뛰어넘어 사물들의 본질과 당위를 향해 나아가는 충동을 가리킨다. 현실적 만남에서는 그 완성을 예견할 수 없다. 신학적으로 말해서 그 예견은 종말론적이다. 비록 다 그렇지는 않더라도, 우리가 고전 예술이라고 부르는 것은 대부분 이 충동으로부터 큰 영향을 받았다. 그 이유는 그 어떤 양식도 세 가지 양식적 요소 중 어느 하나에 의해서 완벽하게 지배받지 않기 때문이다. 하지만 여기서도 모호성이 나타난다. 자연적 대상—그 대상의 표현은 생명의 미학적 자기-창조의 목표다—은 대상에 관한 예견된 관념(idea)에서 상실되는데, 이것이 "양식적 이상주의의 모호성"이다. 실재적 토대가 없는 이상(ideal)은 만나는 실재와 대립하며 그 실재는 미화되고 수정되어 감상주의와 부정직을 결합하는 방식으로 이상에 순응하게 된다. 이로 인해 지난 수백 년 동안 종교 예술이 손상되어왔다. 그런 예술은 만나게 된 실재는 아닐지라도 중요한 어떤 것을 여전히 표현하고 있는데, 그것은 문화적으로 공허한 시대의 저급한 취향이다.

(2) 기술적 변형과 인격적 변형의 모호성 테오리아의 기능들에서 나타나는 생명의 자기-창조의 모든 모호성은 궁극적으로 실존의 조건에서 벌어진 주체와 대상의 분리에 의존하고 있다. 즉 주체는 말, 개념, 이미지를 통해 대상을 받아들임으로써 분열을 극복하고자 하지만 이 목표를 결코 성취하지 못한다. 수용, 파악, 표현이 있어도 분리는 남아 있으며 주체는 자신 안에 남아 있다. 기술적 요소를 포함한 프락시스의 기능들에 의해서 정반대의 일이 생명의 자기-창조에서 벌어진다. 그 기능들을 통해서 대상은 개념과 이미지에 따라 변형되며 바로 그 대상으로 인해 문화적 자기-창조의 모호한 특징이 발생된다.

우리는 말과 기술적 행위가 가진 해방하는 힘을 도구로서의 도구 생산에서 연결시켰다. 언어와 기술은 마음이 환경적 상황을 초월하는 목적을 설정하고 추구할 수 있도록 해준다. 하지만 도구를 생산하기 위해서 우리는 사용된 재료들의 내적 구조와 예견된 조건에서 이루어지는 재료들의 행동을 알고 순응해야 한다. 인간을 해방시키는 도구는 인간을 도구 제작의 규칙에 종속시키기도 한다.

모자 생산을 돕는 망치 또는 인공위성의 생산을 돕는 기계 설비가 기술적 생산에 포함되는지에 관한 이러한 고찰은 모든 기술적 생산의 세 가지 모호성으로 귀결된다. 첫 번째는 기술적 생산에서 "자유와 한계의 모호성", 두 번째는 "수단과 목적의 모호성", 세 번째는 "자기와 사물의 모호성"이다. 신화시대부터 우리 시대에 이르기까지 이런 모호성들은 인류의 운명을 대체적으로 결정했지만, 어떤 시대도 우리만큼 이 사실을 깨닫지는 못했을 것이다.

기술적 생산에서 "자유와 한계의 모호성"은 신화와 전설을 통해 강렬하게 표현된다. 그 모호성은 아담이 신들(gods)의 뜻을 어기고 먹었던 (선악을─역자) 알게 하는 나무 열매에 관한 성서 이야기[19]와 그 신들의 뜻에 반대해서 인간에게 불을 가져다준 프로메테우스에 관한 그리스 신화에서 나타난다. 자신의 유한성을 극복하고 신적 영역에 도달하는 어떤 상징을 가지고 연합을 이루고자 했던 인간의 욕망을 바벨탑 이야기는 말해주는데,[20] 아마 이 이야기가 우리 상황에 가장 가까울 것이다. 이 모든 경우의 결과는 창조적이기도 하고 파괴적이기도 하다. 그리고 이 사실은 모든 시대의 기술적 생산의 운명이기도 하다. 기술적 생산은 끝이 보이지 않는 길을 열어주지만, 어떤 제한적인 유한한 존재자를 통해서 이런 일이 이루어진다. 이 갈등에 대한 깨달음은 언급된 신화들에서 명백하게 표현되며, 오늘날 과학자들에 의해 언급되고 있다. 그 과학자들은 과학적 지식과 기술적 도구의 창조로 인해 모든 인류가 빠져든 파괴적 가능성을 알고 있다.

두 번째 "수단과 목적의 모호성"은 이 기본적인 기술적 생산의 모호

---

19   역주. 창 2:16-17에서 선악을 알게 하는 나무의 열매를 먹지 말라고 명령하는 이는 "야웨 엘로힘"(야웨 하나님)이다. "엘로힘"은 "엘"(신)의 복수형이다.
20   역주. 창 11:1-9.

성과 관련 있다. 그것은 "무슨 목적으로?"라고 물음으로써 기술적 자유의 무제한성을 구체화한다. 이 물음에 대해서 인간의 물리적 실존이 가진 기본적 욕구로 대답하는 한, 그 문제는 사라지지 않고 은폐되어버린다. 왜냐하면 기본적 욕구가 무엇인가라는 물음에 확실하게 대답할 수 없기 때문이다. 그러나 기본적 욕구가 충족된 이후에도 새로운 욕구가 끝없이 발생하고 충족되며—역동적 경제 속에서—충족되기 위해 또 발생한다면, 그 문제는 개방된 문제가 된다. 이 상황에서 기술적 가능성은 사회적이고 개인적인 유혹이 된다. 더 우월한 목적이 보이지 않기에 수단—도구—의 생산 자체가 목적이 된다. 대개 이 모호성 때문에 현대 생활의 공허함이 발생한다. 하지만 "생산을 지속하지 말라!"고 말하는 것만으로는 이 상황을 변화시킬 수 없다. 자유와 한계의 모호성과 관련해서 과학자들에게 "탐구를 지속하지 말라!"고 말하는 것이 불가능하듯 이런 상황을 변화시키는 것은 불가능하다. 생명의 자기-창조 과정에 본질적으로 속해 있는 요소를 제거하는 방식으로는 모호성을 극복할 수 없다.

이러한 내용은 "자기와 사물의 모호성"에도 해당된다. 자연적 대상과는 달리 기술의 산물은 "사물"이다. 자연에는 "사물", 즉 단지 대상이기만 한 대상, 주체성 요소가 없는 대상이 없다. 하지만 기술적 행위로 생산되는 대상은 사물이다. 인간이 자연적 대상을 사물로—나무를 목재로, 말을 마력으로, 인간을 노동력으로—변형할 수 있다는 사실은 기술적 행위를 통해 나타나는 인간의 자유에 속한다. 인간은 대상을 사물로 변형시키면서 대상의 자연적 구조와 관계를 파괴한다. 하지만 인간이 이 일을 할 때, 인간이 변형시키는 대상에 어떤 일이 일어나듯이 또 인간에게도 어떤 일이 일어난다. 인간은 사물 중 한 가지 사물이 된다. 인간 자신의 자기는 소통할 수 없는 대상들 가운데서 상실된다. 인간의 자기는 단지 사물이기만

한 것을 생산하고 다루기 때문에 사물이 되어버리며, 변형하는 주체 자신이 사물들 더미에 더 많이 작용할수록 인간은 기술적 산물의 일부가 되면서 독립적인 자기로서의 특징을 상실한다. 기술적 가능성이 제공한 해방 덕분에 인간은 기술적 현실성의 노예가 되어버렸다. 이 사실이 생명의 자기-창조의 참된 모호성이며 이것은 이른바 자연으로의 낭만주의적 복귀, 즉 기술 이전 시대(pre-technical)로의 복귀로 극복될 수 없다. 기술적인 것은 인간의 본성이고 자연적 원시주의의 노예가 되는 것은 비본성적이다. 기술적 생산의 세 번째 모호성은 기술적 생산을 폐지하는 방식으로는 극복되지 않는다. 다른 모호성들처럼 이 모호성도 수단과 목적의 모호하지 않은 관계 요청, 즉 하나님 나라의 요청으로 귀결된다.

기술적 행위는 프락시스의 모든 기능에 스며들어 있으며 그 기능들의 모호성에 어느 정도 기여한다. 하지만 그 기능들에는 자체적인 창조와 파괴의 원천들이 있는데, 그 원천들과 관련하여 먼저 프락시스의 인격적 모호성을, 다음으로 프락시스의 공동체적 모호성을 논의할 것이다.

실제로는 불가능하더라도 우리는 생명의 인격적 자기-창조 영역에서 인격 자체와 관계 속의 인격을 구분해야 한다. 양쪽에서 문화적 행위의 목표는 인간 자체의 잠재성을 현실화하는 것이다. 그것이 이런 정의에 부합하는 "인간성"이다. 인간성은 자기-결정과 타자-결정에 의해서 상호의존적으로 이루어진다. 인간은 자신의 인간성을 열망하며 다른 사람들이 인간성에 도달하도록, 즉 자신의 인간성을 표현하도록 돕는다. 하지만 그 둘—자기 자신이 자신을 결정하는 것, 다른 사람들에 의해서 결정되는 것—은 생명의 인격적 자기-창조에 속해 있는 일반적 모호성을 드러낸다. 그것은 결정하는 자와 결정되는 자의 관계다. 의미론적으로 말해서 "자기-결정"이라는 용어조차도 **동일성**과 **비동일성**의 모호성을 보여준다. 결정하는 주체는 본질(what it essentially is)의 힘만으로 결정할 수 있다. 하지만 실존적 소외의 조건에서 그 주체는 본질로부터 분리되어 있다. 그러므로 완성된 인간성에 도달하는 자기-결정이 불가능하다. 그럼에도 그런 자기-결정은 필요하다. 왜냐하면 외부에 의해 완벽하게 결정된 자기는 자기가 아닐 것이기 때문이다. 그것은 사물이다. 이것이 "자기-결정의 모호성", 곧 모든 책임 있는 인격성의 위엄과 절망이다. ("책임"[responsibility]의 의미는 어떤 본질적 존재의 "침묵의 소리"[silent voice]에 응답한다[respond]는 것이다.) 우리는 "선한 의지의 모호성"에 관해서도 말할 수 있을 것이다. 선한 것을 의도하기 위해서 의지 자체는 선해야 한다. 자기-결정으로 의지가 선해져야 한다. 이것은 선한 의지가 선한 의지를 창조하고, 끝없이 유보하면서 무한히 반복되어야 한다는 말이다. 이런 고찰에 비추어보면, "자기-교육", "자기-훈육", "자기-치유" 같은 용어들은 그 심오한 모호성을 보여준다. 그 용어들에는 그 용어의 대상에 이미 도달했거나 그 용어들이 모두 거부되어야 한다는 의미와 자기-구원이라는 부조리한 개념은 완전히 배제되어야 한다는 의미가 내포되어 있다.

우리는 자기-결정과는 반대되는 "타자-결정"에 관해서도 말할 수 있는데, 인격적 자기-창조가 한 인격이 다른 인격에게 가하는 행위에 의존하는 한, 타자-결정은 인격적 자기-창조를 의미한다. 이 일은 인격적으로 참여하는 모든 행위를 통해서 비의도적으로 일어나며, 비체계적인 교육이나 체계적인 교육, 지도하려는 충동(a guiding impulse)이 작동하는 곳마다 의도적으로 일어난다. 모호성은 다음과 같이 정식화될 수 있는 이런 관계들에서 나타난다. 즉 인격의 성장을 지향하는 일은 동시에 자신의 비인격화를 지향하는 일이기도 하다. 주체를 주체로 높이려는 시도는 주체를 대상으로 만들어버린다. 무엇보다도 우리는 교육적 활동—이것이 비의도적이든 의도적이든—의 모호성에 내포되어 있는 실천적 문제들을 관찰할 수 있다. 교육으로 문화적 내용을 소통하면, 전체주의적 세뇌와 자유주의적 무관심이라는 극단에는 도달하지 않을지라도 그 극단들은 언제나 요소로서 현존해 있으면서 인격을 인격으로 교육하려는 시도를 문화의 가장 모호한 과제 중 하나로 만들어버린다. 한 인물을 교육 집단의 현실적 삶으로 유도함으로써 그 인격을 교육하려는 시도도 마찬가지다.[21] 여기에는 권위주의적 훈련과 자유주의적 방임이라는 극단들이 완전히 실현되지는 않더라도 교육 과정의 요소로 나타나는데, 그 극단들에는 인격으로서의 인격을 파괴하거나 인격이 어떤 명확한 형식에 이르는 것을 방해하는 경향이 있다. 이런 면에서 교육의 주요 문제는 모든 방법이 개선될지라도 그 교육 방법이 피하고자 하는 "대상화"의 경향은 증가한다는 것이다.

"인격적 성장의 모호성"의 또 다른 본보기는 지도(guiding) 행위다. "지도"라는 용어는 여기서 인격 성장의 "조력자"라는 의미로 사용된다. 이런 조력은 심리 치료 또는 상담일 수도 있다. 또 가족 관계의 기본적 일부가 될 수도 있다. 또 우정이나 (교육적 행위가 조력 행위의 결과일 수 있는 범위까지) 모든 교육적 행위에 비의도적으로 현존해 있을 수도 있다. 오늘날 가장 두드러진 본보기는 심리 분석의 실행과 그 모호성이다. 심리 분석 이론의 위대한 성취 중 하나는 환자와 분석가가 포함된 전이(transference) 현상에서 나타나는 비인격화에 대한 통찰과 전이를 제거하는 방법으로 이 상황을 극복하려는 치유 과정에 대한 통찰이다. 하지만 인격적 성장을 위한 작업의 모호성이 극복되는 경우에만 이런 일이 성공할 수 있다. 그리고 주

---

21   역주. 유도하는 교육에 관해서 다음의 글을 참조하라. Paul Tillich, "교육의 신학", 『교육의 신학』, 남성민 옮김(서울: IVP, 2018), 185-96.

체-대상 구도가 정복되는 경우에만 이런 일이 가능하다. 주체-대상 구도가 깨지지 않는 곳에서는 모호하지 않은 생명이 불가능하다.

만약 우리가 인간관계 영역으로 전환하면, "인격적 참여의 모호성"에서 생명의 자기-창조의 모호성을 찾게 될 것이다. 이 모호성은 무엇보다도 인격과 인격의 관계에 관련되어 있지만, 인격과 비인격의 관계도 포함하고 있다. 참여의 모호성은 자기-고립(self-seclusion)과 자기-포기(self-surrender)라는 양극단 사이에서 수많은 형식으로 현존해 있다. 모든 참여 행위에는 자기 고수(holding back)라는 요소와 자기 수여(giving)라는 요소가 있다. 타자를 알고자 시도할 때 자기-고립은 타자의 존재에 이미지를 투사하는 방식으로 드러나는데, 그 이미지는 그의 실제 존재를 가장한 것이며 알고자 하는 자의 투사물일 뿐이다. 인격과 인격 사이에 존재하는 이미지라는 장막 때문에 인격들의 인식적 참여는 매우 모호해진다. (예를 들어 자녀들이 가진 부모 이미지를 분석하면 이 사실이 매우 잘 드러난다.) 다른 가능성도 존재하는데, 타자에 대해서 자신이 가진 이미지를 포기하고, 자신이 자신에 관해서 현실적으로 가지고 있거나 인지적으로 자신에게 참여하려는 자들에게 강요하고 싶은 이미지를 수용할 수도 있다.

감정적 참여도 자기-고립과 자기-포기의 모호성에 종속되어 있다. 실제로 타자에 대한 감정적 참여는 자기 자신 안에서의 감정적 요동이며, 이는 타자에 대한 가상적 참여에서 비롯된다. 이른바 수많은 낭만적 사랑에는 이런 특징이 있다. 그런 사랑은 자신의 비밀스러운 존재에 감정적으로 들어가려는 시도 때문에 타자의 인격이 상실되는 모호성을 보여준다. 그리고 정반대의 운동, 혼란스러운 자기-포기도 있다. 그것은 지기 지신을 부끄러움 없이 내던져버림으로써 모든 것을 타자에게 줘버리는 것이다. 하지만 그것을 받는 자는 그것을 사용할 수 없다. 왜냐하면 그것에는 비밀스러움과 유일무이함이 사라져버렸기 때문이다. 또 우리는 심오한 모호성이 모든 감정적 참여 행위에 영향을 주고 있다고 말해야 한다. 인지적 모호성이 동반된 감정적 참여 행위는 인격 대 인격의 관계에서 나타나는 끝없는 창조적·파괴적 상황들의 원인이 된다.

능동적 참여 역시 유사한 구조를 보여줄 수밖에 없다. 자기가 생산한 타자의 이미지와 참여라는 옷을 입은 자기-고립은 인격과 인격의 만남에서 나타나는 다양한 형태의 상호 파괴를 유발한다. 타자가 공격당하면 그의 자기가 공격당한 것이 아니라 그 자기의 이미지가 공격당한 것이다. 자기-포기를 향한 자기 자신의 욕망은 자기의 욕망을 포기함으로써가 아니라 타자를 포기함으로써 더 자주 충족된다. 추구하던 참여는 실제적이거나 가상적인 거부의 경험 이후에 자기-고립이 되어버린다. 적대와 포기가 뒤섞인 수많은 사례는 생명의 모호성을 가장 두드러지게 보여주는 몇 가지 본보기다.

(3) **공동체적 변형의 모호성** 분화적 자기-창조가 발생하는 틀은 정신 차원에서 이루어지는 사회 집단의 생명과 성장이다. 이 틀에 관한 논의는 인격적 자기와 공동체의 구조적 차이 때문에 지금까지 지연되었다.

중심을 가진 자기는 모든 인격적 행위를 통해 인식하고 심사숙고하며 결정하고 행위하는 주체인 반면, 사회적 집단에는 그런 중심이 없다. 우리는 유비적으로만 권위와 권력을 가진 자리를 집단의 "중심"이라 부를 수 있을 뿐이다. 왜냐하면 집단의 결집이 과거로 회귀할 수도 있으며, 또 어떠한 정치적 권위나 사회적 권위보다도 더 강력한 무의식적 힘에 의해 결정될 수도 있는 생명의 과정에 뿌리내린 채 유지되고 있을지라도, 많은 경우 권위와 권력은 분리되기 때문이다. 인격의 자유로운 행위로 인해서 인간은 행위의 결과에 책임져야 한다. 어떤 집단에서 권위를 대표하는 자의 행위는 온 집단이 그 결과를 감당해야만 하는 일에 큰 책임을 질 수도 있고 완벽하게 책임을 지지 않을 수도 있다. 하지만 그 집단은 예를 들어 다수의 의지에 반하면서 집단에게, 또는 권력이 나누어져 있는 상황에 한 부분의 잠재적 우월성을 통해서 집단에게 강요되는 행위들에 책임을 지는 인격적 단일체가 아니다. 한 사회적 집단의 생명은 다른 차원들을 연합하며 그 차원들에 미래 지향성을 부여하는 역사적 차원에 속해 있다. 이 조직신학의 제5부에서 역사적 차원을 다룰 것이지만, 여기서 우리는 역사적 차원의 정의에 관한 논의 없이 정의 자체의 원리에서 유래하는 모호성을 다루도록 하겠다.

정신의 차원에서 문화의 기능을 통해 인간 집단의 생명이 창조되는데, 그 집단의 본성과 발전이 사회학과 역사학의 주제다. 여기서 우리는 다음과 같은 규범적인 물음을 묻는다. 사회적 집단은 그 본질적 본성에 따라 무엇이 되고자 하는가, 그리고 그 집단의 현실적인 자기-창조 과정에서 어떤 모호성이 나타나는가? 앞서 우리는 인간성을 지향하는 인격의 성장에서 나타나는 모호성을 서술했고 지금은 정의를 지향하는 사회적 집단의 성장에서 나타나는 모호성을 논의하고자 한다.

우리는 사회의 유기적 조직체(organism)와 그 조직체들이 정의를 지향하며 성장할 수 있도록 특별한 인간 활동이 취하는 체계적(organizational) 형식을 구별할 수 있다. 가족, 친목 단체, 지역 공동체와 직장 공동체, 부족과 민족은 생명의 문화적 자기-창조를 거치며 자연적으로 성장해왔다. 하지만 그것들은 문화적 창조 행위의 일부이기도 하면서 동시에 체계화 행위의 대상들이기도 하다. 사실상 그것들은 후자 없이 전자가 될 수 없다. 이 때문에 유기적·심리학적 차원에서 그것들은 동물 무리와 구별된다. 동물 무리나 나무 수풀의 정의(justice)는 다른 것의 본성적 저항에 맞서면서 자신의 잠재성을 현실화하는 강자의 본성적 힘이다. 인간 집단에서 회원들의 관계는 관습이나 법률로 고정된 전통적 규칙에 따른다. 존재의 힘의 본성적 차이는 체계적 구조 안에서 배제되지 않은 채, 정의 관념에 내포되어 있는 원리를 따른다. 이런 원리는 무한히 다양하게 해석되지만, 정의 자체는 모든 해석이 일치하는 지점이다. 남편과 아내, 부모와 자녀, 친족과 이방인, 같은 지역 사람들, 같은 나라 시민들 등의 관계는 의식적으로나 무의식적으로 정의의 몇 가지 형식을 표현하려는 규칙을 따라 정해진다. 이 사실은 동일한 사회적 맥락 속에 있는 정복자와 피정복자의 관계에도 해당된다. 비록 고차원적 관점에서 보면 노예 제도가 부정의할지라도, 노예에게 제시된 정의 역시 여전히 정의다. 역동성과 형식이라는 양극성에 따르면, 사회적 집단은 형식 없이는 존재할 수 없다. 그리고 사회적 집단의 형식은 정의의 이해가 집단에 끼친 영향을 따라서 결정된다.

정의를 요구하고 정의가 현실화되는 곳마다 정의의 모호성이 나타난다. 사회적 집단에서 나타나는 생명의 성장은 모호성으로 가득 차 있다. 모호성을 이해하지 못하면, 그 모호성은 정의의 가능성에 대한 모든 믿음을 절망스럽게 유보하는 태도 또는 결국에는 좌절할 수밖에 없는 완벽한 정의를 유토피아적으로 기대하는 태도에 도달한다.

정의의 현실화에서 나타나는 첫 번째 모호성은 "포용과 배제"의 모호성이다. 사회적 집단이 집단인 이유는 그 집단이 특정한 사람들은 포용하고 다른 사람들은 배제하기 때문이다. 그런 배제가 없으면 사회적 단결은 불가능하다. 바로 이런 점에서 자기-통합과 자기-창조의 모호성들이 생명 과정의 역사적 차원에 관한 서론에 앞서 함께 논의되어야 한다. 앞서 묘사했듯 사회적 집단들의 특별한 성격으로 인해 그 집단들을 전부 정신의 차원에 포함시키는 것은 불가능하다. 그 집단들의 생명은 인격적 자기의 도덕적 중심을 가지고 있지 않기 때문에 우리는 종종 생명의 사회-정치적 자기-창조를 생명의 문화적 자기-창조와 분리한다. 하지만 이런 일 또한 불가능하다. 왜냐하면 한편으로는 정신의 행위가 모든 집단에 현존해 있는 정의의 요소를 창조하기 때문이고 다른 한편으로는 정신의 차원이 다스리는 모든 영역의 문화적 형식은 사회-정치적 권세들에 부분적으로 의존하기 때문이다. 집단의 중심성을 보존하는 것이 집단의 본질적 정의에 내재해 있으며, 집단은 자신을 현실화하는 모든 행위를 통해 중심을 설정하고자 한다. 중심은 사회적 집단의 생명에서 나타나는 성장보다 우선하지는 않지만, 자기-통합과 자기-창조는 모든 순간 동일하다. 이런 점에서 정신의 차원보다 선행하는 차원들의 차이와 그 차원들과 정신의 차원 자체의 차이는 명확하다. 역사적 차원에서 자기-통합과 자기-창조는 생명의 한 가지 동일한 행위다. 생명의 과정들은 모든 것을 포괄하는 역사적 차원에서 일치를 이룬다.

역사적 차원에서 생명 과정들이 수렴되기 때문에 "사회적 단결과 사회적 배제의 모호성"은 자기-통합의 과정과 자기-창조의 과정, 양쪽에 적용된다. 이것은 무수한 사회학적 연구의 주제이며 제안된 모든 해결책은 지대한 실천적 결과를 가져온다. 단결의 모호성에는 다음과 같은 사실이 내포되어 있다. 사회적 응집을 강화하는 모든 행위를 통해서 경계선에 있는 개인과 집단은 추방되고 거부되며, 반대로 그런 개인과 집단을 포함시키거나 수용하는 모든 행위는 집단의 단결을 약화시킨다. 경계선에 있는 자들에는 다른 사회 계급 출신의 개인들, 폐쇄적 가족과 사적 모임들에 가입하는 개인들, 민족적 또는 인종적 이방인, 소수 집단들, 반체제인사들, 단지 신출내기라는 이유만으로 소외된 신출내기들이 포함된다. 이 모든 경우 정의는 집단적 단결을 방해하거나 파괴할 수도 있는 자들을 모호하지 않게 수용하라고 요구하지 않는다. 하지만 분명히 정의는 그들을 모호하지 않게 거부하는 것도 허용하지 않는다.

정의의 두 번째 모호성은 "경쟁과 평등의 모호성"이다. 개인과 집단 사이에 존재하는 존재의 힘의 불평등은 정적인 차이의 문제가 아니라 지속적인 역동적 결정의 문제다. 이런 일은 존재자와 존재자의 모든 만남에서, 그 둘의 모든 마주침에서, 모든 대화에서, 모든 요구, 물음, 호소에서 일어난다. 그 일은 가족, 학교, 노동, 사업, 지적 창조, 사회적 관계, 정치적 권력투쟁 등의 경쟁적 삶에서 일어난다. 이 모든 만남에는 일치를 향한 추진, 시도, 실존하는 일치로 물러남, 그 일치에서 밀려남, 승리와 패배 사이의 융합, 분열, 지속적 변형이 있다. 이 역동적 불평등은 각 생명 과정의 시작부터 끝까지 모든 차원에서 현실화된다. 그 불평등은 정신의 차원에서 정의의 원리와 그 안에 있는 평등이라는 요소에 의해 심판받는다. 물음은 이런 것이다. 어떤 점에서 평등은 정의에 포함되는가?

한 가지 모호하지 않은 대답이 있다. 모든 인격은 인격인 한 다른 모든 인격과 평등하다. 이런 점에서 현실적으로 발전된 인격성과 단지 잠재적으로만 인격성인 정신적으로(mentally) 병든 인격성 사이에는 차이가 없다. 그런 인격성들을 통해 구현된 정신의 원리에 따르면, 그 둘은 인격으로 인정되기를 요구한다. 평등은 이 지점까지는 모호하지 않으며 그 함의 또한 논리적으로 모호하지 않다. 즉 모든 인격은 법 앞에서 평등하다. 법이 권리와 의무, 기회와 한계, 재화와 부담의 분배를 결정하고, 사람들이 법에 순종하거나 반항하는 것에 대해, 공로와 가해에 대해, 능력과 무능함에 대해 정당한 보상을 해주는 모든 점에서 말이다.

하지만 평등의 원리가 가진 논리적 함의는 모호하지 않을지라도 모든 구체적 적용은 모호하다. 과거사와 현대사는 논란의 여지 없이 이 사실을 입증해준다. 과거에는 인류 중에서 정신적으로 병든 개인은 잠재적 인격으로 인정받지 못했는데, 여전히 현대에도 이런 인식적 한계가 있다. 게다가 우리 세기에는 정의를 마성적으로 파괴하면서 발생한 끔찍한 사건이 있다. 하지만 이런 상황이 미래에 변한다고 해도 경쟁의 모호성이 변하지는 않을 것이다. 그 모호성은 일상생활에서 일어나는 사람들의 마주침에서, 사회의 계층화에서, 생명의 정치적 자기-창조에서 지속적으로 불평등을 지지한다. 인격을 인격으로 인정하는 일에 모호하지 않게 포함되어 있는 평등의 원리를 적용하고자 할 때, 정의의 실현에 파괴적 결과가 초래될 수 있다. 그 시도로 인해 개별적 존재의 힘에서 구현된 권리가 부정될 수도 있고 그 존재의 힘이 권리를 보장해주지 못했던 개인이나 집단에게 그 권리가 부여될 수도 있다. 혹은 그 시도로 인해 개인이나 집단은 자신의 잠재성이 성장하는 것을 기술적으로 막는 조건에 얽매일 수도 있다. 또는 그 시도로 인해 어떤 종류의 경쟁을 막으면서 다른 종류의 경쟁을 조장하게 될 수도 있고, 따라서 이런 종류의 부당한 불평등을 제거함으로써 다른 종류의 부당한 불평등을 낳을 수도 있다. 또는 그 시도로 인해 부당한 힘을 물리치고자 부당한 힘을 제공하게 될 수도 있다. 이런 예들을 통해 모호하지 않은 정의의 상태란 유토피아적 상상력의 산물임을 분명히 제시할 수 있다.

사회적 집단의 자기-현실화에서 나타나는 세 번째 모호성은 "지도력의 모호성"이다. 부모-자식 관계부터 통치자-피치자 관계에 이르는 모든 인간관계에서 이 모호성이 드러난다. 그리고 그 모호성은 많은 형식으로 모든 생명 과정의 특징인 창조와 파괴의 모호성을 보여준다. "지도력"은 유기적 영역에서 매우 초기에 시작되는 구조이며 내적 깨달음의 차원과 정신의 차원 및 역사의 차원에서 효력을 발휘한다. 만약 지도력을 서로 다른 등급의 강함이 실존하고 약자를 노예화하는 강자의 충동 때문에 나오는 것으로 이해하면, 지도력을 매우 빈약하게 해석한 것이다. 이것은 지도력의 원리를 영구적으로 남용하는 것일 뿐 지도력의 본질이 아니다. 지도력은 중심성에 대한 사회적 유비다. 우리가 알다시피 그것은 유비일 뿐이지만 타당한 유비다. 왜냐하면 지도력이 제공하는 중심성이 없으면, 집단의 어떠한 자기-통합과 자기-창조도 불가능할 것이기 때문이다. 이러한 지도력의 기능은 그 기능을 논박하는 것처럼 보이는 사실―집단의 개별 회원의 인격적 중심―에서 도출될 수 있다. 지도자나 지도 집단이 없으면, 집단은 심리학적 힘으로만 연합될 것이고 대중적인 충격 반응(mass shock reactions) 같은 방식으로 모든 개인을 인도할 수 있게 될 것이다. 그 반응에 의해 자발성과 자유는 입자(particles)에 독립적 결정권이 없는 군집(mass) 운동 속에서 상실될 것이다. 모든 종류의 선동가는 그런 행동을 일으키고자 한다. 그들은 지도자가 되기를 원하지 않고 인과율적으로 결정되는 대중 운동의 관리사가 되기를 원한다. 하지만 지도력을 대중-관리로 변형하고자 지도력이라는 힘을 사용할 수도 있다는 이런 가능성은 이것이 지도력의 내적 본성이 아님을 보여준다. 지도력의 내적 본성은 지도력이 인도하는 중심을 가진 인격을 전제하고 보존한다. 언급된 바로 그런 가능성이 지도력의 모호성을 보여준다. 지도자는 집단의 힘과 정의뿐만 아니라 자신과 자신의 존재의 힘 및 자신에게 내포되어 있는 정의 또한 드러낸다. 이 사실은 개인인 지도자에게 적용될 뿐만 아니라 그가 속해 있으면서 의지적으로나 비의지적으로 대표하는 특정 사회 계층에게도 적용된다. 이 상황은 독재자이든, 귀족이든, 의회이든 모든 지도력의 모호성이 발생하는 영원한 원천이다. 그리고 이 사실은 자발적인 집단에도 해당되며 그 집단의 선택받은 지도자는 정치적 통치자가 보여주는 것과 동일하게 모호한 동기를 나타낸다. 합리화나 이데올로기 생산의 모호성은 모든 지도력 구조에 현존해 있다. 하지만 예를 들어 무정부 상태와 같이 그런 구조를 제거하고자 하는 모든 시도는 자기-파괴적이다. 혼란은 독재 체제를 배양하며 진공 상태를 생산하는 것으로는 생명의 모호성을 정복할 수 없기 때문이다.

특별한 기능을 가진 지도자는 "권위자"라고 불리지만, 이것은 지도력보다 더 근본적인 의미를 가지고 있으며 결과적으로는 더 두드러진 모호성을 가지고 있는 용어를 잘못 적용한 것이다. 무엇보다도 "권위"는 어떤 것을 시작하여 증식시키는(augere, auctor) 능력을 가리킨다. 이런 의미에서 문화적 생명의 모든 영역에는 권위들이 있다. 그 권위들은 "경험의 구분"에서 나오며 모든 개인의 유한한 인식 범위와 능력 범위 때문에 필연적이다. 이런 상황에서는 모호한 것이 없다. 하지만 권위라는 의미를 가진 지도력의 모호성은 경험의 구분을 기초로 삼는 현실적 권위가 개별적인 사회적 지위, 예를 들어 학자 자체, 왕 자체, 사제 자체, 부모 자체와 결속된 권위로 고정되는 순간 시작된다. 이런 경우 더 적은 지식과 능력을 가진 사람이 더 많은 것을 가지고 있는 사람에게 권위를 행사하게 되고, 따라서 권위의 참된 의미는 왜곡된다. 이것은 막을 수 있고 막아야만 하는 우려스러운 사실이기도 하지만, 현실적 권위가 확립된 권위가 되는 피할 수 없는 변형 때문에 발생하는 당연한 모호성이기도 하다. 이런 일은 부모의 권위에서 가장 명확하지만, 일반적인 연령 집단들의 관계에도, 스승들과 스승들이 돌보는 자들의 관계에도, 권력의 대표자들과 그들이 감독하거나 다스리는 자들의 관계에도 해당된다. 모든 제도적 위계질서는 현실적 권위가 확립된 권위가 되는 이러한 변형에 기초하고 있다. 하지만 권위는 사람들을 능가하는 권위이며, 따라서 정의의 이름으로 거부에 개방되어 있다. 확립된 권위는 그런 거부를 막고자 하며 여기서 모호성이 나타난다. 즉 권위를 성공적으로 거부하면 생명의 사회적 구조가 약화되고, 권위에 굴복하면 권위의 기초—인격적 자기와 정의를 바라는 인격의 주장—가 파괴된다.

정의의 네 번째 모호성은 "법적 형식의 모호성"이다. 우리는 도덕법의 모호성, 즉 도덕법이 창조하고자 하는 것—인간의 본질적 존재와 인간의 실존적 존재의 재연합—을 창조하는 권리와 그것을 창조하지 못하는 도덕법의 무능력에 관해서 논의했다. 예를 들어 민법이나 형법처럼 국법으로 표현되는 법적 형식의 모호성들은 유사하다. 그것들은 정의를 확립하고자 하지만, 그 대신 정의와 부정의를 모두 낳는다. 법적 형식의 모호성에는 외재적 원인과 내재적 원인이라는 두 가지 원인이 있다. 외재적 원인은 법적 형식과 법률화하고 해석하며 실행하는 힘들 사이의 관계다. 지도력의 모호성은 그 관계를 통해서 법적 형식의 특징에 영향을 끼친다. 법적 형식은 정의의 형식이라고 주장하지만, 그것은 특정한—개인적이거나 사회적인—존재의 힘이 법적으로 표현된 것일 뿐이다. 이 사실 자체는 불가피할 뿐만 아니라 존재의 본질적 본성, 즉 생명의 다차원적 일치에도 해당된다.

정신 차원에서 이루어지는 모든 창조 행위는 표현과 타당성을 연합시킨다. 그 창조는 개별 양식이 지시하는 개인적 환경이나 사회적 환경을 표현한다. 특수한 시대의 입법 집단이 가진 법적 양식은 우리에게 법적 문제에 대한 논리적 해결책을 말해줄 뿐만 아니라 그 당시 실존했던 경제적·사회적 계층화의 본성, 지배 계급이나 집단의 특징을 말해준다. 그렇지만 법의 논리는 힘에의 의지와—실존하는 권력 구조의 보존이나 그 구조에 대한 공격에 기여하는─이데올로기의 압력으로 대체되지 않는다. 법적 형식은 다른 목적을 위해서 단순하게 사용되지 않는다. 그 형식은 자체적인 구조적 필연성을 보유하고 있으며, 그 형식이 자체적인 구조를 보유하고 있다는 이유만으로 다른 목적에 기여할 수 있다. 타당한 법적 형식이 없는 권력은 스스로 붕괴하기 때문이다.

법적 형식의 내재적 모호성은 입법하고 해석하며 실행하는 권위로부터 독립되어 있다. 도덕법과 마찬가지로 법적 형식 또한 추상적이며, 따라서 어떠한 유일무이한 상황에도 부적합하다. 모든 상황은 어떤 점에서는 다른 상황과 매우 유사할 수 있겠지만, 개체화의 원리로 인해 유일무이하다. 많은 법적 조직이 이 사실을 깨닫고 있으며, 법 앞에서 만인이 평등하다는 추상적 평등에 대립하는 내부적인 안전 장치를 가지고 있다. 하지만 그 조직들은 부정의를 오직 부분적으로만 치료할 수 있을 뿐이다. 왜냐하면 그 부정의가 법의 추상적 특징과 모든 구체적 상황의 유일무이함에 기초하고 있기 때문이다.

e) 인문주의의 모호성

의미의 우주를 창조하는 문화는 타당성만 존재하는 공허한 공간 속에서 이 우주를 창조하지 않는다. 문화는 문화를, 즉 정신의 담지자인 인간에 잠재되어 있는 것을 현실화한다. 사람들은 반(anti)존재론적 가치를 주장하는 철학자에 맞서 이미 이 진술을 옹호했었다. 이제 그 진술을 그 진술의 중요한 결과 중 하나와 연결하여 논의해야 한다. 그것은 생명의 문화적 자기-창조의 궁극적 목적을 묻는 물음─의미의 우주를 창조한다는 것은 무슨 의미인가?─에 대해서 그 진술이 내포하고 있는 대답이다.

존재론적인 가치 추론에 따르면 대답에는 두 가지 측면이 있는데, 하나는 대우주적 측면이고 다른 것은 소우주적 측면이다. 대우주적 측면은 다음과 같이 표현될 수 있다. 의미의 우주는 존재의 우주가 가진 잠재성들이 완성된 것이다. 그러므로 예를 들어 물질의 미완성적 잠재성들이 원자에서 나타나듯이 인간 세계에서도 물질의 그 잠재성들은 현실화된다. 하지만 그 잠재성들이 원자나 분자나 결정체나 식물이나 동물 자체에서 현실화되는 것은 아니다. 이런 차원들에서 현실화되는 부분들이나 힘들은 그 잠재성들이 인간에게 현존해 있는 경우에만 현실화된다. 이 때문에 우리는 생명의 자기-초월과 그 모호성 및 모호하지 않은 또는 영원한 생명이라는 상징 등에 관한 고찰에 열려 있는 우주 전체의 완성을 묻게 된다.

소우주적 대답에서 인간은 의미의 우주가 현실화되는 지점이나 그 우주를 현실화하는 도구로 간주된다. 정신과 인간은 서로에게 결속되어 있으며, 오직 인간에서만 그 우주는 예견적이고 파편적인 완성에 도달한다. 이것이 문화의 목적을 묻는 물음에 소우주적으로 대답하는 인문주의적 관념의 뿌리다. 그리고 이것이 인문주의의 정당성인데, 그 정당성은 개별 철학 학파의 원리가 아니라 모든 학파에 공통적이나. 하시만 우리는 다음과 같이 제한적으로 언급해야 한다. 인문주의의 모호성을 모든 문화적 자기-창조의 모호성과 함께 강조하는 경우와 인문주의가 모호하지 않은 생명에 관한 물음을 묻는 지점에 도달하는 경우에만 그 인문주의적 관념은 유지될 수 있다.

인문주의(humanism)는 인간성(humanity)보다 더 포괄적인 개념이다. 우리는 인간성을 인격적 생명을 인격으로 완성하는 것이라고 정의했고, 인간성을 정의와 연결했으며, 인간성을 정신의 모든 기능을 포함하는 더 넓은 관점에서 진리와 표현성과 연결했다. 인문주의는 이런 원리들을 포괄하며 그 원리들을 인간의 문화적 잠재성의 현실화와 연관시킨다. 정의와 같이 인간성도 인문주의에 종속된 개념인데, 인문주의는 모든 문화적 활동의 내재적 목적을 뜻한다.

인문주의를 합리주의라고 비판해서는 안 된다. 문화의 목표는 정신의 담지자인 인간의 잠재성을 현실화하는 것이라고 인문주의가 주장하는 한 결코 인문주의를 비판해서는 안 된다. 하지만 인문주의 관념에 있는 모호성을 숨기고자 하는 인문주의 철학자는 거부해야 한다. 인문주의의 모호성은 다음과 같은 사실에 기초하고 있다. 인문주의 자체는 생명의 자기-초월적 기능을 무시하며 자기-창조적 기능을 절대화한다. 이것은 인문주의가 "종교"를 무시한다는 말이 아니다. 언제나 그런 것은 아닐지라도, 일반적으로 인문주의는 종교를 인간의 잠재성에 종속시키며 종교를 문화적 창조물로 간주한다. 하지만 그렇게 함으로써 결국 인문주의는 생명의 자기-초월을 부정하고 이와 함께 종교의 내밀한 특징도 부정한다.

용어와 태도로서의 인문주의는 교육과 밀접하게 연결되어 있기 때문에 인격적 영역과 공동체적 영역 모두에 적용되는 교육의 모호성을 고찰함으로써 인문주의의 모호성을 입증하는 것이 이해를 가장 잘 도와줄 것이다. "교육"은 어떤 것으로부터—즉 "박식"(e-rudition)이라는 단어가 보여주듯이 "무식"(rudeness)으로부터—이끌어내는 것을 의미한다. 그러나 이런 단어들이나 현재의 교육적 실천들은 다음과 같은 물음에 대답하지 못한다. 무엇을 향해 인도하는가? 규정되지 않은 인문주의는 이렇게 대답할지 모른다. 모든 인간적 가능성의 현실화를 지향한다. 하지만 개인과 종의 무한한 분열로 인해서 이런 현실화는 불가능하므로 인문주의적 관점의 대답은 이런 것이어야 할 것이다. 즉 이 특정한 개인이 속해 있는 역사적 운명에 맞게 실현 가능한 인간적 잠재성을 현실화한다. 그러나 이러한 규정이 교육적 물음과 일반적인 문화적 물음에 최종적인 대답을 제공한다고 주장하는 한, 이 규정은 인문주의적 이상에 치명적이다. 인간의 유한성 때문에 누구도 인문주의적 이상을 완성할 수 없다. 결정적인 인간적 잠재성들은 언제나 실현되지 않은 채로 남아 있다. 하지만 더 나쁜 것은 인간적 조건으로 인해서 인류 대다수가—귀족제 또는 민주제에서—더 높은 문화적 수준과 교육적 깊이로부터 늘 배제된다는 점이다. 인문주의적 이상이 지닌 본래적 배타성 때문에 그 이상은 인간 문화의 최종 목표가 될 수 없다. 인문주의적 이상이 개인과 집단을 대중으로부터 고립시킨다는 사실과 그 이상이 그들을 고립시킬수록 그 이상은 더 성공한다는 사실이 인문주의 교육의 모호성이다. 하지만 그렇게 하면서 그 이상은 성공으로부터 멀어진다. 인간들의 공동체는 언제나 개방되어 있는 가능성이며, 인문주의적 이상 자체에 속해 있기 때문이다. 만약 인문주의 교육이 그런 개방성을 감소시킨다면, 그 교육은 붕괴한다. 그러므로 "무엇을 향한 교육인가?"라는 물음에 인격인 모든 사람을 포괄하는 방식으로 대답해야 한다. 하지만 문화 자체는 그런 일을 할 수 없다. 바로 인문주의의 모호성 때문에 오직 자기-초월적인 인문주의만이 문화의 의미와 교육의 목표에 관한 물음에 대답할 수 있다.

게다가 우리는 인문주의적 이상이 인간적 곤경과 실존적 소외를 고찰하는 일에 실패했다는 사실을 기억해야 한다(제3부, I, E, 2). 자기-초월이 없으면 인문주의적 완성 요구는 법이 되고 법의 모호성에 빠지게 된다. 인문주의는 자신을 초월하는 문화에 관해 묻는 물음이 된다.

3. 생명의 자기-초월과 그 모호성

a) 자유와 유한성

자유와 운명의 양극성(과 정신의 차원보다 선행하는 존재의 영역들 속에 있는 이와 유사한 것들)은 생명이 자신을 초월할 가능성과 실재를 창조한다. 생명은 점차 자신으로부터, 자신을 유한성에 얽매는 전체 속박으로부터 자유로워진다. 그것은 궁극적이고 무한한 존재를 수직 방향으로 지향하는 충동이다. 수직 방향은 중심성의 순환하는 원과 성장의 수평적인 선을 모두 초월한다. 바울이 언급하는 "썩어짐의 종살이"(새번역)와 "멸망의 사슬"(공동번역)에서 해방되기를 바라는 모든 피조물의 열망은 깊은 시적 감성으로 묘사되었다.[22] 이런 말들은 모든 차원에서 일어나는 생명의 자기-초월에 관한 고전적 표현이다. 우리는 만물의 운동은 "부동의 동자"를 향한 만물의 **에로스**에 의해 촉발된다는 아리스토텔레스의 교설도 생각해 볼 수 있다.[23]

생명의 자기-초월은 어떻게 나타나는가라는 물음에 자기-통합이나 자기-창조성의 경우처럼 경험론적 용어로는 대답할 수 없다. 인간의 의식 속에 있는 것들의 내적 자기-초월을 성찰하는 용어로만 우리는 그 물음에

---

22   역주. Tillich는 시 19:2-5; 롬 8:19-22; 계 21:1, 22:1-2을 본문으로 한 "자연 또한 상실된 선함 때문에 신음하고 있습니다"(Nature, also, mourns for the lost good)라는 설교에서 다음과 같이 말한다. "시편 저자는 자연의 영광을 노래하고, 사도는 자연의 비극을 제시하며, 예언자는 자연의 구원을 선포합니다." Paul Tillich, *The Shaking of the Foundations* (Harmondsworth, Middlesex : Pelican Books, 1962), 83.

23   역주. 보통 "부동의 원동자"라고 불리는 것을 아리스토텔레스는 "자신은 움직이지(변하지) 않으면서 다른 것을 움직이는 으뜸가는 것"이라고 말하는데(아리스토텔레스, 『형이상학』, 김진성 옮김[서울: 이제이북스, 2010], 12권, 8장, 1073a, 27), 그것은 마치 사랑(에로스)의 대상이 자신은 움직이지 않으면서 다른 것은 움직이게 하는 것과 같다(같은 책, 12권, 8장, 1072b, 3).

관해 말할 수 있다. 인간은 유한한 것과 무한한 것의 관계를 보여주는 거울이다. 경험론적으로는 이 관계를 관찰하는 것이 불가능하다. 모든 경험론적 지식은 유한한 것과 무한한 것의 관계가 아니라 유한한 것들의 상호의존성과 관련되어 있기 때문이다.

생명의 자기-초월은 생명의 불경화(profanization)와 대조를 이루는데 그 불경화는 자기-초월처럼 경험론적으로는 묘사될 수 없고 인간의 의식이라는 거울을 통해서만 묘사될 수 있는 경향이다. 불경화는 자기-초월처럼 인간 의식에서 나타나는데, 인간 역사의 모든 시대에서 표현되었으며 또 엄청난 영향을 주는 경험으로 나타났다. 인간이 충만한 인간성에 도달했던 곳에서 인간은 늘 생명의 거룩함에 대한 긍정과 부정의 갈등을 목격해왔다. 그리고 심지어 공산주의 같은 이데올로기들에서도 생명의 전체적 불경화를 시도함으로써 불경함 자체가 거룩함의 영광을 부여받는 예상치 못한 결과를 낳았다. "불경"이라는 용어의 참된 의미는 정확히 우리가 "자기-초월에 저항함"이라 부르는 것, 즉 성전의 문 앞에 남아 있음, 거룩한 것 밖에 있음이나. 비록 영어에서 "불경"이라는 단어가 저속하거나 신성모독적인 용어로 거룩함을 공격한다는 함의를 가지게 되었고, 결국 일반적인 저속한 언어를 의미하게 되었을지라도 말이다. (독일어와 로망스어에서는 아닐지라도) 종교적 용어에서 "불경"은 "세속"(secular)이라는 단어로 대체되었다. 이것은 "세상"을 의미하는 사이쿨룸(saeculum)이라는 라틴어에서 유래한 단어다. 하지만 "불경한"이라는 단어가 시각적으로 보여주는 것과 달리 "세속적"이라는 단어는 거룩함과의 대조를 표현하지 않으며, 따라서 나는 생명의 모든 차원에서 발생하는 자기-초월에 대한 저항과 그 저항을 표현하는 중요한 기능과 관련해서 그 단어를 유지하고자 한다.

모든 생명의 자기-초월 행위에 불경화가 현존해 있다는 주장, 다른 말로 생명은 모호하게 자신을 초월한다는 일반적 주장을 할 수도 있다. 이 모호성은 종교적 영역에서 가장 두드러지기는 하지만 모든 차원에서 나타난다.

b) 자기-초월과 일반적 불경화: 생명의 위대함과 그 모호성

자기를 초월하는 생명은 인간의 의식이라는 거울을 통해서 위대함과 위엄을 가지고 있음을 나타낸다. 위대함은 양적인 용어로 활용될 수 있으며, 이런 의미의 위대함은 측정될 수도 있다. 하지만 자기-초월이라는 의미의 생명이 가진 위대함은 질적이다. 질적 의미의 위대함은 일종의 존재와 의미의 힘을 보여주는데, 그 힘 때문에 무언가는 궁극적 존재와 의미의 대표자가 되고 그러한 대표자의 위엄을 가지게 된다. 그 고전적 본보기가 그리스 영웅이다. 영웅은 자신이 속해 있는 집단 내에서 최상의 힘과 가치를 대표한다. 그는 자신의 위대함을 통해 존재와 의미의 완성이 신적 인물로 나타나는 신적 영역에 접근한다. 하지만 그는 자신의 유한성의 한계를 넘어서는 순간 "신들의 분노"를 사서 유한성으로 내던져진다. 위대함에는 위기와 함께 스스로 비극성을 떠맡으며 위대해지려는 의지(willingness)가 내포되어 있다. 만약 그 인물이 이런 비극적 결과 때문에 소멸될지라도 이런 이유로 그의 위대함과 위엄이 감소하는 것은 아니다. 왜소함, 즉 자신의 유한성 너머에 이르는 것을 두려워함, 주어져 있는 유한성을 기꺼이 수용함, 일상적인 것의 한계 안에 자신을 가두는 경향, 평균적 실존과 그 안정성등 이러한 왜소함이 생명의 위대함과 위엄과 철저하게 대조된다.

인간의 문학은 물리적 우주의 위대함에 대한 찬양으로 가득하지만, 이런 측면의 "위대함"은 보통 정의되어 있지 않다. 이런 경우 그 단어에는 우주의 시간적이고 공간적인 양적 거대함이 분명히 포함된다. 하지만 그 단어는 우주 전체의 구조뿐만 아니라 물리적 우주의 모든 소립자가 이루는 구조의 질적 신비를 더 강하게 제시한다. 여기서 "신비"는 무한한 물음들을 의미하는데, 인간의 사고는 모든 대답으로 그 물음들에 직면한다. 실재, 곧 실재의 모든 조각은 소진되지 않으며 끝없이 이어지는 과학적 물음과 대답을 초월하는 존재 자체의 궁극적 신비를 제시한다. 우주의 위대함은 늘 위협해오는 혼돈에 맞서는 우주의 힘에 있다. 성서 이야기를 포함한 혼돈의 신화는 예리한 깨달음을 보여준다. 동일한 깨달음이 존재론과 합리화된 우주론적 역사 해석을 통해 표현된다. 그 깨달음은 시와 시각 예술 등의 모든 감각적 형식이 보여주는 실재에 대한 느낌의 바탕을 이룬다.

하지만 거룩함이 있는 곳에는 불경함도 있다. 무기적 영역의 생명은 위대한 한편 그 위대함 속에 왜소함도 있으며 잠재적 거룩함을 은폐하고 오직 그것의 유한성만을 나타내기도 한다. 종교적 언어로 말하면, 그것은 "먼지와 재"다.[24] 그리고 순환론적 역사 해석이 주장하는 것처럼 그것은 우주의 최종적 소각(final burnig)을 위한 연료이기도 하다. 또 그것의 기술적 활용이 의미하는 것처럼 그것은 분석과 계산 및 도구의 생산을 위한 재료이기도 하다. 무기적 차원의 생명은 위대함과 거리가 멀며 사물들을 만들어내는 재료일 뿐이다. 그리고 어떤 철학자들은 물리적 우주 전체를 하나의 거대한 사물—신이 창조한 (또는 영원히 그대로 있는) 우주적 기계—로 간주한다. 우주는 완벽하게 불경해졌다. 먼저 무기적 영역의 우주가 불경해졌고 다음으로 이외의 모든 것을 무기적인 것으로 환원해버림으로써 우주 전체가 불경해졌다. 거룩함과 불경함이라는 두 가지 성질은 언제나 우주의 구조에 현존해 있다는 사실이 생명의 모호성에 속해 있다.

---

24   역주. 욥 42:6.

무기적 분야에서 이 모호성의 두드러진 본보기를 찾고자 할 때, 우리는 왜곡과 절단 및 추한 먼지와 쓰레기가 될 가능성 등에 개방되어 있는 사물이기만 한 기술적 구조들을 볼 수도 있다. 하지만 기술적인 사물들도 사물들의 목적에 맞는 숭고한 적절성을 나타낼 수 있고, 외부 장식에 기인하지 않고 사물들의 형식에 내재되어 있는 미학적 표현성을 나타낼 수 있다. 사물이기만 한 것은 이런 방식으로 위대함을 지향하며 자신을 초월할 수 있다.

　　위대함이라는 의미의 자기-초월에는 위엄이라는 의미의 자기-초월이 내포되어 있다. 위대함이라는 의미의 자기-초월은 완전한 중심성과 자유를 전제하고 있기 때문에 오직 인격적-공동체적 영역에만 속하는 것처럼 보일지도 모른다. 하지만 위엄에 속해 있는 불가침성이라는 요소는 모든 실재에 해당하는 요소이며 인격적인 것뿐만 아니라 무기적인 것에도 위엄을 부여한다. 인격적 영역의 생명이 불가침적이라는 말은 인격은 인격으로 인정받아야 한다는 무조건적인 요구를 뜻한다. 비록 어떤 사람을 침해하는 것이 기술적으로는 가능할지라도 도덕적으로는 불가능하다. 어떤 사람을 침해하는 일은 침해하는 자를 침해하며 그를 도덕적으로 파괴하기 때문이다. 하지만 불가침성이라는 의미의 위엄이 무기적 영역을 포함한 모든 생명에게 해당될 수 있는가라는 물음이 제기될 수 있다. 신화와 시는 무기적인 것, 특히 자연의 네 가지 요소와 자연 속에서 나타나는 그것들의 현현을 포함하여 만나게 된 실재 전체에 대한 가치 평가를 표현하고 있다. 압도적으로 위대한 자연적인 힘들에서 다신론을 이끌어내는 시도가 있었다. 하지만 신들은 결코 위대함만을 재현하지 않는다. 신들은 위엄도 재현한다. 신들은 행위하기만 하는 것이 아니라 명령하기도 한다. 모든 종교의 기본적인 명령은 신의 우월한 위엄을 인정하는 것이다. 만약 신이 존재의 기본 요소 중 하나를 재현한다면 이 요소는 존중받고 그 요소를 침해하면 신의 진노를 받는다. 이것이 인류가 무기적 요소들이 우세한 상태에서 실재의 위엄을 인정했던 방식이다. 요소들은 신들에 의해 재현되었는데, 그 요소들은 모든 생명의 자기-초월적 기능에 참여한다는 이유만으로 신들에 의해 재현될 수 있었다. 모든 차원에서 나타나는 생명의 자기-초월은 다신론을 가능하게 했다. 인간이 먼저 사물들 전체로서의 실재를 만났고 이후 이 사물들을 신적 위엄으로 격상시켰다는 가설은 이 가설이 원시인에게 부여하는 부조리함보다 더 부조리하다. 사실 인류가 생명의 숭고함, 생명의 위대함과 위엄을 만났다고 해도 불경화, 왜소함, 신성모독과 모호한 일치를 이루는 생명의 숭고함을 만난 것이다. 다신론적 신들의 모호성은 생명의 자기-초월의 모호성을 재현한다. 그래서 다신론적 상징 체계는 영구적이며 억제할 수 없는 타당성을 가진다. 그것은 추상적 일신론에 맞서 모든 차원에서 일어나는 생명의 자기-초월을 표현하는데, 그 추상적 일신론은 한 신에게 모든 힘과 명예를 부여하기 위해서 모든 것을 한낱 사물로 변형하고, 따라서 실재로부터 그 힘과 위엄을 박탈한다.

앞의 논의는 종교와 그 모호성에 대한 분석을 예견하고 있으며, 그 논의는 생명의 다차원적 일치와 유비적 개념들로부터 그 개념들이 유비적으로 제시하는 것으로 되돌아가야 할 필요성에 의해 정당화된다. 무기적 영역에 적용되는 "위대함"과 "위엄" 같은 용어들은 이런 방식으로만 말할 수 있다. 하지만 생명의 위대함에 관한 논의에서 무기적인 것의 (그리고 유기적인 것의) 기술적 활용은 생명의 위대함과 위엄을 어떻게 약화시키는가라는 물음은 여전히 남아 있다. 유기적 물질이나 무기적 물질의 기술적 사용에 관한 문제는 보통 그 사용이 인간에게 끼치는 영향이라는 관점에서 논의되어왔지만 몇몇 낭만주의 철학자들은 그 문제를 물질 자체의 관점에서 논의했다.[25] 이런 철학자들을 낭만주의자라고 무시하는 것은 쉬운 일이지만, 창조의 상징이라는 관점에서 그 물음을 무시하는 것은 쉬운 일이 아니다. 만약 창조된 실재의 일부가 도구가 된다면 그것은 바람직하지 못한 일인가? 탐구되지 않은 이 물음에 대해서 아마 다음과 같이 대답하게 될 것이다. 무기적 우주의 전체 운동에는 소립자들과 집합체들의 무수한 만남이 포함되어 있으며, 그런 만남을 통해서 그것 중 어떤 것은 자신의 정체성을 상실하게 된다. 그것들은 타버리거나 얼어버리거나 다른 실재에 수용된다. 인간의 기술적 행위는 이런 과정들의 연속이다. 하지만 인간은 이외에도 다른 갈등들을 유발하는데, 그 갈등은 (전등불, 비행기, 화학적 요소들의 경우와 같이) 잠재성을 강화하는 것과 (쓰레기장이 만들어지고 공기가 오염되는 경우와 같이) 더 작거나 더 큰 우주의 일부 구조가 균형을 잃게 되는 것 사이에 일어난다. 여기서 물질의 기술적 숭고화는 물질의 불경화를 포함하고 있다. 인간 자신의 한계를 넘어서는 것에 관한 신화를 창조했던 인류가 느끼는 불안과 동일한 문제—금기가 무너졌다—에 관해서 현재의 과학자들이 느끼는 불안 배후에는 바로 그런 모호성이 자리 잡고 있다.

무기적 우주의 위대함과 위엄에 관한 많은 말들은 유기적 영역과 그 영역의 몇몇 차원에 대해서도 직접적으로 타당하다. 살아 있는 존재자의 위대함과 그 존재자의 구조가 가진 무한한 숭고함을 모든 시대의 시인, 화가, 철학자들이 표현해왔다. 살아 있는 존재자들의 불가침성은 많은 종교가 그 존재자들을 보호함과 다신론적 신화에서 그것들이 가진 중요성 및

---

25   역주. 자연을 분리의 관점, 계산적 자연주의의 관점에서 관찰한 계몽주의에 반대하면서 낭만주의는 등장했다. 틸리히는 **낭만주의의 대표자로** 괴테(Goethe)를 언급하는데, 그에 따르면 자연은 "따로 떨어져 있는 개별 원자의 인과적 집합이 아니고 여러 가지 구조가 모여서" 이루어진 것이다. 낭만주의, 특히 괴테의 자연과 물질 이해는 Tillich, 『그리스도교 사상사』, 108-12을 참조하라.

인간이 식물과 동물의 생명에 실천적으로나 시적으로 참여함을 통해서 표현되어왔다. 이 모든 것은 보편적인 인간적 경험의 일부이기 때문에 더 확대하여 언급할 필요는 없다. 하지만 그 안에 내포되어 있는 모호성들에 대해서는 온전한 토론이 필요하다. 왜냐하면 모호성들은 자체적인 의의를 가지고 있으며 그 표현들에 의해 정신과 역사의 차원에 존재하는 모호성이 예견되기 때문이다.

살아 있는 존재자의 거룩함, 그 위대함과 위엄은 불경화, 왜소함, 침해 가능성과 모호하게 연합되어 있다. 모든 유기체는 다른 유기체를 동화시킴으로써 살아간다는 일반적 규칙은 그 유기체들이 서로에게 "사물", 다시 말해 소화되고 영양분으로 흡수되며 쓰레기로 버려지는 "음식"이 된다는 사실을 의미한다. 이것은 그것들의 독립적 생명과 관련된 급진적 불경화다. 생명은 생명으로 살아간다(life-living-from-life)는 이 법칙은 식인 풍습에 반대하는 사람들도 실행해왔다. 하지만 여기서 인격과 인격의 만남에 기초한 반작용이 시작되었다. 인간은 여전히 "일하는 물건"(labor-thing)으로 남아 있을지라도 음식이 되지는 않는다. 하지만 (인노에서 나타나는 인간과 동물 일반의 관계와 같이) 인간과 어떤 동물의 관계가 인간과 인간의 관계와 유사해진 경우에만 인간과 다른 모든 살아 있는 존재자들의 관계에서 변화가 일어났다. 이 사실은 생명의 위엄 또는 불가침성과 생명에 의한 생명의 현실적 침해 사이에 있는 모호성을 가장 명확하게 보여준다. 자연의 평화에 관한 성경의 묵시는 유기적인 것의 영역에서 일어나는 모호하지 않은 자기-초월을 보여주는데 그 초월은 유기적 생명의 현실적 조건을 변화시키는 초월이다(사 11:6-9).

자기-깨달음의 차원에서 이루어지는 자기-초월에는 지향성이라는 특징이 있다. 자기 자신을 깨닫는 것이 자기 자신을 초월하는 방법이다.

모든 생명에 있는 주체-요소는 주체(subject)가 되고, 모든 생명에 있는 대상-요소는 대상(object)―주체 반대쪽으로 던져진 것(ob-jectum)―이 된다. 자연의 역사에서 나타난 이 사건의 위대함은 엄청났으며, 이 사건에서 파생된 새로운 위엄도 엄청났다. 자기-깨달음, 심지어 가장 유치한 자기-깨달음으로도 자신을 초월한 이 상태는 이전의 모든 차원을 능가하는 위대함의 표지가 되었다. 이 상태는 쾌락과 고통의 양극성으로 표현되며, 그 양극성은 이제 새로운 가치 평가를 수용하게 된다. 쾌락은 자신이 창조적 **에로스**의 담지자라고 앞서 논의했던 그런 주체임을 깨닫는 것으로 간주될 수 있다. 그렇다면 고통은 자기가 자기-결정권을 박탈당한 대상이 되어버렸음을 깨닫는 것이라고 간주되어야 한다. 음식이 되는 동물은 그로 인해 고난당하며 이런 일을 피하고자 한다. 어떤 고등 동물과 모든 사람은 주체로서의 위엄을 침해당하면 고통스러워한다. 그런 동물과 사람은 육체적으로나 심리학적으로 관찰당하는 사물이나―비록 그 평가가 우호적일지라도―가치 평가를 받는 대상으로 취급당하면 수치심으로 괴로워하고, 처벌하는 심판을 받게 되면 그런 경우의 수치는 물리적 고난보다 더 고통스럽다. 이 모든 경우에서 자기-깨달음의 숭고한 중심은 그 위대함과 위엄을 박탈당한다. 여기서 언급되고 있는 것은 정신의 차원이 아니라 자기-깨달음의 차원이다. 그럴지라도 자기-깨달음의 차원은 유기적 차원과 정신의 차원에 맞닿는다.

주체-대상 구도를 생명의 자기-초월의 결정적인 계기라고 평가하는 이러한 가치 평가는 자기-초월을 주체-대상 분열의 초월과 동일시하는 신비주의적 경향과 모순되는 것처럼 보인다. 하지만 여기에는 모순이 없다. 왜냐하면 가장 노골적인 형식의 신비주의에서도 신비주의적 자기-초월은 유기적 차원의 식물 상태와 공통점이 전혀 없기 때문이다. 신비주의의 본성은 주체-대상의 분열이 인격적 영역에서 완전하게 발전된 이후에 그 분열을 극복하는 것, 즉 그 분열을 무화시키는 것이 아니라 그 분열을 정복하면서도 보존하는 그 분열 너머에 있는 어떤 것을 찾아내는 것이다.

c) 위대한 것과 비극적인 것

인간에게 생명의 위대함으로 드러나는 생명의 자기-초월은 실존의 조건에서 생명의 비극적 특징으로 위대한 것과 비극적인 것의 모호성으로 귀결된다. 위대한 것만이 비극을 가질 수 있다. 최고의 가치와 힘의 담지자인 그리스 영웅들과 위대한 가족들은 연극뿐만 아니라 신화에서도 비극의 주체였다. 왜소한 자들이나 추하거나 악한 자들은 비극이 시작되는 수준보다 아래에 있었다. 하지만 이 귀족적 감정에는 한계가 있다. 아테네 정부는 모든 시민에게 비극 공연에 참여하도록 요청했는데, 이것은 어떤 위대함, 즉 신적 본성을 갖추었다는 위대함을 결여하고 있는 인간은 없음을 의미한다. 모든 시민에게 호소하는 비극 공연은 인간을 인간으로, 비극의 잠재적 주체로, 따라서 위대함의 암시자로 평가하는 민주적 가치 평가 행위였다.

우리는 생명의 모든 차원에 나타나는 위대함에 관해 유사한 것을 말할 수 있는지 물을 수 있으며, 그 물음에 긍정적으로 대답할 수도 있다. 모든 존재자는 자신이 가진 유한한 존재의 힘으로 자신을 긍정한다. 그것들은 존재의 유한한 힘을 깨닫지도 못한 채 자신의 위대함(과 위엄)을 긍정한다. 그것들은 다른 존재자들과의 관계 속에서 유한한 존재의 힘을 긍정하며, 그렇게 긍정할 때 로고스에 의해 결정되는 법칙들의 반작용을 받는다. 그 법칙들은 유한한 존재의 힘에 가해진 제한을 위반하는 어떠한 것에도 반발한다. 이것이 자연 속에서 발생하는 고난에 대한 비극적 설명, 곧 생명 과정의 자발적 특징에 따른 기계론적이지도 않고 낭만적이지도 않은 실제적인 설명이다.

그러나 인간의 상황과 이렇게 본성적으로 유사하더라도 비극적인 것에 대한 의식은 가능하며, 따라서 순수한 비극은 오직 정신의 차원에서만 가능하다. 비극적인 것은 비록 디오니소스 종교의 맥락에서 처음으로 형식화되었을지라도 아폴론적인 로고스처럼 보편적으로 타당한 개념이다. 비극적인 것은 인간 소외의 보편성과 그 불가피한 특징을 묘사하는데, 그것들은 보편적이고 불가피할지라도 책임을 져야 할 문제다. 우리는 인간 소외 중 한 가지 요소를 기술하기 위해서 교만(**휘브리스**)이라는 용어를 사용했다. 다른 요소는 "탐욕"이었다. 실존에 관해 묘사할 때(『폴 틸리히 조직신학 2』 제3부) **휘브리스**와 탐욕은 단지 부정적인 요소로만 등장했다. 생명 과정을 다루는 제4부에서는 그것들이 모호하게 나타난다. **휘브리스**는 위대함과, 탐욕은 에로스와 모호하게 연합되어 있다. 이런 **휘브리스**는 자만심—현실적 왜소함에 대한 강박적인 과잉 보상—이 아니라 자기 유한성의 한계를 넘어서는 위대한 것의 자기-고양을 의미한다. 그 결과는 타자-파괴와 자기-파괴다.

만약 위대함이 비극과 불가피하게 연결된다면 사람들은 당연히 위대함을 피함으로써 비극을 피하고자 할 것이다. 물론 이것은 무의식적 과정이지만, 정신 차원의 모든 생명 과정 중에서 가장 확산되어 있는 것이다. 비록 궁극적으로 피하는 것은 아닐지라도 많은 측면에서 위대함을 외면함으로써 비극을 외면할 수도 있다. 모든 사람에게는 자신의 운명에 부분적으로 책임을 지는 위대함이 있기 때문이다. 만약 그가 자신에게 있는 가능성 있는 많은 위대함을 외면한다면, 그는 비극적 인물이 될 것이다. 비극을 외면하려는 이 불안은 자기를 상실하는 비극으로 자기를 처하게 한다. 곧 그것은 자기가 되는 위대함을 상실하는 비극에 처하게 한다.

비극의 주체는 자신의 상황을 깨닫지 못한다는 사실이 위대함과 비극의 모호성에 속해 있다. (전령이 자기 앞에서 붙잡고 있는 거울을 통해 자신을 본 후 자기 눈을 멀게 했던 오이디푸스의 경우처럼)[26] 몇몇 위대한 비극들은 인간 곤경을 드러낸다. 그리고 고대 후기나 근대 서구와 같은 발전된 문명의 비극적 **휘브리스**는 그 문명의 재앙이 다가오는 순간 예언자적 사자에 의해 폭로되었다. (예를 들어 고대 후기 로마 제국의 종말을 본 이교도 예언자와 기독교 예언자들 및 19세기와 20세기 초 서구 허무주의의 도래를 본 실존주의 예언자들이 있다.) 만약 비극적 영웅의 잘못이 무엇이냐고 묻는다면, 우리는 그가 자신을 자기-초월이 지향하는 것과 동일시함으로써 자기-초월의 기능을 왜곡시켰다고 대답해야 할 것이다. 그는 자기-초월에는 저항하지 않았지만, 자신의 위대함을 초월해야 하는 필요성에는 저항했다. 그는 생명의 자기-초월을 재현하는 자신의 힘에 결박당해버렸다.

위대함의 모호성을 이해하지 않고서 비극에 관해 의미 있게 말하는 것은 불가능하다. 슬픈 사건이라고 해서 비극적 사건이 아니다. 비극적인 것은 위대함을 이해할 때만 이해할 수 있다. 비극적인 것은 자기-초월 기능을 통해서 생명의 모호성을 표현한다. 비극적인 것은 생명의 모든 차원에 포함되어 있지만, 오직 정신의 차원이 지배적인 경우에만 의식화된다.

그러나 정신의 차원에서는 이외의 다른 일이 일어난다. 위대한 것은

---

26   역주. 오이디푸스에 관한 아주 다양한 전승들이 존재하는데, 가장 유명한 것은 소포클레스의 작품 『오이디푸스 왕』이다. 오이디푸스는 코린토스의 사신이 전해주는 양부의 사망 소식을 들은 후 자신의 출생에 관해 더 정확하게 알고자 양치기를 불러들인다. 이를 통해 자신이 아버지를 죽이고 어머니와 결혼한 사실을 알게 되고, 그는 자살한 아내(어머니) 이오카스테의 장식 바늘로 자신의 눈을 찔러 스스로 눈을 멀게 한다. 눈의 기능은 본다는 것이고, 보는 것은 곧 아는 것이다. 오이디푸스는 앎의 비극성을 보여준다.

자신이 궁극적인 것과의 관계에 의존하고 있음을 드러내며, 이 의식을 가진 위대한 것은 거룩한 것이 된다. 거룩한 것은 비극을 초월한다. 비록 다른 존재자들처럼 거룩함을 재현하는 것들 역시 위대함의 법칙과 그 법칙의 결과에 지배를 받을지라도 말이다. (그리스도의 비극적 관여에 관한 부분과 비교하라. 제2권 II. B. d).

d) 도덕 및 문화와 관계 맺고 있는 종교

거룩한 것이라는 개념은 조직신학 제2부에서 논의했으며 종교의 함축적 정의는 조직신학의 모든 부분에 현존해 있기 때문에, 여기서 우리는 도덕 및 문화와 종교의 기본적 관계로 한정하여 종교에 관한 논의를 할 수 있을 것이다. 이런 방식으로 인간 정신의 매우 변증법적인 구조와 인간 정신의 기능이 나타날 것이다. 논리적으로 이것은 (종교사 해석을 포함한) 완전히 발전된 종교철학의 자리가 될 수 있다. 하지만 실천적으로 이것은 이 조직신학의 한계 안에서는 불가능하다. 이 조직신학은 신학대전이 아니다.

각각의 본질적 본성에 따라 도덕, 문화, 종교는 서로 상호침투하고 있다. 그것들은 정신의 일치를 이루며 그 일치의 요소들은 구별되지만 분리되지는 않는다. 도덕 혹은 다른 인격과의 만남에서 인격을 인격으로 구축하는 기능은 문화, 종교와 본질적으로 연관되어 있다. 문화는 도덕의 내용—인격과 공동체의 구체적 이상 및 윤리적 지혜의 변화하는 법칙들—을 제공한다. 종교는 도덕에 도덕적 명령의 무조건적 특징, 궁극적인 도덕적 목적, **아가페**를 통한 분리된 것의 재연합, 은혜라는 동기화하는 힘 등을 제공한다. 문화 혹은 **테오리아**와 **프락시스**를 통해 의미의 우주를 창조하는 기능은 도덕과 종교와 본질적으로 연관되어 있다. 그 모든 기능을 통한 문화적 창조의 타당성은 인격 대 인격의 만남에 기초하고 있으며,

그 만남에서 자의성의 한계가 설정된다. 도덕적 명령의 힘이 없으면, 논리적·미학적·인격적·공동체적 형식에서 나오는 어떠한 요구도 느껴지지 않을 것이다. 문화의 종교적 요소는 진정한 창조의 소진되지 않는 깊이다. 우리는 그것을 실체 또는 문화가 살아가는 근거라고 부를 수 있을 것이다. 바로 그것이 문화 자체에 결여되어 있는 점, 곧 문화가 나타내는 것이다. 종교 혹은 정신의 차원에서 이루어지는 생명의 자기-초월 기능은 도덕과 문화와 본질적으로 연관되어 있다. 무조건적 명령에 의해서 도덕적으로 자기가 구축되지 않으면 정신 차원에서 일어나는 자기-초월도 없으며 문화적 행위에서 만들어지는 의미의 우주 안에서가 아니면 이 자기-초월은 형식을 취할 수 없다.

정신의 세 가지 기능이 이루는 이러한 본질적 관계에 관한 그림은 "초역사적 기억"이면서 "유토피아적 예견"이기도 하다. 마찬가지로 그 그림은 실존의 조건에서 이루어지는 그 기능들의 현실적 관계를 판단한다. 하지만 그 그림은 외적인 판단 이상의 것이다. 생명에 본질적 요소와 실존적 요소가 혼합되어 있을 때까지와 세 가지 기능의 분리만큼 그 일치도 작용을 하기 때문에 그 그림은 현실적이다. 바로 이것이 정신 차원에 존재하는 모든 모호성의 뿌리다. 그리고 본질적 요소가 생명에서─비록 모호하게라도─작용한다는 바로 그 이유 때문에 그 이미지를 생명의 기준으로 제시할 수 있다.

정신 차원에 존재하는 생명의 세 가지 기능은 현실화되기 위해서 분리된다. 기능들의 본질적 일치에서는 문화적 자기-창조 행위도 아니고 종교적 자기-초월 행위도 아니면서 도덕적 행위이기는 한 그런 행위가 없다. "몽환적 순결"에는 독립적인 도덕이 없다. 그리고 세 가지 기능의 본질적 일치에는 도덕적 자기-통합 행위도 아니고 종교적 자기-초월 행위도 아니면서 문화적 행위이기는 한 그런 행위가 없다. 몽환적 순결에는 독립적인 문화가 없다. 그리고 세 가지 기능의 본질적 일치에는 도덕적 자기-통합 행위도 아니고 문화적 자기-창조 행위도 아니면서 종교적 행위이기는 한 그런 행위가 없다. 몽환적 순결에는 독립적인 종교가 없다.

하지만 생명은 몽환적 순결의 상실과 본질적 존재의 자기-소외, 및 본질적 요소와 실존적 요소의 모호한 혼합에 기초하고 있다. 현실적 생명에는 생명의 모호성을 가진 분리된 도덕, 생명의 모호성을 가진 분리된 문화, 생명의 가장 심오한 모호성을 가진 분리된 종교가 있다. 우리는 차례차례 이것들을 다룰 것이다.

종교는 정신 차원에서 이루어지는 생명의 자기-초월이라고 정의되었다. 이 정의는 종교와 도덕과 문화의 본질적 일치라는 이미지를 가능케 하면서, 세 가지 기능 각각의 모호성을 설명해준다. 생명의 자기-초월은 도덕적 행위의 무조건적 특징에서, 문화에 의해 창조된 모든 의미의 소진되지 않는 깊이에서 효력을 발한다. 생명은 정신 차원이 지배하는 모든 영역에서 숭고하다. 도덕적 행위에서 이루어지는 생명의 자기-통합과 문화적 행위에서 이루어지는 생명의 자기-창조는 숭고하다. 생명은 자기-통합과 자기-창조를 통해서 수직 방향, 곧 궁극적인 것의 방향으로 자신을 초월한다. 하지만 자기-통합과 자기-창조는 생명의 모호성 때문에 불경해지기도 한다. 그것들은 자기-초월에 저항하고 이것은 불가피한 일이다. 도덕과 문화는 종교와 이루는 본질적 일치에서 분리되어 있으며 독자적으로 현실화되기 때문이다.

종교를 정신 차원에서 일어나는 생명의 자기-초월로 이해하는 정의에는 종교를 정신의 다른 두 가지 기능의 성질로 간주해야 하며 독립적 기능으로 간주하면 안 된다는 함의가 포함되어 있다. 그렇게 간주하는 것은 논리적으로 필연적인 일이다. 그 이유는 생명의 자기-초월은 다른 것들과 별개로 존재하는 생명의 한 가지 기능이 될 수 없기 때문이다. 생명의 자기-초월 기능이 그렇게 될 수 있다면 그 기능 자체가 초월될 것이고 끊임없이 반복적으로 그렇게 초월될 것이기 때문이다. 생명은 생명 자체의 기능 중 하나에 의해서는 초월될 수 없다. 이는 종교를 정신의 기능으로 간주하는 것에 반대하는 논증이며, 우리는 이 논증을 발전시킨 신학자들의 주장이 매우 일리 있음을 부인할 수 없다. 따라서 종교를 인간 마음의 기능으로 정의한다면, 계시에 기반한다는 신학의 신학자들이 종교를 거부하는 것은 일관성 있는 일이다.

하지만 이런 주장은 다음과 같은 사실을 이해할 수 없게 한다. 그 사실은 정신 차원의 생명에는 도덕과 문화의 어떤 성질로서의 종교뿐만 아니라 그것들과 별개인 독립적 실재로서의 종교도 존재한다는 것이다. 일반적 의미의 종교가 실존한다는 이 사실은 정신 차원의 생명에 존재하는 커다란 걸림돌 중 하나다. 생명의 자기-초월이라는 종교의 정의에 따르면, 정신의 개별 기능으로서의 종교는 개인적인 것이든 체계화된 것이든 존재하지 않아야 한다. 생명의 모든 행위는 자체적으로 자기 너머를 지시해야 하며, 개별적 행위들이 이루어지는 그 어떤 영역도 필요치 않아야 한다. 하지만 생명의 모든 영역에서 그러하듯이, 자기-초월은 정신 영역에서 불경화의 저항을 받는다. 종교와 실존적으로 분리되어 있는 도덕 및 문화는 보통 "세속적"이라 칭하는 것이 된다. 도덕과 문화의 불경함으로 도덕과 문화의 위대함이 반박된다. 불경화의 압력을 받으면서 도덕적 명령은 조건적인 것이 되고, 두려움과 희망에 의존하게 되며 심리학적이고 사회학적인 강압의 결과가 된다. 궁극적인 도덕적 목표는 공리주의적 계산으로 대체되고, 법의 완성은 자기-결정을 지향하는 헛된 시도의 문제가 된다. 도덕적 행위의 자기-초월은 부정된다. 도덕은 유한한 가능성들 사이에서 벌어지는 활동일 뿐이다. 우리의 기본적 정의를 따라 말하자면, 도덕은 불경화된다. 비록 도덕이 은혜의 의미와 갈등하면서 어떤 종교적 도덕 형식 정도로 제한될지라도, 도덕은 불경화된다. 그런 도덕이 법의 모호성으로 빠져드는 것은 불가피한 일이다. 불경화의 유사한 압력을 받으면서 의미의 우주를 문화적으로 창조하는 일 역시 실체―궁극적이고 소진되지 않는 의미―를 상실하게 되는데, 그 실체는 자기-초월을 통해 받아들여지는 것이다. 이 현상은 잘 알려져 있으며, 현대의 문명 분석가들이 보통 문화의 세속화라는 이름으로 폭넓게 논의해왔다. 그들은 고대 문명의 유사한 현상과 올바르게 연관시켰으며, 서구 지성사의 이 두 가지 본보기에서 종교와 문화의 관계에 관한 일반적 규칙을 추론했다. 종교적 실체의 상실과 함께 문화는 점점 더 공허한 형식으로 남겨졌다. 종교가 제시하는 소진되지 않는 의미의 원천이 없으면 의미는 지속될 수 없다.

이런 상황에서 종교는 정신의 특별한 기능으로 등장했다. 정신 차원에서 이루어지는 생명의 자기-초월은 초월되는 유한한 실재 없이는 이루어질 수 없다. 따라서 어떤 것이 초월되는 동시에 초월되지 않기도 한다는 점에서 자기-초월에는 변증법적 문제가 있다. 어떤 것은 구체적인 실존을 가지고 있어야만 한다. 그렇지 않으면 초월될 어떤 것도 존재하지 않을 것이다. 그러나 어떤 것은 더 이상 "그대로 있어서는" 안 되고 초월되는 행위로 부정되어야만 한다. 정확히 이것이 역사 속 모든 종교가 처한 상황이다. 생명의 자기-초월로서의 종교는 종교들을 필요로 하면서도 종교들을 부정할 필요가 있다.

e) 종교의 모호성

(1) 거룩한 것과 세속적인 것(불경한 것) 생명의 모호성이 나타나는 다른 모든 영역과는 반대로 종교에서 일어나는 생명의 자기-초월은 두 가지 모호성을 보여준다. 첫 번째는 생명의 보편적 특질인 모호성, 즉 위대한 것과 불경한 것의 모호성이라고 벌써 언급했다. 생명이 불경화 과정을 거치면서 문화적 자기-창조 행위와 도덕적 자기-통합 행위를 통해 위대함과 위엄을 상실하는 방식을 우리는 살펴보았다. 그리고 정신 차원의 생명이 자기-초월로서의 생명을 유지하고자 자기-초월로 정의되는 기능, 즉 종교를 통해 자신을 표현하는 이유를 살펴보았다.

하지만 종교의 이러한 특징은 모호성을 배가시킨다. 생명의 자기-초월 기능인 종교는 다른 모든 차원에서 발생하는 생명의 모호성들에 대한 대답임을 주장한다. 종교는 다른 차원들의 유한한 긴장과 갈등을 초월한다. 하지만 그렇게 하면서 종교는 더 심오한 긴장, 갈등, 모호성에 빠진다. 종교는 생명의 위대함과 위엄에 관한 최상의 표현이다. 종교에서 생명의 위대힘은 거룩힘(holiness)이 된다. 하지민 그깃은 생명의 위대힘, 위임에 대한 가장 급진적 반박이기도 하다. 종교에서 위대한 것은 가장 불경화되며(profaned), 거룩한 것은 가장 신성모독적이 된다. 이 모호성들은 종교에 관한 어떠한 정직한 이해에서도 중심 주제가 되며, 교회와 신학이 작업하는 배경을 이룬다. 그 모호성들은 종교적 기능을 초월하는 실재를 기대케 하는 결정적 동기다.

종교의 첫 번째 모호성은 종교적 기능 자체에서 나타나는 자기-초월과 불경화의 모호성이다. 종교의 두 번째 모호성은 조건적인 어떤 것을 무조건적으로 타당한 것으로 간주하는 마성적 격상이다. 우리는 이렇게 말할 수 있다. 종교는 언제나 불경화와 마성화라는 위험 지점들 사이에서 움직이고 있으며, 종교적 생명의 모든 참된 활동에는 그 두 가지가 공개적으로나 은밀하게 현존해 있다.

종교의 불경화는 종교를 유한한 대상들 가운데 있는 하나의 유한한 대상으로 변형하는 특징을 가지고 있다. 정신의 개별적 기능으로서의 종교에서 종교는 우리가 언급하고 있는 거룩한 것이 불경화되는 과정이다. 만약 종교에서 위대한 것이 거룩한 것이라고 불린다면, 이것은 종교가 거룩한 것 자체의 현현, 즉 존재의 신적 근거의 현현에 기초하고 있음을 의미한다. 모든 종교는 계시적 경험을 수용하는 대답이다. 이것이 종교의 위대함이자 종교의 위엄이다. 이로 인해 종교와 종교의 표현들은 **프락시스와 테오리아** 속에서 거룩해진다. 이런 의미로 우리는 성경, 거룩한 공동체, 거룩한 행위, 거룩한 직분, 거룩한 인물에 관해 말할 수 있다. 이 술어는 이 모든 실재가 직접적인 유한한 외형 이상의 것임을 의미한다. 그것들은 자기-초월적이거나 그것들이 초월하며 지향하는 대상—거룩한 것—쪽에서 보았을 때 그 대상을 향해서 투명하다. 이 거룩함은 그것들이 가진 도덕적이거나 인지적인 성질도 아니고 심지어 종교적인 성질도 아니며, 자신 너머를 지시하는 그것들의 힘이다. 만약 "거룩함"이라는 술어가 인격과 관련된다면, 인격이 거룩함에 현실적으로 참여하는 것은 최저부터 최상까지 다양한 정도로 가능하다. 참여의 정도를 결정하는 것은 인간의 질이 아니라 자기-초월의 힘이다. 도나투스주의와의 투쟁에서 표출된 아우구스티누스의 위대한 통찰은 이런 것이었다. 성례를 유효하게 하는 것은 사제의 질이 아니라 그의 직분과 그가 수행하는 기능이 가진 투명성이다. 그렇지 않다면 종교적 기능은 불가능했을 것이고, "거룩한"이라

는 술어는 결코 적용될 수 없었을 것이다.[27]

여기서 다음과 같은 사실, 곧 종교의 모호성은 우리가 언급했으며 그리스도인과 교회의 형상과 연관해서 더 충실히 언급해야 할 "거룩함의 역설"과 동일한 것이 아니라는 사실이 뒤따라 나온다. 종교의 첫 번째 모호성은 모든 종교적 행위에 불경화 요소가 있다는 것이다. 여기에 해당하는 상반되는 두 가지 방식이 있는데, 하나는 제도적 방식이고 다른 것은 환원적 방식이다. 제도적 방식은 이른바 제도 종교로 한정되지 않는다. 왜냐하면 심리학이 보여주었듯이 개인의 내적 생명에도 제도들, 즉 프로이트가 "예전적 활동들"이라고 불렀던 것이 있기 때문이다. 이 활동들이 작용과 반작용의 방법을 생산하고 보존한다. "체계화된 종교"에 대한 끈질긴 공격은 대부분 깊이 뿌리박힌 혼동에 근거하고 있다. 생명은 모든 자기-현실화를 거치면서 체계화되기 때문이다. 형식이 없으면 생명은 역동성을 가질 수 없는데, 이 사실은 인격적 생명뿐만 아니라 공동체적 생명에도 해당된다. 하지만 체계화된 종교에 솔직하게 가해지는 공격의 실제 대상은 제도적 형식의 맥락 속에 있는 종교의 모호성이다. 제도화된 종교는 유한한 것을 초월하여 무한한 것을 향하는 대신 현실적으로—수행되어야 할 일단의 정해진 활동, 수용되어야 할 일단의 진술된 교리, 다른 사람들도 따라야 할 사회적 압력 집단, 권력 정치라는 함의를 가진 정치적 권력

---

27 역주. Tillich는 아우구스티누스와 도나투스의 논쟁의 의의에 관해서 이렇게 말한다. "이처럼 교회의 거룩성을 보는 기본적인 변화는, 객관적인 은총의 수단이 주관적으로는 곧 개인적으로는 거룩하지 않은 인물에 의해서 집행되는 일이 허용될 수 있는가, 그렇지 않은가의 문제가 제기되었을 적에 실제적인 의미를 지니게 되었다." 도나투스는 교회의 거룩함의 근거를 교회의 구성원 특히 성직자의 인격적 거룩함에 두었지만, 아우구스티누스는 키프리아누스를 따라 교회의 객관적 거룩성을 지키고자 했다. Tillich, 『그리스도교 사상사』, 221-24 참조.

과 같은—유한한 실재 자체가 된다. 비평가들은 모든 세속 집단을 지배하는 사회학적 법칙에 종속된 이 구조 안에서 종교의 자기-초월적이고 위대하며 거룩한 특징을 보지 못한다. 하지만 이 모든 것이 인격적인 종교 생활을 하는 개인들에 의해 내재화되고 수용됨에도 불구하고 제도적인 특징은 제거되지 않는다. 인격적 종교 생활의 내용은 언제나 사회적 집단의 종교 생활에서 나온다. 심지어 침묵 기도도 전통에 의해 이루어진다. 불경화된 종교에 대한 비평가들의 비판은 정당하며 가끔은 그들이 비판하는 것들보다 종교에 더 선한 기여를 한다. 하지만 종교 생활에서 불경화 경향을 제거할 목적과 거룩함의 순수한 자기-초월을 유지할 목적으로 이런 비평을 활용하려는 시도는 유토피아적 오류일 뿐이다. 우리는 생명의 불가피한 모호성을 통찰함으로써 그런 오류를 방지할 수 있다. 공동체적이고 인격적인 모든 형식의 종교에는 불경화 요소가 작용하고 있다. 그리고 반대로 가장 불경화된 형식의 종교는 그 종교 형식 안에 있는 위대함 요소와 거룩함 요소에서 지속력을 뽑아낸다. 평균적인 일상적 종교의 하찮음은 그 종교의 위대함에 반대하는 논증이 아니며, 그 종교를 위엄 없는 기계화의 수준으로 끌어내리는 방식은 그 종교의 위엄에 반대하는 논증이 아니다. 생명은 자신을 초월하는 동시에 자신 안에 남아있으며, 종교의 첫 번째 모호성은 이 긴장에서 유래한다.

앞의 묘사는 종교가 그 모호성을 보여주는 한 가지 방식인 "제도적" 방식만을 다루고 있다. 또 다른 방식인 "환원적" 방식도 있는데, 이 방식은 문화가 종교의 형식이라는 사실과 도덕은 종교적 진지함의 표현이라는 사실에 기초하고 있다. 이로 인해 종교는 문화와 도덕으로 환원될 수도 있으며, 따라서 종교의 상징들은 문화적 창조의 결과물일 뿐인 것, 즉 은폐된 개념이나 이미지로 해석된다. 자기-초월의 덮개를 치운다면, 우리는 인지적 통찰과 미학적 표현을 찾게 될 것이다. 이런 관점에서 신화는 원시적 과학과 원시적 시의 결합이다. 신화는 **테오리아**의 창조물로서 지속적인 의의를 갖지만, 신화가 초월성을 표현한다는 주장은 폐기되어야 한다. 동일한 종류의 해석이 **프락시스**를 통한 종교의 현현에 대해서도 이루어진다. 거룩한 인격성과 거룩한 공동체는 인간성과 정의의 원리로 판단받아야 할 인격성과 공동체가 발전한 것이지만, 이 원리들을 초월한다는 인격성과 공동체의 주장은 거부되어야 한다.

종교는 그런 관념들을 통해서 나타나기 때문에 종교의 환원은 철저하지 않다. 종교는 인간의 전체적인 문화 창조 안에서 어떤 자리를 차지하며 도덕적 자기-실현을 위한 종교의 유용성은 부정되지 않는다. 하지만 이것은 종교의 환원주의적 불경화 과정에서 잠정적 상태일 뿐이다. 종교의 주장이 수용되어야 하거나 종교가 문화적 창조성의 기능들 가운데 한 자리를 차지해야 할 권리는 없으며, 도덕도 종교를 필요로 하지 않는다는 점이 금방 명확해진다. 원리적으로는 정신의 모든 기능에서 보금자리를 가지고 있는 종교가 그 모든 기능에서 보금자리를 상실했다. 종교가 지금은 종교의 자기-초월 주장을 거부하고 있는 자들로부터 예전에 받았던 자비로운 대우는 종교에 도움이 되지 않으며, 그리고 종교에 대한 자비로운 비평가들은 곧이어 훨씬 더 급진적이 되었다. 인지 영역에서 종교는 심리학적이거나 사회학적인 원천에서 이끌려 나오는 것으로 해명되었으며, 환상이나 이데올로기로 간주되었다. 반면에 미학적 영역에서 종교적 상징은 서로 다른 자연주의적 양식의 유한한 대상으로, 특히 비판적 자연주의와 비대상적 예술 형식의 유한한 대상으로 대체되었다. 교육은 사람들을 종교가 드러내는 존재의 신비로 인도하지 않고 사회의 필요로 이끌고 가는데, 사회의 필요와 목적은 그 끝없음에도 불구하고 유한한 것으로 남는다. 모든 공동체는 그런 사회의 현실화를 위한 행위자가 되었으며, 어떠한 종류의 자기-초월적 상징도 거부하면서 교회를 체계적인 세속 생활 안에서 해체시키고자 했다. 현재 인류의 매우 넓은 지역에서 종교를 불경화하는 이 환원적 방식, 즉 무화에 의한 환원은 매우 성공적이었다. 동구 공산주의 진영뿐만 아니라 서구 민주주의 진영에서도 성공적이었다. 세계사적 관점에서 우리는 이렇게 말해야 한다. 현시대 이런 방식은 종교를 제도적으로 불경화하는 방식보다 훨씬 성공적이다.

그렇지만 여기서도 생명의 모호성은 모호하지 않은 해결책에 저항한다. 먼저 우리는 불경화하는 힘은 정신의 기능으로서의 종교를 부정하지 않으며 그 힘은 종교의 본성에 현존해 있다는 사실을 기억해야 한다. 즉 현실적 종교는 언어에서 존재론에 이르는 인지적 형식을 통해 존재하는데, 그 형식은 문화적 창조성의 결과다. 종교는 언어, 역사적 연구, 인간 본성에 관한 심리학적 기술, 인간의 곤경에 관한 실존주의적 분석, 철학 이전의 개념과 철학적인 개념을 사용하는 동시에 환원적 불경화 과정을 통해 독립한 세속적 자료를 사용한다. 종교는 세속화될 수 있고 결국 해소되어 세속적 형식이 된다. 종교에는 자기-초월의 모호성이 있기 때문이다.

하지만 이런 일이 이루어질 때 종교적 자기-초월의 중심에 끼치는 효과가 드러나게 되듯이 이런 일이 환원적 불경화의 과정들에 끼치는 효과가 종교의 모호성에 의해서 드러난다. 이런 일이 일어나는 방식에 의해 도덕적 명령과 문화적 깊이 모두에서 나타나는 무조건적인 것에 대한 경험, 즉 더 넓은 종교 개념이 제안된다. 급진적 세속주의의 모호성은 세속주의가 이 두 가지 경험에서 나타나는 자기-초월의 요소를 외면할 수 없다는 점이다. 종종 이런 경험들은 매우 은폐되어 있으며 그런 경험에 관한 어떠한 표현도 신중하게 회피된다. 하지만 철저하게 세속적인 철학자가 압제적인 권력—독재적인 것이든 순응적인 것이든—으로부터 세속주의를 포기하라고 요청받는다면, 그는 그런 요구에 저항하면서 자기-희생에 이르기까지 정직해야 한다는 무조건적인 명령을 경험하게 된다. 마찬가지로 자신의 온 존재로 소설을 써왔던 철저하게 세속적인 작가가 자신의 소설이 단지 하나의 유흥거리로 사용되는 것을 보면, 그는 이런 일을 오용과 불경화로 느낄 것이다. 환원적 불경화는 어떤 특별한 기능으로서의 종교를 폐지하는 일에는 성공할지 몰라도, 정신의 모든 기능에서 찾을 수 있는 어떤 성질—궁극적 관심이라는 성질—로서의 종교는 제거할 수 없을 것이다.

⑵ 신적인 것과 마성적인 것 종교에서 자기-초월의 모호성은 신적인 것과 마성적인 것의 모호성으로 나타난다. 마성적인 것이라는 상징은 30년 전 신학 언어에 재도입되었을 때와 같은 그런 정당화를 필요로 하지 않는다. 그것은 개별적 생명과 사회적 생명에 있는 반신적(antidivine) 권세를 가리키는 데 아주 많이 사용되면서 대단히 많이 오용되는 용어가 되었다. 이런 식으로 그것은 단어 자체 안에 내포되어 있던 모호한 특징을 자주 상실했다. 신화론적 전망에서 악마는 신적·반신적 존재자다. 악마는 신적인 것의 부정이기만 한 것이 아니라 왜곡된 방식으로 신적인 것의 힘과 거룩함에 참여한다. 우리는 그 용어를 이 신화론적 배경 속에서 이해해야 한다. 불경한 것은 자기-초월에 저항하지만 마성적인 것은 자기-초월에 저항하지 않는다. 마성적인 것은 거룩함의 특정한 담지자를 거룩함 자체와 동일시함으로써 자기-초월을 왜곡시킨다. 이런 의미에서 모든 다신론적 신들은 마성적이다. 그것들이 기반하고 있는 존재와 의미의 기초는 아무리 숭고하고 위대하며 위엄 있을지라도 유한하기 때문이다. 그리고 유한

한 어떤 것을 무한한 것 또는 신적으로 위대한 것이라고 주장하는 것이 마성적인 것의 특질이다. 거룩한 것의 마성화는 매일 모든 종교에서, 심지어 그리스도의 십자가에서 나타난 유한한 것의 자기-부정을 기초로 삼고 있는 종교에서도 일어난다. 그러므로 모호하지 않은 생명을 요구한다는 것은 종교적 영역에서 나타나는 거룩한 것과 마성적인 것의 모호성을 가장 철저하게 반대하는 일이다.

비극적인 것은 인간적 위대함이 가진 내적 모호성이다. 하지만 비극의 주체는 신적 위대함을 **열망하지** 않는다. 그는 "하나님과 같아지기를"[28] 의도하지 않는다. 다시 말해, 그는 신적 영역에 도달하고 신적 영역에 거부당함으로써 자기-파괴에 이르게 되지만, 스스로 신성을 주장하지는 않는다. **이런 일**이 이루어지는 곳마다 마성적인 것이 나타난다. 비극적인 것의 주요 특질은 맹목의 상태이고 마성적인 것의 주요 특질은 분열의 상태다.

이것은 유한한 기초 위에서 신성을 주장하는 마성적인 것의 주장을 기초로 할 때 쉽게 이해된다. 유한성의 한 가지 요소를 무한한 힘과 의미로 격상시킬 때 유한성의 다른 요소들은 필연적으로 반작용을 일으키게 되는데, 다른 요소들은 그런 주장을 부인하거나 자신도 그런 주장을 하게 된다. 한 민족이 자기 신의 이름이나 가치 체계의 이름으로 다른 민족에게 마성적 자기-격상을 하면, 다른 민족들도 **자기** 신의 이름으로 반작용한다. 특정한 권세들이 중심을 가진 인격을 통해서 마성적으로 자기-격상을 하거나 절대적 우월성을 주장하면, 다른 권세들의 반작용과 의식의 분열이 일어난다. **하나의** 신이 재현하는 **한 가지** 가치가 다른 모든 가치의 기

---

28   역주. 창 3:4.

준이 된다고 주장하면, 다신론적 종교 안에서 분열이 일어난다.

마성적인 것의 본성과 관련된 이런 분열로 인해서 분열을 낳는 힘에 "사로잡힌" 상태에 도달한다. 귀신들린 자는 사로잡힌 자다. 마성적 분열 때문에 중심성의 자유가 제거된다. 인격적 생명과 공동체적 생명의 마성적 구조들은 자유와 선의지의 행위들로 파괴되지 않는다. 그 구조들은―변화하는 힘이 신적 구조, 즉 은혜의 구조가 아닐 때―그런 행위들로 강화된다.

마성적인 것은 출현할 때마다 그 출현이 도덕적이거나 문화적일지라도 종교적 흔적을 드러낸다. 이는 정신 차원에서 나타나는 생명의 세 가지 기능이 상호 내재함에 따른 논리적 결과이며, 무조건적 관심으로서의 종교 개념과 구체적 관심을 표현하는 구체적 상징의 영역으로서의 종교 개념인 이중적 종교 개념의 논리적 결과다. 여기에도 풍부한 사례들이 있다. 자신에게 종교적 위엄을 부여한 국가가 무조건적 헌신을 요구하는 경우, (과학적 절대주의에서 그러하듯이) 다른 기능들을 통제하는 문화적 기능이 무조건적 헌신을 요구하는 경우, 자신의 우상화를 추구하는 개인들이 무조건적 헌신을 요구하는 경우, 인격적 중심을 차지한 인격의 개별적 충동이 무조건적 헌신을 요구하는 경우가 그러한데, 이 모든 경우에서 왜곡된 자기-초월이 발생한다.

문화적 영역에서 마성적인 것의 모호성이 드러났던 사례는 로마 제국이다. 그 제국의 위대함, 위엄, 숭고한 특징은 보편적으로 인정되지만, 로마 제국이 자신에게 신적 거룩함을 부여하여 기독교인에 대한 마성적 박해와 기독교의 반마성적 투쟁으로 귀결된 분열을 낳았을 때, 로마 제국은 마성에 사로잡혔던 것이다.

이러한 역사적 회상은 협소한 의미의 종교와 그 종교의 마성화에 관한 논의로 이행한다. 종교의 기본적인 모호성에는 생명의 다른 모호성들보다 더 깊은 뿌리가 있다. 왜냐하면 종교는 모호하지 않은 것을 바라는 요청에 대한 대답이 수용되는 지점이기 때문이다. 이런 측면(즉 이런 대답을 수용하는 인간의 가능성이라는 측면)의 종교는 모호하지 않다. 하지만 그 수용은 인간의 변화하는 도덕적·문화적 실존 형식을 통해서 이루어지기 때문에 현실적 수용은 매우 모호하다. 이런 형식들은 자신이 제시하는 거룩한 것에 참여하지만 거룩한 것 자체는 아니다. 거룩한 것 자체라는 주장을 하게 되면 그것들은 마성적인 것이 된다.

바로 이런 이유로 신학자들은 "종교"라는 용어를 기독교에 적용하는 데 반대했다. 신학자들은 종교와 계시를 대조했고 종교를 인간이 자신을 영화롭게 하려는 시도라고 묘사했다.[29] 실제로 이것은 마성화된 종교에 관한 정확한 묘사다. 하지만 이것은 모든 종교가 계시에 근거하고 있으며 모든 계시가 종교를 통해서 드러난다는 사실을 무시하고 있다. 종교가 계시에 근거하고 있는 한 종교는 모호하지 않다. 하지만 종교가 계시를 수용하는 한 종교는 모호하다. 종교의 추종자들이 자신의 종교를 계시된 종교라 부를지라도 이 사실은 모든 종교에 해당된다. 그러나 계시된 종교는 없다. 종교는 계시의 창조물이자 왜곡이다.

종교 비판이 모든 종교의 역사 속에 존재하는 한 가지 요소일지라도

---

29   역주. Karl Barth는 롬 7장을 해석하며 종교의 한계, 종교의 의미, 종교의 현실성 등을 논하는데, 여기서 Barth는 종교를 은혜, 하나님의 자유 등과 대립시킨다. "종교의 한계는 인간에게 가능한 것과 하나님께 가능한 것을 가르고, 육체와 영을 가르고, 시간과 영원을 가르는 죽음의 선이다. 이 예리한 칼이 모든 것을 두 동강 낼 때, 십자가의 능력과 의미가 심판과 은혜의 표징으로서 그 그림자를 던질 때, 그때 우리는 '율법의 영역 밖에' 서 있다"(Karl Barth, 『로마서』, 손성현 옮김[서울: 복있는사람, 2017], 526). "'영의 새로운 것'으로 보자면…옛것이든 새것이든 인간의 모든 종교적 가능성의 한계 저편에서 시작되는 특정한 가능성, 하나님으로부터 시작되는 바로 그 가능성을 의미한다"(같은 책, 528-29).

그 어떤 신학도 종교 개념을 외면할 수 없다. 종교들 배후에 있는 계시적 충격은 어디에서나 모든 사람을 일깨우며, 생명의 자기-초월이 지향하는 모호하지 않은 생명과 현실적 종교의 끔찍한 모호성의 차이를 깨닫게 한다. 우리는 종교의 역사, 특히 거대 종교의 역사를 거룩함 자체를 위해 종교에 지속적으로 맞서는 종교의 내적 투쟁으로 읽어낼 수 있다. 기독교는 그리스도의 십자가에서 이 투쟁의 최종적 승리가 이루어졌다고 주장하는데, 이런 주장을 할 때조차도 그 주장의 형식은 마성적 흔적을 보여준다. 그리스도의 십자가에 관한 올바른 말이 교회의 생활에 잘못 옮겨졌다. 교회의 모호성이 교회사를 통해 점차 강력해졌음에도 그 모호성은 부정되고 있다.

하지만 이 지점에서 우리는 종교 일반의 마성화에 관한 몇 가지 본보기를 제시하기 원한다. 역사적 실재로서의 종교는 **테오리아**와 **프락시스**를 통한 문화적 창조물을 활용한다. 종교는 몇 가지는 활용하고 다른 것들은 거부하면서 다른 문화적 창조물들과는 별개로 종교적 문화 영역을 확립한다. 하지만 모든 영역에서 이루어지는 생명의 자기-초월로서의 종교는 다른 문화적 창조물들보다 우월함을 주장하는데, 종교가 다른 모든 문화적 창조물을 초월함을 제시하는 한 그 우월함은 정당하다. 하지만 사회적이고 인격적인 실재로서의 종교가 자신과 관련하고 종교의 유한한 형식—종교는 이 형식으로 무한한 것을 제시한다—과 관련하여 이런 주장을 할 때, 우월성 주장은 마성적인 것이 된다.

우리는 앞서 논의했던 인간의 문화적 창조성의 네 가지 기능, 즉 (역순으로) 공동체적 기능, 인격적 기능, 미학적 기능, 인지적 기능을 통해 이 사실을 보여줄 수 있다. 종교는 정치 집단들과 연합되었거나 분리되어 있는 사회 집단들을 통해서 현실화된다. 연합되거나 분리되어 있는 모든 경우에 그 사회 집단들은 사회적·법률적·정치적 실재를 구축하는데, 그 실재는 그 집단들을 통해 구현되는 거룩함에 의해서 신성화된다. 그 집단들은 이 신성화의 힘으로 다른 공동체적 구조들을 신성화하고 이런 방식으로 그 구조들을 통제하고자 한다. 그 구조들이 저항할 경우 그 집단들은 구조들을 파괴하려 한다. 거룩한 것의 담지자가 가진 힘은 거룩한 것의 무조건적 특징에서 나오는데, 그 담지자는 자기-초월을 나타내는 종교 공동체의 상징을 수용하지 않는 모든 것의 저항을 거룩한 것의 이름으로 물리친다. 이것이 바로 종교 공동체를 대표하는 것들이 가진 힘의 원천이다. 마찬가지로 그것은 거룩한 제도들, 신성한 관습들, 신적으로 정해진 법률 조직들, 위계질서들, 신화와 상징 등이 연대하게 되는 원천이기도 하다. 하지만 바로 이 연대가 종교의 신적·마성적 모호성을 드러낸다. 이 연대는 정의의 이름으로 제기되는 모든 비판을 거부할 수 있다. 그것은 거룩한 것의 이름으로 비판을 기각해버린다. 거룩한 것 자체는 정의의 원리를 가지고 있으며 저항하는 자들의 마음과 몸을 파괴한다. 이러한 종교의 모호성에 해당하는 본보기는 세계사에서 풍성하게 나타나기 때문에 따로 제시할 필요가 없다. 비록 모호하지 않은 생명 요청에 대한 대답이 종교를 통해 제시될지라도 그 요청이 종교를 초월해야 하는 이유를 제시하는 것만으로 충분할 것이다.

인격적 생명의 영역에서 종교의 신적·마성적 모호성은 성자(saint) 관념에서 나타난다. 여기에는 인간성과 거룩함의 갈등 및 인간성을 지향하는 인격적 성장에 대한 신적 지지와 마성적 억압의 갈등이 반영되어 있다. 통합하고 해체하며 창조하고 파괴하는 결과들의 이런 갈등들은 무엇보다도 개인적인 인격 안에서 계속된다. 종교는 개인 안에 있는 인간성 관념을 억압하고자 종교 자체적으로 신성화된 인격성 관념을 사용하는데, 그 사용 방식 중 하나는 종교의 절대성 주장을 수용하지 않는 자에게서 불편한 양심을 불러일으키는 것이다. 심리학자는 이 갈등이 인격적 발전에서 가져오는 큰 손상을 알고 있다. 종교사에서는 매우 자주 부정적·금욕적 원리가 종교적으로 신성화되었으며, 인간성 관념의 긍정적 함의를 정죄하는 심판자가 되었다. 하지만 다른 측면이 없었다면 인격적 거룩함이라는 종교적 형상에 담겨 있는 힘은 실존하지 않았을 것이다. 그 다른 측면은 신적인 것이 인격의 발전에 가하는 충격, 종교가 제시하는 거룩함이 지닌 반마성적 (그리고 불경함에 반하는) 특징이다. 하지만 우리는 다시 이렇게 말해야 한다. 비록 모호하지 않은 생명 요청에 대한 대답은 자기-초월적 인격성의 깊이에서만―종교적으로 신앙의 행위로만―받아들일 수 있다고 해도 그 대답은 성자 관념에 있지 않다.

테오리아와 종교의 관계에서 나타나는 신적·마성적 모호성에 관한 논의는 특히 교리(doctrine)가 확립된 교의(established dogma)라는 형식으로 나타날 때 종교적 교리 문제로 자연스럽게 집중된다. 여기서 제기되는 갈등은 교의라는 신성화된 진리와 역동적 변화와 창조적 형식을 연합하는 진리 사이의 갈등이다. 하지만 그 갈등은 신적·마성적 모호성을 나타내는 이론적 갈등이기만 한 것이 아니라 거룩한 공동체와 거룩한 인격성에 대한 그 갈등의 의의와 관련된 갈등이다. 진리의 구조에 정직하게 순종하는 것을 마성적으로 억압하는 일은 여기에 성패가 달려 있다. 인지적 기능과 관련하여 이런 측면에서 일어나고 있는 일은 미학적 기능에서도 동일하게 일어난다. 예술과 문학에서 일어나는 진정한 표현성의 억압은 정직한 인식의 억압과 동일하다. 종교적으로 신성화된 진리와 종교적으로 신성화된 양식의 이름으로 이런 일이 행해진다. 자기-초월로 인해 인지적 진리와 미학적 진정성에 눈뜨게 된다는 것은 틀림없는 사실이다. 신적 힘이 종교적 교리와 종교적 예술 배후에 있다. 하지만 새로운 통찰이 교의나 신성화된 진리의 이름으로 내쳐지고 짓밟힐 때 또는 새로운 양식이 어떤 시대의 충동을 표현하고자 하지만 종교적으로 허용된 표현 형식의 이름으로 못하게 방해받을 때 마성적 왜곡이 시작된다. 이 모든 경우에 저항하는 공동체와 저항하는 인격은 거룩한 것의 이름으로 행해지는 진리와 표현성에 대한 마성적 파괴의 희생자가 된다. 직접적으로는 정의, 인간성과의 관계에서 그러하고 간접적으로는 진리, 표현성과의 관계에서도 그러하듯이, 비록 모호하지 않은 생명 요청에 대한 대답이 종교를 통해서만 수용될 수 있을지라도 종교는 모호하지 않은 생명 요청에 대한 대답이 **아니다.**

C. 모호하지 않은 생명 요청과 그 생명을 예견하는 상징들

모든 생명의 과정에는 본질적 요소와 실존적 요소, 창조된 선함과 소외가 어느 하나만 배타적으로 유효할 수 없는 방식으로 연합되어 있다. 생명은 언제나 본질적 요소와 실존적 요소를 포함하고 있다. 이것이 생명의 모호성의 뿌리다.

생명의 모호성은 생명의 모든 차원, 모든 과정, 모든 영역에서 나타난다. 모호하지 않은 생명에 관한 물음은 모든 곳에 잠재되어 있다. 모든 피조물은 자신의 본질적 가능성이 모호하지 않게 완성되기를 열망한다. 하지만 정신의 담지자로서의 인간만이 생명의 모호성과 모호하지 않은 생명 요청을 의식한다. 인간은 모든 차원에 참여하고 있으며 비매개적으로 자신 안에서 생명의 모호성을 정신의 기능들의 모호성, 즉 도덕·문화·종교의 모호성으로 경험하기 때문에 인간은 모든 차원에서 생명의 모호성을 경험한다. 모호하지 않은 생명 요청은 이 경험에서 발생한다. 이렇게 요청되는 생명은 생명이 초월하면서 지향하는 것에 도달한 생명이다.

종교는 정신의 영역에서 일어나는 생명의 자기-초월이기 때문에 인간은 종교에서 모호하지 않은 생명 요청을 시작하며 종교를 통해서 그 대답을 받아들인다. 하지만 그 대답은 종교와 동일하지 않은데 그 이유는 종교 자체가 모호하기 때문이다. 모호하지 않은 생명 요청의 완성은 그 완성을 표현하는 어떠한 종교적 형식이나 상징도 초월한다. 비록 생명은 종교의 모호한 형식을 통해서 생명의 자기-현현을 받아들일 수 있다고 하더라도, 생명의 자기-초월은 생명이 초월하면서 지향하는 것에 모호하지 않게 도달할 수 없다.

종교적 상징 체계는 모호하지 않은 생명에 관한 세 가지 주요 상징, 즉 하나님의 영, 하나님 나라, 영원한 생명을 생산했다. 그 각각의 것과 그것들의 관계는 간략한 예비적 고찰을 요구한다. 하나님의 영은 피조물의 생명 안에 신적인 영이 현존함을 의미한다. 신적인 영은 "현존하는 하나님"이다. 하나님의 영은 분리되어 있는 존재자가 아니다. 그래서 우리는 그 상징에 완전한 의미를 부여하고자 "영적 현존"(Spiritual Presence)에 관해 말할 수 있다.

"현존"이라는 단어에는 아주 오래된 함의가 있는데, 그 단어는 통치자나 일군의 고위자들이 있는 자리를 가리킨다. 우리는 그 단어를 대문자(Presence)로 표기하면서 피조물의 생명에 존재하는 신적인 현존을 표현하도록 제안한다. 그렇다면 "영적 현존"은 모호하지 않은 생명을 표현하는 첫 번째 상징이 된다. 비록 생명의 다차원적 일치로 인해 그 상징이 모든 영역과 간접적으로 관련될지라도 그 상징은 정신의 차원에서 나타나는 생명의 모호성과 직접적으로 상관관계를 맺는다. 그 상징에서 "영적"(Spiritual)과 "현존"(Presence)은 대문자로 표기되었고, "영적"이라는 단어는 『폴 틸리히 조직신학 1』 제4부에서 처음으로 사용되었다. 그 단어는 생명의 한 차원을 가리키는 소문자 영(spirit)에서 유래한 형용사로 사용되지 **않았다**. 이 상징이 조직신학 제4부에서 우리의 논의를 인도할 것이다.

모호하지 않은 생명에 관한 두 번째 상징은 "하나님 나라"다. 이 상징의 소재는 생명의 역사적 차원과 역사적 자기-초월의 역동성에서 취했다. 하나님 나라는 인간의 역사적 실존의 모호성에 대한 대답이다. 하지만 생명의 다차원적 일치로 인해 그 상징에는 생명의 모든 영역의 역사적 차원에서 등장하는 모호성에 대한 대답이 포함되어 있다. 역사의 차원은 한편으로는 과거에서 기인해 현재를 결정하는 역사적 사건을 통해 현실화되고, 다른 한편으로는 현재에 경험되지만 미래를 향해 불가역적으로 진행되는 역사적 긴장을 통해서 현실화된다. 그러므로 하나님 나라라는 상징에는 모호하지 않은 생명과 모호성을 만들어내는 힘의 갈등과 역사가 지향하는 궁극적 완성이 모두 담겨 있다.

이로 인해 세 번째 상징에 도달한다. 즉 모호하지 않은 생명은 영원한 생명이다. 여기서 상징의 소재는 모든 생명의 시간적·공간적 유한성에서 취했다. 모호하지 않은 생명은 실존의 범주적 한계에 종속되어 있는 상태를 정복한다. 그 생명은 범주적 실존의 끝없는 지속을 의미하는 것이 아니라 그 실존의 모호성을 정복하는 것을 의미한다. 하나님 나라라는 상징과 더불어 이 상징도 『폴 틸리히 조직신학 3』 제5부, "역사와 하나님 나라"에서 주도적 개념이 될 것이다.

"영적 현존", "하나님 나라", "영원한 생명"이라는 이 세 가지 상징의 관계는 다음과 같이 기술할 수 있다. 이 세 가지 상징은 모호하지 않은 생명 요청에 대해서 계시가 제시하는 대답을 상징적으로 표현한다. 모호하지 않은 생명은 영적 현존의 다스림을 받는 생명이나 하나님 나라에서 살아가는 생명 또는 영원한 생명으로 묘사될 수 있다. 하지만 앞서 보았듯이 이 세 가지 상징은 서로 다른 상징적 소재를 사용하고 있으며 그렇게 함으로써 모호하지 않은 생명이라는 동일한 관념 속에 있는 세 가지 의미를 다른 방향으로 표현한다. "영적 현존"이라는 상징은 인간이 담지하는 정신의 차원을 사용한다. 하지만 신적인 영이 인간 정신에 현존하기 위해서는 인간에서 현실화되는 모든 차원에 현존해야만 한다. 그리고 이것은 신적인 영이 우주에도 현존해야 함을 의미한다.

하나님 나라라는 상징은 사회적 상징으로서 인간의 역사적 생명에서 현실화되는 역사적 차원에서 취한 것이다. 하지만 역사적 차원은 모든 생명에 현존해 있다. 그러므로 "영적 현존"이라는 상징과 마찬가지로 "하나님 나라"라는 상징 역시 우주적 생명의 운명을 포괄하고 있다. 하지만 목표를 향해 비가역적으로 나아가는 역사의 성질은 그 상징적 의미에 또 다른 요소를 도입한다. 그것은 "종말론적" 기대, 즉 자기-초월이 열망하는 완성, 역사가 지향하는 완성에 대한 기대다. 영적 현존과 마찬가지로 하나님 나라도 역사 속에서 작동하며 투쟁하고 있다. 하지만 생명의 영원한 완성처럼 하나님 나라 역시 역사 너머에 있다.

모호하지 않은 생명의 세 번째 상징에서 사용된 상징적 소재인 영원한 생명은 유한성의 범주적 구조에서 취한 것이다. 모호하지 않은 생명은 영원한 생명이다. 영적 현존과 하나님 나라와 마찬가지로 영원한 생명도 우주적 상징이고, 생명의 모든 차원과 관련되어 있으며, 다른 두 가지 상징을 포함하고 있다. 영적 현존은 그 현존에 사로잡힌 자들 안에서 영원한 생명을 창조하고, 하나님 나라는 영원한 생명 안에서 이루어지는 시간적 생명의 완성이다.

모호하지 않은 생명에 관한 세 가지 상징은 서로 각각을 포함하지만, 그 상징들이 사용하는 서로 다른 상징적 소재 때문에 그 상징들은 다른 방향의 의미들로 적용하는 것이 더 좋다. 영적 현존은 정신의 차원에서 나타나는 생명의 모호성 정복에, 하나님 나라는 역사의 차원에서 나타나는 생명의 모호성 정복에, 영원한 생명은 역사를 넘어서는 생명의 모호성 정복에 해당한다. 하지만 우리는 이 세 가지 상징에 모든 상징이 상호내재함을 알 수 있다. 영적 현존이 있는 곳에 하나님 나라와 영원한 생명이 있고, 하나님 나라가 있는 곳에 영원한 생명과 영적 현존이 있으며, 영원한 생명이 있는 곳에 영적 현존과 하나님 나라가 있다. 강조점은 다르지만 실체, 곧 모호하지 않은 생명은 같다.

그런 모호하지 않은 생명 요청이 가능한 것은 생명에 자기-초월이라는 특징이 있기 때문이다. 생명은 모든 차원에서 수직 방향으로 자신을 넘어선다. 하지만 생명은 그 어떤 차원에서도 자신이 지향하는 무조건적인 것에 도달하지 못한다. 생명은 그것에 도달하지 못하지만 그 요청은 남는다. 정신의 차원에서 그 요청은 모호하지 않은 도덕과 모호하지 않은 종교와 연합된, 모호하지 않은 문화 요청이다. 이 요청에 대한 대답은 계시와 구원 경험이다. 비록 계시와 구원이 받아들여지면서 종교가 될지라도 계시와 구원은 종교 위의 종교를 구성한다. 종교적 상징 체계에서 계시와 구원은 영적 현존이나 하나님 나라 또는 영원한 생명의 작품이다. 이 요청은 모든 종교에서 작용하고 있으며 수용된 대답은 모든 종교의 바탕에 있으면서 그 종교들에 위대함과 위엄을 부여한다. 하지만 요청과 대답은 모두 구체적인 종교에 의해 표현됨으로써 모호성과 관련된 문제들이 된다. 모든 종교는 오랫동안 다음과 같은 사실을 경험해왔다. 종교를 초월하는 것을 요구하는 요청에 대한 대답은 계시와 구원의 뒤흔들고 변형하는 경험을 통해서 이루어진다. 하지만 실존의 조건에서는 절대적으로 위대한 것—신적인 자기-현현—조차도 위대해지거나 왜소해질 수 있으며 신적인 것이 될 수도 있고 마성적인 것이 될 수도 있다.

Ⅱ. 영적 현존

A. 인간의 정신에서 이루어지는 영적 현존의 현현

1. 인간의 정신에서 이루어지는 신적인 영의 현현의 특징

a) 인간의 정신과 신적인 영의 원론적 관계

우리는 거의 금기시된 "정신"이라는 단어를 두 가지 목적으로 과감하게 사용해왔다. 첫째는 인간을 인간으로 규정하는 정신의 기능, 즉 도덕, 문화, 종교로 현실화되는 정신의 기능에 적합한 이름을 부여하기 위함이었고, 둘째는 "신적인 영"이나 "영적 현존"이라는 상징들에서 사용되는 상징의 소재를 제공하기 위함이었다. 정신의 차원이 이 소재를 제공한다. 우리가 보았듯이 생명의 차원인 정신은 존재의 힘과 존재의 의미를 연합시킨다. 정신은 힘과 의미의 일치된 현실화라고 정의될 수 있다. 우리 경험의 한계 안에서 보면, 이런 일은 오직 인간에게서만ー전체적인 인간에게서와 인간 안에 현존해 있는 생명의 모든 차원에서—일어난다. 인간은 자신을 인간으로 경험하면서 자신이 자기 생명의 한 차원인 정신에 의해 자신의 본성에 따라 결정됨을 의식하게 된다. 이러한 비매개적인 경험 때문에 영인 하나님과 신적인 영을 상징적으로 말할 수 있게 된다. 하나님에 관한 다른 진술들처럼 이 용어들은 상징이다. 우리는 그 용어들을 통해서 경험론적 자료들을 점유하고 초월한다. 자기 안에서 정신이 힘과 의미의 일치로 경험되지 않았다면, 인간은 "영"이나 "영적 현존"이라는 용어로 "현존하는 하나님"이라는 계시적 경험을 표현할 수 없었을 것이다. 정신을 생명의 한 차원으로 이해하지 않는다면 신적인 영에 관한 어떠한 교리도 불가능함을 이 사실은 다시 보여준다.

영(Spirit)과 정신(spirit)의 관계 물음은 보통 신적인 영이 인간의 정신 안에 거하면서 사역한다는 은유적 진술로 대답된다. 이런 맥락에서 "안에"라는 단어에는 신적인 것과 인간적인 것의 관계, 무조건적인 것과 조건적인 것의 관계, 창조적 근거와 피조물의 실존의 관계라는 문제들이 모두 내포되어 있다. 만약 신적인 영이 인간의 정신에 들어간다면, 이것은 신적인 영이 거기에 거주한다는 말이 아니라 신적인 영이 인간의 정신을 인간의 정신에서 벗어나도록 추동한다는 말이다. 신적인 영의 "안"은 인간의 정신의 "밖"에 해당한다. 정신, 즉 유한한 생명의 한 차원은 성공적인 자기-초월로 내몰린다. 정신은 궁극적이고 무조건적인 어떤 것에 사로잡힌다. 그것은 여전히 인간의 정신이다. 인간의 정신은 그 자체로 남아 있지만 동시에 신적인 영의 충격을 받아 그 자체에서 벗어나게 된다. "황홀경"은 영적 현존에 사로잡힌 상태에 대한 고전적 용어다. 그 용어는 영적 현존의 영향을 받는 인간의 상황을 정확하게 묘사한다.

우리는 계시적 경험의 본성, 그것의 황홀경적 특징, 그것과 인간 정신의 인지적 측면의 관계를 "이성과 계시"(『폴 틸리히 조직신학 1』제1부)에서 서술했다. 또 우리는 제1부에서 구원 경험의 본성에 관해서도 유사한 서술을 했는데, 계시 경험이 구원 경험의 한 요소이듯이 구원 경험 또한 계시 경험의 한 요소다. 영적 현존은 그 두 경험에서 황홀경을 창조하는데 황홀경은 인간의 정신이 정신의 본질적 구조, 즉 합리적 구조를 파괴하지 않으면서도 자신을 넘어서도록 추동한다. 황홀경은 통합된 자기의 중심성을 파괴하지 않는다. 만약 파괴한다면, 마성적 사로잡음이 창조적인 영의 현존을 대체할 것이다.

비록 영적 현존 경험의 황홀경적 특징이 인간 정신의 합리적 구조를 파괴하지 않더라도 영적 현존은 인간 정신이 혼자서는 할 수 없는 어떤 일을 한다. 영적 현존은 인간을 사로잡을 때 모호하지 않은 생명을 창조한다. 자기를 초월하는 인간은 영적 현존을 향해 나아갈 수는 있지만 영적 현존에 사로잡히지 않는 이상 영적 현존을 사로잡을 수는 없다. 인간은 자신 안에 남아 있다. 인간은 자기-초월의 본성에 의해서 모호하지 않은 생명에 관한 물음을 묻지만, 그 대답은 영적 현존의 창조적 힘을 통해서 그에게 와야 한다. "자연신학"은 인간 의식에 내포된 인간의 자기-초월과 그 모호성에 관한 물음을 묘사한다. 하지만 "자연신학"은 그 물음에 대답하지는 않는다.

이 사실은 인간의 정신은 신적인 영이 인간의 정신에 들어가도록 강요할 수 없다는 진리를 보여준다. 그런 시도는 직접적으로는 종교의 모호성에 속하며 간접적으로는 문화와 도덕의 모호성에 속한다. 만약 종교적 헌신, 도덕적 순종, 과학적 정직성을 가지고 신적인 영이 우리에게 "강림하도록" 강요할 수 있다면, "강림한" 영은 종교적으로 가장된 인간의 정신일 것이다. 그것은 단지 상승하는 인간 정신, 인간의 자기-초월의 본성적 형식일 것이며 흔히 그렇다. 유한한 것은 무한한 것에게 강요할 수 없다. 인간은 하나님에게 강요할 수 없다. 생명의 한 차원인 인간의 정신은 모든 생명과 마찬가지로 모호하다. 반면에 신적인 영은 모호하지 않은 생명을 창조한다.

이로 인해 우리는 생명의 다차원적 일치라는 주제가 영적 현존과 무슨 관계가 있는지 묻게 된다. 생명의 다차원적 일치에는 인간 자체에 관한, 인간과 하나님의 관계에 관한 이원론적이고 초자연적인 교설들을 방지하는 기능이 있다. 이제 인간 정신과 신적인 영의 대조가 이원론적·초자연적 요소를 재도입하는지 묻는 물음은 불가피해졌다. 이 물음에 대한 기본적인 대답은 유한한 것과 무한한 것—따라서 유한한 것과 행해진 모든 비유를 초월해 있는 것—은 공통되는 것이 없으며, 유한한 영역들의 관계를 표현하는 은유로는 그 관계를 적합하게 표현할 수 없다는 것이다. 반대로 유한한 소재와 상징의 언어를 사용하는 방법 이외에는 존재가 그의 신적 근거와 맺는 관계를 표현할 방법이 전혀 없다. 이 난점은 인간의 상황 자체를 반영하고 있기 때문에 그 난점을 완벽하게 극복하는 것이 불가능하다. 하지만 궁극적인 것과의 관계를 표현하려는 모든 시도의 불가피한 한계를 포함한 인간의 상황에 대한 깨달음을 신학의 언어로 나타내는 일은 가능하다. 이런 일을 하는 한 가지 방법은 "차원"이라는 은유를 사용하는 것이지만, 그 은유를 (내가 몇 가지 경우들에서 해왔던 것처럼) "깊이의 차원"이나 "궁극적인 것의 차원"이나 "영원한 것의 차원"이라는 말에 내포되어 있는 철저한 규정을 따라서 사용해야 한다. 분명한 것은 이런 말에서 사용된 "차원"이라는 은유는 우리가 서술했던 생명의 일련의 차원들에서 차원이 의미했던 내용 이외의 어떤 것을 의미한다는 사실이다. 그 차원은 일련의 차원 중 한 가지 차원, 즉 그 차원이 현실화되기 위해서는 앞의 차원들의 현실화에 의존해야만 하는 차원이 아니고, 모든 차원의 존재의 근거이며, 그 차원들이 자기-초월적으로 지향하는 목표다. 그러므로 만약 "차원"이라는 용어가 (매우 대중화된) "깊이의 차원" 같은 그런 조합으로 사용된다면, 그 용어는 모든 차원이 뿌리내리고 있는 차원과 모든 차원이 부정되기도 하고 긍정되기도 하는 차원을 의미한다. 하지만 이렇게 되면 은유는 상징으로 변형되며 동일한 단어가 이중적으로 사용되는 것이 권장할 만한 일인지 의심스러워진다.

　인간적 정신과 신적인 영의 관계를 표현하는 어려운 문제를 다루는 또 다른 방식은 "차원"이라는 은유를 다음과 같은 진술로 대체하는 것이다. 유한한 것은 잠재적으로나 본질적으로 신적 생명의 요소이기 때문에 유한한 모든 것은 이 본질적 관계에 의해 규정된다. 또한 유한한 것이 현실화되는 실존적 상황에는 유한한 것과 무한한 것 사이의 본질적 일치에서의 분리와 그 일치에 대한 저항이 모두 내포되어 있기 때문에 현실적으로 유한한 것은 유한한 것과 무한한 것의 본질적 일치에 의해 더이상 규정되지 않는다. 오직 생명의 자기-초월에서만 무한한 것과의 본질적 일치에 관한 "기억"이 보존된다. 다시 말해 그런 용법에 내포되어 있는 이원론적 요소는 잠정적이고 일시적이다. 그 이원론적 요소는 잠재적인 것으로부터 현실적인 것을, 본질적인 것으로부터 실존적인 것을 구분하는 데 도움을 줄 뿐이다. 따라서 그 이원론적 요소는 수준들의 이원론도 아니고 초자연적 이원론도 아니다.

　"차원" 은유를 "수준" 은유로 대체하는 것이 실존적 물음과 신학적 대답의 상관관계 방법에 모순되지 않는지 물을 수 있다. 만약 신적인 영이 일련의 생명의 차원들 안에 있는 새로운 차원을 드러낸다면, 정말로 모순될 것이다. 하지만 이것은 의도하는 바가 아니며 오히려 앞의 고찰로 인해 금지되어야 한다. 범주나 양극성처럼 "차원"도 하나님에게 적용될 때 상징적으로 사용된다. 그러므로 "궁극적인 것의 차원"이라는 말에서 차원은 상징적으로 사용되지만, 생명의 다른 차원과 관련될 때는 은유적으로 사용된다. 인간의 실존적 상황은 상관관계 방법을 요구하며 수준의 이원론을 금지한다. 인간 정신과 신적인 영의 본질적 관계에는 상관관계가 없고 오히려 상호내재가 있다.

b) 구조와 황홀경

영적 현존은 정신 차원을 담지하는 중심을 가진 자기의 구조를 파괴하지 않는다. 황홀경은 구조를 부정하지 않는다. 이것은 "일시적(transitory) 이원론" 교설의 결과 중 하나이며 앞서 논의되었다. 수준을 구분하는 이원론 논리에 따르면 유한한 것의 파괴, 예를 들어 신적인 영을 위한 인간 정신의 파괴에 도달한다. 하지만 종교적으로 하나님은 자신이 창조한 세계 속에서 자신을 드러내고자 할 때 그 세계를 파괴할 필요가 없다. 그 세계의 본질적 본성은 선하다. 우리는 이것을 "기적"의 의미와 관련하여 논의했다. 우리는 초자연적 의미의 기적을 거부했다. 그리고 기적이 인간 정신의 구조를 파괴하는 것으로 이해될 경우, 우리는 영적 현존에 의해 창조되는 황홀경의 기적 또한 거부했다(제1부 II, A. 2. c).

하지만 우리가 영적 현존의 "현상학"을 제시하고자 한다면, 종교의 역사 속에서 영의 사역으로서의 황홀경이 창조된 구조를 파괴했던 많은 보고와 묘사를 찾을 수 있을 것이다. 성서뿐만 아니라 가장 초기부터 나타난 영적 현존의 현현에는 기적의 특징이 있다. 영은 신체적 효과—이곳에서 저곳으로 사람이 이동하는 것, 육신 안에서 새로운 생명이 탄생하는 것, 굳어버린 육신에 침투하는 것 등과 같은 신체적 변화—를 만들어낸다.

영은 비일상적 특징을 가진 심리학적 효과도 만들어내는데 그 효과로 인해 지성이나 의지는 힘을 부여받게 된다. 그 힘은 낯선 언어를 알아듣거나 다른 사람의 가장 내적인 생각으로 들어가거나 원격으로 치유하는 일과 같이 인간의 자연적 능력의 범위를 벗어나 있다. 그러한 것들의 역사적 신뢰성이 비록 의문스럽다 하더라도 이 보고는 영적 현존의 두 가지 중요한 성질, 즉 영적 현존의 보편적 특징과 비일상적 특징을 보여준다. 생명의 모든 영역에 끼치는 영적 현존의 보편적 충격은 모든 차원에서 일어난 기적을 전하는 이러한 보고들을 통해서 표현된다. 초자연주의적 언어를 통해서 이 보고들은 생명의 일치라는 진리를 가리킨다. 영적 현존은 생명의 모든 차원의 모호성에 내포된 물음에 대답한다. 즉 공간적이고 시간적인 분리 및 육신적이고 심리학적인 장애와 제한이 극복된다. 이후 우리는 "비신화화된" 용어로 이것을 더 완전하게 발전시킬 것이다.

"영감"과 "주입"이라는 두 용어는 인간의 정신이 영적 현존의 충격을 수용하는 방식을 표현해준다. 두 용어는 공간적 은유로서 각각 인간의 정신 안으로 "숨을 들이마심"과 인간 정신 안으로 "부음"이라는 의미를 담고 있다. 계시에 관해 논의하면서 영감의 경험이 하나님과 신적 문제에 관한 정보를 가르치는 일로 변할 때 발생하는 왜곡을 예리하게 거부한 바 있다. 영적 현존은 교사의 가르침이 아니라 의미를 산출하는 힘인데, 그 힘은 황홀경적 경험을 통해 인간 정신을 사로잡는다. 그 경험 이후 (조직신학자가 하듯이) 교사는 영감의 황홀경 속에 있는 의미의 요소를 분석하고 정식화할 수 있다. 하지만 교사의 분석이 시작될 때, 영감의 경험은 이미 지나갔다.

공간적 은유로 영적 현존의 충격을 기술한 다른 용어가 "주입"이다. 이 개념은 초기 교회와 이후 로마 가톨릭교회에서 핵심적이었는데, 그 교회들은 이 개념을 통해서 신적인 영과 인간 정신의 관계를 기술했다. **신앙의 주입**(*infusio fidei*)이나 **사랑의 주입**(*infusio amoris*) 같은 용어들은 "**성령의 주입**"(*infusio Spiritus Sancti*)에서 신앙과 사랑을 끌어내었다.[1] 개신교는 이 용어를 의심스러워했고 지금도 의심하고 있다. 이후에 로마 가톨릭교회가 그 관념을 마술적이고 물질적인 것으로 변질시켜버렸기 때문이다. 영이 실체가 되었는데, 중심을 가진 인격의 자기-깨달음을 통해서 그 실체의 실재가 반드시 인지되는 것은 아니었다. 영은 일종의 "물질"이 되었는데, 그 물질은 받아들이는 주체가 저항하지 않는다면 사제가 성례를 실행함으로써 전달되는 것이었다. 영적 현존에 관한 이런 비인격주의적 이해는 종교적 생명의 사물화로 귀결되었는데, 그런 사물화는 면벌부 판매 사업에서 절정에 이르렀다. 개신교의 사고에서 영은 언제나 인격적이다. 신앙과 사랑은 중심을 가진 자기에게 끼친 영적 현존의 충격으로 발생한 것이며 이 충격의 운반 수단이 "말씀"이다. 심지어 성례 집행 중에도 마찬가지다. 바로 이것이 개신교가 영적 현존의 충격과 관련하여 "주입"이라는 용어를 사용하길 꺼리는 이유다.

하지만 이런 거리낌이 완전히 정당한 것은 아니며 개신교는 이 문제에서 완전히 일관적인 것도 아니었다. 신약성서 특히 사도행전과 서신서들(특히 바울의 서신서들)에 나오는 오순절 이야기와 이와 유사한 이야

---

[1] 역주. 529년 제2차 오랑주 공의회의 결정문은 제4조와 제6조에서 **"성령의 주입"**을 언급하며 결론에 이르러 다음과 같이 말한다. "그러나 어떤 이는 하나님의 능력으로 인하여 악으로 예정되었다는 것을 우리는 믿지 않을 뿐 아니라, 만일 누가 이러한 악한 일을 믿으려고 할지라도 그런 사람들을 우리는 증오하는 마음으로 저주한다. 그분은 공로가 선행하지 않는데 **우리 안에 믿음과 당신 자신에 대한 사랑을 불어넣으셔서**(역자 강조) 우리로 믿음 안에서 세례의 성례를 추구할 수 있게 하시고, 세례 후에는 당신의 도우심으로 당신을 즐겁게 하는 일을 실천하게 하신다." 김영재, 『기독교 교리사』(수원: 합신대학원출판부, 2009), 125.

기를 읽고 해석할 때, 개신교인도 성령의 "부음"이라는 은유를 사용하는데, 개신교인이 그렇게 하는 것은 정당하다. 왜냐하면 우리가 "영-감"(inspiration)이라는 말을 더 선호한다고 하더라도 실체적 은유를 외면하지는 않기 때문이다. "숨" 역시 영을 받아들이는 자에게 들어가는 실체다. 하지만 "영감"뿐만 아니라 "주입"이라는 용어를 사용하는 다른 이유가 있다. 무의식적인 것의 의의를 현대 심리학이 재발견한 일과 이후에 일어난 상징과 예전에 대한 재평가가 그 이유다. 그런 재평가는 전통적으로 개신교가 교리적이고 도덕적인 말을 영의 매개로서 강조했던 일에 반대하면서 일어났다.

하지만 영적 현존의 황홀경적 수용이 "영감"이나 "주입" 또는 그 둘로 묘사된다면, 우리는 기본적인 규칙, 즉 영적 현존의 수용은 황홀경이 구조를 파손하지 않는 방식으로만 기술될 수 있다는 규칙을 살펴보아야 한다. 황홀경과 구조의 일치는 바울의 영 교리에서 고전적으로 표현되었다. 바울은 특히 영의 신학자였다. 그의 기독론과 종말론은 모두 이 사유를 중심점으로 삼고 있다. 은혜에 의한 신앙을 통한 칭의(justification through faith by grace)라는 그의 교리는 그의 주요 주장을 지지하고 방어하는 주제인데, 그는 사물의 새로운 상태가 그리스도의 출현과 함께 영에 의해 창조됨으로써 존재하게 되었다고 주장했다.[2] 바울은 영적 현존의 경험이 가진 황홀경적 요소를 매우 강조했는데, 그러한 그의 강조는 그 요소를 묘사하는 신약성서의 이야기와 동일했다. 다른 글들에서 인식했던 이러한 경험을 바울도 역시 주장했다. 그는 모든 성공적인 기도, 예를 들어 하나님과 재연합하는 모든 기도에 황홀경적 특징이 있음을 알고 있었다. 그런 기도는 인간

---

2   역주. 롬 8:11.

의 정신으로는 불가능한데, 그 이유는 인간은 어떻게 기도해야 할지 모르기 때문이다. 하지만 인간이 말을 사용하지 않더라도 신적인 영이 인간을 통해서 기도하는 것("말할 수 없는 탄식"—바울)과 같은 그런 기도는 가능하다.[3] "그리스도 안에 있음"이라는 바울이 자주 사용한 정식은 예수 그리스도에게 심리학적으로 감정 이입하는 것을 제시하지 않는다. 오히려 그 말은 "영"인 그리스도에게 황홀경적으로 참여하는 것을 포함하는데, 그 참여로 인해서 인간은 이 영적인 힘의 영역 안에서 살게 된다.[4]

동시에 바울은 황홀경이 구조를 파괴하도록 허용하는 어떠한 경향에도 저항했다. 이 사실에 관한 고전적인 표현은 고린도전서에 나오는데, 그 서신에서 바울은 영의 선물에 관해 말하면서 방언이 혼란을 일으키고 공동체를 파괴한다면 황홀경적으로 방언 말하는 것을 거부했고,[5] 개인적인 황홀경 경험이 **휘브리스**를 낳는다면 그런 경험 강조하기를 거부했으며,[6] 다른 카리스마들(영의 선물들)이 **아가페**에 복종하지 않는다면 그런 카리스마들을 거부했다.[7] 이후 그는 영적 현존의 가장 큰 피조물, 곧 **아가페** 자체를 논의했다. 고린도전서 13장의 아가페에 관한 찬양에서 도덕적 명령의 구조와 영적 현존의 황홀경은 완벽하게 연합된다. 마찬가지로 동일한 서신의 처음 세 장은 인지의 구조와 영적 현존의 황홀경을 연합하는 방법을 제시한다.[8] 영적 현존을 통해서 존재의 신적 근거와 맺게 되는 관계는 (비

---

3 역주. Tillich는 롬 8:1-16, 26-27을 본문으로 "영을 향한 영의 증언"(The Witness of the Spirit to the Spirit)이라는 설교를 한 바 있다. Paul Tillich, *The Shaking of the Foundations* (Harmondsworth, Middlesex: Penguin Books, 1962), 133-142.

4 역주. 고후 3:17.

5 역주. 고전 14:5.

6 역주. 고전 14:37.

7 역주. 고전 13:1-3.

8 역주. 예를 들어 고전 2:1-5.

도덕적인 것이 아니듯) 불가지론적인 것이 아니다. 게다가 그 관계에는 신적인 것의 "깊이"에 대한 인식이 포함되어 있다. 하지만 바울이 여기서 보여주었듯이 이 인식은 **테오리아**의 열매, 인간 정신이 가진 수용하는 기능의 열매가 아니다. 하지만 **아가페**에 관한 장뿐만 아니라 여기서도 바울이 사용했던 언어로 제시된 것처럼 이 인식에는 황홀경적 특징이 있다. 바울은 황홀경적 언어로—황홀경과 구조가 연합되어 있는 도덕과 인식의 형식들인—**아가페**와 **그노시스**(*gnosis*, 지식)를 제시했다.[9]

　　교회는 구체적인 황홀경 운동 때문에 바울의 관념을 현실화시킬 수 없었고 계속해서 문제를 안고 있었다. 교회는 황홀경과 혼란을 혼동해서는 안 되며 구조를 위해 투쟁해야 한다. 다른 한편으로 교회는 영의 제도적 불경화를 피해야 하는데, 초기 로마 가톨릭교회에서 그 불경화는 **카리스마**를 직분으로 대체함으로써 일어났었다. 무엇보다도 교회는 현대 개신교의 세속적 불경화를 피해야만 하는데, 그 불경화는 황홀경을 교리적이거나 도덕적인 구조로 대체할 때 발생한다. 구조와 황홀경의 일치라는 바울의 기준은 두 가지 종류의 불경화에 대항한다. 이 기준을 활용하는 것은 교회에 영원히 남겨진 과제이며 교회에 영원히 남겨진 위기다. 그것이 과제인 이유는 다음과 같다. 제도적 형식 속에서 살아가면서 영적 현존의 황홀경적 측면을 간과하는 교회는 혼란스럽거나 파괴적인 황홀경 형식을 향해서 문을 개방하게 되고 영적 현존에 대항하는 세속주의적 반작용의 성장에도 책임을 져야 하기 때문이다. 다른 한편, 황홀경 운동들을 받아들

9　　역주. Tillich는 고전 13:8-12을 본문을 가지고 "사랑을 통한 인식"(Knowledge through Love)이라는 제목으로 설교했다(Tillich, *The Shaking of the Foundations*, 113-117). 그는 다음과 같이 말한다. "온전한 인식은 온전한 사랑을 전제합니다. 하나님은 저를 아십니다. 왜냐하면 그분은 저를 사랑하시기 때문입니다. 그리고 동일한 연합을 통해서 저도 그분과 얼굴과 얼굴을 맞대며 알게 될 것인데, 그것은 사랑인 동시에 인식입니다"(114).

이는 교회는 영적 현존의 충격과 심리학적으로 결정되는 과잉 흥분의 충격을 혼동하는 위기를 심각하게 겪게 된다.

이 위험은 황홀경과 생명의 다른 차원들의 관계를 조사함으로써 감소될 수 있다. 인간적 정신과 신적인 영의 관계에 관해 앞서 논의했듯이 신적인 영이 창조하는 황홀경은 정신의 차원에서 발생한다. 하지만 인간에게 작용하고 있는 모든 차원은 생명의 다차원적 일치 때문에 영이 창조한 황홀경에 참여한다. 이 사실은 자기-깨달음의 차원과 직접적으로 관련 있으며 유기적 차원과 무기적 차원과는 간접적으로 관련 있다. 종교, 특히 종교의 황홀경적 측면을 심리학적 역동성에서 이끌어내는 시도는 자기-초월의 환원주의적 불경화다. 이 일은 대개 부정적으로 평가되는 그 측면들과 심리 치료를 통해 제거할 수 있을 것 같은 그 측면들과 관련해서 일어난다. 이전의 사회뿐만 아니라 우리 사회에서도 감정적 특징을 가진 종교 운동은 그런 환원주의적 시도를 매우 중요시하며 교회의 권위주의는 늘 반대편의 이러한 공격과 공조할 준비가 되어 있다. 성령 운동은 교회의 비판과 심리학적 비판의 이러한 동맹에 저항하면서 자신을 방어하는 것이 어렵다는 것을 알고 있다. 이 조직신학 전체는 교회의 비판에 맞서 영적 현존의 황홀경적 현현을 방어한다. 이렇게 방어할 때 신약성서 전체는 가장 강력한 무기가 된다. 하지만 동맹의 다른 협조자—심리학적 비판—를 거부하거나 적어도 그것을 적합한 관점에서 보는 경우에만, 이 무기는 합법적으로 사용될 수 있다.

생명의 다차원적 일치 교설은 이러한 방어를 위한 기초를 제공한다. 모든 황홀경의 심리학적(이고 생물학적인) 기초는 이 교설의 맥락 속에 당연히 수용된다. 하지만 정신의 차원은 자기-깨달음의 차원에 잠재적으로 현존해 있기 때문에 심리학적 자기의 역동성은 인격적 자기에서 의미의 담지자가 될 수 있다. 이런 일은 수학 문제를 풀고 시를 쓰며 법적 판결이 내려질 때마다 일어난다. 그 일은 모든 예언자적 선언, 모든 신비주의적 관상, 모든 성공적 기도에서 일어난다. 즉 정신의 차원은 자기-깨달음의 역동성을 통해서, 자기-깨달음의 생물학적 조건을 따라서 현실화된다.

마지막 예로 우리는 영이 창조한 황홀경 경험을 제시했다. 하지만 이 지점에서 특별한 현상을 고찰해야 한다. 주체-대상 구조를 초월하는 황홀경은 자기-깨달음의 차원에서 해방하는 거대한 힘이 된다. 하지만 이 해방하는 힘은 사고의 주체-대상 구조보다 "이하"인 것과 "이상"인 것을 혼동할 가능성을 만들어낸다. 그 해방하는 힘이 생물학적 형식을 취하든 아니면 감정적 형식을 취하든 도취 상태는 현실적인 자기-깨달음에 도달하지 못한다. 그것은 언제나 대상화의 구조 이하의 것이다. 도취 상태는 인격적 중심성과 책임과 문화적 합리성이라는 짐을 짊어져야 하는 정신의 차원에서 도피하려는 시도다. 비록 도취 상태는 궁극적으로는 결코 성공할 수 없을지라도 인간이 정신 차원을 담지하고 있다는 그 이유 때문에 인격적이고 공동체적인 실존의 짐으로부터 일시적으로 해방된 느낌을 준다. 하지만 결국 도취 상태는 파괴적이며 흥분 상태가 피하고자 했던 긴장을 고조시킬 뿐이다. 도취 상태의 다른 주요한 특징은 도취 상태에는 정신적 생산성과 영적 창조성이 모두 결여되어 있다는 점이다. 도취 상태는 객관 세계에서 유래한 이런 내용들을 소진시켜버린 공허한 주관성으로 되돌아간다. 도취 상태로 인해서 자기는 공허해진다.

프락시스뿐만이 아니라 **테오리아**에서도 나타나는 문화적 역동성의 생산적 열광주의와 마찬가지로 황홀경 자체는 심히 다양한 객관적 세계를 가지면서도 영적 현존의 내적 무한성에 의해서 이 객관적 세계를 초월한다. 신적 말씀을 선포하는 자는 가장 날카로운 사회 분석가처럼 자기 시대의 사회적 상황을 알지만, 영적 현존의 영향을 받아 영원의 관점에서 황홀경적으로 이 상황을 본다. 관상하는 자는 우주의 존재론적 구조를 알지만, 영적 현존의 영향을 받아 모든 존재자의 근거와 목적이라는 관점에서 황홀경적으로 그 구조를 본다. 진심으로 기도하는 자는 자기 자신의 상황과 "이웃의" 상황을 알지만, 영적 현존의 영향을 받아 생명 과정의 신적 인도라는 관점에서 그 상황을 본다. 이런 경험에서는 객관적 세계의 그 어떤 것도 단지 주관적일 뿐인 것이라고 치부되지 않는다. 게다가 그 모든 것은 보존되고 심지어 증가한다. 하지만 그것이 자기-깨달음의 차원과 주체-대상 구도 안에서 보존되는 것은 아니다. 주체와 대상의 연합은 각자의 독립적 실존이 극복되는 자리에서 일어난다. 새로운 일치가 창조된다. 황홀경적 경험 중에서 최선이자 가장 보편적인 본보기는 기도의 형식이다. 진지하고 성공적인 모든 기도―이것은 많은 기도가 보여주듯이 친숙한 상대방인 하나님과 대화하는 것이 아니다―는 하나님에게 이야기하는 것이다. 그것은 하나님이 기도하는 사람에게 대상이 됨을 의미한다. 하지만 하나님은 동시에 주체가 되지 않는다면 결코 대상도 될 수 없다. 우리는 우리를 통해서 자신에게 기도하는 하나님에게만 기도할 수 있을 뿐이다. 기도는 주체-대상 구조가 극복되는 경우에만 가능하다. 따라서 기도는 황홀경적 가능성이다. 바로 여기에 기도의 위대함과 기도의 지속적 불경화가 지닌 위험이 있다. 일반적으로는 많은 부정적 함의를 지닌 "황홀경"이라는 용어가 기도의 본질적 특징으로 이해된다면, 아마도 그 용어는 긍정적 의미로 인해 사용하기 적합해질 것이다.

사고의 비일상적 상태가 황홀경인지 아닌지 결정하기 위해서 활용해야 할 기준은 다음과 같다. 영적 현존이 창조한 황홀경에는 창조성이 나타나며 주관적 도취 상태에는 그 창조성이 결여되어 있다. 이 기준을 사용할 때 위기가 없지는 않지만, 그 기준은 교회가 "영을 분별"(judging the Spirit) 할 때 활용할 수 있는 유일하게 타당한 기준이다.

c) 영적 현존의 매개들

(1) 성례적 만남과 성례 신학 전통에 따르면 영적 현존은 말씀과 성례를 통해서 작용한다. 교회는 이것들 위에 세워지며 그것들의 실행이 교회를 교회로 만든다.[10] 이 전통을 영과 정신의 관계에 관한 우리의 이해를 따라서 해석하는 것과 신적인 영의 매개들에 관한 물음을 확장하는 것이 우리의 두 가지 과제인데, 그렇게 함으로써 영적 현존이 작용하는 모든 인격적 사건과 역사적 사건을 포함시킬 수 있을 것이다. 대상 자체가 말없이 현존함으로써 혹은 주체를 향해 주체가 음성적으로 자기를 표현함으로써 실재의 소통이 이루어지는 원초적인 현상을 성례와 말씀이 재현하지 못한다면, 이원적인 말씀과 성례는 지금과 같은 중요성을 확보하지 못했을 것이다. 자기-깨달음의 차원과 정신 차원의 영향을 받는 존재자들은 그 두 가지 방식으로 소통할 수 있다. 만났던 실재는 간접적인 수단을 통해서 주체에게 인상을 남길 수 있는데, 그 간접적인 수단은 자신이 중심을 가진 주체임을 알려주는 기호를 제공하는 기능을 담당한다. 정신의 차원에서 이런 일은 말로 전환되는 소리를 통해 일어난다. 차원들의 순서에 따르면 객관적인 기호는 주관적인 것보다 선행하며 이 맥락 속에서 이것은 성례가 말씀보다 "더 오래되었음"을 의미한다.

---

10   역주. 니케아 신조(381년)는 "하나의 거룩한 보편적인 사도적 교회"를 고백함으로써 단일성, 거룩성, 보편성, 사도성이라는 교회의 네 가지 속성을 정립했다. 이 속성들은 모든 교회에서 인정되어왔지만, 종교개혁가들은 이에 더해서 올바른 말씀 선포와 정당한 성례 집행을 교회의 표지로 제시했다. 이는 유해무, 『개혁교의학』, 560-61 참조.

"말"과 "성례"라는 용어는 영적 현존과 관련된 두 가지 전달 양태를 가리킨다. 영적 현존을 전달하는 말은 (대문자 W로 된) 말씀(Word) 또는 전통적 용어로 하나님의 말씀이 된다. 신적인 영의 운반 수단은 성례 행위를 통해 성례의 소재와 요소가 된다.

언급했듯이 말이 완벽히 침묵하는 성례적 소재에 내포되어 있음에도 불구하고 성례는 말보다 더 오래되었다. 그렇게 되는 이유는 성례적 실재에 대한 경험이 정신의 차원과 구체적으로는 정신의 종교적 기능에 속하기 때문이다. 따라서 그 경험은 음성 없이 남아 있을 수 있지만 말없이는 존재할 수 없다.[11] 넓은 의미의 "성례"라는 용어는 그 좁은 함의를 벗어날 필요가 있다. 기독교회는 특정한 성례의 의미와 숫자에 관해 논쟁하면서 "성례"라는 개념에 기독교 교회가 수용할 수 있는 일곱 개, 다섯 개 또는 두 개의 성례보다 더 큰 것이 포함되어 있음을 무시해왔다.[12] 그 용어의 넓은 의미는 영적 현존을 경험케 하는 모든 것을 가리킨다. 그 용어의 좁은 의미는 영적 공동체가 영적 현존을 경험하게 되는 특정한 대상과 행위를 가리킨다. 그리고 그 용어의 가장 좁은 의미는 성례를 수행함으로써 영적 공동체가 현실화되는 몇 가지 "위대한" 성례만을 가리킨다. 만약 "성례"라는 용어의 넓은 의미가 무시된다면, 좁은 의미의 성례적 활동들(성례

---

11   역주. 루터의 말과 비교하라. "성례는 말씀 없이 존재할 수 없으나 말씀은 성례 없이 존재할 수 있다. 필연적인 경우에 사람은 성례 없이 구원받을 수 있으나, 말씀 없이는 구원을 받을 수 없다. 이것은 세례를 받을 마음은 가지고 있지만 세례를 받기 전에 죽는 사람들의 경우도 그러하다." Martin Luther, *Von der Winkelmesse unf Pfaffenweibe*, WA 38:231, 9-12; 이양호, 『루터의 생애와 사상』(서울: 대한기독교서회, 2002), 155에서 재인용.

12   역주. 성례의 개수에 관해서는 중세 교회에서도 의견이 분분했다. 페트루스 다미아니는 12개, 교황 그레고리오 7세는 5개, 페트루스 롬바르두스는 7개를 주장했으며, 리용 공의회(1271)와 피렌체 공의회(1439)도 7개로 인정했다. 하지만 종교개혁가들은 세례와 성찬, 2개만을 인정했다. H. G. Pohlmann, 『교의학』, 이신건 옮김(서울: 신앙과지성사, 2012), 419-20.

들)은—종교개혁에서 그런 일이 일어났듯이—그 종교적 의의를 상실하게 될 것이며—그리고 몇몇 개신교 교단에서 이런 일이 일어났듯이—위대한 성례들은 무의미해질 것이다. 이러한 전개는 이원론적 경향의 인간론에 뿌리내리고 있으며 인간의 다차원적 일치를 이해해야만 극복될 수 있다. 만약 인간의 본성이 의식적 자기-깨달음으로만, 지성과 의지로만 구상된다면, 이후에는 단지 말, 즉 교리적이고 도덕적인 말만이 영적 현존을 담당할 수 있을 것이다. 영을 담당하는 어떠한 대상이나 행위도, 무의식에 영향을 끼치는 어떠한 감각적인 것도 수용될 수 없다. 성례가 그렇게 유지된다면, 성례는 과거의 완고한 기초가 된다. 하지만 성례적 사고의 쇠퇴가 오직 심리학적 자기의 의식적 측면을 강조하기 때문에만 일어난 것은 아니다. 기독교에서 나타난 성례적 경험의 마술적 왜곡에도 책임이 있다. 종교개혁은 로마 가톨릭의 성례주의에 대한 집중 공격이었다. 종교개혁이 주장했던 것은 로마 교회의 "**실행된 사역**"(*opus operatum*) 교리가 성례를 마술적 기교로 수행되는 비인격적 행위로 왜곡했다는 것이었다.[13] 만약 교회가 실행한다는 이유만으로 성례가 효과를 가지면, 신앙이라는 중심적 행위는 성례의 구원하는 힘에서 비본질적인 것이 될 것이다. (성례의 의미에 대한 의식적 저항만이 성례의 효과를 무효화 할 것이다.) 종교개혁의 판단에 따르면, 이로 인해서 신적인 힘으로부터 객관적 은혜를 얻어내고자 종교를 마술로 왜곡하는 일이 일어난다. 따라서 무의식적인 자기를 통해서 의식에 가해지는 성례의 충격과 의지의 동의 없이 무의식에 영향을 주는 마술적

---

13   역주. 중세 스콜라주의, 로마 가톨릭교회는 성례를 교회가 정당하게 집행함으로써 성례의 효력이 발생한다고 주장했는데, 다시 말해서 교회가 실행한 성례 자체에 효력이 있다는 것이다. 이를 보통 라틴어로 "오푸스 오페라툼"(*opus operatum*), "엑스 오페레 오페라토"(*ex opere operato*[사효적으로])라고 말한다. 종교개혁가들은 교회가 실행한 성례 자체에 효력이 있다는 로마 가톨릭교회의 주장에 강하게 반대했다.

기교 사이에 경계선을 긋는 것이 중요하다. 그 차이는 이런 것이다. 앞의 경우에는 중심을 가진 자기가 성례적 행위라는 경험에 의식적으로 참여하지만, 두 번째 경우에는 무의식이 중심을 가진 자기의 참여 없이 직접적으로 영향을 받는다. 비록 기교적 방법으로서의 마술은 후기 르네상스 시대부터 기술적 과학으로 대체되어갔지만,[14] 인간들의 관계 속에 있는 마술적 요소는―얼마나 과학적으로 설명되든지―여전히 실재로서 존재한다. 그 요소는 설교 혹은 정치 연설을 하는 화자와 청중의 만남, 상담자와 내담자의 만남, 관객과 배우의 만남, 친구와 친구의 만남, 사랑받는 자와 사랑하는 자의 만남이 포함되는 대부분의 인간적 만남에 있는 요소다. 중심을 가진 자기에 의해 결정되는 더 큰 전체의 한 요소가 되는 그 요소는 생명의 다차원적 일치를 표현한다. 하지만 그 요소가―인격적 중심을 우회하면서―개별적인 의도적 행위로서 실행된다면, 그것은 마성적으로 왜곡된다. 그리고 모든 성례는 마성적인 것이 될 위험성이 있다.

　그런 마성화의 두려움 때문에 루터파에 반대하는 개혁파 개신교와 이른바 소종파들이 만들어졌는데, 그들은 성례를 통한 영의 매개를 극단적으로 또는 전적으로 축소시켰다. 그 결과 영적 현존의 지성화와 도덕화 또는 퀘이커파와 같은 신비주의적 내향성이 초래되었다. 20세기 무의식의 재발견으로 인해서 기독교 신학은 이제 성례를 통한 영의 매개를 긍정적으로 재평가할 수 있게 되었다. 우리는 심지어 이렇게도 말할 수 있을

14　역주. 16세기 후기 르네상스 시대에 유행했던 마술 사상은 초자연적인 힘을 사용하려는 "다이몬 마술"이 아니라 자연에 내재하는 힘을 찾아내어 사용하고자 하는 "자연 마술"이었다. 그리고 이러한 자연 마술은 뉴턴으로 이어지는 과학의 발전에 초석이 되었다. 이는 야마모토 요시타카, 『과학의 탄생: 자력과 중력의 발견, 그 위대한 힘의 역사』, 이영기 옮김(서울: 동아시아, 2016) 중 "15장 '숨겨진 힘'을 찾아서: 후기 르네상스 마술사상"과 "21장 자력과 중력의 발견: 훅과 뉴턴"을 참조.

것이다. 의식을 통해서 이해된 영적 현존은 지성적이기만 할 뿐 참으로 영적이지는 않다. 이것은 성례적 요소가 아무리 은폐되어 있을지라도 그 요소 없이는 영적 현존이 받아들여질 수 없음을 의미한다. 종교적 용어로 우리는 이렇게 말할 수 있을 것이다. 하나님은 모든 매개를 사용하여 인간의 모든 측면을 사로잡는다. "개신교적 원리와 로마 가톨릭적 실체"라는 구절은 성례를 영적 현존의 매개라고 명확하게 언급하고 있다. 생명의 다차원적 일치라는 개념이 이런 구절을 허용한다. 로마 가톨릭주의는 언제나 생명과 사상의 조직 안에 생명의 모든 차원을 포함시키고자 했다. 하지만 로마 가톨릭주의는 그 일치, 즉 종교적 차원을 포함한 모든 차원에서 나타나는 생명이 신적 심판을 받아야 한다는 사실을 희생시켰다. 성례적 소재는 소재 자체와는 별개인 어떤 것을 지시하는 기호가 아니다. 상징 체계 이론에 따라서 설명하자면, 성례적 소재는 기호가 아니라 상징이다. 상징이 되는 성례적 소재는 자신이 표현하는 것과 내적으로 연관되어 있다. 그 소재(물, 불, 기름, 빵, 포도주)에는 본성적 성질이 있는데, 그 성질로 인해 소재는 상징적 기능에 적합한 것, 곧 대체될 수 없는 것이 된다. 영은 인간의 정신에 "들어가기" 위해서 자연 속에 있는 존재자의 힘을 "사용한다." 다시 말하지만, 소재의 성질 자체로 인해 소재가 영적 현존의 매개가 되는 것은 아니다. 오히려 소재의 성질이 성례적 연합 안으로 끌려 들어가는 것이다. 이러한 고찰은 상징을 취급 가능한 사물로 변형시키는 로마 가톨릭의 화체설도 배제하고 성례적 상징의 기호적 특징을 주장하는 개혁파의 교리도 배제한다. 성례적 상징은 사물도 아니고 기호도 아니다. 성례적 상징은 상징이 나타내는 것의 힘에 참여한다. 따라서 성례적 상징은 영의 매개가 될 수 있다.

구체적인 성례들은 오랜 기간 발전해왔다. 만났던 실재의 그 어떤 부분도 성례의 소재가 될 수 있는 가능성으로부터 미리 배제되지 않는다. 어떤 것일지라도 어떤 배치에서는 성례에 적합한 것으로 증명될 수 있다. 종종 마술 전통이 종교 전통으로 변형되고(성례적 "음식"), 때로는 신성한 전통으로 회상되며 변형된다(마지막 만찬). 일반적으로 성례적 상징 체계는 개인적 삶의 결정적 순간들, 탄생, 성인식, 결혼, 임박한 죽음, 종교 집단 가입과 그 안에서 특별한 직무를 부여받는 것과 같은 특별한 종교적 사건과 연결되어 있다. 무엇보다도 성례적 상징 체계는 집단의 예전 활동 자체와 연결되어 있다. 그 두 계열의 사건들은 자주 동일해진다.

이 상황을 고려하면서 우리는 영적 공동체가 영적 현존의 명확한 매개들에 결속되어 있는지 물어야 한다. 그 대답은 긍정적 요소와 부정적 요소를 연합시켜야 한다. 즉 영적 공동체가 그리스도로서의 예수에서 나타난 새로운 존재를 현실화하는 한 그 공동체가 기초하고 있는 실재의 기준에 종속되지 않는 어떠한 성례 행위도 그 공동체에서 일어날 수 없다. 이것은 피의 제사 같은 모든 마성화된 성례 행위를 배제한다는 의미다. 두번째 제한 사항이 여기에 덧붙여져야 한다. 그리스도에게서 나타난 새로운 존재의 영을 매개하는 성례적 행위는 역사적이고 교리적인 상징들과 연결되어야만 하는데, 그 상징들은 중심적 계시로 귀결되는 계시적 경험을 표현해온 상징들이다. 예를 들어, 그리스도의 십자가나 영원한 생명이 있다. 하지만 이런 한계 안에서도 영적 공동체는 적합하면서 상징적 힘도 있는 모든 상징을 자유롭게 가질 수 있다. 성례의 개수에 관한 논쟁은 그 논쟁이 참된 신학적 문제—예를 들어, 결혼과 이혼 또는 성직자와 평신도 같은 영적인 문제—를 논의하는 형식일 경우에만 정당화된다. 그렇지 않다면, 개신교가 성례의 수를 7개에서 2개로 축소시킨 것은 신학적으로 정당하지 않다. 그리고 성례의 개수가 예수에 의해서 제정되었다는 성서주의적 논증은 지지받지 못할 것이다. 그리스도는 새로운 예식법(ritual law)을 주고자 하지 않았다. 그는 율법의 마침이었다.[15] 수많은 성례적 가능성들로부터 결정적인 성례를 제한적으로 선택하는 일은 전통, 중요성 평가, 남용에 대한 비판 등에 의존한다. 하지만 중요한 물음은 그 성례들이 영적 현존을 매개하는 성례의 힘을 소유하고 있으며 보존할 수 있는가라는 것이다. 예를 들어, 어떤 성례 행위들이 많은 영적 공동체의 진지한 회원들을 사로잡지 못하게 된다면, 그 성례가 아무리 오래되고 그 성례의 실행이 아무리 엄숙할지라도 그 성례는 성례적 힘을 상실한 것은 아닌지 물어야 한다.

(2) 말씀과 성례 대상과 행위의 성례적 특징에 대한 우리의 분석을 통해서 그것들에 음성이 없을지라도 말이 없는 것은 아님을 알게 되었다. 언어는 인간 정신의 근본적 표현이기 때문이다. 그러므로 말은 영의 또 다르고 궁극적으로 더 중요한 매개다. 만약 인간의 말이 영적 현존의 운반 수단이 되면, 말은 "하나님의 말씀"이라고 불리게 된다. 우리는 제1부(Ⅱ, D, 2)에서 이 용어와 그 많은 의미를 언급했다. 영에 관한 교설과 관련하여 다음의 요점들을 다시 정리한다. 첫째, 우리는 "하나님의 말씀"이 인간의 말을 영적 현존의 매개로 규정하는 용어임을 강조해야 한다. 하나님은 특정한 언어를 사용하지 않으며, 히브리어, 아람어, 그리스어, 또 다른 언어로 기록된 특별한 문헌이 그 자체로 하나님의 말씀인 것도 아니다. 그 문헌이 영의 매개자가 되고 인간 정신을 사로잡는 힘을 가지게 되면, 그 문헌은 하나님의 말씀이 될 수 있다. 이 사실은 다른 모든 책뿐만 아니라 성서

---

15   역주. 롬 10:4. "율법의 마침(**텔로스**)".

에도 긍정적으로나 부정적으로 적용된다. 성서는 하나님의 말씀을 (또는 칼뱅이 신적 "신탁들"[oracles]이라고 말했던 것과 같은 것을) 담고 있지 않지만, 성서는 "하나님의 말씀"이 될 수 있으며 유일무이한 방식으로 "하나님의 말씀"이 되었다. 그 유일무이함은 다음과 같은 사실 때문이다. 성서의 주는 측면과 받는 측면으로 인해 성서는 중심적 계시의 문헌이다. 성서는 매일 교회 안팎의 사람들에게 끼치는 그 영향 때문에 서구 전통에서 영의 가장 중요한 매개임이 증명된다. 하지만 성서만이 유일한 매개도 아니고 성서에 있는 모든 것이 늘 그런 매개인 것도 아니다. 성서의 많은 부분은 언제나 잠재적 매개이며, 성서는 인간의 정신을 사로잡는 정도에 따라서 현실적 매개가 될 뿐이다. 어떤 말이 누군가에게 하나님의 말씀이 되지 못한다면, 그 어떤 말도 하나님의 말씀이 아니다. 우리가 쓰는 용법을 따라 말하자면, 영이 누군가의 정신에 들어갈 수 있도록 해주는 매개가 되지 못하는 말은 하나님의 말씀이 아니다.

이 사실로 인해 하나님의 말씀이 될 수 있는 말은 무한히 확장된다. 여기에는 모든 종교적 문헌과 문화적 문헌, 즉 인간의 문학 전체—숭고하고, 위대하며, 위엄이 넘치는 것뿐만 아니라 평균적이고, 왜소하며, 불경한 것도—가 포함된다. 궁극적 관심을 창조하는 방식으로 인간의 사고를 자극하기만 한다면, 그것들은 포함될 수 있다. 심지어 일상적 대화의 입말도—마치 일상적 대상이 성례적 성질을 획득할 수 있는 것처럼—물리적이고 심리학적인 환경의 특별한 배치를 통해서 영의 매개가 될 수 있다.

하지만 또 우리는 인간의 말을 하나님의 말씀의 지위까지 높이는 잘못을 막기 위한 기준을 설정해야 한다. 성서의 말들이 그 기준이 된다. 성서의 말은 누군가에게 하나님의 말씀이 될 수 있는 것과 없는 것을 확인시켜주는 궁극적 시금석이 된다. 만약 신앙과 사랑에 모순되는 것이라면 어떤 것도 하나님의 말씀이 될 수 없다. 신앙과 사랑은 영의 사역이며 그리스도로서의 예수에서 현현한 것처럼 새로운 존재를 구축하기 때문이다.

(3) "내적인 말씀"의 문제 앞의 논의에서 영적 현존의 사역을 매개들과 연결했는데, 그 매개들이 인간 정신에 주는 충격이 내적이라 하더라도 그 매개들에는 외적인 객관적 측면―대상, 행위, 소리, 문자―도 있다. 이제 그런 매개가 필수적인지 아닌지 또는 외적인 운반 수단 없이도 영의 내적인 사역이 가능한지 아닌지 묻는 물음이 제기된다. 모든 시대의 기독교에서 있었던 성령 운동, 종교개혁 시대에 가장 두드러지게 나타났던 성령 운동은 이 물음을 강력하게 제기했다.[16] 종교개혁가들이 그리스도인의 양심을 교회의 권위로부터 해방시킨 것도 새로운 권위로부터의 해방, 즉 성서의 문자로부터의 해방, 신학성서 해석자들의 신조적 진술로부터의 해방에 대한 열망을 낳았다. 그것은 영의 이름으로 수행되었던, 로마의 교황과 새로운 교황―성서와 성서의 스콜라주의적 수호자―을 향한 공격이었다. 영은 "하나님의 현존"을 의미하기 때문에 어떠한 인간적 형식의 생명과 사상도 영으로부터 차단될 수 없다. 하나님은 어떠한 자신의 현현에도 얽매이지 않는다. 영적 현존은 확립된 말씀과 확립된 성례를 돌파한다. 성령 운동이 끌어낸 결론은 영에는 그런 매개가 필요하지 않다는 것이다. 하나님은 인간의 깊이에 머물며 말씀할 때 "내적인 말씀"을 통해서 말씀한다. 그 말씀을 듣는 자는 새롭고 인격적인 계시를 받아들이게 되는데, 그 계시는 교회의 계시적 전통으로부터 독립되어 있다. 앞서 우리가 전개했던 영

---

16   역주. 종교개혁 시대 "내적인 말씀" 등을 강조했던 열광주의자들이나 소종파주의자들의
      신학에 대한 Tillich의 평가는 Tillich의 『그리스도교 사상사』, 370-72을 참조하라.

에 관한 교설과 연관하여 고려했을 때 이런 관념들이 담고 있는 진리는, 영은 종교가 영을 받아들이는 어떠한 모호한 형식들로부터도 자유롭다는 사실을 그 관념들이 강조하고 있다는 것이다. 여기서 나는 다음과 같은 고백을 해야 한다. 이 조직신학은 본질적으로 하지만 간접적으로 성령 운동의 영향을 받았는데, (슐라이어마허와 같은 신학자들이 포함된) 서구 문화 일반에 끼친 그 운동의 영향 및 확립된 종교적 생명과 사상의 형식들에 대한 그 운동의 비판을 통해서 영향받았다. 하지만 정확히 이 영향 때문에 몇 가지 비판적 언급을 하고자 한다.

첫째, "내적인 말씀"이라는 용어는 아쉽다. 13세기 프란체스코파 신학자들이 인간의 사고 안에 있는 진리의 원리가 지닌 신적 특징을 주장했을 때 또는 14세기 독일 신비주의자들이 로고스가 영혼에 임재함을 주장했을 때, 그들은 과거와 미래의 성령 운동의 동기들을 표현한 것이다. 그렇지만 그들은 개인 안에서 이루어지는 영의 사역을 계시적 전통에서 잘라내지 않았다. 그런데 "내적인 말씀"이라는 용어는 영의 사역을 계시적 전통에서 "잘라내"는 함의를 가질 수 있으며, 이로 인해 우리는 다음과 같이 묻게 된다. "말씀"의 정의에 따르면 "말씀"은 중심화된 자기-깨달음에 이를 수 있는 두 존재자 사이에서 일어나는 의사소통 수단이 아닌가? 두 개의 중심이 없다면, "내적인 말씀"은 무엇을 의미하는가? 하나님이나 로고스나 영이 다른 자기라는 말인가? 황홀경적 경험 속에서 "야웨의 목소리"를 들었다는 예언자들의 주장과 유사한 경험을 했다고 말하는 모든 시대 많은 사람의 주장에서 볼 수 있듯이 우리는 확실히 상징적으로는 이렇게 말할 수 있을 것이다. 심지어 (소리 없는) "양심의 소리"도 신적인 영이 인간의 정신에게 하는 말로 해석되어왔다. 하지만 "내적인 말씀"에 이런 의미가 있다면, 그것은 완전히 내적일 수 없다. 왜냐하면 다른 유한한 자기 안에서 일어났던 일—이것은 모든 인간 언어의 필수 조건이다—이 신적인 "자기"로 대체되기 때문이다. 하지만 상징적 언어로도 이것은 의문스러운 대화 방식이다. 분명히 우리가 하나님에게 전지, 사랑, 분노, 자비를 부여한다면 우리는 상징으로 말하는 것이며 우리가 경험한 중심을 가진 자기에서 취한 소재를 하나님에게 적용하는 것이다. 하지만 "자기"는 구조적 개념이지 상징으로 적합한 소재는 아니다. 신약성서가 하나님은 영이라고 말할 때나[17] 바울이 신적인 영이 우리 정신에 증언한다고 말할 때,[18] 종교적 상징 체계를 위해서 우리에게 필요한 자기-구조가 그 증언에 내포되어 있다. (자기와 세계의 기본적인 양극성 중에서 어떤 극도 하나님에게 상징적으로 적용될 수 없다.) 만약 하나님이 우리에게 말한다면 이것은 "내적인 말씀"이 아니다. 오히려 그것은 "외부"에서 우리를 사로잡는 영적 현존이다. 하지만 이 "외부"는 안과 밖을 초월해 있다. 그것은 외부와 내부를 초월한다. 만약 하나님이 인간 안에 있지 않기 때문에 인간이 하나님을 요청할 수 있다고 한다면, 인간은 인간을 향한 하나님의 말하심을 인지할 수 없을 것이다. "안"과 "밖"이라는 범주는 하나님과 인간의 관계에서 그 의미를 상실한다.

우리는 "하나님이 인간에게 매개 없이 말씀하는가?"라는 물음에 부정적으로 대답해야 한다. 말씀이라는 매개는 언제나 현존해 있다. 그 이유는 정신 차원에서 인간의 생명은—말이 목소리로 나오든지 아니든지—말에 의해 결정되기 때문이다. 생각하는 사고는 말로 이루어진다. 그 사고는 침묵이라는 양태로 말하지만, 자신에게 어떤 것을 전달하기 위해

---

17 역주. 요 4:24.
18 역주. 롬 8:16.

서 자신에게 말하지는 않는다. 인간은 태어난 이후 자신에게 말해진 것을 기억하며 그것을 의미 있는 전체로 조직한다. 그러므로 모든 예언자와 신비가들의 말과 글, 신적인 영감을 받았다고 주장하는 자들의 말과 글은 그들의 전통적 언어로 이루어지지만, 그 말과 글은 궁극적인 것의 방향을 지향하고 있다. 하나님은 예언자에게 말씀할 때 예언자에게 새로운 말씀이나 새로운 사실을 준 것이 아니라 궁극적 의미와 관련하여 예언자에게 알려져 있는 사실들을 배치하고, 예언자들이 알고 있는 언어로 이 상황에 말해야 할 것을 예언자들에게 가르쳐주었다. 종교개혁 시대 열광주의자들이 자신들의 언어로 자신들이 받은 "내적인 말씀"을 표현했을 때, 그것은 성서의 말, 전통의 말, 종교개혁가들의 말이었지만 자신의 영적 현존 경험으로 조명받은 말이었다. 그들은 이 조명을 통해서 사회의 최하층 계급이 처한 상황을 통찰하게 되었고, 더 나아가 교회의 타율과 성서주의적 타율에 저항하면서 인격적 생명 안에서 사역하는 영의 자유를 통찰하게 되었다. 그 영은 종교개혁가들 자신 안에서 사역했던 영과 동일한 영이었다. 먼저 언급된 통찰의 예언자적 특징은 지난 세기들로부터 우리 시대의 사회복음 운동과 종교 사회주의 운동에 이르는 많은 기독교 사회 운동의 전조가 되었다. 또 다른 통찰은 퀘이커파와 같은 신비주의적 경향의 원천이 되었고 종교적 "경험"을 결정적 원리로 삼는 종교 철학이 되었다.

이런 분석은 "내적인 말씀" 개념에 오해의 소지가 있음을 보여준다. 내적인 말은 전통이나 이전의 경험에서 유래한 말들의 현대적 적절성에 다시 주목하게 한다. 다시 주목하는 일은 영적 현존의 충격으로 발생한다. 말이라는 매개는 배제되지 않는다.

하지만 종교개혁 시대의 성령 운동을 종교개혁가들이 반대했던 사실에는 또 다른 동기가 있다. (교회의 전통 전체에 동의했던) 종교개혁가들이 두려워한 것은 모든 계시 경험의 궁극적 기준—그리스도로서의 예수에서 나타난 새로운 존재—이 영의 비매개성이라는 이름으로 상실될 수 있다는 점이었다. 그래서 그들은 영을 말씀, 즉 그리스도의 성서적 메시지에 묶어두었다. 신학은 중심적 계시인 예수 그리스도에게서 나타난 계시에 기초를 두고 있기 때문에 확실히 이것이 신학적으로 건전하다. 그러나 그리스도에게서 나타난 계시가 신앙에 "의한"(by) 칭의라는 법정적 교리와 동일시되는 순간, 그것은 불건전해졌다. 그 교리에서 영적 현존의 충격은 오직 은혜에 의한 용서라는 교리를 지성적으로 인정하는 것으로 대체되었기 때문이다. 분명히 이것은 의도한 바가 아니었지만, "오직 말씀"이라는 원리의 효과이기는 했다. 영의 기능은 성서 메시지의 진실성에 대한 영의 증언 혹은 성서의 말의 진실성에 대한 영의 증언으로 모호하게 기술되었다. 그 교리에 대한 전자의 이해는 그 참된 의미에 적합하다. 그 이유는 영적 현존이 인간의 정신을 모호하지 않은 생명의 초월적 일치로 상승시키며, 하나님과의 재연합에 대한 비매개적인 확실성을 제공하기 때문이다. 그 교리에 대한 후자의 이해는 영의 사역을 성서의 말의 문자적 진실성을 확신케 하는 한 가지 행위로 환원시킨다. 그러한 영의 기능은 영의 본성과 모순되며, 따라서 안정성을 추구하면서 권위에 굴복하게 된다. 이런 것은 생명의 모호성을 극복하는 데 있어 영적 현존의 연속성과 영적 현존이 인격성과 공동체에 가한 충격을 무시하는 것이다. 여기서 다시 성령 운동은 성서적 특질을 보여주는데, 그 특질은 초기 루터에게도 있었던 것이고 종교개혁의 정통주의가 발전함에 따라 정통주의가 영을 이김으로써 상실된 것이다. 이어진 갈등에서 성령 운동은 정통주의의 저항을 정당화했던 중요한 것을 상실했다. 성령 운동은 운동의 외부를—루터의 방식으로 말하자면, 그 운동의 현실적 수용 불가능성에도 불구하고 이루어지는 신적인 수용을―바라보는 대신 영의 충격으로 일어나는 영혼의 내적 운동에 집중했다. 성령 운동은 자신들에게 말해진 말씀을 자기가 자기에게 하는 경건한 말로 잘못 해석했다. 하지만 이러한 고찰은 영적 현존의 매개 문제를 넘어서는 것이다.

2. 인간의 정신에서 이루어진 신적인 영의 현현의 내용: 신앙과 사랑

a) 초월적 연합과 그 연합에 참여함

생명의 모든 모호성의 뿌리는 존재의 본질적 요소와 실존적 요소의 분리와 상호 작용에 있다. 그러므로 모호하지 않은 생명을 창조하는 것은 생명의 과정에서 이런 요소들을 재연합시키는 것인데, 이 생명의 과정에서 현실적 존재는 잠재적 존재의 참된 표현이면서도 "몽환적 순결"과 같은 비매개적인 표현이 아닌 소외, 대립, 결정 이후에나 실현되는 표현이다. 본질적 존재와 실존적 존재의 재연합을 통해서 모호한 생명은 자신을 넘어 초월로 높아지는데 그 초월은 모호한 생명 자체의 힘으로는 성취될 수 없다. 이 연합은 생명의 과정과 정신의 기능에 내포된 물음에 대답한다. 그것은―그 자체는 물음으로 남아 있는―자기-초월의 과정에 대한 직접적 대답이다.

　"초월적 연합"은 생명의 모든 모호성에 내포되어 있는 일반적 물음에 대답한다. 그 연합은 인간의 정신 안에서 황홀경적 운동으로 나타나는데, 그 운동은 어떤 관점에서는 "신앙"이라 불리고 또 다른 관점에서는 "사랑"이라 불린다. 이 두 가지 상태는 영적 현존이 인간의 정신에서 창조하는 초월적 연합을 나타낸다.[19] 초월적 연합은 모호하지 않은 생명의 성질, 즉 하나님 나라, 영원한 생명 등에 관한 논의에서 다시 만나게 될 성질이다.

두 가지 용어를 결정하는 두 가지 관점은 다음과 같은 방식으로 구별될 수 있다. 신앙은 모호하지 않은 생명의 초월적 일치에 **사로잡힌**(grasped) 상태이며, 그 초월적 일치 **안으로 옮겨진**(being taken into) 상태인 사랑으로 구현된다. 이러한 분석에 따르면, 비록 현실적으로는 어느 것도 다른 것 없이는 존재할 수 없을지라도 논리적으로는 분명히 신앙이 사랑보다 선행한다. 사랑 없는 신앙은 소외의 지속이며, 종교적 자기-초월을 모호하게 수행하는 행위다. 신앙 없는 사랑은 초월적 연합이라는 기준과 힘이 없이 분리된 것을 모호하게 재연합한 것이다. 사랑 없는 신앙과 신앙 없는 사랑은 영적 현존의 기준이 아니며 본래적인 영적 창조가 왜곡됨으로써 발생한 것들이다.

이런 진술들은 신앙과 사랑에 관한 충분한 논의를 전제로 하고서야 가능하다. 그 논의로 큰 책을 채울 수도 있을 것이다. [나는 신앙과 사랑을 각각의 소책자로 다루었다.[20]] 하지만 조직신학에서 그 두 개념의 자리를 결정하는 것 및 이런 방식으로 그 두 개념과 다른 신학 개념들, 그 두 개념

---

19   역주. 종교개혁가 마르틴 루터는 "로마서 3:28에 대한 다섯 가지 변론들에 관한 논제들"이라는 글에서 율법과 은혜의 관계 문제를 다루는데, 성령이 인간의 의지를 움직이고 새롭게 함으로써 믿음이 일어나지만, 여전히 인간의 연약한 의지는 율법을 통하여 권고와 자극을 받을 필요가 있다고 말했다. 그리고 믿음(신앙)과 사랑에 관해 다음과 같이 언급한다. "율법은 두 가지 방법으로, 즉 믿음을 통하여 또 사랑을 통하여 성취된다." "믿음을 통하여 율법은, 하나님께서 그리스도를 통하여 이루신 의 내지 율법의 성취를 값없이 우리의 것으로 여김으로써 성취된다. 사랑을 통하여 율법은, 우리가 하나님의 새로운 피조물로서 완전하게 되는 미래의 삶에서 성취될 것이다." 김균진, 『루터의 종교개혁』(서울: 새물결플러스, 2018), 580에서 재인용.

20   역주. 신앙은 *Dynamics of Faith* (New York: Harper & Bros., 1957)에서, 사랑은 *Love, Power, and Justice*(New York: Oxford University Press, 1954)에서 논의되었다. 『믿음의 역동성』(그루터기하우스 역간)과 『사랑, 힘, 그리고 정의』(한들출판사 역간).

과 종교적 상징들의 관계를 제시하는 것은 지금 할 일이 아니다. 기독교적 생활과 신학 사상에서 그 두 개념의 핵심적 지위는 신약 시대 이후로 늘 인정받아왔지만, 현대적 논의에서 분명히 드러나듯이 그 개념들이 늘 동등하게 또는 적합하게 해석되어온 것은 아니다.

b) 신앙으로 현현하는 영적 현존

종교 언어 중에서 "신앙"이라는 단어만큼 의미론적으로 정화되어야 할 단어가 없는 것 같다. 신앙(faith)은 아무 증거도 없이 어떤 것을 믿는 믿음(belief) 또는 원래는 믿을 수 없는 것을 믿는 믿음 또는 부조리와 몰상식을 믿는 믿음 등과 지속적으로 혼동되고 있다. 이러한 왜곡된 함의들을 신앙의 참된 의미에서 제거해내는 것은 대단히 어려운 일이다. 그 이유 중 하나는 종종 기독교회가 그리스도에게서 나타난 새로운 존재라는 메시지를 "부조리"라고 선포해왔다는 점에 있다. 그 부조리는 이해 가능 여부에 상관없이 그 메시지의 진술을 성서적 권위나 교회의 권위에 근거해서 수용해야 한다는 것이다. 또 다른 이유는 많은 종교 비판가가 그런 왜곡된 신앙 이미지를 손쉬운 공격 대상으로 삼아 자신들의 힘을 집중할 준비가 되어 있었다는 점이다.

　　신앙은 형식적으로도 내용적으로도 정의되어야 한다. 형식적 정의는 모든 종교와 문화에 존재하는 모든 종류의 신앙에 대해서 타당하다. 형식적으로 일반적인 신앙은 자기-초월이 지향하며 열망하는 것에, 궁극적인 존재와 의미에 사로잡혀 있는 상태라고 정의된다. 우리는 짧게 정식화하여 말할 수도 있다. 신앙은 궁극적 관심에 사로잡혀 있는 상태다. "궁극적 관심"이라는 용어에는 주관적 의미와 객관적 의미가 연합되어 있다. 즉 누군가는 자신이 관심으로 간주하는 어떤 것에 관심을 가진다. 궁극적 관심으로서의 신앙이라는 형식적 의미에 따르면, 모든 인간은 신앙을 가지고 있다. 아무도 조건적 정신과 무조건적인 어떤 것의 본질적 관계를 외면할 수 없는데, 조건적 정신은 모든 생명과 일치를 이루면서 무조건적인 것의 방향으로 자기-초월을 감행한다. 궁극적 관심의 구체적 내용이 아무리 무가치할지라도 아무도 완벽하게 그런 관심을 억압할 수 없다. 이러한 형식적인 신앙 개념은 기본적이고 보편적이다. 이 개념은 세계사가 신앙과 ("무신앙"[unbelief]이라는 잘못된 용어를 피하고자 이런 단어를 만들어낼 수 있다면) 불신앙(un-faith)의 전쟁터라는 생각에 반대한다. 신앙과 상반되는 것이라는 의미의 불신앙은 존재하지 않는다. 그리고 모든 역사, 무엇보다도 종교의 역사에는 무가치한 내용을 가진 신앙들이 존재해왔다. 그런 신앙들은 잠정적이고 유한하며 조건적인 것에 궁극적인 것과 무한한 것, 무조건적인 것의 위엄을 부여했다. 전 역사를 통해 지속되어온 갈등이 궁극적 실재를 지향하는 신앙과 궁극성을 주장하는 잠정적인 실재들을 지향하는 신앙에서 일어난다.

이로 인해 우리는 앞서 정식화된 내용적 신앙 개념에 이르게 된다. 신앙은 영적 현존에 사로잡혀 있으며 모호하지 않은 생명과의 초월적 일치에 개방된 상태다. 우리는 기독론적 주장과 관련해서 다음과 같이 말할 수 있다. 신앙은 그리스도로서의 예수에게서 나타난 새로운 존재에 사로잡힌 상태다. 신앙에 관한 이러한 정의를 통해서 형식적이고 보편적인 신앙 개념은 내용적이고 개별적인 개념이 되었다. 즉 기독교적 신앙 개념이 되었다. 하지만 기독교는 신앙에 관한 이 개별적 정의가 모든 형식의 신앙이 지향하는 완성을 표현한다고 주장한다. 신앙을 영적 현존에 의해서 모호하지 않은 생명과의 초월적 일치에 개방되는 상태라고 묘사한 것은 그 개별적이고 기독교적인 배경에도 불구하고 보편적으로 타당하다.

하지만 그런 묘사는 지성, 의지, 감정을 신앙 행위와 동일시하는 전통적 정의와 별로 유사하지 않다. 이러한 구별이 심리학적으로 조야함에도 불구하고, 지성, 의지, 감정은 학문적인 신앙 개념과 대중적 신앙 개념 모두에서 중요한 것으로 남았다. 그러므로 신앙과 정신적 기능들의 관계에 관해서 몇 가지를 진술할 필요가 있다.

신앙, 즉 정신의 차원에서 나타나는 인간 생명의 갈등과 모호성에 영적 현존이 침입하는 것은 실재의 주체-대상 구조 안에서 이루어지는 인지적 긍정 행위가 아니다. 그러므로 신앙은 실험이나 숙달된 경험에 의한 증명에 종속되지 않는다. 신앙은 사실적 진술을 수용하는 것도, 권위에 기반한 가치 평가를 수용하는 것도 아니다. 비록 그 권위가 신적인 것이라 하더라도 말이다. 왜냐하면 권위가 신적인 것이라고 할 때 "무슨 권위에 기초해서 그 권위를 신적인 것이라고 하는가?"라는 물음이 제기되기 때문이다. "신이라 불리는 존재자가 실존한다"와 같은 진술은 신앙의 주장이 아니라 충분한 증거가 없는 인지적 명제일 뿐이다. 그런 진술의 긍정과 부정은 똑같이 부조리하다. 이 판단은 역사, 사고, 자연에서 일어나는 사실을 진술한 것에 신적 권위를 부여하고자 하는 모든 시도와 연관되어 있다. 그런 주장들에는 신앙의 특징이 없으며 그 주장들은 신앙의 이름으로 행해질 수 없다. 증거 없는 신앙을 지키려는 일보다 더 품위 없는 일은 없다.

이 상황을 깨달았기 때문에 신앙과 도덕적 결정은 더 친밀한 관계를 확립하게 되었다. 신앙에 대한 인지적·지성주의적 이해의 단점을 도덕적·의지주의적 이해로 극복하려는 시도가 있었다. 그런 시도에 따르면 "신앙"은 "믿고자 하는 의지"의 결과 또는 순종의 행위의 열매로 정의된다. 하지만 우리는 묻는다. 무엇을 믿고자 하는 의지인가? 또는 누구에게 순종하는 것인가? 이러한 물음이 진지하게 받아들여지면, 신앙에 대한 인지적 해석이 재정립된다. 신앙은 "대략적으로(at large) 믿는 의지"로 정의될 수 없고, "대략적으로 질서에 순종하는 것"으로 정의될 수도 없다. 하지만 믿고자 하는 의지의 내용이나 질서에 대한 순종의 내용이 추구되는 순간에 인지적 신앙 해석의 단점이 다시 나타난다. 예를 들어 누군가가 순종함을 통해 하나님의 말씀을 수용하도록 요구받는다면―그리고 만약 이 수용이 "신앙의 순종"[21]이라고 불린다면―그는 이미 신앙의 상태 속에 있는 자, 즉 듣게 된 말을 하나님의 말씀이라고 인정하는 자만이 할 수 있는 어떤 일을 하도록 요구받는 것이다. "신앙의 순종"은 신앙을 전제할 뿐 신앙을 창조하지는 않는다.

가장 대중적인 것은 신앙과 감정의 동일시다. 그 동일시는 대중적일 뿐만 아니라 과학자와 철학자들이 꾸준히 받아들이는 것인데, 과학자와 철학자들은 종교적인 진리 주장은 거부하면서도 그 거대한 심리학적이고 사회학적인 힘은 부인하지 못했다. 그들은 이 힘을 "광대한" 또는 다른 느낌으로 이루어진 불명확하지만 논박할 수 없는 영역에 할당했으며, 그 힘이 그 힘의 한계를 벗어나 인식과 행위의 굳건한 지반을 침해하는 경우에만 그 힘에 반대한다. 확실히 전 인격의 표현으로서의 신앙에는 감정적인 요소들이 포함되어 있지만, 신앙이 그 요소들로만 이루어져 있는 것은 아니다. 신앙에는 **테오리아**와 **프락시스**의 모든 요소가 포함되어 있으며 영적 현존을 향한 황홀경적 개방성도 포함되어 있다. 이런 것들을 넘어서서 신앙에는 모든 차원에서 이루어지는 생명 과정의 요소들도 포함되어 있다. 고전 신학이 올바르게 가르쳐주었던 것처럼 신앙에는 "동의"(assent)가

---

21   역주. 롬 1:5, 16:26. 한글 성경(개역개정, 새번역)에는 "믿어 순종하게"와 "믿고 순종하게"로 번역되었으나, 그리스어 성경을 직역하면 "믿음의 순종"이다.

포함된다. 신앙에는 인지적인 진리 수용이 있는데, 그 수용은 시간과 공간 속에 있는 대상들에 관한 참된 진술을 수용하는 것이 아니라 우리의 궁극적 관심을 불러일으키는 것과 그것을 표현하는 상징들과 우리의 관계에 관한 진리를 수용하는 것이다. (이러한 주장은 조직신학 제1부, "이성과 계시"에서 온전하게 발전되어 제시되었다.)

신앙에는 순종도 있는데, 바울과 아우구스티누스, 토마스와 칼뱅은 바로 이 지점에서 일치한다. 하지만 "신앙의 순종"은 신적·인간적 권위에 타율적으로 복종하는 것이 아니다. 신앙의 순종은 우리를 사로잡고 우리를 개방시킨 영적 현존에 우리 자신을 계속해서 개방하는 행위다. (사랑의 관계가 그러하듯이) 그것은 참여에 의한 순종일 뿐 굴복에 의한 순종이 아니다.

마지막으로, 영적 현존에 사로잡힌 상태에는 감정적 요소도 있다. 이 감정은 앞서 언급된 완전히 불명확한 특징을 가진 느낌이 아니다. 그것은 유한성과 소외의 불안 및 모호하지 않은 생명의 초월적 일치의 힘으로 그 불안을 자신 안에 받아들임으로써 불안을 극복하는 황홀경적 용기 사이의 요동이다.

신앙과 정신적 기능에 관한 앞의 논의는 두 가지 사실을 보여주었다. 첫 번째, 신앙은 어떠한 정신적 기능과 동일시될 수도 없으며 그 기능에서 도출될 수도 없다. 신앙은 지성의 절차를 통해서도, 의지의 노력으로도, 감정적 운동으로도 만들어지지 않는다. 두 번째, 그렇지만 신앙은 신앙 안에 이 모든 것을 포괄하며 영적 현존의 변형하는 힘에 신앙을 연합시키고 종속시킨다. 모든 것은 하나님에 의해서 하나님과의 관계 속에 있게 된다는 기본적인 신학적 진리가 이 말에 내포되어 있으며, 이 말은 그 진리를 확증하고 있다. 인간의 정신은 궁극적인 것에, 즉 정신이 자신을 초월하여 지향하는 것에 정신의 어떠한 기능으로도 도달할 수 없다. 하지만 궁극적인 것은 이 모든 기능들을 사로잡을 수 있으며 신앙의 창조를 통해서 그 기능들은 기능 자체를 넘어서게 된다.

비록 신앙이 영적 현존에 의해서 창조되었다 하더라도, 신앙은 인간 정신의 구조, 기능, 역동성 안에서 발생한다. 확실히 신앙은 인간에게서 **기원하지는**(from) 않지만 인간 **안에**(in) 있다. 그러므로 신적 행위의 철저한 초월성을 옹호하기 위해서 인간은 신적인 영에 사로잡힌 자신의 존재를 깨닫는다는 것이나 이전에 말했던 "나는 단지 내가 믿는다는 것을 믿을 뿐이다"라는 말을 부인하는 것은 잘못된 일이다. 인간은 자신 안에서 이루어지는 영적 현존의 사역을 의식한다. 그렇지만 그 말은 우리가 신앙의 상태에 있다고 자기-확신을 하지 않도록 경고한다.

내용적 개념으로 고찰해보면 신앙에는 세 가지 요소가 있다. 첫째는 영적 현존에 의해 개방됨이라는 요소이고, 둘째는 신적인 영과 인간적 정신 사이의 무한한 분리에도 불구하고 영적 현존을 수용함이라는 요소이며, 셋째는 모호하지 않은 생명의 초월적 일치에 최종적으로 참여하게 되는 것을 기대함이라는 요소다. 이 요소들은 서로에게 속해 있다. 그것들은 하나씩 하나씩 뒤따라 나오는 것이 아니라 신앙이 발생하는 곳마다 현존해 있다. 첫 번째 요소는 신앙의 수용적 특징, 즉 신적인 영과의 관계에서 나타나는 수동성이다. 두 번째 요소는 신앙의 역설적 특징, 즉 신앙이 영적 현존에 용기 있게 자리 잡는 것이다. 세 번째 요소는 신앙의 예측하는 특징, 즉 신적인 영의 완성하는 창조성에 대한 희망이다. 이러한 세 가지 요소들은 궁극적인 생명 및 의미와 관계 맺고 있는 인간의 상황과 생명 일반의 상황을 표현해준다. 그것들은 (제3부[2장] 기독론에서 제시된 것처럼) "중생", "칭의", "성화"라는 새로운 존재의 특징을 반영하고 있다. 이 세 가지 요소는 생명의 모호성을 정복하는 영적 현존에 관해 설명하는 뒷부분에서 다시 등장할 것이다.

모든 생명의 과정이 정신의 현실화의 조건이 되는 한, 신앙은 모든 생명 과정―종교, 정신의 다른 기능들, 생명 이전의 영역들―에서 현실화된다. 하지만 여기서는 신앙의 본질적 본성과 기본적 구조만을 설명하는 것이 좋을 것이다. 신앙의 영적 기원의 힘으로 생명의 모호성을 정복하는 신앙의 현실적 기능은 이 책의 제4부 마지막 장의 주제다. 이처럼 신앙을 일종의 독립적 실재로 다루는 것이 성서적 근거가 있음을 언급해야 한다. 죄를 세계를 지배하는 일종의 신화론적 힘으로 보는 것이 성서의 사상, 특히 바울의 사상과 맥이 닿아 있는 것처럼 말이다. 비록 실제로는 객관적인 면과 주관적인 면을 분리하는 것이 불가능하지만, 죄와 신앙의 주관적 현실화 및 여기서 발생하는 문제들은 두 힘의 객관성보다 부차적인 것이다.

c) 사랑으로 현현하는 영적 현존

신앙은 영적 현존에 사로잡힌 상태인 반면, 사랑은 영적 현존에 의해 모호하지 않은 생명의 초월적 일치 안으로 옮겨진 상태다. 그런 정의에는 존재론적 설명과 함께 의미론적 설명도 필요하다. 의미론적으로 말하자면, 신앙과 마찬가지로 사랑 또한 사랑을 왜곡하는 수많은 함의로부터 정화되어야 한다. 첫 번째는 사랑을 감정으로 묘사하는 것이다. 나중에 우리는 사랑에 있는 진정한 감정적 요소에 관해 말하게 될 것이다. 여기서는 사랑이 마음의 모든 기능에서 현실화되며 생명 자체의 가장 내적인 핵심에 뿌리내리고 있다고 말하는 것으로 충분하다. 사랑은 분리된 것의 재연합을 향한 충동이다. 이것은 존재론적으로, 따라서 보편적으로 참이다. 사랑은 세 가지 모든 생명의 과정에서 유효하다. 사랑은 중심에 연합시킨다, 사랑은 새로운 것을 창조한다, 사랑은 기존의 모든 것을 넘어서서 사랑의 근거와 목적을 향해 나아간다. 그것은 생명의 "피"이며, 따라서 사랑에는 생명의 분산된 요소들을 재연합하는 많은 형식이 있다. 우리는 이러한 몇몇 형식들 속에 있는 모호성을, 또 통합의 과정 속에 있는 해체하는 힘을 제시했다. 하지만 인격 대 인격의 만남과 그 만남에 내재되어 있는 도덕적 명령을 논의하면서 우리 역시 모호하지 않은 재연합에 관한 물음, 즉 모호하지 않은 생명의 초월적 일치에 참여함으로써 타자에 참여하게 되는 사랑에 관한 물음을 물었다. 이 물음에 대한 대답은 영적 현존의 창조물인 **아가페**라고 제시된다. **아가페**는 모호하지 않은 사랑이고 따라서 인간 정신 자체만으로는 불가능한 일이다. 신앙처럼 사랑도 모호하지 않은 생명의 초월적 일치에 유한한 정신이 황홀경적으로 참여하는 것이다. **아가페**의 상태에 있는 사람은 이 일치 안으로 이끌려간다.

이러한 묘사로 신앙과 사랑의 관계에 관한 로마 가톨릭-개신교의 논쟁을 해소할 수 있을 것이다. 이미 신앙은 사랑보다 논리적으로 선행한다고 제시했다. 다시 말하지만 신앙은 영적 현존이 인간의 정신에 침입한 것에 대한 인간의 반작용이기 때문이다. 신앙은 자족성에 머물고자 하는 유한한 마음의 경향을 신적인 영이 깨뜨린 일을 황홀경적으로 수용하는 것이다. 이러한 견해는 신앙이 수용이며 단지 수용일 뿐이라는 루터의 진술을 긍정하고 있다. 동시에 모호하지 않은 생명의 초월적 일치에 참여하는 사랑과 신앙의 본질적인 분리 불가능성 때문에 사랑에 대한 로마 가톨릭적·아우구스티누스적 강조는 똑같이 강하게 주장되고 있다.[22] 이런 관점

---

22   역주. 아우구스티누스는 롬 5:5에서 바울이 언급한 "성령으로 말미암아 우리 마음에 부어진 하나님의 사랑"을 지속적으로 강조했으며 이를 "우리가 하나님을 사랑하는 것"으로 해석했다. John M. G Barclay, 『단숨에 읽는 바울: 바울의 역사와 유산에 관한 소고』, 김도현

에서 사랑은 필연적 결과라 하더라도 신앙의 결과 이상의 것이다. 사랑은 존재의 황홀경적 상태에서 신앙의 반대편에 위치한다. 사랑의 행위를, 영적 현존이 인간을 사로잡는 행위를 조건으로 삼는 행위로 이해하는 경우에만 이러한 관계의 왜곡이 발생한다. (하나님과의 관계에서 모든 일은 하나님에 의해 수행된다.) 개신교적 원리는 그런 왜곡에 맞서는 무기로 남는다.

이 지점에서 또 다른 물음에 대한 대답이 제시될 수 있다. 신적인 영이 행하는 근본적인 창조를 이렇게 제시하면서 희망을 신앙의 세 번째 요소, 즉 신앙의 예견적 지침으로 간주하지 않으면서 신앙과 사랑에 덧붙이지도 않는 이유는 무엇인가? 그 대답은 이렇다. 만약 희망을 영의 세 번째 창조물로서 (바울의 정식에서 나타나듯이 설교적으로가 아니라) 조직적으로 간주한다면, 인간에게 희망의 지위는 신앙과 동급이 될 것이다. 희망은 예견적 기대라는 독립적 행위가 될 것이고 그 기대와 신앙의 관계는 모호해질 것이다. 그것은 "어떤 것을 믿는" 태도, 곧 "신앙"의 의미와 날카롭게 대조되는 태도가 되어버릴 것이다. 그것은 신앙의 요소가 되거나 영이 작용하기 이전에(pre-Spiritual) 인간의 마음이 수행하는 "사역"(work)이 된다. 당연히 이런 논의는 신앙과 사랑의 본질적 일치에 대한 통찰을 강화한다. 우리가 신앙과 사랑의 본질적 불가분리성을 부인한다면, 사랑 또한 영이 작용하기 이전에 인간의 정신이 수행하는 "사역"이 된다.

사랑은 감정이 아니지만 인간의 마음의 다른 기능들과 마찬가지로 강력한 감정적 요소들을 내포하고 있다. (우리가 신앙과 정신적 기능들에 관한

옮김(서울: 새물결플러스, 2017), 107, 동일 저자의 『바울과 선물: 사도 바울의 은혜 개념 연구』, 송일 옮김(서울: 새물결플러스, 2019), 161-62을 참조하라. 또 아우구스티누스의 사상이 중세 교회에 수용된 형태에 관해서는 Tillich, 『그리스도교 사상사』, 219-20을 참조하라.

논의를 신앙과 지성의 관계에 관한 물음으로 시작했던 것처럼) 이런 이유 때문에 사랑과 정신적 기능들에 관한 논의를 사랑과 감정의 관계에 관한 물음으로 시작하는 것도 괜찮을 것이다. 감정이 늘 그러하듯이 사랑의 감정적 요소는 한 존재자의 중심 전체가―예견을 통해서든, 완성을 통해서든―재연합 과정에 참여하는 것이다. 예견된 완성이 사랑의 추동력이라고 말하는 것은 옳지 않을 것이다. 재연합을 향한 추동력은 깨달음이 결핍된, 따라서 예견이 결핍된 차원들에도 실존해 있다. 그리고 심지어 충만한 의식이 있는 곳에서도 재연합을 향한 충동은 기대되는 쾌락을 예측―이 예측은 우리가 거부했던 고통-쾌락 원리에 근거하고 있다―하는 방식으로는 발생하지 않는다. 하지만 재연합을 향한 충동은 생명의 본질적 구조에 속하며 결과적으로 생명의 서로 다른 차원들에 따라 쾌락, 기쁨, 복으로 경험된다. 모호하지 않은 생명의 초월적 일치에 황홀경적으로 참여하는 **아가페**는 복(지복[*beatitude*])이라는 의미의 **마카리아**[*makaria*] 또는 **베아티투도**[*beatitudo*]로 경험된다. 그러므로 **아가페**는 신적 생명과 그 생명의 삼위일체적 운동에 상징적으로 적용될 수 있으며 신적인 복의 상징을 구체화한다. 감정적 요소는 사랑에서 분리될 수 없다. 감정적 성질이 없는 사랑은 어떤 사람이나 어떤 것을 향한 "선의지"일 뿐 사랑이 아니다. 이 사실은 인간의 하나님 사랑에도 해당되는데 신비주의에 반대하는 어떤 신학자들이 가르치는 것처럼 인간의 하나님 사랑은 순종과 동일시될 수 없다.

하지만 사랑은 감정과만 연관되어 있는 것이 아니다. 사랑은 어떤 존재자 전체가 실존적 분리를 극복하기 위해서 다른 존재자를 향해 나아가는 운동이기도 하다. 그처럼 사랑에는 자기-깨달음의 차원의 영향을 받는 의지적 요소, 즉 연합하려는 의지가 포함되어 있다. 사랑만이 분리의 벽을 관통할 수 있기 때문에 그런 의지는 모든 사랑의 관계에서 본질적이다. 감정적 요소만 강하다고 해서 욕망과 성취가 일치하게 되는 것이 아니다. 이 것은 실존의 조건에서 늘 있는 경우이며 사랑의 관계를 이루는 양쪽에는 저항이 존재한다. 가장 큰 계명이 주로 언급하는 것은 사랑에 있는 이 의 지적 요소다. 사랑하려는 의지 없이 감정의 힘에만 의존하는 사랑은 결코 다른 사람의 인격으로 뚫고 들어갈 수 없다.

사랑과 마음의 지성적 기능의 관계는 신비주의적 배경에 저항하는 그리스 사상과 헬레니즘적·기독교적 사상에서 가장 온전하게 발전했 다. 플라톤은 **에로스** 교설을 통해서 피인식자의 풍성함과 대비하여 인식 자 자신의 공허함을 깨닫게 하는 사랑의 기능을 제시했다.[23] 아리스토텔 레스에 따르면, 모든 것의 **에로스**는 우주가 순수한 형식을 향해 움직이 게 한다.[24] 헬레니즘적·기독교적 언어에서 **그노시스**(*gnosis*)는 인식, 성적 관계, 신비주의적 연합을 의미한다. 그리고 "안다"를 의미하는 에어켄넨 (erkennen)이라는 독일어도 성적인 연합에 사용된다. 사랑에는 사랑받는 자에 대한 인식이 포함되어 있지만, 그 인식은 분석과 계산적 조작에 의한

---

23 역주. "에로스가 어떤 것을 원하고 사랑한다면 자신이 원하고 사랑하는 것을 소유하고 있 어서인가 아니면 소유하고 있지 않아서인가?" "아마도 소유하고 있지 않아서겠지요"라 고 아가톤이 대답했네. 그러자 소크라테스 선생님께서 말씀하셨네. "살펴보게. '아마도' 가 아니라 '반드시' 원하는 주체는 자기에게 결여된 것을 원하고, 결여되지 않으면 원하 지 않을 걸세. 아가톤, 아무튼 나는 반드시 그럴 것이라고 확신하네. 자네는 어떻게 생각 하나?" 플라톤, 『소크라테스의 변론/크리톤/파이돈/향연』, 천병희 옮김(고양: 숲, 2012), 290(200a-b).

24 역주. 아리스토텔레스는 파르메니데스와 헤시오도스를 인용하며 다음과 같이 말한다. "다 시 말해, 파르메니데스는 '모든 것'(우주)의 생성(에 관한 이론)을 세우면서, "그녀(아프로 디테)는 모든 신들 가운데 에로스(사랑)를 〈맨 먼저〉 궁리해냈다"고 말한다. 헤시오도스 는 "모든 것들 중에서 가장 먼저 카오스(혼돈)가 생겨났고, 그다음에는 가슴이 넓은 가이 아(땅)가…그리고 '죽지 않는'(불멸의) 신들 가운데서도 돋보이는 에로스(사랑)가 생겨 났다"고 말한다. "마치 있는 것(사물)들 안에 그것들을 움직이고 한데 모으는 어떤 원인이 들어 있어야 한다는 듯이 말이다." 아리스토텔레스, 『형이상학』, 김진성 옮김(서울: 이제 이북스, 2010), 50-51(A 984b 25-30).

지식이 아니다. 오히려 그것은 사랑의 인식 행위를 통해서 인식자와 피인식자를 모두 변화시키는 참여하는 인식이다. 신앙과 마찬가지로 사랑도 인격 전체의 상태다. 인간 마음의 모든 기능은 사랑의 모든 행위에서 작동한다.

"신앙"이라는 단어에는 매우 종교적인 의미가 있는 반면, "사랑"이라는 단어는 너무 애매해서 많은 경우 영적 현존의 창조물로서의 사랑을 신약성서의 단어 **아가페**로 대체할 필요가 있다. 하지만 이것은 특히 설교나 예배의 맥락에서 결코 실현 가능한 일이 아니며 이 한계를 넘어설 경우 영어와 다른 현대어에서 사용되는 "사랑"의 애매한 용법에 조직적인 문제가 발생한다. 그리스어로 **필리아**(*philia*, 우정), **에로스**(가치를 향한 열망), **에피튀미아**(*epithymia*, 욕망), 영의 창조물인 **아가페**와 같은 많은 종류의 사랑에도 불구하고, 이 모든 사랑의 성질에는 그 모든 것을 "사랑"으로 번역할 수 있게 해주는 한 가지 공통점이 있다. 그 공통점은 "분리된 것의 재연합을 향한 충동"이며 그것이 생명의 내적 역동성이다. 이런 의미에서 사랑은 하나이며 나누어질 수 없는 것이다. 아가페와 (세 가지 종류의 다른 사랑으로 이루어진) 에로스의 절대적 대조를 확립하려는 시도가 있었다. 하지만 그 결과 아가페는 하나님과의 관계에서뿐만 아니라 인간과의 관계에서도 도덕적 개념으로 격하되었고, (이 용어법에 따르면 **필리아, 에피튀미아, 리비도**를 포함하는) 에로스는 단지 성적인 방향으로만 불경화되었으며, 모호하지 않은 생명에 참여할 수 있는 가능성을 박탈당했다. 그럼에도 아가페와 다른 종류의 사랑을 대조함으로써 한 가지 중요한 진리, 즉 아가페는 영적 현존의 황홀경적 현현이라는 진리가 드러난다. 아가페는 신앙과 일치를 이룰 때만 가능하며 모호하지 않은 생명의 초월적 일치 안으로 옮겨진 상태를 의미한다. 이런 이유로 아가페는 다른 성질들의 사랑과는 별개의 것이고, 그것들과 연합할 수 있으며, 그것들을 판단할 수 있고, 그것들을 변형할 수 있다. 영적 현존의 창조물인 아가페로서의 사랑은 다른 종류의 사랑이 가진 모호성을 정복한다.

신앙처럼 아가페에도 새로운 존재의 기본 구조, 즉 수용적 특징, 역설적 특징, 예견적 특징이 있기 때문에 아가페에는 이런 힘이 있다. 아가페의 경우, 첫 번째 성질은 사랑의 대상을 무제한적으로 수용하는 것으로 명확하게 드러난다. 두 번째 성질은 사랑의 대상의 소외된, 불경한, 마성화된 상태에도 불구하고 아가페가 이런 수용을 굳게 유지하는 것으로 나타난다. 세 번째 성질은 사랑의 대상을 수용함으로써 그 대상의 거룩함, 위대함, 위엄을 재확립하기를 아가페가 기대하는 것으로 나타난다. 아가페는 그 대상을 모호하지 않은 생명의 초월적 일치 속으로 옮긴다.

어떠한 인격적 또는 사회적 현실화보다도 우선한 영적 현존으로서의 아가페에 대해 이 모든 것을 말했다. 이런 점에서 아가페는 생명을 통제하는 힘들인 죄와 신앙과 같다. 하지만 아가페와 다른 두 개의 것들 사이에는 차이가 있다. (바울의 빛에 따르면, 그 사이가 아가페를 신앙보다 더 큰 것으로 만든다.) 아가페는 상징적으로나 본질적으로 신적 생명 자체의 특징이다.[25] 신앙은 시간과 공간 속에 있는 새로운 존재의 특징이지만 신적 생명의 특징은 아니다. 그리고 죄는 단지 소외된 존재의 특징일 뿐이다. 아가페는 무엇보다도 피조물을 향한 하나님의 사랑이며 피조물을 통해서 자신을 사랑하는 하나님의 사랑이다. 아가페의 세 가지 특징은 먼저 자신의 피조물을 향하는 하나님의 아가페에, 그다음에는 피조물을 향한 피조물의 아가페에 돌려져야 한다.

---

25   역주. 요일 4:8.

하지만 이런 고찰도 이해해야 할 한 가지 관계를 여전히 남겨두고 있는데 그 관계는 하나님을 향한 피조물의 사랑이다. 신약은 이 관계에 대해서도 아가페라는 단어를 사용하며 피조물을 향한 하나님의 아가페와 서로를 향한 피조물의 아가페에 있는 세 가지 요소를 무시한다. 하나님을 향한 인간의 사랑에는 세 가지 요소 중 어떤 것도 현존해 있지 않다. 그럼에도 분리된 것의 재연합을 향한 충동으로서의 사랑은 하나님을 향한 인간의 사랑에서 가장 단호하게 사용될 수 있다. 아가페는 모든 종류의 사랑을 연합시키면서도 그 모든 것을 뛰어넘는 다른 어떤 것이다. 그것의 특징을 보여주는 가장 좋은 방법은 하나님과의 관계 속에서 신앙과 사랑의 구별이 사라진다고 말하는 것이다. 신앙을 통해 하나님에게 사로잡힘과 사랑을 통해 하나님에게 붙어 있음은 하나이며 피조물의 생명의 동일한 상태다. 그것은 모호하지 않은 생명의 초월적 일치에 참여하는 것이다.

B. 역사적 인류에서 이루어지는 영적 현존의 현현

1. 영과 새로운 존재: 모호성과 단편성

영적 현존은 신앙과 사랑을 통해 인간을 모호하지 않은 생명의 초월적 일치로 상승시키면서 본질과 실존의 분열을 초월하고 따라서 생명의 모호성을 초월하는 새로운 존재를 창조한다. 앞서 우리는 인간의 정신에서 나타나는 신적인 영의 현현에 대해 묘사했다. 우리는 이제 영적 현존의 창조가 현현하는 역사적 인류의 장소를 결정해야 한다. 물론 이것은 생명의 역사적 차원과 연관되지 않고는 될 수 없는 일이며 그 차원은 조직신학의 제

5부 "역사와 하나님 나라"의 주제로 준비되어 있다. 하지만 역사와의 연관성은 조직신학의 모든 곳에서 빈번하게 나타났다. 계시, 섭리, 그리스도로서의 예수에게서 나타난 새로운 존재 같은 개념들은 역사적 맥락에서만 가능하다. 그러나 신학적 문제의 역사적 함의를 살펴보는 것과 역사 자체라는 신학적 문제를 살펴보는 것은 다른 일이다. 후자는 이 조직신학의 제5부에서 다루어질 것이지만, 전자의 접근법은 앞서 이루어진 논의와 마찬가지로 여기서도 실시될 것이다.

신적인 영이 인간 정신에 침입하는 것은 고립된 개인들에게서 일어나는 일이 아니라 사회적 집단에서 일어나는 일이다. 왜냐하면 인간 정신의 모든 기능, 즉 도덕적 자기-통합, 문화적 자기-창조, 종교적 자기-초월은 나-너의 만남이라는 사회적 맥락의 조건을 따르기 때문이다. 그러므로 역사 속 어떤 지점들에서 나타나는 신적인 영의 사역을 보여줄 필요가 있는데, 그 지점들은 인류 안에서 나타난 신적인 영의 자기-현현을 보여주는 결정적 지점들이다.

영적 현존은 모든 역사에서 현현된다. 하지만 역사 자체는 영적 현존의 현현이 아니다. 개인의 정신에서 그러하듯이 역사에는 역사적 집단을 통해 영적 현존이 드러나는 개별적 표지가 있다. 첫째, **테오리아와 프락시스**를 통한 상징의 효과적인 현존이 있는데, 사회적 집단은 그 테오리아와 프락시스를 통해서 영의 충격에 대한 자신의 개방성을 표현한다. 그리고 둘째, 이 상징들이 비극적으로 불가피하게 맞이하게 될 불경화와 마성화에 대항하는 인격과 운동이 등장한다. 영적 현존의 이러한 두 가지 표지는 종교적 집단을 비롯한 유사 종교적 집단에서도 발견되며 어떤 의미에서 그 두 가지는 단일한 현상이다. 상징의 정화를 위한 성공적인 투쟁은 그 두 집단을 변형시키며 변화된 사회 집단을 창조하기 때문에 그럴 수밖에 없다.

이런 역동성의 가장 친숙한 본보기는 야웨를 섬기던 사막 종교의 불경화와 마성화에 맞섰던 이스라엘과 유다 예언자들의 투쟁 및 예언자들이 전한 영적 현존의 충격에 의해 이루어진 사회적 집단의 급진적 변형이다. 유사한 발전, 특히 사회적 집단에 충격을 준 급진적 정화 운동은 모든 곳의 역사적 인류에게서 발견된다. 영적 현존의 표지는 어느 장소, 어느 시간에나 있다. 인간의 정신에 현존하는 신적인 영이나 하나님은 구원하는 특징과 변형하는 특징을 가진 계시적 경험을 통해서 모든 역사에 침입한다. 우리는 이미 이 사실을 보편적 계시와 거룩함 관념에 관한 논의에서 제시했다. 이제 우리는 그것을 신적인 영과 그 영의 현현에 관한 교설에 연결하면서 다음과 같이 주장할 수 있다. 인류는 결코 홀로 남겨져 있지 않다. 영적 현존은 모든 순간 인류에게 작용하고 있고 몇몇 위대한 순간에는 인류에게 침입하는데 그 위대한 순간들이 바로 역사적 **카이로스**들이다.

하나님은 결코 인류를 홀로 내버려두지 않고 인류는 지속적으로 영적 현존의 충격을 받기 때문에 역사에는 언제나 새로운 존재가 존재한다. 모호하지 않은 생명의 초월적 연합에 참여하는 일은 언제나 존재한다. 하지만 이 참여는 단편적이다. 우리는 이 개념에 주목해야 한다. 이것은 모호성과는 완전히 다른 개념이다. "영적 현존"이나 "새로운 존재"나 **아가페**라고 말할 때, 우리는 모호하지 않은 어떤 것을 제시한다. 그것은 생명의 모호한 현실화로, 특히 정신의 차원에서 생명의 모호한 현실화로 이끌려 갈 수도 있다. 하지만 그것 자체는 모호하지 않다. 그렇다 해도 그것은 시간과 공간 속에서 현실화될 때 단편적이다. 완성된 초월적 연합은 종말론적 개념이다. (바울이 신적인 영, 진리, 하나님을 보는 일 등의 단편적·예측적 소유에 관해 말했듯이)[26] 단편은 예견이다. 새로운 존재의 현존은 단편적이고 예견적이지만, 새로운 존재는 현존하는 한 모호하지 않게 현존해 있다. 부서진 신상의 단편은 그 신상이 재현하는 신적인 힘을 모호하지 않게 재현한다. 성공적인 기도의 단편은 모호하지 않은 생명의 초월적 연합으로 상승한다. 한 집단이 영을 수용하게 되는 일의 단편적 특징 때문에 이 집단은 영을 수용하는 순간 거룩한 공동체가 된다. 신앙의 단편적 경험과 사랑의 단편적 현실화로 인해 개인은 모호하지 않은 생명의 초월적 연합에 참여하게 된다. 우리는 모호함과 단편을 구별함으로써 영적 현존의 현현을 온전히 긍정하면서 이 현현에 온전히 헌신할 수 있게 된다. 반면에 우리는 긍정과 헌신의 행위들에서도 생명의 모호성이 재등장한다는 사실을 알고 있어야 한다. 이런 상황에 대한 깨달음이 종교적 성숙성을 판단하는 결정적 기준이다. 그 깨달음은 새로운 존재의 성질에 속하는데, 새로운 존재는 시간과 공간 속에서 이루어지는 자신의 현실화를 그 기준 아래에 위치시켰다. 그것은 새로운 존재가 생명 일반의 모호성을 판단하는 기준이다. 그렇게 힘으로써 새로운 존재는 시간과 공간에서 나타나는 생명의 모호성을 (단편적으로라도) 정복한다.

2. 종교들에서 나타나는 영적 현존과 새로운 존재 예견

우리는 이런 제목으로 종교의 전 역사를 제시할 수 있을 것이다. 왜냐하면 그 제목은 혼란스러워 보이는 인류의 종교 생활 속에서 의미를 발견하는 열쇠를 제공하기 때문이다. 그리고 우리는 영적 현존의 현현을 보여주

---

26   역주. 고전 13:12.

는 수많은 유사 종교적 현상을 찾을 수 있을 것이다. 하지만 그런 기획은 조직신학의 한계를 넘어선다. 오직 영의 몇 가지 전형적인 현현만이 논의될 수 있고 그 현현들조차도 실존적 인식은 참여를 전제한다는 중대한 한계에 종속되어 있다. 우리는 분리된 관찰을 통해서 낯선 종교와 문화에 관한 많은 것들을 배울 수 있고 심지어는 감정 이입적 이해를 통해서는 더 많은 것을 배울 수 있다. 하지만 어떤 방법도 서구의 기독교-인문주의 문명에서 성장한 자를 아시아 종교의 핵심적 경험으로 인도하지 못한다. 두 세계 대표자들의 진지한 만남이 이 사실을 증명해준다. 예를 들어, 대중적으로 수용된 피상적인 불교적 태도에 따르면, 사람들은 중국 사상의 위대한 해석자가 말하는 다음과 같은 경고를 들어야 한다. 중국인들 사이에서 30년을 산 이후에야 그는 그들의 정신생활을 약간 이해하기 시작했다고 한다. 중국인의 정신생활로 들어가는 유일한 참된 방법은 현실적 참여를 통한 방법이다. 명확하게 말할 수 있는 모든 존재자는 의사 소통이 가능하며 인격과 인격의 만남을 요구한다는 양식적 고찰은 그 존재자들의 정신 차원의 동일성으로만 정당화될 수 있다. 이 공통의 원천으로부터 정신 차원의 영향을 받는 유사한 것들이 나오는데, 그 유사한 것들로 인해 상당한 정도의 실존적 참여가 가능해진다. 모든 거대 종교는 그 전체적 구조 안에 많은 요소를 가지고 있는데 그 요소들은 한 종교에서는 종속적이고 다른 종교에서는 지배적일 수 있다. 기독교 신학자는 기독교의 신비주의적 요소를 경험한 정도로만 동양의 신비주의를 이해할 수 있다. 하지만 어느 한 요소의 지배나 종속에 따라서 전체적 구조가 변하기 때문에, 참여에 의한 이해라는 이 제한된 방식조차도 기만적일 수 있다. 이 사실을 명심하고서 다음의 진술들을 읽어야 한다.

본래적인 **마나** 종교는 존재하는 모든 것의 "깊이"에서 나타나는 영적 현존을 대단히 강조하는 것처럼 보인다. 모든 것에 존재하는 이 신적인 힘은 비가시적이고 신비하며 명확한 예식을 통해서만 접근 가능하고 특정한 집단의 사람들과 성직자들에게만 알려져 있다. 영적 현존에 관한 초기의 이런 실체적 시각은 이른바 거의 모든 고등 종교에서, 심지어 어떤 형식의 기독교 성례에서도 매우 다양하게 유지되고 있으며 낭만주의적인 자연 철학에서 세속화되었다. (그 철학에서 황홀경은 미학적 열광주의가 되었다.)[27]

또 다른 본보기는 인도나 그리스의 신화 같은 거대 신화를 가진 종교다. 신적인 힘들은 실존의 세계를 부분적으로나 전체적으로 다스릴지라도 실존의 세계로부터 분리되어 있다. 그 힘들의 현현에는 심리학적일 뿐만 아니라 물리학적이기도 한 비상한 특징이 있다. 자연과 마음은 영적 현존이 나타날 때 황홀경적인 것이 된다. 영적 경험의 이 신화론적 단계가 기독교를 포함한 이후의 모든 단계에 끼친 영향력은 분명하며 그 영향력은 영적 현존의 경험이 황홀경적이라는 사실로 정당화된다. 그렇기 때문에 종교를 비신화화하려는 모든 급진적 시도들은 헛된 일이다. 우리가 할 수 있고 해야 하는 일은 합리적 기준들을 종교적 상징들의 의미에 적용하고자 하며 할 수 있는 자들을 위해서 종교적 상징들을 "비문자화"하는 것이다.[28]

---

27   역주. Tillich는 Schelling에 관해 강의하면서 낭만주의적 자연주의에 관해 다음과 같이 말한다. "로망주의적 자연철학은 유한자 안에 있는 무한자의 현존이라는 니콜라우스 쿠자누스의 프로그램을, 모든 양태 안에 있는 하나의 실체라는 스피노자의 프로그램을, 그리고 물질적인 것 안에 있는 정신적인 것의 현존이라는 셸링 자신의 프로그램을 수행하는 일에 지나지 않는다. 이처럼 자연철학은 셸링에게서는 반(半)철학적인, 반(半)심미적인 방식으로 자연 안에 있는 힘을, 곧 정신적인 것과 물질적인 것을 넘어서 있는 힘을 직관하는 하나의 직관 체계가 된다." Tillich, 『19-20세기 프로테스탄트 사상사』, 190.

28   역주. Tillich는 Bultmann의 비신화화를 "성서의 메시지에 얽혀 있는 신화론적 언어로부

종교의 신화론적 단계―앞서 논의했듯이 이 단계 자체는 신화론 이전의 단계에서 발생한 정화하려는 충동의 결과다―에서는 불경화되고 마성화된 종교의 형식과 싸우는 힘들이 나타나며 이 힘들은 영적 현존의 수용을 몇 가지 방향으로 변형한다. 그리스적이고 헬레니즘적인 신비주의 종파들이 본보기를 제시한다. 그 신비주의 종파에서 신적인 것은 구체적인 신비로운 신의 모습으로 구현된다. 신비 요소가 일상적인 다신론에서 강조되는 것보다 더 많이 강조되는데, 다신론은 불경화에 훨씬 더 많이 개방되어 있다. 그리고 신의 운명에 황홀경적으로 참여하는 것은 어떤 형태를 제시하는데, 그 형태는 일신론적 기독교가 그리스도에게서 나타난 영적 현존에 대한 자신의 경험을 표현하기 위해서 사용하는 형태다.

영의 마성화에 대항하는 투쟁은 신화론적 단계의 이원론적 정화작업에서 두드러지게 나타난다. 먼저는 페르시아에서, 나중에는 마니교(미트라교, 카타리파, 유사집단들)에서 이루어졌듯이 한 형상(figure)에 마성적 잠재성을 집중시키려 했던 종교적 이원론은 반대편의 신적 형상을 모든 마성적 오염으로부터 해방시키고자 하는 거대한 시도였다. 비록 그 시도가 (창조적인 존재의 근거에 분열이 있음을 가정했기 때문에) 이런 측면에서 궁극적으로 성공적이지는 않았을지라도, 후기 유대교 및 기독교와 같은 일신론적 종교들에 끼친 그 영향력은 과거에도 컸고 지금도 매우 크다. 영적 현존의 마성화를 향한 불안은 사탄과 "그의 모든 작업"에 대한 두려움을 통해

터 이 성서의 메시지를 해방시킴으로써 성서적 세계관에 짝하지 못한 현대인이 성서의 메시지를 정직하게 받아들일 수 있도록" 하는 작업이라고 설명한다. 그는 Bultmann에 대해서 "종교의 언어가 신화적이며 언제나 신화적이어야 한다는 것을 모르고 있다"고 비판하면서 비문자화를 제시한다. 비문자화는 "상징을 시간과 공간에서 일어나는 사건의 문자적인 표현으로서 받아들이지 않는다는 것을 의미한다." Tillich, 『19~20세기 프로테스탄트 사상사』, 290-91.

서(세례와 입교 선서), 그리고 고전적인 기독교적 언어에는 여전히 이원론적 상징 체계가 만연해 있다는 사실을 통해서 표현된다.

영적 현존 경험의 가장 중요한 두 가지 본보기는 유럽뿐만 아니라 아시아에도 있는 신비주의, 유대교와 이에 기반한 종교들이 보여주는 배타적 일신론이다.

신비주의는 영적 현존을 그 현존의 구체적인 운반 수단 위에 있는 것으로 경험하는데, 그 구체적인 운반 수단은 신화론적 단계와 그 다양한 변형들의 특징이다. 신적인 형상들과 신적인 형상이 들어가는 시간적이고 공간적인 구체적 실재들─인격적·공동체적·비인격적 실재들─은 모두 궁극적 의의를 상실한다. 비록 그것들이 궁극적인 것을 향하는 영적인 계단에서 차지하는 등급에 따라 잠정적인 중요성을 보유할지라도 그것들은 궁극적 의의를 상실한다. 오직 그 등급들이 버려지고 사고가 황홀경에 사로잡힐 때만 영적 현존은 완전하게 경험된다. 이런 급진적 의미의 신비주의는 인간의 유한한 구조인 주체-대상의 구도를 초월함으로써 신적인 것의 모든 구체적 구현체를 초월한다. 하지만 바로 이런 이유로 신비주의는 중심을 가진 자기를 무화하는 위험, 곧 영을 황홀경적으로 경험하는 주체를 무화하는 위험에 처해 있다. 동양과 서양의 교류는 이 지점에서 가장 곤란해진다. 동양은 "형식 없는 자기"를 모든 종교 생활의 목표로서 긍정하지만, (기독교 신비주의를 포함한) 서양은 황홀경적 경험에서도 신앙과 사랑의 주체들, 즉 인격성과 공동체를 보존하고자 한다.[29]

---

29 역주. 예를 들어 인도의 우파니샤드 사상에서 해탈은 개체의 사라짐을 의미한다. "강물이 바다로 흘러들어 이름과 형태를 잃어버리듯, 지혜로운 인간은 이름과 형태를 훌훌 털어버린 채 모든 것 위에 있는 신의 지혜와 하나가 된다"(Hans Joachim Storig, 『세계철학사』, 박민수 옮김[서울: 이룸, 2008], 63에서 재인용). 인도에서 유래한 불교의 열반(니르바나) 또한 "타던 불이 꺼진 상태", 즉 "무"를 의미하는 단어로서 윤회, 연기, 인과 작용을 초월하

이러한 태도는 제사장 종교에서 나타나는 영적 현존의 불경화와 마성화에 저항했던 당대 예언자들의 투쟁 방식에 뿌리를 두고 있다. 구약 종교에서 신적인 영은 중심을 가진 자기들과 그 자기들의 만남을 제거하지 않지만, 그들의 일상적 가능성을 초월하는 마음의 상태로, 또 그들의 수고와 선의지로 생산되지 않은 마음의 상태로 그들을 숭고화한다. 영은 그들을 사로잡으며 그들을 예언자적 힘의 높이로 추동한다.

　　인격성과 공동체를 향한 이런 태도는 (결과적으로 신비주의 종교와 대조되는 태도, 죄와 용서를 언급하는 태도는) 다음과 같은 사실에 뿌리를 두고 있다. 예언자적 종교에서 영적 현존은 인간성과 정의의 하나님의 현존이다. 선지자 엘리야와 바알 제사장들의 대결 이야기는 그 이야기가 다른 종류의 황홀경을 보여주기 때문에 중요하다.[30] 바알 제사장들의 마음과 몸에 바알의 영이 현존함으로써 발생하는 황홀경은 자아-도취와 자기-훼손과 연결되어 있다. 하지만 엘리야의 황홀경은 기도를 통한 인격 대 인격의 만남의 황홀경인데, 확실히 그 황홀경은 일상적 경험을 강력함과 효과라는 측면에서 초월하지만 예언자의 인격적 중심을 소진시키지도 않고 해체하지도 않으며 물리적 도취 상태를 유발하지도 않았다. 구약의 모든 부분은 이 사실을 따르고 있다. 인간성과 정의가 없는 곳에는 순수한 영적 현존도

여 개체의 분별이 사라진 상태를 의미한다(앞의 책, 82). 이에 반해 신플라톤주의자 플로티노스는 "신비적 연합", "황홀경"을 강조하면서도 신과 인간의 차이도 강조한다. "우리들은 신으로 되지 않고, 신을 닮은 것으로 될 뿐이다. 인간의 정신은 그 〈신적인〉 영혼의 불꽃 속에서도 항상 진짜로 신적인 원상의 묘사에 지나지 않는다. 플로티노스는 『엔네아데스』 6권 8장 18절에서 여러 차례 매우 강조해서 말하고 있다"(Johannes Hirschberger, 『서양철학사(上)』, 강성위 옮김[대구: 이문출판사, 1991], 372). 하지만 Tillich는 플로티노스의 신비주의를 동방의 것과 동일한 것으로 이해하고 있으며, 서구 중세의 기독교적 신비주의를 신비적 합일 속에서도 개체가 유지되는 신비주의로 이해하고 있다(Tillich, 『그리스도교 사상사』, 228).

30　역주. 왕상 18장.

없다. 인간성과 정의가 없으면 마성화되거나 불경화된 영적 현존이 있을 뿐이다. 그리고 이것이 자신의 종교에 저항했던 예언자들의 판단이었다. 이 판단은 신약에서도 받아들여졌고 교회사의 모든 정화 운동에서도 재등장했다. 개신교 종교개혁 또한 그런 정화 운동 중 하나였다.

3. 그리스도로서의 예수에서 나타난 영적 현존: 영 기독론

신적인 영은 그리스도로서의 예수에게서 왜곡 없이 현존했다. 새로운 존재는 그에게서 과거와 현재의 모든 영적 경험의 기준으로 나타났다. 그의 인간적 정신은 개인적·사회적 조건에 종속되어 있으면서도 영적 현존에 완전히 사로잡혀 있었다. 그의 정신은 신적인 영에 "붙잡혀"(possesses) 있었고 다른 표현으로 하면 "하나님이 그의 안에 계셨다." 이 사실로 인해 그는 그리스도, 곧 역사적 인류를 위한 새로운 존재의 결정적인 구현이 되었다. 기독론적 문제가 조직신학 제3부의 핵심 주제였고 그 문제는 모든 곳과 신적인 영에 관한 교설과 관련하여 등장했지만, 앞의 기독론적 진술들에 추가할 몇 가지 사항이 있다.

공관복음서의 이야기들은 영-기독론이 초기 기독교 전통을 결정했음을 보여준다.[31] 이 전통에 따르면, 예수는 세례의 순간 영에 사로잡혔다. 그는 이 사건을 통해서 선택받은 "하나님의 아들"로 확증되었다.[32] 황홀경적 경험은 복음서 이야기들에서 반복적으로 나타난다. 그 이야기들이 보

---

31 역주. 영 기독론(Spirit Christology)은 헤르마스, 이그나티오스, 클레멘스, 폴리카르포스, 바르나바스(바나바), 파피아스 등의 속사도 교부들에게서 일반적으로 나타난다. 유해무, 『개혁교의학』, 320, 각주 133.

32 역주. 마 3:13-17; 막 1:9-11; 눅 3:21-22.

여주는 것은 영적 현존이 예수를 사막으로 이끌었고, 환상적인 유혹 경험에서 그를 인도했으며, 사람들과 사건들과의 관계 속에서 그에게 신성한 힘을 부여했고, 그를 마성적 힘의 정복자, 마음과 몸의 영적 치유자로 만들었다는 사실이다. 영은 변화산의 황홀경적 경험 배후에 있는 힘이었다. 그리고 영은 행동하고 고난당해야 할 바로 그 시간, **카이로스**에 대한 확신을 그에게 주었다. 이런 이해의 결과 어떻게 신적인 영은 자신을 완전히 담을 그릇(vessel)을 찾을 수 있었는가라는 물음이 제기되었으며 그 대답은 신적인 영에 의한 예수의 탄생 이야기라는 형식으로 제시되었다. 이 이야기는 영적 현존이 작용하는 심신일원론적(psychosomatic) 수준에 대한 통찰과 무제한적으로 영의 담지자가 된 예수에게 목적론적 원인이 있었다는 합당한 결론으로 정당화되었다. 그렇지만 필연적으로 이 결론이 반쯤은 가현설적인 전설을 수용하도록 요구하는 것은 아니다. 그 전설은 임신 과정에서 인간 아버지를 배제함으로써 예수에게서 완전한 인성을 박탈했다. 생명의 다차원적 일치에 관한 교설은 그런 모호성 없이 영의 담지자의 심신일원론적 기초에 관한 물음에 대답한다.

우리는 이제 영적 현존의 두 가지 현현으로서의 신앙과 사랑을, 그리고 모호하지 않은 생명의 초월적 연합에서 나타나는 신앙과 사랑의 일치를 그리스도로서의 예수의 출현과 관련하여 고찰할 수 있다. 그리스도의 자기-희생적 사랑은 복음서들의 중심일 뿐만 아니라 그 복음서들의 사도적 해석의 중심이기도 하다. 이 중심은 그의 존재에서 구현된 **아가페** 원리이며, 그로부터 세계로 발산되어 나간다. 그 세계 속에서 아가페는 과거에도 지금도 모호하게 표현되어 알려진다. 신약의 증언과 교회사의 위대한 신학자들의 주장은 비록 수없이 다양한 해석이 있을지라도 이런 점에서 일치한다.

예수의 신앙에 관한 언급은 전혀 없는 것은 아니지만 이후의 신학뿐 아니라 성서에서도 드물다. 그 이유는 "신앙"이라는 용어에 "그럼에도"라는 요소가 포함되어 있는 것처럼 보이기 때문인데, 그 요소는 아버지와 지속적으로 소통하는 아들에게는 적용될 수 없다. 물론 이런 경향은 로고스-기독론과 바울의 기독론에서 나타나는 그 기독론의 전제들에 의해 강화되었다. "내가 믿습니다. 믿음 없는 나를 도와주십시오"[33] 같은 말은 육화된 로고스의 입에서 나올 수 없는 말이었다. 신앙에 관한 더 최근의 묘사—비약으로서의 신앙, 용기에 기반한 행위로서의 신앙, 위기로서의 신앙, 신앙과 신앙에 대한 의심을 모두 포용하는 신앙—도 자신과 아버지가 하나라고 말하는[34] 자에게 적용될 수 없었다. 하지만 우리는 교회사에서 "비밀스러운 단성론"(Crypto-Monophysitic)이라 불려왔던 경향이 여기에도 내포되어 있는 것은 아닌지 물어야만 하는데, 그 경향은 예수로부터 실재적인 인성을 박탈하는 위기를 안고 있기 때문이다. 이 문제는 심지어 개신교에도 있는데 개신교에서 단성론적 위험은 "겸손한 그리스도"와 "고난당하는 종"의 형상을 종교개혁자들이 강조함으로써 실제적으로 감소했다. 하지만 개신교에서 신앙의 의미는 "은혜에 의한 신앙을 통한 칭의"라는 교리에 의해 정해지고 그 교리에는 의롭지 않은 자를 의로운 것처럼 받아들이는 역설—죄들(sins)의 용서—이 포함되어 있다. 분명히 이런 의미의 신앙은 그리스도에게 적용될 수 없다. 우리는 그리스도 자신이 역설이기 때문에 신앙의 역설을 그리스도에게 적용할 수 없다.

이 문제는 신앙은 영적 현존과 영적 현존을 통한 모호하지 않은 생명

---

33   역주. 막 9:24.
34   역주. 요 10:30.

의 초월적 일치에 사로잡힌 상태라는 기본적 정의로 해결될 수 있다. 또한 우리는 이런 의미의 신앙이 신앙을 소유한 자들에게서 현실화된 것을 초월해 있는 영적 실재임을 알고 있다. 그리스도의 신앙은 영적 현존에 모호하지 않게 사로잡힌 상태다.

여기서 모호한 것과 단편적인 것의 구별이 가진 가장 주요한 함의가 명확해진다. 그 구별로 그리스도의 신앙을 이해할 수 있게 된다. 우리가 복음서 이야기들에서 받아들인 이러한 신앙의 역동적 모습은 그의 신앙의 단편적 특징을 표현하는데, 그 파편적 특징에서 갈등, 탈진의 요소가ㅡ심지어 절망의 요소도ㅡ종종 나타난다. 하지만 이로 인해 그의 신앙이 불경화되거나 마성화되는 일은 결코 없다. 영은 결코 그를 내버려두지 않는다. 모호하지 않은 생명의 초월적 연합의 힘은 그를 늘 격려해준다. 우리가 이것을 "그리스도의 신앙"[35]이라고 부른다면, 비록 그 신앙이 모호하지 않은 특징에 의해 본질적으로 규정된 것이라 하더라도 "신앙"이라는 단어를 사용할 수도 있을 것이다. "신앙"이라는 단어가 영적 실재 자체라는 성서적 의미로 받아들여지지 않으면, 그 단어는 그리스도에게 적용될 수 없을 것이다. 이 의미가 보존되는 경우에만 "그리스도의 사랑"[36]에 관해서도 적절하게 말할 수 있을 것이고 "그리스도의 신앙"에 관해서도 말할 수 있을 것이다. 즉 "그리스도의"라는 말로 신앙과 사랑을 올바르게 규정할 수 있을 것이다.

공관복음서의 영-기독론에는 두 가지 추가적인 신학적 함의가 있다. 그 하나는 나사렛 예수라는 인간의 정신이 그를 그리스도로 만든 것이 아

---

35   역주. 롬 3:22; 갈 2:16. 한글 성경(개역개정과 새번역)에는 "(예수) 그리스도를 믿음"으로 번역되어 있지만, 그리스어 성경을 직역하면 "(예수) 그리스도의 믿음"이다.

36   역주. 롬 8:35.

니라 영적 현존, 곧 예수 안에 있는 하나님이 예수의 개인적 정신을 소유하고 추동했다는 것이다. 이 통찰은 인간 예수를 기독교 신앙의 대상으로 삼는 예수-신학에 맞설 수 있는 보호막을 세워준다. 이런 일이 정통적인 듯 보이는 용어로 경건주의에서 또는 인문주의적인 용어로 자유주의에서 이루어졌다. 그 둘은 모두 그리스도**로서의** 예수 안에서 새로운 존재가 나타났다는 기독교의 메시지를 왜곡하고 무시했다. 그리고 그것들은 바울의 영-기독론과 모순된다. 바울의 영-기독론은 "주님은 영이심"[37]을 강조하며 우리가 예수를 그의 역사적 실존(육)에 따라서 "알지" 않고[38] 그를 살아 있고 현존하는 영으로(as) 알 뿐임을 강조한다. 이 사실은 기독교가 어떤 개인에게 타율적으로 복종하지 않도록 보호해주었다. 그리스도는 영이지 율법이 아니다.[39]

영-기독론의 다른 함의는 예수 그리스도가 역사 속에서 나타나는 모든 영적 현현의 기초석이라는 것이다. 그는 고립된 사건―다시 말해서 하늘에서 떨어진 어떤 것―이 아니다. 다시 말하지만 경건주의 사상과 자유주의 사상은 예수의 출현과 과거 및 미래의 유기적 관계를 부인했다. 영-기독론은 다음의 사실을 인정한다. 예수를 그리스도가 되게 한 신적인 영은 예수의 출현 이전과 이후, 계시와 구원의 전체 역사에 창조적으로 현

---

37   역주. 고후 3:17.

38   역주. 고후 5:16.

39   역주. Tillich는 "영을 향한 영의 증언"(The Witness of the Spirit to the Spirit)이라는 설교에서 그리스도와 영의 관계를 이렇게 정리해서 말한다. "바울은 예수 그리스도에게서 처음으로 가시화된 새로운 존재에 한해서, 이 새로운 존재를 '그리스도'라고 칭했습니다. 그리고 새로운 실재가 모든 그리스도인의 정신에 있는 실재와 모든 장소와 시간에 있는 그리스도인의 공회를 구축하는 정신에 있는 실재인 한에서, 이 새로운 존재를 '영'이라고 칭했습니다. 이 두 이름은 동일한 실재를 가리키고 있습니다. 그리스도는 영이시고, 영은 그리스도의 영입니다." Tillich, *The Shaking of the Foundation*, 134.

존한다. "그리스도로서의 예수" 사건은 유일무이하지만 고립되어 있지는 않다. 과거와 미래가 그 사건에 의존하고 있듯이 그 사건도 과거와 미래에 의존하고 있다. 그 사건은 비확정적인 과거로부터 비확정적인 미래―상징적으로 역사의 시작과 끝이라고 부르는 과거와 미래―로 진행하는 과정의 질적인 중심이다.

역사의 중심인 그리스도에게서 나타난 영적 현존으로 역사 속에서 나타난 영의 현현을 더 온전하게 이해할 수 있게 되었다. 신약의 저자들과 교회는 이 문제를 알고 있었고 그 문제에 중요한 대답을 제시했다. 역사 속에서 나타난 영적 현존이 그리스도로서의 예수에게서 나타난 영적 현존과 본질적으로 동일하다는 것이 일반적인 주장이다. 하나님의 자기-현현이 어디에서 일어나든 자기를 현현한 하나님은 그리스도에게서 결정적이고 궁극적으로 현현한 하나님이다. 그러므로 그리스도 이전과 이후 어느 곳에서 나타난 하나님의 현현이든 틀림없이 그것은 역사의 중심과의 만남이다.

이런 맥락에서 "이전"은 기원후 30년 이전을 의미하는 것이 아니라 그리스도로서의 예수와의 실존적 만남 이전을 의미한다. 그런 만남은 역사 속 그 어떤 순간에도 보편적으로 발생하지는 않을 것이다. 모든 이교도와 유대인이 예수를 궁극적 물음에 대한 대답으로 받아들이게 되더라도 예수로부터 멀어지는 운동은 언제나 일어났던 것처럼 기독교의 한가운데서도 일어날 것이다. 그리스도 "이전"은 "그리스도에게서 나타난 새로운 존재와의 실존적 만남 이전"을 의미한다. 예수가 그리스도라는 주장에 내포된 의미는 예수를 그리스도로 만든 영, 예수의 영(Spirit)이 된 영은 예수를 역사적 사건으로 만나기 전 영적 현존에 사로잡힌 모든 자에게서 과거에도 지금도 일하고 있다는 것이다. 이것은 "예언과 성취"라는 구도로 성경과 교회를 통해 표현되어왔다. 이 관념이 신학적 문자주의와 원시적 문자주의 때문에 부조리하게 왜곡됨으로써 우리가 이 주장의 진리를 지각하지 못하게 되는 일이 일어나서는 안 된다. 그 진리가 주장하는 바는 이런 것이다. 예수 안에서 그리스도를 창조한 영은 예수에서 나타난 새로운 존재와 인류가 만나도록 과거에도 지금도 준비하는 영과 동일하다. 이런 일이 일어나는 방식은 앞에서 긍정적이고 비판적으로 묘사되었다. 그런 묘사는 그리스도로서의 예수에게서 나타난 새로운 존재와의 실존적 만남으로부터 직간접적 영향을 받은 자들에게도 타당하다. 영적 현존에 사로잡힌 상태는 늘 존재하며 수용과 현실화의 과정에서 불경화와 마성화, 예언자적 저항과 갱신이 늘 뒤따른다.

그렇지만 그리스도로서의 예수의 영과 그리스도로서의 예수가 현현한 이후 영적 현존에 사로잡힌 자들에게서 사역하고 있는 영 사이의 정확한 관계를 묻는 진지한 신학적 논의가 성서 시대 이후에 일어났다. 그 물음은 "위로자"(보혜사[comforter])로서의 성령(the Holy Spirit)의 도래에 관해서 예수가 증언하는 형식으로 제4복음서에서 논의되었다. 제4복음서에서 영-기독론이 로고스-기독론으로 대체된 이후 그 물음이 제기될 수밖에 없었다. 그 대답은 양면적이며 이후 교회의 입장을 결정해왔다. 육화된 로고스가 아버지께로 돌아간 이후 영이 그의 자리를 차지할 것이고 그의 출현의 함의를 계시할 것이다. 신적 경륜(economy)으로는 영이 아들을 뒤따르지만 본질적으로는 아들이 영**이다**. 영 자신은 그가 계시하는 것을 창시하지 않는다. 영적 현존의 모든 새로운 현현은 그리스도로서의 예수에게서 나타난 그리스도의 현현이라는 기준 아래에 놓여 있다. 과거와 현재의 영의 신학은 영의 계시적 사역이 그리스도의 사역을 질적으로 초월한다고 가르쳤는데, 바로 이 사실이 그러한 영의 신학을 비판하고 있다. 몬타누스주의자들, 급진적인 프란체스코주의자들,[40] 재세례파들은 이런 입장의 본보기들이다. 우리 시대 "경험의 신학자들"도 동일한 사상 계열에 속한다.[41] 아마도 세계 종교들의 결합에 의해 그들에게 나타난 진보적인 종교적 경험은 그리스도로서의 예수를 질적으로 넘어설 것이다. 그리고 제4복음서가 인정하듯이 양적으로만 넘어서는 것이 아닐 것이다. 확실히 그러한 기대가 실현되면, 예수의 그리스도적 특징(Christ-character)은 파괴될 것이다. 궁극성을 주장하는 영적 현존이 다수 현현하게 되면 바로 그 궁극성 개념은 파괴된다. 다시 말해, 그 현현들은 의식의 마성적 분열을 영속시킬 것이다.

동일한 문제의 또 다른 측면이 이른바 영(Spirit)이 성부와 성자로부터 **나옴**(*processio*)에 관한 동방 교회와 서방 교회의 논쟁에서 나타난다. 동방 교회는 영이 오직 아버지로부터만 나온다고 주장했지만, 서방 교회는 영**이 아버지와 아들로부터**(*filioque*) 나온다고 주장했다. 그 학문적 형식을 보면 이 논의는 우리에게 완전히 공허하고 부조리한 것처럼 보인다. 그리고

40　역주. 프란체스코가 창설한 "작은 형제회" 수도회는 7대 수도원장인 보나벤투라 사후 도시 안에서 가난한 자를 섬기려는 "콘벤뚜알"파와 청빈, 은둔 등을 급진적으로 강조하는 "영성파"(회칙엄수파)로 나뉘었다. 후자인 영성파는 피오레의 요아킴의 영향을 받은 천년왕국적 종말론 사상을 추종했다. 급진적 프란체스코주의자들은 후자를 가리킨다. 조영현, "16세기 누에바 에스파냐 지역 가톨릭교회의 선교 전략과 '원주민적 그리스도교 문명권에 대한 기획'", 『스페인라틴아메리카연구』, 제7권 제1호(2014), 325-26; Tillich, 『그리스도교 사상사』, 290을 참조하라.

41　역주. 18-19세기의 종교 비판에 의해 확실성이 문제가 되었을 때, Schleiermacher의 종교 개념에 의존하여 "경험"으로 이를 돌파하려 했던 학자들이 있었다. 대표적으로 독일의 에어랑엔 학파가 그런 시도를 했는데, 이는 Tillich, 『19-20세기 프로테스탄트 사상사』, 270-73을 참조하라. 또 경험의 신학(Theology of Experience) 또는 경험론적 신학(Empirical Theology)은 미국에서도 나타났는데, 그 대표자인 William James와 Douglas Clyde Macintosh는 James C. Livingston, Francis S. Fiorenza, Sarah Coakley and James H. Evans, Jr., *Modern Christian Theology: The Twentieth Century*(Minneapolis: Fortress Press, 2006), 34-47을 참조하라.

서방 교회와 동방 교회의 최종적 분열에 기여할 정도로 어떻게 그 문제가 진지하게 받아들여질 수 있었는지 우리는 거의 이해할 수 없다. 하지만 그 학문적 형식을 벗겨보면 이 논의에는 심오한 의미가 있다. 동방 교회가 영은 오직 아버지로부터만 나온다고 주장했을 때, 동방 교회는 직접적인 신 중심적 신비주의(물론 "세례받은 신비주의")의 가능성을 열어놓은 것이다. 반대로 서방 교회는 모든 기독교적 경건에 그리스도 중심적 기준을 적용해야 한다고 주장했다. 그리고 이 기준의 적용이 "그리스도의 대리자"인 교황의 특권이 된 이후, 로마 가톨릭교회는 유연성을 잃어갔고 동방 교회보다 더 율법주의적인 교회가 되었다. 서방에서 영의 자유는 교회법(canon law)의 제한을 받게 되었고 영적 현존은 법률적 제약을 받았다. 제4복음서의 저자가 예수를 통해서 모든 진리로 인도할 영의 도래에 관해 말했던 의도는 분명히 이것은 아니었다.[42]

4. 영적 공동체에서 나타나는 영적 현존과 새로운 존재

a) 그리스도로서의 예수와 영적 공동체에서 나타난 새로운 존재

우리가 조직신학의 기독론 부분에서 강조했듯이 그리스도를 그리스도로 받아들인 자들이 없었다면 그리스도는 그리스도가 아니었을 것이다. 그리스도 안에 있는, 또 그리스도로부터 오는 새로운 실재를 받아들인 자들이 없었다면 그는 새로운 실재를 가져올 수 없었을 것이다. 그러므로 인류에게서 나타나는 영적 현존의 창조성은 세 가지 측면을 가진 한 가지 것으로 간주되어야 한다. 즉 신적인 영의 중심적 현현을 준비하는 인류 전

---

42   역주. 요 14:16-17.

체에서 나타나는 창조성, 신적인 영의 중심적 현현 자체에서 나타나는 창조성, 그 중심적 사건의 창조적 충격을 받은 영적 공동체의 현현에서 나타나는 창조성이다. 우리는 영적 공동체를 칭하기 위해서 "교회"라는 단어를 사용하지 않을 것인데, 그 이유는 이 단어가 필연적으로 종교의 모호성이라는 틀 속에서 사용되기 때문이다. 그 대신 우리는 여기서 예견을 통해, 중심적 현현을 통해, 수용을 통해 종교의 모호성을 정복할 수 있는 것—새로운 존재—에 관해 말하고자 한다. "그리스도의 몸", "하나님의 **교회**(*ecclesia*)" 또는 "그리스도의 교회"[43] 같은 그런 단어들은 신적인 영이 창조하는 모호하지 않은 생명을 표현하고 있으며, 그 의미는 "영적 공동체"라는 용어의 의미와 유사하다. 매우 불분명한 용어법을 따라 "공교회"(Church) 또는 "교회"(church)라고 불리는 것과 영적 공동체의 관계는 나중에 논할 것이다.

영적 공동체는 모호하지 않다. 그것은 새로운 존재이며 영적 현존에 의해 창조된다. 하지만 영적 공동체가 모호하지 않은 생명의 현현이라 할지라도, 그리스도와 그리스도를 기다리는 자들에게서 나타난 모호하지 않은 생명의 현현이 단편적이었듯이 영적 공동체 또한 단편적이다. 영적 공동체는 단편적일지라도 모호하지는 않은 신적인 영의 창조물이다. 이런 맥락에서 "단편적"이라는 말은 유한성의 조건에서 나타남에도 소외와 모호성을 모두 정복함을 의미한다.

영적 공동체는 루터가 종종 "비가시적인", "은폐된", "신앙에만 개방되어 있는"과 같은 단어를 사용하여 나타내고자 했던 의미로도 영적이지만, 그럼에도 실재적이고 반박할 수 없을 정도로 실재적이다. 이것은 예수

---

43   역주. 고전 12:27; 고전 1:2; 롬 16:16.

와 예수를 준비하는 그릇이었던 자들에게서 나타난 새로운 존재의 은폐된 현존과 유사하다. 영적 공동체의 은폐성에서 영적 공동체와 교회의 (동일성과 비동일성으로 이루어진) "변증법적" 관계가 뒤따라 나온다. 유사한 본보기를 꼽자면, 예수와 그리스도의 변증법적 관계, 종교사와 계시의 변증법적 관계도 동일한 은폐성에서 뒤따라 나온다. 오직 "신앙의 눈"(eyes of faith)만이 이 세 가지 경우에서 은폐되어 있는 것 혹은 영적인 것을 볼 수 있는데, "신앙의 눈"은 영의 창조물이다. 즉 오직 영만이 영을 분별할 수 있다.[44]

그리스도에게서 나타난 새로운 존재와 영적 공동체에서 나타난 새로운 존재의 관계는 신약의 몇 가지 중심적 이야기들에서 상징적으로 나타난다. 첫 번째 이야기는 "그리스도"의 의미에서 가장 의미심장한 이야기이며 그리스도와 영적 공동체의 관계에서도 가장 의미심장하다. 그것은 카이사레아 빌립보에서 베드로가 예수에게 "당신은 그리스도십니다"라고 고백하고, 예수는 그의 인식이 하나님께서 일하셨기 때문이라고 대답했던 이야기다.[45] 이 인식은 일상적 경험의 결과가 아니라 영적 현존의 충격에 의한 결과다. 베드로를 사로잡은 바로 그 영은 베드로의 영으로 하여금 예수를 그리스도로 만든 예수의 영을 인식할 수 있게 해주었다. 이러한 인식은 마성적 힘이 맞설 수 없는 영적 공동체이고 베드로와 다른 제자들이 재현하는 영적 공동체의 기초다. 따라서 우리는 다음과 같이 말할 수 있다. 그리스도를 그리스도로 받아들이는 자들이 없으면 그리스도는 그리스도가 아니듯이 영적 공동체가 그리스도에게서 나타났던 새로운 존재

---

44   역주. 고전 2:13.
45   역주. 마 16:13-17.

위에 세워지지 않으면 영적 공동체는 영적 공동체가 아니다.

오순절 이야기는 영적 공동체의 특징을 매우 강조한다.[46] 당연히 그 이야기에는 역사적 요소, 전설적 요소, 신화적 요소들이 결합되어 있으며 개연성을 따라 그 요소들을 구별하는 것이 역사적 탐구의 과제다. 하지만 그 이야기의 모든 요소를 통해서 나타나는 상징적 의미가 우리의 목적에는 가장 중요하다. 우리는 다섯 가지 요소를 구별해야 한다. 첫 번째는 영적 공동체 창조의 황홀경적 특징이다. 그 요소는 영적 현존의 특징이라고 말했던 것, 즉 황홀경과 구조의 일치를 확증해준다. 오순절 이야기는 이 일치의 본보기다. 그것은 황홀경의 모든 특질을 가지고 있다. 하지만 그 이야기의 다른 요소들이 보여주듯이 그것은 신앙, 사랑, 일치, 보편성과 연합된 황홀경이다. 우리는 오순절 이야기에서 나타난 황홀경 요소에 비추어 다음과 같이 말해야 한다. 황홀경이 없으면 영적 공동체도 없다.

오순절 이야기의 두 번째 요소는 신앙의 창조인데, 그 신앙은 새로운 존재라고 간주되던 자가 십자가 처형을 당함으로써 위협당하고 거의 파괴되었던 신앙이다. 만약 우리가 오순절 이야기를 부활한 그리스도의 출현에 관한 바울의 보도[47]와 비교한다면, 그 양쪽의 경우에서 제자들은 황홀경적 경험으로 인해 재확신하게 되었고 그 경험으로 인해 총체적 불신의 상태에서 풀려났다는 사실을 알게 될 것이다. 갈릴리에서 흩어진 도망자들은 영적 공동체의 현현이 아니었다. 그들은 영적 현존이 그들을 사로잡아 그들의 신앙을 재확립한 이후에야 영적 공동체의 현현이 되었다. 오순절 이야기에서 나타난 의심을 극복하는 확실성에 비추어 우리는 이렇

---

46   역주. 행 2장.
47   역주. 고전 15:3-8.

게 말해야 한다. 신앙의 확실성이 없으면 영적 공동체도 없다.

오순절 이야기의 세 번째 요소는 사랑의 창조인데, 그 사랑은 상호적 섬김으로, 특별히 근원적 집단에 참여한 이방인을 포함하여 도움이 필요한 자들에게 베푸는 섬김으로 표현된다. 오순절 이야기에서 나타난 사랑이 창조하는 섬김에 비추어 우리는 이렇게 말해야 한다. 자기를 포기하는 사랑이 없으면 영적 공동체도 없다.

오순절 이야기의 네 번째 요소는 일치의 창조다. 영적 현존에는 서로 다른 개인, 민족, 전통을 연합하면서 그들을 성만찬으로 모두 모으는 효과가 있다. 제자들의 황홀경적 방언은 바벨탑 이야기로 상징화된 인류의 분열을 정복한 사건으로 해석되었다. 오순절 이야기에서 명백하게 나타난 일치에 비추어 우리는 이렇게 말해야 한다. 모든 소외된 인류의 궁극적 재연합이 없으면 영적 공동체도 없다.

오순절 이야기의 다섯 번째 요소는 보편성의 창조이며, 그것은 영적 현존에 사로잡혔던 자들의 선교적 추동력으로 표현된다. 그들은 자신에게 일어났던 일에 관한 메시지를 모든 사람에게 전하지 않을 수 없었다. 왜냐하면 인류 전체나 우주 자체가 새로운 존재에 포함되어 있지 않다면 새로운 존재는 새로운 존재가 아닐 것이기 때문이다. 우리는 오순절 이야기에서 나타난 보편성이라는 요소에 비추어 다음과 같이 말해야 한다. 모든 개인, 집단, 사물에 대한 개방성과 그것들을 영적 공동체 자체로 가져가는 추동력이 없으면 영적 공동체도 없다.

우리의 논의에서 이러한 요소들은 영적 공동체의 표지로서 재등장하게 될 것인데, 이 요소들은 그리스도로서의 예수의 형상과 그리스도로서의 예수에게서 현현한 새로운 존재에서 도출된다. 상징적으로 이 사실은 머리인 그리스도와 그의 몸인 영적 공동체라는 형상으로 표현된다. 이 사실은 더 심리학적인 상징 체계를 통해서 신랑인 그리스도와 신부인 영적 공동체라는 형상으로 표현된다. 그것은 더 윤리적인 상징 체계를 통해서 영적 공동체의 주인인 그리스도라는 형상으로 표현된다. 이 형상은 우리가 이미 언급했던 다음의 사실을 제시한다. 신적인 영은 그리스도로서의 예수의 영이며 그리스도는 모든 영적인 주장이 종속되어야 하는 기준이다.

b) 잠복 단계의 영적 공동체와 현현 단계의 영적 공동체

영적 공동체는 그리스도로서의 예수의 출현에 의해 결정되지만, 영적 공동체와 기독교회가 일치하는 것은 아니다. 따라서 이런 물음이 제기된다. 종교사에서 등장하는 다양한 종교적 공동체들과 영적 공동체는 무슨 관계인가? 이 물음은 보편적이고 최종적인 계시의 문제, 새로운 존재의 중심적 현현보다 이전의 시대에 나타났던 영적 현존의 문제 등에 관한 우리의 논의를 재정식화한다. 하지만 현재의 맥락에서 우리는 준비하는 시대에 출현한 영적 공동체를 찾고 있으며, 따라서 영적 현존의 충격이 있는 곳에는, 그러므로 계시가 (그리고 구원이) 있는 곳에는 영적 공동체도 분명히 있음을 암시하고 있다. 반대로 그리스도의 출현이 신적인 영의 중심적 현현이라면, 준비하는 시대에 출현한 영적 공동체는 수용하는 시대에 출현한 영적 공동체와 달라야 한다. 나는 이 차이를 잠복적인 영적 공동체와 현현한 영적 공동체의 차이로 묘사하자고 제안한다.

　"잠복적"(latent) 교회와 "현현한"(manifest) 교회라는 용어를 나는 오랫동안 사용해왔고 이 용어들은 매우 빈번하게 수용되거나 거부되었다. 때때로 그 용어들은 비가시적 교회와 가시적 교회라는 고전적 구별과 혼동되기도 했다. 하지만 두 가지 구별 방식은 겹쳐지기도 한다. 비가시적 성질과 가시적 성질은 잠복적 교회와 현현한 교회 양쪽에 적용되어야 한다.

여기서 제안된 영적 공동체와 교회의 구별은 잠복성과 비가시성의 혼동을 피하는 데 도움을 줄 것이다. 영적 공동체는 중심적 계시와의 만남 이전에는 잠복해 있고 그 만남 이후에 현현한다. 이 "이전"과 "이후"에는 두 가지 의미가 있다. 그것은 단번에 역사의 중심을 확립했던 세계사적 사건, 즉 "기본적인 **카이로스**"를 제시한다. 또 그것은 지속적으로 재발하고 파생하는 **카이로스들**과 연관되어 있는데, 그 **카이로스들**을 통해서 종교적인 문화적 집단은 중심적 사건과 실존적 만남을 가진다. 영적 공동체의 잠복 및 현현과 연관된 "이전"과 "이후"는 그 단어들의 두 번째 의미와 직접적으로 연관 있고 첫 번째 의미와는 간접적으로만 연관 있다.

　　잠복적 교회와 현현한 교회의 구별을 구체적으로 보여주는 계기는 조직된 교회 밖에서 인상적인 방식으로 새로운 존재의 힘을 보여주는 집단들과 만날 때 등장한다. 그 집단으로 청년 단체, 동호회, 교육, 예술, 정치 운동들과 심지어 더 확실하게는 상호 간에 아무런 가시적 관계도 없지만 영적 현존의 충격이 느껴지는 개인들이 있다. 그것들은 공공연한 모든 종교적 표현에 무관심하거나 적대적일 수도 있다. 그것들은 교회에 속해 있지 않지만, 영적 공동체에서 배제되지도 않는다. 영적 공동체라고 주장하는 저 집단들―교회들―이 다양하게 보여주는 영적 현존의 불경화와 마성화의 예들을 본다면, 우리는 이 사실을 부정할 수 없을 것이다. 분명히 교회들은 영적 현존에서 배제되지 않지만, 교회의 세속적 대적자들도 배제되지 않는다. 교회는 종교적으로 현현하는 자기-표현을 통해서 영적 공동체를 재현하지만, 다른 것들은 세속적 잠복성을 통해서 영적 공동체를 재현한다. "잠복성"이라는 용어에는 부정적 요소와 긍정적인 요소가 있다. 잠복성(latency)은 부분적으로는 현실적이고 부분적으로는 잠재적인 상태다. 우리는 단지 잠재적(potential)이기만 한 것에 대해서, 예를 들어 그리스도로서의 예수를 아직 접하지 않은 자들이 예수를 그리스도로 수용하게 될 일에 대해서 잠복적이라 할 수 없다. 잠복성의 상태에는 현실화된 요소도 있어야 하고 아직 현실화되지 않은 요소도 있어야 한다. 이것이 바로 잠복적인 영적 공동체의 특징이다. 신앙과 사랑에는 영적 현존의 충격이 있지만, 신앙과 사랑의 궁극적 기준, 즉 그리스도의 신앙과 사랑에서 현현한 모호하지 않은 생명의 초월적 연합은 없다. 따라서 잠복적인 영적 공동체는 궁극적인 저항의 원리 없이 불경화와 마성화에 개방되어 있는 반면, 교회로서 조직된 영적 공동체는 저항의 원리 자체를 가지고 있으며, 예언자 운동이나 종교개혁 운동에서 드러났듯이 그 원리를 자기-비판적으로 적용할 수 있다.

기독교 인문주의로 덮여 있는 영적 공동체의 잠복성이야말로 잠복성 개념으로 귀결되지만, 그 개념이 더 폭넓은 적절성을 가지고 있음을 증명한다. 그 개념은 (대부분의 경우 문화의 역사와도 일치하는) 종교의 역사 전체에 적용될 수 있을 것이다.

이스라엘 백성의 공회, 예언자 학교, 성전 공동체, 팔레스타인과 디아스포라의 회당, 중세와 현대의 회당에도 잠복적인 영적 공동체가 있다. 이슬람 신앙 공동체, 모스크와 신학교, 이슬람의 신비주의 운동에도 잠복적인 영적 공동체가 있다. 거대 신화의 신들을 경배하는 공동체, 밀교적인 사제 집단, 고대 후기 세계의 신비주의 종파, 반쯤은 과학적이었고 반쯤은 예전적이었던 그리스 철학 학파에도 잠복적인 영적 공동체가 있다. 아시아와 유럽의 고전적 신비주의 및 신비주의 종교가 발생했던 수도회 집단과 반쯤 수도회적인 집단에도 잠복적인 영적 공동체가 있다. 영적 현존의 충격과 영적 공동체의 충격이 이 모든 것과 다른 많은 것에 존재한다. 궁극적 관심에 사로잡힌다는 의미에는 신앙의 요소들이 있고 분리된 것의 초월적 재연합이라는 의미에는 사랑의 요소들이 있다. 하지만 영적 공동체는 여전히 잠복적이다. 그 집단들이 1-30년 이전에 실존했든 아니면 이후에 실존했든 궁극적 기준, 즉 그리스도의 신앙과 사랑은 아직 이런 집단들에서 나타나지 않았다. 그 집단들에는 이 기준이 없기 때문에 그 집단들은 그리스도의 십자가에 실재와 상징으로서 현존해 있는 철저한 자기-부정과 자기-변형을 현실화할 수 없었다. 이 사실은 그 집단들이 영적 공동체를 현현한다는 점에서 영적 공동체와 목적론적으로 관련되어 있음을 의미한다. 그 집단들은 무의식적으로 그리스도를 지향한다. 비록 기독교회의 설교와 행위를 통해서 그리스도가 그 집단들에게 전해질 때 그 집단들이 거부할지라도 그 집단들은 그리스도를 지향한다. 그리스도의 이러한 출현 형식에 그 집단들이 반대할 때도 적어도 어떤 면에서는 그 집단들이 교회보다 영적 공동체를 더 잘 재현할 수 있다. 그 집단들은 영적 공동체의 이름으로 교회의 비판자가 될 수도 있는데, 이는 세계 공산주의와 같은 종교, 즉 기독교에 반대하는 운동에도 해당된다. 영적 공동체의 모든 요소들이 결집되어 있나면, 공산주의조차도 살아남을 수 없을 것이다. 세계 공산주의조차도 목적론적으로는 영적 공동체에 관련되어 있다.

　　기독교의 목회적 실천에서, 특히 기독교 문화의 안팎에 있는 자들을 향한 선교 활동에서 가장 중요한 것은 이교도, 인문주의자, 유대인 같은 이들을 외부에서 영적 공동체 안으로 들어오도록 초청받아야 하는 완전한 이방인이 아니라 잠복적인 영적 공동체의 일원으로 간주하는 것이다. 이 통찰은 교회적이며 위계적인 교만에 맞서는 강력한 무기가 된다.

c) 영적 공동체의 표지들

잠복적이든 현현했든 영적 공동체는 새로운 존재의 공동체다. 그 공동체를 창조한 것은 그리스도로서의 예수에게서 나타난 새로운 존재에서 현현한 신적인 영이다. 이 기원이 그 공동체의 특징을 결정한다. 즉 영적 공동체는 신앙과 사랑의 공동체다. 영적 공동체의 특징에 내재된 몇 가지 성질들은 자체적으로 특별한 고찰을 필요로 한다. 그 이유는 교회들은 영적 공동체의 현실화이기도 하고 왜곡이기도 하며 그 성질들은 그런 교회들을 묘사하고 판단하기 위한 기준을 제공하기 때문이다.

새로운 존재의 공동체인 영적 공동체는 신앙의 공동체다. "신앙의 공동체"라는 용어는 개별 회원의 신앙과 공동체 전체의 신앙 사이에 존재하는 긴장을 보여준다. 이 긴장이 (교회에서 나타나는) 파괴로 귀결되지 않는 것이 영적 공동체의 본성이다. 개인을 사로잡는 영적 현존은 신앙의 행위를 통해 개인의 조건, 신념, 신앙의 표현들을 초월한다. 영적 현존은 인간을 하나님과 연합시키는데, 하나님은 이 모든 조건을 통해서 인간을 사로잡을 수도 있지만 그 조건 중 어느 것에도 제한받지 않는다. 영적 공동체에는 대단히 다양한 신앙의 표현이 포함되어 있으며 그것 중 어느 것도 배제되지 않는다. 영적 공동체는 영적 현존의 중심적 현현에 기초하고 있기 때문에 모든 방향으로 개방되어 있다. 그럼에도 무한과 유한 사이의 무한한 분열을 극복하는 것은 신앙이다. 그 극복은 매 순간 단편적이다. 즉 그 극복은 모호하지 않은 생명의 초월적 연합에 대한 부분적 예견일 뿐이다. 모호하지 않은 생명 자체가 교회들의 신앙의 기준이며 교회들의 모호성을 정복한다. 영적 공동체는 거룩하며 신앙을 통해서 신적 생명의 거룩함에 참여한다. 그리고 영적 공동체는 종교적 공동체들, 예를 들면 교회들에 거룩함을 제공한다. 영적 공동체는 종교적 공동체들의 비가시적인 영적 본질이다.

새로운 존재의 공동체인 영적 공동체는 사랑의 공동체다. 매우 다양한 경험을 가진 개별 회원들의 신앙과 공동체의 신앙 사이의 긴장이 영적 공동체에 포함되어 있듯이 매우 다양한 사랑의 관계와 모호하지 않은 생명의 초월적 연합 안에서 존재자와 존재자를 연합시키는 **아가페** 사이의 긴장도 영적 공동체에 포함되어 있다. 그리고 다양한 신앙의 조건들 때문에 공동체의 신앙이 파괴되지는 않듯이 다양한 사랑의 관계들 때문에 분리된 중심들을 모호하지 않은 생명의 초월적 연합 안에 연합시키는 아가페의 일이 방해받는 것도 아니다. 하지만 그 사랑은 다차원적 사랑이며 시간과 공간 속에 있는 모든 것과 그 밖의 모든 것의 분리라는 관점에서는 단편적이지만, 영원한 생명에서 이루어질 완벽한 연합에 대한 예견이기도 하다. 마찬가지로 그 사랑은 교회들 안에 있는 사랑의 기준이며 그 본질은 모호하지 않고 교회의 모호성들을 극복한다. 영적 공동체는 거룩하고 사랑을 통해서 신적인 생명의 거룩함에 참여하며 종교적 공동체들—교회들—에 거룩함을 제공한다. 영적 공동체는 종교적 공동체의 비가시적인 영적 본질이다.

영적 공동체의 단일성과 보편성은 신앙과 사랑의 공동체라는 영적 공동체의 특징에서 기인한다. 그 공동체의 단일성은 신앙의 매우 다양한 조건들 때문에 발생하는 긴장 상태가 공동체 신앙의 파괴를 가져오지 않음을 표현한다. 영적 공동체는 다양한 심리학적 구조와 사회학적 구조, 역사적 발전, 상징과 신앙적·교리적 형식을 견뎌낼 수 있다. 이 단일성에 긴장 상태가 없지는 않지만, 파괴는 없다. 그 단일성은 시간과 공간의 한계 때문에 단편적이고 예견적이다. 하지만 그것은 모호하지 않으며, 따라서 종교적 집단들의 단일성을 위한 기준, 즉 영적 공동체를 비가시적 영적 본질로 삼는 교회들의 단일성을 위한 기준이다. 이 단일성은 영적 공동체의 거룩함을 보여주는 또 다른 표현이다. 영적 공동체의 거룩함은 신적 생명의 거룩함에 참여하고 있다.

영적 공동체의 보편성은 매우 다양한 사랑의 관계들과 모호하지 않은 생명의 초월적 일치 속에서 존재자와 존재자를 연합시키는 **아가페** 사이의 긴장이 파괴를 가져오지 않음을 표현한다. 영적 공동체는 사랑의 다양한 성질을 감당할 수 있다. 영적 공동체 안에서는 **아가페와 에로스, 아가페**와 **필리아, 아가페**와 **리비도** 사이의 갈등이 없다. 모든 역동적 과정에 암묵적으로 긴장이 있듯이 영적 공동체에도 긴장이 있을 뿐이다. 모든 생명의 역동성뿐 아니라 심지어 초월적 연합의 모호하지 않은 생명의 역동성조차도 긴장 관계를 내포하고 있다. 하지만 모호한 생명의 소외 상태에서만 긴장은 갈등이 된다. 영적 공동체에서 아가페 자체는 사랑의 다른 성질들과 연합되어 있으며, 또 그 성질들 사이에서 일치를 창조한다. 결과적으로 성별, 나이, 인종, 민족, 전통, 성격—개인적일 뿐만 아니라 유형론적인 성격—에 따른 존재자들의 엄청난 다양성은 그것들이 영적 공동체에 참여하지 못하도록 막지 못한다. 모든 사람은 동일한 아버지의 자녀라는 비유적인 진술[48]은 잘못된 것은 아니지만 공허한 소리일 뿐이다. 왜냐하면 그 말은 단지 잠재성만을 제시할 뿐이기 때문이다. 실제적인 물음은 다음과 같다. 하나님의 자녀는 하나님으로부터, 서로에게서 실존적으로 소외되어 있음에도 불구하고 초월적 연합에 참여할 수 있을까? 우리는 영적 공동체 안에서와 영적 공동체 안에서 이루어지는 영의 현현인 아가페의 사역에 의해서 이 물음에 대답하게 된다.

영적 공동체의 신앙, 사랑, 단일성처럼 영적 공동체의 보편성이라는 성질 또한 단편적이고 예견적이라 해도 모호하진 않다. 유한성의 한계는

---

48   역주. 행 17:28.

시간의 모든 순간과 공간의 모든 지점에서 현실적 보편성을 제한한다. 영적 공동체는 궁극적으로 완성된 하나님 나라가 아니다. 영적 공동체는 종교적 공동체를 통해 그 공동체의 비가시적인 영적 본질로서와 그 공동체의 모호한 생명에 대한 기준으로서 현실화된다. 그럼에도 영적 공동체는 거룩하다. 왜냐하면 영적 공동체가 그 보편성을 통해서 신적 생명의 거룩함에 참여하기 때문이다.

d) 영적 공동체와 종교, 문화, 도덕의 일치

영적 공동체가 참여하는 모호하지 않은 생명의 초월적 연합에는 정신 차원에서 나타나는 생명의 세 가지 기능―종교, 문화, 도덕―의 일치가 포함되어 있다. 이 일치는 인간의 본질적 본성에서 미리 형성되어 있고 실존의 조건에서 파괴된다. 그리고 영적 공동체를 통해 나타나는 영적 현존은 종교적 집단과 세속적 집단에서 나타나는 생명의 모호성과 투쟁하면서 이 일치를 재창조한다.

영적 공동체에는 특별한 기능으로서의 종교가 없다. 광의와 협의 두 가지 종교 개념 중에서 협의의 종교는 영적 공동체에 적용되지 않는다. 왜냐하면 인간의 정신적 생명의 모든 행위는 영적 현존에 사로잡혀 있기 때문이다. 성서의 용어로 말하자면, 완성된 하나님 나라에는 성전이 없는데,[49] 그 이유는 다음과 같다. "보아라, 하나님의 집이 사람들 가운데 있다. 하나님이 그들과 함께 계실 것이요, 그들은 하나님의 백성이 될 것이다. 하나님이 친히 그들과 함께 계실 것이다."[50] 영적 공동체를 창조하는 영적

---

49   역주. 계 21:22.
50   역주. 계 21:3.

현존은 영적 현존을 받아들이고 표현하는 별도의 실재(entity)를 창조하지 않는다. 오히려 영적 현존은 모든 실재, 모든 기능, 모든 상황을 사로잡는다. 영적 현존은 모든 문화적 창조물의 "깊이"이며 그 창조물들로 하여금 그 궁극적 근거 및 목표와 수직적으로 관계하게 한다. 영적 공동체에는 종교적 상징이 없는데, 그 이유는 만나는 실재 전체가 영적 현존의 상징이기 때문이다. 그리고 종교적 행위도 없는데, 그 이유는 모든 행위가 자기-초월의 행위이기 때문이다. 따라서 종교와 문화의 본질적 관계—"문화는 종교의 형식이고 종교는 문화의 실체다"—는 영적 공동체에서 실현된다. 하지만 모호하지 않더라도 영적 공동체에 역동성과 긴장이 없는 것은 아니다. 그러므로 영적 공동체의 다른 특질들과 마찬가지로 영적 공동체는 단편적이고 예견적이다. 성전이 없는 거룩한 도성을 바라보는 성서의 전망은 궁극적 완성을 바라보는 전망이다. 하지만 그것은 예견하고 단편적으로 실현하는 거룩한 공동체에 관한 묘사이기도 하다. 시간적 과정과 제한적인 의식의 장은 문화적 창조와 종교적 자기-초월의 보편적인 상호 내재를 막는다. 둘 중 하나씩 번갈아 승리하는 것은 불가피하지만, 공간적이고 시간적인 격차로 인해 질적 특징을 상호 배제하게 되는 것은 불가피하지 않다. 그런 배제는 문화와 종교의 분리와 이에 뒤따르는 종교적이고 문화적인 생명의 모호성에서 발생한다. 영적 공동체에서 단편적으로라도 모호하지 않게 이루어지는 종교와 문화의 연합은 종교적이고 문화적인 공동체들의 기준이 되며, 그 공동체들 안에 은폐되어 있는 힘으로서 분리 및 모호성과 맞서 싸운다.

비록 협의의 종교가 영적 공동체에 결여되어 있을지라도 광의의 종교는 모호하지 않은 방식으로 도덕과 연합되어 있다. 우리는 도덕을 다른 인격과의 만남을 통해서 인격을 인격으로 구축하는 것이라고 정의했다.

만약 좁은 의미의 종교가 도덕과 분리된다면, 그 둘은 상호적으로 독립성을 방어해야 한다. 예를 들어, 칸트가 기념비적인 방식으로 이 일을 했던 것처럼 도덕은 외부에서 도덕에 부여되는 종교적 계명에 맞서서 도덕의 자율적 특징을 방어해야 한다. 또한 슐라이어마허가 가장 인상적으로 이 일을 했던 것처럼 종교는 종교가 자율적 도덕에 대한 환각적 지지나 파괴적 개입이라고 설명하는 시도에 맞서서 자신을 방어해야 한다. 영적 공동체에는 그런 갈등이 없다. 영적 현존에 사로잡힌다는 의미의 종교는 인간 안에 있는 정신적이고 영적인 모든 것의 조건인 도덕적 행위를 통한 인격의 자기-확립을 전제한다. "영적 공동체" 자체가 새로운 존재가 나타나는 인격적·공동체적 특징을 제시한다. 영적 공동체는 다른 특징으로는 나타날 수 없으며, 영적 공동체가 도덕적 자기-구축 행위가 아닌 종교적 명령을 내리고자 하면 그 공동체는 파괴될 것이다. 이 가능성은 영적 공동체에서 배제되는데, 그 이유는 협의의 종교가 영적 공동체에서 배제되기 때문이다. 반대로 종교와 도덕의 일치는 영적 공동체에서 제시하는 도덕의 특징으로 표현된다. 영적 공동체의 도덕은 두 가지 의미로 "신율적"이다. 만약 우리가 도덕적 명령의 무조건적 특징의 원천을 찾고자 한다면 다음과 같이 대답해야 한다. 도덕적 명령은 무조건적인데, 왜냐하면 그 명령이 인간의 본질적 존재를 표현하기 때문이다. 우리의 본질적 존재를 긍정하는 것과 도덕적 명령에 순종하는 것은 한 가지 동일한 행위다. 하지만 누군가는 이렇게 물을 수 있다. 왜 우리는 우리 자신을 파괴하기보다 우리의 본질적 존재를 긍정해야 할까? 이 물음에 대한 대답은 다음과 같다. 인격은 자신의 무한한 가치를 깨닫는다. 또는 이를 존재론적으로 표현하자면 인격은 신적인 생명인 모호하지 않은 생명의 초월적 연합에 자신이 속해 있음을 깨닫는다. 이 깨달음은 영적 현존의 충격으로 발생한다. 신앙의 행위와 도덕적 명령의 무조건적 특징을 수용하는 행위는 한 가지 동일한 행위다.

만약 우리가 도덕적 명령이 가진 동기화하는 힘에 관한 물음을 묻는다면, 영적 공동체의 관점에서 제시되는 대답은 법이 아니라 영적 현존일 것이며 그 영적 현존은 도덕적 명령과 관련하여 은혜일 것이다. 도덕적 행위, 다른 인격과의 만남에서 이루어지는 인격적 자기-구축 행위의 기초는 초월적 연합에 참여하는 것이다. 이 참여로 인해서 도덕적 행위가 가능해진다. 그 영적 충격으로 이전의 초월적 연합은 중심적 인격과 자기, 그가 만나는 세계, 그리고 자기 및 세계의 근거 간의 현실적 연합을 창조한다. "앞서 있다"는 성질로 인해 영적 충격의 특징은 은혜로 규정된다. 그리고 영적 공동체 안에서 은혜로 현현하는 초월적 연합 말고 그 어떤 것도 도덕적 인격성과 공동체를 확립할 수 없다. 은혜 없이 인격이 자기를 인격으로 확립하게 되면, 인격은 법의 모호성에 빠지게 된다. 영적 공동체의 도덕은 은혜에 의해서 결정된다.

그럼에도 종교와 도덕의 일치는 단편적인 것으로 남아 있는데 그 이유는 그 일치에 시간적이고 공간적인 한계가 있기 때문이다. 그리고 그 일치는 예견적인 것으로 남아 있는데 그 이유는 그 일치가 인격 대 인격이라는 관계의 장 전체를 포괄하고 있지 않기 때문이다. 심지어 은혜의 영향을 받으면서 영적 현존의 충격에 종속되어 있는 인격성과 공동체조차도 완성된 인격성과 공동체가 아니다. 하지만 이것들은 종교적이고 세속적인 인격과 집단에 존재하는 도덕적 자기-설립의 기준들이다. "하나님 나라의 윤리학"은 교회의 윤리학과 사회의 윤리학의 척도다.

종교, 문화, 도덕의 일치에는 문화와 도덕의 일치가 내포되어 있다. 이 사실은 먼저 도덕이 문화로부터 받아들이는 내용에 적용된다. 도덕적 명령의 무조건적 특징에서 그 명령의 내용이 산출되지 않는다. 윤리적 내용은 문화의 산물이며, 문화적 창조의 상대성을 전부 공유하고 있다. 문화의 상대성에는 인격과 인격의 만남에서 이루어지는 인격적 자기-구축 행위라고 하는 오직 한 가지 한계만 있을 뿐이다. 그리고 이로 인해 우리는 이미 추상적 인식 이상의 것으로—재연합의 행위에서 다른 인격을 긍정하는 다차원적인 사랑으로—인도되었다. 그 사랑 안에서 도덕적 명령과 윤리적 내용은 합쳐지고 영적 공동체의 신율적 도덕을 구축하게 된다. 사랑은 사랑으로서 동일하게 남으면서도 변화에도 지속적으로 종속된다. 영적 공동체에는 영적 현존과 별개로 존재하는 계명들의 목록이 없다. 영적 현존은 사랑을 창조하며, 또 (십계명과 같은) 사랑의 지혜에 관한 문헌들을 창조할 수도 있다. 하지만 이런 문헌은 윤리적 법전이 아니다. 사랑은 특정한 사례들에 대한 그 문헌들의 타당성과 적용성을 매 순간 결정한다. 이런 방식으로 도덕은 문화적 창조의 역동성에 의존하기도 하고, 영적 현존이 창조한 사랑을 통해 그 역동성으로부터 독립하기도 한다. 새로운 존재는 모호하지 않은 생명의 초월적 일치에 참여함으로써 도덕과 문화를 연합시킨다.

하지만 이 일치는 모호하지는 않을지라도 단편적이고 예견적이다. 그 이유는 도덕적 행위자인 개인과 집단의 유한성 때문이다. 영이 부가하는 모든 도덕적 결정은 다른 가능한 결정을 배제한다. 이것은 사랑의 행위가 모호하다는 말이 아니라 모든 사랑의 행위가 단편적이며, 단지 어떤 궁극적인 것—즉 모든 것을 포괄하는 완성—을 예견할 수 있을 뿐이라는 말이다. 그럼에도 도덕과 문화의 이러한 일치는 모든 종교적 공동체와 세속적 공동체의 도덕적·문화적 상황에 대한 기준이 된다. 동시에 그 일치는 그 공동체 안에 있는 은폐된 영적인 힘인데, 이 힘은 도덕과 문화의 실존적 분리에서 기인하는 모호성을 해결하고자 한다.

문화가 도덕에 내용을 제공하듯이 도덕은 문화에 진지함을 제공한다. 진지함을 결여한 문화적 창조성을 키에르케고어는 "심미주의"(aestheticism)라고 했다.[51] 그 결여는 문화적 창조를 향한 분리된 태도로서 **에로스**의 감동 없이 창조 자체를 지향하는 유희 정도로만 여겨진다. 이 태도가 문화적 창조와 수용 속에 있는 놀이라는 요소와 혼동되어서는 안 된다. 놀이는 자유와 정신의 가장 특징적인 표현 중 하나이며 자유로운 놀이에는 필수적 노동의 진지함이 능가할 수 없는 진지함이 있다. 진지함이 있는 곳에는 도덕적 명령의 무조건적 특징이 지닌 무의식적이거나 의식적인 힘이 있다. 문화의 창조적 노동이 가진 이러한 지향성을 상실해버린 문화는 피상적이고 자기-파괴적인 것이 되며, 정반대로 도덕을 "진지함으로의 복귀"라고 설정하는 도덕은 문화에 반대하는 도덕주의의 경우가 그러하듯이 공허한 인격적·공동체적 자기-구축으로 자체적인 진지함을 부정하는 것이 된다. 그 두 가지 경우에서 연합하는 사랑의 결핍은 갈등을 낳는다. 영적 공동체에는 심미적 분리가 없다. 영적 공동체에는 모든 문화적 형식과 과제를 통해서 궁극적 존재와 의미를 경험하고자 하는 자들의

---

51   역주. Kierkegaard의 핵심 사상으로 "실존의 3단계"가 종종 제시된다. 하지만 이것은 Kierkegaard에 의해서 명료하게 제시된 것은 아니고, Höffting(1843-1931)에 의해서 정리되어 Kierkegaard의 주요 사상으로 받아들여졌다. 그 3단계는 감각적인 쾌락과 욕망에 집중하는 심미적 단계, 보편적 이성, 윤리적 규범 등에 집중하는 윤리적 단계, 보편적 이성, 윤리적 규범에 집중할 경우 필연적으로 직면하게 되는 무한한 체념을 지나 하나님에게 의지하게 되는 종교적 단계로 구성되어 있다(김용규,『신: 인문학으로 읽는 하나님과 서양문명 이야기』[서울: IVP, 2018], 581-96 참고). 그런데 종교적 단계는 "종교성 A"와 "종교성 B"로 구분되는데, "종교성 A"는 인간 안에 있는 진리, 신을 산파술이나 반어법을 통해 인식하게 되는 단계로서, 소크라테스가 그 대표자다. 하지만 "종교성 B"에서는 진리, 신이 인간 안에 있지 않다. 인간은 소외로 인해 신으로부터 떨어져 있으며 인간 밖에서 주어지는 진리를 통해 비약(leap)하게 된다. "종교성 B"를 대표하는 인물은 예수다(Tillich,『19-20세기 프로테스탄트 사상사』, 220-23).

진지함이 있다. 도덕적 자기-통합의 진지함과 문화적 자기-창조의 풍성함이 영적 현존에서 연합하며 영적 현존은 문화와 도덕에 있는 자기-초월적 추동력에 대답한다. 문화적 형식과 활동의 무책임한 유희 및 진지함의 이름으로 가장된 문화에 대한 도덕의 우위 사이에서 일어나는 갈등은 영적 공동체에서 자리를 잡지 못한다. 하지만 그런 갈등을 유발하는 긴장은 자리를 잡고 있다. 왜냐하면 영적 공동체의 신율 안에 문화와 도덕의 참된 일치가 있을지라도 그 일치는 단편적이고 예견적으로 실존하기 때문이다. 인간적 유한성의 한계 때문에 모든 것을 포괄하는 진지함과 모든 것을 포괄하는 문화적 **에로스**는 방해를 받는다. 하지만 이 한계 안에서도 도덕적 진지함과 문화적 개방성의 일치는 모든 종교적 집단과 세속적 집단에서 이루어지는 도덕과 문화의 관계를 위한 기준이 된다. 바로 그 영적인 힘이 도덕과 문화의 분리에서 기인하는 모호성과 투쟁한다.

영적 공동체에 관한 이러한 묘사는 그 모든 표현을 통해서 나타나는 새로운 존재만큼이나 영적 공동체도 은폐되어 있기도 하고 현현해 있기도 함을 보여준다. 영적 공동체는 그리스도로서의 예수에게서 나타난 새로운 존재의 중심적 현현만큼이나 현현해 있기도 하고 은폐되어 있기도 하다. 영적 공동체는 인류 역사에서, 간접적으로는 우주 전체에서 새로운 존재를 창조하는 영적 현존만큼이나 현현해 있기도 하고 은폐되어 있기도 하다. 이것이 "영적 공동체"라는 용어를 사용하는 이유이고 영적인 모든 것이 은폐된 채 현현하는 이유다. 영적 공동체는 영적 현존에 사로잡힌 상태로서의 신앙에만 개방되어 있다. 앞에서도 말했듯이 오직 영만이 영을 분별한다.

Ⅲ. 신적인 영과 생명의 모호성들

A. 영적 현존과 종교의 모호성

1. 영적 공동체, 교회, 교회들

a) 영적 공동체의 존재론적 특징

"영적 공동체"라는 용어는 교회 개념 속에 있는 어떤 요소, 즉 신약이 "그리스도의 몸"이라고 말했고[1] 종교개혁가는 "비가시적이거나 영적인 교회"라고 말했던 요소를 예리하게 규정하고자 사용되었다. 때로는 앞의 논의에서 이 요소를 "종교적 공동체들의 비가시적 본질"이라고도 했다. 그런 진술은 영적 공동체가 다른 집단들과 별개로 실존하는 또 하나의 집단이 아니라 그런 집단들에, 즉 종교적 공동체에 내재하면서 작용하는 힘과

---

1   역주. 고전 12:27.

구조임을 의미한다. 만약 그 집단들이 그리스도로서의 예수에게서 나타난 새로운 존재의 출현에 의식적으로 근거하고 있다면, 우리는 그 집단들을 교회들(churches)이라고 부른다. 만약 그 집단들이 다른 토대를 가지고 있다면, 우리는 그 집단들을 회당, 성전 모임(temple congregation), 신비주의 집단, 수도사 집단, 소종파 집단, 운동이라고 부른다. 그 집단들을 궁극적 관심이 결정하는 한, 영적 공동체가 그 모든 집단에서 작용하고 있는 것이다. 신약의 언어에 따르면, 기독교회에서 나타난 영적 공동체의 현현은 다음과 같은 방식으로 묘사된다. 신약에서 그리스어 **에클레시아**(*ecclesia*)로 칭해지는 교회는 그리스도의 소식을 전달하는 **사도들**(*apostoloi*)에 의해 모든 민족들로부터 **자유인들**(*eleutheroi*)의 모임(congregation)으로 부름 받은 자들로 이루어진 회중, "천국"(Kingdom of the Heavens)의 자유로운 시민이 된 자들로 이루어진 회중이다. 그 소식이 흥왕한 모든 마을과 그리스도인의 **교제**(*koinonia*) 또는 공동체가 존재하게 된 모든 마을에는 "교회", "하나님의 회중"이 있다. 하지만 보편적 교회(Church)에는 이러한 지역적 회중들의 진면적인 일치가 존재하는데, 그 일치 덕분에 개별 집단들은 교회들(지역적·교구적·민족적 교회들이나 보편적 교회의 분열 이후의 교파적 교회들)이 될 수 있다. 보편적 교회뿐만 아니라 그 안에 포함되어 있는 개별적 교회들도 이중적 측면에서 "그리스도의 몸"으로 간주되는데, 한편으로는 영적 실재라는 측면에서이고 다른 한편으로는 개별 그리스도인으로 이루어진 사회적 집단이라는 측면에서 그렇게 간주된다. 첫 번째 측면에 따르면, 그 교회들은 앞서 우리가 영적 공동체에 부여했던 모든 특질을 보여준다. 두 번째 측면에 따르면, 이미 생명 일반의 모호성과 관련해서 논의했던 종교, 문화, 도덕의 모든 모호성이 (그 교회들에 — 역자) 현존해 있다.

의미론적으로 명확히 하기 위해서 우리는 "영적 공동체"라는 용어를

(그리스도의 몸으로서의) "교회"의 등가물로 사용했으며, (대문자로 된 Church 인) "공교회"라는 용어를 완전히 피해왔다. 물론 이 용어는 예배의 언어에서 제거될 수 없다. 하지만 비성서적이고 비교회적인 용어를 사용함으로써 전통적 용어의 참된 의미가 혼란을 가져오는 함의로부터 풀려날 수 있다면, 조직신학에는 비성서적이고 비교회적인 용어를 사용할 권리가 있다. 종교개혁가들이 비가시적 교회와 가시적 교회를 날카롭게 구별했을 때, 그들도 같은 일을 한 것이다. 그들은 "교회"와 "교회들"라는 용어의 참된 의미가 위험하게, 심지어 마성적으로 왜곡된 일에 저항해야 했다.

하지만 새로운 용어가 한 측면에서는 유용할지라도 다른 측면에서는 새로운 혼란을 낳을 수도 있다는 사실을 부인해서는 안 된다. 가시적 교회와 비가시적 교회의 구별이 확실히 그 사례가 될 수도 있으며, 영적 공동체와 교회들의 구별도 그 사례가 될 수 있다. 첫 사례의 혼동은 "비가시적 교회"가 가시적 교회(Church)와 별개로 존재하는, 더 정확히는 가시적 교회들(churches)과 별개로 존재하는 또 하나의 실재로 이해되었다는 점이다. 하지만 종교개혁가들의 사상에는 역사적 교회들과 별개로 존재하는 어떠한 비가시적 교회도 없었다. 비가시적 교회는 가시적 교회의 영적 본질이다. 영적인 모든 것이 그러하듯이, 비가시적 교회도 은폐되어 있다. 하지만 비가시적 교회는 가시적 교회의 본성을 결정한다. 마찬가지로 영적 공동체는 교회들과 별개인 실재(entity)로 실존하지 않는다. 영적 공동체는 교회들의 영적 본질이며 그 공동체의 힘과 구조를 통해, 교회들의 모호성에 맞선 그 공동체의 투쟁을 통해 교회들 안에서 작용한다.

우리는 영적 공동체의 논리적·존재론적 특징에 관한 물음에 대해서 다음과 같이 대답할 수 있다. 영적 공동체는 실존을 결정하기도 하고 실존의 저항을 받기도 하는 본질이다. 여기서 두 가지 오류를 피해야 한다. 그 하나는 영적 공동체를 실재하는 어떤 이상, 실재하는 교회들에 맞서는 이상, 종교의 모호성들 속에 있는 긍정적 요소들로 구성되어 초월이라는 화면에 투사된 이상으로 해석하는 것이다. 이런 이미지는 현실적 교회들이 영적 공동체의 이 이상적 모습에 근접해갈 것이라는 기대를 만들어낸다. 하지만 이로 인해 다음과 같은 물음이 제기된다. 무엇이 그런 기대를 정당화하는가? 또는 더 구체적으로 말하자면, 교회들은 어디서 그런 이상을 확립하고 현실화할 힘을 얻는가? 익숙한 대답은 다음과 같다. 교회들은 교회 안에서 사역하는 신적인 영으로부터 그 힘을 얻는다. 하지만 이 대답은 신적인 영의 현존 방식에 관한 더 심화된 물음을 묻게 만든다. 영은 어떻게 (은혜의 방편인—역자) 말씀과 성례를 자신의 창조적 사역의 매개로 사용하는가? 신앙의 힘에 의해서가 아니라면 신앙은 어떻게 창조될 수 있는가? 그리고 사랑의 힘에 의해서가 아니라면 사랑은 어떻게 창조될 수 있는가? 본질적 힘이 현실화보다 선행해야 한다. 우리는 성서적 용어로 그리스도의 몸인 교회 또는 영적 성전인 교회는 개별 그리스도인과 특정한 교회가 받아들여지는 새로운 창조물이다라고 말할 수 있을것이다. 이런 종류의 생각은 종교개혁 시대를 포함한 교회사의 대부분의 시대보다도 우리 시대에 더 낯선 것이 되었다. 하지만 그것은 분명히 성서적 생각이다. 그리고 교회가 예수는 그리스도, 즉 새로운 존재의 매개자임을 인정하는 한 그것은 신학적으로 필연적 생각이다.

하지만 피해야 할 또 다른 위험이 있다. 그것은 영적 공동체를 이른바 영적 존재자들의 모임, 천사들의 위계 구조, 모든 시대 모든 민족의 성자들과 구원받은 자들 등으로 해석하는 일종의 플라톤주의나 신화론적 문자주의인데, 그런 것들이 교회의 위계질서와 성례에 의해 지상에서 재현된다. 이 관념은 그리스 정교회의 사상에도 있다. 그 관념의 상징적 진리가 무엇이든지, 그 관념은 우리가 영적 공동체라고 부르는 것이 아니다. "하나님의 천상회의"[2](the heavenly assembly of God)는 하나님의 지상회의, 즉 교회에 대한 초자연주의적 대응물이지만, 그것은 교회들을 교회로 만드는 성질, 교회들이 소유한 성질이 아니다. 교회들을 교회로 만드는 것은 교회의 비가시적, 본질적 영성(Spirituality)이다.

이로 인해 현실주의적이지도 않고 이상주의적이지도 않고 초자연주의적이지도 않으면서 본질주의적인 실재를 해석할 때 사용할 만한 범주―실존적인 것 배후와 안에 있는 본질적인 것의 힘을 제시하는 범주―가 필요하다. 이 분석은 모든 생명의 과정에 해당된다. 어디서나 본질적인 것은 결정하는 힘 중 하나가 된다. 본질적인 것의 힘은 인과율적 힘이 아니라 인도하는 힘이다. 누군가는 그것을 목적론적이라 할 수 있지만, 이 단어는 더 심오한 인과율이라는 의미로 남용되어 왔으며 그런 의미는 과학과 철학에서 확실히 거부되어야 한다. 그리고 우리는 이렇게 말할 수 있을 것이다. 영적 공동체는 교회들의 내적 **텔로스**이며 교회들을 교회로 만드는 모든 것의 원천이다.

영적 공동체에 대한 이런 본질주의적 해석은 모호하지 않은 생명을 영원한 생명으로 해석하는 데 가장 적합한 범주를 신학에 제공한다. 왜냐하면 영적인 생명은 영원한 생명의 예견이기 때문이다.

b) 교회들의 역설

교회들의 역설은 다음을 의미한다. 교회는 한편으로 일반적으로는 생명의 모호성에, 개별적으로는 종교적 생명의 모호성에 참여하고 있으며, 다

---

2   역주. 시 82:1.

른 한편으로 영적 공동체의 모호하지 않은 생명에 참여하고 있다. 이로 인한 첫 번째 결과는 교회들이 해석되고 판단받을 때마다 두 가지 측면에서 고찰되어야 한다는 것이다. 이러한 필요성에 대한 깨달음은 우리가 이미 언급했던 가시적 교회와 비가시적 교회의 구별로 표현되었다. 이런 용어를 사용하는 자가 자신이 두 가지 교회를 말하는 것이 아니라 시간과 공간 속에 있는 한 교회의 두 가지 측면에 관해 말하고 있다는 것을 아는 한, 이 용법은 가능하며 심지어 불가피하기도 하다. 왜냐하면 모든 현실적 교회의 본질적 힘으로서의 영적 공동체가 가진 비가시적 특징을 강조할 필요가 있기 때문이다. 하지만 이런 용어들이 남용되어 두 가지 구별된 교회들을 제안하게 되면, 그 결과 지금 여기서 경험되는 교회를 평가 절하하게 되거나 비가시적 교회를 부적합한 이상이라고 무시하게 될 것이다. 그 두 가지 결과가 개신교 역사의 많은 국면에서 특징적으로 나타났다. 첫 번째 결과는 특정한 유형의 성령 운동으로 나타났고 두 번째 결과는 자유주의 개신교로 나타났다.

그러므로 인식론적 언어로 (시간과 공간 속에 있는 모든 개별 교회로서의) 교회의 사회학적 측면과 신학적 측면에 관해 말하는 것이 유용할 것이다. 모든 교회는 사회학적 실재다. 따라서 모든 교회는 사회적 집단의 모호한 생명을 결정하는 법에 종속되어 있다. 종교사회학자들이 법사회학자, 예술사회학자, 과학사회학자들과 동일한 방식으로 이런 조사를 수행하는 것은 정당하다. 그들은 교회 안에서 나타나는 사회적 계층화, 엘리트의 부상과 쇠퇴, 권력 투쟁과 그 투쟁에서 사용되는 파괴적 무기, 자유와 체계화 사이의 갈등, 민주적 통속주의와 대조되는 귀족적 통속주의를 올바르게 제시한다. 이런 관점에서 보았을 때, 교회들의 역사는 해체하고 파괴하는 비극적·마성적 요소를 모두 가진 세속적 역사인데, 그 요소들은 다른 모든 생명의 과정들만큼이나 역사적 생명도 모호하게 한다. 만약 사회학적 측면이 신학적 측면을 배제하는 것처럼 비춰진다면, 우리는 교회를 논쟁적으로나 변증적으로 다룰 수 있을 것이다. (종종 그 의도는 분별없는 기대와 불가피하게 뒤따르는 실망에서 생기기도 하는데) 그 의도가 논쟁적이라면, 구체적 교회들의 훨씬 더 비참한 실재가 강조될 것이고 이 실재는 영적 공동체를 체현한다는 그 교회들의 주장과 비교될 것이다. 거리 모퉁이의 교회는 영적인 교회를 볼 수 없도록 은폐한다.

반대로 사회적 실재로서의 교회가 변증적 목적으로 언급된다면, 그 교회는 그 사회학적 의의 때문에 가치를 평가 받고 있는 것이다. 그 교회는 선한 생활을 장려하는 일에 헌신하는 가장 크고 가장 효과적인 행위자로서 칭송받는다. 사람들은 적어도 시범적으로라도 심리학적 안정을 위해 교회에 가입하도록 요청받는다. 예를 들어, 동일한 목표를 지향하는 다른 사람들을 돕는 일에 참여하도록 요청받는다. 이런 관점에 따르면, 교회의 역사는 인간성의 진보의 역사라고 말할 수 있다. 물론 교회를 비판하는 자들은 이런 기초 위에서 서구 문명에 끼친 교회의 반동적이고 미신적이며 비인간적인 충격을 제시할 수 있고 이 일에 큰 성공을 거두었다. 이러한 대조가 보여주는 것은 교회의 사회학적 기능과 과거와 현재 교회가 가진 사회적 영향력이라는 관점에서 교회를 판단하는 것이 매우 부적합하다는 사실이다. 단지 유익하며 사회적으로 유용한 집단일 뿐인 교회는 교회임을 주장하지 않는 다른 집단으로 대체될 수 있다. 그런 교회는 정당한 존재 이유가 없다.

교회들을 보는 다른 관점은 신학적 관점이다. 그 관점은 사회학적 측면을 인식하는 일을 거부하지는 않지만, 그 타당성만을 배타적으로 주장하는 일은 거부한다. 신학적 관점은 교회들이라는 사회적 실재의 모호성 안에서 나타나는 모호하지 않은 영적 공동체의 현존을 제시한다.

하지만 사회학적 관점과 관련된 위험과 유사한 어떤 위험, 즉 배타성이 신학적 관점을 위협하고 왜곡한다. 물론 신학적 관점은 교회들의 사회학적 특질과 교회들의 모호성이 실존한다는 것을 부인한다는 의미로 배타적일 수는 없다. 하지만 신학적 관점은 교회의 영적 본성에 끼치는 교회들의 의의를 부정할 수는 있다. 이것이 공식적인 로마 가톨릭의 교리인데, 이 교리에 따르면 로마 교회는 과거와 현재의 사회학적 모호성 위에 있는 신성한 실재다. 이런 관점에 따르면, 교회 역사는 신성한 역사가 되고, 생명을 해체하며 파괴하고 마성적인 모습들이 교회의 역사에서 강하게, 심지어 때로는 세속 역사에서보다 더 강하게 나타남에도 불구하고 교회의 역사는 다른 모든 역사 위로 격상된다. 이로 인해 로마 가톨릭교회의 본질적 문제들—교리, 윤리, 위계 조직 등—을 비판할 수 없게 된다. 로마 가톨릭교회의 역사적 실존이 영적 공동체와 동일시되기 때문에 로마 가톨릭교회를 향한 (때로는 비본질적인 문제들을 향한) 모든 공격이 영적 공동체를 향한 공격으로 느껴지고 결과적으로 영 자체에 대한 공격으로 느껴진다. 이것은 위계질서적 교만의 뿌리이며, 또 정반대로 반(anti)교회, 반위계질서 운동의 주요 뿌리 중 하나이기도 하다. 로마 가톨릭교회는 교회의 생명의 모호성을 무시하며 교회의 사회학적 특징을 교회의 신학적 특징 속에 감추고자 한다. 하지만 그 둘의 관계는 역설적이며 어느 한쪽을 제거하거나 그것을 다른 쪽에 종속시키는 방식으로는 이해될 수 없다.

교회들의 역설적 특징은 영적 공동체의 표지가 교회들의 표지로 받아들여지는 방식에서 명확해진다. 그 각각의 표지들은 "그럼에도"라는 말이 덧붙여지는 경우에만 교회들에 부여될 수 있다. 우리는 거룩성, 단일성

(unity), 보편성이라는 속성을 언급하고자 한다.[3] (신앙과 사랑은 교회들의 생명과 교회들의 모호성에 맞선 투쟁과 관련하여 논의될 것이다.)

교회들은 교회들에 현존해 있는 교회의 토대, 즉 새로운 존재의 거룩함 때문에 거룩하다. 교회들의 거룩함은 그 제도와 교리, 예전적이고 헌신적인 활동 및 윤리적 원리의 거룩함에서 나올 수 없다. 이 모든 것은 종교의 모호성 가운데 처해 있다. 교회들의 거룩함은 그 회원들의 거룩함에서도 나올 수 없다. 교회들의 회원들이 교회에 속하기를 원하는 한, 그 회원들이 교회가 받아들인 것—즉 교회 회원들이 거룩하지 않음에도 불구하고 받아들여진 근거—을 받아들이는 한, 교회들의 회원들은 그 현실적 거룩하지 않음에도 불구하고 거룩하다. 교회들과 그리스도인들의 거룩함은 경험론적 판단의 문제가 아니라 그들 안에서 이루어지는 새로운 존재의 사역에 대한 신앙의 문제다. 우리는 이렇게 말할 수 있을 것이다. 교회는 은혜에 의해서 신앙을 통해서 칭의를 받은 자들의 공동체이기 때문에 거룩하다. 그리고 교회들은 실제로 이 메시지를 자신의 회원들에게 "좋은 소식"으로 전한다. 하지만 이 메시지는 교회들 자체에 대해서도 타당하다.

---

3   역주. 381년 작성된 니케아-콘스탄티노플 신조는 교회에 관해 다음과 같이 고백한다. "우리는 하나의 거룩한, 보편적이며 사도적인 교회를 믿습니다"(*Credimus unam, sanctam, catholicam et apostolicam ecclesiam*). Tillich는 성령 안에서 활동하는 그리스도의 한 분 됨을 의미하는 단일성(*unam*), 거룩한 하나님께 교회가 속해 있다는 거룩성(*sanctam*), 시간과 공간을 초월하여 하나님의 백성이 가지는 보편성(*catholicam*), 교회의 근거, 내용, 사명이 계승된다는 사도성(*apostolicam*)이라는 교회의 네 가지 속성 중에서 "사도성"을 제외하고 있다. 사도성을 로마 가톨릭교회는 "사도직의 계승"(*successio apostolorum*)으로, 개신교는 "교리의 계승"(*successio doctrinae*)으로 설명한다. Heinrich Heppe의 『개혁파 정통교의학』은 교회의 속성으로 단일성, 성결성, 무오성, 보편성, 불멸성을 언급하고 이 속성들에 관한 정통주의 신학자들의 설명을 정리하지만, 사도성에 관해서는 언급하지 않는다(Heinrich Heppe, 『개혁파 정통교의학』, 이정석 옮김[고양: 크리스챤다이제스트, 2007], 936-39). 유해무는 종교개혁가들과 개신교 신조들이 사도성에 관해 거의 언급하지 않았더라도 사도성을 기반으로 하고 있다고 변호하는 입장을 편다(유해무, 『개혁교의학』, 559).

종교의 모호성 안에서 살아가는 교회들일지라도 거룩하다. 교회들이 거룩한 것은 교회가 십자가의 부정적 판단과 긍정적 판단 아래에 있기 때문이다.

바로 이것이 개신교와 로마 가톨릭의 분열이 해소될 수 없는 것처럼 보이는 지점이다. 로마 가톨릭교회는 (적어도 원리적으로는)—"그리스도의 대리자", 교황 자신을 포함한—교회 회원들 각각에 대한 비판적 판단은 수용하지만, 제도로서의 교회 자체, 교회의 교리적 결정, 예전적 전통, 도덕적 원리, 위계적 구조에 대한 비판적 판단은 수용하지 않는다. 로마 가톨릭교회는 교회의 제도적 완벽함이라는 기초에 근거해서 판단하지만, 이 기초 자체에 대해서는 판단하지 않는다. 만약 개신교가 어떤 종류의 제도적 완벽함에 기초하고 있다면, 개신교는 개신교회들에 적용되는 거룩함이라는 속성을 수용할 수 없다. 거룩한 교회는 왜곡된 교회이며 이 말은 시간과 공간 속에 있는 모든 교회에 해당된다.

교황 요한 23세가 주도한 제2차 바티칸 공의회처럼 로마 가톨릭교회가 자신 안에 있는 개혁의 원리를 소생시킨다면 그런 개혁은 어디까지 확장될 수 있는가라는 물음이 남는다. 교황 요한 23세는 다음과 같은 첫 번째 대답을 명백하게 주었다. 공의회와 교황의 교리적 결정은 로마 가톨릭교회의 변치 않는 기초다. 그리고 교리적 결정에는 교회의 위계적 구조와 윤리적 조직이 포함된다. 하지만 그런 결과에 대한 두 번째 대답, 즉 베아(Bea) 추기경이 제시한 것과 같은 대답도 있다. 비록 교리 자체는 불변적일지라도 그 해석은 변해야 한다. 개혁의 원리가 로마 가톨릭교회 안에서 예언자적 영의 인도를 받는 해석을 통해 어느 정도나 영향력을 발휘할지는 오직 미래만이 보여줄 수 있다.

그럼에도 교회들은 새로운 존재의 체현이며 영적 현존의 창조물이다. 그리고 교회들의 본질적 힘은 영적 공동체인데, 그 공동체는 교회들의 모호성을 통해 모호하지 않은 생명을 지향하면서 사역한다. 이 사역은 효과가 있다. 교회들에는 중생의 힘이 있다. 심지어 가장 비참한 상태의 교회들에도 말이다. 교회들이 교회들이면서 그리스도로서의 예수에게서 나타난 새로운 존재의 수용과 반작용에 연관되어 있는 한, 영적 현존은 교회들 안에서 사역하며 우리는 이 사역의 징후를 언제나 볼 수 있다. 이것은 우리가 이미 언급했던 예언자적 비판 운동과 개혁 운동에서 가장 분명하게 나타난다. 교회들이 자신 안에 개혁의 원리를 가지고 있다는 것은 교회의 거룩함에 해당하는 일반적인 사실이다. 즉 교회는 거룩하지만 "그럼에도"에 의해서 또는 역설로서 거룩하다.

단일성은 교회의 역설적 본성을 표현하는 교회의 두 번째 속성이다. 교회는 연합되어 있는데, 그 이유는 교회의 토대, 교회들 안에서 작용하고 있는 새로운 존재가 단일하기 때문이다. 하지만 교회들의 단일성은 교회들의 현실적 일치에서 나올 수 없으며, 또 단일성이라는 속성이 교회들의 현재적 비단일성 때문에 부정되는 것도 아니다. 그 속성은 이 경험론적 실재들과 가능성들로부터 독립적이다. 그 속성은 어떤 현실적 교회라도 영적 공동체에 의존하고 있다는 사실을 의미하는데, 영적 공동체는 현실적 교회의 힘과 구조의 본질이다. 이 사실은 그리스도 사건이라는 토대에 연관되어 있는 모든 개별적인 교단적·신앙고백적 교회에 해당된다. 모든 교회는 서로 분리되어 있지만, 교회의 단일성은 각각의 교회들에서 실재한다.

이 사실은 로마 가톨릭교회만이 특정하게 교회의 단일성을 나타내고 교회임을 주장하는 그 어떤 다른 집단도 거부해야 한다는 로마 가톨릭교회의 입장과 대립한다. 이런 절대주의의 결과 로마 가톨릭교회는 다른 기독교회들과 맺는 순수하게 종교적인 협조마저도 금지하게 되었다. 이런 입장이 어느 정도 완화되었지만, 그 절대주의는 교회의 단일성에 관한 로마 가톨릭교회의 이해를 보여주고 있다. 로마 가톨릭교회가 자신의 절대성 주장과 이와 함께 자체적인 고유한 특징을 포기하는 경우에만 로마 가톨릭교회의 이해가 변할 수 있을 것이다.

개신교는 단일성이라는 속성의 역설적 특징을 알고 있다. 개신교는 교회들의 구분을 종교의 모호성과 관련하여 불가피한 것으로 간주하지만, 그 구분이 교회의 토대라는 측면에서 교회들의 단일성과 모순된다고 여기지는 않는다. 교회들의 본질적 단일성은 교회들이 보여주는 단일성과 비단일성의 모호한 혼합에 역설적으로 현존한다.

이런 모호성에 맞선 투쟁은 영적 공동체의 힘으로 수행되는데, 모호하지 않은 단일성이 그 공동체에 속해 있다. 영적 공동체는 현현한 교회들을 재연합하고 우리가 "잠복적 교회들"이라고 불렀던 것을 이 연합 안으로 끌어들이는 모든 시도를 통해 나타난다. 우리 시대 이런 시도 중 가장 두드러진 것은 세계교회협의회(the World Council of Churches)의 사역이다. 세계교회협의회가 대표하고 있는 교회 연합 운동은 이 시대 많은 교회가 단일성의 속성을 깨닫고 있음을 표현하고 있다. 실천적 용어로 말하자면, 교회 연합 운동은 역사적으로 완고해진 구분을 치유할 수 있고, 신앙고백적 맹신을 서로의 신앙고백을 인정하는 협조로 대체할 수 있으며, 교파적 지역주의를 극복할 수 있고, 교회들의 토대를 통해서 이루어지는 모든 교회의 단일성에 대한 새로운 전망을 생산할 수도 있다. 하지만 에큐메니컬 운동이나 미래에 나타날 그 어떤 다른 운동도 단일성의 모호성과 역사적으로 실존하는 교회들의 구분을 극복할 수는 없다. 비록 교회 연합 운동이 세계연합교회(the United Churches of the World)를 만들 수 있다 하더라도, 모든 잠복적 교회들이 이 단일체를 향하게 된다 하더라도 새로운 구분이 나타날 것이다. 생명의 역동성과 교회 연합 운동이 고답적인 것이 되었을 때 나타나게 될 거룩한 것을 보존하려는 경향, 사회적으로 실존하는 교회들에 내포되어 있는 모호성과 무엇보다도 예언자적 비판과 개혁의 요구는 새로운 구분을, 많은 경우에는 영적으로 정당한 구분을 낳게 될 것이다. 교회들의 거룩함과 마찬가지로 교회들의 단일성에도 역설적 특징이 있다. 구분된 교회가 바로 연합된 교회다.

보편성은 교회들의 역설적 본성을 표현하는 교회들의 세 번째 속성이다. 교회들은 교회들의 토대─교회들 안에서 작용하는 새로운 존재─가 가진 보편성 때문에 보편적이다. "보편적"이라는 단어가 "가톨릭"(모든 사람으로 하여금 관심을 가지게 하는 것)이라는 고전적 단어를 대체한다. 왜냐하면 종교개혁이 낳은 분열 이후 "가톨릭"이라는 단어는 일반적으로 로마 가톨릭교회나 그리스 정교회와 성공회처럼 매우 성례 중심적인 교회에 붙여졌기 때문이다. 그 단어가 대체되어야 하더라도, 가톨릭적임(catholicity)을 주장하지 않는 교회는 교회이기를 중단한다는 사실은 여전히 남아 있다.

모든 교회는 영적 공동체를 현실화하는 교회의 본성 때문에─집중적이고 확장적으로─보편적이다. 교회의 집중적인 보편성은 생명의 모든 차원에서 창조된 모든 것에 교회로서 참여하고자 하는 교회의 힘과 욕망이다. 물론 그런 참여에는 만나게 된 존재의 영역들에서 나타나는 생명의 모호성에 대한 판단과 그 모호성에 대항하는 투쟁이 내포되어 있다. 집중적 보편성이라는 속성은 교회가 넓게─보편적 생명만큼 넓게─개방될 수 있도록 해준다. 창조된 어떤 것도, 따라서 본질적으로 선한 어떤 것도 교회와 그 회원들의 삶에서 배제되지 않는다. 이것이 **대립물의 복합**

(*complexio oppositorum*)이라는 원리의 의미이며 로마 가톨릭교회가 이 원리를 자랑스러워하는 것은 옳다. 영적 공동체에서 자리를 차지하지 못하는 것이 자연, 인간, 역사 속에는 전혀 없으며, 따라서 영적 공동체를 역동적 본질로 삼는 교회들 속에도 전혀 없다. 이 사실은 중세 대성당과 스콜라주의적 조직들을 통해서 고전적으로 표현되었는데, 그것들 속에서 존재의 모든 차원은 자리를 찾았고 심지어 마성적인 것, 추한 것, 파괴적인 것도 부수적 역할로 등장했다. 물론 이런 보편성이 가진 위험은 모호성의 요소가 교회의 생명에 들어갔다는 것 또는 상징적으로 말해서 마성적인 것이 신적인 것에 종속되는 자신의 역할을 거부하고 반란을 일으켰다는 것이다. 이 위험으로 인해 개신교는 **대립물의 복합**의 풍성함을 신성한 공허의 빈곤함으로 대체하게 되었다. (이 지점에서 유대교와 이슬람교를 따르고 있다.) 그렇게 하면서도 개신교는 보편성의 원리를 거부하지 않았는데, 그 이유는 풍성함의 보편성뿐만 아니라 공허의 보편성도 있을 수 있기 때문이었다. 수많은 가능성 중 하나가 절대적 지위로 격상되고 다른 요소들이 배제되는 경우에만 보편성이라는 속성은 침해당한다. 이런 일이 일어나면, 보편성의 원리는 교회에서 사라지고 세속 세계에서 실현된다. 종교개혁, 반종교개혁 동안 교회들이 대체적으로 풍성함의 보편성으로부터, 심지어는 공허의 보편성으로부터도 단절된 부분적 책임은 현대 세계에서 세속주의가 폭넓게 부상한 일에 있다. 교회들은 단지 삶의 일부가 되었고 보편적 삶에 참여하지 못하게 되었다. 하지만 보편성이라는 속성을 대하는 교회의 태도가 긍정적이든 부정적이든, 만났던 세계의 풍성함과 대비되는 교회의 현실적 빈곤함에도 불구하고 교회는 본질적으로 보편적이다. 교회들은 음악을 포함하면서 시각 예술을 배제할 수 있다. 교회들은 노동을 포함하면서 자연적 생동성을 배제할 수 있다. 교회들은 철학적 분석을 포함

하면서 형이상학을 배제할 수 있다. 교회들은 모든 문화적 창조물의 특정한 양식을 포함하면서 다른 양식들을 배제할 수 있다. 교회들이 얼마나 보편적이고자 하든지, 교회들의 보편성은 그 교회들의 개별성에 역설적으로 현존해 있다.

이 모든 것은 교회들의 집중적 보편성에 관한 것이다. 하지만 그것은 교회들의 확장적 보편성에 관한 것이기도 하다. 즉 교회의 토대는 모든 민족, 사회 집단, 인종, 부족, 문화에 대해서도 타당하다. 신약성서가 보여주듯이 이 확장적 보편성은 예수를 새로운 존재를 가지고 온 자로 수용하는 일에 담긴 직접적 함의다. 바울이 이것을 매우 강조했던 것은 디아스포라 유대인으로서 겪었던 자신의 경험 때문이었는데, 그에게는 헬레니즘 시대의 혼합주의뿐만 아니라 유대적·그리스적·로마적 요소들이 연합되어 있었으며, 이 모든 것을 자신과 자신의 회중이 속해 있는 교회 안으로 가져왔다.[4] 민족적·인종적·문화적 문제에서 기인한 우리 시대의 유사한 상황 때문에 이 시대의 신학은 교회의 보편성을 바울만큼 강하게 강조하게 되었다.

하지만 교회들에는 현실적 보편성이 결코 없다. 보편성이라는 속성은 현실적 상황에서는 나올 수 없다. 역사적으로 한정된 개별성에 비추어보아도―심지어 세계 교회들과 그 공의회들에 비추어보아도―보편성은 역설적이다. 그리스 정교회는 비잔티움 문화를 따라 기독교 메시지를 수용하는 일과 보편적인 영적 공동체를 동일시한다. 로마 가톨릭교회는 교회법 및 그 수호자인 교황이 다스리는 교회와 보편적인 영적 공동체를 동일시한다. 개신교는 보편적인 영적 공동체의 이름으로 외국의 종교와 문

---

4   역주. 갈 3:28.

화를 동시대의 서구 문명에 종속시키고자 노력함으로써 그 개별성을 보여준다. 그리고 많은 경우 인종적·사회적·민족적 개별성 때문에 교회들은 보편성이라는 속성을 현실화하지 못한다. 질적 또는 집중적 보편성과 같이 양적 또는 확장적 보편성도 교회들의 역설적 속성이다. 거룩함과 단일성에 관련된 경우와 마찬가지로 우리 또한 교회들의 보편성에 관해서 이렇게 말해야 한다. 보편성은 교회들의 개별성에 현존해 있다. 그리고 보편성은 확실히 효력이 있다. 가장 초기 시대부터 모든 교회는 집중적으로, 확장적으로 (때때로 그 둘은 동일하다) 보편성의 모호성을 극복하고자 노력해왔다.

슐라이어마허와 리츨이 보여주듯이 실증주의 경향이 보편성을 정복해버렸다는 것은 지난 백 년 동안 개신교 신학에서 드러난 가장 유감스러운 흔적 중 하나다. 신학에서의 실증주의는 보편성이라는 속성을 포기한 것이다. 예를 들어 단지 "실증적"이기만 한 개별적인 기독교회는 보편적이라고 간주될 수 없다. 보편성이 개별 교회에 역설적으로 현존한다고 인식되는 경우에만 개별적인 기독교회가 보편적이라고 간주될 수 있다.

교회의 거룩함, 단일성, 보편성에 관한 사도신경의 용어들[5]을 듣고 고백하는 일상적 평신도는 종종 영적 공동체라는 개념 없이도 교회들의 역설을 이해한다. 평신도는 자신의 지식으로 알게 된 교회들에 그 단어들을 적용함으로써 그 단어들의 역설적 의미를 깨닫는다. 미래에 이 속성들이 그 역설적 특징을 상실하고 경험론적으로 참이 될 것이라는 관념을 거부할 정도로 그는 현실주의적이다. 그는 교회들과 (자신을 포함한) 회원들이 그런 유토피아적 기대를 묵살함을 충분히 알고 있다. 그럼에도 그는 공교

---

5   역주. "거룩한 공교회(보편적 교회)와 성도의 교제."

회의 모호하지 않은 측면, 즉 영적 공동체를 표현하는 용어들의 힘에 사로잡힌다.

2. 교회들의 생명과 종교의 모호성에 대항하는 투쟁

a) 교회들의 생명 속에 있는 신앙과 사랑

(1) 영적 공동체와 신앙의 공동체인 교회들 영적 공동체는 신앙과 사랑의 공동체이며 모호하지 않은 생명의 초월적 일치에 참여한다. 참여는 생명의 유한성 때문에 단편적이고, 개체화와 참여의 양극성으로 인해 긴장 속에 있으며, 그런 긴장은 모든 유한한 존재자에게 존재한다. 교회들의 역동적 본질인 영적 공동체로 인해서 교회들은 신앙과 사랑의 공동체로 실존하는데, 그 공동체에서 종교의 모호성은 제거되지는 않지만 원리적으로는 정복된다. "원리적으로"라는 말은 추상적으로(*in abstracto*)가 아니라 (원리를 뜻하는 프린키피움[*principium*]이라는 라틴어와 아르케[*arche*]라는 그리스어가 의미하듯이) 기원의 힘을 의미하며, 그 힘은 전체 과정 속에 통제하는 힘으로 남아 있다. 이런 의미의 영적 현존, 새로운 존재, 영적 공동체는 **원리들**(*archai*)이다. 종교적 생명의 모호성은 교회들의 생명에서 원리적으로는 정복된다. 모호성의 자기-파괴적 힘은 파괴된다. 모호성은 완벽하게 제거되진 않지만—모호성은 마성적 강함 속에도 현존해 있을 수 있다—바울이 로마서 8장과 다른 구절에서 말한 것처럼 새로운 존재의 출현은 마성적인 "파괴의 구조"의 궁극적 힘을 극복한다. 교회들이 새로운 존재를 체현하는 한, 교회들에서 나타나는 종교의 모호성은 모호하지 않은 생명에 의해 정복된다. 하지만 이 "~하는 한"이라는 말은 교회들과 초월적 연합의 모호하지 않은 생명을 동일시하는 것을 우리에게 경고한다. 교회가 있는 곳

에서 종교의 모호성이 인식되고 거부되지만 제거되지는 않는 지점이 있다.

무엇보다도 이 사실은 영적 현존을 받아들이고 새로운 존재가 현실화되는 행위, 즉 신앙의 행위에 해당한다. 신앙은 교회들에서—모호한, 해체적인, 파괴적인, 비극적인, 마성적인—종교가 된다. 하지만 동시에 신앙의 다양한 왜곡에 대항하는 저항의 힘—신적인 영과 그 체현, 영적 공동체—도 있다. 만약 우리가 교회들이나 어떤 특정한 교회를 신앙 공동체라고 부른다면, 그것은 그 의도에 따라 그리스도로서의 예수에게서 나타난 새로운 존재에 근거하여 세워졌으며 그것의 역동적 본질은 영적 공동체라고 말하는 것이다.

영적 공동체에 관한 논의에서 우리는 영적 현존에 사로잡힌 자들의 신앙과 그런 개인들로 이루어져 있지만 각각의 개인들보다 또는 개인들 전체보다 더 큰 공동체의 신앙 사이에 긴장이 있음을 제시했다. 영적 공동체 안에서 이 긴장은 파괴로 귀결되지 않는다. 교회들에서 파괴는 전제되어 있으며 종교의 모호성으로 귀결된다. 하지만 그런 일은 이 모호성이 저항에 직면하고 교회 공동체가 영적 공동체에 참여함으로써 이 모호성이 원리적으로 극복되는 방식으로 일어난다. 우리가 교회들의 신앙이나 개별적 교회의 신앙에 관해 말할 때, 우리가 의미하는 바는 무엇인가? 그 물음의 세 가지 측면이 고려되어야 한다. 첫째, 초기 교회에서 개인이 교회에 들어가고자 결정했을 때와 그렇게 함으로써 생명을 포함한 모든 것에 위기가 닥치는 것을 감수했을 때, 교회를 신앙 공동체라고 말하는 것은 어렵지 않았다. 하지만 실존적 결단으로서가 아니라 종교적 쉼터로서의 교회에 더 많은 사람이 들어가자마자 그리고 이후에는 문명 전체에 속해 있는 유아를 포함한 모든 사람이 교회에 속하게 되었을 때, 교회를 신앙 공동체라고 규정하는 것은 의심스러운 일이 되었다. 대부분의 회원이 **능동적 신앙**(또는 신앙의 행위[*fides qua creditur*])을 전제하는 것은 힘든 일이었다. 남겨진 것은 교회의 **신조적 토대**(또는 신앙의 내용[*fides quae creditur*])였다. 이 둘은 무슨 관계가 있는가? 그 대답이 무엇이든 종교적 생명의 수많은 모호성이 재등장하고 신앙의 개념 자체가 너무 모호해져서 그 개념 자체를 전혀 사용하지 않을 (비록 충분하지는 않지만) 좋은 이유가 되었다.

신앙 공동체 개념의 두 번째 난점은 신앙의 내용, 곧 신조들의 역사에 뿌리를 두고 있다. 이 역사는 영적 창조성과 역사를 결정하는 사회적 힘들 사이에서 일어난 전형적인 모호한 혼합이다. 여기서 고찰되고 있는 사회적 힘들은 무지, 열광주의, 위계질서적 교만, 정치적 간계다. 만일 모든 교회의 신실한 회원들이 이런 방식을 따라 실존하게 된 정식들을 수용해야 한다고 교회들이 요구한다면, 이는 상황을 알고 있는 사람은 정직하게 감당하기 힘든 짐을 교회들이 회원들에게 부과한 것이다. 신앙 공동체를 교리적 신앙 진술에 무조건적으로 복종하는 것이라고 해석하는 것은 마성적이며 따라서 파괴적 행위다. 왜냐하면 그 진술들은 매우 모호한 교회사를 거치면서 발전해온 것이기 때문이다.

그 개념의 세 번째 난점은 세속 세계가 신조적 진술에 대한 비판적이거나 회의적이거나 무관심한 태도—이런 태도는 진지한 교회 회원들에게도 있다—를 발전시키면서 이룩되었다는 것이다. 비판과 의심이 개별 회원들의 인격성뿐만 아니라 공동체에도 지장을 초래한다면, "신앙 공동체"란 무엇을 의미하는가?

이 물음들은 종교의 모호성이 교회 안에서 얼마나 강력하며 신앙으로 저항하는 일이 얼마나 어려운지를 보여준다.

이 조직신학 모든 부분의 바탕을 이루고 있으면서 기독교 신앙의 기본 내용이기도 한 한 가지 대답이 있다. 그것은 예수는 그리스도, 즉 새로운 존재를 가져오는 자라는 주장이다. 이 주장을 표현할 수 있는 많은 방법이 있으며 교회는 이 주장을 외면할 수 없다. 모든 교회는 이 주장에 근거하고 있다. 이런 의미에서 교회란 예수가 그리스도임을 인정하는 사람들의 공동체라고 말할 수 있다. "그리스도인"이라는 바로 그 이름에는 이 사실이 내포되어 있다. 개인에게 이 사실은 결단을 의미한다. 예수가 그리스도라는 주장을 그가 인격적으로 수용할 수 있는가라는 결단이 **아니라**, 예수가 그리스도라고 주장하는 공동체에 그가 속하기를 원하는가 아니면 원하지 않는가라는 결단**이다**. 그가 이에 반대하는 결단을 한다면 그는 교회를 떠난 것이다. 비록 사회적이거나 정치적인 이유로 그가 자신의 거부를 공식화하지는 않더라도 말이다. 모든 교회의 많은 공식 회원이 어느 정도는 의식적으로 교회에 속하기를 원치 않는다. 교회는 그들을 참아줄 수 있다. 왜냐하면 교회는 개인의 결정에 근거하고 있는 것이 아니라 영적 현존과 그 현존의 매개에 근거하고 있기 때문이다.

징반내토 교회에 속하기를 무의식적으로나 의식적으로 원하는 사람들이 있다. 교회에 속하지 않는 것을 상상할 수 없을 정도로 원하는 사람들과 예수가 그리스도라는 기본적인 주장과 그 함의를 의심하는 중이라서 자신과 교회를 적어도 내적으로는 분리시키기 직전인 사람들도 있다. 우리 시대에는 이것이 많은 사람의 곤경, 아마 대부분의 사람이 다양한 정도로 직면하고 있는 곤경이다. 사람들은 교회에 속해 있으면서도 자신들이 속해 있는지 의심한다. 그들에게는 다음과 같은 사실을 말해주어야 한다. 교회에 속해 있음과 교회를 통해서 영적 공동체에 속해 있음을 판단하는 기준은 그리스도로서의 예수에게서 나타났던 새로운 존재에 근거하고 있는 집단의 생명에 참여하려는 의식적이거나 무의식적인 진지한 욕망이다. 그런 해석이 도와줄 수 있는 사람들은 전체 상징 체계에 관한 잘못된 정보(misgivings)를 가지고 생각, 헌신, 행위를 복종시킴으로써 양심이 힘든 사람들이다. 그들은 자신이 교회에, 또 교회를 통해서 영적 공동체에 완전히 속해 있다는 것과 자신감 있게 교회 안에서 살아갈 수 있고 교회를 위해서 사역할 수 있다는 것을 확신할 수 있다.

이 해결책은 목회자와 다른 대표자들을 포함한 교회의 모든 회원에게 타당하다. 하지만 목회자와 다른 대표자들의 경우에는 체계화된 모든 집단처럼 지혜와 요령의 문제가 발생한다. 분명한 것은 자신이 수행해야 할 기능의 기초와 목표를 부인하는 자, 심지어 그것을 암묵적으로라도 부인하는 자는 자신을 교회로부터 분리하거나 출교되어야(forced out) 한다는 점이다.

신앙의 공동체에 관한 위의 물음들은 더 어려운 다른 문제로, 개신교적 원리에 비추어 특별히 어려운 문제로 귀결된다. 그 물음은 이런 것이다. 신앙의 공동체─교회는 신앙의 공동체여야 한다─는 설교와 가르침과 또 다른 발언들을 통해서 표현되는 자신의 신조 및 교리와 무슨 관계가 있는가? 이 물음에 대해 구체적 교회의 구체적 결정으로 대답해야 한다. 이상적으로는 보편적 교회에 의해서, 현실적으로는 보편적 교회와 지역적 교회 사이에 있는 다양한 중심에 의해서 대답이 이루어져야 한다. 신조적 진술은 이런 결정에서 나온 것이다. 교회는 자신을 영적 공동체와 동일시하기 때문에 로마 가톨릭교회는 자체적인 신조적 결정을 무조건적으로 타당한 것이라고 간주하며 그 결정으로부터의 일탈을 영적 교회로부터의 이단적 분열이라고 여긴다. 이로 인해 이단자라고 여겨지는 자들에 대항하여 교회법에 따른 반작용이 발생하는데, 예전에는 그런 회원들 모두에게 대항하는 반작용이었고, 오늘날에는 교회의 대표자들에게 대항하는 반작용이다. 심지어 교회들에도 존재하는 종교의 모호성에 관한 개신교의 교리는 그런 반작용을 불가능하게 한다. 그렇지만 개신교회조차도 자신들의 신조적 토대를 정식화해야 하고 그 자신의 대표자가 가하는 공격에 대항해서 그 토대를 방어해야 한다. 하지만 그 자신의 모호성을 의식하고 있는 교회는 신조를 진술하거나 신조를 구체적 사례들에 적용할 때 교회의 판단 자체가 모호하다는 것을 인정해야 한다. 교회는 (나치의 배교, 공산주의적 이단, 로마 가톨릭의 타율로의 복귀, 그리스도에게서 나타난 새로운 존재에 있는 교회의 토대를 거부함 등에서 나타났듯이) 신앙 공동체를 위한 투쟁을 외면할 수 없다. 하지만 그렇게 하면서 교회는 해체적이고 파괴적이며 심지어 마성적인 오류에 빠질 수도 있다. 이 위기는 자신을 그리스도의 십자가 위가 아니라 아래에 두는 모든 교회의 생명에 내재해 있다. 예를 들어, 예언자적·개신교적 원리가 위계적이거나 교리적인 절대주의에 포섭되어 있는 모든 교회에 이 위기는 내재되어 있다.

교회를 신앙의 공동체로 인정하는 것에는 이단 개념을 인정하는 것이 수반되는지의 여부를 묻는 물음이 남아 있다. 이 물음에는 교회가 발전하는 동안 이단 개념이 획득했던 함의가 담겨 있다. 공식적으로 수용된 교리로부터 일탈하는 일을 일컫기 위해서 사용된 이 단어는 교회법(canonical law)이 확정됨에 따라 교회의 교리법(doctrinal law)을 위반하는 것을 의미하게 되었다. 그리고 교회법이 국법(state law)의 일부로 수용됨에 따라 이 단어는 가장 심각한 법적 공격 수단이 되었다. 이단자에 대한 박해로 인해서 "이단"이라는 단어가 가진 근원적으로 정당한 의미는 우리의 의식적 반작용에서, 그리고 무의식적 반작용에서는 더 많이 삭제되어버렸다. 그 단어는 진지한 논의에서는 사용될 수 없다. 또한 그 단어가 제시하고 있는 문제를 외면할 수는 없다고 해도, 나는 우리가 그 단어를 구출하고자 노력해야 한다고 확신한다.

　그 문제 자체에 관해서 다음과 같이 말할 수 있다. 교회의 토대를 거부하는 것, 즉 영적 공동체와 그리스도에게서 나타난 영적 공동체의 현현을 거부하는 것은 이단이 아니라 이단의 문제가 실존하고 있는 공동체로부터 분리되는 것이다. 기독교의 기본적인 주장이 가진 함의를 개념적으로 정식화하는 불가피한 시도가 이루어질 때, 이단의 문제가 제기된다. 우리는 개신교적 원리와 종교의 모호성을 인정이라는 관점에서, 그리고 영적 공동체의 늘 현존하는 잠복성에 비추어 그 문제를 다음과 같이 해결할 수 있다. 신적인 것과 인간적인 것의 무한한 거리라는 개신교적 원리는 새로운 존재에 관한 모든 교리적 표현의 절대성 주장을 무너뜨린다. 확실히 특정한 교리적 전통과 정식화에 교회의 선포와 가르침의 기초를 두고자 하는 교회의 결정은 필요하다. 하지만 그 결정에 그 결정만이 유일하게 가능한 것이라는 주장이 덧붙여지면, 개신교적 원리는 침해당한다. 인류사의 모든 곳에서 영적 현존이 창조해냈던 사상과 생명의 모든 표현을 개신교회는 생각과 행위 안으로 수용할 수 있다는 것이 개신교적 신앙 공동체의 본질에 속해 있다. 로마 가톨릭교회는 이 상황을 후기의 발전기보다 초기의 발전기에 더 잘 알고 있었다. 하지만 반종교개혁 이후 로마 가톨릭교회는 과거의 교리적 재평가에 저항하면서 교회의 문을 닫아버렸다. 본질적 자기-비판을 위한 예언자적 자유를 상실했다. 그런 자유를 위해 투쟁하며 태어났던 개신교도 신학적 정통주의 시대에 그 자유를 상실했고 반복해서 그 자유를 회복했다. 하지만 이 자유를 가진 개신교와 끊임없는 교파적 분열을 겪는 개신교는 신앙의 공동체로 남았다. 개신교는 자신이 참여하고 있는 두 가지 실재를 알고 있으며 늘 알고 있어야만 한다. 그 두 가지 실재는 개신교의 역동적 본질인 영적 공동체와 종교의 모호성에 처해 있는 실존하는 개신교다. 조직신학을 발전시키고자 하는 이 시도의 바탕에는 개신교의 이 양극에 대한 깨달음이 있다.

(2) 영적 공동체와 사랑 공동체인 교회들 교회들은 신앙의 공동체인 동시에 사랑의 공동체이기도 하지만, 이 말은 종교의 모호성 및 영과 모호성의 투쟁 안에서 이해되어야 한다. 아우구스티누스는 도나투스주의에 반대하는 글들에서 다음과 같이 결정했다. 신앙은 교회 밖에서, 예를 들어 분리주의적 집단에서도 가능하지만 **아가페**로서의 사랑은 교회 공동체로 제한된다.[6] 이렇게 말할 때, 그는 신앙과 사랑을 분리하는 지성주의적 신앙 개념 (예를 들어, 세례식의 신앙고백문을 수용하는 것)을 전제하고 있었다. 하지만 신앙이 영적 현존에 사로잡힌 상태라고 한다면, 그 둘은 분리될 수 없다. 하지만 아우구스티누스가 교회를 사랑의 공동체라고 간주했을 때 그는 옳았다. 우리는 사랑의 본성에 관해서 충분히, 특히 **아가페**로서의 사랑의 성질과 관련하여 영적 공동체의 특징을 논의했다. 이제 우리는 종교의 모호성 안에서 이루어지고 종교의 모호성에 반대하여 이루어지는 사랑의 사역을 기술해야 한다.

　　사랑의 공동체인 교회는 영적 공동체를 현실화하는데, 영적 공동체

6　역주. Tillich는 도나투스에 반대했던 아우구스티누스의 주장에 관해 이렇게 말한다. "사랑이란 올바른 신앙이 없는 곳에서는 발견되지 않는다. 사랑은 교회를 하나 되게 하는 영, 곧 사랑의 영이다. 교회에서 구체화되어 있는 이 사랑의 영은 '평화의 영'으로서, 다시 말해서 실존의 여러 조건 아래서는 분열되어 있는 것의 근원적인 신적 통일로서, 교회 안에서만 발견될 수 있는 선이다. 그러므로 구원은 교회 안에만 있다. 왜냐하면 구원은 이 사랑이 인간의 마음속으로 흘러들어가는 길이기 때문이다.…그렇기 때문에 아우구스티누스에게서 믿음과 사랑의 구별은 중요하다.…이 첫째 구별이 두 번째의 구별 곧 성례전의 타당성과 그 효력의 구별을 낳게 했다. 이단자에 의해서 집행된 성례전이라고 할지라도 정통적인 전통의 입장에서 집행된 것이라면, 그것은 타당성을 가진다." Tillich, 『그리스도교 사상사』, 223.

는 교회의 역동적 본질이다. 인격이 인격으로 구축되는 도덕적 행위를 분석하면서 우리는 이런 일이 다른 인격과의 나-너 만남에서만 일어날 수 있다는 것과 이런 만남은 **아가페**, 즉 타자의 존재의 의미에 의해 다른 인격을 긍정하게 되는 재연합하는 긍정에 의해서만 구체화될 수 있다는 것을 알게 되었다. 교회는 모든 회원이 다른 모든 회원과 그런 관계를 맺고 있고 이런 관계가 공간적이고 시간적인 근접성(신약의 "이웃")을 통해서 현실화된다는 전제를 갖고 있다. 교회는 사회학적으로 결정된 집단이기 때문에 분리가 발생할 수밖에 없지만, 그럼에도 상호 간의 수용을 통해서 표현된다. 이 사실은 정치적·사회적·경제적·교육적·민족적·인종적—무엇보다도—인격적 차이와 편애, 공감 및 반감과 연관되어 있다. 예루살렘의 첫 번째 교회나 많은 분파주의적 집단 같은 어떤 교회들에서는 "사랑의 공동체"라는 개념이 "황홀경적 공동체(ecstatic communism), 모든 차이의 유보, 특히 경제적 차이의 유보로 귀결되었다. 하지만 그런 태도는 교회의 신학적 특징과 사회학적 특징의 구별을 나타내는 데 실패하며 교회의 사회학적 특징의 본성을 이해하고 모든 사랑의 공동체의 모호성의 본성을 이해하는 데 실패한다. 종종 이데올로기적으로 사랑을 시행함으로써 가장 집중적인 적개심의 형식들을 낳기도 한다. 사랑 이외의 교회의 모든 본성처럼 사랑의 공동체에도 "그럼에도"라는 특징이 있다. 교회의 사랑은 영적 공동체의 사랑을 드러내지만, 생명의 모호성이라는 조건을 따라서 드러낸다. 정치적·사회적·경제적 평등 주장은 공동체라는 교회의 특징에서 직접적으로 도출될 수 없다. 하지만 사랑의 공동체와 신앙의 공동체를—특별히 영웅적인 경우를 제외하고—현실적으로 불가능하게 하는 그 불평등의 형식들을 비판하고 변형해야 한다는 주장은 사랑의 공동체라는 교회의 특징에서 **도출된다**. 이 사실은 정치적·사회적·경제적 불평등, 억압과 착취의 형식과 관련된 것인데, 그것들은 개인에게 있는 인간성의 잠재성 집단에 있는 정의의 잠재성을 파괴한다. 그러한 비인간성과 부정의의 형식에 반대하는 교회의 예언자적 말이 선포되어야 하지만, 무엇보다도 교회는 자신 안에 있는 기존의 사회적 구조를 변형해야 한다. (제4부, Ⅲ, A, 2, b), (5), "교회들의 관계 기능"을 보라.) 동시에 교회는 왜곡된 사회 구조의 희생자들과 질병과 자연재해 같은 힘들의 희생자들이 사랑의 공동체를 경험할 수 있고, 인간으로서의 잠재성을 지속시켜주는 물질적 재화를 얻을 수 있도록 도와야 한다. 이것은 자비라고 불리는 **아가페**의 일부이고 모호한 만큼이나 필수적인 **아가페**의 일부다. 그것이 모호한 이유는 그것이 인류 자체를 향한 의무를 단지 물질적 공헌으로 대체할 수도 있고, 자비를 필수적인 것으로 삼는 사회적 조건을 유지하는 도구, 심지어 완전히 부정의한 사회 질서를 유지하는 도구로 사용될 수도 있기 때문이다. 반대로 참된 **아가페**는 다른 사회 질서를 통해서 사랑을 가능케 하는 조건을 창조한다. (예를 들어 에리히 프롬이 이것을 심리 치료적 치유의 원리로 선언한 것은 ~~우연이 아니다.~~)[7]

모든 사랑의 행위에는 사랑을 부정하는 것에 대한 심판이 내포되어 있다. 사랑의 공동체인 교회는 교회의 실존을 통해서 이 심판을 지속적으로 실행한다. 교회는 그 공동체 안팎에 있는 자들에 대해 심판을 실행하

---

[7] 역주. Erich Fromm은 『사랑의 기술』의 결론부 "사랑의 실천"에서, 사랑을 불가능하게 하는 사회 구조를 사랑을 가능케 하는 사회 구조로 바꾸어가야 한다고 역설한다. "인간의 사회적이고 사랑할 줄 아는 본성이 그의 사회적 존재로부터 분리되지 않고 사회적 존재와 일체를 이루는 방식으로 사회가 조직되어야 한다. 내가 입증하려고 노력한 바와 같이, 사랑만이 인간의 실존의 문제에 대한 건전하고 만족스러운 대답이라면, 상대적으로나마 사랑의 발달을 배제하는 사회는 인간성의 기본적 필연성과 모순을 일으킴으로써 결국 멸망하지 않을 수 없다." Erich Fromm, 『사랑의 기술』, 황문수 옮김(서울: 문예출판사, 1993), 153.

고, 양쪽에 대한 심판을 의식적이고 능동적으로 **실행해야** 한다. 비록 그렇게 하면서 교회가 심판의 모호성—권위와 힘의 모호성—에 관련될 수 있다 해도 그렇게 실행해야 한다. 사회의 다른 집단들과는 달리 교회는 영적 공동체의 이름으로 심판하기 때문에 교회의 심판은 더 철저하고, 더 열광적이며, 더 파괴적이고 마성적인 것이 될 위험이 있다. 반대로 바로 그런 이유로 교회에 현존해 있는 영은 교회의 심판을 심판하고 교회의 왜곡에 맞서 투쟁한다.

교회의 회원과 관련된 교회의 심판은 영적 현존의 매개와 교회의 기능 및 최종적으로 권징(discipline)을 통해서 이루어지는데, 어떤 교회들, 특히 칼뱅주의 교회들에서 그 권징은 말씀과 성례와 같이 영적 현존의 매개로 여겨졌다.[8] 일반적인 개신교는 교회의 위계적이고 수도원적인 남용 때문에 권징을 주저한다. 개신교는 주로 출교(excommunication)의 실천과 이론에 대해서 반대한다. 개신교적 원리에 따르면 출교는 불가능한데, 그 이유는 인간과 하나님을 연합시키기 위해서나 인간을 하나님으로부터 떼어 놓기 위해서 자신을 하나님과 인간 사이에 위치시킬 권리가 그 어떤 종교 집단에도 없기 때문이다. 어떤 사람을 배제하고 교회의 승인을 받은 그 어떤 성례보다도 출교당한 자의 단순한 기도에 더 많은 영적인 힘과 더 많은 치유의 효과가 있을 수 있다. 개신교의 권징은 권면(counseling)과 교회의 대표자들에게 내리는 면직(exclusion from office)으로 이루어진다. 사랑의 심판의 결정적 특징은 그 심판의 목적인 사랑의 교제를 재확립하는 데 있다

---

8 역주. 초기 교회에서 단일성, 거룩성, 보편성, 사도성이 참된 교회의 "속성"으로 제시되었으나, 종교개혁가들은 참된 교회를 구분하기 위해서 교회의 "표지"를 제시했다. 칼뱅을 위시한 개혁파 교회는 세 가지 표지, 즉 하나님의 말씀이 정확하게 선포되는 것, 성례를 올바르게 집행하는 것, 권징을 정당하게 시행하는 것을 제시했다. 이와 달리 루터는 앞의 두 가지만을 강조했다. Tillich, 『그리스도교 사상사』, 418.

는 점이다. 잘라내는 것이 아니라 재연합하는 것이다. 일시적 근신조차 결코 치유되지 않는 상처를 만들 수 있다. 그런 배제도 교회에 사회적 배척의 형식을 가져다줄 수 있다. 이런 일이 개신교회에서 일어나며 그 파괴적 결과는 출교보다 더 나쁠 수 있다. 왜냐하면 그것은 영적 공동체와 교회를 향한 공격이기 때문이다. 교회의 대표자들이 교회에 큰 영향을 주는 사회적 집단과 맺는 합의 또한 마찬가지로 그리고 결국에는 더 위험하다. 이것은 특히 목회자의 문제인데 로마 가톨릭교회보다도 개신교회에서 더 문제가 된다. 만인제사장설이라는 개신교 교리는 목회자로부터 금기를 제거했는데, 그 금기는 로마 가톨릭교회의 사제들을 보호해주는 것이었고 이에 따라 평신도의 중요성이 증가했다. 이로 인해 가장 강력한 사회적 집단을 포함해서 회중에 대한 예언자적 심판이 거의 불가능할 정도로 어려워졌다. 그 결과가 미국 개신교에서 흔히 두드러지게 나타나는 사회학적으로 결정된 계급 교회다. 사랑의 공동체의 심판하는 기능은 (그 자체가 바람직한) 전략적이고 신중한 접근법의 이름으로 억압된다. 일탈적이고 잘못을 범하는 회원들이 행하는 사랑의 공동체의 원리에 대한 공공연한 공격보다도 이 상황으로 인해서 교회는 더 큰 상처를 받고 있다.

이 모든 것은 사랑의 공동체가 가진 회원들에 대한 심판 기능과 연관되어 있다. 물론 그 기준들은 교회의 공식적인 대표자들뿐만 아니라 사랑의 공동체의 이름으로 제한적인 집단 속에서 제사장적 기능을 담당하는 회원들에게도 동일하게 타당하다. 예를 들면, 그 사랑은 자녀를 향한 부모의 사랑, 배우자를 향한 다른 쪽 배우자의 사랑, 친구를 향한 친구의 사랑, 자발적 집단의 회원을 향한 그 지도자의 사랑, 자신의 학생들을 향한 교사의 사랑 등이다. 사랑의 공동체는 이 모든 경우 긍정, 심판, 재연합을 통해 현실화되어야 하며, 따라서 영적 공동체를 표현해야 한다. 그리고 영적 현존의 힘을 가진 교회는 영에 의해 결정되는 개인과 운동을 통해서 사랑의 세 가지 현현이 가진 모호성과 맞서 싸워야 한다. 세 가지 현현 각각은 영적 현존의 창조물이며 그 각각의 현현에서 새로운 존재의 위대한 "그럼에도"가 작용하고 있다. 하지만 그것은 세 번째—"그럼에도" 재연합, 곧 용서의 메시지와 행위—에서 가장 잘 드러난다. 교회들이 영적 공동체에 의존하고 있는 한, 사랑의 심판하는 요소처럼 용서하는 요소도 교회의 모든 기능에 현존해 있다. 하지만 종교의 모호성은 용서의 행위를 통해서 영의 역동성에 저항하기도 한다. 용서는 기계적인 행위나 단순한 방임, 또는 용서받는 자의 굴욕감[9]이 될 수도 있다. 이런 경우는 사랑 안에서 재연합하는 것이 불가능한데, 그 이유는 용서의 역설이 간과되기 때문이다.

사랑의 공동체인 개별 교회와 교회 밖에 있는 다른 공동체의 관계에 관한 물음은 문제들로 가득하다. 아마 종교의 모호성을 정복하기에 여기보다 더 어려운 지점은 없을 것이다. 첫 번째 문제는 교회 밖에 있는 모든 집단의 개별 회원들과 관련되어 있다. 만약 그들이 교회의 영역에 나타난다면, 사랑은 무엇을 요구하는가? 이 물음에 대한 일반적 대답은 그들은 잠복적인 영적 공동체의 참여자로서, 따라서 개별 교회의 회원이 될 수도 있는 자로서 받아들여져야 한다는 것이다. 하지만 그때 우리가 "심판"과 "재연합"이라고 불렀던 사랑의 요소들이 다음과 같은 물음을 제기한다. 그들을 회원으로서 완벽하게 또는 부분적으로 받아들이는 것은 어떤 조건에서 가능한가? 이것은 매우 어려운 물음이다. 회심이 필요한가, 그렇다면 무엇을 향한 회심인가? 그것은 기독교를 향한 회심인가, 아니면 기

---

9   역주. 영어본에서는 humilitation인데, 독일어 번역본에서는 Demütigung(humiliation)으로 번역되었다. 역자는 독일어본을 따랐다.

독교의 신앙고백이나 교단 중 어느 하나를 향한 회심인가, 그도 아니면 개별 교회의 신앙을 향한 회심인가? 잠복적인 영적 공동체에 관한 우리의 교설은 이런 대답을 제안한다. 만약 누군가가 특정한 교회를 통해서 사랑의 공동체에 참여하기를 바란다면, 그는 그 교회의 신조와 질서를 수용함으로써 온전한 회원이 될 수 있을 것이다. 아니면 그는 특정한 교회에 속하게 되고 또 다른 교회에서는 완전히 수용된 손님이 될 수도 있을 것이다. 그런가 하면 그는 유대교인, 이슬람교인, 인문주의자, 신비주의자 등으로서 잠복적인 영적 공동체에 남아 있을 수도 있을 것이다. 그는 사랑의 공동체 안으로 받아들여지기를 원하는데, 그 이유는 자신이 영적 공동체에 본질적으로 귀속되어 있음을 알기 때문이다. 이 마지막 경우 그는 손님, 더 정확히 말하자면 방문자나 친구일 것이다. 그런 상황은 오늘날 흔한 일이다. 적어도 개신교 분야에서 중요한 것은 그리스도로서의 예수를 자신의 토대로 삼고 있는 집단에 참여하고자 하는 욕망이다. 이 욕망이 신조적 진술의 자리를 차지하고 있으며 회심의 부재에도 불구하고 이 욕망은 교회 쪽의 제재 없이 사랑의 공동체 안으로 들어가는 문을 연다.

사랑의 공동체와 외부의 공동체의 관계에 관한 또 다른 문제는 한 특정 교회와 또 다른 교회—지역 교회, 민족 교회, 교단—의 관계 문제다. 교회들 사이에 존재하는 적대감, 심지어 한 교회가 다른 교회에 대해서 열광적인 박해를 가하는 극단적인 적대감에는 사회적이고 정치적인 원인이 있는데, 그 원인은 사회적 측면을 가진 교회들의 모호성 가운데 존재한다. 하지만 새로운 존재의 불경화와 마성화에 저항하는 영적 현존의 투쟁에서 기인하는 다른 이유도 있다. 명확한 신조와 삶의 질서를 가진 모든 교회에는 심오한 불안이 있는데, 그 불안은 사랑의 공동체에 받아들여지기를 요청하는 자가 불경화와 마성화의 요소들로 이 공동체를 왜곡시킬 수도 있다는 불안이다. 이런 상황에서 열광주의는 늘 그렇듯이 내적 불안정성의 결과이며, 박해는 늘 그렇듯이 불안에 의해서 산출된다. 사랑의 공동체들의 관계에서 나타나는 의심과 미움은 마녀 재판과 이단 재판을 낳았던 동일한 두려움의 결과다. 그 두려움은 마성적인 것에 대한 진정한 두려움이며, 따라서 무관심에 기반하거나 추상을 통해서 차이를 최소화한 후에 품어주는 관용으로는 극복될 수 없다. 그 두려움은 어떤 사랑의 공동체뿐만 아니라 다른 사랑의 공동체에서도 나타날 수 있는 새로운 존재의 표현을 긍정하고 심판하는 영적 현존으로만 깨어질 수 있다. 영적 공동체의 잠복성에서 기인한 공동체든지 아니면 영적 공동체의 현현인 공동체든지 그 모든 공동체에는 창조적인 영적 현존이 있으며 그 모든 공동체에는 불경화와 마성화의 가능성이 실재한다. 그러므로 한 교회는 영적 공동체에 속해 있는 또 다른 교회와 함께 사랑의 공동체를 인식할 수 있다. 영적 공동체는 그 두 개별 교회를 긍정하고 심판하는 그 둘의 역동적 본질이다. 교회의 단일성의 역설적 특징에 관해 앞서 말했던 것이 이러한 고찰로 실체화된다.

b) 교회들의 기능, 모호성과 영적 공동체

(1) 교회들의 기능의 일반적 특징과 영적 현존 앞서 우리는 영적 공동체와의 관계 속에서 교회들의 본질적 특징에 대해 논했는데, 이제는 교회가 많은 기능을 통해서 살아 있는 실재로 표현되는 것을 살펴보고자 한다. 이 각각의 기능들은 교회의 본성에 따른 비매개적이고 필연적인 결과다. 살아 있는 교회가 있는 곳마다 그 기능들은 실행되고 있다. 비록 시기적으로 그 기능들이 현현되기보다는 은폐되어 있다 하더라도 말이다. 비록 그 기능들이 취한 형식은 서로 매우 다를지라도 그 기능들은 결코 부재하지 않는

다. 우리는 교회의 기능들을 다음과 같이 영적 공동체 안에 있는 교회들의 토대와 관련된 구축 기능, 영적 공동체의 보편성 주장과 관련된 확장 기능, 교회들의 영적 잠재성의 현실화와 관련된 구성 기능, 세 가지로 구별할 수 있다.

여기서 더 일반적인 물음이 제기된다. 어떤 의미에서 교회들과 교회들의 기능에 관한 교리는 조직신학의 주제가 되며 또 어떤 의미에서 그 교리는 실천신학의 주제가 되는가? 물론 첫 번째 대답은 그 경계가 분명하지 않다는 것이다. 그렇지만 우리는 교회들 자체의 기능을 지배하는 신학적 원리들과 교회들의 실천에 가장 적합한 실천적 도구들과 방법들을 구별할 수 있다. 조직신학의 과제는 첫 번째 것을 분석하는 것이고 실천신학의 과제는 두 번째 것을 제시하는 것이다. (물론 이 구별이 조직신학자와 실천신학자의 생각에 구분이 있음을 의미하진 않는다. 그 둘은 두 종류의 문제를 생각하고 있으며, 각각은 자신의 작업을 통해서 그 두 종류의 문제 중 하나에 천착하고 있을 뿐이다.) 조직적 특징에 대한 다음과 같은 분석은 종종 실천적 특징에 대한 묘사와 겹쳐질 것인데 그런 일은 이미 앞서 일어났다.

교회가 담당하는 교회로서의 기능들을 지배하는 논리적 원리에 관해서 말해야 하는 첫 번째 진술은 그 기능들이 모두 교회의 역설에 참여하고 있다는 것이다. 그 기능들은 모두 영적 공동체의 이름으로 수행된다. 하지만 그 기능들은 또한 사회학적 집단과 그 집단의 대표자에 의해서 수행된다. 그 기능들은 생명의 모호성—무엇보다도 종교적 생명의 모호성—에 관여되어 있으며 그 기능들의 목표는 영적 현존의 힘을 통해서 이 모호성들을 정복하는 것이다.

우리는 세 가지 기능에 상응하는 원리들의 세 가지 양극성을 구별할 수 있다. 구축 기능은 전통과 개혁의 양극성 아래에 있고, 확장 기능은 진리(verity)와 적응의 양극성 아래에 있으며, 구성 기능은 형식-초월과 형식-긍정의 양극성 아래에 있다. 영적 현존이 맞서 싸우는 모호성도 이런 양극성을 통해서 제시된다. 전통의 위험은 마성적 **휘브리스**고, 개혁의 위험은 공허한 비판이다. 진리의 위험은 마성적 절대주의고, 적응의 위험은 공허한 상대주의다. 형식-초월의 위험은 마성적 억압이고, 형식-긍정의 위험은 공허한 형식주의다. 각각의 기능을 묘사하면서 이 양극성들과 그 양극성에 내포되어 있는 위험들의 구체적인 본보기를 논의할 것이다. 여기서는 각각의 것들에 관한 몇 가지 일반적 언급만이 필요할 뿐이다.

교회에서 전통의 원리는 모든 새로운 세대의 문화적 형식은 이전 세대가 생산한 문화적 형식에서 성장한다는 사회학적 사실을 인식하는 것만이 아니다. 물론 이 사실은 교회에도 타당하다. 하지만 이 사실 외에도 교회에서 전통의 원리는 교회들의 본성과 교회들의 생명의 특징이 그리스도로서의 예수에게서 나타난 새로운 존재 속에서 교회들이 수행하는 기능에 의해 결정된다는 사실과, 이 전통은 이 토대와 새로운 세대의 연결고리가 된다는 사실에서 기원한다. 이것은 민족 집단과 문화 운동에 반드시 해당하는 것은 아닌데, 그 집단과 운동의 시작은 그것들의 발전에 훨씬 더 부합하지 않을 수도 있다. 하지만 영적 공동체는 교회의 모든 기능을 통해서 영향을 주고 있으며, 따라서 이상적으로는 모든 세대가—중심적 현현을 경험한 세대뿐만 아니라 그 현현을 기대했던 세대들도—현존해 있다. 이런 의미의 전통에 모든 개별적 전통들이 포함되어 있음에도 이런 의미의 전통은 개별적이지 않다. 전통은 역사적 인류의 일치를 표현하며 그리스도의 출현이 역사적 인류의 중심이다.

그리스 정교회는 로마 가톨릭교회가 받아들인 전통, 다시 말해 법에 의해 정의되고 교황에 의해 결정된 전통과 달리 자신을 살아 있는 전통의 교회라고 간주한다. 개신교가 두 전통의 많은 요소에 가했던, 특히 로마 가톨릭교회에 대해서 가했던 비판 때문에 전통 개념 자체가 개신교인의 감각에는 의심스러운 것이 되었다. 하지만 전통은 모든 교회의 생명 속에 있는 요소다.[10] 심지어 개신교의 비판도 로마 가톨릭 전통 속에 있는 특정한 요소, 즉 성서, 아우구스티누스, 독일 신비주의, 인문주의적 기반 등의 도움이 있었기 때문에 가능했다. 그 비판이 외부에서 기인하지 않고 전통 자체의 중심에서 기인한다는 것과 참된 의미의 전통의 이름으로 왜곡된 전통에 맞서 싸운다는 것은 종교적 전통에 대한 예언자적 비판의 일반적 특징이다. 전통이 없으면 개혁도 없다.

"개혁"이라는 단어에는 두 가지 함의가 있다. 그것은 교회사의 유일무이한 사건인 16세기 개신교 종교개혁을 가리키기도 한다. 그리고 그것은 모든 시대에 작동하고 있는 영구적인 원리를 가리키기도 하는데, 그 원리는 종교의 모호성에 맞선 영의 투쟁에 내포되어 있다. 예언자적 영이 "지도자와 회원들" 안에서 교회의 개혁을 요구할 때 로마 가톨릭교회가 성공적으로 이 원리를 억압했으므로 역사적 종교개혁이 발생했다. 분명히 개혁 운동을 위한 객관적 기준은 없다. 심지어 성서도 해석되어야 하기 때문에 기준이 될 수 없다. 대신에 영적 자유의 깨달음에 근거하는 위기가 있으며 바로 예언자적인 영이 그런 위기에 맞설 용기를 창조한다. 개신교회는 이 위기를 감수하는데, 비록 이 위기가 개별 교회들의 해체를 의미할지라도 감수한다. 개신교는 영적 공동체, 교회의 역동적 본질은 파괴될 수 없다는 확신 속에서 위기를 감수한다.

전통과 개혁의 양극성은 종교의 모호성에 대한 영적 현존의 투쟁으

---

10   역주. 고전 11:12; 살후 2:15, 3:6.

로 귀결된다. 개혁의 원리는 전통이 실천이나 법에 의해서 절대적으로 타당한 것으로 주어짐으로써 영의 자유를 마성적으로 억압할 경우 이에 대한 교정책이 된다. 그리고 모든 교회에는 전통이 있기 때문에 이 마성적 유혹은 그 모든 교회에서 현실화되며 성공을 거둔다. 그 마성적 유혹의 성공은 금기를 생산하는 불안에 의해서 이루어지는데, 그 불안은 거룩한 것, 구원하는 힘이 있다고 입증되었던 것으로부터 일탈하는 것에 대한 불안이다. 개혁의 원리의 영향으로 교회가 불경화하는 비판 작업에 빠져들 것이라는 예견이 이 불안에 내포되어 있다. 슐라이어마허가 종종 인용했던 "개혁은 계속 된다"는 말은 확실히 옳다. 하지만 이 말은 걱정스러운 물음을 불러일으킨다. 개혁을 넘어 비판적 해체가 시작되는 한계는 무엇인가? 이 물음은 절대화된 전통의 수호자에게 개혁을 향한 욕망을 억압하는 힘, 즉 더 나은 길을 알고 있지만 새로운 길을 감수할 용기는 없는 자들의 양심을 묶어두는 힘을 제공한다. 영적 공동체에는 그 두 가지 원리가 연합되어 있다. 그 원리들은 긴장을 이룰 뿐 갈등에 빠지지는 않는다. 영적 공동체의 역동성이 교회에 영향을 끼치는 정도에 따라 갈등은 살아 있는 긴장으로 변형된다.

원리들의 두 번째 양극성은 교회들의 생명의 확장 기능과 본질적으로 연관되어 있다. 그 양극성은 진리와 적응의 양극성이다. 그 문제는 바울의 말만큼이나 오래된 문제인데, 그는 자신이 전하는 메시지의 진리를 부인하면서 새로운 존재(그는 이것을 "새로운 피조물"[11]이라 부른다)를 유대인의 율법이나 그리스의 지혜라는 옛 존재로 다시 변형시키고자 하는 모든

---

11   역주. 고후 5:17.

자들을 반대하면서,[12] 자신은 유대인에게는 유대인이 되고 그리스인들에게는 그리스인이 되겠다고 말한다.[13] 진리와 적응의 실존적 갈등뿐만 아니라 그 갈등을 극복하려는 영적 현존의 투쟁도 바울의 글에 고전적으로 표현되어 있다.

초기 교회에서 작은 집단들은 교회가 유대인의 율법에 복종할 것을 요구했고, 대부분의 신학자를 포함한 대다수는 그리스 고전 철학과 헬레니즘 철학이 발전시킨 사상 형식에 적응해야 한다고 요구했다. 동시에 군중들은 교회 권위자들의 관대한 감독을 받으면서 종교적으로 다신론적인 경향—형상(이콘[icon]) 숭배에서 나타난 것이든, 많은 성자, 특히 성처녀(the Holy Virgin)의 헌신적 삶의 개입에서 나타난 것이든—에 적응했다. 이러한 적응이 없었으면 초기 교회의 선교 사역은 불가능했을 것이다. 하지만 적응 과정에서 기독교 메시지의 내용은 타협을 위해 굴복할 지속적인 위험에 처해 있었다. 적응을 위해서 진리를 저버리는 이러한 위기는 너무나 실재적이어서 기독교회들의 첫 천 년기 동안 있었던 대부분의 큰 갈등들은 이 갈등으로 살펴볼 수 있다.

중세 시대 게르만-로마 부족들을 봉건 질서에 적응시키는 일은 선교적으로나 교육적으로 필요한 일이었고 이 적응을 위해서 지속적 타협을 통해 진리를 굴복시키는 일이 수반되었다. 부분적으로 황제와 교황 사이의 투쟁은 사회적 위계질서와 종교적 위계질서의 봉건적 동일화에 맞선 교회의 반작용으로 이해되어야 한다. 그리고 종교개혁을 포함해서 중세 후기의 인격적 경건이 행한 반작용은 교회가 모든 것을 포괄하는 봉건

---

12   역주. 갈 1장; 고전 1장.
13   역주. 고전 9:20.

적 권위 자체로 변형된 것에 반대하는 저항으로 이해될 수 있다. 물론 타협에 맞서 진리를 옹호한 이런 운동 중 그 무엇도 적응의 필요성을 외면하지 않았다. 루터와 에라스무스의 분열에도 불구하고 인문주의 정신은 멜란히톤, 츠빙글리 및 부분적으로는 칼뱅을 통해서 개신교에 들어왔다. 이후 수 세기 동안 진리와 적응의 투쟁은 여전히 강력하게 이어졌고 오늘날에도 가장 현실적인 문제로 있다. 물론 이런 투쟁은 외국의 종교들과 문화들을 향한 선교적 확장으로 제한되지 않으며 기독교 전통에 의해 형성된 문명 안에서의 확장과 더 직접적으로 연관되어 있다. 16세기 이후 일반적인 문화적 풍토의 변화와 새로운 세대를 교회로 인도해야 할 필요성은 진리와 적응의 양극성에 포함된 불가피한 문제를 불러일으켰다.

앞서 제시된 것처럼 적응 없이 진리를 선언하는 일은 사람들이 진리를 수용할 수 있는지 없는지를 고려하지 않은 채 진리를 사람들의 머리에 돌멩이같이 던지는 마성적 절대주의라는 위험을 안고 있다. 그것은 교회가 종종 이른바 필요한 신적 공격을 행한다고 주장하면서 수행하는 마성적 공격이다. 교회가 자신의 확장 기능이 지향하는 사람들의 이해 범주에 적응하지 못하면, 교회는 갖고 있는 것을 확장하지 못할 뿐만 아니라 심지어 상실하게 된다. 왜냐하면 교회의 회원들도 기존의 문명 안에 살고 있으며 그 문명의 범주를 통해서만 새로운 존재의 메시지의 진리를 받아들일 수 있기 때문이다.

다른 한편 만약 적응이 교회사의 많은 시대처럼 무제한적 타협이 된다면, 메시지의 진리는 상실되고 교회는 상대주의에 사로잡힌다. 그런 교회는 세속주의로 빠지게 되는데, 처음에는 단지 공허하기만 하고 황홀경은 없는 세속주의였다가 나중에는 마성적으로 왜곡된 황홀경에 개방되어 버린다. 진리의 원리를 포기하는 선교적 타협은—종교적인 것이든 불경한 것이든─마성적 힘들을 정복하지 못한다.

원리들의 세 번째 양극성은 형식-초월과 형식-긍정의 양극성으로서 구성 기능과 관련 있다. 구성 기능은 교회들의 생명을 통해 영적 공동체를 표현할 목적으로 문화적 창조의 다른 분야들을 활용하는 것이다. 이 말은 **테오리아** 및 **프락시스**와 관련되어 있으며 정신 차원에서 그것들을 통해 생명의 미학적 분야와 인지적 분야 및 인격적 분야와 공동체적 분야와 관련된다. 교회들은 그 모든 것들로부터 재료, 즉 양식, 방법, 규범, 관계를 받아들이지만, 그 문화적 형식들을 긍정하고 초월하는 방식으로 받아들인다. 만약 교회들이 미학적 구성이나 인지적 구성, 인격적 구성이나 공동체적 구성에 관여한다면, 영적 현존과의 관계가 교회들의 작업을 통해 나타나는 경우에만, 즉 교회 안에 황홀경적, 형식-초월적 성질이 있는 경우에만 교회들은 교회로서 그 일을 한 것이다. 교회들이 정치 정당이나 법정처럼, 학교나 철학 운동처럼, 예술품 생산의 후원자나 심리 치료적 치유의 후원자처럼 행동할 때 교회들은 교회로서 행동하는 것이 아니다. 영이 유한한 형식에 침입하여 그 형식이 그 자체를 넘어서도록 추동하는 경우에만 교회들은 교회로서의 존재를 보여준 것이다. 바로 이 형식-초월적, 즉 영적 성질이 교회의 구성 기능들─미학적 자기-표현 기능, 인지적 자기-해석 기능, 인격적 자기-실현 기능, 사회적이고 정치적인 자기-체계화 기능─의 특징이다. 그 기능들을 교회의 기능으로 만드는 것은 주제 자체가 아니라 그 기능들의 형식-초월적·황홀경적 특징이다.

동시에 우리는 형식-긍정의 원리를 관찰해야 한다. 문화적 영역의 본질적 형식은 교회의 모든 기능을 통해서 교회의 구조적 요구를 손상시키지 않으면서 사용되어야 한다. 이 사실에는 구조와 황홀경에 관한 앞의 논의가 내포되어 있다. 종교 예술의 형식-초월적 특징에도 불구하고 미학적 규칙들은 지켜져야 한다. 종교적 지식의 형식-초월적 특징에도 불구하고 인지적 규칙들을 어겨서는 안 된다. 인격적 윤리와 사회적 윤리, 정치, 교육과 관련해서도 이것은 타당하다. 이 상황에서 제기되는 몇몇 중요한 문제들이 나중에 논의될 것이다. 여기서는 교회의 생명의 구성 기능들이 그 사이에서 요동치는 두 가지 위험을 다시 언급하고자 한다. 만약 형식-초월의 원리가 형식-긍정의 원리로부터 분리되어 작용하면, 교회들은 마성적이고 억압적인 것이 될 것이다. 교회들은 모든 사람과 모든 집단에게 있는 문화적 창조가 따라야 하는 구조적 필연성에 정직하게 복종할 것을 요구하는 양심의 형식을 억압하게 된다. 예를 들어, 교회들이 신성한 (또는 정치적 편의에 따른) 양식의 이름으로 예술적 통합성을 해치거나 자연, 인간, 역사에 관한 철저한 물음을 묻는 학문적 정직성을 제거하거나 혹은 마성적으로 왜곡된 열광적 신앙의 이름으로 인격적 인간성을 파괴하는 일 등을 하게 된다.

다른 극에는 영적 창조의 불경화라는 위험과 마성적 침입을 불러들이는 공허함이 있다. 너무 완고하여 초월될 수 없는 형식은—비록 잘못된 것은 아닐지라도—점점 무의미한 것이 되어간다. 그것은 처음에는 초월적 개입에 대한 방어책으로 느껴지지만, 다음에는 자율적 창조성으로, 그다음에는 형식적 교정의 체현으로, 결국에는 공허한 형식주의로 느껴진다.

영적 현존의 힘이 드러나는 교회들에서 두 가지 원리, 곧 형식-초월과 형식-긍정은 연합된다.

(2) 교회들의 구축 기능 조직신학은 교회의 기능들을 다루어야 하는데, 그 이유는 그 기능들이 교회의 본성의 일부이며 교회의 특징 형성에 특별한 요소들을 더해주기 때문이다. 교회의 기능들이 교회의 본성에 속한다면, 교

회들이 있는 곳에는 그 기능들도 늘 현존해 있을 것이다. 하지만 그 기능들은 서로 다른 수준의 의식적 관심, 집중성, 적절성으로 나타날 수 있다. 그 기능들의 실행은 외부에서 억압당할 수도 있고 그 기능들은 다른 기능들과 합쳐질 수도 있다. 하지만 그 기능들은 언제나 교회의 본성 속에 요소로 현존해 있으면서 현실화를 지향한다.

하지만 그 기능들이 늘 체계적으로 현존해 있는 것은 아니다. 기능과 제도가 반드시 상호의존하는 것은 아니다. 제도는 제도가 기여하는 기능에 의존하지만, 어떠한 제도도 기능에 기여하지 않는 곳일지라도 기능은 실존한다. 이런 일은 종종 일어난다. 대부분의 제도적 발전에는 자발적인 시작이 있다. 교회의 본성은 개별적 기능이 영적 경험과 이에 따른 행위에서 느껴지게 될 것을 요구하는데, 결국 그 경험과 행위는 제도적 형식이 된다. 만약 어떤 제도가 고착화되면, 동일한 기능을 실행하는 다른 방법이 자발적으로 자라나서 새로운 제도적 형식을 형성한다. 이 사실은 우리가 앞서 영의 자유에 관해 말했던 것과도 일치한다. 영은 영적 공동체의 힘을 통해서 교회를 일종의 예전적 율법주의로부터 해방시킨다. 어떠한 제도, 심지어 제사장직이나 목회자직, 특별한 성례나 헌신적 봉사도 교회의 본성에서 필연적으로 등장한 것이 아니며, 오히려 이런 제도들이 존재하게 된 목적인 기능들이야말로 교회의 본성에서 등장했다. 그 기능들은 결코 완벽하게 사라지지 않는다.

첫 번째 일군의 기능들을 구축(constitution) 기능이라 일컬어왔다. 모든 교회는 그리스도에게서 현현했고 영적 공동체에서 실현되는 새로운 존재에 의존하고 있기 때문에 교회의 구축 기능은 **수용** 기능이다. 이 사실은 모든 개별 회원뿐만 아니라 교회 전체에도 적용된다. 만약 교회가 교회 회원의 수용성을 요구하면서 교회 자신을 수용하기를 거부한다면, 교회는 단번에 수용했기에 다시 수용할 필요는 없다고 주장하는 정적인 위계 조직이 되거나 세속주의로 이행하게 되는 사적 경험에 기반한 종교 집단이 될 것이다. 수용 기능에는 영적 현존의 매개들, 즉 말씀과 성례를 통한 동시적인 매개 기능이 포함되어 있다.[14] 수용하는 자는 매개하기도 하며, 다른 한편으로 매개 과정이 지속적으로 이루어지고 있기 때문에 그도 수용할 수 있었던 것이다. 실천에서 매개와 수용은 동일하다. 즉 교회는 교회 자신에게 제사장 및 예언자가 된다. 설교하는 자는 청중인 자신에게 설교하며, 듣는 자는 잠재적인 설교자다. 수용과 매개의 동일성은 다른 사람들은 수용하기만 하고 자신은 매개하기만 하는 그런 위계적 집단이 설립될 가능성을 배제한다.

매개 행위는 부분적으로는 공동체의 예배에서, 부분적으로는 매개하는 성직자와 반응하는 평신도의 만남에서 발생한다. 하지만 이 구분은 결코 완벽하지 않다. 매개하는 자마다 직접 반응해야 하고 반응하는 자마다 자신의 매개자에게 매개해야 한다. 현대 용어법에 따르면 **"영혼 돌봄"**(Seelsorge) 기능의 행위자라 불리는 "상담자"는 결코 종속되어 있기만 해서는 안 된다. 그는 자신의 내담자를 올바르게 다루어져야 하고 적절한 치료로 도와야 할 대상으로만 여겨서는 결코 안 된다. 이런 일은 치료 상담뿐만 아니라 목회 상담에서도 종종 일어나는데 이런 일이 일어나면 그

---

14   역주. 로마 가톨릭교회는 7성례를 은혜가 전달되는 방편, 수단으로 규정했으나, 종교개혁가들은 말씀과 2개의 성례(세례와 성찬)을 은혜가 전달되는 수단으로 규정했다. "은혜는 성례에 있고 시혜자는 교회라는 것이 로마교의 입장이다. 즉 말씀은 정보 제공과 호소라면, 성례는 실제적인 은혜의 방편이다.…(이에 반해 종교개혁가들에 의해서) 복음, 특히 하나님의 말씀에 들어 있는 약속이 일차적인 은혜의 방편으로 제시되면서, 그 약속은 오직 믿음으로만 소유된다고 보았다.…약속이라는 외적 말씀과 신앙이라는 (성령) **하나님**의(강조 - 역자) 내적 행위는 상호 부합한다. 말씀과 성례는 복음 약속의 실재적 방편으로 나타난다." 유해무, 『개혁 교의학』, 503.

것은 종교의 모호성이 영적 매개 기능을 침범한 것이다. 하지만 매개가 영적 현존에 의해 결정된다면, 상담자는 자신을 판단과 요구에 내맡기게 될 것이며 의사소통하고자 할 것이다. 그는 자신이 기본적으로 내담자와 동일한 곤경에 처해 있다는 진리를 인정한다. 그리고 이로 인해서 그는 내담자를 치유할 수 있는 말을 찾아낼 가능성을 얻는다. 영에 사로잡힌 자는 자신의 도움을 필요로 하는 사람에게 말할 수 있는데, 그런 일은 영이 자신을 통해서 다른 사람을 사로잡을 수 있게 되고 따라서 도울 수 있게 되는 방식으로 일어난다. 영은 영에 개방되어 있는 것만을 치유할 수 있기 때문이다.

목회 상담과 심리 치료적 도움의 관계는 나중에 논의할 것이다. 수용과 매개가 있는 곳에는 반응도 있다. 반응은 수용된 것을 긍정하는 것—신앙의 고백—이며 수용된 것이 나온 원천으로 회귀하는 것, 즉 예배다. "신앙의 고백"이라는 용어는 신조적 진술의 수용과 예전적 행위를 통해 그 진술을 반복하는 것을 동일시함으로써 오해받아 왔다. 하지만 반응과 수용의 기능은 교회의 다른 모든 기능과 함께 움직인다. 그 기능은 산문과 시, 상징과 찬양으로 표현될 수 있다. 그것은 또 신조적 정식화에 집중될 수도 있고 이후 신학적 개념으로 자세히 설명될 수도 있다. 교회가 신조에 의한 신앙의 진술을 외면하고 동시에 교회의 모든 예전적 행위와 실천적 행위들로 신조의 내용을 표현할 수밖에 없을 때, 교회는 일관성을 잃게 될 것이다.

반응 기능의 다른 측면은 예배다. 예배에서 교회는 존재의 궁극적 근거, 영적 현존의 원천, 영적 공동체의 창조자, 영인 하나님에게로 돌아간다. 공동체적 경험이나 인격적 경험을 통해서 하나님에게 도달할 때마다 영적 현존은 하나님을 경험하는 자들을 사로잡았다. 영만이 영을 식별할 수 있는 것처럼 오직 영만이 영을 경험할 수 있기 때문이다.

교회가 자기 존재의 근거에 반응하며 고양되는 것이 예배인데, 예배에는 경배(adoration)와 기도 및 관상(contemplation)이 포함되어 있다.

말로 찬양과 감사를 표현하는 교회의 경배는 신적 거룩함에 대한 황홀경적 인식이고 하나님은 무한한 거리를 두고 떨어져 있는 동시에 영적 현존을 통해 현존해 있음에 대한 황홀경적 인식이다. 이러한 인식은 이론적 주장이 아니라 유한하고 소외된 것이 자신이 속해 있는 무한에 역설적으로 참여하는 것이다. 교회가 하나님의 영광을 위해서 하나님의 위엄을 찬양할 때 두 가지 요소가 연합된다. 인간의 피조물로서의 왜소함과 창조자의 무한한 위대함의 완벽한 대조 및 신적 영광의 영역 안으로 고양됨의 두 요소가 연합되며 동시에 하나님의 영광에 대한 찬양은 그의 영광에 단편적으로 참여한다. 이런 요소들의 일치는 역설적이며, 그 일치는 한편으로는 하나님의 마성적인 형상을 생산하고 다른 한편으로는 참된 위엄은 없는 비참한 인간의 형상을 생산할 때에야 파괴된다. 경배의 의미에 대한 그런 왜곡은 종교의 모호성으로 귀결되고 영적 현존의 저항을 받는다. 영적 현존은 현존이기에 경배하는 자가 경배받는 하나님에게 참여한다는 사실을 포함하고 있다. 이런 의미의 경배는 인간의 굴욕이 아니다. 하지만 경배가 하나님 찬양 이외의 다른 것을 의도한다면, 경배는 그 의미를 상실할 것이다. 인간이 자기를 높이기(self-glorification) 위해서 하는 경배는 자기-몰락(self-defeating)이다. 그런 것으로는 결코 하나님에게 도달하지 못한다.

예배의 두 번째 요소는 기도다. 기도에 대한 기본적 해석은 "하나님의 인도하는 창조성"에서 제시했다.[15] 그 부분에서 제시된 핵심적 관념은

---

15   『폴 틸리히 조직신학 1』, 제2부, Ⅱ, B, 3, c.

이런 것이다. 중심을 가진 자기의 모든 행위처럼 모든 진지한 기도는 "하나님의 인도하는 창조성" 전체에서 고찰된 피조물의 자유에 의해 새로운 어떤 것을 생산한다. 간구 기도로 창조되는 이 새로움은 어떤 이의 소원과 희망의 내용을 영적 현존으로 상승시키는 영적 행위다. 비록 기도 후에 이어지는 사건들이 드러난 기도의 내용과 모순될지라도, 이런 일이 일어나는 기도는 "응답받은"(heard) 기도다. 동일한 내용이 중보 기도에도 해당되는데, 그 기도는 중보 기도의 대상자들과 맺는 새로운 관계를 생산하기도 하고 중보의 주체와 대상이 궁극적인 것과 맺는 관계를 변화시키기도 한다. 그러므로 기도를 감사 기도로 제한하는 것은 잘못이다. 리츨 학파의 이런 제안은 대중적 경건에서 일어나는 기도의 마술적 왜곡과 기도의 미신적 결과에 대한 깊은 불안에 기인하는 것이지만, 조직신학적으로 말하자면 이 불안은 실천적으로는 매우 정당할지라도 근거는 없다. 하나님을 향한 감사는 경배와 찬양의 표현일 뿐 하나님이 감사하는 자에게 더 많은 유익을 준다는 편견을 형식적으로 인정하는 것이 아니다. 그렇지만 간구 기도를 금지하면, 하나님과 맺는 관계는 완벽하게 비실재론적인 관계가 될 것이다. 그 경우 인간의 필요를 하나님께 표현하는 것, (욥기에서와 같이) 인간이 대답하지 않는 하나님을 고발하는 것, 그리고 인간의 정신이 신적인 영과 씨름하는 모든 것이 기도에서 배제될 것이다. 분명히 이런 것들은 기도 생활에서 합당한 것이다. 하지만 교회들과 회원들이 기도의 역설을 망각하면, 수많은 기도가 그러하듯이 그 "합당한 말"도 피상적인 것이 되고 불경한 것이 될 것이다. 바울이 올바른 기도의 불가능성과 신적인 영이 하나님 앞에서 기도하는 자들을 "대상화하지" 않고 대변해주는 것에 관해서 말했을 때(롬 8:26), 그는 기도의 역설을 고전적으로 표현한 것이다. 영이 영을 식별하고 영이 영을 경험하는 것처럼 영은 영에게 말한다. 이 모든 경우 "누군가에게 말하는" 주체-대상 구도는 초월된다. 즉 우리를 통해서 말하는 자는 우리에게 말하는 자다.

(신이라 불리는 다른 존재자와의 불경스러운 대화가 아닌) 이런 의미의 영적 기도는 반응 기능의 세 번째 요소인 관상으로 귀결된다. 관상은 개신교 예배의 의붓자식이다. 최근에야 침묵이 몇몇 개신교회의 예전에 도입되었는데, 당연히 침묵 없는 관상은 없다. 관상은 주체-대상 구도를 초월하는 것에 그 구도의 대상화하는 (그리고 주체화하는) 말로, 따라서 (소리 없는 독백적 언어가 포함된) 언어의 모호성을 가지고서 참여하는 것을 의미한다. 관상에 대한 개신교회의 무시는 영적 현존에 대한 개신교회의 인격-중심적 해석에 뿌리를 두고 있다. 하지만 인격성이 의식, 도덕적 자기-통합과 동일한 것이라면, 영은 인격성을 초월한다. 영은 황홀경적이며, 관상, 기도, 일반적인 예배 또한 그렇다. 영의 충격에 대한 반응 자체는 영적인 것이어야 한다. 이것은 황홀경을 통해서 일상적 경험의 주체-대상 구도를 초월함을 의미한다. 이것은 관상이라는 행위에서 가장 명확하게 드러나며, 우리는 모든 진지한 기도가 관상이라는 요소로 들어가기를 요구할 수 있을 것이다. 왜냐하면 관상에서 기도의 역설, 즉 기도하는 자와 기도를 받는 자—영인 하나님—의 일치와 비일치가 나타나기 때문이다.

관상에서 경험하는 신적인 영의 현존은 중세 신비주의에서 우리가 찾아낸 관념과 모순된다. 중세 신비주의에서 관상은 묵상(meditation)으로부터 관상에 이르는 운동과 같이 점진적으로 도달하게 되는 것이었으며 그 자체가 신비적 연합에 이르는 다리인 것이었다. 이런 점진적 사유는 종교의 모호성에 속한다. 왜냐하면 그 사유는 사람들이 벽을 타고 올라 정복하는 요새처럼 하나님을 만나기 때문이다.[16] 개신교적 원리에 따르면, 하나님의 포기(God's surrender)가 시작이다. 그것은 하나님의 자유로운 행위이며 하나님은 자신과 인간 사이의 소외를 유일회적이고 무조건적이고 완벽하게 용서하는 은혜의 행위로 자유롭게 극복한다. 성장이 탄생에 부차적이듯 은혜에 따른 모든 단계적 접근법도 부차적이다. 개신교에서 관상은 단계가 아니라 성질, 즉 기도의 성질인데, 그 성질은 기도가 우리 안에서 올바른 기도를 창조하는 하나님을 향하고 있음을 깨닫는 것이다.

(3) 교회들의 확장 기능 영적 공동체의 보편성은 교회의 확장 기능을 요구한다. 영적 공동체의 보편성은 예수를 그리스도로 고백하는 일에 내포되어 있기 때문에 모든 교회는 확장 기능에 참여해야 한다. 역사적·조직신학적으로 첫 번째 확장 기능은 선교다. 그 기능은 예수가 제자들을 이스라엘의 마을들로 보냈던 이야기[17]만큼 오래된 것이며, 이 첫 번째 선교처럼 성공하기도 했고 성공하지 못하기도 했다. 대부분의 사람은 여전히―2,000년의 선교 활동 이후에도―비그리스도인이다. 하지만 기독교 문화가 조금도 영향을 주지 않은 그런 장소는 지구상에 없다.

---

16   역주. Tillich는 중세의 신비주의에 대해 비판적이지만, 중세의 기독교 신비주의에 대해서
      비판적인 것은 아니다. "만일 우리가 신비주의라는 것을, 예컨대 베단타의 체제[형태]와
      같은 동방의 신비주의나 플로티노스의 신플라톤적 신비주의와 동일시한다면 우리는 중
      세의 그리스도교적 신비주의를 이해할 수가 없다. 중세의 스콜라주의자들은 동시에 신비
      주의자들이었다. 스콜라주의적 교리는 그 기초를 예배, 기도, 관상, 그리고 금욕적 훈련을
      통해서 신적인 것과의 신비적 합일에 두었다.…그리스도교 신비주의는 개인이 신적인 것
      의 심연에서 사라지게 되는 절대적 또는 추상적 신비주의 곧 동방적 신비주의나 신플라톤
      주의적 신비주의와 혼동되어서는 안 된다. 이와는 달리 그리스도교의 신비주의는, 정통주
      의적 프로테스탄트 신학자들조차도 그것을 '신비적 합일'이라고 일컬었던 것으로서, 지금
      여기에서 우리에게 현존하는 신과 직접적으로 하나 되는 것을 의미한다." Tillich, 『그리스
      도교 사상사』, 228.
17   역주. 눅 10:1-20.

선교 효과의 단편적 특징에도 불구하고 확장 기능은 교회가 실존하는 모든 순간 동안 지속된다. 교회의 능동적 회원들이 교회 밖의 사람들을 만날 때마다 그들은 의도적으로나 비의도적으로 교회의 선교사가 된다. 그들은 선교사로서 존재한다. 선교라고 하는 교회의 제도화된 기능의 목적은—어떤 경건주의적 선교에서 목적으로 삼고 있듯이—개인을 영원한 정죄에서 구원하는 것이 아니다. 그 목적은 종교와 문화의 상호 교류도 아니다. 선교의 목적은 전 세계의 구체적 교회를 통해 영적 공동체를 현실화하는 것이다. 선교를 위험하게 하는 종교의 모호성 중 하나는 종교가 그리스도에게서 나타난 새로운 존재의 이름으로 자신의 문화적 형식을 다른 문화에 강제로 이식하는 것이다. 이렇게 하면 기독교회의 확장 기능의 효과 전체를 파괴할 수도 있는 반작용이 필연적으로 일어나게 된다. 하지만 어떤 교회라도 기독교 메시지가 선포되고 있는 특정한 문화로부터 기독교 메시지를 쉽게 분리할 수 없다. 추상적인 기독교 메시지란 없기 때문에 어떤 의미에서 그것은 불가능한 일이다. 기독교 메시지는 언제나 특정한 문화 속에서 체현된다. 심지어 자신들의 문화적 전통을 제거하고자 하는 스위스나 미국 선교사들의 가장 자기-비판적인 시도조차도 실패하게 될 것이다. 하지만 영적인 힘이 그들에게 현존한다면, 우리로 하여금 궁극적 관심을 가지게 하는 것에 관해서 그들은 전통적인 문화적 범주로 말하게 될 것이다. 그것은 형식적 분석의 문제가 아니라 역설적 투명성의 문제다. 영적 현존이 있는 곳에서는 어떠한 배경을 가진 선교사라고 해도 영적 현존을 소통할 수 있다. (선교의 세계사적 의미는 조직신학 제5부 "역사와 하나님 나라"에서 논의할 것이다.)

두 번째 확장 기능인 교육 기능은 세대를 이어 자신의 생명을 이어가고자 하는 교회의 욕망에 근거하고 있다. 종교 교육의 문제는 이 시대의 교회에서 주요 문제 중 하나가 되었다. 종교 교육의 기법에 관한 많은 문제는 여기서 다룰 사항이 아니고 교육의 종교적 기능이 가진 의미에 관한 물음이 조직신학에서 매우 중요하다. 먼저, 기독교회의 교육 기능은 첫 번째 가족이 교회에 받아들여진 순간 시작되었다는 사실을 강조해야 한다. 이로 인해 새로운 세대를 공동체(communion) 안으로 받아들이는 과제가 교회 앞에 놓였기 때문이다. 이 과제는 교회가 새로운 존재의 공동체 또는 영적 공동체의 현실화라고 자기를 해석한 결과물이다. 부모가 기독교적인 자녀 교육을 의심하는 현상에는 교육 과정의 어려움이 어느 정도, 또 예수가 그리스도라는 주장에 대한 부모 자신의 의심이 어느 정도 반영되어 있다. 교육 이론으로 심리학적 오류와 판단의 결핍을 극복함으로써 첫 번째 문제는 해소될 수 있다. 두 번째 문제는 영적 현존이 기독교의 주장을 긍정할 수 있는 용기와 새로운 세대에게 그 주장을 전달할 수 있는 용기를 제공함으로써만 해소될 수 있다.

교회의 교육 기능은 교회의 역사와 교리적 자기-표현에 관한 정보에 있지 않다. 교회가 유용한 지시를 전달할 수도 있겠지만, 지시를 전달하기만 하는 확증-교육(confirmation-instruction)은 그 목적을 놓친다. 교회의 교육 기능은 주관적 경건을 일깨우는 것도 아니다. 그런 경건은 회심이라 불리기도 하지만 보통 교회의 감정적 촉발(causation)과 함께 사라진다. 이런 일을 하고자 하는 종교 교육은 교회의 교육 기능과 동일선상에 있지 않다. 교회의 과제는 각각의 새로운 세대를 영적 공동체의 실재로, 그 공동체의 신앙과 사랑으로 인도하는 것이다. 이 일은 단계적인 성숙에 참여함으로써 일어나며 단계적 이해에 따른 해석을 통해서 일어난다. 참여가 없으면 교회의 생명에 대한 이해도 없다. 하지만 이해가 없으면 참여는 기계적이고 강압적인 것이 된다.

마지막 확장 기능은 전도(evengelistic)다. 전도는 교회에서 소외되어 있거나 교회에 무관심한 회원들을 향한 것이다. 그것은 기독교 문화 안에 있는 비기독교인들을 향한 선교다. 서로 겹치지만 구별될 수는 있는 전도와 선교라는 두 가지 활동은 실천적 변증이며 또한 전도 설교(evangelistic preaching)이기도 하다. 만약 어느 한 활동의 결과로 인격적 상담 요청이 들어오면, 매개 기능이 확장 기능을 대신한다.

실천적 변증학은 변증적 요소를 모든 신학에서 실천적으로 적용하는 것이다. 조직신학 전체의 서론 부분에서 이 조직신학이 제시하는 신학적 사유 유형은 케리그마적인 것이라기보다 변증적인 것이라고 제시한 바 있다. 마찬가지로 이 조직신학은 실천적 변증학의 이론적 토대를 제공하고자 한다. 무엇보다도 실천적 변증학이 교회의 생명을 표현하는 모든 것 속에 있는 지속적 요소임을 강조해야 한다. 교회의 역설적 본성 때문에 교회는 교회의 본성에 관한 물음을 지속적으로 받고 이에 대답해야 한다. 그리고 그것이 변증의 의미, 즉 대답의 기술이다. 교회들이 영적 공동체에 의해 결정되는 한 영적 공동체와 교회들의 생명에서 나타나는 새로운 존재의 실재가 가장 효과적인 대답이 된다는 사실은 분명하다. 바로 신앙과 사랑의 공동체에 대한 소리 없는 증언이 침묵하고 있을지도 모를 질문자를 확신케 하는 것이지 반박불가능한 논증으로 확신하게 되는 것이 아니다. 그럼에도 논증은 필요한데, 그 이유는 논증이 회의주의와 교리주의라는 지성주의적 벽을 돌파하는 데 기여하기 때문이다. 교회의 비판자들은 영적 현존의 공격에 맞서 교의주의(dogmatism)로 자신을 보호한다. 그리고 이런 벽들이 우리 모두에게서 지속적으로 세워지고 있고 그 벽들이 다양한 교육 수준의 대중을 교회로부터 분리시키고 있기 때문에 교회는 변증가를 양육해야 한다. 그렇게 하지 않으면 교회는 성장하지 않을 것이고,

확장성이 감소할 것이며, 역동적인 문명 안에서 점차 왜소하고 영향력 없는 부분이 되어갈 것이다. 성공적인 실천적 변증학의 심리학적 조건과 사회학적 조건은 실천신학이 평가해야 할 많은 요소에 의존하고 있지만, 조직신학의 과제는 실천적 변증학이 그 위에 세워질 수 있는 개념적 토대를 놓는 것이다. 또 조직신학은 가장 정교한 변증적 실천의 한계뿐만 아니라 이론적 변증의 한계도 강조해야 한다. 조직신학 자체의 한계를 인정하는 것과 그 자체가 변증적 기능의 한 요소다.

변증과 마찬가지로 설교에 의한 전도 역시 기독교 문명의 영역에 속했거나 여전히 속해 있는 사람들, 그렇지만 교회의 적극적 회원이기를 중단한 사람들 또는 교회에 무관심하거나 적대적인 사람들을 향하고 있다. 설교에 의한 전도는 변증보다 더 카리스마적(charismatic) 기능에 의존한다. 전도는 교회 안에서 특별한 어떤 사람들이 출현하는 일에 달려 있다. 그 사람들은 교회가 그 일을 하는 방식과는 다른 방식으로 영적 공동체의 이름과 힘으로 했지만 특정한 무리에게 말할 수 있었고 바로 이런 이유 때문에 일상적 설교에는 없는 충격을 듣는 자들에게 줄 수 있는 사람들이었다. 이런 충격이 "단지" 심리학적이며 매우 감정적인 것일 뿐이라고 말하는 것은 공정하지 않다. 영적 현존은 어떠한 심리학적 조건뿐 아니라 인격적 자기를 사로잡는 요소들의 어떠한 조합도 사용할 수 있다. 그리고 영적 현존이 심리학적인 것과 (정신적인 것뿐만 아니라) 영적인 것의 분리를 연결한다는 사실이야말로 "차원" 은유의 장점이다. 하지만 종교적 모호성을 지닌 종교적 현상으로서의 전도의 위험성을 지적하는 것은 불공정한 일이 아니라 사실에 부합하는 일이다. 전도의 위험성―영은 이 위험에 맞서 싸운다―은 전도 설교의 주관적 충격과 주관성과 객관성의 대립을 초월하는 영적 충격을 혼동하는 것이다. 여기서 기준은 영적 현존의 창조적 특징, 즉 새로운 존재의 창조인데, 새로운 존재는 듣는 자의 주관성을 흥분시키지 않고 그 주관성을 변형시킨다. 단지 흥분일 뿐인 것은 비록 그것이 전통적 형태를 따라서 회심의 다른 요소들을 생산한다고 하더라도 영적 공동체에 참여하는 것을 창조해내지 못한다. 회개, 신앙, 신성함(sanctity) 등은 이 단어들이 의미하는 바가 아니며 따라서 그것들의 효과는 단지 순간적이고 일시적일 뿐이다. 하지만 이러한 모호성 때문에 전도를 반대하는 것과 심지어 개인 전도자를 반대하는 것은 **완전히**(in toto) 잘못된 일이다. 전도는 반드시 해야 하지만, 흥분을 황홀경과 혼동해서는 안 된다.

(4) 교회들의 구성 기능

(a) 교회의 미학적 기능 앞으로 살펴볼 교회의 기능들은 구성(constructing) 기능들로서, 그 기능들로 교회는 정신 차원에서 인간 생명의 기능들을 활용하고 초월하면서 교회의 생명을 세워간다. 구성 기능이 없으면 교회도 존재할 수 없다. 따라서 교회가 문화적 창조물을 사용하지 않고서 기본적인 모든 방향에서 앞질러 가는 것은 불가능하다. 신적인 영과 인간 정신의 배타적 대조에 몰두하는 자들은 자신과 대립하지 않을 수 없다. 즉 문화적 창조성과 영적 창조성의 어떠한 접촉도 거부함을 표현하는 이러한 행위에서도, 그들은 인간의 인지적 사고 장치 전부를 활용한다. 비록 성서 구절을 인용한다 해도 그들은 그 장치들을 활용하는 것이다. 왜냐하면 성서에서 사용된 말은 인간이 문화를 발전시키며 만들어낸 창조물이기 때문이다. 우리는 그 문화를 거부의 도구로 활용하고서야 문화를 거부할 수 있다. 이것은 최근의 논의에서 "분열"(diastasis)—즉 종교적 분야와 문화적 분야의 철저한 분리—이라고 불리는 것이 보여주는 비일관성이다.

교회는 인간이 살아가는 문화적 생명의 모든 방향으로 구성적인데,

우리는 생명의 문화적 자기-창조를 논하는 부분에서 그 방향들을 구별했었다. 교회는 **테오리아**의 영역, 미학적 기능과 인지적 기능에서 구성적이다. 그리고 교회는 **프락시스**의 영역, 인격적 기능과 공동체적 기능에서 구성적이다. 나중에 우리는 이 기능들을 영적 공동체와 맺는 비매개적 관계 속에서 논의할 것이다. 하지만 여기서 우리는 구성 기능을 실행하는 일부 교회들의 문제를 고찰해야 한다. 그 모든 문제 중에서 한 가지 물음이 핵심적이다. 교회들을 현재의 모습으로 만든 자율적인 문화 형식은 교회의 자기-구성을 위한 재료로서의 교회의 기능과 무슨 관계인가? 건물 교회 (ecclesiastical edifice)의 예배에서 수행되는 교회들의 기능은 교회들의 자율의 순수성을 왜곡하는가? 표현성, 진리, 인간성, 정의는 교회 생활 안에서 확립되기 위해 굽혀져야만 하는가? 그리고 종교의 모호성에 있는 이 마성적 요소를 거부하면, 인간 정신이 영적 현존의 충격을 교회 자체의 자기-창조적 활동으로 대체해버리는 일을 어떻게 막을 수 있는가? 교회의 생명이 종교의 모호성에 있는 불경한 요소의 영향을 받는 것을 어떻게 막을 수 있는가? 일반적 대답 대신 우리는 각각의 구성 기능들과 그 기능들의 특정한 문제들을 직접적으로 다루면서 대답을 시도할 것이다.

교회는 종교 예술을 위해 미학적 영역을 활용한다. 종교 예술을 통해 교회는 교회의 생명의 의미를 예술적 상징으로 표현한다. (시적·음악적·시각적) 예술의 상징이 나타내는 내용은 근원적인 계시적 경험과 그 경험에 기초하는 전통이 제공한 종교적 상징들이다. 예술적 상징이 계속 변화하는 양식을 통해서 기존의 종교적 상징을 표현하고자 한다는 사실은 "이중적 상징화" 현상을 낳는데, 북유럽 르네상스 시대의 화가 마티아스 그뤼네발트(Matthias Grünewald)의 종교적 상징으로 표현된 "십자가에 달린 그리스도"가 그 현상의 본보기다. 그것은 정신적으로 개신교적이면서 **동시**

에 위대한 예술이기도 한 흔치 않은 회화 중 하나다. 우리는 그것을 이중
적 상징화의 본보기로 제시하지만, 그것은 이외의 다른 것, 즉 그것이 표
현하고 있는 것을 변형하는 데 도움을 주는 예술적 표현의 힘이기도 하다.
그뤼네발트의 "십자가 처형"은 그가 속했던 종교개혁 이전 집단의 경험을
표현할 뿐만 아니라 종교개혁 정신을 확산하고 동방의 모자이크가 보여
준 것과는 완전히 반대되는 그리스도의 형상을 창조하는 데도 도움을 주
었다.[18] 동방의 모자이크에서 마리아의 무릎 위에 있는 아기 그리스도는
이미 우주의 통치자였다. 그뤼네발트의 것과 같은 그런 그림을 동방 교회
의 권위자들이 금지한 것은 이해할 수 있는 일이다. 교회들은 미학적 표현
성이 헌신 생활을 아름답게 장식하는 추가적 요소 이상의 것임을 알고 있
었다. 교회들은—안정화하는 힘과 변형하는 힘을 주는—표현이 표현되
는 것에 생명을 준다는 사실을 알았고, 따라서 교회들은 종교 예술 생산자
들에게 영향을 끼치고 통제하고자 했다. 이런 일은 동방 교회가 가장 엄격
하게 실행했지만 로마 가톨릭교회도 특히 음악에서 실행했고 개신교회도
특히 찬양시(hymnic poetry)에서 실행했다. 표현은 자신이 표현하는 것에
어떤 작용을 **한다**. 즉 이것이 교회들의 구성 기능인 종교 예술의 의의다.

　　이 상황에 내포되어 있는 문제는 교회가 받아들인 종교 예술이 교회
가 고백하는 것을 표현해야 한다는 교회의 정당한 요청과 예술가들의 예
술적 양심이 지향하는 그 양식들을 사용하도록 허용해야 한다는 예술가
의 정당한 요구 사이에서 일어날 수 있는 갈등이다. 이 두 요구는 종교 예

18　역주. Matthias Grünewald의 "이젠하임 제단화"에는 예수의 십자가 처형 장면 그림이 있
　　는데, 이 그림에서 예수의 몸은 고통으로 뒤틀려 있고, 입은 벌려져 있으며, 못이 박힌 손
　　바닥과 손가락은 위를 향하고 있다. 이 작품은 예수의 신적 영광이 아닌 예수의 인간적 고
　　통을 극적으로 표현하고 있다.

술을 통제하는 두 가지 원리, 즉 신성화의 원리와 정직의 원리로 이해될 수 있다. 첫 번째 원리는 (개혁의 가능성을 포함하고 있는) 구체적인 특별한 종교 전통을 통해 거룩한 것을 표현하는 힘이다. 이런 의미에서 신성화의 원리는 (앞서 논의되었던 것과 같은) 형식-초월이라는 더 큰 원리를 종교 예술 분야에 적용한 것이다. 신성화의 원리에는 개별적 종교 전통의 특징을 보여주는 종교적 상징(예를 들어 그리스도 상이나 수난 이야기)의 활용이 포함되며, 종교 예술 작품들과 실재 간의 비종교적 만남에 관한 예술적 표현을 구별하는 양식적 성질의 활용이 포함된다. 영적 현존은 건축적 공간, 예배 음악과 언어, 회화와 조각을 통한 재현, 모든 참여자의 몸짓이 가진 엄숙한 특징 등에서 느껴지게 된다. 신성화의 양식적 특징을 분석하는 것이 심리학의 도움을 받는 미학 이론의 과제다. 한 시대의 일반적 예술 양식이 무엇이든 양식의 신성한 활용과 세속적 활용을 구별하는 어떤 성질들은 언제나 존재한다.

하지만 신성화의 원리라는 이름으로 예술가에게 가해지는 요구에는 한계가 있는데, 그것은 정직의 원리를 요구한다는 한계다. 앞서 언급했듯이 이 원리는 형식-긍정의 일반적 원리를 종교 예술에 적용한 것이다. 그것은 새로운 예술 양식이 등장하는 시대, 문화적 의식이 모순적인 자기-표현들의 투쟁 속에서 분열되는 시대에 특히 중요하다. 정직의 원리는 그런 상황에 매우 위험해지는데 그런 상황은 서구 문명의 역사에서 자주 발생했다. 예술적 표현의 신성화된 형식은 그 형식이 황홀경적·헌신적 경험의 기억을 주입했으며 새로운 양식적 발전에 맞서 영적 현존의 이름으로 옹호되고 있다는 이유로 절대적 타당성을 주장한다. 그런 주장은 예술가를 깊은 도덕적 갈등으로, 그리고 교회 회원을 종교적으로 고통스러운 결정으로 몰아간다. 그 둘은 적어도 어떤 무의식적인 깊은 곳에서는 다음과 같이 느낀다. 옛 양식적 형식은 그 형식이 아무리 신성할지라도 표현성의 기능을 성취하지 못한다. 그 형식은 구체적 상황에서 영적 현존에 사로잡힌 자들이 겪었던 종교적 만남에서 일어난 일을 표현하지 못한다. 하지만 새로운 양식적 형식은 아직 신성화의 성질을 찾아내지 못했다. 이런 상황에서 예술가에게 가해지는 정직성 요구는 예술가들에게 전통적 상징을 표현하는 시도를 삼가하도록 또는 예술가들이 그 일을 시도한다면 실패를 인정하도록 강요할 수 있다. 다른 한편, 예술 작품을 수용하는 자들에게 가해지는 정직성 요구는 비록 그들이 아직 새로운 양식적 형식을 평가할 수는 없을지라도―아마도 아직 신성화 성질을 가진 확실한 형식이 존재하지 않기 때문일 것이다―예전의 양식적 형식에 대해서 가진 불편함을 고백하는 것이다. 예술가와 비예술가는 모두 정직의 원리에 내포된 엄격한 요구―예전에는 대단히 신성한 가능성을 가졌지만 현실적 상황에 대한 종교적 표현성은 상실해버린 양식을 모방하도록 허용치 않음―를 받고 있다. 가장 유명한―또는 악명 높은―본보기는 교회 건축에서 나타난 사이비 고딕적(pseudo-Gothic) 모방이다.[19]

종교 예술의 두 가지 원리의 관계와 관련된 또 다른 문제를 언급해야 한다. 본성적으로 신성화된 형식을 배제하며 따라서 종교 예술 분야에서 배제되어야 하는 그런 예술 양식이 나타날 수도 있다. 우리는 몇몇 자연주의 양식들이나 현대의 비객관적 형식을 떠올릴 수 있다. 본성적으로 그 둘은 전통적인 많은 종교적 상징을 활용하지 않는다. 비객관적 양식이 배제

---

19   역주. 종교 예술과 종교 건축에서 나타나는 정직성과 신성화는 Paul Tillich, "Honesty and Consecration in Religious Art and Architecture(1965)," *Main Works volume 2: Writings in the Philosophy of Culture*, Edited by Michael Palmer(Berlin New York: De Gruyter-Evangelisches Verlagswerk GmbH, 1990), 365-371을 참조하라. Tillich는 사이비 고딕 양식의 대표적 건물로 뉴욕시의 Riverside Church를 언급했다(같은 글, 366).

되는 이유는 유기체의 모습과 인간의 얼굴을 배제하기 때문이며, 자연주의가 배제되는 이유는 대상을 묘사하면서 생명의 자기-초월을 배제하고자 하기 때문이다. 우리는 영적 현존의 황홀경적 특징을 표현할 수 있는 양식들만이 종교 예술에 제공된다고 말할 수 있는데, 이 말은 어떤 양식을 종교 예술의 도구로 만들기 위해서는 표현주의적 요소가 그 양식에 현존해 있어야 한다는 의미다. 이 말이 확실히 옳을지라도 어떤 특정한 양식이 배제되는 것은 아니다. 각각의 양식들에는 표현주의적 요소들이 현존해 있으면서 생명의 자기-초월을 제시하기 때문이다. 이상주의적 양식들은 종교적 황홀경의 운반체가 될 수 있는데, 그 이유는 그 양식 중 어느 것도 표현주의적 요소를 완전히 배제하지 않기 때문이다. 하지만 표현주의적 성질이 우세한 양식들이 영적 현존의 예술적 표현에 가장 꾸준하게 제공되었음을 역사는 보여준다. 그 양식들은 영의 황홀경적 성질을 가장 잘 표현할 수 있었다. 바로 이런 이유 때문에 이런 양식들이 상실된 시대에 위대한 종교 예술도 사라졌다. 이런 고찰은 대부분 시각 예술에 대한 해석에서 도출되었지만, 어떤 면에서는 다른 예술들에 대해서도 타당하다.

개신교의 역사를 보면, 개신교가 종교 음악, 찬송시와 관련하여 초기 교회와 중세 교회의 성취를 유지해왔고 때로는 능가하기도 했지만 종교 무용과 종교 연극 같이 듣기와 보기가 동일하게 중요시되는 예술들이 포함된 시각 예술에서는 창조력을 상실했음을 알게 된다. 이 사실은 중세 후기 시대에 이루어졌던 눈에 대한 강조에서 귀에 대한 강조로의 전환과 관련 있다.[20] 성례전 숫자와 중요성이 감소하고 교회의 예배에 회중이 능

---

20   역주. Tillich는 시각적인 것보다 청각적인 것을 강조하는 전환이 실재론으로부터 유명론으로의 전환과 관련 있다고 말한다. "일러진 말에 대한 강조 곧 시각적인 것에 대해서 청각적인 것에 대한 강조[우위성]가 이미 중세에서 실념론으로부터 유명론으로 옮겨가는

동적으로 참여하는 것을 강조하게 되면서 음악과 시는 중요성을 획득했고, 초기 개신교와 급진적 복음주의에서 일어난 성상 파괴 운동은 교회에서 시각 예술을 활용하는 것을 정죄하기에 이르렀다. 눈의 예술에 대한 이러한 거부의 배경에는 우상숭배로 빠지는 것에 대한 두려움―심지어 공포―이 있다. 초기 성서 시대부터 현대에 이르기까지 성상 파괴적 두려움과 열정의 흐름이 서구 세계와 이슬람 세계에 퍼져있으며, 귀의 예술보다 눈의 예술이 우상숭배적 마성화에 더 개방되어 있다는 사실에는 의심의 여지가 없다. 하지만 그 차이는 상대적이며, 영의 본성은 영의 현존 경험에서 눈을 배제하지 않는다. 생명의 다차원적 일치에 따르면, 정신 차원에는 다른 모든 차원들―우주 전체에 있는 가시적인 모든 것―이 포함되어 있다. 정신은 정신의 기초가 자기-깨달음의 차원이라는 바로 그 사실을 따라서 물리학적이고 생물학적인 영역에 도달한다. 그러므로 정신은 입말만으로는 표현될 수 없다. 정신이 육체적 구조와 인격적 정신을 표현하는 인간의 얼굴을 통해서 드러나는 것처럼 정신에는 가시적 측면이 있다. 우리의 일상생활에서 나타나는 이러한 경험은 물질과 영의 성례전적 일치의 전조다. "육체성(corporality, 몸이 됨)은 하나님의 방법들의 종착지다"라고 말함으로써 이 모든 것을 정식화했던 한 신비가(외팅거[Ötinger])가 있었음을 우리는 기억해야 한다. 개신교적 생활의 맥락에서 눈의 예술이 결여된 것은 비록 역사적으로는 이해할 만하더라도 조직신학적으로는 옹호될 수 없으며 실천신학적으로는 유감스러운 일이다.

　　매우 표현주의적인 요소를 가진 양식이 종교 예술에 가장 적합하다

이행과 결부되어 두드러지게 나타나게 되었다. 이것에 비하면 고대 교회에서는 시각적인 것이 종교 예술에서나 성례전의 집행에서나 여전히 우세했다." Tillich, 『그리스도교 사상사』, 324.

는 역사적 사실을 제시했을 때, 우리는 그런 양식이 나타날 수 있는 환경에 관한 물음을 묻게 된다. 부정적인 대답은 아주 명확하다. 종교는 예술의 자율적 발전에 어떠한 양식도 강요할 수 없다. 이것은 예술적 정직의 원리와 모순된다. 정신 차원에서 이루어지는 생명의 자기-창조 과정에서 새로운 양식이 나타난다. 양식은 개별 예술가의 자율적 행위와 동시에 역사적 운명에 의해서 창조된다. 하지만 종교는 역사적 운명과 자율적 창조성에 간접적으로 영향을 줄 수 있고 문화에 가해지는 영적 현존의 충격이 문화적 신율을 창조할 때마다 종교는 그렇게 영향을 준다.

(b) 교회의 인지적 기능 인지적 영역은 교회에서 신학으로 나타난다. 교회는 신학을 통해서 교회의 상징을 해석하고 상징을 일반적인 인식 범주와 연결한다. 종교 예술의 주제처럼 신학의 주제도 근원적인 계시적 경험과 그 경험에 기반한 전통이 제공한 상징이다. 하지만 예술은 예술적 상징을 통해 종교적 상징을 표현하고 신학은 합리성의 기준을 따르는 개념을 통해 종교적 상징을 표현한다. 이런 방식으로 교리(doctrine)와 교회가 법적으로 확립한 교의(dogma)가 발생하며 교리와 교의는 신학적 개념화를 심화하도록 추동한다.

교회의 신학적 기능에 관해 우선 말해야 할 것은 미학적 기능처럼 신학적 기능도 결코 부재할 수 없다는 점이다. 예수가 그리스도라는 진술에는 어떤 식으로든 조직신학 전체가 포함되어 있는데, 예수가 말씀한 비유에 기독교의 모든 예술적 잠재성이 포함되어 있는 것과 마찬가지다.

여기서 신학 자체를 반드시 다룰 필요는 없다. 그런 일은 조직신학의 서론에서 이루어졌다. 하지만 조직신학 제4부 전반부의 관점에 비추어 몇 가지 언급을 하는 것이 바람직할 수 있다. 교회의 모든 기능처럼 신학도 형식-초월의 원리와 형식-긍정의 원리를 따른다. 미학적 영역에서 이 원리들은 신성화와 정직으로 나타난다. 유사한 방식으로 우리는 인지적 기능과 관련하여 신학의 묵상적(meditative) 요소와 담론적(discursive) 요소에 관해서 말할 수 있다. 묵상적 행위는 종교적 상징의 실체에 틈입한다. 담론적 행위는 실체를 파악할 수 있는 형식을 분석하고 기술한다. (어떤 순간에는 관상이 될 수도 있는) 묵상적 행위에서 인지적 주체와 그 대상, 거룩함의 신비는 연합된다. 그런 연합이 없으면 신학적 노력은 실체는 없는 구조 분석으로 남는다. 반대로 실체의 내용들과 그 내용들의 구성적 종합에 대한 분석이 없는 (관상의 순간들이 포함된) 묵상은 신학을 생산할 수 없다. 이것이 "신비주의 신학"의 한계다. 묵상이 인지의 담론적 기능을 실행하는 경우에만 묵상은 신학이 될 수 있다.

신학 작업의 묵상적 요소는 계시적 경험에서 발원하는 구체적 상징들을 향하고 있다. 그 상징들은 이 경험에서 나왔다. 신학은 교회의 기능이기 때문에 교회가 신학자에게 묵상과 관상의 구체적 대상을 제시하는 것과 이런 상징을 거부하거나 상징의 의미를 상실한 신학을 거부하는 것은 정당하다. 다른 한편 인지의 담론적 요소는 모든 방향으로 개방되어 있으며 특정한 일련의 상징에 얽매이지 않는다. 이런 상황은 신학을 완전히 배제하는 것처럼 보이며 교회사는 지속적으로 이어지는 반(anti)신학 운동을 보여준다. 그 운동은 양쪽에서 지지를 받는데, 그 한쪽은 신학의 담론적 요소가 상징으로 체현된 교회의 구체적 실체를 파괴하는 것처럼 보이기 때문에 신학을 거부하는 자들의 지지이며, 다른 한쪽은 신학의 묵상적 요소가 담론을 미리 구상된 대상과 해답으로 제한하는 것처럼 보이기 때문에 신학을 거부하는 자들의 지지다. 만약 이런 가정들이 정당하다면 어떠한 신학도 불가능할 것이다. 하지만 확실히 신학은 실재하며 묵상과 담론의 양자택일을 극복하는 방법들을 가지고 있어야 한다.

물음은 다음과 같다. 개념과 실재가 만날 때 사고의 담론적 엄격함을 억압하지 않으면서도 묵상적 요소가 우세하고 효과적일 수 있는 형식이 있는가? 묵상과 담론의 관계와 신성화와 정직의 관계 사이에는 유사성이 있는가? 그 대답은 긍정적이다. 신학적 부분이 다른 부분에 대한 통제권을 주장하지만 않는다면, 담론적 사고는 그 자체 안에 있는 신학적 부분을 배제하지 않기 때문이다. 하지만 우리는 이렇게 물을 수도 있다. 신학적 부분을 상대적으로도 그리고 절대적으로도 불가능하게 하는 담론적 사유 형식도 있지 않은가? 예를 들어, 유물론은 그런 종류의 담론적 사유 형식이라고 불려왔다. 유물론자는 신학자가 될 수 없다는 주장이 있었다. 하지만 그런 관점은 매우 피상적이다. 무엇보다도 유물론은 단지 담론에만 의존하는 입장이 아니다. 그것은 묵상에도 의존하고 그 자체 안에 신학적 요소도 갖고 있다. 이 사실은 모든 철학적 입장에도 해당된다. 그 입장들은 과학적 가설이며 동시에 그 입장들의 철학적 논증에는 묵상적 요소가 은폐되어 있기도 하다. 이 사실은 어떠한 철학 전통을 기초로 삼는다고 해도 신학이 가능함을 의미한다. 그렇지만 신학이 활용하는 개념적 재료에는 차이가 있다. 철학에서 묵상적 요소가 강력하다면, 그 철학은 표현주의적 요소가 강력한 예술 양식과 비교될 수 있을 것이다. 그런 철학들에 대해서 오늘날 우리는 그 철학들은 실존주의적이라고, 그 철학들은 자체적인 구조 안에 중요한 실존주의적 요소를 가지고 있다고 말한다. 이런 맥락에서 "실존주의"는 시간과 공간 속에 있는 인간의 상황에 관한 물음과 실존하는 모든 것의 곤경과 일치하는 인간의 곤경에 관한 물음을 묻고 상징이나 그 상징의 개념적 변형을 통해 대답하는 철학을 의미한다. 이런 의미의 강력한 실존주의적 요소는 헤라클레이토스, 소크라테스, 플라톤, 스토아주의자, 신플라톤주의자에게 현존해 있었다. 아낙사고라스, 데모크리토스, 아리스토텔레스, 에피쿠로스주의자 같은 철학자들에게는 본질주의적 요소가 우세했는데, 그들은 실존의 곤경보다는 실재의 구조를 더 많이 다루었다. 동일한 방식으로 우리는 근대에서도 다음과 같이 구별할 수 있다. 쿠자누스, 피코, 브루노, 뵈메, 파스칼, 셸링, 쇼펜하우어, 니체, 하이데거 같은 사람들은 실존주의적 요소가 우세했고, 갈릴레이, 베이컨, 데카르트, 라이프니츠, 로크, 흄, 칸트, 헤겔 같은 사람들은 본질주의적 요소가 우세했다. 이렇게 열거함으로써 이것은 언제나 강조점의 문제이지 배타성의 문제가 아님을 알 수 있다.

사유 "양식"의 구분은 예술 양식의 구분과 유사하다. 이 두 가지 경우에서 전자에는 관념론적·자연주의적 양극성이 있고, 후자에는 표현주의적이거나 실존주의적 강조가 있다. 영적 현존의 황홀경적 특징이라는 관점에서 보면, 교회는 자신의 인지적 자기-표현을 위해서 실존주의적 강조가 우세한 사유의 체계를 사용할 수 있다. (예를 들어, 헤라클레이토스, 플라톤, 스토아주의자, 플로티노스가 초기 교회에서 가졌던 의의와 아퀴나스가 아리스토텔레스에 이질적인 실존주의적 요소를 도입할 필요가 있었던 이유를 주목하라.) 하지만 예술 양식의 경우처럼 교회는 어떤 사유 양식을 철학자들에게 강요하면 안 된다. 모든 철학에 현존해 있는 실존주의적 요소가 개방적인 철학에 침입하는지 아닌지는 자율적 창조성과 역사적 운명의 문제다. 하지만 교회는 그런 사건을 기다릴 필요가 없다. 교회는 실재에 관한 본질주의적 묘사들을 가지고 사역할 수도 있고, 그런 묘사들 배후에 있는 실존주의적 전제들을 발견할 수 있으며, 관념론이나 자연주의 속에 있는 그런 것들을 긍정적으로나 부정적으로 활용할 수도 있다. 신학은 그런 것들을 전혀 두려워할 필요가 없다.

종교 예술에 관한 부분에서 나온 고찰들처럼 이후의 고찰들도 "문화의 신학"으로 나아간다. 이에 대해서는 나중에 논의할 것이다.

(c) 교회의 공동체적 기능 교회의 모든 구성 기능이 안고 있는 문제는 그 기능들의 자율적인 문화적 형식과 교회의 생명을 위한 소재가 되는 교회들의 기능의 관계 문제다. 우리는 **테오리아**의 미학적 기능과 인지적 기능과 관련하여 이 문제를 다루었다. 이제 우리는 **프락시스**의 기능과 관련하여 이 문제, 즉 공동체와 인격성의 상호의존적 성장을 논의하고자 한다. 우리는 이런 물음을 물어야 한다. 교회들의 예배에서 그 기능들이 작동하면 기능들의 자율적 형식들은 왜곡되는가? **테오리아**와 관련하여 여기에는 다음과 같은 물음이 포함되어 있다. 만약 그 표현성과 진리가 신성화와 묵상을 위해서 활용된다면 표현성과 진리는 정직함과 담론적 엄격함을 보존할 수 있는가? **프락시스**와 관련하여 이 물음은 다음과 같은 물음을 제기한다. 만약 표현성과 진리가 교회의 자기-구성을 위해서 활용된다면, 공동체는 정의를 유지할 수 있으며 인격성은 인간성을 유지할 수 있는가? 구체적으로 말하자면, 만약 정의가 공동체적 거룩함의 실현을 위해서 활용된다면 정의는 보존될 수 있는가? 만약 인간성이 인격적 성자 됨(saintliness)의 실현을 위해서 활용된다면 인간성은 보존될 수 있는가? 이것이 문제다. 영적 현존의 힘으로 교회의 구성 기능들이 (비록 단편적으로라도) 종교의 모호성들을 정복한다면, 그 기능들은 정의와 연합된 공동체적 거룩함 및 인간성과 연합된 인격적 성자 됨을 창조할 수 있어야 한다.

거룩한 공동체는 교회들의 공동체적 거룩함으로 표현되는데, 거룩한 공동체는 교회들의 역동적 본질이다. 교회들은 공동체적 거룩함을 표현하는 동시에 왜곡하며 영적 현존은 이런 상황에서 발생하는 모호성들에 맞서 싸운다. 교회가 거룩함의 이름으로 부정의를 범하거나 허용할 때마다 공동체적 거룩함(역사적 집단을 통해서 거룩한 공동체를 현실화하려는 시도의 축약적 표현)은 정의의 원리와 모순된다. 기독교 문명 안에서 이런 일은 다른 많은 종교에서 일어나는 것과 동일한 방식으로 일어나지 않는다. 예를 들어 다른 종교들에서 왕이나 대제사장은 그들의 성례적 우월성으로 정의의 원리를 크게 유예할 수 있는 지위를 부여받는다. 구약 예언자들의 진노는 이런 태도에 맞춰져 있다. 하지만 기독교에서도 그 문제는 현실적인데, 그 이유는 종교적 위계질서를 가진 모든 조직은 사회적 부정의를 증가시키기 때문이다. 비록 형식적 위계질서가 없다고 해도 교회에는 중요성의 단계가 있고 더 높은 등급들은 더 높은 등급의 사회 집단에 사회적으로나 경제적으로 의존하며 상호연관 되어 있다. 많은 경우 교회가 하층계급을 억압하는 부정의를 내포한 "존재하는 권세들"을 지지했던 이유 중 하나가 바로 이것이다. (또 다른 이유는 우리가 "개혁에 맞선 전통"이라고 묘사했던 보수적 경향이다.) 중세 사회에서 발생한 봉건적 위계질서와 교회적 위계질서의 연맹은 이러한 "거룩한 부정의"의 본보기다. 교구 목회자가 자기 교구에서 경제적으로나 사회적으로 영향력 있는 계급의 대표자들에게 의존하는 것은 또 다른 본보기다. 그런 거룩함은 결코 거룩함이 아니라고 우리는 말할 수 있겠지만, 이것은 지나친 단순화다. 왜냐하면 거룩함 개념은 정의 개념으로 격하될 수 없는 것이기 때문이다. 교회의 부정의한 대표자들은 교회의 실존이 제시하는 종교적 자기-초월을 여전히 대표할 수 있다. 하지만 확실히 이것은 왜곡된 것이며, 결국 교회는 이를 거부하게 된다. 이러한 거부는 교회의 부정의로 인해 고난당하는 자들의 거부이며 (자신이 부인하지 않는) 거룩함과 부정의가 연합되어 있음을 알기 때문에 고난을 당하는 자들의 거부이기도 하다.

앞서 제시되었듯이 공동체적 생명의 모호성에 관한 묘사는 네 가지 모호성을 산출한다. 첫 번째는 포괄성의 모호성, 두 번째는 평등의 모호성, 세 번째는 지도력의 모호성, 네 번째는 법적 형식의 모호성이다. 이제 이런 물음을 물어보자. 이 모호성들은 자신이 거룩한 공동체에 참여하고 있으며 자신은 파생된 거룩함일 뿐이라고 주장하는 공동체 안에서 어떻게 극복되는가? 교회가 모든 사회적·인종적·민족적 한계를 초월하여 모든 것을 포괄한다고 주장할 때 포괄성의 모호성이 극복된다. 이 주장은 무조건적이지만 그 주장의 성취는 조건적이며, 인간이 자신의 참된 존재로부터 소외되어 있다는 사실의 지속적인 징후이기도 하다. (예를 들어, 교회 안에 있는 인종적이고 사회적인 문제를 보라.) 또 교회에는 포괄성과 관련된 특별한 형식의 모호성이 있는데, 그것은 다른 신앙을 고백하는 자들을 배제하는 것이다. 그렇게 하는 이유는 명확하다. 모든 교회는 자신을 일련의 상징들 아래에 있는 신앙의 공동체라고 간주하며 경쟁하는 상징들을 배제한다. 이러한 배제가 없으면 교회는 실존할 수 없을 것이다. 하지만 이 배제로 인해서 교회는 역사적 조건에 따라 형성된 교회 자체의 상징들에 우상숭배적으로 고착되는 일에 대한 죄책감을 느끼게 된다. 그러므로 영적 현존이 느껴질 때마다 교회는 교회의 상징의 이름으로 자기-비판을 시작한다. 이런 일이 가능한 것은 모든 참된 종교적 상징에는 상징을 심판하는 요소와 그 상징을 활용하는 사람들이 있기 때문이다. 상징은 단순히 거부되는 것이 아니라 비판받는 것이고 이런 비판으로 상징은 변화된다. 교회는 자신의 상징을 비판하면서 영적 공동체에 대한 교회의 의존성, 교회의 단편적 특성, 교회가 맞서 싸워야 할 종교적 모호성에 빠져 들어갈 지속적인 위협을 표현한다.

교회는 정의에 속해 있는 평등이라는 요소를 하나님 앞에서 모든 사람의 평등으로 인식한다. 이러한 초월적 평등은 사회적이고 정치적인 평등 요구를 수반하지 않는다. 사회적이고 정치적인 평등을 현실화하는 유일한 시도는 (몇몇 급진적 소종파를 제외하면) 기독교에서 나온 것이 아니라 고대와 현대의 스토아주의에서 나왔다. 하지만 하나님 앞에서의 평등은 하나님에게 다가가는 자들의 평등, 즉 교회의 생명 안에서의 평등을 요구하게 만들었다. 신약 특히 야고보서처럼 일찍부터 헌신적 예배에서 평등의 문제가 논의되었고 교회의 예배에서 사회적 불평등이 보존되는 일은 비난받았다.[21] 교회 안에서 평등의 원리를 무시한 최악의 결과 중 하나는 중세 교회뿐만 아니라 오늘날에도 나타나는 "공적인 죄인들"에 대한 처분이다. 교회는 좀처럼 "세리와 창녀"를 대하는 예수의 태도를 따르지 않았다. 교회는 (교회가 고백하는) 죄 아래에서 모든 사람이 평등하다는 것과 그렇기 때문에 (교회가 고백하는) 용서 아래에서 모든 사람이 평등하다는 것을 인정하면서도 예수가 행동했던 방식을 과거나 지금이나 부끄러워한다. 사회적으로 정죄받은 죄인과 사회적으로 인정받는 의인 사이에 불평등의 원리를 확립하는 것은 가장 명확하고 가장 반기독교적으로 평등의 원리를 부정하는 행동 중 하나다. 교회 안에 있는 많은 집단과 개인이 보여주는 태도와는 반대로 세속 심리학이 모든 사람의 무의식 속에 있는 마성적인 것의 실재를 재발견했다는 사실은 영적 현존의 충격이라고 해석되어야 한다. 그렇게 하면서 그 심리학은 정의의 요소인 평등의 원리를 적어도 부정적으로는 재확립했다. 교회가 이런 발전을 보면서 회심으로의 부름을 느끼지 못한다면 교회는 완고해질 것이고 신적인 영은 무신론적이고 반기독교적인 것처럼 보이는 운동 속에서, 또 그 운동을 통해서 사역

---

21   역주. 약 2:1-9.

하게 될 것이다.

　지도력의 모호성은 포괄성의 모호성 및 평등의 모호성과 밀접하게 관련되어 있다. 그 이유는 지도적인 집단이 불평등을 배제하기도 하고 생산하기도 하기 때문이다. 심지어 하나님과의 관계에서도 그렇다. 지도력과 그 모호성은 모든 역사적 집단의 생명에 속해 있다. (인류 역사의 가장 많은 부분을 차지하는) 전제 정치의 역사는 나쁜 역사적 사건들의 역사가 아니라 오히려 생명의 크고 불가피한 모호성 중 하나의 역사이며 종교는 그런 모호성들에서 예외가 아니다. 다른 모든 지도력처럼 종교적 지도력에도 동일하게 불경하고 마성적인 가능성이 있다. 동시대 종교 지도자들에게 예언자와 사도들이 가했던 지속적인 공격은 교회에 해를 끼친 것이 아니라 오히려 교회를 구원했다. 그리고 오늘날도 마찬가지다. 로마 가톨릭교회는 교황의 지도력이 가지고 있는 모호성을 인정하지 않기 때문에 로마 가톨릭교회는 지도력의 명확한 모호성으로부터 구출받기도 하지만 마성적 성질도 부여받는다. 지속적인 자기-비판이라는 개신교의 약함은 개신교의 위대함이며, 개신교에 가해진 영적 충격의 징후다.

　법적 형식의 모호성은 지도력, 평등, 포괄성의 모호성만큼이나 불가피하다. 법적 형식이 없으면 인간 역사 속 어느 것에도 실재성이 없을 것이다. 자연적 형식이 없으면 자연 속 어느 것에도 실재성이 없는 것과 마찬가지다. 하지만 교회의 법적 형식은 무조건적인 명령의 문제가 아니다. 영은 헌법적 규칙을 주지는 않지만 교회가 사회학적으로 적합한 직분과 제도를 영적으로 활용하도록 인도한다. 영은 힘과 특권의 모호성과 맞서 싸우는데, 힘과 특권은 큰 교단들의 만남에서도 작용하지만 가장 작은 마을 공동체의 일상생활에서도 작용한다. 교회의 어떠한 직분도 심지어 사도적 교회에 실존했던 직분들조차도 신적인 영의 직접적 명령으로 생긴 결과가 아니다. 하지만 교회와 그 기능들은 존재하는데, 그 이유는 그 기능들이 교회의 본성에 속해 있기 때문이다. 이런 기능들을 통해서 교회에 기여하는 제도와 직분은 사회학적 적합성, 실천적 편의성, 인간적 지혜의 문제다. 하지만 다음과 같은 물음을 묻는 것은 옳다. 하나님과 인간의 관계에 대한 해석이 지도력의 (군주적·귀족적·민주적) 형식에 포함되어 있기 때문에 헌법의 차이는 간접적으로 영적 의의가 있지 않은가? 이로 인해서 헌법의 문제들은 간접적으로 신학적인 문제가 되며 이 사실은 헌법적 형식과 관련된 교회의 갈등과 분열을 설명해준다. 헌법의 문제를 신학적으로나 사회학적으로 고찰하면, 먼저 우리는 헌법의 차이에 내포되어 있는 궁극적인 신학적 원리를 제시할 수 있다. 예를 들어, 개신교적 원리를 제시할 수 있는데, 이 원리는 모든 종교적 제도들의 "오류 가능성"과 이를 따라 **교황의 좌**(*cathedra papalis*)라는 무오류한 지위에 대해서 저항했던 역사 또는 "만인제사장"과 이를 따라 평신도와 분리되어 있으며 신-인의 위계적 구조를 통해서 신성한 등급을 재현한다고 하는 제사장에 대해서 저항했던 일로 드러난다. 그런 원리들은 궁극적 관심의 문제들이다. 교회의 본질적 기능들과 그 기능들의 실행을 위한 어떤 체계적인 조항들은 궁극적 관심의 문제가 아니라 필요적 관심의 문제다. 하지만 어떤 방법을 더 선호할 것인가라는 문제는 궁극적인 신학적 원리들이라는 기준을 따라 편의성을 묻는 물음이다.

교회의 법적 체계와 관련된 모호성은 "체계화된 종교"에 대한 폭넓은 원한을 낳았다. 물론 그 용어 자체가 편견을 조장하는데 그 이유는 종교가 체계화된 것이 아니라 공동체가 일련의 종교적 상징과 전통을 중심으로 모였기 때문이며, 그런 공동체 안에서 어느 정도의 체계화는 사회학적으로 불가피한 일이기 때문이다. 첫 번째 혁명적 단계에 있는 소종파 집단들은 기존의 어떠한 체계도 피하고자 했고 무규범 상태(anarchy)로 살아가고자 했다. 하지만 사회학적 필요는 그 집단들이 통제를 벗어나도록 허용하지 않았다. 그 집단들이 분열된 이후 거의 즉시 그 집단들은 새로운 법적 형식을 만들기 시작했는데 그 형식들은 종종 거대 교회들의 법적 형식보다 더 엄격하고 더 강압적인 것이었다. 그리고 어떤 중요한 경우에는 그런 집단들이 자체적으로 헌법적 문제를 가진 거대 교회가 되었다.

체계화된 종교에 대한 혐오감은 더 심화된다. 그 혐오감은 종교에서 공동체적 요소를 제거하기 원한다. 하지만 이것은 자기-기만이다. 인간은 오직 인격 대 인격의 만남에서만 인격이 될 수 있고 종교의 언어—심지어 그것이 침묵의 언어라 해도—는 공동체에 의존하고 있기 때문에 "주관적 종교성"은 공동체적 전통의 반영(reflex)일 뿐이며 신앙과 사랑의 공동체 안에서 지속적으로 생명을 공급받지 못하면 그 종교성은 사라져버린다. "사적인 종교" 같은 것은 없다. 하지만 종교적 공동체에 대한 인격적 반응은 있을 수 있으며, 이 인격적 반응은 공동체에 창조적이고 혁명적이며 심지어 파괴적인 충격을 끼칠 수도 있다. 예언자는 귀환하기 위해서 광야로 나갔고 은둔자는 공동체의 전통에서 취했던 것으로 살아갔으며, 기독교 수도원 운동의 초기 시대에도 새로운 사막 공동체가 발전했다.

비록 조잡하게 표현되었을지라도 종교 배후에 더 깊은 동기가 없다면, 즉 모든 종교 형식에 대한 **종교적** 비판이—그 비판이 공적이든 사적이든—없다면, 사적이면서 체계화된 종교를 만나는 일은 단지 어리석은 일일 뿐이다. 좁은 의미의 종교가 인간이 하나님과의 본질적 일치에서 소외되어 있음을 표현한다고 느낀다면 그것은 올바른 일이다. 이런 의미로 받아들여진다면, 그것은 종교의 심오한 모호성에 관해 말할 수 있는 단지 다른 방식일 뿐이며 종말론적 재연합에 아직 도달하지 못했다는 불만으로 이해되어야 한다. 이 불만은 종교적인 개인들의 마음에서도, 공동체의 자기-표현에서도 만들어진다. 하지만 이것은 체계화된 종교에 대한 비판보다 더 포괄적이고 더 중요하다.

(d) 교회의 인격적 기능 우리는 은둔자와 수도사에 대해서 모든 종교적 공동체의 사회학적 특징에 내포되어 있는 모호성을 피하려는 사람이라고 언급했다. 물론 그들이 사회학적 특질을 가진 종교적 공동체에 참여하거나 그들 스스로 그런 공동체를 만든다는 사실에서 도출되는 한계 안에서만 이런 언급이 가능하다. 여하튼 이런 한계 안에서 그들의 은둔은 가능하며, 그런 은둔은 모호하지 않은 생명을 제시하는 영적 공동체의 강력한 상징적 기능에 기여한다. 그들은 이 기능에 기여함으로써 교회의 구성 기능에 의미 있는 방식으로 참여한다. 하지만 종교적 공동체의 모호성을 피하고자 하는 열망만이 그들이 은둔하고자 했던 유일한 이유는 아니다. 영적 현존의 충격을 받은 인격적 생명의 문제가 그들의 기본 문제였고 지금도 그렇다.

인격적 생명의 모호성은 인격의 내적 목표인 인간성을 현실화할 때 나타나는 모호성이다. 그 모호성은 인격과 자신의 관계에서도 그 인격과 타자의 관계에서도 나타난다. 우리가 언급했던 결정의 모호성은 자기-결정의 모호성과 타자-결정의 모호성 양쪽에 관련되어 있다.

물어야 할 첫 번째 물음은 다음과 같다. 성자 됨이라는 이상과 인간성이라는 이상은 어떤 관계인가? 앞서 우리는 다음과 같이 물었다. 공동체의 거룩함은 공동체의 정의를 파괴하는가? 이제 우리는 이렇게 물어야 한다. 공동체 안에 있는 인격의 성자 됨은 인격의 인간성을 파괴하는가? 영적 현존의 충격 아래서 인격의 성자 됨과 인간성은 어떻게 연결되는가?

이 물음에서 발생하는 문제는 금욕주의와 인간성의 문제다. 성자 됨은 종종 금욕주의와 동일시되어왔고 늘 금욕주의에 부분적으로 의존해왔다. 성자 됨은 금욕주의를 넘어서는 인격 안에 있는 존재의 신적 근거에 대한 투명성인데 그 투명성으로 인해 그는 성자가 된다. 하지만 (로마 가톨릭교회의 교리에 따르면, 기적을 행하는 능력으로 표현되는) 그런 투명성은 많은 인간적 잠재성을 부정하는 데 의존하고 있으며 따라서 인간성이라는 이상과 긴장을 이룬다. 이러한 긴장은 필연적으로 갈등으로 발전하는가라는 것이 기본적인 물음이다. 그 대답은 서로 다른 유형의 금욕주의를 구별하는 것에 달려 있다. 수도사적 금욕주의라는 로마 가톨릭 이상의 배후에는 형식에 맞서는 물질의 저항이라는 형이상학적·신비주의적 개념이 있는데 실존의 모든 부정성과 생명의 모든 모호성은 그 저항에서 기인한다. 우리는 영적인 것에 도달하기 위해 물질에서 벗어나야 한다. 이것이 영이 물질의 굴레에서 해방되는 방식이다. 종교적으로 만들어진 형이상학에서 유래한 금욕주의는 "존재론적" 금욕주의다. 그 금욕주의에 내포되어 있는 것은 그런 금욕주의를 실행하는 자들이 물질적으로 한정된 "세계"라는 실재 안에서 살아가는 자들보다 신-인적 위계질서에서 종교적으로 더 높은 위치에 있다는 것이다. 기본적 물음의 관점에서 보면, 우리는 이런 종류의 금욕주의와 인간성의 **텔로스** 사이에는 갈등, 즉 화해할 수 없는 갈등이 있다고 말해야 한다. 이런 종류의 금욕주의는 창조 교리에 대한 암묵적 부인을 전제하고 있다고 우리는 덧붙여 말해야 한다. 그러므로 개신교는 금욕주의를 거부했으며 인문주의자들과의 투쟁에도 불구하고 인간성의 **텔로스**를 향하는 길을 닦았다. 개신교적 원리에 따르면, 물질의 부정을 기초로 삼는 영성은 없다. 왜냐하면 창조자 하나님은 물질적인 것과 영적인 것에 똑같이 근접해 있기 때문이다. 물질은 선한 창조에 속하며, 물질에 대한 인문주의적 긍정은 영성과 모순되지 않는다.

하지만 또 다른 형식의 금욕주의도 있는데 그것은 유대교와 개신교에서 발전해온 것이다. 그것은 자기-절제(self-discipline)의 금욕주의다. 그것은 바울과 칼뱅에게서 발견된다. 그 금욕주의에는 존재론적 금욕주의보다 훨씬 강력한 도덕적 함의가 있다. 그 금욕주의는 실재의 타락된 상태와 그 자체로는 나쁘지 않은 많은 것들에서 발생하는 유혹에 저항하려는 의지를 전제하고 있다. 이 금욕주의는 원리적으로 인간의 상황에 적합하고 이런 종류의 금욕주의가 없으면 어떠한 인간성도 가능하지 않다. 하지만 전통적 형태의 금욕주의가 주는 충격이 너무나 강력해서 청교도적 억압이라는 이상은 인간성의 **텔로스**를 다시 위협했다. 성을 철저히 억제하고 창조된 선한 많은 잠재성을 제한함으로써 이런 종류의 절제하는 금욕주의는 로마 가톨릭교회의 존재론적 금욕주의와 유사한 것이 되었고, 그 금욕주의가 사소한 제재 위반에 열정적으로 집착한 이후 그것은 바리새인적이고 터무니없는 것이 되었다. (음주, 춤 등을 하지 않는 것을 의미하는) "성자다움"(saintly)이라는 단어는 먼저 도덕적으로 공허한 것이 되었고 다음에는 우스꽝스러운 것이 되었다. 적어도 부분적으로 이런 결과는 프로이트 이후에 이어진 심리 치료 운동의 공로인데, 그 운동은 교회가 성자 됨에 대한 왜곡된 이미지를 제거하는 데 도움을 주었다.

영적 현존의 충격을 받아 인간성의 텔로스와 완전히 연합하게 되는 금욕주의의 이상이 있다. 즉, 그것은 그것 없이는 어떠한 창조적 사역도 불가능한 금욕적 절제, 곧 대상을 향한 **에로스**에 의해 요구되는 절제다. 에로스라는 단어와 "절제"라는 단어의 조합은 인간성의 텔로스에 성자 됨이라는 관념이 포함되어 있음을 보여준다. 왜냐하면 여기서 요구되는 금욕주의는 대상에 참여하는 것을 막는 주관적 자기-긍정의 극복이기 때문이다. 영적 현존에 개방되어 있음을 의미하는 "성자 됨"과 그 모든 함의를 가진 "인간성"에는 주체와 대상의 연합을 가능케 하는 금욕주의가 포함되어 있다.

인격적 현실화의 모호성에 관해 기술하면서 주체와 대상의 분리가 모호성을 낳는다는 것을 제시했다. 물음은 이런 것이다. 만약 결정하는 자기가 결정된 자기만큼 결정을 필요로 한다면, 인격적 자기-결정은 어떻게 가능한가? 이 문제에 대한 해답이 없으면 성자 됨이나 인간성도 없을 것이다. 그 해답은 결정하는 주체는 주체와 대상을 초월하는 것, 즉 영적 현존에 의해 결정된다는 것이다. 대상으로부터 실존적으로 분리되어 있는 주체에게 가해지는 영적 현존의 충격을 "은혜"라고 한다. 그 단어에는 많은 의미가 있으며 그 의미 중 어떤 것은 나중에 논의할 것이지만, 그 모든 의미에서 동일한 점은 영적 현존이 선행한다는 것이다. "은혜"는 영적 현존이 만들어질 수는 없고 주어질 뿐임을 의미한다. 자기-결정의 모호성은 은혜로 극복된다. 그 모호성을 극복할 수 있는 다른 방법과 자기를 결정해야 한다는 넁녕 빚 본실섹 존새가 되는 밍앙으로 사신을 결징힐 수 없음 사이의 갈등에서 나오는 절망을 피할 수 있는 다른 방법은 없다.

교육과 지도(guidance)라는 기능들은 인격 대 인격의 관계에서 인간성의 텔로스에 도달하도록 도와준다. 우리는 그 기능들이 전제하고 있는 주체와 대상의 분리 때문에 나타나는 그 기능들의 모호성을 살펴보았다. 교회의 교육 활동과 지도 활동은 그 문제를 피할 수 없지만, 영적 현존의 힘으로 그 모호성들과 맞서 싸울 수는 있다. 한 인격이 자신을 다룰 때는 은혜로서의 영적 현존으로 인해 자기-결정이 가능하지만, 타자를 다룰 때는 참여의 창조주인 영으로 인해 타자-결정이 가능하다. 오직 영만이 교육과 지도에서 나타나는 주체와 대상의 분열을 초월할 수 있다. 왜냐하면 수직적 차원에서 양쪽을 사로잡는 것에 참여할 때만 교육자이자 인도자인 수여자와 피수여자의 차이가 극복되기 때문이다. 영적 현존의 사로잡음을 통해서 교육과 지도의 주체는 대상이 되며 교육과 지도의 대상은 주체가 된다. 영의 담지자인 그 둘은 주체이면서 대상이다. 교육과 지도의 현실적 과정에서 이것은 인간성의 텔로스에 더 근접해 있는 자는 자신이 여전히 그 텔로스로부터 무한히 떨어져 있다는 것을 알고 있고 따라서 우월함의 태도나 (선한 마음으로라도) 다른 사람을 통제하려는 의지는 돕고자 하는 자와 마찬가지로 교육자와 인도자 역시 동일한 곤경에 처해 있음을 인정하는 것으로 대체된다는 것을 알고 있다는 것을 의미한다. 그리고 그것은 자신이 인간성의 텔로스로부터 무한히 떨어져 있음을 깨닫는 자는 그럼에도 불구하고 영이 수직적 차원에서 그를 사로잡음으로써 그 텔로스에 참여한다는 것을 의미한다. 영은 어떠한 인간적 관계에서도 주체가 주체로만, 대상이 대상으로만 남아 있게 하지 않는다. 인간의 실존에서 나타나는 주체-대상의 분열이 정복되는 곳마다 영은 현존해 있다.

(5) 교회들의 관계 기능 교회들은 교회들의 영적 본질과 역설적 일치를 이루고 있으면서도 동시에 사회학적 실재이며 생명의 사회적 자기-창조의 모든 모호성을 보여준다. 그러므로 교회는 지속적으로 다른 사회적 집단들과 만나며 그것들과 영향을 주고 받는다. 조직신학은 이런 관계에 뒤따르는 실천적 문제를 다룰 수는 없지만, 교회가 교회로서 다른 사회적 집단들과 관계 맺는 방식과 원리를 정식화하고자 시도해야 한다.

이런 일이 일어나는 세 가지 방식이 있는데, 조용한 상호침투의 방식, 비판적 판단의 방식, 정치적 설립의 방식이다. 첫 번째 방식은 교회들의 영적 본질이 교회와 함께 살아가는 사회의 모든 집단들에게 지속적으로 방사되는 것이라고 묘사될 수 있다. 그런 교회의 실존은 사회적 실존 전체를 변화시킨다. 우리는 그것을 교회가 일부를 이루는 사회 구조에 교회들이 제사장적 실체를 쏟아붓는 것이라고 말할 수 있을 것이다. 지난 세기에 일어난 생명의 급속한 세속화의 관점으로 고찰하면서 우리는 이 영향력을 간과하는 경향이 있다. 하지만 우리가 상상 속에서 교회를 제거한다면, 인격적이고 공동체적인 인간 생명의 모든 영역에 남겨진 그 텅 빈 공간은 교회가 가졌던 소리 없는 영향력의 의의를 보여줄 것이다. 교회의 교육적 가능성이 공식적으로 제한될지라도, 교회의 실존은 당대의 문화에 끼치는 교육적 영향력을 가진다. 그 영향력은 영적 실재를 소통함에 따른 직접적인 영향일 수도 있고 교회들이 재현하는 것에 저항하는 간접적인 영향일 수도 있다.

게다가 그 영향력은 상호적이다. 교회는 발전하고 변화하는 사회 문화의 소리 없는 쇄도를 의식적으로나 무의식적으로 받아들인다. 이러한 영향력 중 가장 확실한 것은 어떤 살아 있는 문화에서 이루어진 경험을 이해하는 방식과 표현하는 방식이 지속적으로 변형되면서 체감된다. 교회는 영적 실체를 교회가 살고 있는 사회에 소리 없이 제공하며, 교회는 동일한 사회로부터 정신적 형식을 소리 없이 받아들인다. 매 순간 소리 없이 실행되는 이러한 상호 교환이 교회의 첫 번째 관계 기능이다.

두 번째는 비판적 판단의 방식인데, 이 방식을 교회와 여타의 사회적 집단은 상호적으로 실행하고 있다. 교회와 사회의 이러한 관계는 서구 역사 중 현대에서 가장 명확하게 나타나지만, 그 관계는 모든 시대에, 심지어 동방 교회와 서방 교회의 신정 통치 조직에서도 실존했다. 로마 제국 사회를 향해서 초기 교회는 이교적인 사고방식과 생활 방식을 비판했고, 결국 그 비판으로 이교적 사회는 기독교 사회로 변형되었다. 만약 영적 현존이 어떤 사회에 소리 없이 침투하는 것을 "제사장적이다"라고 할 수 있다면, 영적 현존의 이름으로 이 사회를 공개적으로 공격하는 것은 "예언자적이다"라고 할 수 있을 것이다. 그 비판의 성공은 훨씬 제한적일 수 있지만, 사회가 비판을 받으면 그 비판에 긍정적으로나 부정적으로 반작용할 수밖에 없다는 사실은 그 자체로 성공이다. 그 사회에 반대하는 예언자적 비판의 담지자를 거부하거나 박해하는 사회는 이전의 상태와 동일하게 남아 있지 못한다. 그 사회는 마성적이고 불경한 특성을 통해 약화되기도 하고 강화되기도 한다. 어떤 경우든 그 사회는 변형된다. 그러므로 교회는 (예를 들어, 교육의 영역에서) 제사장적 영향력을 보존하거나 강화하기 위해서 싸우기만 해서는 안 되고 순교에 이를 수도 있는 사회의 부정성에 대한 예언자적 비판은 격려받아야 한다. 사회에 대한 예언자적 비판으로 영적 공동체가 아닌 신율—모든 문화적 형식이 궁극적인 것과 연관됨—에 접근해가는 사회의 상태가 만들어질지라도, 예언자적 비판은 격려받아야 한다.

그렇지만 그 관계도 상호적이다. 사회 편에서 교회에 가하는 비판이 있는데, 그 비판은 교회의 예언자적 사회 비판만큼이나 정당한 것이다. 그것은 교회 안에 있는 사회, 즉 교회가 속해 있는 사회와 교회가 맺는 관계 속에 자리 잡고 있는 "거룩한 부정의"와 "성자적 비인간성"에 대한 비판이다. 19세기와 20세기에 있었던 이 비판의 세계사적 의의는 명확하다. 그 비판의 첫 번째 결과는 교회와 거대한 사회 집단, 특히 노동 운동 사이에 연결할 수 없을 것 같은 분열이 발생한 것이었다. 하지만 그 밖에도 그 비판으로 말미암아 기독교회는 정의와 인간성에 대한 교회의 해석을 수정하게 되었다. 그것은 일종의 예언자주의에 대한 반대(reverse prophetism), 곧 외부에서 교회에 무의식적으로 가하는 예언자적인 비판이었다. 문화적 형식이 교회에 영향을 주었기 때문에—외부에서 교회에 가하는 무의식적으로 제사장적인 영향력인—제사장을 반대하는 충격이 발생하는 것과 마찬가지다. 교회가 실행하기도 하고 수용하기도 하는 상호비판은 교회의 두 번째 관계 기능이다.

세 번째는 정치적 설립의 방식이다. 제사장적 방식과 예언자적 방식이 종교 분야에 남아 있는 반면, 세 번째 방식은 이 분야를 완전히 벗어난 것처럼 보인다. 종교적 상징 체계는 종교의 제사장적 기능과 예언자적 기능을 언제나 왕좌에 두었다. 기독론은 그리스도에게 왕의 직분을 부여했다. 지역적 수준으로부터 국제적 수준에 이르는 모든 교회에는 정치적 기능이 있다. 모든 수준에서 교회 지도자에게 부여되는 과제는 다른 사회 집단의 지도자에게 영향을 주어 그들이 제사장적 기능과 예언자적 기능을 실행할 교회의 권리를 인정하게 하는 것이다. 이런 일이 이루어질 수 있는 많은 방식이 있는데, 그 방식들은 사회의 구축적 구조와 그 구조 안에서 교회가 가진 법적 지위에 의존하고 있다. 하지만 어떤 경우든 교회가 정치적 행위를 한다면, 교회는 영적 공동체의 이름으로, 즉 영적으로 그 행위를 해야 한다. 이로 인해 군사력, 선동, 외교 수단, 종교적 열광주의의 발흥 등과 같은 영적 공동체라는 교회의 특징과 모순되는 방법을 활용하는 것이 배제된다. 교회가 그런 방법을 더 예리하게 거부할수록 교회는 궁극적으로 더 많은 힘을 행사하게 될 것이다. 왜냐하면 교회의 실제적 힘은 교회가 영적 현존의 창조물이라는 사실에서 나오기 때문이다. 로마 가톨릭 교회가 이 원리를 간과했기 때문에 개신교는 교회의 왕적 기능이라는 측면을 의심하게 되었다. 하지만 그런 회의주의는 정당하지 않다. 개신교회들은 교회의 정치적 책임을 외면해선 안 된다. 그리고 그리스도에게 왕적 기능이 있다는 사실을 망각하여 불편한 양심을 가지게 되었음에도 교회들은 그 책무를 늘 수행해왔다. 분명히 십자가에 달린 그리스도에게 왕적 기능이 있듯이 십자가 아래에 있는 교회, 즉 겸손한 교회도 왕적 기능을 실행해야 한다.

그렇게 하면서 교회는 사회가 교회에 정당한 정치적 충격을 끼칠 수 있다는 것을 인정한다. 우리는 고대 후기와 중세의 사회 형식이 교회의 구조에 끼친 영향력을 생각해볼 필요가 있다. 정치적 설립은 더 큰 집단들 안팎의 서로 다른 정치적 세력들 사이에서 이루어진 거래의 결과다. 심지어 교회조차도 정치적 타협으로 만들어진 법에 종속되어 있다. 교회는 인도할 뿐만 아니라 인도받을 준비도 되어있어야 한다. 교회의 정치적 설립에는 오직 한 가지 한계, 즉 영적 공동체의 표현이라는 교회의 특징이 분명하게 남아 있어야 한다는 한계만이 있을 뿐이다. 만약 그리스도의 왕적 직분이라는 상징과 그리스도를 통해서 받는 교회의 왕적 직분이라는 상징이 생명의 모든 영역을 전체주의적으로 통제하는 신정 통치 체제로 이해된다면, 이 한계가 먼저 위태로워질 것이다. 다른 한편, 교회가 국가의 다른 부처나 정부 기관이기나 한 것처럼 국가의 순종적인 종의 역할을 담당하도록 강요받으면, 이것은 교회의 왕적 직분의 종말이자 교회의 굴복을 의미할 것이다. 그런 굴복은 십자가에 달린 자의 겸손이 아니라 십자가에서 도망친 제자들의 연약함이다.

영적 공동체의 현실화로서의 교회들과 다른 사회적 집단이 연결되는 원리를 지금 주목한다면, 우리는 생명의 모호성에 따라서 교회가 다른 사회 집단에 귀속된다는 원리와 생명의 모호성에 맞서는 투쟁에 따라서 교회가 다른 사회 집단에 대항한다는 원리의 양극성을 알게 될 것이다. 이 각각의 원리들은 광범위한 결과를 낳는다. 교회들과 다른 사회 집단이 연결되는 세 가지 방식과 관련하여 이미 살펴보았듯이, 첫 번째 원리는 교회들과 다른 집단의 관계에 상호성의 특징이 있음을 의미한다. 이런 상호성이 발생하는 것은 곤경의 평등성 때문이다. 이 원리는 마성적인 것에 저항하는 기준, 즉 교회들의 거룩함인데, 이 원리로 인해서 유한한 거룩함의 교만이 방지된다. 그 교만은 모든 교회가 겪는 기본적 유혹이다. 교회가 교회의 역설적 거룩함을 절대적 거룩함으로 해석하면, 교회는 마성적 **휘브리스**에 빠지고 "세계"를 향한 교회의 제사장적· 예언자적· 왕적 기능은 거짓-영(pseudo-Spiritual)이 가진 힘의 의지에 속한 도구가 된다. 바로 중세 후기 로마 가톨릭교회의 마성화 경험이 종교개혁과 르네상스의 저항을 낳았던 것이다. 많은 사람이 이런 저항으로 현실적 종교의 모호성을 깨닫게 되었고 이 때문에 기독교의 많은 부분이 마성적으로 왜곡된 힘의 속박에서 풀려났다.

하지만 그렇게 하면서 교회들은 세속 세계뿐만 아니라 개신교의 영역에서도 관계의 다른 측면, 즉 교회들과 다른 사회 집단의 대립을 상실했다. 이런 상황의 위험은 두 개의 큰 운동이 시작한 시점부터 명확했다. 그 두 운동은 민족주의를 신진했는데, 종교와 문화는 민족주의의 희생자가 되었다. 부정의한 요구와 거짓된 주장을 하는 민족주의 이데올로기에 맞서는 교회의 대립은 현대사에서 10년이 지날 때마다 점점 더 약해졌다. 민족주의적 열광주의는 교회의 예언자적 목소리를 침묵시켰다. 교회가 민족주의적 성례와 예전을 모든 수준에서, 특히 가장 낮은 수준의 교육에 도입함으로써 교회의 제사장적 기능은 왜곡되었다. 교회의 왕적 기능은 진지하게 받아들여지지 않았고, 교회가 민족 교회에 종속됨으로써 또는 교회와 국가의 분리라는 자유주의적 이상에 의해서 교회의 왕적 기능은 무력해졌으며, 그로 인해 교회는 사회 구조의 좁은 모퉁이로 밀려났다. 이 모든 경우 대립의 힘은 사라졌다. 그리고 교회가 급진적 타자성을 상실할 때, 교회는 정체성을 잃고 자선단체가 된다. "세계에 맞선 교회"와 같은 구절은 교회와 사회 전체의 관계를 본질적으로 결정하며 그 관계를 현실적으로 결정해야 하는 한 가지 원리를 제시한다. 하지만 그런 구절을 "세계 안에 있는 교회"와 같은 또 다른 구절로 균형 잡지 않고 사용한다면, 그 구절은 오만한 자리를 차지할 것이며 종교적 생명의 모호성을 놓치게 될 것이다.

교회가 반대하는 세계는 단지 교회 없는 세계(not-church)가 아니다. 세계는 자체 안에 신율적 공동체를 지향하며 사역하는 영적 공동체의 특징을 잠복적으로 가지고 있다. 이것이 이 모호성의 일부이자 조각이다.

3. 교회 안에 있는 개인과 영적 현존

a) 개인의 교회 가입과 회심 경험

영적 공동체는 영적 인격들의 공동체, 즉 영적 현존에 사로잡히고 영적 현존에 의해 단편적으로나마 모호하지 않게 결정된 인격들의 공동체다. 이런 의미의 영적 공동체는 성자들의 공동체다. 성자 됨의 상태는 존재의 신적 근거를 투명하게 드러내는 상태다. 그것은 신앙과 사랑에 의해 결정되는 상태다. 영적 공동체에 참여하는 자는 신앙과 사랑을 통해서 하나님과 연합된다. 그는 신적인 영의 창조물이다. 이 모든 것은 교회의 모든 회원들에 관해서 역설적으로 언급되어야 할 내용들이다. 왜냐하면 교회의 (법적으로만 회원인 자가 아니라) 능동적 회원인 자는 본질적으로 그리고 역동적으로 영적 공동체의 회원이기 때문이다. 영적 공동체가 교회의 역동적 본질이듯이 영적 인격성은 교회의 모든 능동적 회원의 역동적 본질이다. 교회의 회원이라는 자신의 역동적 본질은 영적 인격성이라는 사실을 교회의 개별 회원이 깨닫게 되는 것이 매우 중요하다. 그는 영적 공동체의 일부이며 하나님은 그를 그 자체로 본다. 그는 성자 됨이 결여되어 있음에도 성자다.

비록 질서와 상황의 적합성을 위해서 특수한 개인들이 정규적이고 훈련된 제사장적 행위를 하도록 요구받을 수 있지만, 이러한 고찰에 기초하면 능동적으로 교회에 속해 있는 모든 자는 그가 영적 공동체에 속해 있다는 사실로 인해 "제사장"이라는 것이 분명하다. 그리고 그는 제사장의 모든 기능을 수행할 수 있다. 하지만 회원들이 전문가답게 그 기능을 수행한다고 해도 그 회원들이 영적 공동체에 참여함으로써 부여받는 지위보다 더 높은 지위를 제공받는 것은 아니다.

교회 또는 개별 회원 중에서 어느 쪽이 "존재론적으로" 선행하는가라는 물음은 두 가지 교회 유형, 즉 개인보다 교회의 우월성을 강조하는 유형과 교회보다 개인의 우월성을 강조하는 유형의 분리로 이어졌다. 첫 번째 경우 개인은 언제나 개인보다 선행해 있는 교회에 가입한다. 그는 교회에 의식적으로니 또는 (유아로서) 무의식적으로 가입하지만, 새로운 존재가 공동체에 현존한다는 사실이 개인의 존재와 개인의 지식보다 선행한다. 이런 이유로 유아 세례를 신학적으로 정당화할 수 있다. 개인의 삶에서 영적 성숙의 상태라고 확실하게 고정할 수 있는 순간은 없다는 사실을 제시하는 것도 옳다. 영적 공동체를 구축하는 신앙은 인격적 신앙의 지속적으로 생성하고 변화하고 소멸하고 재등장하는 행위보다 선행하는 실재다. 인간 생명의 다차원적 일치에 따르면, 어머니의 자궁에서 이루어지는 인간의 시작은 잠재성이라는 측면에서 현재의 성숙 단계와 직접적으로 연관되어 있다. 현실적인 인격적 신앙은 그 인격이 살아가는 어떠한 연령에서도 결정될 수 없다. 그리고 예를 들어 14세의 아이가 하는 "입교"(confirmation)라는 유사-성례적 행위가 영적 공동체를 택하는 자유로운 결정의 문제로 간주된다면, 현실적인 인격적 신앙은 부정직함으로 이끄는 유혹일 것이다. 엄숙하고 감정적으로 긴장된 헌신 선언 직후에 나타나는 많은 아이의 반작용은 이런 행위의 심리학적으로 건강하지 않고 신학적으로도 정당하지 않은 특징을 보여준다.

개별 회원이 교회보다 선행한다고 강조하면 상황은 아주 달라질 것이다. 이런 경우 언약을 맺는 개인의 결정은 교회를 창조하는 행위가 된다. 물론 그 전제는 그런 결정이 영적 현존에 의해서 결정된다는 것인데, 그 말은 언약을 맺는 개인이 영적 공동체의 회원으로서 결정한다는 뜻이다. 이런 가정은 교회의 "객관적" 측면과 "주관적" 측면의 대립을 감소시키고 거의 제거한다. 교회를 창조할 수 있기 위해서 우리는 이미 영적 현존에 사로잡혀 있어야만 하며, 따라서 영적 공동체의 회원이 되어있어야 한다. 반대로 (세례받은 유아가 가입하는) "객관적" 교회의 담지자들의 역동적 본질은 영적 인격성이다. 영적 공동체라는 개념은 교회에 대한 "객관적" 해석과 "주관적" 해석의 이원성을 극복한다.

교회에 속해 있는 개인이 의지적 결정을 내리는 현실적 상황은 이런 구별의 의의가 감소함을 확증해준다. 제2세대부터 사람들은 가족이나 사회의 분위기에 의해서 교회에 가입하게 되는데, 그 교회의 현실적 현존은 의지적 결정보다 선행한다. 반대 유형에서 교회가 선행했던 것과 마찬가지다.

중요한 물음은 이런 것이다. 개인이 영적 인격성으로서의 영적 공동체에 참여하는 그런 방식으로 개인은 어떻게 교회에 참여하는가? 이미 제시되었던 대답은 부정적인 것이었다. 개인의 삶에는 그런 참여의 시작(또는 끝)이라고 선별될 수 있는 그런 순간이 없다. 이것은 일반적으로 교회와 연계된(church-affiliated) 가족, 공동체, 사회적 분위기 속에서 태어나고 양육된 사람뿐만 아니라 세속적인 삶의 방식만을 경험하다가 지금은 진지하게 교회에 참여하고 있는 사람과도 관련 있다. 어떤 사람이 공개적으로 교회의 회원이 된 순간을 정확하게 진술할 수 있다 해도, 그가 본질적으로 영적 공동체의 회원이 된 순간은 확정될 수 없다. 이런 주장은 회심 개념과 모순되는 것처럼 보이는데, 회심 개념은 신구약, 교회사, 기독교 세계 속 수많은 개인들의 삶과 이를 넘어 살아 있는 모든 종교에 속해 있는 수많은 개인들의 삶에서 중요한 역할을 감당하는 개념이다. 이 개념에서 회심 사건은 어떤 인격이 영적 공동체에 가입하는 순간을 뜻한다.

하지만 회심이 반드시 순간적인 사건인 것은 아니다. 대부분의 경우 회심은 오랜 과정인데, 그 과정은 의식에 나타나서 갑작스럽고 예상치 못했고 압도적인 위기라는 인상을 주기 전에 무의식적으로 오랫동안 지속되고 있었다. 신약에는 바울의 회심 이야기와 같은 이야기들이 있는데, 그 이야기들은 회심 이해를 위한 틀을 제공한다. 그리고 풍성한 다른 이야기들도 존재하는데, 많은 이야기가 참되고 강력하지만 어떤 것은 본보기로 제시하기에는 감정적으로 왜곡되어 있다. 그런 경험들은 다수 존재하며 영적 현존의 황홀경적 특징을 가장 두드러지게 보여준다는 사실은 의심할 바 없지만―경건주의가 생각하듯이―그런 경험들이 회심의 본질을 구축하는 것은 아니다. 회심의 참된 본성은 회심을 제시하는 다른 언어의 단어들에서 잘 표현되어 있다. **슈브**(shuûbh)라는 히브리어는 자신의 길에서, 특히 사회적이고 정치적인 분야의 자신의 길에서 돌아서는 것을 의미한다. 그 단어는 부정의에서 정의를 향해, 비인간성에서 인간성을 향해, 우상들에게서 하나님을 향해 돌아서는 것을 의미한다. **메타노이아**(metanoia)라는 그리스어도 동일한 관념을 의미하지만 사고와 관련하여 한 방향에서 다른 방향으로, 시간적인 것에서 영원한 것으로, 자신에게서 하나님에게로 변하는 것을 의미한다. **콘베르시오**(*conversio*[독일어 Be-kehrung])라는 라틴어는 공간적 이미지와 지성적 내용을 연합한다. 이 단어들과 그 단어들이 불러일으키는 이미지들은 두 가지 요소, 즉 사고와 행위가 향했던 이전 방향을 부정하는 것과 반대 방향을 긍정하는 것을 제시한다. 부정되는 것은 실존적 소외에 속박되어 있음이고, 긍정되는 것은 영적 현존에 의해서 창조된 새로운 존재다. 자신의 존재 전체로 부정적인 것을 거부하는 것을 회개(repentance)라고 할 수 있는데, 이것은 감정적으로 왜곡된 이해를 피해야만 할 개념이다. 자신의 존재 전체로 긍정적인 것을 수용하는 것을 신앙이라고 할 수 있는데, 이것은 지성주의적으로 왜곡된 이해를 피해야만 할 개념이다. 이른바 회심이라는 영적 현존의 충격은 인간의 다차원적 일치 때문에 인간 생명의 모든 차원에 영향을 끼친다. 회심은 심리학적일 뿐만 아니라 유기적이다. 그것은 정신이 우월한 상태에서 발생하며 역사적 차원을 가지고 있다. 그럼에도 자신의 길에서 돌아선다는 이미지는 순간적이고 갑작스러운 어떤 일이라는 인상을 유발하는데, 회심에 대한 모든 경건주의적 오용에도 불구하고 갑작스러움이라는 요소는 회심에 대한 묘사에서 배제될 수 없다. 그것은 결단이다. 그리고 결단이라는 바로 그 단어는 다른 가능성들을 잘라내는 순간적인 행위를 보여준다. 하지만 영적 공동체에 가입하는 것은 언제나 과거라는 요소에 의해서 준비되며, 언제나 과거의 요소를 보존하고 있다. 바로 그 과정이 황홀경적 순간에 현현하게 되는 것이다. 그런 준비가 없다면 회심은 아무런 결과도 없는 감정의 분출이 되어버릴 것이며, 새로운 존재를 구축하는 대신 곧바로 옛 존재에 삼켜질 것이다.

회심에는 영적 공동체의 잠복적 단계에서 현현한 단계로의 이행이라는 특징이 있다. 이것이 회심의 실제적 구조다. 그것은 회개도 완벽하게 새롭지 않고 신앙도 완벽하게 새롭지 않음을 의미한다. 왜냐하면 영적 현존은 영적 공동체의 잠복적 단계에서도 그 둘을 창조하기 때문이다. 절대적인 회심은 없다. 하지만 "회개하기"와 "믿기"라는 어떤 이의 중심적 사건 이전과 이후에, 어떤 이가 결실의 순간, **카이로스**에서 영적 현존에 사로잡히게 되는 중심적 사건 이전과 이후에 상대적 회심은 있다.

이것은 교회의 전도 활동과도 많은 관련이 있는데, 전도 활동이라는 기능은 절대적 의미로 사람들을 개종시키는 것이 아니라 오히려 상대적 의미로 사람들을 개종시키는 것이다. 그 상대적 의미는 사람들이 영적 공동체에 잠복적으로 참여하다가 현현하며 참여하게 된다는 것이다. 이것의 의미는 사람들을 현현을 경험한 사람으로 변형시키기 위해서 전도자는 "잃어버린 영혼", 곧 하나님 없는 인간에게 말하는 것이 아니라 잠복적 단계에 있는 사람들에게 말한다는 것이다. 그리고 회심과 유사한 경험들을 그리스 철학자들은 눈을 뜨는 경험으로 묘사하기도 했다. 우리는 이것을 기억해야 한다. 철학적 진리를 향한 회심은 역사의 모든 시대에서 논의되었던 주제다. 이것은 다음과 같은 사실을 표현한다. 영적 공동체는 종교만큼이나 문화, 도덕과도 관련되어 있으며, 영적 현존이 사역하는 곳에서는 궁극적인 것을 향한 급진적인 태도 변화의 순간이 필연적으로 존재한다.

b) 교회 안에 있는 개인과 새로운 존재 경험

(1) 창조로서의 새로운 존재 경험(중생) 여러 사회 집단 중 하나로서의 교회가 아니라 영적 현존을 그 역동적 본질로 가진 집단으로서의 교회에 가입하는 자와 그 자신이 영적 현존에 사로잡혀 있는 자는 영적 인격성을 그 역

동적 본질로 가진 자다. 하지만 그의 현실적 존재는 모호하지 않은 생명의 역설적 충격 아래에 있을지라도 종교적 생명의 모호성에 종속되어 있는 교회의 일원이다. 이 상황은 그 상황을 고찰했던 서로 다른 관점들에 따라서 서로 다른 방식으로 기술되었다. 그것을 새로운 존재 경험이라고 부르는 것과 그 경험의 몇 가지 요소들을 구별하는 것은 적절해 보인다. 그 요소들은─고전적 전통을 따라서─창조로서의 새로운 존재 경험(중생), 역설로서의 새로운 존재 경험(칭의), 과정으로서의 새로운 존재 경험(성화)이라고 기술될 수 있다.

새로운 존재에 참여하는 방식들을 "경험들"이라고 묘사하는 것이 적합한지 물을 수 있을 것이다. 왜냐하면 이 단어가 의심스러운 주관적 요소를 도입하는 것 같기 때문이다. 하지만 그 요소는 주체, 즉 교회의 회원으로서의 영적 인격성이며, 우리는 여기서 그 회원에 관해 말하고 있다. 중생, 칭의, 성화의 객관적 측면은 "그리스도로서의 예수에게서 구원의 힘으로 나타난 새로운 존재"(제3부, II, E)에서 논의했다. 여기서 "경험"은 누군가에게 일어난 어떤 일에 대한 깨달음, 즉 영적 현존에 사로잡힌 상태에 대한 깨달음만을 의미한다. 이것이 경험의 대상이 될 수 있는지, 그리고 그것이 "나는 내가 믿는다는 것을 믿는다"나 "나는 내 안에서 일어나는 영적 현존을 믿지만 나는 내 신앙, 내 사랑, 내 영성을 경험하는 것은 아니다"와 같은 문장들이 의미하는 바에 따를 때 신앙의 대상이 되면 안 되는 것이 아닌지 물어왔다. 하지만 비록 내가 믿는다는 것을 믿는다고 해도 그런 믿음의 이유가 있어야만 한다. 그리고 그 이유는 내가 믿는 것에 어떤 식으로든 참여한다는 것, 그러므로 "나는 내가 믿는다는 것을 믿는다는 것을 믿는다"는 문장으로 나타나는 무한한 유보를 막아주는 일종의 확실성이 있다는 것이다. 누군가의 신학적 진술이 아무리 역설적이라 해도,

그는 이런 진술에 영적 토대라고 이름 붙여야 하는 필연성을 외면할 수 없다. 이런 고찰을 통해서 영적 현존의 깨달음에 "경험"이라는 용어를 사용하는 것이 정당화된다.

성서와 신학 문헌에서 영적 현존에 사로잡힌 상태는 "새로운 탄생"이나 "중생"이라고 불린다. (바울의 용어 "새로운 창조"처럼) "새로운 탄생"은 새로운 존재라는 더 추상적인 개념 이전에 성서에서 나오는 것이다. 그 둘은 동일한 실재를 제시하는데, 그 실재는 신적인 영이 신앙의 창조를 통해 인격적 생명을 붙잡는 사건이다.

하지만 "경험"이라는 단어를 사용한다고 해서 영적 현존에 사로잡힌 자가 경험론적 관찰을 통해서 자신의 경험을 검증할 수 있다는 뜻은 아니다. 새롭게 태어났다고 해도 인간은 아직 새로운 존재가 아니다. 그것은 인간이 인간을 새로운 존재로 만들 수 있는 새로운 실재에 들어갔음을 의미한다. 새로운 존재에 참여하는 것이 그가 새롭다는 것을 자동적으로 보증해주는 것은 아니다.

이런 이유로 종교개혁기의 신학자들과 그들의 계승자들은 인간이 새로운 존재에 참여하는 것에 관한 묘사를 그 역설적 특징을 강조하면서 시작하고자 했고, 따라서 중생 대신 칭의를 앞에 두었다. 그들의 주요 관심은 과거에도 지금도 하나님이 인간을 수용한 것은 인간이 새롭게 태어났기 때문이라는 인상을 주지 않는 것이었다. "나는 실제로 다시 태어났는가?"라고 묻는 불안으로부터 소외된 인간을 해방시켰다는 점에서 그들은 확실히 옳았다. 그리고 내가 다시 태어나지 않았다면 하나님은 나를 거부하지 않겠는가? 그런 물음은 "복음"의 의미, 즉 나는 수용될 수 없음에도 수용되었다는 의미를 파괴한다. 그렇다면 다음과 같은 물음이 제기된다. 어떻게 나는 내가 수용되었다는 것을 수용할 수 있는가? 그런 신앙의 원천은 무엇인가? 가능한 대답은 영적 현존으로서의 하나님 외에는 없다. 다른 모든 대답은 신앙(faith)을 일종의 신념(belief), 의미와 감정에 의해 생산되는 지성적 행위로 격하시킨다. 그런 신념은 "은혜에 의한 신앙을 통한 칭의" 교리의 수용일 뿐이다. 그것은 내가 수용되었음을 수용하는 것도 아니고 "칭의"가 의미하는 신앙도 아니다. 그 신앙은 영의 창조물이다. 그런데 신적 용서를 믿는 신앙 뒤에 신적인 영의 선물이 따라온다는 교리가 등장했을 때, 그것은 칭의 메시지의 완벽한 왜곡이었다. 루터에 따르면, 하나님에 의해 수용되었다는 확실성, 즉 하나님이 죄인을 의롭다고 칭했다는 신앙보다 더 큰 영의 선물은 없으며, 어떤 의미로는 다른 선물이 없다. 이것을 인정한다면, 교회가 영적 공동체의 현실화라고 하는 한 새로운 존재에 참여하는 것, 즉 영의 창조물이 교회 속에 있는 개인의 상태에서 첫 번째 요소다.

이 사실을 받아들이면 종종 이런 물음이 제기된다. 만약 영적 현존이 나를 사로잡고 내 안에서 신앙을 창조한다면, 그런 신앙에 도달하기 위해서 나는 무슨 일을 할 수 있는가? 나는 영이 나에게 작용하도록 강요할 수 없다. 그래서 행위 없이 기다리는 것 외에 나는 무엇을 할 수 있는가? 때때로 이 물음은 아무런 진지함도 없이 변증법적인 공격적 태도로 제기되며 실제로는 대답을 요구하지도 않는다. 이런 식으로 묻는 자에게는 어떠한 대답도 할 수 없다. 왜냐하면 모든 대답이 그에게 해야 하는 어떤 일 또는 되어야 하는 상태를 말해 줄 것이기 때문이다. 그 대답은 그가 요구하는 신앙과 모순될 것이다. 하지만 만약 그 물음—새로운 존재를 경험하기 위해서 나는 무슨 일을 할 수 있는가?—이 실존적으로 진지하게 제기된다면, 그 대답은 물음 속에 내포되어 있다. 왜냐하면 실존적 진지함은 영적 현존이 개인에게 끼친 충격의 증거이기 때문이다. 자신의 소외 상태에, 자기 존재의 근거와 목표에 재연합할 수 있는 가능성에 궁극적 관심을 기울이는 사람은 이미 영적 현존에 사로잡혀 있는 것이다. 이런 상황에서 "신적인 영을 수용하기 위해 나는 무슨 일을 해야 할 것인가?"라는 물음은 무의미한데, 그 이유는 실제적인 대답이 벌써 주어졌으며 그 이상의 어떠한 대답도 그 대답을 왜곡할 것이기 때문이다.

실천적 용어로 말하자면, 이것은 다음을 의미한다. 소외된 것의 재연합 방법과 관련된 논쟁적이기만 한 물음에는 대답할 수도 없고, 그 물음에는 진지함이 없다는 것이 노출될 수밖에 없다. 따라서 궁극적 관심을 가지고 묻는 자는 자신의 궁극적 관심이라는 사실에 대답이 내포되어 있음을, 따라서 그는 영적 현존의 충격 아래에 있으며 소외의 상태에서 수용되었음을 들어야 한다. 결국 진지한 물음과 진지함이 없는 물음 사이에서 요동치는 자들은 이 상황을 깨달아야 한다. 다시 말해, 그들이 그 물음을 억압하고 빠뜨릴 수 있거나 혹은 그 물음의 진지함을 긍정할 수 있는데 그렇게 하면서 진지함을 깨닫게 될 수도 있다.

(2) 역설로서의 새로운 존재 경험(칭의) 중생과 칭의의 관계를 논의하면서 우리는 이미 종교개혁의 핵심적 교리, 개신교가 서거나 넘어지게 되는 조항, 은혜에 의한 신앙을 통한 칭의라는 원리에 관한 논의를 시작했다. 나는 그것을 교리와 여러 가지 것 중 하나의 조항이라고 말하면서 원리라고도 말했다. 왜냐하면 그것은 개신교적 원리 자체에 대한 우선적이고 기본적인 표현이기 때문이다. 그것은 편의성이라는 불가피한 이유로만 보면 단지 개별 교리지만, 동시에 신학적인 체계의 모든 단순한 주장들에 스며들어 있는 원리로 간주되어야 한다. 그것은 하나님과의 관계에서 오직 하나님만이 행위할 수 있는 원리이며 어떠한 인간적 주장도, 특히 어떠한 종교적

주장도, 어떠한 지성적이거나 도덕적이거나 헌신적인 "업적"도 우리와 하나님을 재연합할 수 없다는 개신교 원리로 간주되어야 한다. 조직신학의 모든 부분에서 매우 "비정통적인" 많은 정식이 등장하고 있다고 해도 이 목적을 이루는 것이야말로 내 의도이자 바람이었다. 우리 앞에 언제나 놓여 있는 물음은 다른 정식들은 신자에게 지성적인 "선한 업적"(good work), 예를 들어 의심을 억압하는 일, 최종적 정식을 만들어냈던 인지적 양심을 희생하는 일을 요구하는가?이다. 이런 의미에서 칭의의 교리는 개신교 신학의 보편적 원리이지만, 또 그것은 신학적인 체계의 개별 부분에서 나오는 개별 조항이기도 하다.

　　칭의의 교리는 우리 앞에 몇 가지 의미론적 문제를 제시한다. **오직 믿음으로**(sola fide)를 둘러싼 로마 가톨릭교회와의 투쟁에서 그 교리는―"업적들"에 의한 칭의가 아니라―"신앙에 의한 칭의"가 되었다. 하지만 이것은 끔찍한 혼란을 가져왔다. 이 구절에서 신앙은 하나님의 의롭게 하는 행위의 원인으로 이해되었는데 그것은 로마 가톨릭에서 가르치는 도덕적 업적과 예전적 업적이 교리를 수용하는 지성적 업적으로 대체되었음을 의미했다. 신앙이 아니라 은혜가 칭의의 원인인데, 그 이유는 오직 하나님만이 원인이기 때문이다. 신앙은 받아들이는 행위이고 이 행위 자체는 은혜의 선물이다. 따라서 우리는 "신앙에 의한 칭의"라는 구절을 완전히 버려야 하며, 그것을 "은혜에 의한 신앙을 통한 칭의"라는 정식으로 대체해야 한다. 이렇게 심각하게 왜곡된 기독교 메시지의 "복음"을 고치는 것이 모든 목회자의 가르침과 설교의 진지한 관심이 되어야 한다.

　　가르침과 설교를 위한 또 다른 의미론적 충고는 "칭의"라는 바울의 용어 자체와 관련하여 제시될 수 있다. 바울은 그리스도의 출현에서 이루어진 새로운 창조를 언급하는 자신의 메시지를 율법주의적으로 왜곡한 것에 대해 논하면서 그 용어를 사용했다. 이런 왜곡을 선전하는 자들, 곧 자신을 유대교 율법의 명령과 분리할 수 없었던 그리스도인들은 정의로운(just), 정의(justice), 칭의(justification)(히브리어 체다크[*tsedaqah*], 그리스어 디카이오쉬네[*dikaiosyne*])에 관해서 말했다. 바울 자신은 이 용법에 따라서 교육을 받았으며, 회당의 예전 회원들과 논의하면서 이 용어를 버릴 수 없었다. 그것은 성서의 용어였기 때문에 기독교회에서도 거부될 수 없었지만, 가르침과 설교의 실천에서 "수용"이라는 용어로 대체되어야 했다. 수용이라는 용어의 의미에 따르면 우리는 율법의 기준(우리에게 맞서 있는 우리의 본질적 존재)으로는 수용될 수 없지만, 하나님은 우리를 수용하며 우리는 이 수용을 수용하도록 요청받는다. 그런 용법 자체는 신구약의 구절들을 받아들이지 않는 자들조차도 수용할 수 있는 것이다. 비록 신구약의 구절들이 제시하는 실재가 그들에게 가장 진지한 실존적 의미가 있을지라도 신구약의 구절들에서 아무런 의미도 찾지 못하는 사람들이라면 이런 용법이 받아들여질 수 있을 것이다.

우리가 새로운 존재 경험이 가진 역설적 특징을 표현하기 위해서 "죄들의 용서"라는 용어를 사용한다면, 세 번째 의미론적 물음이 등장한다. 그것은 채권자와 채무자, 자녀와 아버지, 종과 주인, 피고소인과 재판관의 관계와 같은 매우 인간적인 관계에서 취한 종교적·상징적 표현이다. 모든 상징과 마찬가지로 그 유사성은 제한적이다. 첫 번째 제한 사항은 하나님과 인간의 관계는 유한하고 소외된 존재자들 사이에 이루어지는 유한한 관계가 아니라 무한하고 보편적이고 무조건적인 특징을 가진 관계라는 것이고 모든 인간적 용서와는 달리 신적인 용서는 용서하는 자가 용서받을 필요가 없다는 것이다. 그 유사성과 관련된 두 번째 제한 사항은 죄의 복수형이다. 인간은 개별적 죄들, 예를 들어 자신을 향한 공격들, 구체적인 명령이나 법의 위반을 용서한다. 하나님과 맺는 관계에서 죄는 용서받아야 하는 개별적 죄가 아니라 하나님으로부터 분리하는 행위, 하나님과의 재연합에 저항하는 것이다. 개별적 죄를 용서받을 때 바로 이 죄를 용서받는다. 죄들의 용서라는 상징은 위험하다고 증명되는데, 그 이유는 그 상징이 마음을 하나님으로부터의 소외와 그 종교적 성질에 집중시키기보다 개별적 죄들과 그 죄들의 도덕적 성질에 집중시키기 때문이다. 그럼에도 복수형 "죄들"(sins)은 단수형 "죄"(Sin)를 드러낼 수 있으며 하나님 앞에 있는 인간의 상황을 제시할 수 있다. 그리고 개별적 위반은 죄(Sin), 즉 우리를 참된 존재로부터 소외시키는 힘이 현현한 것으로 경험될 수 있다. 신적 용서를 수용하는 것을 은혜에 의한 신앙을 통한 칭의라는 개념으로 해석함으로써 바울은 신학자로서 예수의 상징적 언어를 넘어서는 첫 번째 단계를 취했다. 그렇게 하면서 그는 용서라는 상징이 제기하는 물음, 용서와 정의의 관계에 관한 물음, 용서받았다는 확실성의 기초를 묻는 물음에 대답했다. 이런 물음들에 대해서 기독론적 용어로 객관적으로 대답했는데, 그 대답은 속죄 교리, 즉 하나님이 인간의 실존적 소외에 참여했고 그 소외에 대해 승리했다는 교리의 바탕을 이루고 있다. 하지만 현시점에서 우리는 다음과 같은 물음에 대해서 주관적 대답을 구하고자 한다. 어떻게 인간은 자신이 수용되었다는 것을 수용할 수 있는가? 어떻게 인간은 자신의 죄책감, 처벌을 받아야 한다는 자신의 욕망과 용서를 구하는 기도를 화해시킬 수 있는가? 무엇이 그에게 용서받았다는 확실성을 주는가?

그 대답은 정의롭지 않은 자를 정의롭다고 선언하는 하나님의 신적 행위가 가진 무조건적 특징에 있다. **의인인 동시에 죄인**(simul justus, simul peccator)이라는 역설은 이 무조건적인 신적 선언을 제시한다. 만약 하나님이 반쯤 죄인이고 반쯤 의인인 자를 수용한다면, 그는 인간의 반쯤 선함

(half-goodness)을 조건으로 삼아 판결한 것이다. 하지만 반쯤 선함과 이에 근거하고 있는 모든 인간적 주장만큼 하나님이 강하게 거부하는 것은 없다. 영적 현존으로 매개되는 이런 메시지에 충격을 받은 인간은 자신 안에 있는 악과 선으로부터 눈을 돌려 무한한 신적 선함을 보게 되는데, 무한한 신적 선함은 선과 악을 초월해 있으면서 조건이나 모호성 없이 그 자체를 제공한다. 도덕적인 정의 요구와 처벌을 두려워하는 욕망은 선함의 모호성의 영역에서 타당하다. 그것들은 인간의 상황 자체를 표현한다. 하지만 새로운 존재 안에서 그것들은 정의롭지 않은 자를 정의롭게 하는 정의에 의해서, 수용에 의해서 극복된다. 이 초월적 정의는 모호한 인간적 정의를 부정하지 않고 성취한다. 그것은 재연합하는 사랑이 그 목적을 달성하면 파괴될 수밖에 없는 것을 파괴함으로써 처벌 요구에 속해 있는 진리를 성취한다. 그리고 바울과 루터의 심오한 심리학에 따르면, 이것은 그의 존재 자체 안에 있는 악이 아니라 악을 정복하고 자신의 선의지로 하나님과 재연합에 이르고자 하는 **휘브리스**다. 그런 휘브리스는 하나님과의 재연합에서 하나님의 단독적 행위에 굴복하는 고통, 즉 도덕적 고뇌와 금욕적 사학의 고통을 무한히 능가하는 고통을 회피한다. 이렇게 자신의 선함을 굴복시키는 일은 하나님이 수용할 수 없는 자를 수용했음을 수용하는 사람에게서 발생한다. 자신의 선함을 하나님에게 굴복시키는 용기는 신앙의 용기에서 핵심적 요소다. 그 용기에서 새로운 존재의 역설이 경험되고 선과 악의 모호성이 정복되는데, 이것은 모호하지 않은 생명이 영적 현존의 충격으로 인간을 붙잡은 것이다.

이 모든 것은 십자가에 달린 예수의 모습을 통해서 현현한다. 하나님이 수용할 수 없는 자를 수용하는 것, 하나님이 인간의 소외에 참여하는 것, 하나님이 선과 악의 모호성에 대해 승리하는 것이 유일무이하고 명확하고 변형하는 방식으로 예수에게서 나타난다. 그런 일이 예수에게서 나타나지만, 예수에 의해 일어난 것은 아니다. 그 원인은 하나님, 오직 하나님이다.

새로운 존재의 역설, 은혜에 의한 신앙을 통한 칭의의 원리가 바울, 아우구스티누스, 루터의 경험에서 핵심에 있었지만, 그것은 그들 각각의 경우에 서로 달리 채색되어 있다. 바울은 율법이 정복되었고 그리스도가 새로운 시대를 가져왔다는 사실을 강조했다. 이러한 칭의의 메시지에는 개인이 참여할 수도 있고 하지 않을 수도 있는 우주적 구도가 있다. 아우구스티누스에 따르면, 은혜에는 인간에게 주입되는 실체라는 특징이 있는데, 그 은혜는 사랑을 창조하며 그리스도가 교회를 통해서 통치하는 역사의 마지막 시대를 설립한다. 하나님이 그리고 오직 하나님만이 이 일을 한다. 인간의 숙명(fate)은 예정에 의존하고 있다. 죄들의 용서는 사랑을 주입하는 전제지만, 하나님과 맺는 지속적 관계에 대한 표현은 아니다. 그러므로 개인은 하나님과 교회의 관계에 의존하게 된다. 루터에 따르면, 칭의는 개별적 인격의 경험인데, 그 경험은 그의 죄에 대한 신적 진노와 바울이나 아우구스티누스의 우주적이고 교회적인 틀 없이 하나님과 맺는 인격 대 인격의 관계로 귀결되는 신적 용서 두 가지를 경험하는 것이다. 이것이 루터의 사상이 가진 한계인데, 그 한계는 지성주의적 정통주의와 감정주의적 경건주의로 귀결되었다. 루터에게서 나타나는 주관적 요소는 다른 것에 의해 균형 잡히지 않았다. 하지만 루터의 "수용의 심리학"은 교회사에서 가장 심오한 것이며 현대의 "심층 심리학"이 수행한 최상의 통찰에 의해 확인된다.

바울이나 루터가 묻지도 않았고 대답하지도 않은 한 가지 물음이 있다. 그 물음에 대한 깨달음을 요한이나 아우구스티누스가 보여주었음에도 말이다. 칭의가 우리에게 오게 되는 신앙은 철저한 의심의 상황과 어떤 관련이 있는가? 철저한 의심은 생명의 의미 자체에 대한 실존적 의심이다. 철저한 의심에는 좁은 의미의 종교적인 모든 것에 대한 거부뿐만 아니라 넓은 의미의 종교를 구축하는 궁극적 관심도 포함될 수 있다. 만약 이런 곤경에 처한 인격이 하나님은 수용할 수 없는 자를 수용한다는 메시지를 듣는다면, 그 메시지는 그의 관심을 끌 수 없을 것이다. 왜냐하면 "하나님"이라는 용어와 하나님에 의해서 수용되거나 거부되는 문제는 그에게 아무런 의미도 없을 것이기 때문이다. 바울의 "나는 어떻게 율법으로부터 해방되었는가?"와 루터의 "나는 어떻게 자비로운 하나님을 찾는가?"라는 물음은 "나는 어떻게 무의미한 세계에서 의미를 찾는가?"라는 우리 시대의 물음으로 대체된다. 의심의 본성에서 나타나는 진리에 관한 아우구스티누스의 진술[22] 및 진리의 현현에 관한 요한의 물음[23]과 그리스도는 진리 **라는** 요한의 주장[24]은 바울과 루터의 물음과 대답보다 우리의 현 상황에 더 가깝다. 우리의 대답은 새로운 존재의 메시지에 기초를 두면서도 우리가 만나는 특별한 상황으로부터 나와야 한다.

이 문제에 대한 모든 대답의 첫 번째 부분은 부정적이어야만 한다. 진리로서의 하나님, 의미의 원천으로서의 하나님에게 도덕적 사역으로 도달할 수 없듯이 지성적 사역으로도 도달할 수 없다. "나는 철저한 의심과

---

22 역주. 아우구스티누스는 회의주의의 단계를 거친 후 영혼에서 진리의 근거를 찾았다. "혼의 내부에는 그 자신을 초월하는 무엇인가가, 다시 말해서 단적으로 변하지 않는 것(*quod incommutabiliter manet*) 곧 신적인 바탕이 있다. 여기서 아우구스티누스가 생각하고 있는 것은 무조건적인 것에 관한 직접적인 확실성[인식]이다. 이것은 신의 존재에 대한 증명이 아니고, 신은 신에 대한 회의에 선행하며, 그것의 전제 그 전체라는 사실을 보여주고 있다." Tillich, 『그리스도교 사상사』, 196.

23 역주. 요 18:38.

24 역주. 요 14:6.

무의미함의 감정을 극복하기 위해서 무엇을 할 수 있는가?"는 대답할 수 없는 물음인데, 그 이유는 어떤 일을 할 수 있다는 의미를 내포하는 모든 대답이 그 물음을 정당화할 것이기 때문이다. 하지만 새로운 존재의 역설은 물음을 묻는 상황 속에 있는 인간이 그저 아무것도 할 수 없다는 것이다. 우리는 그저 그런 형식의 물음은 거부하지만, 물음을 묻는 절망의 진지함이야말로 대답이라고 말할 수 있을 뿐이다. 이것은 아우구스티누스의 논증을 따르고 있다. 모든 의심에는 진리 자체에 대한 형식적 긍정이 전제되어 있기 때문에 모든 의심의 상황에는 우리가 그것으로부터 분리되어 있다고 느끼는 진리가 현존해 있다. 마찬가지로 무의미함 안에 있는 의미를 긍정하는 것 또한 칭의의 역설과 연관되어 있다. 죄인의 칭의 문제가 아니라 의심하는 자의 칭의 문제는 이런 해답에 이르렀다. 의심과 무의미함이라는 곤경 속에서 정당화하는 행위의 원천인 하나님이 사라졌기 때문에 유일하게 남은 것—그 속에서 하나님은 부지불식간에 재등장한다—은 의심의 궁극적 정직함 및 의미에 관련된 절망의 무조건적 진지함이다. 이것은 역설로서의 새로운 존재 경험이 인지적 기능에 적용될 수 있는 방법이다. 바로 이것이 우리 시대 사람들이—자신들을 붙잡고 있던 의심과 무의미성이라는 관점에서는 자신들이 수용될 수 없지만—삶의 궁극적 의미와 관련해서는 자신들이 수용되었다는 사실을 들을 수 있는 방법이다. 그들의 실존적 절망의 진지함을 통해서 하나님은 그들에게 현존한다. 이 역설적 수용을 수용하는 것이 신앙의 용기다.

(3) 과정으로서의 새로운 존재 경험(성화)

    (a) 과정을 묘사할 때 나타나는 대조적인 유형들 개인에게 가해지는 영적 현존의 충격은 중생 경험에 기초하고 칭의 경험에 의해 규정되며 성화 경

험으로 발전하는 생명 과정이 된다. 성화 경험의 특징은 단어 자체에서 유추될 수 없다. 원래 칭의와 성화는 동일한 실재, 즉 인격적 생명의 모호성을 정복하는 것을 가리킨다. 하지만 특히 바울의 영향으로, 점차 "칭의"는 수용할 수 없는 자의 역설적 수용이라는 함의를, "성화"는 현실적 변형이라는 함의를 부여받았다. 이런 의미의 성화는 영의 충격을 받아 이루어지는 생명의 과정과 같은 뜻이다. 성화에는 이 과정의 특징을 묘사해야 한다는 중요한 신학적 과제가 언제나 있었고, 동시에 종종 서로 다른 묘사들은 신학적으로 강조하며 확증된 서로 다른 생활 방식을 표현했다.

우리가 기독교적 생활의 특징에 관한 루터파, 칼뱅파, 복음주의적 급진주의 신학들을 비교하면, 모든 개신교 국가의 종교와 문화에서 그 차이로 인해 빚어진 결과를 알게 될 것이다. 비록 모든 개신교는 로마 가톨릭 교회가 선포하고 집행하는 "법"을 거부했지만, 개신교회가 법에 대한 자신의 교설을 정식화하고자 했을 때 중요한 차이가 발생했다. 루터와 칼뱅은 율법의 두 가지 기능, 즉 위반을 방지하거나 처벌함으로써 정치 집단의 생활을 인도하는 기능과 인간의 본질적 존재를, 따라서 당위를 제시하면서 인간의 현실적 상태가 인간의 참된 존재의 형상과 얼마나 모순되는지를 제시하는 기능에 대해서는 일치했다. 율법은 인간의 본질을 제시함으로써 인간의 소외된 실존을 드러내며, 인간이 본질적으로는 속해 있지만 (현실적으로는—역자) 소외되어 있는 것과 인간의 재연합을 요청하도록 인간을 추동한다. 이것은 루터와 칼뱅의 공통적인 입장이다. 하지만 칼뱅은 율법의 제3용법, 즉 그리스도인을 지도하는 기능에 관해 말했는데, 이 그리스도인은 신적인 영에 사로잡혔지만 지식과 행위에서는 아직 부정적인 것의 힘으로부터 해방되지 않은 자다. 루터는 이 해답을 거부했으며 영 자체가 생명의 모호성을 정복하는 결정을 한다고 주장했다. 영은 인격을 율법의 문자로부터 해방시킴으로써[25] 구체적 상황에 대한 통찰과 **아가페**의 부름에 따라 이 상황 속에서 행위할 수 있도록 힘을 모두 제공한다.[26] 칼뱅의 해답은 더 현실주의적이며 윤리 이론과 훈련된 성화의 삶을 더 많이 지지할 수 있다. 루터의 해답은 더 황홀경적이며 "개신교 윤리"를 지지할 수는 없지만 인격적 삶에서 일어날 수 있는 창조적 가능성으로 충만하다. 종교개혁 시대 복음주의적 급진주의에서 유래한 교회는 칼뱅주의로부터 율법의 제3용법 교설과 성화 과정의 도구로서의 훈련 교설을 받아들였다. 하지만 칼뱅과는 달리 그 교회는 교회와 교회 안에 있는 개인의 생명의 역설적 성격에 대한 이해를 상실했다. 그 교회는 성화 과정 속에 있는 "그럼에도"라는 큰 요소의 영구적인 의의를 실천적으로 부정한다. 이런 점에서 그 교회는 금욕적인 로마 가톨릭 전통—즉 완벽함은 신적인 영의 담지자로 선택받은 개인과 집단이 살아가는 이 삶에서 달성될 수 있다—으로 회귀했다.

율법에 대한 이런 서로 다른 태도에 기초하는 기독교적 생명 이해는 광범위한 결과를 낳았다. 칼뱅주의에서 성화는 서서히 상향선을 그리며 진행된다. 신앙과 사랑은 진보적으로 현실화된다. 개인에 대한 신적인 영의 힘이 증가한다. 비록 완벽함에 도달하지는 못하더라도 완벽함에 접근해간다. 원래 복음주의적 급진주의자들은 이렇게 한계를 두는 것을 거부하고 완벽한 자들이라는 개념을 재확인했지만, 기독교적 완벽함의 역설적 특징을 가리는 방식으로 재확인했다. 현실적 완벽함을 요구했으며 달

---

25   역주. 롬 7:6.
26   역주. 루터에 따르면, 칭의 받은 자 안에 그리스도와 그의 영 및 성령이 살기 때문에 그 안에서 그리스도는 율법이 원하는 것을 행하며, 성령은 악을 미워하고 율법을 사랑하는 추진력을 제공한다. 그래서 그는 하나님의 율법을 기뻐하며 행하게 된다. Paul Althaus, 『루터의 신학』, 이형기 옮김(서울: 크리스챤다이제스트, 2001), 296-97.

성 가능한 것으로 여겼다. 거대 교회들(the large churches)을 포함한 "세상"
과는 달리 선택받은 집단에서 전체의 거룩함과 개인의 성자 됨은 현실적
인 것이다. 확실히 거룩함을 추구하는 소종파 자체가 거대 교회가 되었을
때 그 상황은 더 심각해졌다. 비록 집단의 모든 회원의 비역설적 거룩함이
라는 이상은 지속될 수 없었을지라도 완벽주의적 이상은 강제적인 것으
로 남았고, 구원에 관한 기독교의 메시지와 개인 회원의 도덕적 완벽함을
동일시하게 되었다. (완벽주의는 아니라 하더라도) 완벽주의적 요소를 가지고
있는 칼뱅주의는 진보적 성화를 삶의 목표로 삼는 개신교 윤리 유형을 산
출했다. 그 윤리는 강력하고 자기를 통제하는 인격성을 형성하는 데 큰 효
과가 있었다. 자신이 선택받았다는 징후를 자신 안에서 보기 원했던 사람
들은 이른바 "세계 내적 금욕주의",[27] 즉 노동, 자기-통제, 특히 성과 관련
된 생동성의 억압으로 그 징후를 삼았다. 복음주의자들의 완벽주의가 칼
뱅주의의 완벽주의적 요소와 결합하면서 이런 완벽주의적 경향이 강화되
었다.

　　루터파는 새로운 존재 경험의 역설적 요소를 매우 강조했기 때문에

---

[27]　역주. Max Weber는 『프로테스탄트 윤리와 자본주의 정신』에서 개신교 금욕주의의 특
　　　징으로 세계 내적 금욕주의, 현실적 금욕주의, 세속적 금욕주의 등으로 번역되는 inner-
　　　worldly asceticism을 제시했다. Weber에 따르면 개신교, 특히 칼뱅주의에서 노동은 소명
　　　으로, 경제적 성공은 선택받은 자의 징표로 이해되었으며 쾌락에 대한 부정적 태도는 소
　　　비를 제한하여 자본 축적을 촉진했다. 그렇게 개신교는 자본주의의 발전에 공헌했다. "수
　　　도원 제도에서와 같은 세계 외적인(extra-worldly) 금욕주의가 아니라 세계 내적인 금
　　　욕주의, 곧 인류에 이바지하기 위하여 현실을 변혁하는 기술적 수단을 생산하는 노동자
　　　의 금욕주의가 일어난 것이다.…칼뱅주의적 사고에서 가장 중요한 자리를 차지하고 있
　　　는 하나님 나라 사상에는 인류를 위한 자연 변혁을 겨냥해서 노동한다는 의미가 들어 있
　　　다"(Tillich, 『19-20세기 프로테스탄트 사상사』, 75-76). Tillich는 Max Weber가 칼뱅주
　　　의가 자본주의를 낳았다고 주장한 것이 아니라 칼뱅주의 안에 "자본주의 경제의 중요한
　　　구성 요소를 제공하는 요소가 들어 있다는 사실을 지적"했을 뿐이라며 그의 입장을 옹호
　　　했다(Tillich, 『그리스도교 사상사』, 416-17).

성화는 완벽을 향한 상향선으로 해석될 수 없었다. 그 대신 성화는 황홀경과 불안 사이의 상하 요동, **아가페**에 사로잡힘과 소외와 모호성으로 되던져짐 사이의 상하 요동으로 간주되었다. 루터 자신이 이러한 상하 요동을 용기와 기쁨의 순간과 마성적 공격의 순간의 변화를 통해 철저히 경험했고 의심과 깊은 절망이라는 자신의 상태를 해석했다. 권징에 대한 칼뱅주의와 복음주의의 평가가 루터파에는 부재하기 때문에 진보적 성화의 이상이 덜 진지하게 받아들여졌고 그 이상은 기독교적 생명의 역설적 특징을 매우 강조하는 것으로 대체되었다. 이로 인해 루터파는 정통주의 시대에 도덕과 실천적 종교를 구분하게 되었는데 경건주의 운동은 그러한 구분에 저항하며 일어났다. 하지만 루터의 마성적 공격 경험은 생명 일반에 있고 특정한 종교적 삶에 있는 마성적 요소에 대한 깊은 이해로도 귀결되었다. 20세기 실존주의 운동을 예비했던 낭만주의의 두 번째 시기는 칼뱅주의적·복음주의적 토양에서는 거의 나올 수 없었고 오직 루터파 전통이 스며든 문화 속에서만 참된 것일 수 있었다.[28] (그리스 정교회 전통이라는 기초에서 발원한 러시아 문학과 철학에서 이와 유사한 사례를 볼 수 있다.)[29]

(b) 과정으로서의 새로운 존재를 결정하는 네 가지 원리 성화의 과정을 해

---

28 역주. 낭만주의는 유한한 것 안에 무한한 것이 현존함을 강조하는 초기와 무한한 것이 신적인 것이 되기도 하지만 마성적인 것이 되기도 함을 강조하는 후기로 구분된다. 초기의 대표자는 Schleiermacher와 초기 Schelling이고 후기의 대표자는 후기 Schelling과 Kierkegaard다. 낭만주의 후기에 이루어진 이러한 발견으로 인간의 어두운 면이 드러나게 되었고, 20세기 전반기의 실존주의로 이어진다. Tillich, 『19-20세기 프로테스탄트 사상사』, 119-20.

29 역주. 러시아 정교회는 신적인 것과의 성례적·신비적 연합에 기초한 신비주의와 성례전의 종교였다. 하지만 정의에 대한 관심이 적었고, 결국 금욕주의적 특징과 열광주의적 신앙을 소요한 사회운동, 맑스주의에 의해서 정복당했다. Tillich, "두 사회에서의 종교: 미국과 러시아", 『문화의 신학』, 남성민 옮김(서울: IVP, 2018), 224-25.

석하는 서로 다른 유형들의 배타성은 그 모든 유형의 의의에 대해서 의문을 제기하는 세속적 비판의 충격을 받으며 감소하고 있다. 따라서 우리는 영적 현존의 영향을 받는 생명에 관한 장래의 교설에 적용되어야 할 기준을 찾을 수 있을지 물어야 한다. 우리는 다음과 같은 원리들을 제시할 수 있다. 첫 번째는 증가하는 깨달음, 두 번째는 증가하는 자유, 세 번째는 증가하는 관계성, 네 번째는 증가하는 초월이다. 이런 원리들이 영적 현존의 영향을 받는 새로운 생명 유형에서 통합되는 방식은 그런 일이 일어나기 전에는 묘사될 수 없지만, 생명의 그러한 요소들은 미래에 있을지도 모를 것을 예견했던 개인과 집단에서 찾아볼 수 있다. 그 원리들 자체는 세속적 전통뿐만 아니라 종교적 전통도 통합하며 전체적으로 "기독교적 생명"의 불확정적이지만 구별 가능한 형상을 만들어낼 수도 있다.

깨달음의 원리는 현대의 심층심리학과 관련되어 있지만, 그 원리는 종교 자체만큼 오래된 것이며 신약에서 예리하게 표현되었다. 그 원리에 따르면 성화의 과정 속에 있는 인간은 자신의 현실적 상황 및 자신과 자신의 인간성을 둘러싸고 갈등하는 힘들을 점차적으로 깨닫게 되지만, 이 상황에 내포되어 있는 물음에 대한 대답도 깨닫게 된다. 성화에는 신적인 것뿐만 아니라 마성적인 것에 대한 깨달음도 포함되어 있다. 그런 깨달음은 성화 과정에서 증가하지만, 스토아주의적 "현자"로 귀결되지는 않는다. 스토아주의적 현자는 자신의 열정과 욕망을 정복했기 때문에 생명의 모호성보다 우월한 자다. 하지만 성화의 깨달음은 모든 이들뿐만 아니라 자신에게도 있는 모호성에 대한 깨달음과 생명의 모호성에도 불구하고 생명과 생명의 생동적 역동성을 긍정하는 힘으로 귀결된다. 그런 깨달음에는 자기 성장의 요구, 다른 사람에게 은폐되어 있는 희망과 실망, 구체적 상황의 소리 없는 목소리, 다른 사람과 자신의 정신의 생명에서 나타나는 진실함의 정도 등에 대한 민감성이 포함되어 있다. 이 모든 것은 문화적 교육이나 교양의 문제가 아니라 영적인 힘의 충격에 따른 성장의 문제이며 따라서 이 충격에 개방되어 있는 모든 인간에게서 감지될 수 있다. 정신(spirit)의 귀족주의와 영(Spirit)의 귀족주의는 부분적으로 겹쳐질지라도 동일하지는 않다.

성화 과정의 두 번째 원리는 증가하는 자유의 원리다. 증가하는 자유에 대한 강조는 영 안에서 살아가는 삶에 대한 바울과 루터의 기술에서 특히 두드러진다. 현대 문학에서는 니체의 신탁과 인간이 만든 대상들에 인간이 속박되어버린 노예 상태에서 인격적 자기의 자유를 획득하려는 실존주의자의 투쟁 등이 대단히 중요하다. 또 여기서 심층심리학은 자체적인 주장을 통해 인간을 특정한 압제들로부터 해방시키는 데 공헌하는데, 그런 압제들은 영적 자유 속에서 성장하는 것을 방해하는 장애물이다. 영적 자유 속에서 성장한다는 것은 무엇보다도 법으로부터의 자유 속에서 성장한다는 것이다. 이것은 법이란 소외 상태에 있는 인간이 직면하는 인간의 본질적 존재라는 해석에서 즉각적으로 따라 나오는 사실이다. 우리는 영의 충격을 받아 자신의 참된 존재와 더 많이 연합할수록 법의 계명(commandment)으로부터 더 많이 자유로워진다. 이것은 가장 어려운 과정이며 그 과정을 거쳐 성숙하는 것은 매우 드문 일이다. 재연합이 단편적이라는 사실은 법으로부터의 자유가 언제나 단편적임을 의미한다. 우리가 소외되어 있는 한, 금지와 계명이 등장하여 양심을 불편하게 한다. 우리가 재연합되어 있는 한, 우리는 명령받지 않으면서 자유롭게 우리의 본질을 현실화한다. 성화 과정에서 나타나는 법으로부터의 자유는 법의 명령 형식으로부터의 자유가 증가하는 것이다. 하지만 그것은 법의 특정한 내용으로부터의 자유이기도 하다. 과거의 경험과 지혜를 표현하는 어떤 법은 유용할 뿐만 아니라 억압적이기도 하다. 왜냐하면 법이 언제나 구체적이고 새로우며 유일무이한 상황에 들어맞을 수는 없기 때문이다. 법으로부터의 자유는 영적 현존에 비추어 기존 상황을 판단하고 적절한 행위를 결정하는 힘인데, 그 힘은 때로 법과 모순되는 것처럼 보이기도 한다. 바로 이것이 율법의 정신이 율법의 문자와 대립할 때(바울)[30] 또는 모세보다도 영에 의해 결정되는 자기가 새롭고 더 좋은 율법을 쓰도록 고무될 때(루터)[31] 혹은—세속적 형식으로—자유의 담지자가 모든 가치를 재평가할 때(니체)[32] 또는 실존하는 주체가 결단으로 실존의 난관을 해소할 때(하이데거)[33] 의도하는 것이다. 새로운 법을 제공하거나 옛 법을 새로운 방식으로 적용하는 성숙한 자유가 성화 과정의 목표다. 그런 자유가 자의성이 될 수 있는 위험은 영적 현존의 재연합하는 힘이 작용할 때마다 극복된다. 자

---

30   역주. 고후 3:6.
31   역주. "그리스도인은 자신에게 하나님의 뜻이 무엇인지 가르쳐주는 하나님의 뜻의 표현으로서 율법이 필요하지 않은가? 루터는 이 점에 대해서 두 가지로 말했다. 첫째, 성령에 의해 감동된 그리스도인은 십계명에 의존하지 않는다. 그는 예수와 사도들이 이미 그렇게 한 대로 성령의 능력으로 자신을 위해 새로운 십계명을 확립할 수 있다. 그러므로 그는 기록된 규정이 필요하지 않다. 오히려 성령은 그에게 각각의 특별한 상황에서 그가 해야 할 것을 가르친다." 하지만 모든 그리스도인이 그 정도로 성령을 가진 것은 아니기 때문에 두 번째, "그리스도인은 신약성서의 사도적 명령에 따라 행동하는 것이 필요하다." Althaus, 『루터의 신학』, 300.
32   역주. 니체는 『우상의 황혼』의 서문에서 자신의 작업 목표가 "모든 가치의 전도"임을 밝히며 이를 위한 방법으로 망치를 들고 우상들(기존의 가치)을 캐내어 의문을 제기하는 방법을 제시한다. Friedrich Nietzsche, 『니체 전집 15: 바그너의 경우/ 우상의 황혼/ 안티크리스트/ 이 사람을 보라 / 디오니소스 송가/ 니체 대 바그너』, 백승영 옮김(서울: 책세상, 2005), 73-74.
33   역주. 결단(resoluteness)을 통해 실존의 난관을 해결함에 대해서는 Heidegger, 『존재와 시간』, 이기상 옮김(서울: 까치글방, 2005), 406-413을 참조하라. Heidegger는 다음과 같이 말한다. "앞질러 달려가 보는 결단성은 결코 죽음을 "극복하기" 위하여 고안된 탈출구가 아니라, 죽음에게 현존재의 실존을 지배하게 해서 모든 도피적인 자기 은폐를 근본적으로 청소할 가능성을 자유롭게 내어주는 양심의 부름을 따르는 이해다"(412).

의성은 소외의 징후이며 노예화하는 조건과 강압에 굴복하는 것이다. 법으로부터의 성숙한 자유에는 그런 자유를 파괴할 목적으로 인격적 자기의 내부와 자기의 사회적 환경에 존재하는 권세들에 저항하는 힘이 내포되어 있다. 그리고 당연히 외부에서 오는 노예화하는 힘은 노예 상태를 지향하는 내부적 경향이 있는 경우에만 성공할 수 있다. 이 둘에 맞서는 저항에는 금욕적 결정과 순교를 위한 준비가 포함되어 있을 수도 있지만, 이러한 행위들의 의의는 구체적 상황에서 자유의 보존을 돕고자 이 행위들이 필요하다는 것일 뿐 이 행동들이 더 높은 단계의 성스러움을 제공하는 것은 아니다. 이 행동들은 특별한 조건에서는 도구가 되지만, 그 행동 자체가 성화 과정에서 목표는 아니다.

세 번째 원리는 증가하는 관계성의 원리다. 말하자면 그 원리는 증가하는 자유의 원리와 균형을 유지하는데, 증가하는 자유의 원리에 따르면 노예화하는 영향력에 저항해야 할 필요성 때문에 성숙해가는 인격이 고립될 수 있다. 깨달음과 자기-초월이 그러하듯이 자유와 관계성 역시 신앙과 사랑이라는 영적 창조물들에 뿌리를 두고 있다. 그것들은 영적 현존이 현현하는 곳마다 현존해 있다. 그것들은 중생에 참여하고 칭의를 수용하는 조건들이며 성화의 과정을 결정한다. 하지만 그것들이 그런 일을 하는 방식에는 새로운 존재를 과정으로 규정하는 네 가지 원리라는 특징이 있다. 예를 들어 증가하는 자유의 원리는 신앙에 기반한 잘못된 결정을 감내하는 용기 없이는 상상조차 할 수 없으며, 증가하는 관계성의 원리는 **자기-고립**을 단편적으로 극복하는 **아가페**의 재연합하는 힘 없이는 상상조차 할 수 없다. 하지만 그 두 가지 경우 성화의 원리는 성숙의 과정을 위한 영적 현존의 기본적 현현을 구체화시킨다.

관계성에는 다른 사람에 대한 깨달음과 자신 안에도 있고 다른 사람

안에도 있는 자기-고립을 극복함으로써 다른 사람과 관계하는 자유가 내포되어 있다. (시각 예술과 마찬가지로) 개인의 자기-고립을 묘사한 많은 문학 작품에서 배우듯이 이 과정에는 수많은 장벽이 있다. 이 작품들에서 제시된 내향성과 적대감에 대한 분석은 동일한 구조에 대한 심리 치료적 분석과 상호의존한다. 또 영적 공동체 안에 나타나는 관계성에 관한 성서의 설명은 그 회원들이 성장한 이교 세계와 동일한 무관계성, 현실적 교회(congregation)에 여전히 모호하게 현존해 있는 무관계성을 전제하고 있다.

과정으로서의 새로운 존재는 성숙한 관계성을 지향한다. 신적인 영은 자기-고립의 벽을 돌파하는 힘이라고 올바르게 묘사되었다. 개별적 인격을 자기 너머로 황홀경적으로 상승시키면서 다른 인격을 찾을 수 있게 해주는 힘의 충격 말고는 지속적으로 자기-고립을 극복할 방법이 없다. (만약 다른 인격 또한 자기 너머로 상승될 준비가 되어 있다면 말이다.) 다른 모든 관계는 일시적이며 모호하다. 그 관계들은 확실히 실존하며 일상생활에 가득하지만, 그 관계들은 재연합의 징후이면서 동시에 소외의 징후이기도 하다. 모든 인간관계에는 이런 특징이 있다. 그 관계들만으로는 외로움, 자기-고립, 적대감을 정복할 수 없다. 오직 다른 모든 관계에 내재해 있는 관계, 그런 관계들 없이도 실존할 수 있는 관계만이 그렇게 할 수 있다. 성화 또는 영적 성숙을 향한 과정은 상호의존인 고독(solitude)과 사귐(communion)을 제공함으로써 외로움(loneliness)을 정복한다. 영적 성숙의 결정적 징후는 고독을 지속하는 힘이다. 성화는 인격적 중심이 외부를 향하도록 외향적이 되게 하는 것이 아니라 깊이와 높이의 차원을 향하게 함으로써 내향성을 정복한다. 관계성은 수평적 차원에서 자신을 현실화하기 위해 수직적 차원을 요구한다.

이것은 자기-관계성에도 해당된다. 외로움, 내향성, 적대감의 상태는 다른 사람과의 관계성과도 그러하듯 자기-관계성과도 대조를 이룬다. "자기"를 앞 구절로 삼는 그런 종류의 용어는 위험스러울 정도로 모호하다. "자기-중심성"이라는 용어는 인간의 위대함을 완전한 중심을 가진 자기 또는 자기에게 속박된 윤리적으로 부정적인 태도로 묘사하는 데 사용될 수 있다. "자기-사랑"과 "자기-미움"이라는 용어들은 이해하기 어려운데, 왜냐하면 사랑과 미움의 주체로서의 자기와 대상으로서의 자기를 분리하는 것이 불가능하기 때문이다. 하지만 그런 분리가 없으면 실제적인 사랑이나 실제적인 미움도 없다. 동일한 모호성이 "자기-관계성"이라는 용어에도 해를 끼쳤다. 그럼에도 우리는 그런 용어들을 사용해야 하며 그 용어들이 엄밀하게 사용되는 것이 아니라 유비적으로 사용된다는 것을 의식하고 있어야 한다.

우리는 성화 과정을 유비적 의미로 성숙한 자기-관계성의 창조라고 말할 수 있는데, 성숙한 자기-관계성 속에서 이루어지는 자기-수용은 자기와 재연합하는 과정을 통해서 자기-높임과 자기-경멸을 모두 정복한다. 주체로서의 자기는 대상으로서의 자기에게 자기-통제와 자기-절제를 통해서 자기를 부가하고자 하며, 대상으로서의 자기는 자기-연민과 자기로부터의 도피를 통해서 그러한 부가에 저항하고자 한다. 재연합은 주체로서의 자기와 대상으로서의 자기를 모두 초월함으로써 창조된다. 성숙한 자기-관계성은 주체로서의 자기와 대상으로서의 자기가 화해한 상태이며 주체와 대상을 초월하는 자기의 본질적 존재를 자발적으로 긍정하는 것이다. 성화 과정을 통해 더 성숙한 자기-관계성에 접근함으로써 개인은 자기-높임과 자기-비하 없이 더 자발적인 모습으로, 더 자기-긍정적으로 변한다.

"정체성 탐구"는 여기서 "자기-관계성"이라고 불렸던 것에 대한 탐구다. 엄밀하게 이해하자면, 이 탐구는 실존적 자기, 즉 소외되어 있는 자기의 우연한 상태를 보존하려는 욕망이 아니라 자기의 발전에서 나타나는 모든 우발적 상태를 초월하고 그런 변화 속에서도 그 본질은 변하지 않고 남아 있는 자기를 향해 나아가려는 충동이다. 성화 과정은 "정체성 탐구"가 그 목표에 도달하는 상태를 지향하면서 진행되는데 그 목표는 실존하는 자기의 우발적 사건들을 통해 발산되는 본질적 자기의 정체성이다.

성화 과정을 결정하는 네 번째 원리는 자기-초월의 원리다. 영적 현존의 충격에 의한 성숙이라는 목표는 깨달음, 자유, 관계성으로 이루어져 있지만, 각각의 경우 우리는 자기-초월의 행위 없이는 그 목표에 도달할 수 없다는 것을 알았다. 이것은 궁극적인 것을 향한 지속적 초월이 없으면―다시 말해서 거룩한 것에 참여하지 않으면―성화가 가능하지 않음을 의미한다.

이 참여는 보통 영적 현존의 영향에 따른 헌신 생활로 묘사된다. 거룩한 것이 거룩한 것과 세속적인 것을 포괄하는 방식으로 "헌신"이라는 용어를 이해한다면, 이 묘사는 정당하다. 만약 이 용어가 일상적 의미이 헌신 생활―기도라는 특정한 행위에 집중하는 생활―로만 사용된다면, 그 용어는 자기-초월의 가능성을 소진하지 않을 것이다. 영적 현존이 결정하는 성숙한 생활에서 헌신적으로 교회(congregation) 생활에 참여하는 것은 제한되거나 거부될 수도 있고, 기도가 묵상에 종속될 수도 있으며, 좁은 의미의 종교가 넓은 의미의 종교의 이름으로 거부될 수도 있다. 하지만 이 모든 것은 자기-초월의 원리와 모순되지 않는다. 증가한 초월 경험이 종교 비판이라는 특별한 기능의 증가로 귀결되는 일이 일어날 수도 있다. 하지만 이런 규정적인 진술에도 불구하고 "자기-초월"은 궁극적인 것을 향한 헌신의 태도와 동일하다.

헌신적 생활에 관해 논의하면서 체계화된 또는 형식화된 헌신과 사적 헌신을 구별하는 일이 종종 이루어진다. 이 구별에는 매우 제한적인 의의가 있다. 고독하게 기도하는 자는 그에게 언어를 제공한 종교 전통의 말로 기도하며 말없이 관상하는 자도 교회들 안팎의 종교인으로 대표되는 오랜 전통에 참여한다. 영적 현존의 이름으로 종교적 예배에 참여하기를 요구하는 법은 없다는 사실을 인정하는 경우에만 그 구분이 의미가 있다. 루터는 그런 법에 맹렬하게 저항했지만, 동시에 그는 개신교 예배를 위한 예전을 만들었다. 그리고 공동체적 헌신에서 물러나는 것은 헌신적 생활도 함께 사라져버리는 진공 상태를 낳기 쉬우므로 그런 물러남은 위험하다고 우리는 일반적으로 말할 수 있다.

성화의 원리에 속하는 자기-초월은 영적 현존의 충격이 경험되는 모든 행위를 통해서 현실화된다. 이런 일은 온전히 사적으로 이루어지는 기도나 묵상에서, 다른 사람과 영적인 경험을 나누는 일에서, 세속적 기초 위에서 이루어지는 의사소통에서, 인간 정신의 창조적 작품들을 경험하는 일에서, 노동과 휴식의 한가운데서, 사적인 상담에서, 교회의 예배에서 일어날 수 있다. 그것은 다른 공기를 마시는 것과 평균적인 실존 위로 상승하는 것과 같다. 그것은 영적 성숙의 과정에서 가장 중요한 일이다. 아마도 우리는 이렇게 말할 수 있을 것이다. 성화의 과정에서 성숙이 증가해감에 따라 초월은 더 명확해지고 그 표현은 더 불명확해진다. 궁극적 관심을 가지는 상태는 더 명확해지고 우리 존재의 근거와 목표에 대한 헌신은 더 강해질 수도 있는 반면에 공동체적 헌신에 참여하는 것은 감소할 수 있고 이와 관련된 종교적 상징이 덜 중요해질 수도 있다.

과정으로서의 새로운 존재라는 실재 속에 있는 이 요소 때문에 제2차 세계대전 이후 수십 년 동안 이른바 "종교의 부활"이 일어났다. 사람들은 초월 경험이 새로운 존재가 현실화되는 생명에 필수적이라는 사실을 느꼈다. 그런 요구에 대한 깨달음이 확산되었으며 초월의 매개체로서의 종교를 반대하는 편견에서 벗어나는 자유가 증가했다. 현 상황에서 우리가 원하는 것은 자기-초월의 구체적인 상징들이다.

우리는 과정으로서의 새로운 존재를 결정하는 네 번째 원리의 관점을 따라서 다음과 같이 말할 수 있다. 기독교적 생명은 결코 완벽함의 상태에 도달하지 못하지만—그 생명은 언제나 위아래로 요동치는 과정으로 남아 있다—그 변덕스러운 특징에도 불구하고 그 생명에는 성숙을 지향하는 운동이 포함되어 있다. 그 성숙의 상태가 비록 단편적일지라도 말이다. 그 생명은 세속 생활에서뿐만 아니라 종교 생활에서도 나타나며 영적 현존의 힘으로 그 두 가지 생활을 모두 초월한다.

(c) 완벽함의 형상 기독교 삶에 관한 서로 다른 묘사들로 인해 성화, **거룩한 자**(the *sanctus*)와 성자(saint)라는 이상적 목표에 관한 묘사에서도 차이가 발생한다. 신약에서 "성자", 곧 하기오스(*hagios*)라는 용어는 오늘날의 성자(saintliness)라는 의미로는 분명히 성자가 아닌 사람들을 포함한 교회의 모든 회원을 가리킨다. "성자"라는 용어가 개별 그리스도인에게 적용될 때 그 용어는 역설적 함의를 가지게 되는데, "거룩함"이라는 용어가 교회에 적용될 때 역설적 함의를 가지게 되는 것과 마찬가지다. 그 두 가지는 모두 그 기능들의 거룩함, 곧 그리스도에게서 나타난 새로운 존재 때문에 거룩하다. 성자 됨의 역설적 의미는 초기 교회가 수도자들과 순교자들에게 특별한 성자 됨을 부여했을 때 상실되었다. 그들과 비교했을 때 교회의 일상적 회원들은 성자이기를 중지했으며 성자 됨을 판정하는 이중적 기준이 도입되었다. 그럼에도 성자가 다른 사람을 능가하는 도덕적 우

월함을 보여준다는 관념은 없었다. 그의 성자 됨이라는 것은 신적인 것에 대한 그의 투명성이었다. 이 투명성은 그의 말과 인격적 탁월함뿐만 아니라 결정적으로는 자연과 인간을 능가하는 그의 힘을 통해서도 표현된다. 이 교설에 따르면, 성자는 어떤 기적을 행한 자다. 기적으로 인해 자연에 대한 성자의 우월성, 도덕적 의미의 우월성이 아닌 영적 의미의 우월성이 증명된다. 성자 됨은 본질적으로 초도덕적이다. 그럼에도 개신교는 그 성자 개념을 완전히 거부했다. 더 정확하게 말하자면, 개신교적 성자나 개신교적 원리라는 기준에 맞는 성자는 없다. 우리는 이렇게 거부하는 세 가지 이유를 구분할 수 있다. 첫째, 성자라고 불리는 자와 다른 그리스도인을 구별함으로써 칭의의 역설―죄인이 칭의 받는다는 역설―과 모순되는 완벽함의 상태를 상정하게 되는 일이 불가피하다. 성자는 칭의 받은 죄인이다. 이런 점에서 그들은 다른 사람들과 동일하다. 둘째, 종교개혁은 성자가 숭배의 대상이 되는 상황에 반대했다. 그런 숭배를 막기 위해서 취했던 예방책에도 불구하고 이런 일이 로마 가톨릭교회에서 있었음을 우리는 부인할 수 없다. 교회가 성공할 수 없었던 이유는 교회가 교회와 연관된 미신에 지속적으로 굴복했기 때문이며 성자의 가시적 재현을 제거함으로써 그런 위험성을 감소시키고자 했던 성상 파괴 운동을 성공적으로 격퇴했기 때문이다. 마지막으로, 개신교가 로마 가톨릭교회의 성자 관념을 수용할 수 없었던 이유는 그 관념이 금욕주의에 대한 이원론적 가치 평가와 연관되어 있었기 때문이다. 개신교는 성자를 인정하지 않았지만 성화는 인정했으며 인간에게 끼친 영적 현존의 충격의 재현은 수용할 수 있었다. 이런 재현적인 인격은 그의 참여가 아무리 단편적일지라도 성자라기보다는 영적 공동체의 회원일 뿐이다. 하지만 그는 성화의 상징들로서 다른 회원들을 대표한다. 그는 영이 인격적 자기의 담지자들을 통해 체현됨을 보여주는 본보기이며 따라서 교회의 생명에서 대단히 중요하다. 하지만 그 또한 교회의 생명의 모든 순간에 소외되어 있기도 하고 재연합되어 있기도 하며―중세의 예술이 매우 잘 표현하듯이―그의 내적 자기 안에서 신적 권세뿐만 아니라 마성적 권세 역시 비정상적으로 강력해질 수 있다. 개신교는 세속적 영역뿐만 아니라 종교적 영역에서도 새로운 존재의 힘의 재현자를 찾아낼 수 있는데, 거룩함의 특정 등급을 보여주는 재현자로서 찾아내는 것이 아니라 영에 사로잡힌 모든 자들이 참여하고 있는 것을 보여주는 재현자와 상징으로서 찾아낸다.

완벽함의 형상은 영의 창조물들, 즉 신앙과 사랑을 따라서, 그리고 성화 과정을 결정하는 증가하는 깨달음, 증가하는 자유, 증가하는 관계성, 증가하는 초월이라는 네 가지 원리들을 따라서 유형화된다.

신앙과 사랑이라는 완벽함의 토대와 관련해서 문제가 되는 두 가지 영역이 있다. 첫 번째는 신앙의 증가와 관련해서 묻게 되는 의심에 관한 물음이다. 두 번째는 사랑의 **에로스**-성질 증가와 **아가페**-성질 증가 사이의 관계에 관한 물음이다. 그 두 가지 물음은 앞부분에서 부분적으로 논의되었지만, 여기에서 과정으로서의 새로운 존재 그리고 성숙을 향한 성화의 네 가지 증가하는 형식들과 관련하여 나타난다.

첫 번째 물음은 이것이다. 성화 과정 속에서 의심은 무엇을 의미하는가? 완벽함의 상태에는 의심의 제거가 포함되어 있는가? 로마 가톨릭에서 그런 물음이 유일하게 의미할 수 있는 것은 완벽함의 상태에 있는 로마 가톨릭교회의 신자, 예를 들어 성자인 신자는 완벽함의 상태를 상실하지 않으면서도 교회의 권위가 정해놓은 교리 체계를 의심할 수 있는가라는 것이다. 분명히 그 대답은 그럴 수 없다는 것이다. 로마 가톨릭교회의 가르침에 따르면, 성화가 달성될 때마다 교회의 권위가 무조건적으로 수용되기 때문이다. 물론 그 대답은 영적 공동체와 교회를 동일시함으로써 주어지는 것이며, 결과적으로 개신교적 원리의 이름으로 거부되어야만 한다.

실천이라는 면에서 정통주의 개신교와 경건주의는 모두—개신교적 원리에도 불구하고—로마 가톨릭적 대답과 근본적으로 동일하다. 정통주의는 신앙을 (실천적으로는 교회가 작성한 신조의 권위를 의미하는) 성서의 문자적 권위를 수용하여 지성주의적으로 왜곡함으로써 죄가 불가피한 것으로 간주하면서도 의심은 금지하는 완벽함의 관념에 도달했다. 우리는 이런 주장에 반대하면서 다음과 같은 사실을 제시할 수 있을 것이다. 죄에 불가피하게 내포되어 있는 의심이 있는데 그 둘은 모두 소외 상태의 표현이다. 하지만 그 문제는 죄의 결과로서의 의심에 관한 문제가 아니다. 그 문제는 신앙의 요소로서의 의심에 관한 문제다. 그리고 개신교적 원리의 관점에서 바로 이 사실을 주장해야 한다. 하나님과 인간 사이의 무한한 거리는 결코 연결되지 않는다. 그것은 인간의 유한성과 동일하다. 그러므로 창조적 용기는 완벽의 상태에도 있는 신앙의 요소이고 용기가 있는 곳에도 위기가 있으며 위기 안에는 의심이 있다. 만약 신앙에서 의심의 요소가 제외된다면, 신앙은 신앙이 아니라 신비주의적 연합일 것이다.[34]

정통주의와 달리 경건주의는 교리적 법에 종속되더라도 의심을 극복할 수 없다는 점을 알고 있었다. 그래서 경건주의는 하나님과의 신비적 연합을 예견하는 경험을 통해서 의심을 정복하고자 했다. 중생의 느낌, 하나님과의 재연합의 느낌, 새로운 존재의 구원하는 힘 안에 머무는 느낌은 의

---

34   역주. 의심을 유한한 인간의 불가피한 특징으로 이해한 Tillich의 견해는 19세기 신학자 Martin Kähler의 견해를 계승한 것이다. Tillich, 『19-20세기 프로테스탄트 사상사』, 273-75 참조.

심을 몰아낸다. 정통주의와 달리 경건주의는 비매개성의 원리를 대표한다. 비매개성은 확실성, 즉 교리적 권위에 순종함으로써는 얻을 수 없는 확실성을 제공한다. 하지만 우리는 이렇게 물어야 한다. 진보한 성화의 단계에서 겪게 되는 인간의 종교적 경험은 의심의 가능성을 제거하는가? 다시금 우리는 그렇지 않다고 대답해야 한다. 주체와 대상의 분리가 있는 한 의심은 불가피하다. 그리고 신적인 것과의 연합에서 경험되는 가장 비매개적이고 친밀한 느낌, 즉 그리스도와 영혼의 연합을 기술하는 신부-신비주의에서 경험되는 것과 같은 느낌조차도 유한한 자기와 유한한 자기를 사로잡는 무한한 것 사이의 무한한 거리를 연결할 수 없다. 우리는 요동치는 느낌을 통해서 이 거리를 인지하며 그 거리로 인해서 성화의 측면에서 진보한 사람은 종교적 경험의 측면에서 덜 강렬했던 사람보다 더 심한 의심으로 내던져진다. 여기에서 물어야 할 물음은 심리학적인 물음이 아니다. 그 물음은 심리학적 가능성에 관한 것이 아니라 경건주의자의 신앙에서 의심이 가지는 신학적 필연성에 관한 것이다. 심리학적 가능성은 언제나 현존해 있다. 신학적 필연성은 실재에서 나타날 수도 있고 나타나지 않을 수도 있다. 하지만 실존적 소외의 조건에 처해 있는 인간의 유한성에서 유발되는 의심의 필연성을 신학은 진술해야 한다.

두 번째 물음은 사랑의 **에로스**-성질 증가와 **아가페**-성질 증가 사이의 관계에 관한 물음이다. 성자의 형상과 성자에게 끼치는 영적인 힘의 충격을 두드러지게 재현하는 인물에 관한 개신교적 형상을 묘사하면서 금욕주의가 가진 더 높은 종교적 성질을 거부했을 때, 우리는 이 문제를 다루었다. (**에로스**에는 **리비도**, **필리아**, 플라톤적 의미의 **에로스**가 포함되며, **아가페**는 신약의 사랑 개념을 가리킨다.) **에로스**와 **아가페** 사이에 설정되어 있는 구분으로 인해 그 문제가 혼란스러워졌다. 비록 이런 대조를 설정한 일이 몇 가지 측면에서 비판받았을지라도 그 효과는 여전히 매우 강력하다. 왜냐하면 부분적으로 그런 대조를 설정함으로써 우리는 신적인 영의 충격을 받는 생명의 근본적인 문제에 집중하게 되기 때문이다. 동시에 다양한 지류를 가진 심리 분석 운동은 기독교적 도덕주의와 인문주의적 도덕주의라는 이데올로기들을 파괴했다. 그 운동은 정신의 숭고한 기능들조차 인간 본성의 생동적 경향에 얼마나 깊이 뿌리내리고 있는지 보여주었다. 게다가 인간 생명의 다차원적 일치 교설은 정신과 정신의 기능을 위해서 생동성을 억압하려는 어떠한 시도도 거부해야 한다고 요구한다. 깨달음, 자유, 관계성, 초월의 증가에는 생동적 자기-표현의 감소가 내포되어 있지 않다. 반대로 다른 차원들에서 정신과 생명은 상호의존하고 있다. 이것은 그 모든 것이 언제나 현실화되어야 한다는 말이 아니다. 이것은 인간의 유한성과 모순될 것이기 때문이다. 그리고 창조적 **에로스**와 지혜의 지지를 받는 비금욕적이지만 동일하게 엄격한 훈련이 때로는 필요하다. 하지만 가능한 한 많은 요소를 통합하도록 인간의 생명을 지도하는 것은 억압적 실천을 수용하는 것과 동일하지 않다. 그 억압적 실천은 로마의 금욕주의나 개신교적 도덕주의에서 활용되는 것이다. 그런 억압의 왜곡적 결과는 분석 심리 치료 기법을 통해서와 그 기법을 규범적인 인간에 적용함으로써 가장 확실하게 드러났다. 이것은 분석 심리 치료 기법이 신학에 끼친 가장 큰 기여 중 하나다. 신학자가 과정으로서의 새로운 존재를 묘사하고자 한다면, 그는 억압의 심리적 기제에 대한 분석 심리학의 통찰을 무시할 수 없을 것이다.

신학은 이런 통찰의 결과들을 너무 가볍게 취급하면 안 된다. 실제로 그 결과들이 완벽함의 이미지에 끼친 효과들은 가장 진지한 것들이다. 만약 목회적 설교와 상담이 "순결한 삶의 쾌락"을 추천하지 않으면서, 따라서 모든 쾌락뿐만 아니라 심각하다고 불리는 모든 것에 존재하는 창조성과 파괴의 모호성에 대한 인식은 장려하지 않으면서 어떤 쾌락은 자체적으로 순결하고 어떤 것은 죄악이라는 잘못된 가정으로 인도하는 길을 열어준다면, 그런 완벽함의 형상은 불충분하고 아마도 우스운 것(caricature)이 될 것이다. 무해한 쾌락은 없으며 무해한 쾌락의 추구는 인간 본성의 생동적인 역동적 힘에 대한 피상적 가치 평가에 이르게 된다. 유치한 쾌락에 대한 일종의 관대함이 수반된, 인간의 생동적 생명에 대한 이런 경양은 참된 금욕주의보다 나쁘다. 그런 것은 억압된 것이 지속적으로 폭발하게 하며 인간의 전 존재 안에 있는 오직 피상적으로만 허용된 힘이 된다. 그리고 그런 폭발은 인격적으로나 사회적으로 파괴적이다. 인간 안에 있는 생동적 역동성을 인간의 자기-표현의 필수 요소(인간의 열정 또는 인간의 **에로스**)로서 허용하는 사람은 다음과 같은 사실을 알아야 한다. 자신이 신적·마성적 모호성을 가진 생명을 수용했다는 것과 인간 본성의 깊은 곳에 있는 이러한 것을 억압하여 세부적인 "무해한" 쾌락으로 대체하는 대신 그것이 표현되도록 이끌어낸 것 등은 영적 현존의 승리다. 로마 가톨릭교회의 성자나 종교개혁의 새로운 경건을 대표하는 자에게서 나타나는 완벽함의 형상에는 세부 사항이 없다. 거룩한 것의 마성적 측면을 피하고자 하는 사람은 그 신적인 측면도 놓치게 되며 그 사이에서 기만적 안정감만을 얻게 될 뿐이다. 완벽함의 형상은 신적인 것과 마성적인 것이 싸우는 전장에서 단편적이고 예견적으로라도 마성적인 것을 이긴 사람이다. 이 승리는 영적 현존의 충격을 받은 완벽함의 형상이 인문주의적인 완벽함의 이상을 초월하는 경험이다. 그런 대조를 생산해내는 것은 인간적 잠재성에 대한 부정적인 태도가 아니라 모든 사람에게서 나타나는 신적인 것과 마성적인 것의 끝없는 투쟁에 관한 깨달음인데, 인문주의에서 그 투쟁은 조화로운 자기-현실화라는 이상으로 대체되었다. 그리고 마성적인 것을 정복하는 영적 현존과 새로운 존재의 요청이 인문주의적 인간상에는 빠져 있으며 인문주의는 그런 요청에 저항한다.

개신교 정통주의에서 성화의 과정을 통해 도달하게 되는 최고의 지점은 **신비적 연합**(*unio mystica*)이다. 경건주의가 손쉽게 받아들였던 이 관념을 리츨 학파의 인격주의 신학은—모든 신비주의를 거부했듯이—철저히 거부했다. 확실히 로마 가톨릭교회의 성자에게서 나타나는 완벽함의 형상에는 많은 신비주의가 있다. 하지만 개신교는—리츨주의 신학자들이 주장했듯이—이러한 요소들을 제거해야 했는데 이 요소들은 성화의 목표—하나님과의 인격적 관계—와 이 목표를 달성하는 방법—신비주의적 경험 및 신비주의적 경험을 위한 금욕주의적 준비 작업을 모두 거부하는 신앙—과 모순되는 것이었다.

개신교 신학이 신앙과 신비주의에 관한 확장된 논의를 통해서 제기하는 물음은 이 둘의 양립 가능성과 더 나아가 상호의존성에 관한 물음이다. 그 둘은 어느 하나가 다른 것의 요소인 경우에만 양립 가능하다. 궁극적인 것을 향한 두 가지 태도 중에서 어느 하나가 다른 것과 함께 주어지지 않으면, 그 둘은 개별적으로 실존할 수 없다. 신비주의를 반대하는 개신교의 경향에도 불구하고 이것은 사실이다. 영이 신앙 상태에 있는 사람의 인격적 중심을 사로잡지 않으면 신앙도 있을 수 없는데(단지 신념만 있을 뿐이다), 이것은 신비주의적 경험, 즉 유한한 것 안에 무한한 것이 현존하는 경험이다. 황홀경적 경험이 신비주의적 종교 유형을 낳는 것은 아닐지라도 황홀경적 경험으로서의 신앙은 신비주의적이다. 그 신앙에는 신비가 범주로서, 즉 영적 현존의 경험으로서 포함되어 있다. 모든 신적인 것의 경험은 신비주의적인데, 그 이유는 그 경험이 주체와 대상의 분열을 초월하며 그런 경험이 발생하는 곳마다 범주로서의 신비가 주어지기 때문이다. 그 반대도 마찬가지다. 신비주의적 경험에도 신앙이 있다. 이것은 신앙과 신비주의적 경험이 영적 현존에 사로잡힌 상태라는 사실에서 도출된다. 하지만 신비주의적 경험이 신앙과 동일하지는 않다. 신앙에서는 용기와 위기라는 요소들이 현실적으로 나타나지만, 신비적 경험에서는 주체와 대상의 분열을 전제하고 있는 이런 요소들이 배후에 있다. 신앙과 신비주의가 서로 모순되는지 아닌지는 문제가 아니다. 그것들은 모순되지 않는다. 진짜 문제는 주체와 대상의 분열을 초월하는 것이 인간의 실존적 상황 속에 존재하는 가능성인가 아닌가이다. 그 대답은 다음과 같다. 그런 초월의 가능성은 존재의 신적 근거와의 만남에 존재하는 실재지만, 인간적 유한성과 소외의 한계 안에―단편적이며 예견적이고 종교의 모호성에 의해서 위협당하며―존재하는 실재다. 하지만 이것은 성화에 관한 개신교적 해석에서 신비주의적 경험을 배제해야 할 이유가 될 수 없다. 모든 종교적 경험의 성질인 신비주의는 보편적으로 타당하다. 종교의 한 유형으로서의 신비주의도 그 반대 유형, 종종 신앙 유형이라고―잘못―불리는 유형처럼 동일한 규정과 모호성을 적용받고 있다. 개신교는 신앙과 신비주의의 관계를 이해하지 못했기 때문에 동방의 신비주의, 예를 들어 선불교 유형의 신비주의에 해당하는 기독교를 거부하는 경향을 낳았다. 서구 사회 상층 계급의 어떤 회원들(개신교 전통에 속해 있는 자들)에게서 나타나는 심리 분석과 선불교의 연합은 신비주의적 요소를 상실한 개신교를 향한 불만을 보여준다.

만약 그런 개신교 신비주의가 어떻게 묘사될 수 있는가라는 물음이 제기된다면, 나는 관상으로 변형되는 기도에 관해 앞에서 말했던 것과 대부분의 개신교 예전에 들어가 있는 신성한 침묵(sacred silence) 및 설교와 가르침보다 예전을 강조하는 것을 언급할 것이다. 금욕적 수단이나 다른 수단으로 신비주의를 산출하고자 시도하면서 인간적 죄책과 신적 수용을 무시하는, 다시 말해서 칭의라는 새로운 존재의 원리들을 무시하는 개신교의 정신에서만 그런 언급이 불가능하다.

4. 영적 현존과 개신교적 원리에 의한 종교의 정복

영적 현존이 교회와 교회의 개별 회원들에게 작용하는 경우 영적 현존은 인간 정신의 특정한 기능으로서의 종교를 정복한다. 현대 신학이 기독교에 "종교"라는 이름을 부여하기를 거부할 때, 그 거부는 신약의 사상과 일맥상통한다. 그리스도의 오심은 새로운 종교의 토대가 아니라 만물의 옛 상태의 변형이다. 결국 교회는 종교적 공동체가 아니라 새로운 실재의 예견적 재현, 공동체로서의 새로운 존재의 예견적 재현이다. 마찬가지로 교회의 개별 회원은 종교적 인격성이 아니라 새로운 실재의 예견적 재현, 인격으로 나타난 새로운 존재의 예견적 재현이다. 지금까지 교회와 교회 회원의 생활에 관해서 말해온 모든 것은 종교의 정복이라는 방향을 가리키고 있다. 종교의 정복은 세속화가 아니라 영적 현존을 통해 종교적인 것과 세속적인 것을 제거함으로써 양자의 분열을 막는 것이다. 신앙(faith)은 우리의 궁극적 관심을 불러일으키는 것에 사로잡힌 상태를 의미한다. 비록 믿음(belief)의 대상이 신적인 존재자라 할지라도 일련의 믿음들은 신앙이 아니다. 사랑은 정신의 차원을 포함한 모든 차원에서 이루어지는 분리된 것의 재연합을 의미한다. 차원들 없는 초월을 위해서 모든 차원을 부정하는 행위는 사랑이 아니다.

영적 현존이 종교를 정복하면 불경화와 마성화도 정복된다. 종교 내부에서 일어나는 불경화와 종교를 위계 구조, 교리, 예전을 가진 신성한 기계론으로 변형시키는 행위는 영적 공동체에 참여한 교회 회원들의 저항을 받게 된다. 그 영적 공동체는 교회의 역동적 본질이고 교회는 영적 공동체의 실존적 재현인 동시에 실존적 왜곡이다. 영의 자유는―종교개혁의 창조적 순간에 그러했듯이―기계론적 불경화를 무너트린다. 그렇게 하면서 영의 자유는 불경화의 세속적 형식에 저항하기도 한다. 왜냐하면 세속적인 것 자체는 종교 안에서 이루어지는 종교의 불경화에 저항함으로써 살아가기 때문이다. 만약 이런 저항이 무의미해지면 도덕과 문화라는 기능들은 다시 궁극적인 것, 즉 생명의 자기-초월의 목표를 향해서 개방될 것이다.

종교가 영적 현존에 의해서 정복되면 마성화 역시 정복된다. 우리는 은폐되어 있는 마성적인 것―"위대함 자체"와 비극적 갈등을 겪는 위대한 것(a greatness)을 긍정함―과 개방되어 있는 마성적인 것―거룩한 것의 이름으로 유한한 것을 무한한 것으로 긍정함―을 구별했다. 원리적으로 비극적인 것과 마성적인 것은 모두 영적 현존에 의해 정복된다. 기독교는 언제나 그리스도의 죽음이나 그리스도인의 고난 중 어느 것도 비극적이지 않다고 주장해왔는데, 그 이유는 그것들은 자체적인 위대함을 긍정하는 것이 아니라 소외된 인간의 곤경에 참여하기 때문이다. 그리스도의 죽음이나 그리스도인의 고난은 각각 소외된 인간의 곤경에 속하기도 하고 속하지 않기도 한다. 그리스도와 순교자들은 "순결하게" 고난받았다고 기독교가 가르친다면, 그것은 그들의 고난이 자기의 위대함을 긍정하는 비극적 죄책에 기초하고 있는 것이 아니라 인간 소외의 비극적 결과에 참여하려는 그들의 의지에 기초하고 있음을 의미한다.

거룩한 것의 영역에서 나타나는 자기-긍정적 위대함은 마성적이다.

이 사실은 교회의 구조를 통해서 영적 공동체를 모호하지 않게 재현한다는 교회의 주장에도 해당된다. 거룩하고 세속적인 모든 것을 능가하는 무제한적인 힘을 지향하는 후속적인 의지 자체가 이런 주장을 하는 교회에 대한 심판이다. 동일한 사실이 개인에게도 해당된다. 그런 주장을 하는 집단의 추종자인 개인은 자기-확신적·열광적이 되며 다른 사람의 생명과 자신의 생명의 의미에 대해서 파괴적이 된다. 하지만 신적인 영이 종교를 극복하는 한, 신적인 영은 교회와 교회 회원의 절대성 주장을 막는다. 신적인 영이 작용하는 곳에서는 다른 모든 교회와는 달리 자기 교회만이 하나님을 재현한다는 주장이 거부된다. 영적 자유가 그 주장에 저항한다. 그리고 신적인 영이 작용할 때, 자기만이 진리를 소유하고 있다는 교회 회원의 주장은 그가 진리에 모호하고 단편적으로 참여하고 있다는 신적인 영의 증언에 의해서 배제된다. 영적 현존은 열광주의를 배제하는데, 그 이유는 하나님의 현존 속에 있는 어떤 인간도 자신이 하나님을 사로잡고 있다고 자랑할 수 없기 때문이다. 어느 누구도 자신이 사로잡혀 있는 그것―영적 현존―을 사로잡을 수 없다.

다른 맥락에서 나는 이 진리를 "개신교적 원리"라고 불렀다. 바로 여기서 개신교적 원리는 조직신학 속에서 자신의 자리를 찾는다. 개신교적 원리는 영적 현존이 종교를 정복하는 것을 표현하며 결국 종교의 모호성, 종교의 세속화, 종교의 마성화를 극복하는 승리를 표현한다. 그 원리가 개신교적인 이유는 그 원리가 종교의 비극적―마성적 자기―높임에 저항하고, 인간 정신의 다른 기능들을 위해서 종교를 종교 자체로부터 해방시키며 동시에 이 기능들을 궁극적인 것의 현현에 맞선 자기-고립으로부터 해방시키기 때문이다. (예언자적 정신의 현현인) 개신교적 원리는 종교개혁을 따르는 교회들이나 다른 어떤 교회로 제한되지 않는다. 그 원리는 모든 개별 교회를 초월하여 영적 공동체의 표현이 된다. 그 원리는 종교개혁을 따르는 교회들을 포함한 모든 교회로부터 배신당해왔지만, 또 세속화와 마성화가 기독교 교회를 완전히 파괴하지 못하도록 막아주는 힘으로서 모든 교회에 작용하고 있다. 그 원리만으로는 충분치 않다. 그 원리는 "로마 가톨릭적 실체", 곧 영적 현존의 구체적 체현을 필요로 한다. 하지만 그 원리는 그런 체현의 마성화(와 세속화)를 판단하는 기준이다. 그것은 영이 종교에 대해 승리했음을 표현한다.

B. 영적 현존과 문화의 모호성

1. 영적 현존의 관점으로 본 종교와 문화

영적 현존과 종교의 관계에는 두 가지 측면이 있는데, 그 이유는 생명의 가장 심오한 모호성과 생명의 모호성을 극복하는 힘이 모두 종교에서 현현하기 때문이다. 이 자체가 종교의 기본적인 모호성이며 종교의 다른 모든 모호성의 뿌리다. 종교와 문화의 관계, 종교와 문화의 본질적 일치와 실존적 분리는 이미 논의했다. 영적 현존과 그 기본적 창조성, 영적 공동체, 신앙과 사랑의 공동체 등과 관련하여 이 관계가 어떻게 나타나는가라는 물음이 이 지점에서 제기된다. 강조해야 할 첫 번째 사실은 종교와 문화의 관계가 교회와 교회가 그 안에서 살아가는 문화의 관계와 동일하지 않다는 것이다. 교회 자체는 영적 공동체의 재현인 동시에 왜곡이기 때문에 교회와 문화의 관계 자체는 문화일 뿐 문화에 내포되어 있는 물음에 대한 대답은 아니다. 교회의 기능, 특히 관계성의 기능에 관한 부분에서 묘사했듯이 교회와 문화의 모든 관계는 교회와 영적 공동체의 이중적 관계에 기초한 이중적 고찰을 요구한다. 영적 공동체가 교회의 역동적 본질인한, 교회의 실존은 영적 현존이 문화의 자기-초월을 위해 사역하는 매개체가 된다. 교회들이 영적 공동체를 종교의 모호한 방식으로 재현하는 한, 문화에 대한 교회들의 영향력 자체가 모호하다. 이런 상황은 영적 공동체의 이름으로 문화를 교회에 종속시키려는 모든 신정주의적 시도에 반대하며 일반적인 문화생활로부터 교회를 고립시키는 모든 불경화 시도에도 반대한다. 영적 현존이 문화적 창조성의 기능들에 끼치는 충격은 교회를 통해 영적 공동체가 역사 안에서 재현되지 않으면 불가능하다. 하지만 영적 충격은 영적 현존의 잠복적 사역의 특징을 가졌던 집단, 운동, 인격적 경험에서 잠재적으로 경험될 수 있다. 이 맥락에서 "잠재적"의 의미는 영적 공동체가 교회를 통해서 온전하게 현현하기 위한 준비를 한다는 것이다. 또는 교회가 매개의 힘을 상실했지만 과거에 교회가 가졌던 힘의 효과는 문화에 잠복적으로 현존해 있고 문화적 창조성의 자기-초월을 계속지속시킨다는 그런 의미일 수도 있다. 여기에 내포된 의미는 다음과 같다. 신적인 영은 자신이 창조한 매개체, 즉 교회들(과 교회의 매개체들, 말씀과 성례)에 얽매이지 않는다. 하지만 문화에 끼치는 신적인 영의 자유로운 충격은 종교적 공동체를 준비한다. 또는 그 충격이 받아들여지는 것은 그런 공동체가 영적 충격을 받아들일 수 있도록 인간을 준비시켰기 때문이다.

이러한 기초 위에서 우리는 종교와 문화의 관계에 관한 몇 가지 원리를 정립할 수 있다. 첫 번째 원리는 영의 자유에서 찾을 수 있는데, 이 원리에 따르면 종교와 문화의 관계 문제는 교회들과 문화의 관계 문제와 동일하지 않다. 우리는 그것을 "세속적인 것의 신성화 원리"라고 부를 수 있을 것이다. 물론 이것은 세속적인 것 자체가 영적이라는 말이 아니라 세속적인 것이 교회의 매개 활동 없이도 영의 충격에 개방되어 있다는 말이다. 예수의 말과 행위에 내포되어 있었다가 종교개혁에 의해 재발견된 이러한 "세속적인 것의 해방"이 가져온 실천적 결과들은 광범위하다. 그것들은 문화의 파괴적일 수 있는 모호성을 극복하기 위해서 "종교"가 강화되어야 한다는 작가, 대중 연설가, 목회자의 공적 진술과 명확히 충돌한다. 그들이 자신을 위해서가 아니라 공허하고 쇠퇴하는 문화를 구원하기 위해서, 또 그렇게 함으로써 특정 민족을 구원하기 위해서 종교를 도입했을 때 그런 선언은 특히 공격적이었다. 심지어 궁극적인 것을 비궁극적인 것을 위한 도구로써 사용하는 공격적 태도는 피했다고 하더라도 종교가 문화에 끼치는 영향력을 실행하기 위해서 신적인 영이 종교에 결속되어 있다는 잘못된 생각이 남아 있다. 이 "잘못된 생각"은 현실적으로 교회들과 영적 공동체의 마성적 동일시이며 종교 집단의 절대성을 주장함으로써 영의 자유를 제한하려는 시도다. "세속적인 것의 신성화" 원리는 운동, 집단, 개인에게도 적용되는데, 그 개인은 종교의 모호성의 세속적 극단에 있는 개인일 뿐만 아니라 교회들에 대해서와 기독교를 포함한 모든 형식의 종교 자체에 대해서 공개적으로 적대하는 개인이기도 하다. 영은 그런 집단들을 통해서, 예를 들어 사회적 의식을 일깨우는 집단이나 인간에게 더 깊은 자기-이해를 제공하는 집단 혹은 교회가 간직한 미신에 속박된 상태를 깨뜨리는 집단을 통해서 현현할 수도 있고 종종 현현해왔다. 이런 방식으로 영적 현존은 세속적 문화뿐만 아니라 교회도 변형할 목적으로 반(anti)종교적 매개를 사용해왔다. 개신교적 원리의 자기-비판적 힘을 가진 개신교는 영이 교회, 심지어 개신교회로부터도 자유롭다는 사실을 인정할 수 있다.

종교와 문화의 관계를 결정하는 두 번째 원리는 "거룩한 것과 세속적인 것의 수렴"이라는 원리다. 이 수렴하는 경향은 이미 언급한 다음의 사실을 설명해준다. 영적 현존의 잠복적 효과는 역사적 공동체인 교회를 통한 영적 현존의 현현에서 나오며 그 현현을 지향하며 나아간다. 세속적인 것은 모든 생명이 종속되어 있는 규칙의 지배를 받는데, 우리는 그 규칙을 생명의 자기-초월적 기능, 곧 수직 방향으로 자신을 초월하는 기능이라 불렀다. 우리가 이미 보았듯이 세속적인 것은 수직적 자기-초월의 현실화에 저항한 결과다. 이 저항 자체는 모호하다. 그 저항은 유한한 것이 무한한 것에 삼켜지는 것을 막는다. 그로 인해서 유한한 것의 잠재성이 현실화될 수 있다. 그리고 무엇보다도 그 저항은 교회들 쪽의 주장, 즉 교회들은 초월적인 것을 직접적으로 배타적으로 재현한다는 주장에 반대한다. 이런 의미에서 세속적인 것은 거룩한 것을 바로잡는 필수적인 교정책이지만 세속적인 것 자체는 거룩한 것을 지향한다. 아무리 세속적일지라도 세속적인 것은 모든 생명에 현존해 있는 자기-초월 기능에 무한히 저항할 수는 없다. 그 기능에 대한 저항은 공허함과 무의미를 낳기 때문이다. 공허함과 무의미는 유한한 것이 무한한 것으로부터 단절되었을 때 유한한 것에서 나타나는 특징이다. 저항은 소진되고 자기를 거부하는 생명을 낳는데 그 생명은 자기 너머에 있는 소진되지 않는 생명, 자기-초월이 지향하는 소진되지 않는 생명에 관한 물음을 묻게 된다. 거룩한 것과 세속적인 것은 서로 속해 있기 때문에 세속적인 것은 거룩한 것과의 연합, 현실적으로는 재연합인 연합을 지향한다.

거룩한 것이 없으면 세속적인 것은 실존할 수 없다. 만약 거룩한 것이 궁극적 관심의 이름으로 거룩한 것 자체를 고립시키고자 한다면, 거룩한 것은 자기-모순에 빠지거나 세속적인 것과 정반대되는 방식으로 공허해진다. 세속적인 것 없이 존재하려고 하는 거룩한 것이 빠지게 되는 자기-모순은 그러한 모든 시도가 언어로부터 인지와 표현 및 기술적 행위로부터 인격적이고 공동체적인 자기-창조성에 이르는 모든 세속적 형식의 문화를 사용해야만 가능하다는 것이다. 거룩한 것이 세속적인 것으로부터 자신을 분리시키고자 하는 가장 단순한 명제는 이미 그 형식이 세속적이다. 하지만 거룩한 것이 이 문제를 피하고자 한다면, 거룩한 것은 모든 유한한 내용들에 대해서 침묵해야 하고 공허해져야 하며, 따라서 유한한 존재자의 참된 가능성이기를 중단해야 한다. 거룩한 것은 "세계"를, 세속적인 것의 영역을 거룩함으로 채우려는 경향이 있다. 거룩한 것은 세속적인 것을 궁극적 관심의 생명 안으로 끌어가고자 한다. 하지만 영적 현존의 이런 주장에 대해서 세속적인 것은 독립을 주장하며 저항한다. 그래서 우리는 주장과 반대 주장을 모두 갖게 된다. 하지만 현실적으로는 한 방향에서 다른 방향으로 향하는 수렴 운동이 있다. 거룩한 것과 세속적인 것의 수렴 원리는 언제나 유효하다.

이 두 원리는 세 번째 원리인 "종교와 문화의 본질적인 상호귀속성" 원리에 뿌리를 두고 있다. 나는 종종 이 원리를 다음과 같은 진술로 표현했다. 종교는 문화의 실체이고 문화는 종교의 형식이다. 우리는 도덕과 문화 및 종교의 본질적 관계에 관한 논의에서 이 원리를 제시했다. 우리는 이 지점에서 문화가 없으면 종교는 유의미한 침묵으로도 표현될 수 없고 종교는 문화에서 유의미한 모든 표현 형식을 취한다고 재진술해야 한다. 또한 우리는 궁극적인 것의 궁극성이 없으면 문화는 문화의 깊이와 무궁무진함을 상실한다고 재진술해야 한다.

이런 원리들을 고려하면서 우리는 이제 인문주의적 관념과 그 관념의 모호성 및 그 관념과 영적 현존의 관계 물음을 다루게 될 것이다.

2. 인문주의와 신율 관념

생명의 자기-창조라는 인문주의적 목표에 관한 논의에서 우리는 이런 물음을 물었다. 예를 들어 이 목표를 향한 교육적 인도는 현실적으로 무엇을 향한 인도인가? 모든 인간적 잠재성의 발전이라는 인문주의의 원리는 그 잠재성이 무슨 방향으로 발전해야 하는지 제시하지 않는다. 이 사실은 "교육"이라는 용어에서 명확히 드러나는데 교육은 "이끌어냄", 즉 야만 상태에서 이끌어냄을 의미하지만, 우리가 무슨 방향으로 인도되어야 하는지 제시하지는 않는다. 우리는 존재의 신비로 "인도하는 것"이 그 목표가 될 수 있음을 제시했다. 물론 이것은 개별적으로 표현되는 생명의 신비가 공동체의 생명을 결정하는 원리가 되는 공동체를 전제한다. 그 공동체에서 인문주의 관념은 부정되지 않고 초월된다. 교육의 본보기와 교육을 통해서 초월하는 인문주의의 필요성 때문에 우리는 더 포괄적인 고찰에, 즉 다음과 같은 물음에 이르게 된다. 영적 현존의 충격으로 문화 전체에서 무슨 일이 일어나는가? 내가 제시하고자 하는 대답은 "신율"이라는 용어로 요약된다. 우리는 문화의 영성에 관해서도 말할 수 있겠지만, 이 말은—분명히 의도한 것은 아니지만—문화가 종교 안에서 해소되어야 한다는 인상을 줄 수도 있다. "문화의 자기-초월"이라는 용어가 더 적합하겠지만, 이것은 정신의 차원에서 종교로 나타나는 생명의 일반적 기능이기 때문에 문화의 자기-초월에 해당하는 또 다른 용어(와 도덕의 자기-초월에 해당하는 또 다른 용어)가 바람직할 것이다. 내가 겪은 종교 사회주의 경험과 이론에 기초해서 나는 "신율"이라는 용어를 고수하고 있다. 그 용어는 앞에서 이미 설명했으며 조직신학의 제5부에서 다시 등장할 것이다. 여기서 나는 그 용어를 영적 현존의 충격을 받은 문화의 상태를 지시하는 데 사용하고 있다. 신율에서 작동하는 **노모스**(법[*nomos*])는 영의 차원에서 이루어지는 생명의 자기-창조가 궁극적 존재와 궁극적 의미를 지향하는 지향성이다. "신율"이라는 용어가 외부에서 부여되고 교회가 매개하는 신적인 법들에 문화가 종속되는 일을 지시할 수 있다는 사실은 분명히 불행한 일이다. 하지만 이 약점은 다른 용어들과 관련되어 있는 약점들보다 작으며 그 약점은 다음과 같은 가능성, 즉 외부의 법, 곧 **낯선 법**(*heteros nomos*)이 부여되어 문화적 창조성의 자율, 문화의 **자율**(*autos nomos*), 문화 내적인 법을 파괴하는 상황에 대해서 "타율"이라는 단어를 사용할 수 있는 가능성으로 상쇄된다. 신율과 타율의 관계를 통해서 신율적 문화 관념에는 외부로부터 부여되는 어떠한 것도 내포되어 있지 않다는 사실이 명확해진다. 신율적 문화는 영에 의해 결정되고 지향되는 문화이며 영은 정신을 파괴하지 않고 완성한다. 신율의 관념은 인문주의와 반대되지 않으며 "목적지"(where-to)에 관한 인문주의적 불확정성을 모든 개별적인 인간적 목표를 초월하는 방향으로 전환시킨다.

신율은 문화 전체의 특징이 될 수도 있고 역사 해석의 열쇠를 제공할 수도 있다. 신율적 요소는 떠오르는 타율, 예를 들어 교회적 기원이나 정치적 기원을 가진 타율과 갈등할 수도 있고 (중세 시대처럼) 신율 속에 있는 자율적 요소들은 패배하거나 일시적으로 억압당할 수도 있다. 신율적 요소들은 승리한 자율, 예를 들어 합리주의적 기원이나 민족주의적 기원을 가진 자율과 갈등할 수도 있고 (18세기와 19세기처럼) 문화의 지하로 밀려날 수도 있다. 하지만 신율은 결코 완전히 패배할 수도 없고 마찬가지로 결코 완전히 승리할 수도 없다. 인간 역사의 바탕을 이루는 실존적 소외 때문에 신율의 승리는 언제나 단편적이고 인간의 본성은 본질적으로 신율적이기 때문에 신율의 패배는 언제나 제한적이다.

그 개별적 기능들과는 별개로 신율적 문화의 일반적 특질을 제시하는 것은 어려운 일이지만, 우리는 신율의 성질을 신율의 본성에서 유추하여 다음과 같이 제시할 수 있을 것이다. 첫째, 신율적 문화의 창조품들의 양식, 곧 전반적인 형식은 그려진 꽃, 가족의 습관, 기술적 도구, 사회적 교류의 형식, 역사적 인물의 전망, 인식론, 정치적 문헌 등과 같은 의미의 가장 제한적인 도구를 가지고서도 의미의 궁극성을 표현한다. 신율적 상황에서는 이런 것 중 어느 것도 신성화되지 않는다. 그것들은 교회에 의해 신성화되지는 않고 분명히 외부적 신성화 없이 그것들이 경험되는 방식에 따라 신성화된다.

신율의 특징을 제시하고자 할 때 우리는 다음의 사실을 알고 있어야 한다. 우리가 발전시키고 있는 신율의 형상은 신율적 문화의 상징으로 간주되는 구체적인 역사적 상황으로부터 결코 독립되어 있지 않다. 중세에 대한 낭만주의자들의 엄청난 열정은 이처럼 과거를 신율의 상징으로 변형했기 때문이다. 물론 낭만주의자들이 신율적 상황을 상징적으로가 아니라 경험론적으로 이해한 순간 그들은 오류에 빠졌다. 그 순간 과거의 어떤 시대들에 대해 역사적으로 옹호될 수 없으며 우스꽝스러운 그들의 칭송이 시작되었다. 과거가 미래의 신율적 모범으로 받아들여진다면, 그것은 상징적으로 받아들여진 것이지 경험론적으로 받아들여진 것은 아니다. 신율적 문화의 첫 번째 성질은 그 문화가 모든 문화적 창조물을 통해서 거룩함 경험, 즉 존재와 의미에 있어 궁극적인 것의 경험을 전달한다는 것이다.

두 번째 성질은 창조적 과정의 자율적 형식을 긍정하는 것이다. 타당한 논리적 결론이 신율이 제시하는 궁극적인 것의 이름으로 거부되었던 순간 신율은 파괴되는데 이 사실은 다른 모든 문화적 창조 행위에도 해당된다. 정의의 타당한 요구가 거룩한 것의 이름으로 거부되는 곳과 인격적 자기-결정의 타당한 행위가 신성한 전통의 이름으로 방해받는 곳 또는 예술적 창조의 새로운 양식이 영원하다고 기만하는 표현 형식의 이름으로 억압받는 곳에서는 신율이 존재하지 않는다. 이런 경우에 신율은 타율로 왜곡된다. 신율 속에 있는 자율적 요소는 제거된다. 즉 신적인 영의 특징일 뿐만 아니라 인간적 정신의 특징이기도 한 자유가 억압받는다. 그리고 자율이 타율의 억압적 힘을 붕괴시키면서 타율뿐만 아니라 신율도 폐기해버리는 일이 일어날 수 있다.

이 상황에서 신율의 세 번째 특질, 즉 독립적 타율과 독립적 자율에 맞서는 신율의 영구적 투쟁이 나온다. 신율은 그 두 가지보다 앞서 있다. 그 두 가지는 신율 안에 있는 요소들이다. 하지만 동시에 신율은 그 두 가지보다 뒤에 있다. 그 두 가지는 그것들이 기원한 신율에서 재연합되는 경향이 있다. 신율은 그 두 가지보다 앞서기도 하면서 신율이 포함하고 있는 대립적인 요소들을 뒤따르기도 한다. 이런 일이 일어나는 과정은 다음과 같이 묘사될 수 있다. 자율적 경향의 부상은 필연적으로 타율적 요소의 반작용을 가져오며 근원적인 신율적 연합은 뒤로 밀려난다. "고대의" 신화에서 발견되는 신율의 속박으로부터 자율이 풀려나지 않고서는 문화 자체의 잠재성이 전개될 수 없다. 연합하는 신화와 의식의 신율적 상태로부터 문화의 잠재성이 풀려난 이후에야 철학과 과학, 시와 다른 예술들이 등장할 수 있다. 하지만 그것들은 독립하면서 자신에게 깊이와 일치 및 궁극적 의미를 제공했던 자신의 초월적 토대를 상실한다. 그래서 타율의 반작용이 시작된다. 종교 전통에서 표현되었던 궁극적인 것의 경험은 공허한 자율의 창조물들에 반작용한다. 이 반작용은 금방 자율적 창조성의 단순한 부정과 정당한 진리, 표현성, 인간성, 정의 요구를 억압하려는 시도로 나타난다. 하지만 이것이 다가 아니다. 존재와 의미를 상실하는 일에 대한 정당한 경고는 문화적 자율에 대한 왜곡된 타율적 반작용이라는 형식으로 표현된다. 만약 높은 개연성을 가진 과학 이론을 종교적으로 신성화된 이론의 이름으로 거부한다면, 우리는 거부되는 것이 무엇인지 정확하게 확인해야 한다. 만약 그것이 이론 자체라면 진리 관념에 대한 타율적 공격이 발생한 것이고 영의 힘으로 이에 저항해야 하는 것이다. 하지만 기초적으로 형이상학적이고 궁극적으로는 종교적인 가정이 종교의 이름으로 공격받은 것이라면 그 상황은 타율과 자율 사이의 갈등이기를 중단한 것이며 두 개의 궁극자가 마주친 사건이 된다는 것이다. 그 사건은 자율과 타율의 갈등이 아니라 종교적 태도들의 갈등일 수 있다.

자율적 독립과 타율적 반작용 사이의 영구적인 투쟁은 새로운 신율 요청으로 귀결되는데 개별적 상황에서나 일반적인 문화적 의식의 깊이에서도 그 요청이 발생한다. 문화에 끼친 영적 현존의 충격이 이 요청에 대답한다. 이 충격이 영향을 끼치는 곳마다 신율이 창조되며 신율이 있는 곳마다 영적 현존이 끼친 충격의 흔적이 드러난다.

3. 영적 현존의 신율적 현현

a) 신율: 진리와 표현

영적 현존은 생명의 문화적 자기-창조가 일어나는 서로 다른 영역들에서 신율적 형식을 창조함으로써 문화적 모호성을 정복해나간다. 이런 형식들을 제공하기 위해서 앞서 제시된 문화적 모호성의 목록을 언급하고 영적 현존의 충격으로 인해 그 모호성에서 무슨 일이 일어나는가를 제시할 필요가 있다. 하지만 이러한 언급이나 제시에 앞서, 모든 문화적 기능에서 또 주체와 대상의 분열에서 어느 정도 확실하게 나타났던 기본적 모호성에 관한 논의와 영적 현존의 충격으로 그 모호성이 정복된 방식에 관한 논의가 먼저 있어야 한다. 주체와 대상의 대립에 관한 물음에 대해서 일반적인 신율적 대답이 있는가? 철학자들, 신비가들, 사랑하는 자들, 열광을—심지어 죽음을—추구하는 자들은 이 분열을 정복하고자 했다. 이런 시도 중 몇몇의 경우에는 영적 현존이 현현했다. 다른 경우에는 실재를 회피함으로써 분열을 회피하고자 하는 절망적이고 때로는 마성적인 욕망이 드러났다. 심리학은 이 문제를 깨닫게 되었다. 어머니의 자궁이나 자연의 집어삼키는 자궁 혹은 현대 사회의 보호하는 자궁으로 돌아가려는 무의식적 욕망은 자신의 주체성을 초주체적인 어떤 것 안에 집어넣어 해소하고자 하는 의지의 표현인데, 그 초주체적인 어떤 것은 객관적인 것이 아니라 주체성과 객체성 너머에 있는 것이다. (만약 객관적인 것이라면 그것은 다시 주체가 될 것이다.) 이런 측면에서 연관되어 있는—신비주의와 **에로스**라는—두 가지 현상이 가장 적절한 대답으로 제시되어왔다. 신비주의는 마음의 어떤 상태를 묘사함으로써 대답하는데, 그 상태는 "담론의 우주"는 사라졌지만 경험하는 자기는 여전히 이 사라짐을 깨닫고 있는 상태다. 오직 영원한 완성의 상태에서만 주체가 (그리고 결과적으로 대상도) 완벽하게 사라진다. 역사적 인간은 오직 단편적으로만 궁극적 완성을 예견할 수 있을 뿐인데 그 완성의 상태에서 주체는 주체이기를 그치고 대상도 대상이기를 그친다.

유사한 현상으로 인간의 사랑이 있다. 사랑하는 자와 사랑받는 자의 분리는 유한성에서 나타나는 주체와 대상의 분리를 가장 두드러지고 고통스럽게 표현한다. 사랑의 주체가 사랑의 대상에 완전히 들어가는 것은 불가능하며 사랑은 미완성인 채로 반드시 그렇게 남아 있다. 왜냐하면 사랑이 이루어지면 사랑하는 자뿐만 아니라 사랑받는 자도 사라지기 때문이다. 이 역설은 인간의 상황과 이와 함께 영적 현존이 창조해내는 신율이 대답해야 할 물음을 보여준다.

주체와 대상의 분리는 언어의 바탕에도 있다. 언어의 모호성들―풍부함 속의 궁핍함, 보편성 속의 개별성, 공동체를 가능하게 하면서도 제한함, 표현에 개방되어 있으면서도 표현의 왜곡에도 개방되어 있음 등과 같은 것―에 대한 나열은 다음과 같은 진술로 요약될 수 있다. 주체와 대상의 분열이 없으면 어떠한 언어도 가능하지 않지만, 언어는 바로 이 분열 때문에 지속적으로 자기-좌절(self-defeat)에 빠져든다. 그것은 신율을 통해서 단편적으로나마 주체-대상 구도의 속박에서 해방된다. 언어는 영의 담지자가 되는 순간에 도달할 때가 있는데 그 순간 언어는 자기를 초월하는 언어적 행위를 통해서 말하는 자와 말하는 대상의 연합을 표현하게 된다. 영을 담지하는 단어는 말하는 주체의 반대편에 있는 대상을 파악하는 (grip) 것이 아니라 주체와 대상 너머에 있는 생명의 숭고함을 증언한다. 언어는 주체-대상 구조를 초월하는 것을 증언하고 표현하며 그것이 말할 수 있게 한다. 이런 일이 일어나는 방식 중 하나가 상징을 창조하는 것이다. 일상적인 상징은 상징을 주체-대상 구도로 다시 되돌리는 해석에 개방되어 있지만, 영에 의해 창조된 상징은 이런 가능성과 이와 함께 언어의 모호성을 극복한다. 바로 이 지점에서 "하나님의 말씀"이라는 용어는 그 최종적 정당성과 특징을 획득하게 된다. 하나님의 말씀은 영에 의해 결정된 인간의 말이다. 그것은 기독교적이거나 비기독교적인 개별적인 계시적 사건에 얽매이지 않고, 좁은 의미의 종교에 얽매이지 않으며, 특별한 내용이나 특별한 형식에 얽매이지 않는다. 영적 현존이 개인이나 집단에 부여되는 곳마다 하나님의 말씀이 나타난다. 그런 충격을 받는 언어는 궁핍함과 풍부함을 넘어선다. 어떤 말은 위대한 말이 된다! 이것은 특정한 종교나 신율적 문화의 거룩한 문헌을 통해서 인류가 계속 반복적으로 겪는 경험이다. 하지만 그 경험은 모든 개별 종교의 "거룩한 경전들"을 능가한다. 영적 현존은 모든 문헌과 모든 언어를 사용하여 말하는 사람을 사로잡을 수도 있고 그의 말을 영의 담지자의 상태로 격상시켜 궁핍함과 풍부함의 모호성을 정복할 수도 있다. 동일한 방식으로 영적 현존은 개별성과 보편성의 모호성을 정복한다. 모든 언어는 개별적인데 그 이유는 그 언어가 실재와의 개별적 만남을 표현하고 있기 때문이다. 하지만 영의 담지자인 언어는 동시에 보편적이기도 한데 그 이유는 그 언어가 그 개별적 만남을 보편적인 것, 로고스, 즉 모든 특정한 로고스의 기준의 방향으로 표현함으로써 그 개별적 만남을 초월하기 때문이다. 영적 현존은 언어의 불확정성이라는 모호성도 정복한다. 불확정성은 모든 일상적인 말에서 불가피한데 그 이유는 언어를 형성하는 (집단적 또는 개인적) 주체와 주체가 파악하고자 하는 소진되지 않는 (모든) 대상 사이의 무한한 거리 때문이다. 영적 현존에 의해 결정되는 말은 영원히 벗어나는 대상을 파악하고자 하는 것이 아니라 소진되지 않는 주체와 소진되지 않는 대상의 연합을 상징으로 표현하는데 그 상징의 본성은 불확정적이면서 동시에 확정적이다. 그 말은 상징을 창조하는 만남의 양 당사자가 가진 잠재성은 개방된 채 남겨두지만—그리고 이러한 의미로 그 말은 불확정적이지만—그 만남이 가진 유일무이한 특징 때문에 다른 상징들(과 자의적인 상징 체계들)은 배제한다. 언어의 모호성을 정복하는 영적 현존의 힘을 보여주는 또 하나의 본보기는 언어가 가진 의사소통 가능성과 의사소통 불가능성의 모호성을 극복하는 힘이다. 언어는 다른 자기의 중심에 들어갈 수 없기 때문에 드러남(revealing)과 감춤(concealing)의 혼합일 수밖에 없고 감춤으로 인해서 의도적 감춤―거짓말, 속이는 말, 왜곡하는 말, 빈말―의 가능성이 발생한다. 영에 의해 결정되는 말은 다른 자기의 중심에 도달하지만, 유한한 대상이나 유한한 주체성(예를 들어, 감정들)으로 정의하거나 한정함으로써 도달하는 것이 아니다. 그 말은 화자와 청자의 중심을 초월적 일치 속에 연합시킴으로써 다른 자기의 중심에 도달한다. 오순절 이야기가 말하듯이 영이 있는 곳에서는 언어에 의한 소외가 극복되며 소외가 극복되면 언어를 본성적 의미로부터 왜곡시킬 가능성도 극복된다. 우리는 이 모든 면을 고려해서 인간의 말이 가진 모호성은 신적 말씀이 되는 인간의 말에 의해서 정복된다고 말할 수 있다.

인지의 모호성을 극복하기 위해서 신적인 영은 언어의 경우보다 더 철저하게 주체와 대상의 분열을 정복한다. 예를 들어 모든 인지적 행위가 추상적 개념을 사용할 수밖에 없고 따라서 상황의 구체성을 간과할 수밖에 없는 환경과 비록 "진리는 전체"(헤겔)일지라도[35] 인지적 행위가 부분적 대답을 제시해야 하는 환경 및 대상들의 영역 및 그 대상들의 관계에 맞는 개념화와 논증의 형식을 사용할 수밖에 없는 환경 등에서 분열이 나타난다. 이러한 필연성은 유한한 관계의 수준에서 간과될 수 없다. 그래서 진리의 전체성에 도달할 수 있으면서도 "추상화의 마성"(demonry)은 극복할 수 있는 또 다른 관계가 있는가라는 물음이 제기된다. 이런 일은 헤겔의 변증법적 방법으로는 될 수 없다. 헤겔은 일관성 있는 체계를 따라 모든 부분을 결합함으로써 전체를 가질 수 있게 된다고 주장했다. 그는 그

---

35   역주. "진리는 곧 전체다. 그러나 전체는 본질이 스스로 전개되어 완성된 것이다. 절대적인 것에 대해서 얘기한다면, 이는 본질상 결과로서 나타나는 것이며 종말에 가서야 비로소 그는 참모습을 드러낸다고 해야만 하겠다. 바로 이 표현 속에는 절대적인 것이 본성은 현실적인 주체로서 그 스스로 생성되는 것이라는 사실이 명시되어 있다." G. W. F. Hegel, 『정신현상학 1』, 임석진 옮김(파주: 한길사, 2007), 55.

렇게 하면서 분명히 (자신이 열망했던 전체성에 도달하지 못하고) 추상화의 모호성의 희생자가 되었다. 신적인 영은 전체성과 구체성을 모두 포괄하는 데 보편자들을 외면함으로써가 아니라—보편자가 없으면 어떠한 인지적 행위도 불가능하다—부분적이고 구체적인 것을 영원한 것으로 격상시키기 위한 도구로서 보편자들을 사용함으로써 포괄한다. 전체성과 유일무이함은 그 영원한 것에 뿌리내리고 있다. 종교적 지식은 영원한 것에 비추어 개별적인 어떤 것을 아는 지식이며 개별적인 것에 비추어 영원한 것을 아는 지식이다. 이런 종류의 지식에서 객관성의 모호성뿐만 아니라 주관성의 모호성도 극복된다. 자기-초월적 인식은 전체성의 중심에서 나와서 그 중심으로 되돌아간다. 영적 현존의 충격은 신율적 인식 방법에서도 현현한다. 주체와 대상이 분리된 구조에서 관찰과 결론은 주체가 대상을 파악하려는 방식, 대상이 언제나 주체에게 낯설게 남고 결코 성공을 확신할 수 없는 방식이다. 주체-대상 구조가 극복되는 정도에 따라 관찰은 (관찰을 포함한) 참여로 대체되며 결론은 (결론을 포함한) 통찰로 대체된다. 참여에 기초한 그런 통찰은 자의적으로 사용될 수 있는 방법이 아니라 이른바 초월적 일치로 격상된 상태다. 영에 의해 결정되는 언어가 "하나님의 말씀"이듯이 영에 의해 결정되는 그러한 인식은 "계시"다. 그리고 "하나님의 말씀"이 성경으로 한정되지 않듯이 "계시"도 모든 현실적 종교가 기초하고 있는 계시적 경험으로 제한되지 않는다. 로마 가톨릭과 개신교의 고전적 전통에 속해 있는 많은 신학자들의 주장 배후에는 다음과 같은 상황에 대한 인정이 있다. 모든 비기독교 현자들의 지혜에는 신적인 지혜—로고스—가 현존해 있었고 로고스의 현존은—우리에게 그러하듯이—그들에게 영적 현존을 의미했다. 지혜는 주체와 대상의 분열을 초월하여 자신을 현현하는 능력 때문에 대상화하는 지식과 구별될 수 있다(**지혜**[*sapientia*]는 지식[scientia]과 구별된다). 지혜와 로고스를 하나님과 "함께" 그리고 인간과 "함께" 있는 것으로 묘사하는 성서의 이미지는 이 사실을 명확하게 보여준다.[36] 신율적 지식은 영에 의해 결정되는 지혜다. 하지만 영에 의해 결정되는 신율의 언어가 주체와 대상의 분열에 의해 결정되는 언어 없이는 존재할 수 없는 것처럼 영에 의해 결정되는 인식도 실재와 만나는 주체-대상 구조 안에서 얻는 지식과 모순되지 않는다. 신율은 자율적으로 창조된 지식과는 결코 모순되지 않지만, 자율적임을 주장하면서도 현실적으로는 왜곡된 신율의 결과인 지식과는 모순된다.

인간의 문화적 자기-창조의 심미적 기능은 언어와 인지에서 보았던 것과 동일한 문제를 제시한다. 그 기능은 창조물들을 통해 표현성(expressiveness)을 추구하면서 예술들이 주체 또는 대상을 표현하는가라는 물음에 직면하게 된다.[37] 하지만 이 물음에 대한 신율적 대답을 제시하기 전에 다른 물음이 제기되는데 자기-통합적 인격성과 심미적 표현의 전체 영역 사이의 관계에 관한 물음—유미주의의 문제—이다. 앞의 물음처럼 그 문제는 유한한 존재의 주체-대상 구조에 뿌리를 두고 있다. 주체는 분리된 것과의 재연합을 통해서 대상에 들어가고자 하지 않고 대상을 대상으로 사용함으로써 그 어떤 대상도 "단지 대상일 뿐인 것"으로 변형할 수 있다. (예술 이전의 기능이든 아니면 예술적 기능이든) 미적 기능은 미적 향유의 대상인 형상을 창조한다. 비록 표현된 주제가 추하거나 끔찍하다 하더라

---

36   역주. 예를 들어 욥 28:23-38; 잠 8장; 요 1:14 등.

37   역주. Kant는 『판단력 비판』에서 이론 이성과 실천 이성을 통일하는 원리로 미적 직관을 제시한다. 이론 이성은 분석하고 도덕적인 실천 이성은 명령하는데, 이 둘을 통일하는 것으로 Kant는 "자연에서는 유기체적인 것, 문화에서는 미적인 것을 발견했다. 그 당시 이것은 '아름다운 것'이라 불렸는데" Tillich는 그것을 "표현적인 것"이라고 했다. Tillich, 『19-20세기 프로테스탄트 사상사』, 113.

도 향유는 미적 창조의 표현력을 기초로 삼고 있다. 미적으로 창조된 형상을 향유하는 일은 그것이 예술 이전이든 예술적이든 정신의 창조성과 일치한다. 하지만 유미주의는 향유를 수용하면서 참여로부터 멀어진다. 영적 현존의 충격은 주체와 대상을 연합하면서 유미주의를 불가능하게 한다.

그러므로 예술이 주체나 대상을 표현하는가라는 물음에 대해서 우리는 다음과 같은 명확한 대답을 제시해야 한다. 예술은 주체도, 대상도 표현하지 않는다. 주체와 대상은 미적 기능에 의해 만들어진 영적 현존의 신율적 창조물에서 연합되어야 한다. 이 물음은 서로 다른 예술적 양식들에 대한 가치 평가와 관련되어 있다. 각각의 양식에서 주체와 대상의 관계는 다르다. 그래서 다른 양식들보다 더 신율적인 양식이 있는지 또는 다른 양식들을 능가하는 신율적 양식이 있는지라는 물음이 제기된다. 그런 진술은 매우 어려운 것일지라도 해야 한다. 인식 기능과 유사하게 그 물음을 보통 "어떤 특정 철학(예를 들어, 플라톤 철학, 아리스토텔레스 철학, 스토아 철학, 칸트 철학)에는 다른 철학보다 더 많은 신율적 잠재성이 있는가?"라는 형식으로 묻게 된다. 신학자들은 이 물음에 대해 현실적 작업으로 대답해야 하고 늘 그렇게 대답해왔다. 그들은 어떤 철학이 인간의 현실적 상황과 신학 구성에 가장 적합하다고 확신하면서 이 철학이나 저 철학을 활용했다. 하지만 양식들을 나열함으로써 동일한 일을 하는 것은 불가능해 보인다. 우리는 신율에 관한 물음과 관련해서 양식들을 구별할 수 있다. 우리는 단지 양식적 요소를 구별할 수 있을 뿐이다. 독창적인 예술적 표현을 하고자 하는 의지가 있는 한 우리는 어떠한 구체적 양식도 모방할 수 없다는 관점에서 이 사실은 명확하다. 우리는 모종의 양식적 전통 안에 있을 수는 있지만 자의적으로 어떤 전통에서 다른 전통으로 바꿀 수는 없다. (이것은 신율적 철학과의 관계에도 해당되는 동일한 상황이다. 어떠한 철학적 체계도 또 다른 철학자에 의해서 복제될 수 없지만, 모든 철학자는 자신의 계승자들로부터 요소들을 이어받으며 거기에는 분명히 다른 요소들보다 더 신율적인 잠재성을 가진 요소들이 있다. 하지만 자율의 원리를 따라서 인간과 실재의 인지적 만남에 속해 있는 모든 잠재성을 발전시키는 것이 진리를 탐구하는 데 결정적이다.)

(역사적인 모든 양식에서 재등장하는) 양식적 요소들과 관련하여 현실주의적 요소와 이상주의적 요소 및 표현주의적 요소를 구별할 수 있다. 각각의 요소들은 모든 양식에서 나타나지만 일반적으로는 한 가지 요소가 두드러진다. 우리는 신율의 관점에서 다음과 같이 말할 수 있다. 표현주의적 요소가 생명의 수직적 자기-초월을 가장 잘 표현할 수 있다. 그 요소는 수평 운동을 벗어나 깨어진 유한성의 상징을 통해서 영적 현존을 보여준다. 바로 이런 이유로 모든 시대의 위대한 종교 예술은 대부분 양식적 표현에 담긴 표현주의적 요소에 의해서 결정되었다. 자연주의적 요소와 이상주의적 요소가 우세할 때, 유한한 것은 (복사되지는 않더라도) 그 자체의 유한성에 수용되거나 그 파괴나 구원을 통해서가 아닌 그 본질적 잠재성을 통해서 나타났다. 자연주의가 우세할 때는 수용, 이상주의, 예견이 산출되었으며 표현주의가 우세할 때는 수직적 방향으로의 돌파가 산출되었다. 따라서 표현주의는 진정으로 신율적인 요소다.

b) 신율: 목적과 인간성

인간의 기술적 행위와 관련하여 주체와 대상의 기본적 모호성은 기술적 진보의 무제한적 가능성과 인간 자신이 생산한 결과에 인간 자신이 적응할 때 드러나는 인간의 유한성이라는 한계로 인해 발생되는 갈등으로 표현된다. 또 주체와 대상의 모호성은 합목적적 수단을 생산하는 일과 자연의 일부를 사물화하는 기술적 변형에서 표현되는데, 합목적적 수단의 생산에서 그 목적은 궁극적 목적이 없는 수단이며, 자연의 일부를 사물화하는 기술적 변형에서 그 사물은 단지 사물, 즉 기술적 대상일 뿐이다. 만약 누군가가 신율이 이러한 모호성들과 관련하여 무슨 의미가 있는지, 더 정확히 말하자면 주체와 대상의 분열이 이러한 완전한 대상화의 영역에서 어떻게 극복될 수 있는지 묻는다면 그 대답은 다음과 같을 수밖에 없다. 주관적 성질들로 충만해질 수 있는 대상을 산출함으로써 모든 수단이 궁극적 목적을 향하게 하고 그렇게 하면서 기존의 것을 넘어서는 인간의 무제한적인 자유를 제한하면서 극복될 수 있다. 영적 현존의 충격을 받으면 기술적 과정조차 신율적인 것이 될 수 있고 기술적 활동의 주체와 대상 사이의 분열이 극복될 수 있다. 영과 관련해서 말하자면, 그 어떤 것도 단지 사물이기만 한 것일 수 없다. 사물은 형식과 의미의 담지자이며 따라서 에로스의 대상이 될 수도 있다. 이 사실은 가장 원시적인 망치로부터 가장 정교한 컴퓨터에 이르는 도구에도 해당된다. 도구가 물신적 힘의 담지자였던 가장 초기의 시대처럼 오늘날에도 도구는 존재의 힘 자체의 새로운 구현으로 간주될 수 있고 또 예술적으로 가치 평가 받을 수도 있다. 기술적 게슈탈트를 향한 이러한 에로스는 기술에 대한 신율적 관계를 성취할 수 있는 방식이다. 우리는 그런 에로스를 아이와 어른이 배, 차, 비행기, 가구, 인상적인 기계, 공장, 건물 등과 같은 기술적 게슈탈트들과 맺는 관계에서 관찰할 수 있다. 만약 이런 대상들을 향한 에로스가 경쟁적이거나 금전적인 이익으로 오염되지 않는다면, 그것에는 신율적 특징이 있다. 기술적 대상—우주 속에 있는 완전한 "사물"—은 신율과 본질적 갈등을 일으키지 않는다. 하지만 그 대상은 문화의 모호성을 유발하는 강력한 요인이며 에로스와 예술에 의해 숭고해질 필요가 있다.

신율적 해결책이 필요한 두 번째 문제는 합목적적 수단을 생산하는 미결정적 자유의 문제인데 그 목적은 수단이 되며 끊임없이 그 과정은 계속된다. 신율적 문화에는 기술적 자기-제한이 포함되어 있다. 가능성은 유익하기만 한 것이 아니다. 가능성은 유혹이기도 하며 가능성을 현실화하려는 욕망은 공허함과 파괴로 귀결될 수도 있다. 그 두 가지 결과가 현재 가시적으로 드러나고 있다.

첫 번째 결과는 오랫동안 관찰되고 고발되어왔다. 그것은 사업이나 광고의 지원을 받아 소위 "기구" 생산을 지향하게 되는 충동으로 자라난다. 기구 자체는 악이 아니지만, 전체 경제가 기구에 맞추어지는 것이나 기술적 상품 생산의 궁극적 목적을 묻는 물음을 억압하는 것은 악이다. 이 문제는 영적 현존의 충격으로 반드시 제기되며 기술적 가능성을 바라보는 태도를 현실적 생산을 변화시키는 방식으로 혁신할 수 있다. 당연히 이런 일은 교회의 권위나 유사 종교적인 정치적 권위가 외부에서 영향을 주는 방식으로는 이루어질 수 없다. 이런 일은 오직 생산된 사물을 향유하게 될 사람의 태도에 영향을 주는 방식으로만 이루어질 수 있다. 광고인들이 잘 알 것이다. 신적인 영은 수평적으로 나아가는 무제한적 전진에 저항하기 위해 수직적 방향에서 잘라 들어오며 모든 생명 과정의 궁극적 목표, 곧 영원한 생명에 종속되어 있는 기술적 생산을 지향한다.

기술적 생산의 무제한적 가능성이 일으키는 문제는 그 파괴적 결과들이 거의 불가피할 때 훨씬 더 어려운 문제가 된다. 제2차 세계대전 이후 그런 결과들은 가시화되었고 대다수의 사람에게서, 무엇보다도 기술적인 "파괴의 구조"—핵무기—에 주로 책임이 있는 사람들에게서 감정적으로나 도덕적으로 강력한 반작용을 낳았다. 마성적인 것의 본성을 따르는 그 파괴의 구조는 거부될 수도 없고 수용될 수도 없다. 그러므로 원자의 발견이라는 거대한 기술적 가능성에 내재되어 있는 마성적 특징에 대해서 보통 사람들뿐만 아니라 이 사람들의 반응도 분열되었다. 영적 현존의 충격이 있을 때 그 인간적 가능성의 파괴적 측면은 (마성적인 것의 잠정적 정복과 관련하여 『요한계시록』에서 사용된 용어[38]로) "결박"(banned) 될 것이다. 또한 이 "결박"은 기술적 가능성을 권위주의적으로 제한한다는 것이 아니라 태도의 변화, 그 본성상 모호하며 파괴의 구조이기도 한 사물들을 생산하는 의지의 변화다. 생산과 파괴의 모호성은 수평적 수준에서는 단편적으로도 정복되지 않기 때문에 영적 현존 없이는 어떠한 해결책도 상상할 수 없다. 이것을 깨닫기 위해서 우리는 다음의 사실을 기억해야 한다. 영적 현존은 (좁은 의미의) 종교적 영역에 얽매이지 않으며 종교와 기독교에 노골적으로 맞서는 적을 통해서도 효력을 발휘할 수 있다.

우리는 문화의 기술적 기능과 그 모호성에 관한 논의로부터 자기-결정, 타자-결정, 인격적 참여의 인격적(이고 공동체적인) 기능과 모호성으로 전환하고자 한다. 모든 문화적 기능과 마찬가지로 세 가지 모든 경우에서 주체와 대상의 분열은 모호성의 불가피한 원인이면서 필수적인 조건이다. 자기-결정의 모호성은 주체로서의 자기와 대상으로서의 자기가 분열되어 있다는 사실과, 주체로서의 자기는 그 자신이 소외되는 방향으로 대상으로서의 자기를 결정하고자 한다는 사실에 뿌리를 두고 있다. "선의지"는 단지 모호하게 선할 뿐인데 그 이유는 주체로서의 자기는 지향해야 하는 대상으로서의 자기와 연합되어 있지 않기 때문이다. 중심을 가진 자기는 실존의 조건에서 그 자체와 완전히 동일할 수 없다. 영적 현존이 중심을 가진 인격을 사로잡을 때마다, 영적 현존은 (단편적으로라도) 모호하

---

38   역주. 계 9:14, 20:2.

지 않게 그 인격의 정체성을 재확립한다. 현세대의 참된 문제인 "정체성 탐구"는 현실적으로 영적 현존 탐구인데 그 이유는 자기가 통제하는 주체와 통제받는 대상으로 분열되는 것은 오직 수직적 방향에서만 극복될 수 있기 때문이다. 그 방향에서 이루어지는 재연합은 주어질 뿐 명령되지는 않는다. 자신의 정체성을 확립한 자기는 자신의 불일치에도 불구하고 일치로 "수용된" 자의 자기다.

　주체와 대상의 분열은 다른 인격을 교육하고 인도하는 일의 모호성을 낳기도 한다. 이 두 가지 활동에서 필요한 일은 비록 불가능할지라도 교육자와 인도자의 편에서 자기-제한과 자기-시행 사이의 길을 찾는 것이다. 어떤 진보적인 유형의 학교들에서 볼 수 있듯이 완전한 자기-제한은 완전한 방임으로 귀결된다. 대상은 공통적인 내용 안에서 주체와 연합되도록 요구받지 않지만, 자신에게 속박되고 인격으로서 자신의 모호성에 속박된 채로 홀로 남는다. 또 주체는 교육하거나 인도하는 대신 무관한 관찰자로 남는다. 정반대되는 태도는 교육과 인도의 대상을 주체성이 없는 대상으로 변형시켜서 그 결과 자기 자신의 완성에 이르도록 교육받을 수 없거나 그의 궁극적 목적을 향해서 인도함을 받을 수 없는 대상으로 변형시킴으로써 그 대상에게 해를 끼친다. 그는 교화, 명령, 속임수, "세뇌" 등으로만 통제될 수 있으며 강제 수용소와 같은 극단적인 경우에는 인격으로서 실존하기 위한 필수적인 생물학적이고 심리학적인 조건들을 주체로부터 빼앗음으로써 주체의 주체성을 빼앗는 비인간화의 방식으로 통제될 수 있다. 그런 것들은 인간을 조건화된 반사 작용 원리의 완벽한 본보기로 변형시킨다. 영은 단지 주체일 뿐인 것과 단지 대상일 뿐인 것인 두 가지로부터 벗어난다. 영적 현존의 충격을 받는 교육적 행위는 인격이 궁극적인 것을 향하도록 인도함으로써 중심을 가진 인격 속에 신율을 창조하는데 그 인격은 궁극적인 것으로부터 내적인 혼란 없이 독립성을 부여받는다. 자유와 형식을 연합시키는 것은 영의 본성에 속한다. 만약 인격과 인격 사이에 이루어지는 교육적이거나 인도적 교제가 영적 현존에 의해서 그 자체를 넘어서면, 그 두 관계에서 나타났던 주체와 대상의 분열은 단편적으로 정복되고 인간성이 단편적으로 성취된다.

　다른 인격과의 만남에서도 마찬가지다. 다른 인격은 낯선 사람이지만 오직 변장한 낯선 사람이다. 현실적으로 그 낯선 사람은 자기 자신의 소외된 일부다. 그러므로 자기 자신의 인간성은 오직 그 낯선 사람과의 재연합을 통해서만 실현될 수 있는데 그 재연합은 그의 인간성 실현에도 중요하다. 수평적 차원에서 이 사실은 두 가지 가능한 해결책에 도달하지만, 마찬가지로 모호한 해결책으로 귀결된다. (주체이면서 대상이기도 한) 인격과 인격의 만남에서 주체와 대상의 분열을 극복하려고 노력하는데 자기를 다른 자기에게 굴복시키거나 다른 자기를 자기 안으로 가져옴으로써 극복하고자 한다. 그 두 가지 요소 중 어느 하나가 우세하도록 다양하게 나타나는 정도들에 따라서 두 가지 방식이 계속 시도되지만, 두 가지 모두 실패한다. 왜냐하면 그 방식들은 자신들이 연합하고자 하는 인격을 파괴하기 때문이다. 또 수직적 차원에서 나온 대답도 있다. 그 만남에서 양쪽은 그 둘을 초월하는 어떤 제3의 것에 속한다. 굴복이나 종속은 다른 인격에 도달하기 위한 적합한 수단이 아니다. 우리가 다른 인격에 직접 도달하는 것은 불가능하다. 우리는 그를 그의 자기-관계성 너머로 상승시키는 것을 통해서만 그에게 도달할 수 있다. 모든 만남에서 인간은 서로를 대상화한다는 사르트르의 주장[39]은 수직적 차원의 관점에서 보아야만 부정될

---

[39]　역주. Sartre의 타자론은 J. P. Sartre, 『존재와 무』, 정소성 옮김(서울: 동서문화사, 2012), 제

수 있다. 오직 영적 현존의 충격만이 자기-고립의 껍질을 뚫을 수 있다. 낯선 사람이 자기 자신과 동일한 근거에서 나온 자라고 경험될 때, 자기의 소외된 일부인 낯선 사람은 낯선 사람이기를 그친다. 신율은 인간의 모든 만남에서 인간성을 구원한다.

c) 신율: 힘과 정의

공동체적 영역에서도 주체와 대상의 분리로 인해 엄청나게 많은 모호성들이 발생한다. 우리는 그중 몇 가지를 언급했으며 이제는 영적 현존의 충격으로 그것들에 무슨 일이 일어나는지를 보여주어야 한다. 영이 있는 곳에서 그 모호성들은 단편적으로나마 정복된다. 어떤 종류의 공동체를 설립함으로써 파생되는 첫 번째 문제는 그 포괄성의 한계에 해당하는 배타성이다. 모든 우정이 이 관계에 속하지 않는 수많은 타자를 배제하는 것과 마찬가지로 모든 종족, 계급, 지역, 민족, 문명은 여기에 속하지 않는 다른 모든 자를 배제한다. 사회적 결집의 정의에는 사회적 거부의 부정의가 내포되어 있다. 영적 현존의 충격은 공동체적 정의 안에 있는 부정의를 정복하는 두 가지 일을 한다. 교회가 영적 공동체를 재현하는 한, 교회는 마성적 배타성을 가진 종교 공동체에서 보편적 포괄성을 가졌지만 자신의 정체성을 상실하지는 않는 거룩한 공동체로 변형된다. 이런 일이 세속적 공동체에 끼치는 간접적 효과는 공동체적 영역에서 나타나는 영적 현존의 충격의 한 측면이다. 다른 측면은 정의의 관념을 이해하고 현실화하는 데 영이 직접적으로 끼치는 효과다. 결집과 거부의 모호성은 더 포괄적인 일치의 창조로 정복되는데 그 일치로 인해서 어떤 구체적 집단의 불

3부, 제1장, 4. 시선, 431-508을 참조하라.

가피한 배타성 때문에 거부당한 사람들은 더 큰 집단—최종적으로는 인류—에 포함된다. 이런 기초 위에서 가족-배타성은 우정-포괄성에 의해서 단편적으로 극복되고 우정-거부는 지역 공동체의 수용으로 극복되며 계급-배타성은 민족-포괄성으로 극복된다. 물론 이것은 배타성뿐만 아니라 포괄성에도 저항하는 지속적 투쟁이다. 그 포괄성은 참된 공동체를 해체하고 (대중 사회의 어떤 표현들에서 그러하듯이) 그 공동체에서 정체성을 박탈하는 것이다.

이런 본보기는 정의의 모호성, 곧 불평등의 모호성에 대한 또 다른 본보기로 직접적으로 귀결된다. 정의에는 평등이 내포되어 있다. 하지만 본질적으로 불평등한 것의 평등은 본질적으로 평등한 것의 불평등만큼이나 정의롭지 않다. (신앙과 사랑에 의해 결정된다는 말과 동일한 것을 의미하는) 영적 현존의 충격에 의해서 영적 공동체로 부름받은 모든 사람의 궁극적 동일성은 개인의 자기-현실화에 뿌리를 둔 예비적 불평등과 연합되어 있다. 모든 사람은 자기 자신의 운명을 가지고 있다. 그들은 부분적으로는 자기 실존의 기존 조건을 근거로 삼으며, 부분석으로는 그 운명이 제공한 상황과 이 상황의 서로 다른 요소들에 대해서 반작용할 수 있는 자기중심의 자유를 근거로 삼는다. 하지만 궁극적 평등은 실존적 불평등에서 분리될 수 없다. 실존적 불평등은 궁극적 평등이 사라지고 무효해지는 사회적 상황을 낳는 경향이 있기 때문에 실존적 불평등은 지속적인 영적 심판을 받게 된다. 비록 기독교회의 영향력보다도 스토아철학의 영향력에 의해서 비인간화하는 힘을 가진 노예 제도의 부정의가 더 많이 감소되었을지라도 영적 현존은 스토아 학파의 철학자들을 통해서 작용했다. 하지만 여기서도 프락시스의 모호성에 저항하는 영의 투쟁은 공동체적 불평등을 향하고 있을 뿐만 아니라, 예를 들어 대중 사회에서 나타나는 평등 교육의 원리처럼 본질적 불평등을 무시하는 공동체적 평등의 형식들도 향하고 있다. 그런 교육은 동질화 문화의 획일성보다 큰 능력을 가진 자들에게는 부정의다. 영적 현존은 모든 사람의 궁극적 동일성을 인정하면서도 현실적인 공동체 생활에서 나타나는 상대적 평등과 상대적 불평등의 양극성을 인정한다. 평등의 모호성에 대한 신율적 해결책은 참된 신율을 낳는다.

가장 두드러진 공동체의 모호성 중에 지도력과 권력의 모호성이 있다. 그 모호성도 주체-대상의 분열을 모호성의 원천으로서 가장 명확하게 드러낸다. 공동체에는 우리가 개별적 인격에서 찾을 수 있는 생리학적 중심 자체가 결여되어 있기 때문에 공동체는 할 수 있다면 중심이 되는 지도 집단을 창조해야 하며 그 집단 자체는 개인(왕, 대통령 등)에 의해서 대표된다. 그런 개인을 통해서 공동체적 중심은 심신일원론적 중심으로 드러난다. 그는 중심을 대표하지만, 자신의 자기가 자신의 전 존재의 중심이 되는 방식으로 중심인 것은 아니다. 공동체적 중심의 이러한 특징에서 기인하는 정의의 모호성들은 다음과 같은 불가피한 사실에 뿌리내리고 있다. 통치자와 지도 집단은 자신들이 대표하는 공동체 전체의 존재의 힘을 현실화하면서 자신들의 존재의 힘도 현실화한다. 모든 권력 체제에, 심지어 가장 자유로운 체제에도 스며 있는 전제 정치는 사회적 권력의 이러한 매우 변증법적인 구조에서 기인하는 결과 중 하나다. 권력의 함의들에 대한 적대감에서 기인하는 다른 결과는 무력한 자유주의나 무정부주의인데 보통 그 결과는 의식적이고 무제한적인 전제 정치로 금세 이어진다. 영적 현존의 충격으로 인해 (통치자를 포함한) 지도 집단의 회원들이 자신의 주체성을 일부 희생시킴으로써 다른 대상들과 함께 자기 자신을 통치의 대상으로 삼을 수도 있고 자신의 주체성의 희생된 부분을 통치받는 자에게 이전할 수도 있다. 통치자의 주체성을 이렇게 부분적으로 희생하는 것, 또 통치받는 자가 주체로서 이렇게 부분적으로 격상되는 것이 "민주주의" 관념의 의미다. 그것은 민주주의 원리를 현실화하고자 하는 어떠한 개별적 민주 체제와도 동일하지 않다. 이 원리는 영적 공동체와 그 공동체의 정의 안에 들어있는 한 가지 요소다. 그 원리는 귀족제와 군주제에도 현존해 있으며 역사적 민주 체제들에서 매우 왜곡되어 있을 수도 있다. 그 원리가 단편적으로 현실화되는 곳마다 영적 현존은—교회를 통해서나 교회를 반대하는 쪽에서 또는 명백하게 반종교적인 생활에서—작동하고 있다.

공동체 생활에서 정의는 무엇보다도 법의 정의인데 그 법은 권력의 지지를 받는 법적 장치를 의미한다. 법의 모호성은 두 가지인데 법 제정의 모호성과 법 실행의 모호성이다. 첫 번째 모호성은 지도력의 모호성과 부분적으로 일치한다. 지도 집단(과 이 집단을 대표하는 개인)이 실행하는 법적 권력은 먼저 입법 권력이다. 법적 장치의 정의는 지도 집단이 구상하는 정의에 밀접하게 결착되어 있고 이 정의는 옳음과 그름의 원리들 및 지도 집단이 자신의 힘을 긍정하고 유지하고 옹호하는 데 사용하는 원리들을 모두 표현한다. 법의 정신은 정의의 정신과 통제하는 권력들의 정신을 밀접하게 결합하는데 이것은 그 정의에 부정의가 내포되어 있음을 의미한다. 영적 현존의 충격을 받을 때 법은 영이 효력을 끼치는 정도까지 신율적 성질을 가질 수 있다. 그 법은 정의를 단편적으로나마 모호하지 않게 재현할 수 있다. 상징적 언어로 말하자면, 그 법은 "하나님 나라의 정의"가 될 수 있다. 이것은 그 법이 신 칸트 학파의 법철학자들이 발전시키고자 했던 것과 같은 어떤 공동체 집단의 생활을 초월하는 합리적인 정의 체계가 될 수 있다는 말이 아니다. 그런 것은 없다. 왜냐하면 생명의 다차원적 일치는 이전의 차원들이 유력하게 그 안에 현존해 있지 않은 정신의 기능을 허용하지 않기 때문이다. 필연적으로 법의 정신은 정의의 정신일 뿐만 아니라 공동체 집단의 정신이기도 하다. 누군가의 정의가 아닌 정의, 곧 개인의 정의는 아니고 한 사회의 정의이기만 한 정의는 없다. 영적 현존은 법의 생동적 기초를 억압하지 않는 한편, 이데올로기를 정당화하는 이데올로기에 맞서 투쟁함으로써 법의 부정의를 제거한다. 때때로 이 싸움은 영적 공동체의 형상인 교회의 목소리로 이어졌고 때로는 세속적 영역 자체 안에서 이루어지는 예언자적 운동을 창조하는 직접적 방식으로 이어졌다. 신율적 입법은 입법을 책임지는 자들에게서 나타나는 예언자적 자기-비판이라는 매개를 통해서 이루어지는 영적 현존의 사역이다. 영은 인간 정신의 차원을 통해서는 직접적으로 사역하고 생명의 모든 차원을 통해서는 간접적으로 사역한다는 "현실주의적" 진술을 우리가 주장하는 한 앞의 진술은 부정적 의미의 "이상주의적" 진술이 아니다.

공동체적 생명의 법적 형식이 가진 다른 모호성은 법 실행의 모호성이다. 여기서 두 가지 고찰이 필요하다. 그 하나는 다음의 사실과 관련되어 있다. 법 실행은 심판하는 자들의 권력과 입법자들이 그러하듯 자신의 모든 차원의 온 존재에 의존하면서 심판하는 자들의 권력에 의존한다. 그 각각의 심판은 법의 의미와 법의 정신뿐만 아니라 인격인 판사에게 속해 있는 모든 차원을 포함하는 판사의 정신도 표현하고 있다. 구약 예언자의 가장 중요한 기능 중 하나는 재판관들에게 그들의 계급적 이익과 그들의 변화하는 기분에 상관없이 정의를 실행하도록 촉구하는 것이었다. 판사의 직분과 기능에 부여되는 위엄은 법 실행의 신율적 기능과 신율적 이상을 상기시킨다.

하지만 공동체적 생명의 법적 형식에는 또 다른 모호성이 있는데, 그 모호성은 법의 본성 자체―법의 추상성, 그리고 법이 적용되어야 하는 어떤 구체적 사례에 정확하게 적용될 수 없다는 사실―에 뿌리내리고 있다.

새롭고 더 특수한 법이 더 일반적인 법에 더해질 때 상황은 개선되지 않고 오히려 악화되었음을 역사는 보여주었다. 법은 어떠한 구체적 상황에도 똑같이 부적합하다. 판사의 지혜는 추상적 법과 구체적 상황 사이에 있으며 이 지혜는 신율적 영감으로 부여될 수 있다. 이런 일이 일어나는 경우 개별적 사례의 요구를 인지하고 그 요구에 따르게 된다. 추상적으로 존엄한 법이 개별적 차이를 기각하지 않으며 우리는 차이를 인식하면서도 법의 일반적 타당성을 제거하지 않는다.

앞의 언급을 통해서 직접적으로는 정의와 인간성의 바탕에 있으면서 간접적으로는 모든 문화적 기능의 바탕에 있는 것, 즉 도덕으로의 이행을 준비했다. 이제 우리는 도덕에 끼친 영적 현존의 충격을 다루어야 한다.

C. 영적 현존과 도덕의 모호성

I. 영적 현존의 판점으로 본 종교와 도덕: 신율적 도덕

도덕과 문화 및 종교의 본질적 일치는 실존의 조건에서 파괴되고 생명의 과정에서는 오직 모호한 형태로만 남아 있다. 하지만 단편적일지라도 모호하지 않은 재연합이 영적 현존의 충격으로 가능하다. 영적 현존은 신율적 문화를 창조하고 신율적 도덕도 창조한다. 문화와 도덕에 붙은 "신율적"이라는 용어에는 "초문화적 문화"와 "초도덕적 도덕"이라는 역설적 의미가 있다. 종교, 곧 정신의 차원에서 나타나는 생명의 자기-초월은 정신의 차원에서 나타나는 생명의 자기-창조와 자기-통합 두 가지에 자기-초월을 부가한다. 우리는 영적 현존의 관점에서 종교와 문화의 관계를 논의했다. 이제 우리는 동일한 관점에서 종교와 도덕의 관계를 논의해야 한다.

종교와 도덕의 관계에 관한 물음은 철학적 윤리학과 신학적 윤리학의 관계라는 면에서 논의될 수 있다. 이 이중성은 자율적 철학과 기독교 철학의 이중성과 유사하며 현실적으로는 그 이중성의 일부다. 우리는 이미 기독교 철학이라는 관념을 거부했는데, 그 이유는 그런 철학은 연구 이전에 무슨 결과가 나와야 하는지를 미리 결정함으로써 불가피하게 탐구의 정직성을 배신하기 때문이다. 이 사실은 윤리학을 포함한 철학적 작업 전체와 관련되어 있다. 만약 그 문자적 의미를 따르자면, "신학적 윤리학"은 의식적으로 편향된 윤리학이다. 하지만 이 사실은 신율적 철학에 해당되지 않는 것처럼 신율적 윤리학에도 해당되지 않는다. 외부적 개입으로부터 자유롭고 이러한 자유로움 속에서 영적 현존의 충격이 현실적인 사고 과정에 영향을 끼치는 철학이 신율적이다. 윤리적 원리와 과정이 영적 현존과 연관되어 묘사되는 윤리학은 신율적이다. 신율적 윤리학은 신율적 철학의 일부다. (모든 신학적 진술에 존재론적 전제가 있는 것처럼) 모든 신학적 진술에는 윤리적 함의가 있음에도 불구하고 독립적인 신학 분과로서의 신학적 윤리학은 거부해야 한다. 만약 신학적 윤리학(또는 종교 철학)이 별개의 과정에서 학문적으로 다루어진다면, 이것은 단지 편의상의 문제일 뿐이며 원리의 문제가 되어서는 안 된다. 그렇게 하지 않으면 철학적 윤리학과 신학적 윤리학 사이에 견딜 수 없는 이원론이 설정될 것이며 논리적으로는 "이중적 진리"라는 정신 분열증적 상태에 도달할 것이다. 우리는 어떤 연구 과정에서는 칸트나 흄이 말하는 실천 이성이라는 의미의 실천 이성의 자율을 인정하고 다른 과정에서는 성서나 교회 문헌에서 찾을 수 있는 계시적인 신적 계명의 타율을 인정할지도 모른다. 넓은 의미의 종교와 좁은 의미의 종교 구분을 기초로 삼아 우리는 한 가지 윤리학 연구 과정을 만들 수 있는데, 윤리학은 도덕적 기능의 본성을 분석하고 이 분석에 비추어 변화하는 내용을 판단하는 것이다. 그 분석을 통해서 도덕적 명령의 무조건적 특징과 윤리학의 신율적 성질이 긍정될 수도 있고 부정될 수도 있다. 하지만 긍정과 부정은 모두 철학적 논쟁의 영역 안에 있는 것이며 교회나 정치라는 외적 권위에 의해서 결정되는 것이 아니다. 신학자들은 자신을 사로잡은 궁극적 관심에 의해 눈을 뜬 철학적 윤리학자로서 그 논쟁에 참여하지만, 그의 논증에는 도덕적 명령의 무조건적 특징을 부인하는 자들의 논증에서 주장되는 것과 동일한 경험적 기초와 합리적 타당성이 있다. 윤리 교사는 자신의 윤리학이 신율적이든 아니든 철학자다. 그가 신학자이고 그의 궁극적 관심이 그의 신학적 작업의 주제, 예를 들어 기독교 메시지에 의존하고 있다고 하더라도 그는 철학자다. 하지만 윤리학자인 그는 자신의 신학적 주장을 도덕적 명령의 본성에 관한 논증 안으로 끌어들이지 않는다.

우리는 궁극적 관심과 부분적으로 분리되어 있는(detached) 논증 두 가지를 그렇게 조합할 수 있는지 물을 수 있다. 경험론적으로 말하자면, 불가능하다. 왜냐하면 윤리학의 신율적 성질은 언제나 구체적이며 따라서 유대교 전통과 기독교 전통 및 그리스 전통과 불교 전통 같은 어떤 구체적인 전통에 의존하고 있기 때문이다. 우리는 이 사실로부터 다음과 같은 결론을 이끌어낸다. 신율은 구체적이어야 하며, 따라서 윤리적 조사를 실행하는 자율과 갈등 관계에 있다. 하지만 이 논증은 다음과 같은 사실을 간과하고 있다. 일반적 철학이나 개별적 윤리학에서 이루어지는 자율적인 듯 보이는 연구일지라도 궁극적 관심을—적어도 간접적으로나 무의식적으로라도—표현하는 전통에 의존하고 있다. 자율적 윤리학은 학문적 방법이라는 측면에서만 자율적일 수 있을 뿐 그 윤리학의 종교적 실체라는 측면에서는 자율적일 수 없다. 아무리 은폐되어 있고 세속적이며 왜곡되어 있을지라도 그 모든 윤리학에는 신율적 요소가 있다. 그러므로 온전한 의미의 신율적 윤리학은 영적 현존의 영향을 받아 종교적 실체—궁극적 관심의 경험—가 논증 과정을 결정하려는 시도를 통해서가 아니라 자유로운 논증 과정을 통해서 의식적으로 표현되는 윤리학이다. 의도된 신율은 타율이며 윤리적 연구는 그것을 거부해야 한다. 현실적 신율은 영적 현존에 의한 자율적 윤리학이다.

성서학의 윤리적 자료와 교회의 윤리적 자료 등과 관련해서 말하자면, 이 사실이 의미하는 바는 다음과 같다. 그 자료를 넘겨받아서 윤리적 문제에 관한 계시적 "정보"에 기초한 "신학적 윤리학"으로 체계화하는 일은 불가능하다. 계시는 정보가 아니며 윤리적 규칙이나 규범에 관한 정보가 분명히 아니다. 예를 들어 구약과 신약의 모든 윤리적 자료는 **아가페** 원리에 따른 윤리적 비판에 개방되어 있다. 왜냐하면 영은 새롭고 더 정교한 "문자", 즉 계명을 낳지 않기 때문이다. 오히려 영은 모든 계명을 판단한다.

2. 영적 현존과 인격적 자기-통합의 모호성

도덕적 인격성의 통합에서 나타나는 모호성에 관해 논의하면서 우리는 자기-정체성과 자기-변형의 양극성 및 공허한 자기-정체성에서나 혼란스러운 자기-변형에서 나타나는 중심을 가진 자기의 상실을 제시했다. 우리는 이 양극성에 내포되어 있는 문제들로 인해 희생의 개념과 그 모호성에 도달하게 되었다. 지속적인 양자택일—가능한 것을 위해서 현실적인 것을 희생하거나 현실적인 것을 위해서 가능한 것을 희생함—이 자기-통합의 모호성의 두드러진 본보기로서 등장했다. 계속해서 제기되는 물음들은 다음과 같다. 나는 만나게 된 세계의 많은 내용 중 얼마나 많은 것을 내 인격적 중심을 파괴하지 않은 채 그 중심 안으로 받아들여서 **일치시킬** 수 있는가? 나는 만나게 된 세계의 많은 내용 중 얼마나 많은 것을 공허한 자기-정체성을 피하기 위해 내 인격적 중심 안으로 받아들여서 일치시켜야 하는가? 나는 생명 과정의 정향성을 상실하지 않으면서 내 존재의 기존 상태를 얼마나 많은 방향으로 **넘어설** 수 있는가? 나는 내 생명 과정이 단조로워지는 것을 피하기 위해 얼마나 많은 방향으로 실재와의 만남을 **시도해야** 하는가? 그리고 기본적인 물음은 다음과 같다. 나는 인간이라는 이유와 개별적 인간이라는 이유로 내게 주어진 잠재성 중 얼마나 많은 부분을 현실화하는 힘을 심각하게 상실하지 않은 채 **현실화할** 수 있는가? 나는 단절된 인간성의 상태를 피하기 위해 내 잠재성 중 얼마나 많은 부분을 현실화시켜야 하는가? 이러한 일련의 물음들을 **추상적인**(*in abstracto*) 형식이 아닌 구체적인 형식으로 늘 묻게 된다. 나는 가지게 될 수도 있는 것을 위해서 가지고 있는 것은 희생해야 하는가?

양자택일은 영적 현존의 충격으로 단편적으로나마 해소된다. 영은 인격적 중심을 보편적 중심, 곧 신앙과 사랑을 가능케 하는 초월적 일치 안으로 받아들인다. 인격적 중심이 초월적 일치 안으로 받아들여질 때 인격적 중심은 시간적 평면에서 이루어지는 실재와의 만남보다 우월해진다. 왜냐하면 초월적 일치는 있을 수 있는 모든 만남의 내용을 포괄하기 때문이다. 그 일치는 신적 생명의 일치이기 때문에 잠재성과 현실성을 넘어 그 만남들을 포괄한다. "거룩한 영의 공동체" 안에서 인격의 본질적 존재는 실존의 조건에서 나타나는 자유와 운명의 우발성들로부터 해방된다. 이 해방을 수용하는 것은 모든 것을 포괄하는 희생인 동시에 모든 것을 포괄하는 완성이다. 이것은 인간이 할 수 있는 유일하게 모호하지 않은 희생이다. 하지만 그 희생은 생명 과정 안에서 이루어졌기 때문에 단편적으로 남아 있으며 생명의 모호성에 의해 왜곡될 수도 있다.

앞서 제시된 세 가지 이중적 물음에 관해서 고찰한 결과를 다음과 같이 서술할 수 있다. 인격적 중심이 보편적 중심과 연결되어 확립되는 한, 유한한 실재가 만났던 내용들은 그것들이 중심을 가진 자기의 일치 안에 진입하도록 허락되거나 금지되기 전에 인격의 본질적 존재를 표현하는 의의에 따라서 판단받는다. 영 속에 있는 지혜라는 요소가 그런 판단을 가능케 한다. (예를 들어 고전 3장에 나오는 영의 판단하는 기능과 비교해보라.)[40] 그것은 우리가 도덕적 자기의 자기-통합 속에 있는 양극, 곧 자기-정체성과 자기-변형으로 구별했던 것을 지향하는 판단이다. 영적 현존은 자기를 빈곤하게 하지 않으면서도 자기의 정체성을 유지하며 자기를 파괴하지 않으면서도 자기의 변형을 지향해나간다. 이런 방식으로 영은 본질에서 실존으로의 이행보다 (시간적으로가 아니라) 논리적으로 선행해 있는 이중적 불안을 정복하는데, 그 불안은 자기의 본질적 존재를 현실화하지 않는 불안과 자기-현실화에서 자기를 상실하는 불안이다. 영이 있는 곳에서 현실적인 것은 잠재적인 것을 드러내며 잠재적인 것은 현실적인 것을 결정한다. 영적 현존을 통해 인간의 본질적 존재는 실존의 상황들에서 나타나며 새로운 존재의 실재를 통해 실존의 왜곡을 정복한다. 이러한 진술은 기독론의 기본 주장, 즉 "그리스도를 통해 하나님과 인간의 영원한 일치가 실존의 조건에 의해 정복되지 않은 채 실존의 조건에서 현실화되었다"는 주장에서 도출된 것이다. 새로운 존재에 참여하는 자들은 유사한 방식으로

---

40   역주. 고전 3:16-20.

본질과 실존적 곤경의 갈등을 넘어선다. 영적 현존은 모호하지 않은 방식으로 실존적인 것 안에서 본질적인 것을 현실화한다.

중심을 가진 자기의 일치 안으로 받아들여질 수 있는 많은 낯선 내용에 관한 물음은 앞서 제기된 세 가지 물음에 모두 연관된 대답, 특히 현실적인 것을 위해 잠재적인 것을 희생하는 것에 관한 물음에 연관된 대답으로 귀결되었다. 하지만 더 많은 구체적 대답이 필요하다. 생명 과정의 방향과 목적에 관련된 생명 과정의 모호성은 생명 과정의 모호하지 않은 결정에 의해서 정복되어야 한다. 영적 현존이 작용하는 곳에서 생명은 여러 방향 중 한 방향이 아닌 방향, 곧 모든 방향 속에서 궁극적인 것을 지향하는 방향으로 나아간다. 이 방향은 다른 방향들을 대체하지 않으며 그 방향들 안에서 그 방향들의 궁극적 목적으로, 따라서 그 방향들 사이에서 선택의 기준으로 등장한다. "성자"(saint, 영적 현존에 의해서 결정된 자)는 **어디로 가는지**와 어디로 가서는 **안 되는지**를 안다. 그는 무능화하는 금욕주의와 파괴하는 자유주의 사이의 길을 안다. 어디로 가야 하는가라는 물음, 곧 어느 방향으로 나아가야 하는가와 어느 방향을 우월한 것으로 삼아야 할 것인가라는 물음은 대다수 사람들의 삶에서 지속적인 관심사다. 어떤 사람들은 어디로 가야 하는지 알지 못하고, 따라서 많은 사람이 나아가기를 그치며 자신들의 생명 과정이 걱정스러울만큼 궁핍한 자기-제한에 빠져들도록 내버려둔다. 다른 어떤 사람들은 아주 많은 방향으로 출발하지만 그 어떤 방향으로도 철저하게 나아가지 못한다. 영은 다양한 방향에서 일치를 보존함으로써 파괴뿐만 아니라 제한도 정복하는데, 그 일치는 다양한 방향을 받아들이는 중심을 가진 자기의 일치이면서 그 방향들이 분기된 이후 다시 재수렴되는 방향의 일치다. 그 방향들은 궁극적인 것의 방향으로 재수렴된다.

우리가 얼마나 많은 잠재성을 현실화할 수 **있는가**와 얼마나 많은 잠재성을 현실화시켜야 **하는가**라는 이중적 물음과 관련하여 그 대답은 다음과 같다. 유한성은 모든 개인의 총합에 의해서만 현실화될 수 있는 잠재성들의 희생을 요구하며 심지어 현실화되는 이런 잠재성들의 힘조차도 인류와 인류의 유한성이라는 외적 조건에 의해서 제한된다. 잠재성들은 역사의 모든 순간에 현실화되지 않은 채 남아 있다. 왜냐하면 잠재성의 현실화는 가능성이 되지 못했기 때문이다. 마찬가지로 모든 개별적 생명의 모든 순간에 잠재성들은 현실화되지 않은 채 남아 있다. 왜냐하면 그 잠재성들은 가능성의 상태에 도달하지 못했기 때문이다. 하지만 가능성이기도 하면서 그럼에도 인간적 유한성 때문에 희생되기도 해야 하는 잠재성들이 있다. 한 인간이 가진 모든 창조적 가능성 또는 인류가 가진 모든 창조적 가능성은 현실화되지 않았고 또 현실화되지 않을 것이다. 영적 현존은 그 상황을 변화시키지 않지만—왜냐하면 유한한 것은 무한한 것에 참여할 수는 있지만 무한한 것이 될 수는 없기 때문이다—영은 인간과 인류의 유한성을 수용하도록 만들 수 있다. 그리고 그렇게 하면서 영은 잠재성의 희생에 새로운 의미를 부여할 수 있다. 영은 생명의 가능성들을 희생하는 일이 가진 모호하고 비극적인 특징을 제거할 수 있으며 희생의 참된 의미, 즉 자신의 유한성을 인정하는 일을 회복시킬 수 있다. 모든 종교적 희생에서 유한한 인간은 존재의 힘을 박탈당하는데 그 힘은 인간 자신의 것인 듯 보이지만 절대적으로는 그의 것이 아니다. 그는 희생에 의해서 그 사실을 인정하게 된다. 즉 그 힘은 단지 그에게 주어졌기 때문에 그의 것이고 그 결과 궁극적으로는 그의 것이 아니며 이 상황을 인정하는 것이 희생이다. 이러한 희생 이해는 인간의 모든 잠재성을 현실화하는 포괄적 (all-round) 인격이라는 인문주의적 이상을 배제한다. 그것은 일종의 신-인 관념으로서 신적인 영에 의해서 나사렛 예수라는 인간의 본질로 창조된 신-인 형상과는 매우 다르다. 이 형상은 인간 자신이 현실화할 수 없는 잠재성, 즉 하나님과의 중단 없는 일치를 위해서 모든 인간적 잠재성을 희생시키는 것을 보여준다. 하지만 그 형상도 이 희생이 진리, 표현성, 인간성, 정의의 모든 방향에서―교회의 생명뿐만 아니라 그리스도의 모습에서도―간접적으로 창조적임을 보여준다. 인문주의적 인간관은 인간의 잠재성(what man can be)을 희생시키지 않으면서 직접적으로 현실화하고자 한다. 하지만 영에 의해 결정되는 인간의 완성은 수평면에 존재하는 모든 인간적 잠재성을 희생시켜 수직 방향으로 이끌며 그 잠재성들을 수직 방향, 즉 궁극적인 것의 방향으로 받아들여 인간 유한성의 한계 안에 수용한다. 이것이 자율적인 인격적 완성과 신율적인 인격적 완성의 차이다.

3. 영적 현존과 도덕법의 모호성

이어질 고찰을 통해서 도덕법의 신율적 토대를 확립하고자 한다. 도덕법의 타율적 표현과 자율적 표현에서 나타나는 도덕법의 모호성들은 위에서 제시되었고 "초도덕적 도덕"의 역설이 고찰되었다. 그 역설은―도덕적 명령의 타당성, 도덕적 내용의 상대성, 도덕적 동기화의 힘이라는― 세 가지 측면에서 고찰되었다. **아가페**, 곧 중심을 가진 인격과 인격을 재연합하는 사랑은 그 각각의 경우에 대한 대답이다. 만약 이 대답이 타당하다면, 도덕법은 수용되기도 하고 초월되기도 한다. 그것은 인간이 본질적으로 존재이거나 창조에 의한 존재라는 표현으로 수용된다. 그것은 형식에 있어서 법, 즉 실존적 소외 상태에 있는 인간에게 맞서 있는 것, 곧 명령과 위협으로 초월된다. 사랑은 법을 포함하면서 초월한다. 사랑은 법이 명령하

는 것을 의지적으로 한다. 하지만 이제 이런 물음이 제기된다. 사랑 자체
는 법, 곧 모든 것을 포괄하는 법이 아닌가? "너희는…**사랑하라.**"[41] 그런데
사랑 자체가 법이라면, 사랑은 그 어떤 개별적인 법보다도 법의 모호성을
가진 것이 아닐까? 왜 사랑이 타당한가? 사랑의 내용은 무엇인가? 어떻게
사랑은 동기를 부여하는 힘을 갖고 있을까? 모든 법을 사랑의 법으로 요
약할 수 있다는 가능성으로는 법과 그 모호성의 문제를 해결할 수 없다.
사랑이 법으로 나타나는 한 그 물음에 대답할 수 없다. 다음과 같이 말하
곤 한다. "너희는 사랑하라"라는 명령은 불가능한데 그 이유는 감정으로
서의 사랑은 명령할 수 없는 것이기 때문이다. 하지만 이 논증은 타당하지
않다. 왜냐하면 사랑을 감정으로 해석하는 일이 잘못되었기 때문이다. 명
령으로서의 사랑은 불가능하다. 왜냐하면 실존적 소외 상태의 인간은 사
랑할 수 없기 때문이다. 그리고 사랑할 수 없기 때문에 인간은 그 도덕적
명령의 무조건적 타당성을 부인하며 유동적인 윤리적 내용들 중에서 무
엇을 선택할 기준도 없고 도덕법의 완성을 위한 동기도 없다. 하지만 사랑
은 법이 아니다. 사랑은 실재다. 사랑은—비록 명령 형식으로 표현될지라
도—당위의 문제가 아니라 존재의 문제다. 신율적 도덕들은 영이 창조하
는 사랑의 도덕이다. 이 사실은 타당성과 내용 및 동기라는 세 가지 문제
와 관련되어 있다.

영적 현존은 법을 초월하는 도덕적 명령의 특징을 보여줌으로써 도
덕적 명령의 타당성을 모호하지 않게 보여준다. 영은 인격을 신적 생명의
초월적 일치 속으로 상승시키면서 인격의 소외된 실존을 인격의 본질과
재연합시킨다. 그리고 바로 이 재연합이 도덕법이 명령하는 것이며 도덕

---

41   역주. 마 22:37.

적 명령을 무조건적으로 타당하게 만드는 것이다. 모든 윤리적 내용의 역사적 상대성은 도덕적 명령 자체의 무조건적 타당성과 모순되지 않는다. 왜냐하면 모든 내용이 타당하기 위해서는 인간의 실존적 존재와 본질적 존재의 재연합이 그 내용으로 확인되어야 하기 때문이다. 그 모든 내용은 사랑을 표현해야 한다. 이런 방식으로 칸트가 말한 도덕적 명령의 형식주의를 수용하면서 넘어서게 된다. 사랑은 형식화된 도덕적 명령의 무조건적 특징과 윤리적 내용의 조건적 특징을 연합시킨다. 사랑의 본질은 무조건적이지만 사랑의 실존은 조건적이다. 사랑 자체가 아닌 어떤 도덕적 내용을 무조건적으로 타당한 것으로 격상시키는 일은 사랑과 반대된다. 왜냐하면 사랑의 본성에 따르면, 오직 사랑만이 보편적임을 주장하면서도 개별적인 모든 것에 개방되기 때문이다.

이 대답은 도덕법의 모호성에서 발생하는 두 번째 물음, 곧 도덕법의 내용에 관한 물음을 예견한다. 도덕적 명령의 내용은 구체적 상황에 내포되어 있는 도덕적 요구이며 구체적 상황과 연관된 윤리적 경험에서 도출된 추상적 규범이다. 우리가 앞서 기술했던 법의 모호성은 인간의 결정하는 중심이 요동치게 하는데, 그 요동은 구체적 상황을 결코 아우를 수 없는 일반적 법률들의 목록과 마음을 일반적 법률들로 되돌리게 하는 유일무이한 사례의 수수께끼 사이에서 움직이는 요동이다. 이 요동은 모든 윤리적 판단을 모호하게 하며 윤리적 판단을 위해서 모호하지 않은 기준을 묻는 물음으로 귀결된다. **아가페**라는 의미의 사랑은 모든 윤리적 판단의 모호하지 않은 기준이다. 사랑은 모호하지 않지만, 시간과 공간에서 나타나는 영적 현존의 모든 창조물처럼 단편적으로 남는다. 이 대답에는 사랑이 도덕적 상황 속에서 나타나는 추상적 요소와 구체적 요소의 요동을 극복한다는 사실이 내포되어 있다. 사랑은 상황의 개별적 요구만큼이나 추상적 규범에도 근접해 있지만, 윤리적 문제의 이 두 가지 요소가 사랑과 맺는 관계는 각각 다르다. 추상적 요소, 즉 형식화된 도덕법과의 관계에서 사랑은 지혜를 통해 작용한다. 시대와 (계시적 경험을 포함한) 과거의 윤리적 경험에 따른 지혜는 종교나 철학의 도덕법들로 표현된다. 이 기원은 형식화된 윤리적 규범에 엄청난 의미를 부여하지만, 그 규범들에 무조건적 타당성을 부여하는 것은 아니다. 예언자적 비판의 충격을 받고서 도덕법은 그 의미를 변경하거나 모두 폐지된다. 만약 도덕법이 구체적 상황에서 이루어지는 윤리적 결정을 돕지 못하게 된다면, 그 도덕법은 구태의연하거나—만약 보존된다면—파괴적인 것이 된다. 예전에 그 도덕법이 사랑에 의해서 창조되었을지라도 지금은 사랑과 갈등할 수 있다. 도덕법은 "문자"가 되었으며 영은 그 도덕법을 떠났다.[42]

　구체적 상황은 윤리적 경험의 지속적인 원천이다. 그 자체는—해석적 개념이 동반되지 않은 모든 사실과 마찬가지로—말이 없다. 구체적 상황의 의미를 밝히기 위해서는 윤리적 규범이 필요하다. 하지만 규범은 추상적이며 상황에 도달하지 못한다. 사랑은 구체적 요구가 발생하는 개별적 상황과 연합되어 있기 때문에 오직 사랑만이 상황에 도달할 수 있다. 사랑 자체는 지혜를 사용하지만, 사랑은 사랑의 요소 중 하나인 용기의 힘으로 과거의 지혜를 초월한다. 그것은 개별적인 것을 추상적 규범에 종속시키지 않으면서도 개별적인 것을 판단하는 용기—개별적인 것을 정의롭게 대할 수 있는 용기—다. 용기에는 위기가 내포되어 있으며, 인간은 상황을 잘못 인식하는 위기와 사랑에 맞서 모호하게 행동할 수도 있는 위기를 감내해야 한다. 아마도 그 이유는 인간이 전통적인 윤리적 규범에 저항

42　역주. 고후 3:6.

하며 행동하거나 인간이 자신을 전통적인 윤리적 규범에 종속시키기 때문일 것이다. 인간 안에서 영이 창조한 사랑이 우세해지는 정도에 따라서 구체적 결정은 모호하지 않게 되겠지만, 그 결정은 결코 유한성의 단편적 특징을 피할 수 없다. 도덕적 내용이라는 측면에서 신율적 도덕은 영이 창조하는 사랑에 의해 결정된다. 그 도덕은 영이 창조한 연장자의 지혜의 지지를 받으며 민족들의 도덕법으로 표현된다. 그것은 사랑의 용기를 유일무이한 상황에 적용함으로써 구체화되고 적합해진다.

사랑은 신율적 도덕의 동기화하는 힘이기도 하다. 우리는—비록 그 법이 사랑의 법일지라도—법이 요구하는 순종의 모호성을 보았다. 법으로서의 사랑이 아니라 은혜로서의 사랑은 모호하지 않다. 신학적으로 말하면, 영과 사랑 및 은혜는 동일한 실재의 서로 다른 측면이다. 영은 창조적 힘이고 사랑은 영의 창조물이며 은혜는 사람 안에서 발생한 사랑의 효과적인 현존이다. "은혜"라는 용어는 그 용어가 은혜를 받은 자의 선한 의지로 행한 어떤 행위의 산물이 아니라, 은혜가 그 받은 자가 행한 어떠한 공로도 없이 아무 대가 없이 주어진 것임을 가리킨다. "그럼에도"라는 중요한 용어는 은혜 개념과 분리될 수 없다. 은혜는 율법의 완성을—단편적으로라도—가능하게 하는 영적 현존의 충격이다. 은혜는 율법이 명령하는 것의 실재, 곧 인간의 참된 존재와의 재연합이며 이것은 자신과의, 타자와의, 자기와 타자의 근거인 것과의 재연합을 의미한다. 새로운 존재가 있는 곳에 은혜가 있고 은혜가 있는 곳에 새로운 존재가 있다. 자율적 도덕이나 타율적 도덕에는 궁극적인 도덕적 동기화의 힘이 없다. 오직 사랑이나 영적 현존만이 도덕이 요구하는 것을 줌으로써 동기화할 수 있다.

지금까지의 고찰을 통해서 신율적이지 않은 모든 윤리학을 심판했다. 신율적이지 않은 모든 윤리학은 어쩔 수 없는 법의 윤리학이며 법은 소외를 증가시킨다. 법은 소외를 정복할 수 없으며 그 대신 법 자체에 대한 미움을 낳을 뿐이다. 영적 현존이 없는 많은 형태의 윤리학은 그것들이 동기화의 힘, 구체적 상황에서 이루어지는 선택의 원리, 도덕적 명령의 무조건적 타당성을 보여줄 수 없다는 사실로 심판받는다. 사랑은 그 일을 할 수 있지만, 사랑은 인간의 의지 문제가 아니다. 그것은 영적 현존의 창조물이며 이것이 바로 은혜다.

D. 영적 현존의 치유하는 힘과 생명 일반의 모호성

1. 영적 현존과 생명 일반의 모호성

영(Spirit)에 관한 앞의 모든 논의는 인간 정신(spirit)의 기능, 즉 도덕과 문화 및 종교와 관련되어 있다. 하지만 정신 차원보다 선행하여 출현했던 차원들이 보여주는 생명의 모호성에 대한 묘사는 많은 부분을 차지하고 있으며 또 그 묘사는 정신 차원에서 나타나는 생명의 모호성을 묘사하기 위한 준비 작업이 된다. 이어서 제기되는 물음은 이런 것이다. 영은 인간 정신과 명확한 관계를 맺는 만큼 생명의 이러한 차원들과도 명확한 관계를 맺는가? 영적 현존은 생명 일반과 관계가 있는가?

우리가 제시해야 하는 첫 번째 대답은 생명의 무기적인 차원, 유기적 차원, 자기-깨달음의 차원에는 영적 현존의 직접적 충격이 없다는 것이다. 신적인 영은 인간 정신의 황홀경에서는 나타나지만, 정신 출현의 조건이 되는 것에서는 나타나지 않는다. 영적 현존은 도취시키는 실체 또는 심리학적 흥분을 위한 자극 또는 기적의 물리적 원인이 아니다. 이 사실은 성서를 포함한 종교사에서 나타나는 많은 사례와 관련하여 강조되어야 한다. 성서를 보면 물리적이거나 심리학적인 효과가 신적인 힘이라는 영의 성질로부터 나온다. 예를 들어 사람이 한 장소에서 다른 장소로 "날아서" 옮겨지거나, 건강하지만 도덕으로는 결함 있는 사람을 단지 말로써 죽이거나, 남자의 참여 없이 어머니의 자궁 안에 태아가 생기거나, 배우지도 않고 외국어를 알게 되는 일 등이 있다. 이 모든 효과는 영적 현존에 의해서 발생한 것으로 간주된다. 확실히 이런 이야기들을 문자적으로 받아들이면, 그 이야기들은 신적인 영을 다른 원인들과 같은 원인, 즉 비일상적이긴 하지만 유한한 원인으로 만들어버린다. 이런 관점에서 영은 물리적 문제의 일종이 된다. 영의 영성과 신성은 모두 상실된다. 영성주의 운동에서 영이 일상적인 자연적 실체보다 더 높은 힘과 위엄을 가진 실체 정도로 기술된다면, 이것은 "영"이라는 단어를 남용한 것이다. 우리가 아는 것보다 "더 고등한" 자연적 실체가 있다고 하더라도 그런 실체는 "영"이라는 이름을 받을 자격이 없다. 그 실체는 인간의 영(정신―역자)보다 "더 열등할" 것이며 영적 현존의 직접적 충격을 받지는 않을 것이다. 이것이 영과 생명 일반의 관계 물음에 대한 첫 번째 대답이다.

두 번째 대답은 생명의 다차원적 일치에는 영적 현존이 생명 일반의 모호성에 끼친 간접적이고 제한적인 영향력이 내포되어 있다는 것이다. 생명의 모든 차원이 각 차원에 잠재적으로나 현실적으로 현존해 있다는 전제가 사실이라면, 한 차원이 우세한 상태에서 일어나는 일들에는 다른 차원들에 일어나는 일들이 내포되어 있어야만 한다. 이 말은 영적 현존이 인간의 정신과 정신의 세 가지 기본적 기능에 끼친 충격에 관해서 우리가 앞서 말했던 모든 것에는 모든 차원에서 일어나는 변화가 내포되어 있는데, 그 차원들은 인간의 존재를 구성하고 있으며, 인간 안에서 정신이 출현하는 조건이 된다는 것을 의미한다. 예를 들어, 신율적 도덕의 창조물에 끼친 영적 현존의 충격에는 심리학적 자기와 그 자기의 자기-통합에 끼친 효과가 내포되어 있으며 이 사실에는 생물학적 자기-통합과 그 통합이 발생하는 물리학적이고 화학적인 과정에 끼친 효과가 내포되어 있다. 하지만 이러한 함의가 원인과 결과의 연쇄, 인간 정신에 끼친 영적 현존의 충격으로 시작해서 인간 정신을 통해 다른 모든 영역에서 변화를 일으키는 연쇄라고 오해해서는 안 된다. 생명의 다차원적 일치는 영적 현존이 인간 정신에 끼친 충격은 **동시에** 인간을 구성하는 **프쉬케**(영혼)와 세포 및 물리적 요소에 끼친 충격이기도 함을 의미한다. 그리고 "충격"이라는 용어가 어쩔 수 없이 원인의 이미지를 사용하고 있지만, 그것은 범주적 의미의 원인이 아니라 충격의 대상에 참여하는 현존을 의미한다. 인간의 언어가 상징적 방식으로 인과율을 사용할 수밖에 없을지라도 모든 측면에서 나타나는 신적 창조성처럼 충격이라는 용어는 인과율의 범주를 초월한다. 영적 현존의 "충격"이 범주적 의미의 원인이 아니듯이 그 충격은 생명의 모든 차원에서 원인으로 연쇄 작용을 일으키는 것이 아니다. 그 충격은 모든 차원에 한 가지, 동일한 현존으로 "현존해" 있다. 하지만 이 현존은 정신의 차원이 등장한 그 존재자들로 제한되지 않는다. 이 현존은 질적으로는 모든 영역에 연관되어 있지만, 양적으로는 정신을 현실화하는 존재자인 인간에게 제한된다.

만약 우리가 이러한 제한 사항을 명심하고서 자기-통합, 자기-창조, 자기-초월의 과정을 바라본다면, 우리는 그 과정들의 모호성이 신적인 영에 의해서 완전하고 보편적으로 정복될 수 없는 이유를 이해하게 될 것이다. 영은 정신을 사로잡으며 단지 간접적이고 제한된 방식으로 **프쉬케**(영혼)와 **퓌시스**(몸)를 사로잡을 뿐이다.[43] 우주는 아직 변형되지 않았다. 우주는 변형을 "기다리고" 있다.[44] 그렇지만 영은 정신의 차원에서 현실적으로 변형한다. 인간은 새로운 존재의 "첫 열매"다.[45] 우주는 인간을 따를 것이다. 영에 관한 교리는 영원한 완성으로서의 하나님 나라 교리로 귀결된다.

하지만 하나님 나라의 보편성을 영적 현존의 제한적 충격과 연합하는 기능―치유의 기능―도 있다. 생명의 모든 차원은 그 기능에 관여되어 있다. 그 기능은 모든 영역에서 수행되는 행위에 의해서 산출되는데 그 영역들에는 정신의 차원에 의해 결정되는 영역도 포함된다. 그 기능은 영적 현존의 효과이며 영원한 완성의 예견이다. 그러므로 그 기능에는 특별한 고찰이 필요하다. 구원은 치유를 의미하며 치유는 구원을 위한 사역에 포함된 요소다.

2. 치유, 구원, 영적 현존

모든 차원에서 이루어지는 생명의 과정은 자기-정체성과 자기-변형을 연합한다. 양극 중 하나가 우세해져서 생명의 균형이 방해받으면 해체가 발생한다. 이 방해의 이름이 질병이며 질병의 최종적 결과는 죽음이다. 유기적 과정 속에 있는 치유력은―그 치유력이 유기물의 내부에 있던 것이든 아니면 외부에서 발원한 것이든―양극 중 하나가 우세한 상황을 깨뜨리고자 하며 다른 극의 영향력을 활성화한다. 치유력은 중심을 가진 생명

---

43 역주. spirit(영)과 Geist(독)에 해당하는 그리스어는 **프뉴마**다.

44 역주. 자연의 구원에 관해서 시 19:2-5; 롬 8:19-22; 계 21:1, 22:1-2을 본문으로 한 Tillich의 다음 설교를 참조하라. Paul Tillich, "Nature, Also, Mourns for a Lost Good," *The Shaking of the Foundations* (Harmondsworth, Middlesex : Penguin Books, 1962), 82-92.

45 역주. 고전 15:20.

의 자기-통합과 건강을 위해서 일한다. 병은 생명의 모든 차원에서 일어나는 중심성의 파괴이기 때문에 건강과 치유를 향한 충동도 모든 차원에서 일어나야 한다. 질병으로 귀결되는 많은 해체 과정이 있으며 치유하고 재통합하고자 하는 많은 방식과 많은 종류의 치유자들이 있다. 그 치유자들은 서로 다른 해체 과정들과 서로 다른 치유 방식들에 대응한다. 이 맥락에서 제기되는 물음은 이런 것이다. 영적 치유라는 것이 있는가? 만약 있다면, 그것은 다른 치유 방식과 무슨 관계가 있으며 더 나아가 종교 언어로 "구원"이라 불리는 그런 종류의 치유와 무슨 관계가 있는가?

생명의 다차원적 일치는 건강, 질병, 치유의 영역에서 가장 두드러진다. 이 현상들은 각각 다차원적 일치와 관련하여 묘사되어야 한다. 생명의 모든 차원은 각 차원들에 포함되어 있다. 건강과 질병은 인격 전체의 상태다. 현대의 기술적 용어의 불완전한 의미를 따르자면, 그것들은 "심신일원론적"이다. 치유는 인격 전체에 맞추어져야 한다. 하지만 실재의 참된 모습을 제시하기 위해서는 그 진술에 대한 과감한 규명이 필요하다. 인간을 구성하는 서로 다른 차원들은 연합되어 있을 뿐만 아니라 구별되어 있기도 하고 영향을 받을 수도 있으며 상대적 독립성에 따라 반작용할 수도 있다. 확실히 서로 다른 차원들이 가진 역동성에는 절대적인 독립성도 없고 절대적인 의존성도 없다. 비록 몸의 작은 부분에 난 상처가 그 사람 전체를 아프게 하는 것은 아니며 (예를 들어 수술과 같이) 그 치유가 제한적일 수도 있지만, (예를 들어 상처 난 손가락처럼) 몸의 작은 부분에 난 상처가 인격 전체의 생물학적이고 심리학적인 역동성에 어떤 충격을 주기도 한다. 통일성이나 독립성이 우세한 정도에 따라서 가장 적합한 치유 방법이 결정된다. 무엇보다도 얼마나 많은 종류의 치유 방법이 사용되어야 하는지와 (예를 들어 신경증적 강박 같은) 어떤 제한적인 질병은 치유하려는 시도에 종속되지 않는 것이 인격 전체의 건강에 더 좋지 않은지 등은 그 정도에 따라서 결정된다. 이것은 생명의 서로 다른 차원들에서 이루어지는 치유와 영적 현존의 치유하는 힘을 고려하지 않는 치유와 연관되어 있다. 그것은 건강, 질병, 치유를 결정하는 요인들의 상호의존성과 독립성이 다양하게 혼합되어 있음을 보여준다. 그것은 한쪽으로 치우친 치유법이 강하게 거부되어야 함과 다면적 또는 전면적 접근법조차도 어떤 사례들에서는 부적합함을 보여준다. 예를 들어, 화학적 치유법과 심리학적 치유법 중 어느 한 가지 방법만 배타적으로 타당하다고 주장될 경우 그 둘 사이의 갈등은 불가피해진다. 때로는 두 가지 방법이 함께 사용되어야 한다. 때로는 한 가지만이 더 선호된다. 하지만 서로 다른 방법들의 관계에 관한 물음이, 예를 들어 화학적 약이 더 좋은지 아니면 심리 치료가 더 좋은지 등의 물음이 교리적 편견 없이 모든 사례에서 제기되어야 한다.

만약 지금 우리가 이런 서로 다른 접근법들이 영적 현존의 충격을 받아 이루어지는 치유와 무슨 관계가 있는지 묻는다면, 그 대답으로 매우 모호한 개념, 즉 신앙 치유라는 개념이 제시될 수 있다. 신앙은 영의 첫 번째 창조물이기 때문에 "신앙 치유"라는 용어는 영적 현존의 충격으로 이루어지는 치유를 의미할 수 있을 것이다. 하지만 이것은 옳지 않다. "신앙 치유"라는 용어가 현재 심리학적 현상에 사용되고 있는데 그것은 "마술 치유"라는 용어를 의미한다. 신앙-치유 운동이나 개별적인 신앙 치유자에게서 신앙이란 정신 집중과 자기 암시 행위를 의미하는데, 반드시 그런 것은 아닐지라도 보통은 다른 사람이나 집단의 행위에 의해 산출되는 것을 의미한다. 궁극적 관심에 사로잡힌 상태, 더 정확히 말하자면 영적 현존에 사로잡힌 상태인 올바른 종교적 신앙 개념은 신앙 치유자가 "신앙"이라고 부르는 자기 암시적인 정신 집중과는 아무 관계도 없다. 어떤 의미에서 신앙은 정반대의 일이다. 종교적인 신앙 개념은 신앙의 수용적인 특징, 영에 의해 사로잡힌 상태를 제시하는 반면, 신앙 치유자의 신앙 개념은 강력한 정신 집중과 자기-결정 행위를 강조하기 때문이다.

우리가 신앙 치유를 "마술"이라 부른다고 해서 경멸적인 용어를 사용하고자 하는 것은 아니다. 신앙 치유는 아주 성공적일 수 있으며 성공적이기도 했다. 마술적 요소가 전혀 없는 그런 치유는 아마도 거의 없을 것이다. 왜냐하면 마술은 정신적 의사소통이나 물리적 촉발을 통해서 작용하지는 않지만 물리적이거나 정신적인 효과가 있고 한 사람이 다른 사람에게 끼치는 충격이라고 정의되어야 하기 때문이다. 정치선동가, 교사, 설교자, 상담사, 의사, 연인, 친구는 인지하고 숙고하는 중심에 끼치는 충격과 마술적 영향력으로 전 존재에 끼치는 충격을 결합할 수 있으며, 숙고하고 결정하고 책임지는 자기를 무시함으로써 위험한 결과가 나오게 되는 정도까지 후자의 충격은 전자의 충격을 억누를 수 있다. 모든 의사소통은 단지 지성적이기만 할지도 모르며 어떤 사람이 다른 사람에게 끼치는 모든 영향은 마술적 요소는 없이 물리적 원인이나 논증의 문제일지도 모른다. 신앙 치유가 그 두드러진 형식이 되는 마술 치유는 많은 치유 형식 중 하나다. 신앙 치유는 영적 현존의 이름으로 모호하지 않게 수용될 수도 없으며 모호하지 않게 거부될 수도 없다. 하지만 이와 관련하여 세 가지를 언급해야 한다. 첫째, 신앙 치유는 신앙을 통한 치유가 아니라 마술적 정신 집중에 의한 치유다. 둘째, 신앙 치유에 창조적 가능성뿐만 아니라 파괴적 가능성도 있을지라도, 신앙 치유는 많은 인간적 만남 속에 있는 요소로서 정당화된다. 셋째, (어떤 신앙-치유 운동과 개인들처럼) 신앙 치유가 원칙적으로 다른 치유 방식을 배제한다면 신앙 치유는 매우 파괴적인 것이 될 것이다.

특정한 집단과 모임뿐만 아니라 기독교회에도 신앙 치유가 있다. 집중적이고 반복적인 기도는 주요한 도구인데 심리학적 지원을 위해서 성례의 실행이 그 도구에 추가되기도 한다. 건강을 위한 기도와 중보기도는 인간과 하나님 사이의 규범적인 상호 교류에 속하기 때문에 영에 의해 결정되는 기도와 마술적 기도 사이에 예리한 경계선을 긋는 것은 어려운 일이다. 일반적으로 우리는 다음과 같이 말할 수 있다. 영에 의해 결정되는 기도는 자신과 다른 사람의 건강에 대한 자신의 관심이 포함된 자신의 인격적 중심을 하나님 앞으로 이끌어가고자 하며 그 기도의 표면적 내용이 이루어지든지 이루어지지 않든지 그 기도가 신적으로 수용되었음을 흔쾌히 수용한다. 반대로 욕망하는 목적에만 마술적으로 집중하면서 하나님을 목적 실현을 위해 이용하는 기도는 이루어지지 않은 기도를 수용된 기도로 받아들이지 않는다. 그 이유는 마술적 기도의 궁극적 목적은 하나님 혹은 하나님과의 재연합이 아니라 기도의 내용, 예를 들어 건강이기 때문이다. 신앙으로 행해지는 건강을 위한 기도는 신앙 치유의 시도가 아니라 영적 현존에 사로잡힌 상태의 표현이다.

이제 다른 치유 방식들을 새로운 존재의 실재와 새로운 존재의 치유적 의의와 연결할 수 있다. 조직신학 제4부에서 이루어진 이전의 모든 고찰에서 도출되는 기본적 진술은 인격적 중심의 통합이 인격적 중심을 상징적으로 신적 중심이라고 불리는 것으로 상승시킴으로써만 가능하다는 것과 이것은 신적 힘의 충격, 곧 영적 현존을 통해서만 가능하다는 것이다. 이런 점에서 건강과 구원은 동일한데 그 둘은 인간을 신적 생명의 초월적 일치로 상승시키는 것이다. 이 경험에서 작동하는 인간의 수용 기능은 신앙이고 현실화 기능은 사랑이다. 궁극적 의미의 건강, 곧 구원과 일치하는 건강은 신앙과 사랑이 있는 생명이다. 건강이 영적 현존에 의해서 창조되는 한 모호하지 않은 생명의 건강에 도달한다. 그리고 건강은 모호하지 않음에도 불구하고 전체적이지 않고 단편적이며 생명의 모든 차원에서 건강은 생명의 모호성에 빠져들 수도 있다.

이제 물음은 영에 의해서 창조된, 단편적임에도 모호하지 않은 이 건강이 다른 차원들에서 이루어지는 치유 활동과 무슨 관계가 있는가라는 것이다. 첫 번째 대답은 양쪽에서 나오는 부정적인 대답이다. 영적 현존의 치유하는 충격은 생명의 다른 차원들에서 이루어지는 치유 방식들을 대체하지 않는다. 그리고 반대로 이런 치유 방식들도 영적 현존의 치유하는 충격을 대체할 수 없다. 첫 번째 진술은 신앙 치유자의 잘못된 주장을 거부할 뿐만 아니라 개별적인 죄나 죄악된 삶에서 직접적으로 질병을 도출해내는 훨씬 더 진지하지만 매우 대중적인 오류 또한 거부하고 있다. 그런 오류는 엄격한 자들에게서 절망하는 양심과 바리새인적이지 않은 자들에게서 바리새인적인 자기-의를 낳게 된다. 죄악된 행위나 행동과 개별적 질병 사건 사이에는 종종 단순한 인과관계가 있기도 하다. 하지만 그럴 때에도 치유는 용서의 문제이면서 의학적·심리학적 치료의 문제이기도 하다. 죄악된 상황 자체는 책임 있는 자기의 문제인 동시에 인격을 구성하는 모든 차원의 모호성이 포함된 운명의 문제이기도 하다. 질병이 발생하는 서로 다른 차원들에는 각 차원들의 상대적 독립성과 영적 충격이 인격에 끼치는 상대적 독립성이 있으며 그 차원들은 비교적 독립적인 치유 방식을 요구한다. 하지만 우리 물음에 대한 다른 대답도 동일하게 중요하다. 그 대답은 다른 치유 방식들이 영의 치유하는 힘을 대체할 수 없다는 것이다. 의료적 기능과 제사장적 기능이 완벽하게 분리되어 있던 시대에는 이것이 심각한 문제가 아니었다. 특히 의료적 치유가 독립하고자 하는 어떤 심리 치료의 열망에 반대하면서 절대적인 타당성을 주장했을 때, 이것은 심각한 문제가 아니었다. 이런 상황에 구원은 치유와 아무런 관련이 없다. 구원은 미래에 맞이할 지옥으로부터의 구원이었으며 의료는 구원을 점차 제사장에게 맡겼다. 하지만 정신적 질병이 마성적 귀신들림에서 또는 반대로 물리적으로 관찰 가능한 원인에서 유도되기를 중단했을 때, 상황이 변했다. 심리 치료가 독립적인 치유 방법으로 발전하면서 의학의 방향과 종교의 방향에서 문제가 발생했다. 오늘날 (모든 심리 치료 학파가 포함된) 심리 치료는 자주 의학적 치유와 영적 현존의 치유적 기능을 모두 제거하고자 한다. 의학적 치유는 보통 이론의 문제이기보다는 실천의 문제이며 영적 현존의 치유적 기능은 대부분 원리의 문제다. 예를 들어 심리분석가는 자신이 인간의 실존적 상황의 부정성―불안, 죄책, 절망, 공허 등―을 극복할 수 있다고 주장한다. 하지만 자신의 주장을 지지하고자 심리분석가는 인간이 자신으로부터의 소외되어 있음 및 인간이 자신과 초월적으로 일치할 수 있는 가능성을 부인해야만 한다. 즉 그는 인간과 실재가 수직적 방향에서 만날 수 있음을 부인해야만 한다. 만약 그가 자신 안에 있는 무조건적 관심을 깨닫고 있다는 이유로 수직적 만남을 부인하고 싶어 하지 않는다면, 그는 실존적 소외의 물음을 수용해야 한다. 예를 들어 그는 영적 현존이 창조하는 용기에 의해서 정복될 수 있는 실존적 불안과 아마도 의학적 치유 방법과 결합된 분석에 의해서 정복될 수 있는 신경증적 불안을 구별하기 원해야 한다. 이러한 구조에 대한 통찰은 몇 가지 치유 방식의 대표자들에게서 수용되고 있는 것 같다. 여하튼 "학파들의 갈등"은 실천적 근거뿐만 아니라 이론적 토대도 상실했다. 생명의 차원들이 서로 갈등하지 않는 것처럼 치유 방법들도 서로 방해할 필요가 없다. 생명의 다차원적 일치와 상관관계를 이루는 것은 치유의 다차원적 일치다. 비록 어떤 개인이 한 가지 이상의 방법을 사용한다고 하더라도 그가 모든 치유 방법을 권위 있게 실행할 수 있는 것은 아니다. 하지만 한 사람 안에서 서로 다른 기능들의 연합, 예를 들어, 제사장적 기능과 의학적 기능의 연합이 있을지라도 그 기능들은 구별되어야 하고 서로 혼동되어서도 안 되며 어느 하나가 다른 것에 의해 배제되어서도 안 된다.

모든 형식의 치유는 단편적이다. 질병의 현현은 건강의 현현과 지속적으로 갈등한다. 그리고 한 영역에서의 질병이 다른 영역에서의 건강을 고양하는 일과 한 차원에서 우세한 건강이 다른 차원의 질병을 증가시키는 일(예를 들어, 신경증적 징후를 가진 건강한 운동선수 또는 실존적 절망을 숨기는 건강한 활동가)이 종종 발생한다. 영의 치유하는 힘조차도 이 상황을 변화시킬 수 없다. 실존의 조건에서 그 힘은 단편적으로 남아 있으며 그리스도의 십자가가 상징하는 "그럼에도"의 영향을 받는다. 어떤 치유도, 심지어 영적 현존의 충격으로 수행되는 치유도 개인을 죽음의 필연성에서 해방시킬 수 없다. 그러므로 치유에 관한 물음이면서 구원에 관한 물음을 의미하기도 한 물음은 개인의 치유를 넘어 역사를 통한 치유와 역사를 넘어서는 치유로 나아간다. 그 물음은 우리를 하나님 나라로 상징되는 영원한 생명 물음으로 인도한다. 보편적 치유만이 완전한 치유, 즉 모호성과 단편성을 초월한 구원이다.

Ⅳ. 삼위일체적 상징들

A. 삼위일체적 상징 체계의 동기들

영적 현존은 한정된 측면에서 이루어진 하나님의 현존이다. 영적 현존이 창조의 상징과 구원의 상징을 전제하고 있으며 완성한다고 할지라도, 영적 현존은 창조의 상징으로 표현된 측면도 아니며 구원의 상징으로 표현된 측면도 아니다. 그것은 인간 정신에 황홀경적으로 현존해 있는 측면이며 정신의 차원을 구축하는 모든 것에 암묵적으로 현존해 있는 하나님의 측면이다. 이러한 측면들은 신적인 것의 본성에 실재하는 것을 종교적 경험과 신학적 전통을 위해 반영한 것이다. 그것들은 동일한 것을 바라보는 다른 주관적인 방법이 아니다. 인간 경험에 있는 주관적 측면이 많은 영향을 끼친다고 해도 그 측면들은 **푼다멘툼 인 레**(*fundamentum in re*), 곧 **실재 안에 토대**를 가진다. 이런 의미에서 우리는 다음과 같이 말할 수 있다. 삼위일체적 상징은 만들어져야 했고 정식화되어야 했으며 옹호되어야 했던 종교적 발견이다. 그렇다면 우리는 이렇게 묻는다. 무엇이 그런 상징을 발견하도록 이끌었는가? 우리는 종교 경험의 역사에서 삼위일체적 사고로 이끌었던 최소한 세 가지 요인을 구별할 수 있다. 첫 번째는 우리의 궁극적 관심에 있는 절대적 요소와 구체적 요소의 긴장이고, 두 번째는 생명 개념을 존재의 신적 근거에 상징적으로 적용함이며, 세 번째는 하나님이 창조적 힘, 구원하는 사랑, 황홀경적 변형이라는 세 가지로 현현함이다. 세 가지 중 마지막 것으로 인해 아버지, 아들, 영이라는 상징적 이름이 제안된다. 하지만 삼위일체적 사유에서 앞의 두 가지 이유가 없으면 마지막 요소는 조잡한 신화가 되어버릴 것이다. 우리는 신 관념의 발전을 묘사하고 생명의 상징을 하나님에게 적용하는 것을 논의하면서 앞의 두 가지 요소를 다루었다. 첫 번째 고찰에서 우리는 우리의 궁극적 관심의 궁극성이 더 많이 강조될수록 신적인 것의 구체적 현현에 대한 종교적 필요가 더 많아질 것이고 신 관념에 있는 절대적 요소와 구체적 요소 사이의 긴장으로 인해서 하나님과 인간 사이에 신적 인물들을 두게 된다는 것을 알게 되었다. 이러한 인물들과 궁극적인 것의 궁극성 사이에서 일어나는 갈등으로 인해 많은 종교에서 삼위일체적 상징 체계를 갖추게 되었으며 그 갈등은 초기 교회의 삼위일체론 논의에도 영향을 주었다. 삼신론에 빠지는 위험과 이 위험을 피하려는 시도는 궁극적인 것과 구체적인 것 사이의 내적 긴장에 뿌리를 두고 있었다.

삼위일체적 상징 체계의 두 번째 요인은 "생명으로서의 하나님"이라는 제목으로 논의되었다. 그 요인은 만약 하나님이 죽어버린 정체성이 아니라 살아 있는 하나님으로 경험된다면, 비존재의 요소는 그의 존재 안에서 발견되어야 한다는, 즉 타자성이 확립되어야 한다는 통찰로 귀결되었다. 그렇다면 신적 생명은 영원한 "과정"을 통한 타자성과 동일성의 재연합이 될 것이다. 우리는 이러한 고찰을 통해서—삼위일체적 사유를 의미 있게 하는 삼위일체 이전의(pretrinitarian) 정식들인—근거로서의 하나님, 형식으로서의 하나님, 행위로서의 하나님을 구별하게 되었다. 하나님에 관해 어떤 것을 진술하는 모든 상징들이 그러하듯이 확실히 삼위일체적 상징도 신적 신비를 표현한다. **유일한**(the) 존재의 신비인 이 신비는 접근 불가능한 것, 즉 침투할 수 없는 것으로 남아 있다. 그 신비는 신적인 것의 신성과 동일하다. 생명의 삼위일체적 구조를 보면서도 (기본적으로 생명의 철학이라는 사상을 가진) 독일 고전철학자들이 인지적 **휘브리스**에 맞서 신적 신비를 보호하지 않았다는 사실은 그들의 실수였다. 하지만 신적인 존재의 근거의 영원한 과정을 기술하기 위해서 생명의 변증법을 사용했을 때 그들(과 대부분의 고전 신학자들)은 옳았다. (우리의 논쟁점이 된) 삼위일체 교리는 비합리적이지도 않고 역설적이지도 않으며 오히려 변증법적이다. 비합리적이라는 말이 이성과 모순됨을 의미한다면 신적인 어느 것도 비합리적이지 않다. 왜냐하면 이성은 신적인 로고스의 유한한 현현이기 때문이다. 본질에서 실존으로의 이행, 즉 자기-소외의 행위만이 비합리적이다. 삼위일체 교리는 역설적이지도 않다. 하나님과 인간의 관계에는 오직 한 가지 역설만이 있는데 그 역설은 실존적 분리라는 조건에서 하나님과 인간의 영원하고 본질적인 일치가 출현했다는 것이다. 요한복음의 언어로 하자면, 로고스가 육신이 된 것, 즉 로고스가 시간과 공간 속 역사적 실존에 들어온 것이다. 기독교의 다른 모든 역설적 진술은 이 역설의 변형과 적용이다. 예를 들어 은혜만으로 이루어지는 칭의에 관한 교리나 우주의 고난에 하나님이 참여한다는 교리 등이 있다. 하지만 삼위일체적 상징은 변증법적이다. 그 상징은 생명의 변증법을, 즉 분열과 재연합으로 이루어지는 운동을 반영한다. 셋이 하나이고 하나가 셋이라는 진술은 삼위일체의 신비에 대한 가장 나쁜 왜곡이었다. (그리고 많은 곳에서 여전히 그렇다.) 만약 이것이 숫자의 동일성을 의미한다면, 그것은 속임수이거나 허튼소리일 뿐이다. 만약 그 진술이 실재의 과정을 묘사한 것이라면, 그것은 전혀 역설적이거나 비합리적이지 않으며 모든 생명 과정의 정확한 묘사다. 그리고 삼위일체 교리에서 그 진술은 상징적 용어로 신적 생명에 적용된다.

하지만 이 모든 것은 기독교 신학에서 발전된 삼위일체 교리로 가는 예비 단계다. 그 교리의 동기는 삼위일체적 사유의 세 번째 기본 요인, 즉 그리스도로서의 예수의 출현에서 신적인 존재의 근거가 현현했다는 것이다. 역사적 예수가 그리스도라는 진술과 함께 삼위일체론 문제는 그리스도론 문제의 일부, 곧 우선적이면서 기본적인 일부가 되었는데, 니케아 공의회의 삼위일체론 결정이 칼케돈 공의회의 명확한 기독론 결정보다 선행했다는 사실이 그것을 보여준다. 이러한 연쇄 관계는 논리적이지만, 동기화라는 측면에 따르자면 그 연쇄 관계가 역전된다. 기독론적 문제 때문에 삼위일체론적 문제가 발생한다.

이런 요인 때문에 기독교의 기독론적 주장을 논의한 이후 삼위일체적 상징 체계를 논의하는 것이 조직신학적 맥락에서 적합하지만, 그리스도론은 성령론(영에 관한 교리)이 없으면 완벽할 수 없다. 왜냐하면 "그리스도는 영"이며 역사에서 나타난 새로운 존재의 현실화는 영의 사역이기 때문이다. 슐라이어마허가 삼위일체 교리를 조직신학의 제일 마지막에 두었을 때 그것은 신학적 교리를 실존적으로 해석하기 위한 중요한 발걸음이 되었다.[1] 확실히 그리스도적 의식으로부터 신적 인과율에 이르는 그의

---

1   역주. Schleiermacher는 『기독교신앙』 제1판에서는 "삼위일체론"에 별도의 장을 할애하지 않았으나 완전히 개정된 제2판에서는 "삼위일체론"을 결론부에 위치시켰다. 제1판은 Schleiermacher, 『기독교신앙』, 최신한 옮김(파주: 한길사, 2006), 제2판은 *Christian*

조직의 기초, 즉 그리스도적 의식은 너무 허약해서 조직이라는 짐을 부담할 수 없었다. 조직의 기초는 기독교적 의식이 아니라 계시적 상황이다. 기독교적 의식은 계시적 상황의 수용하는 측면일 뿐이며 그 측면은 종교적 지식과 신학적 반성의 원천이 된다. 삼위일체적 상징은 그 원천에 포함되어 있다. 하지만 신앙을 신앙의 신적 원인과 연관시키는 서로 다른 방식들에서 이런 상징을 도출했을 때, 슐라이어마허는 옳았다. 바르트는 자신의 서설(Prolegomena)을 후기(Postlegomena), 즉 삼위일체론으로 시작했다는 점이 그의 실수였다.[2] 다음과 같이 말할 수 있을 것이다. 바르트의 조직신학에서 이 교리는 하늘에서, 곧 성서와 교회의 직접적인 권위를 보증하는 하늘에서 떨어진 것이다.

모든 신학적 상징이 그렇듯이 삼위일체적 상징 체계도 인간의 곤경에 내포되어 있는 물음에 대한 대답으로 이해되어야 한다. 그 상징 체계는 가장 포괄적인 대답이며 교회의 예배 행위에서 그 상징 체계에 정당한 위엄이 부여되었다. 실존적 물음이 제기되는 인간 곤경의 특징은 피조물로서의 인간의 본질적 존재와 관련된 유한성, 시간과 공간 속에 있는 인간의 실존적 존재와 관련된 소외, 인간이 보편적 생명에 참여하는 것과 관련된 모호성이라는 세 가지 개념으로 규정되어야 한다. 인간의 유한성에서 제기되는 물음은 하나님 교리와 그 교리에서 사용된 상징으로 대답된다. 인

Faith(London: Blumsbury, 2016)를 참조하라.

2   역주. Barth는 『교회교의학』의 서설인 I/1권 제2장 "하나님의 계시"에서 "교의학은…교의학의 문제들을 성서로부터 이외에 다른 곳으로부터 제시되지 않도록 시도해야 한다"고 주장한다(Karl Barth, 『교회교의학 I/1』, 박순경 옮김(서울: 대한기독교서회, 2003), 383). 그리고 그는 삼위일체론을 교의학을 지배하는 자리에 위치시킨다. "삼위일체론의 내용이 전 교의학을 위하여 결정적으로 또 지배적으로 되어야 한다는 것이 우리의 관심사다.…우리가 스스로를 계시하는 하나님이 누구인가?라고 물을 때 성서는 우리에게 이렇게, 즉 우리는 하나님의 삼위일체성을 숙고하도록 요청되어 있다고 대답한다"(같은 책, 393-94).

간의 소외에서 제기되는 물음은 그리스도 교리와 그 교리에 적용된 상징으로 대답된다. 생명의 모호성에서 제기되는 물음은 영 교리와 그 상징으로 대답된다. 이 각각의 대답들은 상징을 통해서 궁극적 관심의 문제인 것을 표현하는데, 그 상징은 개별적인 계시적 상황에서 나온 것이다. 그 대답의 진리 여부는 그 대답이 모든 방향으로 궁극적인 것의 궁극성을 표현할 수 있는 힘을 가지고 있는가에 달려 있다. 삼위일체 교리의 역사는 이 힘을 위태롭게 하는 정식화에 맞서온 지속적인 투쟁이었다.

우리는 삼위일체적 사고에 영향을 주는 몇 가지 동기들을 언급했다. 그 모든 동기는 계시적 경험에 근거하고 있다. 일신론을 향한 길과 이에 상응하여 매개하는 인물의 부상은 영적 현존의 충격으로 나타났다. 모든 존재자에게서 나타나는 존재의 창조적 근거 경험과 그리스도로서의 예수 경험 및 모호하지 않은 생명을 향한 인간 정신의 황홀경적 상승이 영적 현존의 사역이듯, 죽어버린 동일성이 아닌 "살아 있는 하나님"으로서의 하나님 경험도 영적 현존의 사역이다. 반대로 삼위일체 교리는 철학적 개념을 사용하고 신학적 합리성의 일반적 규칙을 따르는 신학 사유의 작품이다. 삼위일체적 "사변" 같은 그런 것은 없다. (여기서 "사변"은 개념적 환상을 의미한다.) 모든 삼위일체 사상의 실체는 계시적 경험을 통해서 주어지며 그 형식에는 합리성이 있다. 로고스의 작품인 모든 신학은 그 합리성을 공통적으로 갖고 있어야만 한다.

B. 삼위일체 교의

복잡한 삼위일체론 논쟁을 탐구하는 것은 이 조직신학의 틀 안에서는 불가능하다. 단지 우리의 방법론적 과정에 따라 몇 가지 언급만을 할 수 있을 뿐이다. 첫 번째는 리츨 학파, 무엇보다도 하르나크와 루프스(Loofs)의 교리사가 제시한 삼위일체 교의 해석과 관련 있다. 내가 보기에 자유주의를 반대하는 현대 신학계의 서로 다른 학파들에서 이 신학에 가하고 있는 비판은 결코 리츨 학파의 기본적 통찰을 무너뜨리지 못했다. 하르나크와 루프스는 교회가 니케아 공의회에서 했던 근본적인 결정의 위대함과 그 결정에서 사용된 개념적 형식 때문에 기독교 신학이 빠지게 된 교착 상태를 모두 보여주었다. 이런 통찰이 가진 해방하는 영향력은 자유주의에 반대하는 현대 신학의 집단들에서도 여전히 느껴지며, 개신교에서 절대로 상실되면 안 된다. 하르나크의 작품이 가진 한계는 그의 역사적 관점에, 즉 고전 그리스에 대한 그의 잘못된 재현과 더 나아가 헬레니즘 사상에 대한 그의 잘못된 재현에 있다. 그는 그것들이 "지성주의적"이라고 간주했다. 이로 인해 그는 초기 기독교 신학 대부분을 거부하게 되었는데, 그는 그 신학을 헬레니즘적 태도가 복음 선포와 교회 생활에 침투한 것으로 생각했다. 하지만 그리스 사상은 영원한 것에 대한 실존적인 관심을 가지고 있었으며 영원한 것 안에서 영원한 진리와 영원한 생명을 찾고자 했다. 헬레니즘은 오직 이런 범주를 통해서만 기독교 메시지를 받아들일 수 있었다. 마치 디아스포라 유대인의 마음이 바울이 사용했던 범주와 유사한 범주로 기독교 메시지를 받아들일 수 있었던 것과 첫 번째 제자들이 동시대의 종말론 운동에서 사용된 범주로만 기독교 메시지를 받아들일 수 있었던 것과 마찬가지다. 이런 사실들에 비추어 이렇게 말할 수 있을 것이다. 신학이 그런 범주를 사용했다는 이유로 신학을 거부하는 것은 잘못된 일이듯이 미래의 모든 신학이 이런 범주들을 사용하도록 강압하는 것 또한 잘못된 일이다.

초기 교회가 가르쳤던 삼위일체 교의에 대한 하르나크의 비판은 이런 범주를 사용하도록 강압하는 것이 잘못된 일임을 충분히 알려준다. 공의회(synod)의 정식화된 결정들이 의문스러울지라도 그의 비판에는 그 결정들이 성취한 것에 대한 긍정적 가치 평가가 결여되어 있다. 물론 이것은 그리스 사상의 존재론적 범주를 근대 사상, 특히 칸트 사상의 도덕적 범주로 대체하려 했던 리츨 학파의 시도와 관련 있다. 하지만 이후 전개된 신칸트 학파가 증명하듯이 존재론적 범주는 명시적이지 않았을 수 있어도 암묵적으로라도 항상 사용되어왔다! 그러므로 우리는 긍정적이거나 부정적인 편견 없이 초기 교회의 "삼위일체 교의는 무엇을 성취했고 무엇을 성취하지 못했는가?"라는 물음에 접근해야 한다.

만약 우리의 궁극적 관심을 불러일으키는 것의 이름이 하나님이라면 배타적 유일신론의 원리가 다음과 같이 확립될 것이다. 하나님 이외에 다른 신은 없다! 하지만 삼위일체적 상징 체계에는 신적 모습들의 다원성이 포함되어 있다. 이로 인해 이 신적 모습 중 어떤 것들에 감소된 신성을 부여하든지 아니면 배타적 유일신론 및 이것과 함께 궁극적 관심의 궁극성을 버리든지 등의 대안이 제시된다. 궁극적 관심의 궁극성은 반쯤만 궁극적인 관심들로 대체되고 유일신론은 그러한 유일신론을 표현하는 유사-신적인 힘으로 대체된다. 바로 이런 상황 때문에 그리스도의 신성은 예전적(liturgical) 헌신 행위에 남지 않고 신학적 해석의 문제가 되었다. 이 문제는 불가피했다. 왜냐하면 그리스인의 마음으로 그리스도의 메시지를 수용해야 했을 뿐만 아니라 인간이 종교적 헌신의 내용을 다룰 때 자신의 인지적 기능을 억압할 수 없었기 때문이다. 그 문제를 로고스 교설의 도움을 받아 풀고자 했던 초기 그리스 신학의 위대한 시도는 이후에 이루어진 모든 성취와 난점의 기초가 되었다. 그 교리가 빠져들었던 난점으로 인해 몇몇 신학 학파가 교리를 모두 묵살하고자 했던 것은 이해할 만한 일이었다. 하지만 로고스라는 술어를 그리스도에게 적용하지 않고서 기독론을 발전시키는 것이 가능할지라도 하나님에게 있는 "근거"와 "형식", 하나님에게 있는 심연의 원리와 자기-현현의 원리를 구별하지 않고서는 살아 있는 하나님 교리와 창조 교리를 발전시키는 것이 불가능했다. 그러므로 우리는 이렇게 말할 수 있다. 기독론의 문제를 별도로 하더라도 어떤 종류의 로고스 교리는 모든 기독교 신론에서 필요하다. 이러한 기초 위에서 신적 생명에 관한 기독론 이전의 주장과 기독론적 주장을 완전히 발전된 삼위일체 교리에서 수렴하는 것은 필요한 일이었고 지금도 필요하다. 이러한 종합에는 매우 강한 내적 필연성이 있기 때문에 고전 신학자들이 로고스 교리에 대해서 아무리 예리하고 아주 정당한 비판을 했을지라도 그 교리를 폐기할 수는 없다. 로고스 원리를 희생시키면 살아 있는 하나님 관념을 희생시키게 되고, 이 원리가 그리스도로서의 예수에게 적용되는 것을 거부하면 예수의 그리스도로서의 특징을 거부하게 된다.

니케아 공의회 이전과 그 이후의 투쟁뿐 아니라 니케아 공의회에서 교회 앞에 놓여 있던 물음은 (그리스 철학에서뿐 아니라 기독교 시대보다 훨씬 이전에 이루어졌던) 로고스 원리의 확립이 아니었고 이 원리를 그리스도로서의 예수에게 적용하는 것—이런 일은 제4복음서에서 명확하게 이루어졌다—도 아니었다. 그것은 오히려 하나님과 (아들이라고도 불리는) 그의 로고스 간의 관계에 관한 물음이었다. 이 물음은 초기 교회에 매우 실존적인 물음이었다. 왜냐하면 그리스도로서의 예수와 그의 계시적이고 구원하는 힘에 대한 가치 평가는 이 물음에 대한 대답에 의존하고 있었기 때문이다. 오리게네스 좌파 신학자들이 주장했듯이, 만약 로고스가 모든 피조물 중에서 최상의 것으로 정의된다면 로고스가 역사적 인격으로 현현한 그리스도는 모든 피조물과 함께 계시와 구원을 필요로 하는 인간일 뿐이다. 인간들이 그를 소유하고 있을 때 인간은 "우리와 함께 있는 하나님"보다 이하의 것을 소유하고 있을 뿐이다. 잘못도, 죄책도, 죽음도 정복되지 않는다. 아타나시오스가 이끌던 오리게네스 우파의 반격의 배후에는 바로 이런 실존적 관심이 있었다. 니케아 공의회의 삼위일체론 결정에서 우파의 지위가 신학적으로나 신앙적으로나 정치적으로 우월했다. 아리우스가 가르친 반신(half-god) 예수는 거부되었다. 하지만 삼위일체 문제는 해결되었다기보다 더 많이 거론되었다. 니케아 공의회의 용어에 따르면, 하나님과 그의 아들, 아버지와 아들의 신적 **"본성"**(*ousia*, nature)은 동일하다. 하지만 **휘포스타시스**(*hypostasis*, 위격)는 다르다. 이 맥락에서 **우시아**는 어떤 것을 그것이게 하는 바로 그것, 즉 그것의 특정한 **퓌시스**(*physis*, 본성)를 의미한다. 이 맥락에서 **휘포스타시스**는 자체적으로 존재하는 힘, 곧 상호적 사랑을 가능케 하는 존재의 독립성을 의미한다. 니케아 공의회는 하나님-아버지와 같이 로고스-아들도 궁극적 관심의 표현이라는 것을 인정했다. 하지만 어떻게 궁극적 관심이 실체적으로는 동일하더라도 상호관계 할 때는 서로 다른 두 가지 신적 모습으로 표현될 수 있는가? 니케아 이후의 투쟁에서 영의 신성이 논의되었고 부정되었으며 최종적으로는 두 번째 보편 공의회(ecumenical synod, 콘스탄티노플 공의회—역자)에서 인정되었다. 이렇게 된 동기 역시 기독론적인 것이었다. 그리스도로서의 예수를 창조하고 결정했던 신적인 영(Spirit)은 인간 예수의 정신(spirit)이 아니고 교회를 창조하고 인도하는 신적인 영은 사회학적 집단의 정신이 아니다. 그리고 개별 인격을 사로잡고 변형하는 영은 그의 정신적 생명의 표현이 아니다. 신적인 영은 그리스도 안에서 영으로 나타난, 교회와 그리스도인 안에서는 그리스도를 통해서 영으로 나타난 하나님 자신이다. 초기 교회에 있던 이위일체적 흐름을 완전히 발전된 삼위일체론으로 이렇게 변형시킨 일관성은 명확하지만, 그 일관성으로 인해 어떻게 궁극적 관심이 하나 이상의 신적 **휘포스타시스**로 표현될 수 있는가라는 기본적 문제를 해결하지는 못했다.

우리는 종교적 헌신과 관련해서 이렇게 물을 수 있다. 하나의 신적 실체 안에 실존하는 세 **위격**(*personae*) 중 한 위격을 향한 기도는 또 다른 기도가 향하고 있는 세 위격 중 다른 위격을 향할 수 있는가? 만약 차이가 없다면, 왜 우리는 단순하게 하나님을 향해 기도하고 말하지 않는가? 만약 차이가 있다면, 예를 들어 기능에서 차이가 있다면 삼신론을 어떻게 피할 것인가? **우시아와 휘포스타시스** 개념이나 **수브스탄티아**(*substantia*)와 **페르소나** 개념은 이 기본적인 헌신의 문제에 대답하지 않는다. 그 개념들은 단지 문제를 혼란스럽게 할 뿐이며―하나님을 향한 참된 기도(공경, adoration)와 성인들을 향한 부름(evocation) 사이에 신학적 구별이 있음에도 불구하고―마리아 숭배 및 성인 숭배와 관련한 무한한 기도의 대상에게로 향하는 길을 열어준다.

로고스를 삼위일체의 두 번째 **휘포스타시스**로 해석할 때, 역사적 예수, 곧 로고스가 "육체"가 된 인간은 무엇을 의미하는가와 같은 물음이 제기되자마자 난점이 드러난다. 우리는 그리스도의 선재와 후재를 나타내는 상징들과 관련하여 그 난점에 대해 말했다. 삼위일체 교리의 관점에서 바라보면, 이 상징들에 대한 모든 비상징적 해석은 개별적인 삶의 역사를 가진, 곧 유한성의 범주들에 의해 한정된 개체성을 로고스 안으로 도입한다. 확실히 신적인 자기-현현인 로고스는 모든 잠재성과 영원한 관계를 맺고 있는 것처럼 인간의 역사적 실존인 그리스도 안에서 나타난 자기-현현과 영원한 관계를 맺고 있다. 하지만 우리는 나사렛 예수의 얼굴이나

"역사적 인간"의 얼굴 또는 존재의 창조적 근거가 현현한 어떤 개별적인 얼굴을 로고스 자신에게 덧붙일 수 없다. 하지만 역사적 인간을 **향해서** 현현한 하나님의 얼굴이 그리스도로서의 예수의 얼굴인 것은 분명하다. 신적 근거의 삼위일체적 현현은 인간에게 그리스도-중심적이다. 하지만 그 자체가 예수-중심적인 것은 아니다. 삼위일체적 상징 체계를 통해서 나타나고 공경받는 하나님은 자신을 다른 세계에서는 다른 방식으로 현현할 자유를 상실하지 않았다.

삼위일체 교리는 동방뿐만 아니라 서방에서도 수용되었지만, 그 교리의 정신은 서방적인 것이 아니라 동방적인 것이었다. 아우구스티누스는 심리학적 유비로 위격들의 차이를 해석하고자 시도하고 **위격들**의 상호관계에 관한 진술이 없는 경우가 있다는 점을 인정하며 삼위일체의 **외적**(*ad extra*) 사역들의 통일성을 강조함으로써 이런 사실을 가시화했다.[3] 이 모든 것으로 삼신론의 위험이 감소되었는데, 그 위험은 전통적 교의에서 결코 완전히 제거될 수 없었으며 아버지에 대한 아들의, 아들에 대한 영의 종속론과 늘 연관되어 있었다. 그리스 정교회의 삼위일체 이해에 존재하는 종속론적 요소 배후에는 고대 그리스 방식의 실재와의 만남이 보여주는 가장 근본적이고 가장 지속적인 흔적 중 하나가 존재하는데, 그것은 실재를 등급에 따라 가장 낮은 등급부터 가장 높은 등급으로 (그리고 그 반대로) 해석하는 것이다. 이러한 매우 실존적인 실재 이해는 플라톤의 『향연』 (*Symposium*)에서 오리게네스에게, 그를 통해서 동방 교회와 기독교 신비주

---

3   역주. 아우구스티누스는 플라톤과 신플라톤주의의 영향을 강하게 받았으면서도 서구의 전통에 서 있었다. 그는 위격의 구별보다도 하나님의 통일성을 강조했다. 그는 하나님을 인격으로 파악하려 했고, 이로써 인격주의적 신앙의 바탕을 놓았다. 아우구스티누스의 삼위일체 이해는 Tillich, 『그리스도교 사상사』, 201-2을 참조.

의로 이어진다.[4] 로마 가톨릭교회의 군주론적 경향과 의지주의를 강조했던 아우구스티누스 안에서 그것은 이질적인 인격주의적 세계관과 갈등을 일으켰다. 6세기 이후 그 교의는 변할 수 없게 되었다. 루터가 그 교의에서 사용된 몇 가지 개념들에 대해 통렬한 비판을 가했음에도 개혁가들조차 변화를 시도하지 않았다. 그 교의는 모든 기독교 형식에서 정치적으로 보증된 상징과 모든 교회에서 고수하는 기본적인 예전의 정식이 되었다. 하지만 우리는 다음과 같은 물음을 물어야 한다. 이른바 세계교회협의회(the World Council of Churches)의 기초로 그 교의가 재확인되었을지라도,[5] 18세기 이후 개신교 신학에서 나타난 그 교의에 대한 역사적 분석과 조직신학적 비판 이후에 이러한 상태를 지속할 수 있는가? 여하튼 세계교회협의회의 재확인에는 니케아 공의회와 칼케돈 공의회의 실제적 성취가 결여되어 있다.

4　역주. 플라톤은 『향연』에서 이데아를 향해 올라가는 "층계길"을 제시했고, 아리스토텔레스는 자연학에서 "자연의 사다리"(층계 구조)를 제시했다. 이후 신플라톤주의자 플로티노스는 존재의 계층적 구조인 "존재의 사다리"를 제시했으며, 이러한 계층 구조는 고대와 중세의 신학자들에게 큰 영향을 주었다. 김용규, 『신: 인문학으로 읽는 하나님과 서양문명 이야기』(서울: IVP. 2018), 114-25.

5　역주. 1961년 뉴델리에서 열린 제3차 WCC 총회는 설립 이념을 삼위일체적으로 표현하자는 정교회의 건의를 수용하여 다음과 같이 정리했다. "WCC는, 성서에 따라 주 예수 그리스도를 구세주로 고백하고, 한 분이신 하나님, 성부와 성자와 성령의 영광을 위해 공통의 소명을 이루고자 하는 교회들의 연대다." Ulrich Duchrow, "에큐메니컬운동: 제국주의적 세계주의와 편협한 종족주의를 넘어서", 『20세기의 사건들과 현대신학』, Gregory Baum 엮음, 연규홍 옮김(서울: 대한기독교서회, 2009), 240.

C. 삼위일체 문제의 재개방

앞서 제시되었듯이 삼위일체 교의는 몇 가지 위험한 결과를 품고 있는 상황에 처해 있다. 첫 번째는 그 교리의 기능이 근본적으로 변화한 것이다. 원래 그 교리의 기능은 세 가지 상징을 통해서 인간을 향한 하나님의 자기-현현을 표현하는 것이고, 신적 심연의 깊이를 열어주는 것이며, 실존의 의미 물음에 대답하는 것이었다. 하지만 이후 그 교리는 틈입할 수 없는 신비가 되었고 제단에 바쳐져 공경받기에 이르렀다. 그리고 그 신비는 존재의 근거의 영원한 신비이기를 그쳤다. 대신에 그 신비는 수수께끼처럼 풀 수 없는 신학적 문제가 되었고 많은 경우 앞에서 보았듯이 숫자적인 부조리성에 대한 숭배가 되었다. 이런 식으로 그 교리는 교회의 권위주의를 지지하는 강력한 도구가 되었고 탐구하는 마음을 억압했다.

르네상스와 종교개혁 시대, 이런 상황에 저항하는 자율의 반란이 소키누스주의(Socinianism)와 유니테리언주의(Uniterianism)를 통해서 삼위일체론에 대한 급진적 거부로 나타났다는 사실은 이해할 만한 일이다.[6] 이런 반란의 직접적 효과가 미미했던 것은 다음과 같은 이유 때문이었다. 그 반란은 위에서 언급된 삼위일체적 상징 체계의 종교적 동기를 제대로 다루지 않았다. 하지만 그 반란이 18세기 이후 많은 개신교회에 끼친 간접적 충격은 엄청났다. 그 기능을 상실한 기관은 무력해지고 삶에 장애물이

---

6   역주. 라일리우스 소키누스는 종교개혁가들과 교류하며 자신의 신학을 정립했으나 삼위
     일체에 반대했다. 이후 그의 견해는 조카 파우스투스 소키누스에 의해서 소키누스주의로
     발전했다. 유니테리언주의는 소키누스주의의 영향을 받아 형성되었는데 삼위일체를 부
     정하고 이성을 강조한다. 화학자이자 신학자였던 조지프 프리스틀리가 영국 유니테리언
     주의 설립에 크게 기여했으며 이는 미국으로 전해져 많은 유니테리언주의자들이 미국 건
     국에 기여했다.

된다는 일반적 규칙을 우리는 인용할 수 있을 것이다. 개신교는 일반적으로 그 교의를 공격하지는 않았지만, 그 교의를 사용하지도 않았다. 심지어 "고"(high) 기독론을 가지고 있고 그리스도의 신성을 단호하게 고백하는 교단(예를 들어, 개신교적 성공회)에서도 삼위일체에 관한 새로운 이해가 나오지 않았다. 이와 달리, 대부분의 개신교회에서 우리가 "그리스도-중심적 유니테리언주의"라고 부를 수 있는 것이 발전했다. 그것은 하나님 자체에 대한, 신적 근거의 신비와 하나님의 창조성에 대한 강조를 제거했다. 그것은 영적 현존에 대한 이해, 신앙, 사랑, 기도의 황홀경적 특징에 대한 이해를 방해했다. 그것은 개신교를 도덕 교육의 도구로 격하시켰고 그렇게 그것은 사회에 수용되었다. "예수의 가르침들"은 이를 위한 교과서(source book)가 되었다. 이러함에도 여전히 예배에서 삼위일체적 신조와 기도는 활용되었고, 삼위일체적 함의를 가진 찬송가를 불렀으며, 유니테리언주의자들을 세계교회협의회에서 제외했다.

신학적 당혹감 없이 또는 전통에 순응하지만은 않으면서 "아버지와 아들과 성령(the Holy Spirit)의 이름으로"[7]라는 엄청난 어구를 말하는 것이 다시 가능해질 수 있을까? ("거룩한 혼"[the Holy Ghost]이라는 용어는 예배나 다른 용례에서 제거되어야 한다.)[8] 또는 기도를 듣는 자에 대한 미신적 형상을 만들지 않고서 "하나님 아버지의 사랑과 예수 그리스도의 은혜와 성령의 교제"[9]를 통한 복 주심을 기도하는 것이 다시 가능해질 수 있을까? 나는 가능하다고 믿는다. 하지만 삼위일체 교리의 급진적 수정과 신적 생명과 영적 현존에 대한 새로운 이해가 필요하다.

---

7   역주. 마 28:19.
8   역주. 대표적으로 KJV는 "성령"을 the Holy Ghost로 칭한다.
9   역주. 고후 13:13.

이 조직신학의 모든 부분에서 이루어진 이런 시도와는 별도로 대답해야 할 몇 가지 물음이 남아 있다. 첫 번째는 "삼위일체"라는 단어에 내포되어 있는 3이라는 숫자와 관련되어 있다. 이 숫자를 고수하는 것이 정당한 이유는 무엇인가? 하나님과 그리스도에 관한 초기의 이위일체적 사고 경향이 삼위일체적 상징 체계로 극복된 이유는 무엇인가? 그리고 다음으로 삼위일체가 사위일체나 그 이상으로 확장되지 않은 이유는 무엇인가? 이런 물음에는 조직신학적 근거뿐만 아니라 역사적 근거도 있다. 원래 로고스와 영의 구별은 불명확하거나 존재하지 않았다.[10] 기독론의 문제는 영 개념과 별개로 발전했다. 영 개념은 개인과 집단을 황홀경적 경험으로 몰아넣는 신적 힘을 위해 준비되었다. 신학 사상에는 사위일체를 지향하는 경향도 있었다. 그런 경향이 있었던 이유 중 하나는 그 위격들 위에 신성을 확립하거나 아버지를 세 위격 중 하나인 동시에 신성의 공통적 원천으로 간주함으로써 세 **위격**의 공통적인 신적 본성과 세 **위격** 자체를 구별할 수 있는 가능성이 있기 때문이었다. 삼위일체를 확장하려는 또 다른 동기는 성모(the Holy Virgin)를 신적인 위엄에 접근하는 위치로 점점 더 상승시키는 것이었다.[11] 대부분의 로마 가톨릭 교인들의 신앙생활에서 성모는 거룩한 영을 훨씬 더 능가했으며 현대 가톨릭교회에서는 삼위일체의 **세 위격** 모두를 능가했다. 만약 로마 가톨릭 교인들 사이에서 이미 논의

---

10   역주. 예를 들어 유스티누스는 이위일체를 주장한 인물로 간주되기도 하는데, "신적 위격들에 관련해서 그는 무엇보다도 성자, 즉 말씀을 주의를" 기울이면서도 "성령에 관해서는 전혀 배려하지 않았"기 때문이다(Battista Mondin, 『신학사1』, 조규만·박규흠·유승록·이건 옮김[서울: 카톨릭 출판사, 2012], 157).

11   역주. 예를 들어 심리학자 Carl Gustav Jung은 삼위일체를 사위일체로 확장하려는 시도를 한 바 있다. 이는 손호현, "융의 사위일체 신정론: '넷째는 어디 있는가'", 『신학사상』 182 (2018/가을), 287-319 참조.

된 그 교리, 곧 성모가 그리스도를 돕는 보조구원자(co-savior)로 간주되어야 한다는 그 교리(doctrine)가 교의(dogma)가 된다면, 성 처녀는 궁극적 관심의 문제가 되고 결과적으로 신적 생명 안에 있는 한 **위격**이 되었을 것이다. 그렇게 되면 어떠한 스콜라주의적 구별도 삼위일체가 사위일체가 되는 것을 막을 수 없었을 것이다.

이러한 사실들은 삼위일체적 사유에서 중요한 것은 "3"이라는 숫자가 아니라 다양한 신적 자기-현현의 통일성임을 보여준다. 만약 우리가 다른 숫자에 대한 개방성에도 불구하고 "3"이라는 숫자가 우세했던 이유를 묻는다면, 아마도 가장 적합한 대답은 다음과 같을 것이다. 3이라는 숫자는 경험된 생명의 내적 변증법에 상응하며 따라서 신적 생명을 상징화하는 데 가장 적합하다. 생명은 자신에게서 나가 자신에게로 되돌아오는 과정으로 기술되었다. 변증법적 철학자들이 알고 있었듯이 "3"이라는 숫자가 이 묘사에 함축되어 있다. 예를 들어 4와 같은 숫자들은 마술적 가치에서 3을 능가하기 때문에 "3"이라는 숫자의 마술적 힘을 참고하는 것은 만족스러운 일이 아니다. 여하튼 신앙의 정식들과 신학 사상에서 "3"이라는 숫자가 지속된다는 것은 삼위일체적 상징 체계가 변증법적이라는 우리의 초기 주장을 확증해준다.

그리스도 이후 5세기부터 우리 시대에 이르기까지 성모의 형상이 가진 상징적 힘은 개신교를 향해 물음을 제기했다. 개신교는 하나님과 인간 사이에 존재하는 모든 인간적 매개자에 반대하는 종교개혁의 투쟁을 거치면서 이 상징을 제거했다. 이러한 정화 작업을 통해서 궁극적 관심의 상징적 표현에 담겨 있는 여성적 요소는 거의 제거되었다. 오직 남성적 상징 체계만을 가진 유대교의 정신이 종교개혁에서 승리했다. 틀림없이 이것은 매우 성공적이었던 종교개혁에 맞서 반종교개혁이 성공할 수 있었던 이유 중 하나였다. 이 때문에 개신교 안에서도 경건주의는 훨씬 더 여성적인 예수의 모습들을 종종 보여주었다. 이 때문에 그리스 정교회나 로마 가톨릭교회로 개종하는 많은 사례가 발생했으며 또 많은 개신교 인문주의자들은 동양의 신비주의에 매혹되었다.

개신교가 성모라는 상징을 복권시키는 일은 거의 없을 것이다. 전체 종교사가 보여주듯이 이런 종류의 구체적 상징은 그 참된 힘을 재확립할 수 없다. 종교적 상징은 시적 상징이 될 수도 있지만, 시적 상징은 숭배(veneration)의 대상이 아니다. 다음과 같은 물음만이 있을 수 있다. 남성-여성의 양자택일을 초월하고 남성 중심적으로 편향된 상징 체계에 맞서 발전될 수 있는 그런 요소가 참된 개신교 상징 체계에 있는가?

나는 다음과 같은 가능성들을 제시하고 싶다. 첫 번째 가능성은 "존재의 근거"라는 개념과 연관된 것인데 그 개념은 앞에서도 논의했듯이-부분적으로는 개념적이고 부분적으로는 상징적이다. 그것이 상징적이라면, 그것은 출산하고 양육하고 포용할 뿐만 아니라 동시에 대답해주고 창조된 것의 독립성에 저항하고 그것을 삼켜버리는 모성을 지시한다. 하나님은 존재-자체 또는 존재의 근거라는 하나님에 관한 첫 번째(마지막이 아니다!) 진술에 대해서 많은 개신교인이 느끼는 불편한 느낌은 다음과 같은 사실에 부분적으로 뿌리내리고 있다. 그들의 종교적 의식, 더 나아가 그들의 도덕적 양심은 하나님의 요구하는 아버지-형상에 의해서 형성되는데 그 형상은 다른 인격들과 같은 인격으로 구상된 것이다. 하나님은 모든 존재자 안에 있는 존재의 힘이라는 진술을 하기 전에는 하나님에 관해서 어떤 것도 신학적으로 말할 수 없다는 사실을 보여주고자 하는 시도는, 동시에 신적인 것을 상징화하면서 남성적 요소의 우월함을 감소시키는 방법이기도 하다.

그리스도로서의 예수에게서 현현한 로고스와 관련해서 말하자면, 자신의 유한한 개별성을 버리는 자기-희생이라는 상징이야말로 남성-여성의 양자택일을 초월한다. 자기-희생은 남성 자체나 여성 자체의 특징이 아니라 바로 그 자기-희생의 행위를 통해서 이것이나 저것만이 배타적으로 존재하는 것을 부정하는 것이다. 자기-희생은 성별의 대조를 파괴하는데 이 사실은 고난받는 그리스도의 모습에서 상징적으로 나타난다. 두 가지 성별의 그리스도인은 그 고난에 심리학적으로나 정신적으로 동일하게 참여했다.

만약 마지막으로 우리가 신적인 영을 살펴본다면 우리는 혼돈을 품고 있는 영의 형상을 생각하게 된다. 하지만 이 형상에 내포되어 있던 여성적 요소가 유대교에서 탈락되었다고 해도 그 형상을 직접적으로 사용할 수는 없다. 예수의 동정녀 탄생 이야기에서도 결코 그 형상은 두드러진 남성적 상징이 되지 않았고 그 이야기에서 영이 남성적 원리를 대체하기는 했지만 남성 자체가 된 것은 아니었다. 영적 현존의 황홀경적 특징이야말로 남성적 상징 체계와 여성적 상징 체계의 양자택일을 영 경험을 통해서 초월한다. 보통 합리적 요소와 감정적 요소는 각각 남성적 유형과 여성적 유형에 덧붙여지는데 황홀경은 합리적 요소와 감정적 요소를 모두 초월한다. 또 개신교의 도덕주의적 인격주의야말로 영적 현존의 황홀경적 요소를 불신하며 이에 저항하면서 많은 사람을 비인격적 신비주의로 인도한다.

삼위일체 교리는 닫혀 있지 않다. 그 교리는 버려질 수도 없고 그 교리의 전통적 형식대로 수용될 수도 없다. 그 교리는 그 원래 기능—포괄적 상징들을 통해 인간에게 나타난 신적 생명의 자기-현현을 표현하는 것—을 완수하기 위해서 개방되어야 한다.

제5부

역사와 하나님 나라

서론

조직신학에서 제5부의 위치와 생명의 역사적 차원

제4부에서 생명의 차원들에 관한 분석을 제시할 때 역사적 차원은 제외했다. 그 차원은 가장 포괄적인 차원이며 다른 차원들을 전제하고 있고 그 차원들에 새로운 요소를 더하기 때문에 특별한 취급이 필요하다. 이 요소는 생명의 과정이 정신 차원을 현실화한 이후에야 완전히 발전된다. 하지만 생명 과정 자체는 수평적으로 지향되어 있으며 예견의 방식으로 역사적 차원을 현실화한다. 이 현실화는 시작되기는 하지만 완성되지는 않는다. 분명히 개별적 나무의 탄생, 성장, 노화, 죽음을 그 나무의 역사라고 부를 수 있을 것이다. 그리고 우주의 발전이나 지구에 있는 어떤 종의 발전을 역사라고 부르는 것이 오히려 더 용이하다. "자연사"라는 용어는 자연에서 발생하는 모든 과정에 역사의 차원을 직접적으로 부여한다. 하지만 역사라는 용어는 일반적으로 인간의 역사에 주로 사용된다. 이 사실은 다

음과 같은 깨달음을 제시한다. 역사적 차원이 생명의 모든 영역에 현존해 있을지라도 그 차원은 인간 역사에서만 실현된다. 엄밀한 의미의 역사와 유사한 것들이 생명의 영역에서 발견된다. 정신이 없는 곳에는 엄밀한 의미의 역사가 없다. 따라서 모든 생명 과정에 속해 있는 "역사적 차원"과 인류에게서만 발생하는 엄밀한 의미의 역사를 구별할 필요가 있다.

　제5부는 제4부의 확장이지만 전통적이고 실천적인 이유들로 인해 제4부와 분리되었다. 생명에 관한 모든 교설에는 생명 일반의 역사적 차원에 관한 교설과 가장 포괄적인 개별적 생명 과정인 인간의 역사에 관한 교설이 포함되어 있어야 한다. 생명의 모호성에 관한 모든 묘사에는 역사적 차원의 생명의 모호성이 포함되어 있어야 한다. 그리고 마지막으로 생명의 모호성에 내포되어 있는 물음에 답하는 "모호하지 않은 생명"이라는 대답은 "영적 현존"과 "하나님 나라" 및 "영원한 생명"이라는 상징에 도달한다. 그럼에도 신학 사상 전체 안에서 역사적 차원을 별개로 다루는 것이 바람직하다. 제1부에서 이성과 계시의 상관관계를 제2부, 제3부, 제4부의 맥락과 별개로 먼저 다루었던 것처럼 제5부에서 역사와 하나님 나라의 상관 관계를 세 가지 핵심적 부분의 맥락으로부터 분리하여 마지막으로 다룰 것이다. 그 두 경우에 신학적 전통은 이 절차에 부분적으로 영향을 주었다. 즉 계시와 이성의 관계에 관한 물음과 하나님 나라와 역사의 관계에 관한 물음은 언제나 비교적 독립해서 확장적으로 다루어졌다. 하지만 역사의 모호성과 그 모호성에 내포되어 있는 물음에 대답하는 상징을 개별적으로 다루어야 하는 더 이론적인 이유도 있다. 바로 역사적 차원의 포괄적인 특징과 "하나님 나라"라는 상징의 동일하게 포괄적인 특징이야말로 역사에 관한 논의에 개별적인 의의를 부여한다. 생명의 역사적 성질은 생명의 모든 차원에 잠재적으로 현존해 있다. 역사적 성질은 예견적 방식으

로 모든 차원에서 현실화된다. 즉 역사적 성질은 그 차원들에 잠재적으로 현존해 있을 뿐만 아니라 부분적으로는 현실적으로도 현존해 있지만, 인간의 역사에서야 완전히 현실화된다. 따라서 먼저 그 충만하고 엄밀한 의미의 역사, 즉 인간의 역사에 관해 논의하고, 그다음으로 생명의 모든 영역에 있는 역사적 차원을 이해하며, 마지막으로 인간의 역사와 "우주의 역사"를 연결하는 것이 적합하다.

역사에 관한 신학적 논의는 그 개별적 물음의 관점을 따라서 역사 과정의 구조, 역사적 지식의 논리, 역사적 실존의 모호성, 역사적 운동의 의미를 다루어야 한다. 또 그 논의는 이 모든 것을 하나님 나라의 내적인 역사의 의미와 초역사적 의미를 가진 하나님 나라라는 상징과 연결시켜야 한다. 첫 번째 의미의 그 상징은 "영적 현존"이라는 상징으로 되돌아가며, 두 번째 의미의 그 상징은 "영원한 생명"이라는 상징으로 들어간다.

"영원한 생명"이라는 상징과 함께 일반적으로 "종말론"으로 논의되는 문제, 즉 "마지막 일들"에 관한 교리와 관련되어 있는 문제가 등장한다. 보통 그 문제가 신학 조직의 제일 끝에 자리 잡는 것이 당연해 보이기도 한다. 하지만 그렇지 않다. 종말론은 시간적인 것과 영원한 것의 관계를 다루지만, 신학 조직 전체가 그 관계를 다루고 있다. 그러므로 조직신학을 종말론적 물음―내적 목적, 존재하는 모든 것의 **텔로스**에 관한 물음―으로 시작하는 것도 가능할 것이다. 편의성이라는 이유 말고도 전통적인 질서를 따라야 할 유일한 한 가지 조직신학적 이유가 있는데 그 전통적 질서를 이 조직신학은 따르고 있다. 그 이유는 다음과 같다. 창조 교리가 시간적인 것과 영원한 것의 관계를 상징화할 목적으로 "과거"라는 시간적 양태를 사용하는 반면, 종말론은 동일한 목적으로 "미래"라는 시간적 양태를 사용한다. 그리고 우리의 경험에서 시간은 과거에서 미래로 진행된다.

"어디서"라는 물음과 "어디로"라는 물음 사이에는 신학적 물음과 대답으로 이루어진 전체 조직이 있다. 하지만 그것은 단순히 한쪽에서 다른 쪽으로 이어진 직선이 아니다. 그 관계는 더 내재적이다. "어디로"는 "어디서"에 나눌 수 없도록 내포되어 있다. 창조의 의미는 창조의 끝에서 드러난다. 그리고 반대로 "어디서"의 본성이 "어디로"의 본성을 결정한다. 즉 창조를 선한 것으로 여기는 가치 평가만이 완성의 종말론을 가능하게 하고, 완성의 관념만이 창조를 의미 있게 한다. 이런 조직의 마지막은 그 시작으로 되돌아간다.

Ⅰ. 역사와 하나님 나라 요청

A. 생명과 역사

1. 인간과 역사

a) 역사와 역사 의식

우리는 의미론적 고찰을 통해서 역사의 개별적 성질을 발견하는 데 도움을 받을 수 있을 것이다. **히스토리아**(*historia*)라는 그리스어 단어가 우선 조사, 정보, 보고를 의미하고 두 번째로 조사되고 보고된 사건만을 의미한다고 잘 알려져 있는 사실이 바로 대표적 사례다. 그것은 "역사"라는 단어를 원래의 의미로 사용한 자들에게는 주관적 측면이 객관적 측면보다 선행했음을 보여준다. 이 관점을 따르면, 역사 의식은 역사적 사건들보다 "선행"한다. 물론 역사 의식이 의식되는 사건들보다 시간적 순서로 선행하는 것은 아니다. 엄격히 말하자면, 우리는 역사적으로 일어난 일과 그 일을 역사적 사건으로 인식하는 깨달음이 모두 동일한 상황에 생겨난다고 말해야 한다.

　역사 의식은 전통, 즉 한 세대에서 다음 세대로 전해지는 일련의 기억으로 표현된다. 전통은 기억된 사건들을 무작위적으로 모아놓은 모음집이 아니라 전통의 담지자와 수용자에게 의의가 있는 사건들을 회상하는 일이다. 전통을 의식하는 집단은 자신들에게 발생한 일들에 대해 느끼는 중요성에 따라서 그 일을 역사적 사건으로 간주할 것인지 아닌지를 결정한다.

　역사 의식이 역사적 설명에 영향을 끼쳐 전통을 형성하는 것과 전통이 그 안에 살아 있는 역사적 집단의 능동적 필요에 따라서 전통을 형성하는 것은 당연하다. 결국 순수하고 편견 없는 역사적 조사라는 이상은 역사 기술의 발전 단계에서 매우 늦게 등장했다. 신화와 역사의 조합, 전설과 영웅담 및 서사시가 그런 조사보다 선행했다. 이 모든 경우 발생한 일들은 역사적 의의를 가진 것으로 격상되지만, 그 격상은 발생한 일들을 역사적 집단의 생명에 관한 상징으로 변형시키는 방식으로 이루어진다. 전통은 역사적 보고를 상징적 해석과 연합시킨다. 전통은 그 자체가 의심스러운 개념인 "꾸밈없는 사실"(naked fact)을 보고하지 않는다. 전통은 사실을 상징으로 변형함으로써 의의 있는 사건들을 각인시킨다. 이것은 사실적 측면이 단지 만들어낸 것일 뿐이라는 말이 아니다. 전통을 표현하는 서사시 형식은 그 역사적 뿌리가 아무리 은폐되어 있다 하더라도 역사적 뿌리를 가지고 있다. 심지어 영웅담과 전설은 훨씬 더 확실하게 그 뿌리의 역사적 기원을 드러내지만, 이 모든 형식의 전통 속에서 역사적으로 발생한 일과 그 상징적 해석을 분리하는 것은 사실상 불가능하다. 살아 있는 모든 전통에서 역사적인 것은 상징적인 것에 비추어서 볼 수 있으며, 역사적 탐구는 이러한 융합을 더 높거나 낮은 개연성에 비추어서 풀어낼 수 있다. 왜냐하면 역사적 사건들이 경험되는 방식은 의의에 따라 사건들의 가치를 평가하면서 결정되기 때문이다. 이것은 사건들이 수용되던 처음부터 기록이 부분적으로 사건의 상징적 요소에 의존하고 있음을 의미한다. 조직신학 제3부에서 논의했던 성서의 기록은 이런 상황에 관한 고전적 본보기다.

하지만 우리는 역사적 사실에 대한 학문적 접근법이 해석되어야 할 은폐된 상징에 의존하고 있지 않은지 물어야 한다. 이것은 부정될 수 없는 것처럼 보인다. 의도적으로 공정한(detached) 특징을 보여주는 모든 역사적 진술에는 상징적 전망의 영향력도 보여주는 몇 가지 중요한 지점들이 있다. 사실로서 확립된 일들을 선택하는 것이 가장 중요하다. 시간의 모든 순간과 공간의 모든 지점에는 이루 말할 수 없이 많은 일이 일어나기 때문에 역사적 조사의 대상을 선택하는 것은 역사적 집단의 삶을 확립하는 일에서 그 대상이 차지하는 중요성 평가에 달려 있다. 이런 측면에서 역사는 역사 의식에 의존한다. 하지만 이것만이 그런 사례를 보여주는 지점은 아니다. 모든 역사 기술은 인물이나 집단 및 이들의 행위에 끼친 동시 발생적인 영향력들의 무게를 평가한다. 바로 이것이 동일한 사료를 가지고 역사에 대해 끝없이 다른 설명이 제시되는 원인 중 하나다. 덜 분명하지만 훨씬 더 결정적인 또 하나의 원인은 역사가가 활동하고 있는 집단이 활약하는 삶의 맥락이다. 역사가는 자기 집단의 기억과 전통을 공유하면서 집단의 삶에 참여한다. 역사가가 사료에 대해 제시한 설명이 대답해야 할 물음들이 바로 이런 요인로부터 발생한다. 아무도 "모든 장소를 초월한 장소"에서 역사를 기술할 수 없다. 그런 주장은 완벽한 사회의 조건이 조성되고 있다는 주장만큼이나 유토피아주의적인 주장이다. 모든 역사 기술은 현실적인 일들과 구체적인 역사 의식에 따라 그 일들을 수용하는 일에 의존하고 있다. 사실적인 일들이 없는 역사도 없고, 역사 의식에 따라 사실적인 일들을 수용하고 해석하지 않는 역사도 없다.

이러한 고찰은 역사적 탐구 방법을 요구하는 일과 대립하지 않는다. 역사학에서 사용하는 학문적(scientific) 기준은 다른 조사 영역에서 사용되는 기준들만큼이나 명확하고 필수적이며 객관적이다. 하지만 정확히 말하자면, 그 기준을 적용하는 행위에서, 그리고 그 같은 행위를 통해서 역사의식의 영향은 효력을 발휘한다. 정직한 역사적 작업의 경우 그런 일을 의도하지 않는다고 하더라도 역사 의식은 효력을 발휘한다.

역사의 주체-대상으로서의 특징이 가진 또 다른 함의도 언급해야 한다. 역사의 의미 물음에 대답하는 일은 역사적 설명에 간접적이고 매개된 영향을 끼치는데, 그 영향은 모든 역사가 가진 해석적 요소를 통해서 전해진다. 우리는 전통에 속해 있다는 운명에서 도피할 수 없다. 역사적 차원을 포함한 모든 차원의 생명의 의미에 관한 물음에 대한 대답은 그 전통 속 상징으로 제시되는데, 그 상징은 실재와의 모든 만남에 영향을 준다. 역사적 실존의 의미 물음에 대해서 기독교가 자신의 대답을 표현했던 상징에 관해서 논의하는 것이 이후의 장들의 목적이다. 만약 가장 객관적인 학자가 기독교 전통에 의해서 실존적으로 결정된다면, 그조차도 이 전통에 비추어 역사적 사건을 해석하고 그 전통의 영향력이 무의식적이고 간접적일지라도 그렇게 해석한다는 것에는 의심의 여지가 없다.

b) 인간 역사의 관점에서 본 역사적 차원

역사라는 용어의 함의에 대한 의미론적 연구가 보여주었듯이 인간의 역사는 언제나 객관적 요소와 주관적 요소가 결합되어 있다. "사건"은 사실과 해석의 복합체(syndrome[즉, 함께 가는 것])다. 지금 의미론적 논의에서 자료에 관한 논의로 전환하면, 우리는 "역사적 사건"이라고 이름을 붙일 만한 모든 일에서 동일한 이중적 구조를 발견하게 될 것이다.

정신 차원의 수평적 방향에는 의도와 목적이라는 특징이 있다. 역사적 사건에서 인간적 목적은 배타적 요인은 아닐지라도 결정적 요인이다. 기존의 제도와 자연적 조건도 다른 요인들이긴 하지만, 유목적적인 행위의 현존만이 사건을 역사적인 것으로 만든다. 개별적 목적은 현실화될 수도 있고 안 될 수도 있으며 그 목적은 ("목적의 이상 발생"[heterogony]이라는 원리에 따라서) 의도치 않게 중요해질 수도 있다. 하지만 역사적 사건에서 목적은 결정하는 요인이 된다는 것이 중요하다. 목적을 지향하지 않는 과정은 역사적이지 않다.

인간은 목적을 설정하고 추구하는 한 자유롭다. 인간은 기존 상황을 초월하며 가능한 것을 추구하고자 실재적인 것을 떠난다. 인간은 자신을 발견하는 그 상황에 얽매이지 않는데, 바로 이 자기-초월이 자유의 첫 번째이자 기본적인 성질이다. 따라서 어떠한 역사적 상황도 다른 역사적 상황을 완벽하게 결정하지 못한다. 한 상황에서 다른 상황으로의 이행은 중심을 가진 인간의 반작용과 인간의 자유에 의해서 부분적으로 결정된다. 자유와 운명의 양극성에 따르면 그런 자기-초월은 절대적이지 않다. 그 초월은 과거와 현재의 요소들 전체를 기반으로 이루어지지만, 이 한계 안에서 그 초월은 질적으로 새로운 것을 생산할 수 있다.

그러므로 인간 역사의 세 번째 특질은 새로운 것의 생산이다. 과거 사건과 미래 사건의 모든 추상적 유사성에도 불구하고 모든 구체적 사건은 유일무이하며 전체적으로는 비교 불가능하다. 하지만 이런 주장에는 규정이 필요하다. 인간의 역사에서만 새로운 것이 생산되는 것은 아니다. 자연의 역동성은 자연의 가장 큰 복합체뿐만 아니라 가장 작은 부분에서도 개체성을 생산함으로써 그리고 진화 과정과 우주의 수축·확장 중에 일어나는 물질의 새로운 배치를 통해 새로운 종을 생산함으로써 새로움을 창조한다. 하지만 이러한 형식의 새로움과 엄밀한 역사의 새로움 사이에는 질적인 차이가 있다. 본질적으로 후자의 것은 의미나 가치와 관련 있다. 그 두 용어는 올바르게 정의되기만 하면 적절할 수 있다. 지난 100년 동안 대부분의 역사 철학은 역사를 가치가 현실화되는 영역이라고 말했다. 이런 용법의 난점은 자의적 가치와 객관적 가치를 구별하는 기준을 도입해야 할 필요가 있다는 점이다. 객관적 가치와는 달리 자의적 가치는 진리, 표현성, 정의, 인간성, 거룩함과 같은 그런 규범에 종속되지 않는다. 객관적 가치의 담지자는 인물과 공동체다. 만약 우리가 그런 가치를 "절대적"이라고 한다면―여기서 "절대적"이라는 말은 그 가치의 타당성이 가치 평가의 주체로부터 독립되어 있음을 의미한다―우리는 다음과 같이 말할 수 있다. 인간 역사에서 새로운 것이 창조되는 것은 중심을 가진 인격성 **안에서**(in) 가치의 새로운 현실화가 창조되는 것이다. 하지만 우리가 "가치"라는 용어를 꺼린다면, "의미"가 그 대안이 될 수 있다. 앞의 고찰에 따르면, 의미 있는 생명이란 의미를 통제하는 정신의 기능들, 규범들, 원리들에 의해 결정되는 생명이다. 물론 "의미"라는 단어가 모호하지 않은 것은 아니다. 하지만 "의미 있는 생명"에 관해 말하는 경우 우리는 그 용어의 논리적이기만 한 용법("단어에는 의미가 있다")을 초월하게 된다. "의미"라는 용어가 이런 의미로 사용된다면 우리는 다음과 같이 말할 수 있다. 역사에서 새로운 것이 생산되는 것은 의미의 새롭고 유일무이한 체현이 생산되는 것이다. 나는 부분적으로는 존재론적 가치를 반대하는 이론을 거부하기 때문에, 또 부분적으로는 종교 철학에서 "생명의 의미" 같은 용어들이 가지는 중요성 때문에 후자의 용법을 선호한다. "생명의 가치" 같은 말에는 "생명의 의미"라는 말이 가진 깊이도 폭도 없다.

　엄밀한 역사의 네 번째 특질은 역사적 사건의 의의 있는 유일무이함이다. 역사적 과정은 모든 생명 과정의 유일무이하고 참신한 성질을 공유한다. 하지만 유일무이한 사건은 오직 역사 속에서만 의의를 가진다. 의의를 가진다는 것은 그 자체를 넘어 어떤 것을 가리킨다―어떤 것을 재현한다―는 것이다. 역사적 인물은 더 큰 사건을 재현하고 그 사건 자체는 인간의 상황을 재현하며 인간의 상황 자체는 존재 자체의 의미를 재현하기 때문에 역사적 인물은 역사적이다. 인물, 공동체, 사건, 상황을 통해 보편적인 생성 과정 속에서 일시적으로 일어나는 일보다 더 많은 것이 체현될 때, 그것들은 의의가 있다. 매 순간 오가는 수많은 일들 중에서 이 일들은 엄밀한 의미로 역사적인 것은 아니다. 만약 그 일들의 조합이 유일무이하고 비교할 수 없는 방식으로 인간의 잠재성을 재현한다면, 그 일들의 조합이 역사적 의의를 가지게 된다. 역사는 그런 연속적인 잠재성들을 묘사하지만, 결정적인 단서를 붙여 묘사한다. 그런 잠재성이 실존의 조건과 생명의 모호성들을 통해 등장함에 따라 역사는 그런 잠재성을 묘사한다. 인간적 잠재성(일반적으로 말하자면 생명의 잠재성)이 드러나지 않으면, 역사적 설명은 의의 있는 사건을 보고하지 않을 것이다. 이런 잠재성의 유일무이한 체현이 없으면, 잠재성은 역사에 나타나지 않을 것이다. 잠재성은 순수한 본질로만 남게 될 것이다. 하지만 잠재성의 유일무이한 체현은 역사를 초월해 있다는 이유로 의의가 있는 동시에 역사 안에 있다는 이유로 유일무이하다. 하지만 유일무이한 역사적 사건이 의의가 있는 또 다른 이유도 있다. 그 이유는 역사 과정 전체의 의의이다. "세계사"라는 것이 있든지 없든지, 역사적 인류에게서 이루어지는 역사적 과정에는 내적 목표가 있다. 그 과정은 목표에 도달하든지 못하든지, 명확한 방향으로 완성을 향해 나아간다. 역사적 사건이 목표(end)를 지향하는 역사적 운동의 한순간을 재현하는 한, 역사적 사건은 의의가 있다. 따라서 역사적 사건은 다음과 같은 세 가지 이유로 의의가 있다. 그것은 본질적인 인간의 잠재성을 재현하고, 유일무이한 방식으로 현실화된 이 본질을 재현하며, 목표를 지향하는 발전의 한 순간을 재현한다. 이런 방식으로 목적 자체가 상징화된다.

인간 역사의 네 가지 특질(목적연관성, 자유의 영향, 의미적으로 새로운 것의 창조, 보편적·개별적·목적론적 의미의 의의)로 인간 역사와 일반적인 역사적 차원은 구별된다. 그 구별은 인간 역사의 네 가지 특질에 내포되어 있고 또 다른 측면, 즉 인간 역사를 제외한 생명의 영역에서 존재하는 역사적 차원에서도 나타난다. 우리가 고등 동물의 생명, 종의 진화, 천체의 발전을 본보기로서 받아들인다면, 무엇보다도 이런 본보기 중 어느 것에서도 목적과 자유가 작용하지 않는다는 것을 보게 된다. 예를 들어 고등 동물의 목적은 직접적 필요의 만족을 초월하지 못한다. 고등 동물은 자연적 굴레를 초월하지 못한다. 종의 진화, 천체의 운동에 작용하는 어떠한 개별적 의도도 없다. 생명의 이런 영역들에 절대적인 의미, 의의 있는 유일무이함이 있는지, 예를 들어 동물의 영역에서 나타나는 새로운 종의 탄생에 인간 역사에서 새로운 제국이나 새로운 예술 양식이 등장하는 것과 비교할 만한 의미가 있는지 우리가 물을 때, 그 물음은 더 복잡해진다. 분명히 새로운 종은 유일무이하지만, 그것이 절대적 의미의 체현이라는 의미로 의의 있게 유일무이한지 묻는 물음은 남는다. 또 우리는 부정적으로 대답해야 한다. 정신의 차원이 현실화되지 않은 곳에 절대적 의미는 없으며 어떠한 의의 있는 유일무이함도 없다. 어떤 종의 유일무이함이나 어떤 종의 개별적 본보기의 유일무이함은 실제적이지만 궁극적으로 의의 있지는 않다. 반면에 한 인격이 자신을 인격으로 확립하는 행위, 소진되지 않는 의미를 지닌 문화적 창조, 궁극적 의미가 예비적 의미를 돌파하여 전해지는 종교적 경험 등에는 무한한 의의가 있다. 이러한 주장들은 다음의 사실에 기초하고 있다. 정신 차원의 생명은 궁극성을 경험할 수 있으며 궁극적인 것의 체현과 상징을 생산할 수 있다. 만약 나무나 동물의 새로운 종이나 새로운 은하에 절대적 의미가 있다면, 인간은 이 의미를 이해할 수 있을 것이다. 의미는 인간에 의해서 경험되는 것이기 때문이다. 인간 실존의 이 요인 때문에 모든 인간 영혼의 무한한 가치에 관한 교설이 나온다. 그런 교설은 직접적으로 성서적이지는 않지만, 그 교설에는 모든 성서 저자들이 선언했던 약속과 위협이 내포되어 있다. 즉 "천국"과 "지옥"은 궁극적 의미와 무조건적 의의에 관한 상징이다. 하지만 인간의 생명 이외의 것에 관해서는 어떠한 위협이나 약속도 없다.

그럼에도 역사적 차원이 현존해 있지 않거나 예견적 방식으로 현실화되지 않는 생명의 영역은 없다. 심지어 무기적 영역에도, 그리고 유기적 영역에는 확실히 역사적인 것과 유사한(quasi-historical) **텔로스**(내적 목표)가 있다. 비록 그것이 엄밀한 역사의 일부가 아닐지라도 말이다. 이 사실은 종의 탄생, 우주의 발전에도 해당된다. 그것들은 역사와 유비적이지만, 엄밀한 역사는 아니다. 유비는 자연의 자발성에서, 생물학적 진화에서 나타나는 진보가 생산해내는 새로운 것에서, 우주적 배치의 유일무이함에서 나타난다. 하지만 그것은 유비일 뿐이다. 자유와 절대적 의미가 결여되어 있다. 보편적 생명의 역사적 차원은 엄밀한 역사의 생명과 유비적이지만 역사 자체는 아니다. 보편적 생명에서 정신 차원은 예견을 통해서만 현실화된다. 생물학적 차원의 생명과 정신 차원의 생명 사이에는 유비가 있지만, 생물학적인 것이 정신은 아니다. 그러므로 인간의 역사라는 영역을 제외한 모든 영역에서 역사는 예견되지만 현실화되지는 않은 차원으로 남아 있다.

c) 역사 이전과 역사 이후

예견된 역사로부터 현실적 역사로의 발전은 역사 이전(prehistorical) 인간의 단계라고 묘사될 수 있다. 그는 어떤 측면에서는 이미 인간이지만, 아직 역사적 인간은 아니다. 결국 역사를 산출하게 될 그 존재자가 "인간"이라고 불린다면 그는 틀림없이 목적을 설정할 자유를 가지고 있을 것이고, 아무리 제한적일지라도 언어와 보편자를 가지고 있을 것이며, 또 예술적 가능성, 인지적 가능성, 어떤 의미의 거룩함을 가지고 있을 것이기 때문이다. 만약 그가 이 모든 것을 갖고 있다면 그는 자연의 어떠한 존재자도 역사적일 수 없는 방식으로 이미 역사적일 것이지만, 그의 역사적 잠재성은 가능성으로부터 실재로의 이행에서만 존재할 것이다. 형이상학적으로 말하자면, 그것은 "각성하는" 인간의 상태일 것이다. 그런 상태를 검증할 방법은 없다. 하지만 그 상태는 이후에 인간이 발전하기 위한 기초로 상정될 수도 있고 역사 이전의 인간, 인류의 초기 상태에 너무 많은 것이나 너무 적은 것을 부여하는 비실재적인 관념들에 반대하는 비판의 무기로 사용될 수 있다. 만약 인간에게 이후의 발전이나 완성 상태를 예견할 수 있게 하는 모든 종류의 완벽함이 부여된다면, 너무 많은 것이 인간에게 부여된 것이다. 이러한 일의 본보기로 아담에게 그리스도의 완벽함을 부여하는 낙원 신화에 대한 신학적 해석과 "고귀한 야만인"에게 완벽한 인간이라는 인문주의적 이상을 부여하는 인류의 근원적 상태에 대한 세속적 해석이 있다.

반대로 인간이 보편자의 가능성, 결국 언어의 가능성이 조금도 없는 야수로 간주된다면 너무 적은 것이 인간에게 부여된 것이다. 만약 이것이 사실이라면 역사 이전의 인간은 없을 것이고 역사적 인간은 "무로부터 창조"되었을 것이다. 하지만 모든 경험론적 증거는 그런 가정에 반대한다. 역사 이전의 인간은 정신과 역사의 차원을 현실화하게 되어 있고 자신의 발전을 통해서 자신의 현실화를 지향하는 유기적 존재자다. 동물의 자기-깨달음이 인간의 정신이 되고 인간의 정신이 역사적 차원에 들어가는 것이 확인되는 그런 순간은 없다. 한 차원에서 다른 차원으로의 이행은 은폐되어 있다. 비록 이 이행이 나타났을 때 그 결과가 명확하더라도 말이다. 역사 의식의 첫 번째 불꽃이 인류에게 언제 피어올랐는지 알지 못하지만, 우리는 이 의식의 표현들을 알고 있다. 모든 진화 과정에는 느린 변형과 갑작스런 도약이 혼합되어 있기 때문에 우리는 역사 이전의 인간에서 역사적 인간으로 이행한 순간을 알지 못하지만 역사적 인간과 역사 이전의 인간을 구별할 수 있다. 진화가 도약으로만 진행된다면 우리는 각각의 도약의 결과를 확인할 수 있을 것이다. 진화가 느린 변형으로만 진행된다면 어떠한 급진적 변형도 전혀 인식될 수 없을 것이다. 하지만 진화 과정에는 도약과 느린 변화가 결합되어 있으며 따라서 그 결과들을 구별할 수는 있을지라도 그 결과들이 등장한 순간을 확정할 수는 없다. 역사 이전의 인류를 숨기고 있는 어둠은 잠정적인 학문적 실패의 문제가 아니라 새로운 것의 등장이라는 측면에서 모든 진화 과정의 불확정성의 문제다. 역사적 인간은 새롭지만, 그는 역사 이전의 인간에 의해서 준비되었고 예견되었다. 그리고 역사 이전의 인간에서 역사적 인간으로 이행이 일어난 지점은 본질적으로 불확정적이다.

역사 이후(posthistory)라는 관념과 관련해서도 유사한 고찰이 이루어져야 한다. 우리가 물어야 하는 물음은 다음과 같다. 우리는 진화 과정의 어떤 단계, 즉 인종이 아닌 역사적 인류가 그 마지막에 도달하는 단계를 예견해야만 하는가? 이 물음의 의의는 인류의 미래와 관련된 유토피아적 관념과 진화 과정의 관계에 있다. 역사적 인류의 마지막 단계가 최종적인 완성의 단계—지상에서 현실화된 하나님 나라—와 동일시되어왔다. 하지만 시간적 의미의 "마지막"은 종말론적 의미의 "최종"이 아니다. 신약과 예수가 종말에 관한 상징들을 연대기적(chronological) 틀 안에 가두고자 하는 시도에 저항했던 것은 우연이 아니다.[1] 그런 종말이 언제 올지는 예수조차도 몰랐다. 그것은 인류의 역사적 발전이나 역사 이후의 발전과 무관하다. 비록 "미래"라는 양태가 그 발전을 상징적으로 묘사하면서 사용되었을지라도 말이다. 이로 인해 역사적 인류의 미래는 현재의 경험에서 유래한 가능성들에 개방된 채 남게 된다. 예를 들어 인류의 자기-파괴적 힘이 승리하여 역사적 인류가 종말에 이르게 되는 것은 불가능한 일이 아니다. 인류가 기존의 것을 초월하는 자신의 잠재적 자유—그런 자유를 상실하면 인간은 인간이 아닐 것이다—가 아니라 기존의 것에 대한 불만족과 함께 결과적으로 새로운 것을 향한 충동을 상실하게 되는 것도 가능한 일이다. 이 상태에 처한 인류의 특징은 니체가 "모든 것을 왜소하게" 이편 것에도 관심을 갖지 않는 "마지막 인간"(the last man)이라고 묘사했던 것과 유사하다.[2] 『멋진 신세계』(*Brave New World*)와 같은 우리 세기의 부정적 유토피아들은—옳든 그르든—그러한 진화 단계를 예견하고 있다. 세 번째 가능성은 역사적 인류를 지속시키는 데 필요한 생물학적·물리학적 조건

---

1   역주. 예를 들어 행 1:6-7.

2   역주. Nietzsche의 『차라투스트라는 이렇게 말했다』, 제1부 머리말에서 차라투스트라는 산에서 내려온 이후 도시로 가서 군중들에게 "초인"과 이에 대비되는 "마지막 인간"을 가르친다. 하지만 군중들은 그의 가르침을 받아들이지 않고 비웃는다. "사람들은 영리하며 이 세상에서 일어나는 모든 일을 알고 있다. 그러므로 그들의 조소에는 끝이 없다." 『차라투스트라는 이렇게 말했다』, 24.

들이 점차적으로나 갑작스럽게 소멸되기까지 인류의 역동적 충동이 예견할 수 없는 잠재성의 현실화를 지향하면서 지속되는 것이다. 역사 이후 인류에게 일어날 수 있는 이러한 우연한 일들과 아마도 다른 우연한 일들(chances)을 살펴보아야 하며, 그 일들이 "역사의 목표"에 관한 상징, 종말론적 상징들과 결합되어 있는 것을 해체해야 한다.

d) 역사의 담지자들: 공동체, 인격성, 인류

인간은 공동체 안에서 다른 인격과 만나면서 자신을 인격으로 현실화한다. 정신 차원에서 일어나는 자기-통합 과정은 인격성과 공동체를 모두 현실화한다. 우리가 도덕 원리와 관련하여 인격성의 현실화를 묘사했지만, 공동체의 현실화에 관한 논의는 여기까지 연기했다. 왜냐하면 공동체 안에서 이루어지는 생명 과정은 다음의 사실을 따라서 역사적 차원에 의해 비매개적으로 결정되기 때문이다. 그것은 직접적으로 역사의 담지자는 개인이라기보다는 집단이며 개인은 단지 간접적으로만 담지자일 뿐이라는 것이다.

역사를 담지하는 집단의 특징은 중심을 가진 방식으로 행위할 수 있는 능력이 있다는 점이다. 그 집단에는 중심을 가진 힘이 있는데, 그 힘은 집단에 속해 있는 개인들이 지속적으로 연합할 수 있게 해주며 힘을 가진 유사한 집단과 만났을 때 집단의 힘을 보존할 수 있게 해준다. 첫 번째 조건을 성취하기 위해서 역사를 담지하는 집단은 입법, 행정, 사법에서 집중화된 권위를 가져야만 한다. 두 번째 조건을 성취하기 위해서 그 집단은 다른 힘과의 만남에서 자신의 힘을 지킬 수 있는 도구를 가져야만 한다. 현대 용법에 따르면, 두 가지 조건은 "국가"(state)라고 불리는 것에서 성취되며 이런 의미에서 역사는 국가들의 역사다. 하지만 이 진술에는 몇 가지 단서가 필요하다. 첫째, "국가"라는 용어가 대가족, 가문, 부족, 도시, 민족이라는 국가와 유사한 기관들보다 훨씬 더 최근의 것이라는 사실을 제시해야 한다. 역사의 담지자가 되는 두 가지 조건은 국가와 유사한 그런 기관들에서 예전에 성취되었다. 둘째, 우리는 다음의 사실을 강조해야 한다. 역사적 영향력은 국가 안에서 작동하거나 많은 국가를 넘어서 작동하는 경제·문화·종교적인 집단과 운동에서 수많은 방식으로 실행될 수 있다. 그럼에도 그 집단과 운동의 역사적 효과는 역사를 담지하는 집단의 내향적이고 외향적인 조직화된 힘이 실존한다는 사실로 제한받는다. 예술 양식의 시대들조차도 수많은 나라들에서 황제의 이름으로 또는 연속되는 황제들의 이름으로 불린다는 사실은 정치 기관과 역사가 서로 대응하는 기본적 특징을 보여준다.

역사를 담지하는 집단은 내향적이고 외향적 힘이 있는 중심을 가진 집단으로 묘사되었다. 하지만 이것은 양방향으로 작용하는 정치적 힘이 집단의 생명과 무관하다는 말이 아니다. 모든 권력 구조에서 **에로스** 관계는 기관의 형식의 바탕을 이루고 있다. 법을 집행하고 강제하는 권력과 정복함으로써 법을 부여하는 권력은 적어도 암묵적으로라도 그 권위를 인정받는 중앙집중화된 권력 집단을 전제하고 있다. 그렇지 않으면 그 집단은 강제하고 정복하는 데 필요한 지지를 얻지 못할 것이다. 권력 구조의 지지자들이 그 암묵적 인정을 철회하면 그 권력 집단은 무너진다. 지지는 소속감과 공동체적인 **에로스** 형식에 근거하고 있는데, 그 형식은 지지하는 집단 안에서 일어나는 권력 투쟁을 배제하지 않고 다른 집단에 맞서도록 집단을 연합시키기도 한다. 이 사실은 가족부터 민족에 이르는 국가와 유사한 모든 기관에서 분명하게 나타난다. 혈연관계, 언어, 전통, 기억은 권력 구조를 가능케 하는 많은 **에로스** 형식을 창조한다. 강제에 의한 보존과 정복에 의한 성장은 집단의 역사적 힘에서 나오기는 하지만, 그 힘을 생산하지는 못한다. 모든 역사적 권력 구조에 존재하는 강압이라는 요소는 그 구조의 토대가 아니라 그 구조가 실존하기 위한 불가피한 조건이다. 동시에 **에로스** 관계가 사라지거나 권력으로 완전히 대체되는 경우 강압 요소는 구조를 파괴하는 원인이 된다.

권력 구조의 기저를 이루는 **에로스** 관계가 표현되는 방식 중 한 가지는 법적 원리들을 통한 것인데, 그 원리들은 법을 결정하며 지배하는 중심이 그 법을 집행하는 것을 결정한다. 역사를 담지하는 집단의 법 체계는 추상적인 정의 개념에서 나오는 것도 아니고 지배하는 중심이 가진 힘에의 의지에서 나오는 것도 아니다. 그 두 요인은 구체적인 정의의 구조에 공헌한다. 또 그 두 요인 중 하나가 우세할 경우 그 두 요인은 그 구조를 파괴할 수 있다. 왜냐하면 그 요인 중 어느 것도 국가와 유사한 구조의 기초가 아니기 때문이다. 모든 법적 체계의 기초는 **에로스** 관계를 드러내는 집단의 **에로스** 관계다.

하지만 내적 단결과 외적 안정을 강제할 수 있도록 집단이 가진 힘과 그 집단이 지향하는 목표야말로 그 집단을 역사를 담지하는 집단으로 만들어준다. 역사는 수평 방향으로 전진하며 역사에 이 방향을 부여하는 집단은 그 집단이 추구하는 목표와 그 집단이 성취하고자 하는 운명에 의해서 결정된다. 우리는 이것을 역사를 담지하는 집단의 "소명 의식"이라고 부를 수 있을 것이다. 그 의식의 특징뿐만 아니라 의식의 수준, 동기화하는 힘의 수준도 각 집단마다 다를 수 있다. 하지만 소명의 느낌은 역사적 인류의 가장 이른 시대부터 현존해왔다. 그 느낌을 가장 두드러지게 표현한 것은 아마도 아브라함을 불러낸 일일 것인데, 이 일을 통해서 이스라엘의 소명 의식은 그 상징적 표현을 찾았다.[3] 그리고 우리는 중국, 이집트, 바빌로니아에서도 유사한 형식을 찾을 수 있다. 그리스의 소명 의식은 그리스인과 야만인의 구별로 표현되었고, 로마의 소명 의식은 로마법의 우월함에, 중세 독일의 소명 의식은 독일 민족의 신성 로마 제국이라는 상징에, 이탈리아의 소명 의식은 르네상스 시대 문명의 "재탄생"에, 프랑스의 소명 의식은 지성적 문화에서 보여준 지도력에, 영국의 소명 의식은 기독교 인문주의에 모든 사람을 종속시키는 과제에, 러시아의 소명 의식은 그리스 교회의 전통이나 마르크스주의적 예언을 통해서 서구를 구원하는 일에, 미국의 소명 의식은 옛 세계의 저주가 극복되고 민주주의를 전파하는 과제가 성취된 새로운 시작에 대한 믿음에 근거하고 있었다. 19세기 독일과 이탈리아와 인위적 국경을 가진 더 작은 국가들에서 그러했듯이 소명 의식이 사라진 곳이나 소명 의식이 완전히 발전하지 못한 곳에서는 힘의 요소가 공격적인 의미나 방어적인 의미로만 우월해진다. 하지만 독일이나 이탈리아라는 최근의 본보기가 보여주듯이 이런 경우일지라도 소명 의식적인 자기-이해의 결핍이 너무나 강력했기 때문에 나치-인종주의의 부조리가 수용되었다. 부조리가 공백을 채웠기 때문이다.

소명 의식과 관련된 사실은 역사의 내용이야말로 모든 차원에서 역사를 담지하는 집단의 생명임을 보여준다. 생명의 어떤 차원도 집단의 살아 있는 기억에서 배제되지 않지만, 선택에는 차이가 있다. 정치적 영역은 역사적 실존을 구축하기 때문에 언제나 우월하다. 이 틀 안에서 사회적·경제적·문화적·종교적 발전은 고찰될 수 있는 동일한 권리를 가진다. 어떤 기간에는 그 발전 중 어느 하나가 더 많이─그리고 다른 기간에는

---

3   역주. 창 12:1-9.

더 적게―강조될 수 있다. 확실히 인간의 문화적 기능의 역사는 역사를 담지하는 어떤 구체적 집단으로, 심지어 가장 큰 집단으로도 국한되지 않는다. 하지만 문화사가나 종교사가가 정치적 경계를 넘어간다면, 그는 이것이 현실 생활에서 추상화된 것임을 깨닫고 있는 것이다. 그리고 그는 크고 작은 **정치적** 집단들이 여전히 모든 문화적 생활의 조건임을 잊지 않고 있는 것이다. 관념론적 역사가가 요구하는 독립적인 지성사에서든 아니면 유물론적 역사가가 요구하는 경제결정론적 역사에서든 정치사의 우선성을 간과할 수 없다. 시온주의 이스라엘이나 공산주의 러시아와 같이 지성사나 경제사가 거의 완성에 이른 것처럼 보일 때마다 역사 자체는 그 역사들을 반박해왔다. 성서가 역사의 의미를 표현하는 상징―"영의 생명"이나 "경제적 풍족함"이 아닌 "하나님 나라"―이 정치적이라는 것은 의미심장하다. 정치적 영역의 특징인 중심성이라는 요소로 인해 그 상징은 역사의 궁극적 목표에 적합한 상징이 된다.

이 때문에 개별 인간 집단이 아니라 인류를 역사의 담지자라고 해야 하지 않는가라고 물을 수 있다. 집단의 제한적인 특징은 필연적으로 "하나님 나라"라는 상징이 의도하는 일치를 파괴하는 듯 보이기 때문이다. 하지만 이 물음의 형식은 "역사의 목표는 역사에 있지 않다"는 대답에 편견을 갖게 한다. 역사 안에는 어떠한 연합된 인류도 없다. 확실히 과거에도 그런 인류는 실존하지 않았고 미래에도 실존할 수 없다. 정치적으로 연합된 인류는 상상할 수 있을지는 몰라도 수렴하고 분기하는 화살표들(vectors) 사이의 접점(a diagonal)일 뿐이기 때문이다. 인류의 정치적 일치는 인간적 자유의 결과인 불일치가 일어나기 위한 틀이 될 것인데 그 자유에는 주어진 모든 것을 능가하는 역동성이 있다. 인류의 일치가 역사의 종말이 되는 경우와 인류의 일치가 인간의 촉발된 자유가 중단된 역사 이후의 단계를 가리키는 틀이 되는 경우에만 상황이 달라질 것이다. 그런 단계는 "동물적 지복"(animal blessedness)의 단계일 것이다. 역사가 있는 한 "연합된 인류"는 "분열된 인류"를 위한 틀이 된다. 오직 역사 이후에만 분열이 사라질 수 있을 것이다. 하지만 그런 단계는 하나님 나라가 아니다. 왜냐하면 하나님 나라는 "동물적 지복"이 아니기 때문이다.

역사적 집단은 개인들의 공동체다. 공동체는 공동체를 이루는 개인들과 별개로 존재하거나 그런 개인들 위에 존재하는 실재가 아니다. 공동체는 이 개인들의 사회적 기능이 만들어낸 산물이다. 사회적 기능은 (다른 모든 기능이 그러하듯이) 개인으로부터 부분적으로 독립된 구조를 생산하지만, 이 독립성이 중심을 가지고서 의지하고 행위하는 새로운 실재를 생산하는 것은 아니다. 의지하고 행위하는 것은 "공동체"가 아니다. 사회적 성질을 가진 개인이 개인의 대표자를 통해 중심성을 실현함으로써 공동체적 행위가 이루어지게 한다. "집단을 인격화하는 속임수"는 드러나야 하고 고발해야 하는데 특히 이 속임수를 독재자가 남용하는 것을 드러내기 위해서 그렇게 해야 한다. 그래서 우리는 다시 이렇게 묻게 된다. 이런 의미에서 개인은 역사의 담지자인가? 우리는 이렇게 대답해야 한다. 집단을 인격화하려는 시도는 비판받아야 하지만, 개인은 역사를 담지하는 집단과 맺는 관계 속에서만 역사의 담지자가 된다. 그의 개인적 삶의 과정은 역사가 아니고 따라서 전기는 역사가 아니다. 하지만 전기는 역사를 담지하는 집단을 능동적으로, 상징적으로 대표하는 자(카이사르, 링컨)의 이야기로서 또는 집단의 평균적 상황을 대표하는 개인(그 농민, 그 부르주아지)의 이야기로서 의의가 있을 수 있다. 역사적 의의가 있는 개인과 집단의 관계는 공동체를 떠나 "사막"에서의 고립이나 "망명"을 선택한 자들에게서 특히 명확하게 나타난다. 그들이 역사적 의의를 가지고 있는 한 그들은 자신들이 출생했으며 돌아갈 수도 있는 집단과 연결된 채 남아 있거나 자신들이 가입했고 그 안에서 역사적 의의를 가지게 될 수도 있는 새로운 집단과 관계를 맺는다. 하지만 그들은 개인 자체로는 역사적 의의가 없다.

하지만 이것도 다음과 같은 물음에 대답하지 못한다. 누가 역사 과정을 결정하는가, "위대한" 개인인가 아니면 대중 운동인가? 이런 물음에 대답하는 것은 불가능하다. 이 관점이나 저 관점을 지지하기 위한 어떠한 경험론적 증거도 찾아낼 수 없기 때문이다. 또 그 물음에는 오해의 소지가 있다. 역사에서 "위대한"이라는 수식어는 역사를 담지하는 집단의 운동을 이끈 위대한 지도자였던 인물에게 부여된다. "위대한"이라는 용어에는 이런 의미로 대중과의 관계가 내포되어 있다. 잠재적으로는 역사적 위대함을 가지고 있었지만 결코 현실화에 이르지 못했던 개인은 위대하다 할 수 없다. 위대함에 이르는 잠재성은 오직 그 현실화로만 검사받을 수 있기 때문이다. 우리는 구체적으로 이렇게 말할 수 있을 것이다. 역사를 담지하는 집단에 수용되지 않은 자는 그 누구도 역사적 위대함을 성취할 수 없다. 반대로 대중의 운동은 개인의 생산력이 없으면 결코 발생할 수 없을 것인데, 그 개인은 많은 사람의 잠재성과 현실적 경향이 그를 통해서 의식되기도 하고 형성되기도 하는 개인이다. 개인 또는 "대중" 중 무엇이 역사를 결정하는가라는 물음은 개인과 대중의 상호작용에 관한 정확한 묘사로 대체되어야 한다.

2. 역사와 존재의 범주들

a) 생명 과정들과 범주들

조직신학 제2부 "존재와 하나님"에서 우리는 원리적 범주들―시간, 공간, 인과율, 실체―에 관해 논의했고 그 범주들과 존재의 유한성의 관계를 제시했다. 제4부에서 생명의 서로 다른 차원들의 특징을 규명했을 때, 우리는 그 차원들과 범주들의 관계를 다루지 않았다. 이 작업은 역사적 차원을 포함해서 전체적으로 이 관계를 고찰하고자 생략되었다.

각각의 범주 자체는 그 범주가 작용하는 차원에 따라서 차이가 있다. 예를 들어 무기적 차원, 유기적 차원, 심리학적 차원, 역사적 차원 등의 모든 차원에 오직 **하나의** 시간만 있는 것은 아니다. 그 각각의 차원에 시간이 있다. 시간은 독립적 개념이기도 하고 관계적 개념이기도 하다. 유한성의 모든 영역에는 시간이 있다. 하지만 아메바의 시간과 역사적 인간의 시간은 다르고 다른 범주들도 마찬가지다. 하지만 우리는 네 가지 범주 각 가에 동일성을 부여하여 묘사할 수 있고 다음과 같은 방식으로 그 용어의 동일성을 정당화할 수 있다. 우리는 모든 차원에서 시간을 시간으로 만드는 것은 "순차성"(after-each-other-ness)의 요소라고 정의할 수 있다. 시간성은 각각의 시간 형식들에서 나타나는 순차성이다. 물론 그런 정의는 시간 범주를 사용하지 않고는 불가능한데 그 범주가 "순차성"이라는 말에 내포되어 있기 때문이다. 그럼에도 이 요소를 추론해내는 일은 불필요한 일이 아니다. 그 이유는 그 요소가 시간성의 모든 형식에 기초로 남아 있을지라도 서로 다른 차원들에서 서로 다른 방식으로 규정되기 때문이다. 동일한 방식으로 우리는 모든 차원에서 공간을 공간으로 만드는 것은 "각자성"(beside-each-other-ness)의 요소라고 정의할 수 있다. 또 이것은 올바른 정의가 아닌데, 왜냐하면 그 정의는 정의되는 것을 정의에서 이미 사용하고 있기 때문이다. 즉 공간 범주가 "각자성"이라는 말에 이미 내포되어 있다. 여기서도 이 요소를 추론해내는 것이 유용하다는 사실이 드러난다. 왜냐하면 공간이라는 요소가 다른 요소에 의해서는 어떻게 규정되든지 이 요소로 인해 공간이 공간으로 확정되기 때문이다. 원인을 원인으로 만드는 것은 앞의 상황이 뒤의 상황을 한정하는 관계다. 비록 이러한 한정이라는 특징이 생명의 각 차원에서 달리 나타날지라도 말이다. 움직이는 고체의 몸이 또 다른 고체의 몸을 한정하는 것은 역사적 사건이 앞의 사건에 의해 한정되는 것과는 다르다. 실체 범주는 "우유성"(accident)이라 불리는 것의 변화 속에서 유지되는 일치를 표현한다. 문자적으로 실체는 생성 과정의 기저에 있는 것을 의미하는데 그 과정에 통일성을 부여하고 그 과정을 명확한 것과 상대적으로 지속적인 것으로 만든다. 이런 의미의 실체가 모든 차원에서 대상의 특징을 규정하지만 동일한 방식으로 그렇게 하는 것은 아니다. 화학적 실체와 그 실체의 우유성들의 관계는 봉건 문화의 실체와 그 실체의 현현들의 관계와는 다르다. 하지만 "변화 속에서 유지되는 일치"라는 말은 그 두 실체들의 특징을 동일하게 규정해준다.

이제 범주와 생명의 차원들의 관계에는 차이가 있을지라도 각 범주에는 그 정의를 결정하는 요소의 단일체이기도 하면서 그 요소를 적용하고 규정한 현실화된 형식들의 단일체이기도 한 것이 존재하는가라는 물음이 제기된다. 구체적으로 말해서 우리는 이렇게 물을 수도 있다. 모든 형식의 시간성을 포괄하는 시간, 모든 형식의 공간성을 포괄하는 공간, 모든 형식의 인과율을 포함하는 인과율, 모든 형식의 실체성을 포함하는 실체성이 존재하는가? 우주의 모든 부분은 서로 시간적·공간적·인과율적으로 조건지어진다는 사실과 모든 부분은 서로 실체적으로 구별된다는 사실은 우주라는 범주적 단일체에 관한 물음에 긍정적인 대답을 요구한다. 하지만 우주 자체를 알 수 없듯이 이 단일체도 알 수 없다. 생명의 어떤 차원과도 연결되어 있지 않지만 그 모든 것과 연결되어 있으면서 따라서 그 모든 것을 초월하는 어떤 시간(a time)의 특징은 존재-자체의 신비에 속해 있다. 동일화할 수 있는 어떠한 시간 과정과도 연결되지 않는 시간성은 초시간성, 곧 시간을 창조하는 시간의 근거 속에 있는 요소다. 동일화할 수 있는 어떠한 공간과도 연결되지 않는 공간성은 초공간적인, 공간을 창조하는 공간의 근거 속에 있는 요소다. 동일화할 수 있는 어떠한 인과율적 연쇄와도 연결되지 않는 인과율은 초인과율적인, 원인을 창조하는 인과율의 근거 속에 있는 요소다. 동일화할 수 있는 어떠한 실체적 형식과도 연결되지 않는 실체성은 초실체적인, 실체를 창조하는 실체성의 근거 속에 있는 요소다. 앞서 제기된 물음을 위한 그 범주들의 비매개적 의의와는 별개로 이 고찰들은 종교 언어에서 범주를 상징적으로 사용할 수 있는 기초를 제공해준다. 그 범주들의 본성에는 자기-초월의 지점이 있기 때문에 이런 사용은 정당하다.

네 가지 범주 자체가—조직 전체 안에서—종교 언어의 이해에 기여하는 중요성에 기초해서 선택되는 것처럼 다음의 본보기들 또한 역사 과정의 이해에 기여하는 중요성에 따라서 선택되었다. 다른 범주들과 생명의 다른 차원들에서 그 범주들의 기능을 보여주는 다른 본보기들도 선택될 수 있을 것이다. 그 분석은 완벽하지 않고 범주에 관한 교설의 역사가 보여주듯이 아마도 그 본성상 완벽할 수 없을 것이다. 범주와 영역의 경계선은 확정되지 않을 재설정 과정에 열려 있다.

b) 시간 및 공간과 생명 일반의 차원들

시간과 공간을 상호의존적으로 다루는 것은 (칸트가 보여주었듯이) 편리하기도 하고 또 어떤 점에서는 불가피하기도 하다. 시간이나 공간이 존재자들의 영역에서 우월해지는 정도에 따라 일종의 비율적 관계가 존재한다. 일반적으로 우리는 이렇게 말할 수 있다. 어떤 영역에서 무기적 차원이 우세해지는 만큼 공간이 더 우세해지고 반대로 어떤 영역에서 역사적 차원이 우세해지는 만큼 시간이 더 우세해진다. 생명과 역사에 관한 해석에서 이 사실은 "시간과 공간의 투쟁"으로 귀결되는데 그 투쟁은 종교사에서 가장 두드러진다.

무기적 차원이 결정하는 영역에서는 공간이 거의 무제한적으로 지배적인 범주가 된다. 확실히 무기적인 것은 시간 속에서 운동하지만, 그 운동은 시간적 기준에 따라서 계산된다. 하지만 이 계산은 공간의 "제4차원"인 물리적 과정의 계산으로 간주된다. 물리적 대상의 공간적 고체성, 즉 침투 불가능한 개별 장소를 자체적으로 갖는 그 대상의 힘을 우리는 모든 사람의 평균적 실존에서 지속적으로 만난다. 실존한다는 것은 무엇보다도 다른 모든 존재자의 장소들과 같은 한 장소를 가지는 것과 자신의 장소, 또 이와 함께 실존을 모두 상실하는 위협에 저항하는 것을 의미한다.

모든 공간의 특징인 각자성이라는 성질은 무기적 영역에서는 배타성이라는 성질을 가진다. 무기적 차원이 우세할 때 동일한 배타성은 시간의 특징이 된다. 시간-연쇄의 지속성에도 불구하고 물리적 과정에서 구분 가능한 시간의 모든 순간은 앞의 순간과 뒤의 순간을 배제한다. 강바닥으로 흘러가는 물방울은 이 순간에는 여기에, 다음 순간에는 저기에 있으며 그 무엇도 그 두 순간을 연합하지 않는다. 시간의 이러한 특징으로 인해 시간성이 가진 순차성은 배타적인 것이 된다. 그리고 끝없는 지속이라는 이런 종류의 시간을 영원을 가리키기 위한 상징적 소재로 사용하는 신학은 잘못된 신학(bad theology)이다.

생물학적 차원이 결정적인 영역에서는 시간과 공간 모두의 새로운 성질이 나타난다. 즉 각자성과 순차성이라는 배타적 성질은 참여라는 요소에 의해서 깨진다. 나무의 공간은 연결되어 있지 않은 무기적 부분들의 총체가 차지하는 공간이 아니라 상호의존적 요소들의 통일체가 차지하는 공간이다. 뿌리와 잎은 무기적 차원이 결정하기도 하는 경우에만 배타적 공간을 가진다. 하지만 유기적인 것이 우세한 상황에서는 뿌리와 잎이 서로에게 참여하고 뿌리에서 일어난 일이 잎에서도 일어나며 그 반대일 수도 있다. 뿌리와 잎의 구분에는 배타성이라는 특징이 없다. 마찬가지로 시간성의 배타적 순차성은 성장의 단계에서 서로에 참여함으로 인해 붕괴된다. 과거와 미래가 바로 지금에 영향을 준다. 그리고 오직 여기에서만 시간의 양태들은 현실화되고 실재를 규정한다. 어린 나무에게 늙은 나무는 "아직 아님"으로 포함되어 있고 반대로 늙은 나무에게 어린 나무는 "더 이상 아님"으로 포함되어 있다. 모든 성장 단계가 살아 있는 존재자의 모든 성장 과정에 내재되어 있기 때문에 시간적 배타성이 극복된다. 나무의 모든 부분이 차지하는 공간이 그 전체 나무이듯이 성장 과정의 모든 순간이 차지하는 시간이 그 전체 과정이다.

동물의 생명에서 자기-깨달음의 차원이 등장할 때, 현재에 과거와 미래가 내재되어 있다는 사실은 기억과 예견으로 경험된다. 여기에 시간의 양태들은 실제로 내재하는 한편, 실재로서 알려지기도 한다. (자기-깨달음이 우세한) 심리학적 영역에서 살아 있는 존재자의 시간은 경험된 시간, 즉 참여에 의해 기억된 과거와 참여에 의해 예견된 미래를 포함하는 경험된 현재다. 참여는 동일성이 아니며 순차성 요소는 제거되지 않는다. 하지만 그 요소의 배타성은 실재에서도 깨달음에서도 파괴된다. 자기-깨달음의 차원에서 공간성은 시간성과 상관관계를 이룬다. 공간성은 자기가 이끌어가는 운동의 공간인데 그 운동에서 모든 공간 형식의 각자성은 부분적으로 극복된다. 동물의 공간은 동물의 몸의 물리적 실존이 차지하는 공간일 뿐만 아니라 그 동물 자체가 이끌어가는 운동의 공간이기도 하다. 그 공간은 어떤 작은 동물의 경우처럼 매우 작을 수도 있고, 예를 들어 철새의 경우처럼 매우 클 수도 있다. 그 동물이 운동하는 공간이 **그것의** 공간이다. 성장과 자기-깨달음의 시간과 공간에서 공간은 여전히 시간보다 우월하지만, 그 절대적 우월성은 파괴된다. 다시 말해서 성장의 방향성과 자기-깨달음의 미래적 성격으로 인해서 시간은 공간의 속박을 완전히 돌파할 준비를 한다. 그런 돌파는 역사적 차원의 시간("역사적 시간")에서만 일어난다.

정신의 차원이 우세하게 부각되는 것과 동시에 각자성과 순차성의 또 다른 형식, 즉 정신의 시간과 공간이 등장한다. 추상화의 힘과 함께 주어지는 그 첫 번째 특질은 본질적 무제한성이다. 마음은 한계를 초월함으로써 한계를 경험한다. 창조적인 행위, 기본적으로 언어와 기술에서 제한적인 것은 무제한적으로 한계를 초월하는 가능성과 대조됨으로써 제한적인 것으로 상정된다. 이것이 시간과 공간의 유한한 또는 무한한 특징을 묻는 물음에 대한 대답이다. (칸트는 아우구스티누스-데카르트 전통을 따라서 이 사실을 알고 있었다.) 무기적이거나 생물학적이거나 심리학적인 시간과 공간의 맥락에서는 그 물음에 대답할 수 없다. 오직 창조적 정신의 시간과 공간이라는 맥락에서만 그 물음에 대답할 수 있다. 창조적 정신의 시간은 추상적 무제한성이라는 요소와 구체적 제한성이라는 요소를 연합한다. 정신의 행위라는 바로 그 창조의 본성에는 이 이원성이 내포되어 있다. 창조는 선험적(*a priori*) 한계 없이 수평적 방향으로 기존의 것을 초월하는 것을 의미하는 한편, 한정적으로 또 구체적으로 어떤 것이 실존함을 의미한다. "자기-제한은 그 주인을 보여준다"(Self-limitation shows the master)[4]라는 말에는 창조적 행위에서 나타나는 무제한적인 것의 가능성과 한계의 필연성이 모두 내포되어 있다. 정신의 차원에서 나타나는 시간의 구체성은 시간에 질적인 특징을 부여한다. 창조물의 시간은 그것이 생산된 물리적 시간에 의해서가 아니라 그것이 사용하고 변형하는 창조적 맥락에 의해서 결정된다. 그림의 시간은 그것을 그린 시간의 확장도 아니고 그림을 마친 날짜도 아니다. 그 시간은 그 그림이 속해 있으면서 크고 작은 변화를 일으키는 회화의 발전 단계 속에서 그 상황에 의해 규정되는 시간이다. 정신은 그 시간이 물리적 시간 전체 안에 있을지라도 물리적 시간으로는 측정될 수 없는 시간을 가진다. 물론 이로 인해 물리적 시간과 정신의 시간의 관계 물음, 즉 역사적 시간 물음을 묻게 된다.

　정신의 공간에 관해서도 유사한 진술을 할 수 있다. 공간과 정신이라는 단어의 조합은 낯설게 보이지만, 정신이 다른 모든 차원과 일치를 이루는 생명의 한 가지 차원이 아니라 존재의 비육체적 수준으로 이해되는 경우에만 낯설게 보일 뿐이다. 실제로 정신에는 정신의 시간뿐만 아니라 정신의 공간이 있다. 창조적 정신의 공간에서 추상적 무제한성이라는 요소와 구체적 제한성이라는 요소는 연합된다. 주어진 환경의 창조적 변형은 이 환경이 부여하는 한계를 벗어난다. (우리 시대 소위 공간의 정복에서 보게 되듯이) 상상 속에서나 실재 속에서 창조적 행위는 공간의 제한 없이 퍼져나

4　역주. Goethe의 말은 다음과 같다. "제한을 통해서 주인이 나타나며, 법만이 우리에게 자유를 줄 수 있다"(In der Beschränkung zeigt sich erst der Meister, und das Gesetz nur kann uns Freiheit geben).

간다. 하지만 창조에는 구체성이 내포되어 있고 상상력은 기존의 환경으로 회귀해야 하는데 그 환경은 초월하고 회귀하는 행위를 통해서 개별적 특징을 가진 보편적 공간의 일부가 된다. 그것은 정착의 공간─집, 마을, 도시─이 된다. 그것은 사회적 질서 속에서 사회적 지위의 공간이 된다. 그것은 가족, 이웃, 부족, 민족과 같은 공동체의 공간이 된다. 이런 공간들은 질적인 것으로서 물리적 공간의 틀 안에 있지만 물리적 공간으로는 측정될 수 없는 것이다. 따라서 물리적 공간과 정신의 공간이 어떻게 서로 연관되어 있는지를 묻는 물음, 즉 역사적 공간에 관한 물음이 제기된다.

c) 역사적 차원에서 시간과 공간

물리적 시간과 공간이 정신 차원의 시간과 공간과 맺는 관계 물음은 우리를 역사와 범주에 관한 문제로 인도했다. 우리가 엄밀하게 역사적이라 부르는 과정, 인간에게로 제한되는 과정에서 모든 형식의 순차성과 각자성은 직접적으로 유효하다. 역사는 무기적 영역의 시간과 공간 속에서 움직인다. 역사에는 기관(organ)을 성장시키고 성숙시키며 발전시키는 중심을 가진 집단이 있는데 기관의 성장, 성숙, 발전은 자기-깨달음의 차원에서 이루어지는 것과 유사한 방식으로 이루어진다. 그러므로 역사는 시간과 공간을 포함하고 있으며 성장과 자기-깨달음에 의해서 규정된다. 그리고 역사와 정신 차원의 생명은 상호의존적으로 결정하기도 하고 결정되기도 한다. 정신의 창조적 행위 및 이와 함께 정신의 시간과 공간은 역사에 언제나 현존해 있다.

하지만 역사적 시간과 공간은 이전 차원의 시간적 성질과 공간적 성질을 넘어서는 성질을 보여준다. 무엇보다도 무기적 영역에서 공간이 시간보다 우세했듯이 역사에서는 시간이 공간보다 우세하다. 하지만 이 두 가지 극단의 관계는 단순한 양극성의 관계가 아니다. 역사에서 무기적인 것의 잠재성이 현실화된다. 따라서 현실화된 역사적 영역에는 현실화된 무기적 영역이 포함되어 있다. 하지만 그 역은 성립하지 않는다. 이 관계는 시간과 공간에도 적용된다. 역사적 시간에는 무기적 시간이 현실적으로 포함되어 있다. 무기적 시간에는 역사적 시간이 단지 잠재적으로만 포함되어 있다. 모든 역사적 사건에서 원자는 무기적 시간의 질서에 따라 움직이지만, 원자의 모든 운동이 역사적 사건에 기초를 제공하는 것은 아니다. 시간과 관련하여 대조되는 차원들의 차이는 공간에도 유사하게 해당된다. 역사적 공간에는 성장, 자기-깨달음, 창조성의 공간뿐만 아니라 물리적 영역의 공간도 포함되어 있다. 하지만 유기적 영역과 무기적 영역에서 시간이 공간에 종속되어 있듯이 역사적 차원에서는 공간이 시간에 종속되어 있다. 역사의 영역에서 나타나는 공간과 시간의 이런 개별적 관계 때문에 먼저 역사적 시간에 대한 분석이 필요하다.

역사적 시간은 순차성의 형식이 가진 결정적 특질, 불가역성이라는 특질에 근거하고 있다. 어떤 차원에서도 시간은 되돌릴 수 없다. 시간의 개별 순간이 가진 어떤 성질들은 반복될 수 있지만, 전체 상황에서 추상화된 성질들만 반복될 수 있을 뿐이다. 예를 들어 일몰 또는 대부분의 사람들이 창조적인 새로운 것을 거부하는 일 등이 재발하는 상황은 각각 서로 다른 시간이며 결과적으로 추상화된 요소에는 동일성이 아니라 유사성만이 있을 뿐이다. 다시 말해서 시간은 반복되면서도 새로운 것, 유일무이한 것, 신기한 것을 향해 나아간다. 이런 면에서 모든 차원의 시간에는 식별 표지가 있다. 순차성은 뒤집힐 수 없다. 하지만 이런 공통의 기반 위에서 역사적 시간은 고유한 성질을 가진다. 역사적 시간은 정신의 시간, 창조적 시간과 연합되어 있으며 완성을 향해 나아가는 시간으로 나타난다. 모든 창조적 행위는 어떤 것을 지향하고 있다. 그 행위의 시간은 창조적 의도가 바라보는 전망과 실존하는 창조물 사이에 있는 시간이다. 하지만 역사는 모든 창조적 행위를 수평적으로 초월한다. 역사는 모든 창조적 행위의 장소이며 상대적으로 완성되어 있음에도 불구하고 아직 미완성이라는 특징을 그 각각의 행위들에 부여한다. 역사는 그 모든 행위를 넘어 상대적이지 않은 완성을 향해서, 그리고 완성을 위한 또 다른 시간성이 필요하지 않은 완성을 향해서 나아간다. 정신의 담지자인 역사적 인간은 완성을 향해 나아가는 시간의 본성을 의식한다. 인간은 시간이 지향하는 그것을 의식적 목표로 삼는다. 역사적 집단의 역사적 행위는 완성을 향해 나아가는데, 그 완성은 모든 개별적 창조를 초월하면서 역사적 실존 자체의 목표로 간주되는 것이다. 하지만 역사적 실존은 보편적 실존에서 구현되며 보편적 실존과 분리될 수 없다. "자연은 역사에 참여"하며 우주의 완성에도 참여한다. 역사적 시간과 관련하여 이것이 의미하는 바는 역사적 시간이 지향하는 완성은 모든 차원의 시간이 지향하는 완성이라는 것이다. 역사적 행위에서 보편적 시간의 완성은 의식적 목표가 된다. 이 목표를 표현했던 상징, 즉 그 목표를 표현해야 하는 상징에 관한 물음은 "역사의 목적"에 관한 물음과 동일한데, 우리는 어떤 대답을 가지고 이 물음에 답해야 한다. 이 맥락에서 우리가 제시하는 대답은 "영원한 생명"이다.

비역사적 차원의 시간은 끝없는 것도 아니고 끝을 향해 나아가는 것도 아니다. (신학은 물리적 시간의 가상적 시작과 창조의 상징을 동일시하지 못하도록 막으면서) 시간의 시작에 관한 물음을 물을 수 없다. (신학은 가상적인 물리적 종말과 완성의 상징을 동일시하지 못하도록 막으면서) 시간의 종말에 관한 물음도 물을 수 없다. "종말"(end)이라는 단어가 제시하듯 역사의 종말은 역사의 목표(aim)다. 비록 상상된 것일지라도 그 종말은 완성된 목표다. 그러나 종말이 있는 곳에는 시작, 실존이 완성되지 않은 것으로 경험되는 순간, 완성을 향한 충동이 시작되는 순간이 있어야만 한다. 시간의 시작과 종말은 본질적으로 역사적 시간에 속해 있으며 매 순간 역사적 시간에 속해 있는 성질들이다. 모든 차원의 생명이 이루는 다차원적 일치에 따르면, 공간 없는 시간은 있을 수 없으며 결국 역사적 공간 없는 역사적 시간도 없다. 역사적 차원의 공간은 시간보다 아래에 있다. 모든 공간적 관계의 각자성은 역사적 차원에서 역사를 담지하는 집단들의 만남, 그 집단들의 분열, 갈등, 재연합으로 나타난다. 그 집단들이 기반하고 있는 공간은 서로 다른 차원들에서 나타나는 서로 다른 종류의 각자성이라는 특징을 가진다. 하지만 그 집단들은 이를 넘어 일치를 향해 나아가는 성질을 가지고 있는데 그 일치는 집단과 그 집단의 창조적 잠재성을 무화시키지 않으면서 그 모든 집단을 초월하는 것이다. 역사적 시간이 지향하는 목표를 보여주는 "하나님 나라"라는 상징에서 공간적 요소가 분명하게 나타난다. "나라"는 영역, 다른 장소 옆의 장소다. 물론 하나님이 통치자가 되는 장소는 다른 장소 옆에 있는 장소가 아니라 모든 장소 위에 있는 장소다. 그럼에도 그것은 장소이며 이원론적 의미의 무공간적 "영성"이 아니다. 완성을 향해 가는 역사적 시간은 역사적 공간들의 관계를 통해서 현실화된다. 그리고 역사적 시간에 다른 모든 시간 형식들이 포함되어 있듯이 역사적 공간에는 다른 모든 역사적 공간이 포함되어 있다. 역사적 시간에서 순차성의 의미가 의식되고 인간적 문제가 되었듯이 역사적 공간에서 각자성의 의미가 의식되고 또한 문제가 된다. 그 두 경우에 대한 대답은 역사 과정의 목표를 묻는 물음에 대한 대답과 동일하다.

d) 인과율, 실체, 생명 일반의 차원들

역사적 차원의 인과율은 실체와 대조하기도 하고 연합하기도 하면서 고찰되어야 한다. 하지만 역사적 차원에서 나타나는 그 둘의 특별한 특징을 이해하기 위해서는 다른 영역들에서 나타나는 그것들의 본성을 분석해야 한다. 시간과 공간의 경우처럼 인과율의 모든 변형태에는 공통적인 요소가 있다. 즉 앞의 복합체가 없으면 다른 복합체도 존재할 수 없는 방식으로 어떤 복합체가 다른 복합체보다 선행하는 관계가 있다. 원인은 한정하는 선행 요인이며 인과율은 사물들의 질서다. 이 질서를 따라서 모든 것에는 한정하는 선행 요인이 존재한다. 유한성을 이해하는 데 기여하는 이 질서의 함의를 조직신학의 다른 부분에서 논의했다.[5] 여기서 물어야 할 물음은 이런 것이다. 각 차원에서 한정은 어떻게 이루어지는가?

마찬가지로 역사적 차원의 실체 범주는 먼저 실체 일반의 의미를 분석함으로써, 다음으로 비역사적 차원의 실체의 의미를 분석함으로써, 마지막으로 역사적 차원 자체의 의미를 분석함으로써 고찰되어야 한다. 실체의 일반적 특징은 "기저에 놓인 동일성", 즉 변화하는 우유성들(accidents)의 측면에서 본 동일성이다. 어떤 것을 그것이게끔 하는 이 동일성은 서로 다른 차원들의 인과율에서 서로 다른 특질을 가지며 그 인과율과 서로 다른 관계를 맺는다. 만약 신학이 하나님과 세계의 관계, 신적인 영과 인간 정신의 관계, 섭리와 아가페의 관계를 묘사하면서 인과율과 실체를 활용한다면, 이 구별을 아는 것은 신학에서 대단히 중요하다.

무기적 차원이 우세할 경우 한정하는 선행 요인과 한정된 결과(원인과 결과)는 분리된다. 이에 상응하는 시간적 특징을 따를 때 관찰된 계기들이

---

5   『폴 틸리히 조직신학 I』, 제2부, I, 서론; 제2부, I, C, 8.

서로 분리되는 것처럼 말이다. 이런 의미의 인과관계는 결과를 그 결과가 결정되는 원인으로부터 멀리 떨어뜨린다. (무기적 영역의 소우주와 대우주의 경계선에서가 아니라면) 실재와의 일상적 만남에서 결정은 양적 용어나 수학식으로 표현될 수 있다. 무기적 차원에서 인과관계는 선행 요인이 결과를 양적으로나 계산 가능한 방식으로 한정하는 작업이다.

동일한 영역에서 실체는 원인이 되는 선행 요인과 그것 자체의 일시적 동일성, 그리고 원인에 따른 결과와 그것 자체의 일시적 동일성이다. 이런 의미의 실체는 (초기 형이상학의 불멸하는 영혼-실체처럼) "기저에 있는 부동의 어떤 것"으로 간주되지 않는다는 사실은 언급할 필요도 없다. 실체는 변화하는 우유성들 속에서 유지되는 동일성인데 그 동일성 때문에 우유성들의 복합체를 어떤 "것"이라고 부를 수 있게 된다. 확실히 이 영역에서 실체는 무수히 구분 가능한 자의적인 구분들에 의존하고 있다. 서로 분리된 두 조각의 금속 사이에는 실체적 일치가 없다. 하지만 그 각각에는 자체적으로 일시적인 실체적 동일성이 있다. 그것들은 무기적 영역의 공간에서 나타나는 철저한 각자성에 종속되어 있다.

무기적 영역에서만 나타나는 특질과 다른 영역들에서는 이를 능가하는 특질이 인과율과 실체에 부여될 때, 신학적 문자주의가 일상적인 범주 이해에 의존하는 모습이 나타난다. 하나님이 원인으로 구상되고 세계는 결과로 구상될 때 또는 우리가 하나님을 실체로 간주하고 세계를 또 다른 실체로 간주할 때, 우리는 이런 의존의 본보기들을 보게 된다.

유기적 차원과 심리학적 차원에서 인과율과 실체는 그 특징도 변하고 그 관계도 변한다. 원인과 결과의 분리, 한 개별적 실체와 다른 개별적 실체의 분리라는 요소는 참여라는 요소로 대칭을 이룬다. 유기체 안에 있는 한정하는 선행 요인은 유기체의 상태이며 한정된 결과 또한 동일한 유기체의 또 다른 상태다. 외부에서 유기적 조직에 끼치는 원인적 영향이 있을 수도 있지만, 그 영향은 유기체의 결과적 상태의 원인(cause)은 아니다. 영향은 한 상태에서 다른 상태로 진행하는 유기적 과정의 계기(occasion)다. 유기적 인과율은 중심을 가진 전체를 통해서 효력을 발하는데 그 전체에는 유기체에 내재된 화학적·물리적 과정 및 양적으로 측정가능한 그 과정의 인과관계가 명확하게 포함되어 있다. 자기-깨달음의 차원에서 우리는 동일한 상황을 발견한다. 중심을 가진 자기-깨달음에는 자극과 반응 사이에 양적으로 측정가능한 관계가 없다. 여기에도 외재적 원인은 심리학적 전체를 통해서 작용하는데, 그 심리학적 전체는 계기가 되는 (occasioning) 충격에 의해 이 상태에서 다른 상태로 움직인다. 이 때문에 합류, 반작용 등의 과정 속에 있는 계산 가능한 요소의 타당성이 배제되는 것은 아니다. 하지만 그 요소의 계산가능성은 자기-깨달음의 개체적 중심—이 중심의 순환(circle) 속에서 그 과정들이 일어나고 있다—에 의해서 제한받는다.

유기적 인과율과 심리학적 인과율이 그 안에서 효력을 끼치는 중심을 가진 자기는 명확한 동일성을 가진 개체적 실체다. 그 자기는 일시적이지 않은데 왜냐하면 (그 자기가 중심을 가지고 있다면) 자기는 나누어질 수 없기 때문이다. 자기의 내용들은 변할 수 있지만, 자기-깨달음의 영역에서 기억으로 경험되는 지속성을 통해서만 변할 수 있다. 만약 (생물학적 또는 심리학적인) 지속성이 완벽히 파괴된다면 개체적 실체는 (보통은 죽음에 의해서, 때로는 완벽한 기억 상실에 의해서) 실존하기를 중단할 것이다. 다시 말해서 유기적 차원과 심리학적 차원에서 인과율은 실체의 포로다. 인과관계는 중심을 가진 통일된 전체에서 발생하며 그 순환 외부에 있는 원인들은—그 원인들이 전체를 파괴하지 않는다면—전체를 통해서 영향을 준다. 개체적 실체가 외적 영향력을 자신의 실체적 동일성으로 받아들이지 못하고 그 영향력에 의해 파괴되는 경우 바로 이런 이유로 개체적 실체는 종말에 이르게 된다. 그렇게 될 때 육체적인 병과 정신적인 질병의 경우처럼 (화학적 과정이나 연산작업과정 등의) 양적으로 계산가능한 과정들이 모든 것을 장악하게 되고 그 과정은 실체의 소멸에 이른다.

자기-깨달음의 차원에서 인과율이 실체에 포함되어 있다 하더라도 정신 차원에서 인과율은 이 포함 관계를 깨뜨린다. 인과율은 정신의 창조적 성질에 참여해야 한다. 한정하는 선행 요인은 창조적 행위가 그 안에서 이루어지는 경계를 결정한다. 또 그 선행 요인은 창조적일 수 있는 행위를 이끌어내는 충동을 결정하기도 한다. 하지만 그 선행 요인이 창조의 내용을 결정하는 것은 아니다. 왜냐하면 그 내용은 새로운 것이며 새로운 것이 창조적 행위를 창조적인 것으로 만들기 때문이다. 새로운 것이라는 개념은 더 깊은 고찰이 필요하다. 현실적 존재에는 생성이라는 특징이 있기 때문에 우리는 이렇게 말할 수 있다. 시간의 가장 작은 순간에 일어나는 모든 일은 예전의 순간에 일어났던 일과 비교해서 새롭다. "새로움"이 생성 과정 중에 있는 각각의 상황을 의미한다면, 모든 것이 늘 새롭다. 그리고 비록 해 아래 새 것이 없다는 전도서의 주장에도 불구하고[6] 분명히 이것은 사실이다. 하지만 새로운 것이라는 개념은 범주들의 의미만큼이나 새로운 것이 나타나는 차원들에 따라서 많이 구별될 필요가 있다. 양적 변형을 통한 인과관계에서 도출된 새로운 것은 개체적 실체의 질적 변형을 통한 인과관계에서 도출된 새로운 것과 다르다. 그리고 그 두 종류의 새로움은 인간 정신의 창조적 행위를 통한 인과관계의 결과로서 도출된 새로

---

6   역주. 전 1:9.

운 것과 다르다. 앞의 두 경우에서 결정은 새로움을 상정하는 자유보다 우월하다. 정신의 경우에는 자유가 결정보다 우월하며 도출될 수 없는 새로운 것이 창조된다. 셰익스피어가 『햄릿』을 창조했을 때, 소재, 특정한 형식, 인격적 전제, 우연적 요인 등은 도출 가능한 것이었다. 이 모든 요소들이 『햄릿』을 창조하는 예술 과정에 영향을 끼쳤다. 하지만 그 결과는 도출할 수 없다는 의미에서 새로웠다. 정신 차원에서 일반적 인과율은 새로운 것을 창조하는 인과율이 된다고 말한다면, 바로 이런 의미로 말하는 것이다.

새로운 것은 개체적 실체에만 얽매이지 않고 실체에서 발생하며 실체의 특징에 영향을 준다. 개체적 실체는 정신에 의해 결정된다. 자기-깨달음의 중심은 인격이 된다. 인격을 통해서 실체적 동일성은 무조건적 당위라는 특징을 가진다. 이로 인해 이전의 형이상학이 저질렀던 실수는 불멸의 실체를 무기적 시간 과정 속에서 자신의 동일성을 유지하는 분리된 존재자로 확립한 것이었다. 그런 결론은 유한성의 현현이라는 모든 범주의 본성과 모순된다. 하지만 그 논증에는 무조건적 요소에 대한 통찰이 포함되어 있기 때문에 그 논증의 기초는 건전하다. 그 요소로 인해 인격은 인격이 되고 인격에 무한한 의의를 제공하게 된다. 정신에 의해 결정되는 중심을 가진 존재, 인격은 창조적 인과율의 원천이다. 하지만 창조는 창조가 발원하는 실체―인격―를 능가한다.

e) 역사적 차원에서 인과율과 실체

역사적 사건에는 생명의 모든 차원이 능동적으로 참여하기 때문에 역사적 인과율은 인과율의 포괄적인 형식이다. 역사적 인과율은 창조적 인과율의 자유에 의존하고 있지만, 마찬가지로 무기적·유기적 발달에도 의존하고 있다. 그 발달은 역사적 인간을 가능케 하며, 인간 전체 역사의 틀이나 하부 구조로 남아 있다. 그리고 이것이 다가 아니다. 역사의 담지자는 역사적 집단이기 때문에 이 집단의 본성은 결정하는 인과율과 자유로운 인과율이 역사적 과정에서 결정적으로 상호침투함을 보여준다. 역사적 집단에서 이중적 인과관계를 볼 수 있다. 기존의 사회 구조로부터 문화적 내용의 창조에 이르는 인과관계와 이 내용으로부터 변형된 사회 구조에 이르는 인과관계가 그것이다. 사회적인 "기존의 것"(givenness)은 무한한 과거 속에 있는 관념적 지점으로서, 그 지점에서 역사 과정이 시작되었다. (역사 이전에서 역사로 이행하는) 바로 이 지점에서 창조성은 기존의 문화를 파괴했으며 이런 방식으로 기존의 문화에 공헌했다. 그래서 변형된 문화가 발생했고 그 변형된 문화에서 새로운 창조성이 이어서 발생했다. 그러므로 몇몇 인류학자들처럼 기존의 문화에서 창조적 행위의 내용을 도출하는 것은 불가능하듯이 고전 관념론처럼 기존의 문화를 창조적 행위에서만 도출하는 것도 불가능하다.

역사적 차원의 실체는 "역사적 상황"이라 불릴 수 있다. 앞서 논의했듯이 기존의 문화가 그런 상황이다. 그 문화는 가족, 부족, 민족, 국제관계에서 나타날 수 있다. 그것은 역사를 담지하는 개별 집단으로 제한될 수 있다. 또 그것은 그런 집단들의 조합으로 확장될 수도 있다. 그것은 대륙들을 포괄할 수도 있다. 여하튼 역사적 인과율이 새로운 것을 지향하는 상황이 있는 곳에는 역사적 차원의 실체가 있다. 역사를 창조하는 상황을 실체라고 한다면, 이 사실은 실체의 모든 현현에 동일성의 지점이 있음을 의미한다. 이런 의미의 상황은 모든 차원에 적용된다. 그 상황에는 지리학적 기초, 무기적 영역의 공간이 있다. 그 상황은 생물학적 집단 및 집단과 개인의 자기-깨달음과 사회학적 구조에 의해서 탄생한다. 그것은 사회학적·심리학적·문화적 긴장과 균형의 조직체다. 하지만 그것은 역사적 의미의 실체이기를 중단한다. 균형이 붕괴되고 긴장이 실체를 구축하는 동일성 요소를 파괴하면, (르네상스와 계몽주의 같은) 역사적 시대에 대한 명칭들이 이러한 동일성의 지점을 표현하게 된다. 암묵적으로든지 명시적으로든지 실체 범주를 역사에 적용하지 않으면, 어떠한 역사 기술도 불가능할 것이다. 헬레니즘, 르네상스, 절대주의, 문화적 의미의 "동방과 서방", 질적 의미의 "18세기", 지리적이고 문화적인 의미의 인도 등과 같은 역사적 명칭들이 역사적 실체─역사적 인과관계가 성장할 수 있거나 성장했으며 동시에 역사적 인과관계의 결과인 상황─를 지시하지 않는다면 그 명칭들은 무의미할 것이다.

역사적 시간처럼 역사적 인과율도 미래를 지향하고 있다. 그 인과율은 새로운 것을 창조한다. 그리고 역사적 시간이 역사적 공간을 "미래주의적" 운동으로 이끌어가듯이 역사적 인과율도 역사적 실체를 미래 방향으로 이끌어간다. 역사적 인과율은 모든 개별적인 새로운 것을 넘어서는 새로움을 향해, 모든 개별적 상황이나 실체를 넘어서는 상황이나 역사적 실체를 향해 나아간다. 이를 통해 정신의 차원에서 역사적 인과율은 개별적 창조를 초월한다. 창조적 인과율에 속해 있는 새로움이라는 개념에는 역사적 운동의 초월하는 특징이 내포되어 있다. 계속 반복되는 개별적 새로움의 창조 자체에는 낡음의 요소가 있다. 창조물들이 낡아갈 뿐만 아니라(창조물들은 기존의 실체에서 정적인 것이 된다), 끝없는 변형을 통해 개별적 새로움을 창조하는 과정 자체에도 낡음의 성질이 있다. 그러므로 인간의 역사 의식은 언제나 개별적인 새로운 것을 초월하여 절대적으로 새로운 것, "새로운 창조"라고 상징적으로 표현되는 것을 늘 바라보았다. 역사적 인과율이라는 범주에 대한 분석은 이 지점까지는 도달할 수 있지만, "새로움-자체"를 묻는 물음에는 대답할 수는 없다.

역사적 상황이나 실체가 역사적 인과율의 역동성 안으로 받아들여진다면, 그 상황이나 실체에는 (차원적으로 규정된 모든 형식의 실체를 포함하는) 보편적인 역사적 실체나 모든 상황을 초월하는 상황에 대한 요청도 포함되어 있다. 그것은 일어날 수 있는 모든 역사적 긴장이 보편적으로 균형에 이르게 되는 상황일 것이다. 여기서 다시 인간의 역사 의식은 역사적 실체 범주가 가진 이런 함의를 깨닫게 되며 어떤 상황을 초월하여 궁극적 상황의 상징, 예를 들어 하나님 나라의 보편적 일치를 바라보게 된다.

3. 역사의 역동성

a) 역사의 운동: 경향, 구조, 시대

역사의 범주적 구조를 논의한 이후 이제 우리는 이 구조적 틀 안에서 이루어지는 역사의 운동을 묘사하고자 한다. 역사적 차원의 범주는 그런 묘사를 위한 기본 요소를 제공한다. 시간은 역사적 운동의 불가역성이라는 요소를 제공하고, 인과율은 자유의 요소를 제공하면서 도출 불가능한 새로움을 창조하며, 공간과 실체는 시간과 인과율이 깨뜨리며 나왔다가 다시 회귀하는 상대적으로 정적인 요소를 제공한다. 이런 요소들을 고려하면서 우리는 역사적 운동에서 제기되는 몇 가지 문제에 접근할 수 있다.

먼저 역사의 역동성에서 나타나는 필연성과 우발성의 관계 물음이 중요하다. 그것은 역사 기술 방법과 관련해서 중요할 뿐만 아니라 역사적 결정, 행위와 관련해서도 중요하다. 필연성의 요소는 역사적 상황에서 나온다. 우발성의 요소는 역사적 창조성에서 나온다. 하지만 이런 요소 중 어느 것도 항상 단독적이지 않다. 나는 필연성의 요소가 우세할 경우 나타나는 그 요소들의 통합체를 "경향"이라고 부를 것이고, 우발성의 요소가 우세한 경우 나타나는 그 통합체를 "우연"이라고 부를 것이다.

(역사적 시간의 불가역성뿐만 아니라) 경향들의 본성 또한 역사 법칙을 확립하려는 모든 시도를 막는다. 그런 것은 실존하지 않는다. 왜냐하면 역사의 모든 순간은 이전의 모든 순간과의 관계 속에서 새로우며, 경향은 그것이 아무리 강력할지라도 변할 수 있기 때문이다. 역사에는 불변하는 듯 보이는 경향들의 변화가 존재한다. 하지만 연속적인 사건들에는 어떤 규칙성이 있는데 그 규칙성은 사회학 법칙과 심리학 법칙에 뿌리를 두고 있다. 그 법칙은 엄밀함을 결여하고 있을지라도 역사적 상황을 결정하는 일에 참여한다. 하지만 과학적 이상인 자연법칙의 확실성을 가지고 있는 그런 규칙성을 예언하는 것은 불가능하다. 경향은 사회학적 법칙에 의해서 생산될 수 있다. 성공한 혁명은 처음의 혁명 지도자를 제거하는 경향을 가지고 있다는 규칙이 그런 경향의 본보기다. 경향은 새로운 발명과 그 발명이 사회에 끼친 충격이나 그런 충격에 저항하는 증가하는 반작용에 의해서도 생산될 수 있다. 경향에 거의 저항할 수 없는 상황이 있다. 경향이 완전히 작용하지 않는 것도 아니지만 거의 나타나지도 않는 상황이 있다. 경향이 우연과 대칭을 이루는 상황도 있고 경향이 풍성한 우연 아래에 은폐되어 있을 수도 있다.

모든 역사적 상황에는 경향이 포함되어 있듯이 우연도 포함되어 있다. 우연은 경향의 결정하는 힘을 변경하는 계기(occasion)다. 그런 계기는 상황 속에 있는 요소들, 경향과 관련하여 우발적이라 할 수 있는 요소들이 만들어내는 것인데, 관찰자가 예견할 수 없다는 특징을 갖고 있다. 우연을 제공하는(chance-giving) 계기가 실제적인 우연이 되기 위해서는 그 계기가 창조적인 인과율적 행위에서 활용되어야 한다. 그리고 실제적인 계기가 존재한다는 유일한 증거는 역사적 행위가 경향을 성공적으로 변형하는 일이다. 많은 우연은 결코 표면화되지 못하는데 그 이유는 우연들을 감당할 사람이 없기 때문이다. 하지만 어떠한 역사적 상황에도 우연이 현존해 있다고 우리는 확실하게 말할 수 있다. 물론 우연이나 경향은 절대적이지 않다. 기존의 상황이 가진 결정하는 힘은 우연의 경계를 제한하며 종종 그 경계를 매우 협소하게 만든다. 그렇지만 경향의 결정하는 힘과 대칭을 이루는 우연의 실존은 모든 형식의 역사적 결정론—자연주의적·변증법적·예정론적 결정론—에 대항하는 강력한 논증이다. 이 세 가지 형식의 역사 결정론은 우연 없는 세계를 전망한다. 하지만 그 전망은 그 결정론들을 고수하는 자들조차도 우연—예를 들어 사회주의, 자신의 구원, 결정론적 형이상학에 작용하는 우연—을 보고 받아들이게 되는 사상과 행위와 지속적으로 대립한다. 모든 창조적 행위에는 우연이 의식적으로나 무의식적으로 전제되어 있다.

역사의 역동성에 관한 두 번째 물음은 역사 운동의 구조와 관련되어 있다. 아놀드 토인비의 『역사의 연구』(*A Study of History*)가 공헌한 점은 그가 반복해서 나타나는 그런 구조를 보여주고자 했으면서도 그 구조를 보편적인 것이나 법칙으로 만들지 않았다는 점이다. 지리학적·생물학적·심리학적·사회학적 요인들은 구조 안에서 작용하면서 창조적 행위가 발생할 수 있는 상황을 생산한다.

진보와 퇴보, 작용과 반작용, 긴장과 해소, 성장과 쇠퇴 같은 또 다른 구조들과 모든 것 중에서 가장 중요한 역사의 변증법적 구조는 이전에 서술했다. 그 모든 것과 관련된 일반적 판단은 그 구조들이 제한적인 진리를 가지고 있다는 것이고 더욱이 그것들은 모든 역사적 실천 작업에서 활용된다는 것이며 그것들은 **추상적으로**(*in abstracto*) 정식화되었을 때조차 그것들을 거부하는 자들에 의해서 사용된다는 것이다. 왜냐하면 그 구조들이 없으면 사건들의 조합에 관해서 어떠한 의미 있는 서술도 불가능할 것이기 때문이다. 하지만 그 구조들은 구조에 반대하는 경험론적 역사가의 강력한 저항을 불러일으킬 위험을 공유하고 있다. 즉 그 구조들은 종종 보편적 법칙이 아닌 개별적 구조로서 사용된다. 구조들의 개별적 진리로 구조가 사실을 드러내게 된다 할지라도 그 구조들은 개별적 구조로서 활용되는 즉시 사실을 왜곡한다. 창조적이라는 것과 우연을 사용한다는 것이 역사적 인과율의 특징이라는 이유만으로 역사 운동의 보편적 구조가 실존한다고 말할 수는 없다. 어떤 경우 그런 법칙을 정식화하려는 시도는 역사적 차원과 역사의 자기-초월적 기능을 혼동하면서 이루어졌다. 그것은 과학적 역사 기술과 종교적 역사 해석을 혼동한 것이다. 예를 들어 어떤 영역의 진보를 (다른 영역의 퇴보처럼) 역사의 모든 시대에 관찰할 수 있지만, 보편적 진보의 법칙은 신적 섭리에 관한 종교적 상징을 세속화하고 왜곡한 형식이다. 성장과 쇠퇴의 이야기들은 모든 역사 서술에 포함되어 있다. 하지만 역사 운동의 모든 구조 중에서 가장 확실한 것조차도 경험론적 법칙이 아니다. 경험론적으로 말하면, 경험론적 법칙과 모순되는 많은 예들이 있다. 하지만 경험론적 법칙이 보편적 법칙이 된다면 그 법칙은 종교적 특징을 가지게 될 것이며 그 법칙은 순환적 실존 해석을 역사 운동에 적용한 것이 될 것이다. 그것은 차원의 혼동일 뿐이다.

역사적 사건들의 변증법적 구조는 특별한 고찰을 요구한다. 그 변증법적 구조는 다른 그 어떤 구조적 분석보다도 세계사에 더 깊은 영향을 주었다. 무엇보다도 우리는 그 변증법적 구조가 많은 역사적 현상과 함께 생명-과정 일반에도 적용된다는 사실을 강조해야 한다. 그것은 생명 자체의 역동성을 분석하고 묘사하기 위한 중요한 과학적 도구다. 생명이 요소들로 분해되고 이 요소들이 목적에 따라 재구성된다면, 변증법은 자리를 잃게 될 것이다. 하지만 생명이 침해받지 않은 채 남아 있으면, 변증법적 과정은 지속될 것이며 묘사될 수도 있을 것이다. 그런 묘사는 플라톤이 자신의 대화편들에서 변증법을 사용한 방식과 헤겔이 변증법적 방법을 생명의 모든 차원에, 특히 역사에 적용했던 것보다 훨씬 더 오래된 방식이다. 생명이 자신과 갈등을 일으키고 갈등을 넘어 새로운 단계로 나아가는 곳마다 객관적 변증법 또는 실재적 변증법이 발생한다. 그런 과정이 "긍정"과 "부정"으로 서술될 때마다 주관적 변증법 또는 방법론적 변증법이 사용된다. 자기-동일성에서 자기-변형으로 나아갔다가 자기-동일성으로 복귀하는 생명의 운동은 변증법의 기본 구도다. 그리고 우리는 그 구도가 신적 생명에 관한 상징적 서술에도 적합하다는 것을 알게 되었다.

그럼에도 우리는 보편적인 변증법적 법칙을 만들 수 없으며 우주의 모든 운동을 그 법칙에 귀속시킬 수 없다. 그 법칙이 그런 기능을 담당하는 것으로 격상된다면, 그 법칙은 경험론적으로는 검증될 수 없을 것이며 지식을 매개하기를 중단한 기계론적 구도에 실재를 욱여넣게 될 것이다. 헤겔의 『엔치클로페디아』(*Encyclopedia*)에서 그 예를 볼 수 있다.[7] 확실히 그의 변증법은 소외와 화해에 관한 종교적 상징을 개념과 경험론적 서술로 격하한 것이다. 그리고 그것은 헤겔이 의도했던 바다. 하지만 이것 역시 차원의 혼동이다.

"유물론적 변증법"이라는 용어는 그 용어의 모호성 때문에 모호하고

---

7   역주. Hegel의 사상 초기에는 "생명의 철학"이 우세했지만 후기에는 "정·반·합의 논리적 메커니즘"이 우세해졌으며 이로 인해 『엔치클로페디아』에서는 "언제나 같은 소음을 내고 같은 리듬으로 회전하는 물레방아의 인상"을 받게 된다고 Tillich는 평가한다. Tillich, 『19-20세기 프로테스탄트 사상사』, 154.

위험하다. "유물론"이라는 용어는 (마르크스가 강하게 거부했던) 형이상학적 유물론으로도, (그가 부르주아 사회의 특질이라고 비판했던) 도덕적 유물론으로도 이해될 수 있다. 그 두 해석은 모두 틀렸다. 오히려 변증법과 결합된 유물론은 다음과 같은 믿음을 표현하고 있다. 한 사회의 경제적·사회적 조건이 다른 모든 문화적 형식을 결정하고 경제적·사회적 기초의 운동에는 변증법적 특징, 즉 사회적 환경 속에서 긴장과 갈등을 낳으며 그 긴장과 갈등을 통해서 새로운 경제적·사회적 단계로 나아간다는 특징이 있다. 이 유물론의 변증법적 특징은 형이상학적 유물론을 배제하며 새로움의 요소를 포함하고 있다. 이것은 확실한 사실인데 그 새로운 것은 헤겔이 "종합"이라고 불렀던 것이며 마르크스가 알고 있었고 실천을 통해 적용했던 역사적 행위 없이는 도달할 수 없는 것이었다. 경제적 갈등에 뿌리내리고 있는 사회적 변증법의 상대적 진리는 부정될 수 없다. 하지만 이런 종류의 변증법이 모든 역사의 법칙이라는 지위에 오르는 경우 그 진리는 오류가 된다. 그렇게 되면 그 변증법은 유사 종교적 원리가 되고 경험론적 검증 가능성을 완전히 상실한다.

역사의 역동성으로 인해 제기되는 세 번째 문제는 역사 운동의 리듬에 관한 문제다. 그것은 역사적 시대들에 관한 물음이다. 역사적 차원의 실체에 관해 논의하면서 우리는 역사적 상황의 동일성을 제시했고 역사적 시대에 명칭을 붙이지 않으면 역사 서술이 불가능하다는 것을 강조했다. 이전의 연대기에서 연속되는 제국 왕조들은 역사적 시대를 가리키는 이름으로 제출되는데 각 왕조의 특징은 그 왕조가 다스렸던 시대의 중요한 역사적 특징을 제시하는 것으로 간주하기 때문이다. 19세기 후반 영국과 유럽의 많은 지역에 대해서 "빅토리아 시대"라는 용어를 사용하는 것으로 알 수 있듯이 그러한 특징 규정은 사라지지 않는다. 다른 명칭들은 예술, 정치, 사회 구조가 우세한 양식에서 취하는데, 예를 들어 "바로크", "절대주의", "봉건주의"라는 명칭을 취하고 전체적인 문화적 상황에서는 "르네상스"와 같은 명칭을 취하기도 한다. 때로는 수많은 세기들에 질적인 특징을 부여하면서 역사적 시대("18세기")를 축약된 형식으로 명명하기도 한다. 가장 보편적인 시대 구분은 종교에 기초한다. 그것은 기독교 시대에서 나타나는 그리스도 이전의 시간과 그리스도 이후의 시간 구분이다. 그런 시대 구분은 그리스도로서의 예수의 출현으로 역사적 시간의 성질이 보편적으로 변화했음을 의미하며 기독교적 관점을 따라 그를 "역사의 중심"으로 삼는다.

이 지점에서 묻게 되는 물음은 오직 이런 것이다. 이런 시대구분은 타당한가? 역사가의 사고뿐만 아니라 실제에도 시대 구분의 토대가 존재하는 방식으로 역사는 움직이는가? 그 대답은 앞의 두 가지 관찰에 내포되어 있다. 첫 번째 대답은 역사의 주관적·객관적 특징과 관련 있고 두 번째 대답은 역사적 중요성이라는 개념과 관련 있다. 시대들은 역사를 담지하는 집단의 중요성 평가에 따라서 주관적이기도 하고 객관적이기도 하다. 만약 시대 구분이 시간과 공간에서 나타나는 사건에 기초하지 않는다면 어떠한 시대 구분도 무의미할 것이다. 하지만 역사를 의식하는 역사적 집단의 대표자들이 역사적으로 중요하다고 평가하는 이런 사건들이 없다면, 어떠한 시대 구분도 이루어지지 않을 것이다. 시대를 창조하는 사건은 종교개혁과 같이 급작스럽고 극적이며 광범위할 수도 있고 아니면 르네상스와 같이 느리고 평범하며 작은 집단에서만 제한적으로 일어날 수도 있다. 어떤 경우든 서구의 의식은 이런 사건들에서 새로운 시대의 개막을 보았다. 그리고 사건들 자체를 탐구함으로써 이런 관점을 확증하거나 부인하는 것은 불가능하다. 마찬가지로 그리스도로서의 예수 사건의 역사적 환경에 관한 새로운 발견을 근거로 삼아 긍정적이거나 부정적인 논증을 함으로써 이 사건의 역사적 중심성에 관해 토론하는 것은 불가능하다. 어떤 일이 일어났고 2,000년 동안 사람들은 그 일에서 인류 역사의 주요한 두 시대를 가르는 경계선을 보았을 뿐이다.

역사는 시대적 리듬에 따라서 움직이지만, 시대는 시대를 볼 수 있는 자들에게만 시대가 된다. 연속적인 사건들에는 지속적인 이행, 도약, 전진, 지연이 있지만, 새로운 시대를 나타내는 이정표는 없다. 하지만 중요성의 원리에 따라서 이런 사건들을 평가하는 자들에게는 이정표가 드러나며 그 이정표로 역사적 시간들 사이에 질적으로 다른 흐름을 가르는 경계선을 긋게 된다.

b) 역사와 생명 과정

생명 과정은 생명의 모호성과 함께 역사 차원에서도 현존한다. 우리는 모든 차원에서 나타나는 생명 과정과 그 모호성을 묘사한 바 있다. 생명은 자기-통합을 열망하며 역사를 창조하는 모든 행위를 통해 해체될 수도 있다. 역사의 역동성이 새로운 것을 지향할 때, 생명은 생명 자체를 창조할 수도 있고 파괴할 수도 있다. 생명이 궁극적으로 새롭고 초월적인 것을 지향할 때, 생명은 생명 자체를 초월할 수도 있고 불경함에 빠질 수도 있다.

이 모든 일은 역사의 담지자에게서 일어난다. 모든 일은 직접적으로는 역사적 집단에서 일어나고 간접적으로는 역사적 집단을 구축하기도 하고 그 집단에 의해 구축되기도 하는 개인에게서 일어난다. 우리는 제4부에서 인간 정신의 문화적 기능, 특히 **프락시스**—인격적 행위와 공동체적 행위—의 기능을 다루면서 사회적 집단의 본성과 모호성에 관해 논의했다. 그리고 우리는 기술적 변형과 인격적 변형과 무엇보다도 공동체적 변형의 모호성이라는 제목하에서 **프락시스**의 모호성을 논의했다. 이런 논의에서 역사적 차원은 "덮어두었다." 우리는 역사적 집단을 그 집단의 특징적인 문화적 창조라는 관점에서만 서술했고 인간성과 정의라는 기준에 종속시켰다. 특히 공동체적 영역에서 나타나는 힘과 정의의 관계만이 우리가 주목하는 중심이었다. 하지만 이것은 역사를 담지하는 집단의 역사적 운동을 서술하기 위한 준비였다.

여기서 초점은 역사적 차원이 인격적·공동체적 영역의 생명 과정들과 맺는 관계에 맞추어져 있다. 바로 역사적 시간의 특징이 세 가지 모든 과정에서 차이를 만들어낸다. 역사는 늘 새로운 것을 향해 나아가고 궁극적으로 새로운 것을 향해 전진한다. 이런 관점에서 자기-통합, 자기-창조, 자기-초월을 향한 충동의 본성과 모호성을 보아야 한다. 하지만 앞의 논의("공동체적 변형의 모호성")에서 제시된 것처럼 이것은 세 가지 생명 과정이 **한 가지** 과정—목표를 향한 운동—에서 연합되는 결과를 낳는다. 여전히 자기-통합이 있을지라도 그 자체가 목표는 아니다. 역사적 차원의 자기-통합은 보편적이고 전체적인 통합을 향한 충동에 기여한다. 여전히 자기-창조가 있을지라도 개별적 창조를 위한 것은 아니다. 역사적 차원의 자기-창조는 새로운 것을 향한 충동에 보편적이고 전체적으로 기여한다. 그리고 거기에 여전히 자기-초월이 있을지라도 개별적 숭고함을 향한 것은 아니다. 역사적 차원의 자기-초월은 보편적이고 전체적으로 초월적인 것을 향한 충동에 기여한다. 역사는 궁극적인 것을 향해 나아가는 동안 예비적인 것에 얽매이지만 모든 생명 과정을 통해서 완성을 향해 나아가며 완성을 향해 나아가는 동안 완성을 좌절시킨다. 역사는 모든 과정을 통해서 모호하지 않은 생명을 추구하지만, 생명의 모호성을 피할 수는 없다.

역사의 목적은 이제 세 가지 생명 과정과 그 과정들의 일치로 표현될 수 있는데, 그 방식은 다음과 같다. 생명의 자기-통합을 따르는 역사는 역사를 담지하는 모든 집단과 그 개별 회원의 중심성이 힘, 정의와 모호하지 않은 조화를 이루게 되는 것을 지향한다. 생명의 자기-창조를 따르는 역사는 사물의 새롭고 모호하지 않은 상태가 창조되는 것을 지향한다. 그리고 생명의 자기-초월을 따르는 역사는 존재의 잠재성이 보편적으로, 모호하지 않게 완성되는 것을 지향한다.

하지만 생명 일반과 마찬가지로 역사에도 실존의 부정성이 있으며 따라서 생명의 모호성이 있다. 보편적이고 전체적인 중심, 새로움, 완성을 향한 충동은 물음이며 역사가 있는 한 물음으로 남는다. 이 물음은 거대한 역사의 모호성에 내포되어 있는데 그 모호성은 신화, 종교 문학과 세속 문학, 예술을 통해서 언제나 느껴져왔고 강력하게 표현되어왔다. 그것들은 종말론적 상징 체계뿐만 아니라 종교적인 (그리고 유사 종교적인) 역사 해석과도 관련된 물음이다. 그것들은 기독교 신학의 순환 안에서[8] 하나님 나라가 그 대답이 되는 물음이다.

c) 역사적 진보: 그 실재와 한계

모든 창조적 행위에는 진보, 즉 기존의 것을 뛰어넘는 **발걸음**(gressus)이 내포되어 있다. 이런 의미에서 역사의 운동 전체는 진보적이다. 역사는 개별적으로 새로운 것을 향해서 진보하고 궁극적으로 새로운 것에 도달하고자 시도한다. 이는 인간 정신의 문화적 기능의 모든 측면, 즉 **프락시스**의 기능뿐만 아니라 **테오리아**의 기능에도 적용되고 문화적 내용과 문화적 형식이 도덕과 종교에 내포되어 있는 한 이 사실은 도덕과 종교에도 적용

---

8   역주. "신학의 순환" 또는 "신학적 순환"은 『폴 틸리히 조직신학 1』, 서론, B, 3을 참조하라.

된다. 정치적 행위, 강의, 과학적 조사 등의 전 과정은 진보를 지향하며 때로는 현실적으로 진보한다. 중심을 가진 모든 집단에서, 심지어 가장 보수적인 집단에서도 진보를 목표로 하는 창조적 행위들이 지속된다.

이 반박 불가능한 사실들을 넘어서 진보는 역사의 의미 자체를 정의하는 상징이 되었다. 그것은 실재를 초월하는 상징이 되었다. 마찬가지로 진보는 역사가 그 궁극적 목적에 진보적으로 접근한다는 관념이나 무한한 진보 자체가 역사의 목적이라는 관념을 표현한다. 우리는 역사의 의미 물음에 대한 이 대답을 나중에 논의할 것이다. 여기서 우리는 위태로운 그 실재의 본성을 따르는 경우 존재의 어떤 영역에서 진보가 가능하며 어떤 영역에서 불가능한가를 질문해야 한다.

개별적 자유가 중요한 곳에서는 진보가 없다. 이 사실은 도덕적 행위에는 진보가 없음을 의미한다. 인격이 되기 위해서 각 개인은 스스로 도덕적 결정을 해야 한다. 그 결정들은 자기를 깨닫는 어떤 개인에게서 정신의 차원이 출현하기 위한 절대적인 전제 조건이다. 하지만 도덕적 기능과 관련하여 두 가지 종류의 진보가 있는데, 그것은 윤리적 내용의 진보와 교육적 수준의 진보다. 그 둘은 문화적 창조물이며 새로운 것에 개방되어 있다. 현실화되는 내용이 어떤 것일지라도 인격이 창조되는 도덕적 행위는 동일하지만, 도덕적 행위의 윤리적 내용은 그 정교함과 범위라는 측면에서 보았을 때 원시적 문화에서 성숙한 문화로 진보했다. 우리가 도덕적 진보에 관해 말한다면 이 구별은 근본적인 것이다. 도덕적 행위 안에 있는 바로 그 문화적 요소에서 진보가 일어나는 것이지, 도덕적 행위 자체에서 진보가 일어나는 것은 아니다.

마찬가지로 도덕 교육은 도덕적 행위 자체가 아니라 문화에 속한 것이다. 그런 교육은 다른 사람에 의한 교육으로도 나타나고 자신에 의한 교육으로도 나타난다. 이 두 경우에서 그 교육은 반복, 훈련 및 그 결과 형성된 습관으로 이루어지는데 그 습관이 진보의 문제가 된다. 이런 식으로 성숙한 도덕적 인물이 창조될 수도 있고 도덕적 습관의 집단적 수준이 상승할 수도 있다. 하지만 현실적인 도덕적 상황은 성숙함의 모든 수준과 윤리적 감수성의 모든 정도에 따라 자유롭게 결정할 것을 요구한다. 그리고 (도덕적 습관과 윤리적 감수성이 영의 창조물, 즉 은혜일지라도) 바로 이런 결정에 의해서 그 인격은 인격으로 확증된다. 바로 이것이 로마 가톨릭 전통에서 성자의 유혹 이야기가 존재하는 이유이고, 개신교적 경험에서 나타나는 모든 단계의 성화에서 용서가 수용되어야만 하는 이유이며, 인문주의의 가장 위대하고 성숙한 대표자들에게서 자기 자신에 대한 절망과 투쟁하는 모습이 나타나는 이유이고, 환자가 스스로 자유롭게 도덕적 결정을 내리게 되는 지점까지 심리 치료가 이루어져야만 하는 이유다.

문화 창조의 영역에서 예술이든 철학이든 인격적 영역이나 공동체적 영역이든 인간과 실재의 만남에 관한 고전적 표현을 넘어서는 진보가 없다. 언제나 그런 것은 아니지만 종종 어떤 양식의 고전적 표현에 도달하려는 부적절한 시도에서는 진보가 있을 수는 있다. 하지만 어떤 성숙한 양식에서 다른 양식으로 나아가는 진보는 없다. 그리스와 르네상스 양식에서 시각 예술의 규범을 찾고자 한 것은 고전주의 예술 비평가들의 큰 실수였는데, 그들은 그 규범을 가지고서 이외의 모든 것이 그 양식을 향한 진보인지 아니면 그 양식으로부터의 퇴보인지 아니면 원시적 무능 상태로의 퇴락인지 가늠했다. 이러한 교설에 반대하며 우리 세기에 일어났던 정당한 반작용은 때때로 정반대의 정당하지 않은 극단으로 가버렸지만, 그 반작용으로 인해 예술사는 본질적으로 비진보적이라는 특징적 원리가 확립되었다.

철학을 존재의 본성과 구조에 관한 물음에 가장 보편적인 개념으로 대답하려는 시도라고 정의하는 한, 철학에 대해서도 동일하게 말해야 한다. 우리는 여기서 또 실재를 마주한 미성숙한 철학적 만남 유형과 성숙한 철학적 만남 유형을 구분할 수 있으며 어떤 유형에서 다른 유형으로의 진보를 볼 수 있다. 그리고 확실히 철학 체계에서 사용되는 논리적 도구와 과학적 자료는 점진적으로 정교해지고 수정되며 확장되고 있다. 하지만 대표적인 철학자들의 핵심적 전망에는 어떤 요소가 있는데 그 요소는 그들의 과학적 자료나 논리적 분석에서 나오는 것이 아니라 궁극적 실재와의 만남에서, 즉 계시와 유사한 경험에서 나온 것이다. 그것은 **지식**(*scientia*)과 대조하여 **지혜**(*sapientia*)라고 불렸다. 예를 들어 그것은 욥기에서 하나님의 세계 창조의 동료로서 인격화되어 나타났고,[9] 헤라클레이토스에게서는 우주의 법칙들과 소수의 사람이 가진 지혜에 동일하게 현존해 있는 로고스로서 인격화되어 나타났다. 철학이 로고스의 영감을 받는 한, 철학은 그 내적 잠재성, 즉 개인과 시대의 수용 기관에 따라서 많은 얼굴을 가질 수밖에 없지만 어떤 얼굴에서 다른 얼굴로 이행하는 진보는 없다. 물론 각각의 얼굴은 논리적 형식과 과학적 자료를 비판적으로 사용함과 함께 새로운 창조적 노력을 전제하고 있다. 그리고 그 얼굴들은 이전의 해결책에 관한 지식을 통해서 획득된 훈련을 필요로 한다. 로고스의 영감을 받는다는 철학의 특징은 철학의 자의성을 의미하는 것이 아니다. 그 특징은 철학이 존재 물음에 대답할 수 있게 되었음을 의미한다. 그러므로 그 대답은 진보와 고루함을 넘어선다. 철학사는 위대한 철학적 해답의 과학적 관찰과 이론이 곧 낡은 것이 될 수 있겠지만, 그 해답 중 어떤 것도 늘

---

9   역주. 욥 28:25-27.

고루한 것이 아니었음을 분명하게 보여준다. 그리고 일부 분석 철학자들은 자신들이 철학의 유일한 과제, 즉 논리 분석과 의미 분석이라고 믿는 것의 진보를 철학사에서 전혀 또는 조금도 볼 수 없었기 때문에 분석 철학이 부상하기 이전의 철학사 전체를 거부한 것은 일관성이 있다.

비록 자유의 행위로서 도덕적 행위가 진보를 넘어서 있다고 하지만, 인간성의 원리에 근접하도록 형식화된 인격성을 창조할 때와 정의의 원리에 근접하도록 조직된 공동체를 창조할 때 진보가 있는지 없는지를 물을 수 있다. 심미적 창조성과 인지적 창조성에서와 마찬가지로 우리는 두 가지 요소인 질적인 요소와 양적인 요소를 구별해야 한다. 오직 후자의 경우에만—즉 그 범위와 정교함에 있어서—진보가 가능하며 그 전자의 경우에는 불가능하다. 성숙한 방식으로 인간성의 원리를 구현하는 인격은 진보적이든, 고루하든, 퇴보적이든 문화의 변화하는 발전에 의존하지 않는다. 확실히 인간성은 그것을 현실화하는 모든 개인 안에서와 문화적 상황이 새로운 잠재성을 제공하는 모든 시대에서 만들어지는 새로운 창조물이다. 하지만 인격적 인간성에는 그것을 대표하는 어떤 대표자에게서부터 후대에 그것을 대표하는 또 다른 대표자에게로 이어지는 발전이 없다. 가장 초창기의 문화로부터 현대 문화에 이르는 대표적 조각들을 아는 사람은 모든 시대에 만들어진 형상들 안에 (위엄, 진지함, 평정, 지혜, 용기, 공감으로) 표현된 인간성의 본보기들을 안다.

정의와 관련된 상황도 다르지 않다. 물론 이것은 자신의 사회적·정치적 체제를 정의에 대한 자기 생각을 올바르게 표현한 것으로 간주할 뿐만 아니라 이전의 모든 형태가 부족하게 도달하지 못한 정의의 이상으로도 간주하는 문화 안에서 이루어지는 대담한 진술이다. 그럼에도 우리는 다음과 같이 주장해야 한다. 민주주의의 정의가 다른 형식의 정의를 넘어서는 것은 그 질적 특징이 아니라 그 양적 요소에 있다. 인류 역사에서 정의의 체계는 지리적·경제적·인간적 조건에서 인간과 인간의 만남과 이 만남에서 기인하는 정의의 요청을 통해서 발전한다. 조건의 변화와 이에 상관하여 일어나는 정의 체계의 변화가 서로 부합하지 않는 만큼 정의는 부정의가 된다. 하지만 모든 체계 자체에는 인간과 인간의 만남에서 본질적인 요소, 구체적 상황에 타당한 원리가 포함되어 있다. 그 각각의 체계는 "하나님 나라의 정의"를 제시하고 있으며 이런 점에서 어떤 한 체계에서 다른 체계로 이어지는 진보는 없다. 하지만 앞의 고찰에서 보았듯이 우리는 원리가 아직 발전되지 않은 단계들과 원리가 해체되는 단계들을 성숙한 완성의 단계로부터 구별해야 한다. 한 단계에서 다른 단계로 넘어가는 도중에는 진보도, 고착화도, 퇴보도 있다. 정의에 대한 질적으로 다른 전망을 구현하는 성숙한 체계만이 진보를 넘어선다.

이 맥락에서 가장 중요한 물음은 종교에서 일어날 수 있는 진보에 관한 물음이다. 확실히 종교적 기능 자체에는 진보가 없다. 궁극적 관심의 상태는 진보를 허용하지 않듯이 고착화나 퇴보도 허용하지 않는다. 하지만 진보에 관한 물음은 역사적 종교의 실존, 토대, 계시적 경험과 함께 발생한다. 우리가 그리스도로서의 예수에게서 나타난 계시를 최종적 계시라고 했을 때와 종교의 역사를 "역사의 중심"이 준비되고 수용되는 과정이라고 했을 때, 이미 진보에 관한 물음에 긍정적으로 대답한 것처럼 보인다. 하지만 상황은 더 복잡하다.

기독교의 "절대성"에 관한 논의에서 진화론적·진보주의적 구도는 기독교와 다른 종교의 관계에 적용되어왔다. 이 관념을 고전적으로 정식화한 것은 헤겔의 철학적인 종교사 해석이지만, 유사한 구성이 헤겔주의에 반대하는 자유주의 신학 체계에도 공개적으로 나타나거나 은폐되어 있다. 심지어 세속적인 종교 철학자조차도 원시 종교와 거대 종교를 구별한다. 하지만 상대적으로만 참이거나 완전히 거짓이라고 간주되는 다른 종교들과는 달리 자신은 절대적이라는 각 거대 종교의 주장은 이 진화론적 구도와 대립하고 있다. 앞의 논의와 마찬가지로 우리는 먼저 역사적 종교 안에 있는 본질적으로 종교적인 요소와 문화적 요소의 구별을 강조해야 한다. 인격성과 공동체를 형성하는 그 방식에서도 그러하듯이 모든 종교의 문화적 측면, 모든 종교의 인지적 자기-해석, 모든 종교의 심미적 자기-표현에는 분명히 진보, 고착화, 퇴보가 있다. 하지만 이 기능 자체가 진보에 개방되는 범위에 따라서 당연히 이 진보는 제한된다. 하지만 결정적인 물음은 이런 것이다. 종교의 토대, 종교가 기초하고 있는 계시적 경험에는 진보적 가능성이 있는가? 우리는 진보적인 종교사에 관해 말할 수 있는가? 이것은 "우리가 진보적인 '**구원사**'(Heilsgeschichte)에 대해 말할 수 있는가?"라는 물음과 동일한 물음이다. 첫 번째 대답은 당연히 다음과 같은 것이다. 영적 현존의 계시적이고 구원하는 현현은 언제나 본질적이며(what it is), 이런 면에서 그 이상도, 그 이하도, 진보도, 고착화도, 퇴보도 전혀 없다. 하지만 예술 양식과 철학적 전망 같은 그 현현의 내용과 상징적 표현은 한편으로는 인간과 거룩한 것의 만남에 내포되어 있는 잠재성에 의존하고 있으며 다른 한편으로는 이런 잠재성에 대한 인간 집단의 수용성에 의존하고 있다. 인간의 수용성은 역사적 운명—종교적으로 말하면, 역사적 섭리—을 구축하는 모든 외적 요인과 내적 요인에 의해서 한정된다. 이런 점에서 진보는 계시적 경험이 발생하는 서로 다른 문화적 단계들 사이에서나 영적인 것의 현현을 수용하는 서로 다른 명확성과 힘의 등급들 사이에서 가능하다. (이것은 문화 영역에서 나타나는 미성숙으로부터 성숙에 이르는 진보와 일치한다.)

이런 고찰에 따르면, 한 개별 종교는 최종 계시에 기초하고 있다는 주장을 유지할 수 없을 것이다. 종교의 진보에 관한 물음에 유일하게 가능한 대답은 아마 서로 다른 유형들이 보편성을 주장하지 않으며 공존하는 것일 것이다. 하지만 그런 장면—모든 종교에서 존재하는 신적인 것과 마성적인 것의 갈등—을 변화시킬 수 있는 한 가지 관점이 있다. 이 갈등으로 인해 다음과 같은 물음이 제기된다. 종교적 실재 안팎에 존재하는 마성적인 것의 힘은 어떠한 종교적 기초와 어떠한 계시적 사건에 근거하여 깨뜨릴 수 있는가? 기독교는 이런 일이 그리스도로서의 예수 사건에서 나타난 예언자적 종교 유형에 기초해서 일어났다고 대답한다. 기독교에 따르면, 이 사건은 진보적으로 접근하게 된 결과도 아니고 다른 종교적 잠재성의 현실화도 아니며 거룩한 것과의 만남에 내포되어 있는 모든 잠재성을 연합하고 심판하는 완성이다. 그러므로 과거와 미래의 종교사 전체는 보편적 기초이며 예언자적 유형의 계시적 경험은 중심적 사건의 개별적 기초다. 이 관점은 보편적 기초에서 개별적 기초에 이르고 개별적 기초에서 유일무이한 사건, 곧 기독교가 발원한 사건에 이르는 수평적 진보 관념을 배제한다. 종교로서의 기독교가 "절대적"이라고 주장하는 관념과 다른 종교들은 기독교에 진보적으로 접근하고 있다고 주장하는 관념 역시 배제된다. 종교로서의 기독교가 절대적인 것이 아니라 기독교를 만들고 다른 종교만큼이나 기독교 역시 긍정적으로나 부정적으로 판단하는 그 사건이 절대적인 것이다. (기독교는 최종적인 것, 즉 마성적인 것에 대해서 승리한 계시적 사건에 근거하고 있다는 기독교의 주장에서 도출된) 종교들의 역사에 대한 이런 관점은 수평적인 것이 아니라 수직적인 것이다. 모든 종교의 기준일 뿐만 아니라 원리적으로 늘 마성적인 것을 파괴해온 힘이기도 했던 그 유일무이한 사건은 과거와 미래의 종교적 발전이라는 더 넓은 기초 위에 있기도

하고 동시에 과거와 미래의 예언자주의라는 개별적인 기초 위에 있기도 한 어떤 한 지점에 자리 잡고 있다.

이제 앞의 논의에서 제시된 것을 따라 진보가 자신의 자리를 차지하는 영역을 정리할 필요가 있다. 진보가 중요하고 우선적이면서 거의 무제한적인 영역은 기술 영역이다. "점점 더 좋아짐"이라는 말은 여기서, 오직 여기서만 적절하게 해당된다. 더 좋은 도구와 일반적으로 어떤 목적이든 그 목적에 부합하는 더 좋은 수단은 결코 종결되지 않는 문화적 실재다. 비진보적 요소는 다음과 같은 물음이 제기되는 경우에만 나타난다. 무슨 목적을 위함인가? 또는 그 결과 나타난 도구들이 그 도구(예를 들면, 원자폭탄)를 생산해낸 목적을 좌절시킬 수도 있는가? 진보가 본질적인 두 번째 영역은 자연 과학만이 아니라 방법론적 탐구를 실행하는 모든 과학 영역이다. 모든 과학적 진술은 검사와 거부 및 변화에 개방되어 있는 가설이다. 그리고 철학에 과학적 요소가 있는 한, 철학자는 동일한 방법을 사용해야 한다. 철학적 요소가 의식적으로나 무의식적으로 전제되어 있는 곳이나 무슨 주제(subject matter)를 탐구할지 결정할 수 있는 곳 혹은 주제에 들어가기 위해서 주제에 실존적으로 참여하는 것이 요구되는 곳에서만 비진보적 요소가 나타난다. 진보가 실제적인 세 번째 영역은 교육 영역인데, 그 진보는 기술 훈련에 의한 것일 수도 있고 문화적 내용의 전달에 의한 것일 수도 있으며 기존의 생활 조직에 받아들여짐에 의한 것일 수도 있다. 이것은 인격의 성숙한 진보를 지향하는 개인 교육에도 해당되지만 사회 교육에도 해당된다. 그 교육으로 모든 세대는 이전 세대의 성취를 계승한다. 인간의 본성과 운명에 관한 해석에서 나타나고 교육자와 피교육자의 일종의 교육 공동체에서 나타나는 궁극적인 교육 목적에 관한 주장에서만 비진보적 요소가 현존해 있다. 진보가 실제적으로 일어나는 네 번째 형식은 인류 안에서 그리고 인류를 넘어서서 이루어지고 있는 점증적인 공간적 분리와 분열의 정복이다. 인간이 모든 문화적 창조에 점점 더 많이 참여하게 되는 것은 이러한 공간의 정복과 부분적으로 유사하다. 양적으로 측정될 수 있는 이런 진보는 과거에도 그리고 현재에도 실제적인 것이며, 불확정적인 미래에도 실제적일 것이다. 이런 운동의 비진보적인 요소는 양적 변화가 질적 결과를 가져올 수 있다는 사실이며 양적 변화가 새로운 시대를 창조한다는 사실이다. 다른 시대와 비교했을 때 그 새로운 시대는 독특하지만, 그 자체로는 진보도 아니고 퇴보도 아니다.

역사적 진보의 실재와 한계에 관한 이런 분석은 종교적 역사 해석에서 사용되는 상징으로서의 진보를 평가하기 위한 기초를 제공한다.

B. 역사적 차원에서 생명의 모호성들

1. 역사적 자기-통합의 모호성들: 제국과 중앙집중화

역사는 궁극적 목표를 향해 나아가면서 제한적 목표를 지속적으로 현실화하고 또 그렇게 하면서 역사의 궁극적 목표를 달성하기도 하고 좌절하기도 한다. 역사적 실존의 모든 모호성은 이 기본적 모호성의 형식들이다. 우리가 그 모호성들을 생명의 과정과 연결한다면, 우리는 역사적 자기-통합의 모호성과 역사적 자기-창조의 모호성 및 역사적 자기-초월의 모호성을 구별할 수 있을 것이다.

인간의 정치적 실존의 위대함—생명의 역사적 차원의 자기-통합 과정에서 나타나는 보편성과 전체성을 향한 인간의 노력—은 "제국"이라는 용어를 통해서 표현된다. 성서에서 제국의 모호성은 중요한 역할을 한다. 그것은 교회사의 모든 국면에서도 마찬가지이고 지금까지 나타난 세속적 운동들에서도 마찬가지다. 제국들은 건국되고 성장하고 모든 것을 포괄하려는 목표에 도달하기 전에 쓰러진다. 정치적인 것이든 경제적인 것이든 보편성을 향한 열망을 힘에의 의지에서만 이끌어내는 것은 매우 피상적이다. 모든 형식의 힘에의 의지는 역사를 담지하는 집단들의 자기-통합에서 필수 요소인데 왜냐하면 그 집단들의 중심이 가진 힘을 통해서만 집단들은 역사적으로 행위할 수 있기 때문이다. 하지만 모든 것을 포괄하는 포괄성을 향한 충동에는 또 다른 요소, 즉 역사적 집단의 소명적 자기-해석이 있다. 이 요소가 더 강하고 더 정당화될수록 그 집단의 제국 건설 열정은 점점 더 커진다. 그리고 그 열정이 모든 회원의 지지를 더 많이 받을수록 그 열정이 발휘될 기회는 더 쉽게 오랫동안 지속될 것이다. 인류의 역사는 그 본보기들로 가득 차 있다. 서구 역사에서 소명 의식을 보여주는 유일하지는 않지만 가장 위대한 본보기는 다음과 같은 것들이다. 로마 제국이 법을 대표하고, 게르만 제국이 기독교의 몸통(the Body Christian)을 대표하며, 대영 제국이 기독교 문명을 대표하고, 러시아 제국이 기계 문명에 저항하는 인간성의 깊이를 대표하며, 미국 제국이 자유의 원리를 대표하라는 요청 등이고, 인류의 동쪽 지역에도 이에 상응하는 본보기들이 있다. 루터가 시각화한 바에 따르면 위대한 정복자들은 하나님의 마성적 "가면들"인데 보편적인 중심성을 향한 그들의 충동을 통해서 하나님은 자신의 섭리 사역을 수행한다. 이런 전망을 통해서 "제국의 모호성"이 상징적으로 표현된다. 왜냐하면 제국 건설의 해체하고 파괴하고 불경화하는 측면은 통합하고 창조하며 숭고화하는 측면만큼이나 명확하기 때문이다. 그 어떤 상상력도 엄청난 고난과 제국의 성장과 불가피하게 연결되어 있는 구조, 생명, 의미의 거대한 파괴를 파악할 수 없다. 우리 시대 두 개의 거대한 제국적 힘들인 미국과 러시아에서 나타나는 모든 것을 포괄하는 포괄성을 지향하는 경향은 인류의 가장 깊고 보편적인 분열로 귀결되었다. 그리고 그 두 제국은 경제적 힘이나 정치적 힘을 향한 단순한 의지만으로 실존하게 된 것이 아니라는 바로 그 이유 때문에 이런 일이 일어났다. 그 제국들은 본성적인 자기-긍정과 일치하는 소명 의식에 의해서 발생했고 강력해졌다. 하지만 그 제국들의 갈등이 가져온 비극적 결과들은 모든 역사적 집단과 모든 개인에게서 찾아볼 수 있으며 그 결과들은 인류를 파괴할 수도 있다.

이 상황은 이른바 세계사에 접근할 수 있는 실마리를 우리에게 제공한다. 이 구절에서 "세계"는 인류를 의미하고 모든 인류의 역사를 의미한다. 하지만 그런 것은 없다. 우리가 현세기에 이르기까지 갖고 있는 모든 것은 인간 집단들의 역사들이었고 그리고 알려진 만큼의 역사들을 모은 것을 세계사라 부를 수 있겠지만, 확실히 그것은 인류의 역사가 아니다. 하지만 우리 세기에 기술적으로 이루어진 공간의 정복은 인류 전체의 역사를 가능케 하는 일체성을 만들어냈으며 그런 역사를 실재인 것으로 만들기 시작했다. 물론 이로 인해서 이전 역사들의 독자적 특징들이 변하는 것은 아니지만, 그것은 인간의 역사적 통합을 위한 새로운 단계다. 이런 의미에서 우리 세기는 새로운 것의 창조라는 면에서 위대한 세기들에 속한다. 하지만 인류의 기술적인 (그리고 기술적인 것 이상의) 연합에 따른 첫 번째 직접적 결과는 인류의 비극적 분열, "분열증"이었다. 모든 역사 속 가장 위대한 통합의 순간에는 가장 큰 해체의 위험, 심지어 급진적인 파괴의 위험이 내포되어 있다.

이런 상황에 비추어 우리는 이렇게 물어야 한다. **한 가지** 목표에 관해 말하는 것이 정당한가? 모든 부족이나 민족이 모든 것을 포괄하는 포괄성을 열망하지는 않았음을 또는 열망하지 않음을 알게 된다면, 그리고 모든 정복이 제국 건설의 모호성을 정복한 것은 아님을 알게 된다면, 그리고 보편적 통합을 향한 열망의 영향을 받아온 자들조차도 종종 부족이나 민족의 제한적 중심성으로 퇴각함으로써 그 열망을 무효화시켰던 것을 알게 된다면, 이 물음은 더 긴급해질 것이다. 이 사실들은 역사를 담지하는 집단에 역사의 역동성의 보편주의적 요소와 대조되는 경향이 있음을 보여준다. 제국이라는 관념의 대담하고 궁극적으로 예언자적인 특징은 부족적이거나 지역적이거나 민족적인 고립과 제한된 공간적 통합의 방어에 반대한다. 그런 반작용은 역사 운동 전체에 간접적으로 크게 기여한다. 하지만 우리는 이런 종류의 모든 중요한 사례를 통해서 고립주의 운동은 올바른 작용이 아니라 반작용이었음을, 즉 보편주의 운동에 대한 참여의 철회였음을 제시할 수 있다. 역사적 실존은 역사적 시간의 "별" 아래에 있으며 모든 개별주의적 저항에 맞서면서 전진한다. 따라서 고립주의적 시도는 결코 궁극적 성공에 이를 수 없다. 그런 시도는 그 본성으로 인해 보편주의적인 역사의 역동성에 패배한다. 제국이라는 상징으로 표현되는 역사의 위대함의 비극적 함의를 피하기 위해서 역사의 역동성을 피하고자 하는 것은 어떠한 개인이나 집단에게도 불가능하다. 하지만 세계사라는 개념마저도 미지의 과거나 연결되지 않는 역사적 운동에 비추어 의심스러운 것으로 남아 있다. 그 개념은 경험론적으로는 정의될 수 없고 자기-초월적 역사 해석에 의해서 이해되어야 한다.

중심성의 모호성은 역사적 통합의 외부적 측면뿐만 아니라 내부적 측면과도 연관되어 있다. 역사를 담지하는 모든 집단에는 권력 구조가 있으며 그 구조가 없으면 그 집단은 역사적으로 행위할 수 없을 것이다. 이 구조는 역사적 집단의 중심성의 모호성이 발생하는 원천이다. 우리는 지도력의 모호성에 관해 논의할 때 구조적 측면에 대해서 논의했다. 역사적 차원에서는 역동적 측면을 고찰해야 한다. 우리는 내부적 중심성과 외부적 중심성의 관계를 살펴보아야 하는데, 정치적 용어로 말하자면 그 관계는 (국내) 정치와 국제 정치 사이의 관계다. 여기에는 두 가지 모순적 경향이 있는데, 그 하나는 역사를 담지하는 집단과 특히 제국적 집단에 속해 있는 모든 사람의 삶을 전체주의적으로 통제하려는 경향이고, 다른 하나는 창조성을 양성하는 인격적 자유를 지향하는 경향이다. 외부적 갈등이 중앙 권력의 증가를 요구하거나 집단 내부에 있는 해체하는 힘들이 중심성 자체를 위협하면 첫 번째 경향이 강화될 것이다. 이 두 경우에서 강력한 중심의 필요성은 모든 역사적 창조성의 전제 조건이 되는 자유라는 요소를 약화시키거나 무화하는 경향이 있다. 집단은 자체를 엄격하게 중앙 집중화함으로써 역사적으로 행위할 수 있지만, 그 힘을 창조적으로 사용할 수는 없다. 왜냐하면 집단은 미래로 나아가는 사람들의 창조적 잠재력을 억압해왔기 때문이다. 오직 녹재하는 엘리트 집단만이―또는 녹재자만이―자유롭게 역사적으로 행위한다. 그들은 자유롭고 도덕적이고 문화적이며 종교적인 행위자와의 만남에서만 나타날 수 있는 의미를 박탈당했기 때문에 그들의 행위들은 종종 대단히 큰 범위에서 나타난다 하더라도 공허한 추진력이 된다. 그들은 역사적 운명의 도구로서 기여하기도 한다. 하지만 그들은 자신이 활용하는 역사적 집단을 파괴함으로써 의미 상실의 대가를 치르게 된다. 의미를 상실한 힘은 자신의 힘마저 상실하기 때문이다.

정치적 중심성과 역사적 창조성을 대하는 정반대의 태도는 역사적 창조성을 위해 정치적 중심성을 희생하는 것이다. 집단 전체의 중심이 어떤 부심(subcenter)에서 또 다른 부심으로 변화하고 있거나 그 어떤 포괄적인 중심도 전혀 확립될 수 없다면, 이런 일이 역사를 담지하는 다양한 힘들의 중심에서 일어날 수 있다. 이런 일들은 역사에서 가장 비극적인 시대와 종종 가장 창조적인 시대에 일어난다. 또한 그 중심이 개체의 창조성을 자극할 때 역사적 행위를 수행하는 데 꼭 필요한 필수적인 힘을 중심으로부터 박탈할 수 있는 일도 일어날 수 있다. 이런 상황은 보통 독재 시대를 낳는다. 이런 경우 역사 전체에 끼친 효과─위대한 개인의 창조 활동이 끼친 효과일지라도─는 간접적이다. 왜냐하면 중심이 수행하는 역사적 행위가 결여되어 있기 때문이다.

　　이러한 고찰에 따라서 이런 물음을 묻게 된다. 어떻게 외부적인 제국적 경향의 모호성과 내부적인 중앙집권화의 모호성이 모호하지 않은 역사적 통합 안에서 정복될 수 있는가?

2. 역사적 자기-창조의 모호성들: 혁명과 반동

역사적 창조는 역사의 역동성의 진보적 요소뿐만 아니라 비진보적 요소에서도 발생한다. 그것은 역사적 차원의 모든 영역에서 새로운 것이 창조되는 과정이다. 역사에서 발생하는 모든 새로운 것은 새로운 것이 성장해 나온 옛 요소를 자체 안에 간직하고 있다. 헤겔은 이 사실을 옛것은 새로운 것 안에서 부정되기도 하고 보존되기도 한다(지양되다[aufgehoben])는 유명한 말로 표현했다.[10] 하지만 그는 이러한 성장의 구조와 그 파괴적 가능

10　역주. Hegel의 변증법에서 "지양하다"(aufheben)라는 개념에는 "제거하다/부정하다", "보존하다", "들어올리다"라는 세 가지 의미가 내포되어 있다. Hans Joachim Storig, 『세계철학사』, 박민수 옮김(서울: 이룸, 2008), 699.

성이라는 모호성을 진지하게 다루지 않았다. 이 요소들은 세대들의 관계에서, 예술 양식과 철학 양식의 갈등에서, 정치 정당들의 이데올로기에서, 혁명과 반동의 요동에서, 이런 갈등들이 귀결되는 비극적 상황들에서 나타난다. 역사의 위대함은 역사가 새로운 것을 향해 나아간다는 것이지만, 그 위대함은 역사의 모호성 때문에 역사의 비극적 특징이 되기도 하다.

세대들의 관계라는 문제는 (앞서 논의된) 권위의 문제가 아니라 역사의 역동성 속에 있는 옛것과 새것의 문제다. 새것을 위한 자리를 만들기 위해서 젊은 세대는 옛 세대가 등장했던 창조적 과정들을 무시해야만 한다. 새로운 세대의 대표자들은 그 과정들의 최종적 결과를 공격하면서도 그 결과들에 내포되어 있는 이전 문제들에 대한 대답들을 알지 못한다. 따라서 그 공격들은 필연적으로 불공정하다. 그들의 불공정함은 기존의 것을 붕괴시키는 그들의 힘이 가진 불가피한 요소다. 당연히 그들의 불공정함은 옛 세대의 편에서 제기하는 부정적인 반동을 낳는다. 그 부정성은 불공정함에 의한 부정성이라기보다는 이해 불가능함에 따른 부정성이다. 옛 세대의 대표자들은 기존의 결과에 포함되어 있는 창조적 과거의 수고와 위대함을 안다. 하지만 그들은 창조를 향한 새로운 세대의 길에서 자신이 장애물이 되고 있음을 알지 못한다. 이런 갈등 속에서 옛 세대의 열렬한 지지자들은 더 완고해지고 더 격렬해지며 새로운 세대의 열렬한 지지자들은 좌절하고 허탈해한다.

당연히 정치적 삶은 역사적 창조의 모호성에 의해서 대체적으로 구조화된다. 모든 정치적 행위는 새로운 것을 지향하고 있다. 하지만 이 새로운 걸음이 새로움 자체를 위한 것인지 아니면 옛것을 위한 것인지에 따라서 그 차이가 발생한다. 심지어 비혁명적인 상황에서도 보수적 세력과 진보적 세력의 갈등은 인간적 유대의 파괴로, 사실적 진리에 대한 부분적으로는 무의식적인 왜곡과 부분적으로는 의식적인 왜곡으로, 의도하지도 않았던 완성의 약속으로, 반대편에 속해 있는 창조적 세력의 억압으로 귀결된다. 결국 혁명적 상황은 혁명과 반동의 끔찍한 갈등으로 발전할 수 있다. (늘 유혈이 낭자한 혁명은 아닐지라도) 혁명만이 새로운 창조를 향한 돌파구를 열 수 있는 상황이 있다. 그런 급격한 돌파는 창조를 위한 파괴의 본보기이고, 때때로 그 파괴는 너무나 급진적이어서 새로운 창조가 불가능해지기도 하며, 그 집단과 그 문화가 거의 식물적 실존의 단계로 천천히 축소되는 일이 일어나기도 한다. 바로 이런 심각한 혼란의 위험 때문에 기존의 권력들에게 이데올로기적 정당성이 부여되는데, 그 권력들은 그 정당성을 가지고 혁명 세력을 억압하거나 반혁명을 통해 혁명 세력을 극복하고자 한다. 종종 혁명 자체는 혁명의 근본 의미와 모순되는 방향, 즉 혁명을 시작했던 자들을 제거해버리는 방향으로 나아가기도 한다. 만약 반동이 승리하면, 역사는 반혁명을 담당하고 있는 것의 이름으로 "이상적" 단계로 회귀하는 것이 아니라 새로운 어떤 것으로 회귀하는데 그 새로운 어떤 것은 새로움을 부인하고 새로운 것의 권세들에 천천히 침식당하는 것이다. 그 권세들의 출현이 아무리 왜곡되어 있을지라도 그 권세들은 결코 배제될 수 없다. 이런 과정 속에서 일어난 개인의 희생과 사물들의 파괴의 심각함은 모호하지 않은 역사적 창조에 대해 질문한다.

3. 역사적 자기-초월의 모호성들: 기존의 "제3의 단계"와 기대되는 "제3의 단계"

옛것과 새것 사이의 역사적 갈등은 어느 한쪽이 자신의 궁극성을 주장하는 경우 가장 파괴적인 단계에 도달하게 된다. 자기를 궁극적인 것으로 높이는 이러한 주장이야말로 마성적인 것에 관한 정의인데, 마성적인 것은 역사적 차원에서 그러하듯이 어느 곳에서도 현현하지 않는다. 궁극성의 주장은 역사가 지향하는 궁극적인 것을 가지거나 가져와야 한다는 주장의 형식을 취하고 있다. 이런 일은 정치 분야뿐만 아니라 더 직접적으로는 종교 분야에서도 일어났다. 신성한 옛것과 예언자적인 새로운 것 사이의 갈등은 종교들의 역사에서 핵심 주제이며 마성적인 것이 선호하는 자리는 거룩한 것이라는 사실에 따라 이 갈등은 종교 전쟁과 박해를 통해서 모든 것을 능가하는 파괴성에 도달한다. 역사적 역동성의 관점에서 보면, 이것은 그 현실적 성취를 통해서나 그 예견된 성취를 통해서 역사의 목표를 대표한다고 주장하는 서로 다른 집단들의 갈등이다. 이런 맥락에서 우리는 "제3의 단계"라는 전통적 상징을 사용할 수 있다. 그 상징의 신화론적 배경은 낙원과 타락 및 회복이라는 우주적 드라마다. 우리는 이러한 상징을 역사에 적용함으로써 세계의 몇몇 시대에 대한 묵시론적 전망과 새롭고 최종적인 시대의 도래에 대한 기대에 도달했다. 아우구스티누스의 역사 해석에서 마지막 시대는 기독교회라는 토대에서 시작한다.[11] 아우구스티누스와는 반대로 피오레의 요아킴은 몬타누스주의적 관념을 따라서 세 단계에 관해 말했는데, 그 단계 중 세 번째 단계는 아직 나타나지는 않았지만 몇십 년 안에 나타날 것이었다.[12] 역사의 마지막 단계가 시작되는 지

---

11 역주. 아우구스티누스의 "첫째 부활과 둘째 부활", "천년 왕국" 해석에 관해서 아우구스티누스, 『하나님의 도성』, 조호연·김종흡 옮김(서울: 크리스챤다이제스트, 2012), 20권, 6과 7(968-73)을 참조하라. Tillich는 아우구스티누스의 천년왕국설 비판을 이렇게 평가한다. "그는 천년왕국설을 거부했으며 천년에 걸친 그리스도 왕국이 도래할 것이라는 사실을 부정했다. 그리스도는 현시대에서 교회를 지배하고 있다. 이것이야말로 그리스도가 지배하는 천년이다." Tillich, 『19-20세기 프로테스탄트 사상사』, 208.

12 역주. "세 시대 중 첫 번째 시대는…마치 세상적인 원리들 아래 있는 어린아이와 같이 하나님의 백성들이 율법 시대에 살았다.…두 번째 시대는 복음 아래 있었고 현재까지 지속되고 있다. 이 시대를 과거와 비교하는 것은 자유지만 미래와 비교할 수는 없다.…세 번째 시대는 세계의 종말을 향해 가는 시대다. 이 시대는 더 이상 문자의 베일에 가려져 있지 않

점이 근접해 있다는 느낌은 분파주의 운동에 의해 종교적 용어로 표현되었다. 예를 들어 그리스도가 최종적인 종말 이전에 역사를 다스리게 될 천년이라는 상징으로 표현되었다.[13] 계몽주의와 관념론의 시대에 제3의 단계라는 상징은 세속화되었고 혁명적 기능을 담당했다. 부르주아지와 프롤레타리아는 모두 자신의 세계사적 역할을 "이성의 시대"의 담지자나 "계급 없는 사회"의 담지자로 각각 해석했는데 그 용어들은 제3의 단계의 변형이었다. 종교적이든 세속적이든 그 각각의 상징 형식은 제3의 단계가 시작했고, 역사가 원칙적으로 어찌할 수 없는 지점에 도달했으며, "종말의 시작"이 다가왔고, 우리는 역사가 지향하는 궁극적 완성을 볼 수 있으며, 그 과정에서 역사는 역사 자체와 각각의 역사적 순간들을 초월한다는 확신을 표현하고 있다. 이런 관념을 통해 역사적 차원에서 이루어지는 생명의 자기-초월이 표현되고 그 초월은 두 가지 극히 모호한 태도들로 귀결된다. 첫 번째는 자기-절대화의 태도인데 이 태도에서 현재 상황은 제3의 단계와 동일시되며, 두 번째는 유토피아적 태도인데 이 태도에서 제3의 단계는 매우 근접해 있거나 이미 시작된 것으로 간주된다. 자기-절대화의 태도는 모호하다. 한편 그것은 생명의 자기-초월을 종교적이거나 유사 종교적인 상징으로 드러내고, 다른 한편 그것은 이 상징들을 궁극적인 것 자체와 동일시함으로써 생명의 자기-초월을 감추기 때문이다. 이런 모호성에 대한 고전적 표현은 로마 가톨릭교회가 자신이 그리스도의 천년왕국이라는 묵시론적 전망을 지상에서 완성했다고 한 주장이며 로마 가톨릭

고 성령의 충만한 자유 안에서 살아가게 된다.…첫 번째 시대는 성부에게 속하고, 두 번째 시대는 성자에게 속하며, 세 번째 시대는 성령에게 속한다." Joachim of Fiore, 『요한계시록 강해』 서문, 제5장; Tony Lane, 『기독교 인물 사상 사전』, 박도웅·양정호 옮김(서울: 홍성사, 2007), 174-75에서 재인용.

13   역주. 계 20:1-6.

교회는 이러한 자기-해석에서 신적 흔적과 마성적 흔적을 받아들였다. 세속적 유토피아 운동뿐만 아니라 소종파적 유토피아 운동에서도 다음과 같은 경우에, 즉 우리가 이런 운동들이 자신들의 열광주의적 기대와 이 기대를 완수하려고 치르는 희생을 통해서 새로운 역사적 실재를 창조하는 방식과 냉소주의와 무관심으로 귀결되는 역사적 실망이라는 결과를 대조할 때, 곧 사물들의 상태와 그 기대를 일치시키는 데 실패할 때 모호성이 가장 명확하게 드러난다. 역사는 이러한 요동을 통해서 역사적 자기-초월의 모호성을 가장 두드러지게 표현한다. 무엇보다도 그 요동을 통해 역사의 수수께끼는 철학적이고 신학적인 문제가 되는 동시에 실존적인 관심이 된다. 이 마지막 세 가지 고찰은 생명의 세 가지 구별된 기능을 역사에 적용하는 일이 가능하고 제시하는 바가 있다는 점과 생명의 다른 차원들에서 그러하듯이 그 기능들은 역사적 실존의 위대함과 비극을 모두 유발하는 불가피한 갈등으로 귀결된다는 점을 보여주었다. 우리는 이런 분석들을 통해서 역사의 의미와 관련된 유토피아주의와 절망에서 해방될 수 있다.

4. 역사 속 개인의 모호성들

대부분의 종교와 철학은 "역사는 개인이 행복을 찾을 수 있는 장소가 아니다"라는 헤겔의 판단에 동의한다.[14] 세계사를 피상적으로 보아도 이 진

---

14   역주. "History is not the place in which the individual can find happiness(Die Geschichte nicht der Boden ist, auf dem das Individuum sein Glück findet." Hegel의 『역사철학강의』에 나오는 이 문장을 한글 번역본에서는 이렇게 번역했다. "세계사는 행복이 거주하는 곳은 아니다." G. W. F. Hegel, 『역사철학강의』, 권기철 옮김(서울: 동서문화사, 2018), 36.

술이 진리임을 알 수 있으며 더 깊고 더 포괄적인 관점을 통해서 그 진리를 완전히 확신하게 된다. 그럼에도 이것은 온전한 진리가 아니다. 개인은 인격으로서의 생명을 자신이 속해 있는 역사를 담지하는 집단에서 얻는다. 역사는 모든 자에게 실존의 물리적·사회적·정신적 조건을 제공한다. 언어를 사용하는 누구도 역사 밖에 있지 않으며 역사에서 떠날 수 없다. 수도사와 은둔자, 사회적이고 정치적인 모든 인연을 끊고자 하는 자들도 자신이 도피하기 원하는 역사에 의존하고 있으며 게다가 그들은 분리되고자 하는 역사적 운동에 영향을 주고 있다. 역사적 행위를 거부했던 자들이 역사적 행위의 중심에 있던 자들보다 역사에 더 큰 충격을 주었던 일은 종종 반복되는 사실이다.

역사는 단지 정치적이기만 한 것이 아니다. 인간의 문화적이고 종교적인 행위의 모든 측면에는 역사적 차원이 있다. 따라서 모든 사람은 인간 행위의 모든 영역에서 역사적으로 행위한다. 가장 작고 가장 낮은 섬김은 사회의 기술적·경제적 기초가 유지될 수 있도록 도와주며 결과적으로 사회의 역사적 운동을 지원한다. 하지만 모든 인간이 역사에 보편적으로 참여한다고 해서 역사적 행위에서 정치적 기능의 우월성이 배제되는 것은 아니다. 이런 우월성이 존재하는 것은 역사를 담지하는 집단이 가진 내부적이기도 하고 외부적이기도 한 정치적 특징 때문이다. 역사적 생명을 포함한 모든 생명의 전제 조건은 생명의 행위자의 중심성이다. 역사의 경우에는 정적 성질과 역동적 성질을 가진 역사적 집단의 중심성이 그 전제 조건이고 이런 중심성을 현실화하는 기능이 정치다. 그러므로 대중적 관점에서든 아니면 학술 서적에서든 역사의 형상은 정치적 인물들과 그들의 행위로 부각된다. 경제학, 과학, 예술, 교회에 관한 역사 기술조차도 문화적 행위와 종교적 행위가 발생하는 정치적 구도에 관해서 지속적으로 언급할 수밖에 없다.

정치적 기능의 우월성과 동시에 역사 속 개인의 모호성은 정치 영역의 민주 체제에서 가장 두드러지게 나타난다. 앞서 진술했듯이 민주주의는 절대적인 정치 체제가 아니지만, 그것은 중심을 가진 역사적 집단 내에 있는 모든 자에게 역사 과정을 결정하는 창조적 자유를 보장하기 위해 지금까지 발견된 것 중 가장 좋은 방법이다. 정치의 우월성에는 다른 모든 기능들의 의존성이 포함되어 있는데 그 기능들에서 창조적 자유가 정치적 체제에 전제되어 있다. 이를 검증하고자 한다면, 윤리와 종교를 포함한 모든 형식의 문화적 창조성을 중심의 정치 권력에 종속시키려 하는 독재 체제와 그 체제의 시도를 살펴보는 것으로 충분할 것이다. 그 결과 정치적 창조성의 자유뿐만 아니라 (소비에트 러시아에서 행해진 과학 작업에서처럼) 중심 권력이 원하는 경우를 제외한 모든 종류의 창조성의 자유도 박탈당했다. 민주주의는 모든 영역에서 자유를 위한 투쟁들을 일으키는데 그 영역들은 정치 영역에서 자유를 위해 투쟁을 일으킴으로써 역사 운동에 공헌한다. 그렇지만 개인이 민주 정치 체제에 참여하는 일에 한계와 모호성이 없는 것은 아니다. 개별적으로 정치적인 행위를 할 때, 대의제는 개인의 참여를 크게 줄이며 때때로 강력한 정당 관료주의가 존재하는 대중 사회에서는 전혀 참여하지 않는 지점까지 이른다. 대중은 많은 개인으로부터 정치적 영향력을 완전히 박탈하여 무기한으로 유지하는 방법으로 생산되고 유지될 수 있다. 통치 집단이 지배하는 대중 매체라는 통로는 순응 장치가 될 수 있는데, 그 순응으로 인해 모든 영역의 창조성은 독재 체제가 압살하는 만큼 성공적으로 압살당한다. 정치 영역이 그 주요 본보기다. 반대로 민주주의는 집단 안에서 일어나는 파괴적 분열로 인해 작동 불가능해질 수도 있다. 예를 들어 너무 많은 정당이 난립함으로써 행위할 수 있는 다수가 존립할 수 없게 될 수도 있다. 또는 이데올로기적으로 절대주의적이라서 반대 정당들과 생사의 투쟁을 하는 정당이 생길 수도 있다. 그런 경우 독재가 발생한다.

역사 속 개인의 모호성들이 있는데 그 모호성들은 모든 정치 조직에서 타당하다. 그 모호성들은 역사적 희생의 모호성으로 요약될 수 있다. 개인의 역사 참여에 존재하는 이 기본적 특징으로 인해 역사로부터 완전히 도피하려는 많은 사람의 욕망이 이끌려 나온다. 햄릿의 "존재할 것인가 아니면 존재하지 않을 것인가"라는 독백에는 그런 욕망이 발생하는 많은 역사적 원인이 열거되어 있다.[15] 오늘날 진보주의 이데올로기가 붕괴함으로써 광범위한 무관심이 발생했으며 동서의 분열과 연이은 보편적 자기-파괴의 확산으로 인해 수많은 개인은 냉소주의와 절망에 빠져들었다. 그들은 유대 묵시 사상가를 통해서 이 땅은 "옛것"―마성적 권세들이 통치하는 영역―이 되었음을 느끼며 은둔이나 신비주의적 고양을 통해서 역사 너머를 보고자 한다. 역사가 지향하는 목표를 표현하는 희망의 상징들은 세속적인 것이든 아니면 종교적인 것이든 그 운동력을 상실했다. 개인은 자신을 자신이 영향을 줄 수 없는 권세들에 의한 희생자라고 느끼고 있다. 그들에게 역사는 희망 없는 부정성일 뿐이다.

역사적 차원에서 나타나는 생명의 모호성과 역사적 집단 안에 있는 개인의 생명과 관련하여 이 모호성들이 가진 함의들로 인해 다음과 같은 물음을 묻게 된다. 보편적 실존의 의미와 관련해서 역사는 무슨 의의를 가지는가? 모든 역사 해석은 이 물음에 대답하고자 한다.

---

15   역주. William Shakespeare, 『햄릿』, 최종철 옮김(서울: 민음사, 2020), 3막, 1장, 56-89행
      (94-96) 참고.

C. 역사 해석과 하나님 나라의 요청

1. 역사 해석의 본성과 문제

모든 전설, 연대기, 과거 사건들에 관한 보고서, 학술적인 역사 작업에는 해석된 역사가 포함되어 있다. 이것은 이미 앞서 논의했던 역사가 가진 주체-대상적 특징의 결과다. 하지만 그런 해석에는 많은 수준이 존재한다. 그 해석에는 중요성이라는 기준에 따른 사실의 수집과 인과적 의존성에 따른 가치 평가, 개인적인 구조와 공동체적 구조의 형태, 개인, 집단, 대중 속에서 이루어지는 동기화를 설명하는 이론, 사회 철학과 정치 철학, 인정되든 안 되든 간에 이 모든 것의 기초에 위치해 있는 실존 일반의 의미와 이에 상응하는 역사의 의미에 대한 이해가 포함되어 있다. 그런 이해는 의식적으로나 무의식적으로 다른 모든 해석 수준에 영향을 주고 있고 반대로 그 이해는 역사 과정에 관한 지식에 특수하고 보편적으로 의존하고 있다. **그 어떤 수준에서라도** 역사를 다루고자 하는 모든 사람은 모든 수준의 역사 지식과 역사 해석의 상호 의존성을 알고 있어야 한다.

우리의 문제는 다음과 같은 물음의 의미로 역사를 해석하는 것이다. 실존 일반의 의미와 관련하여 역사는 무슨 의의를 가지는가? 역사는 어떤 방식으로 우리의 궁극적 관심에 영향을 끼치는가? 이 물음에 대한 대답은 역사적 차원의 생명 과정들에 내포된 모호성과 연결되어야 하는데 그 모든 모호성들은 역사적 시간의 기본적 이율배반을 표현한다.

역사의 의미 물음에 대답하는 것이 어떻게 가능한가? 확실히 역사의 주체-대상적 특징은 과학적 의미의 공정한 객관적 대답을 불가능하게 한다. 역사적 행위에 충실히 관여하는 것만이 역사 해석에 기초를 제공할 수 있다. 역사적 행위가 역사를 이해하기 위한 열쇠다. 하지만 이로 인해서 역사적 행위의 유형들만큼이나 많은 유형의 해석들에 이르게 되며 다음과 같은 물음을 제기하게 된다. 어떤 유형이 올바른 열쇠를 제공하는가? 다른 말로 역사의 의미를 알려주는 보편적 관점을 제공받기 위해서 우리는 어떤 역사적 집단에 참여해야 하는가? 모든 역사적 집단은 개별적이며, 그 집단이 역사적 행위에 참여하는 일에는 역사적 창조성의 목적을 바라보는 개별적 관점이 내포되어 있다. 위에서 언급했던 소명 의식이야말로 열쇠를 결정하며, 역사 이해에서 그 열쇠가 무엇을 열어주는지를 결정한다. 예를 들어, 아리스토텔레스의 『정치학』에서 제시된 것과 같이 그리스인의 소명적 자기-해석은 그리스인과 야만인의 대조에서 역사 해석의 열쇠를 보았던 반면,[16] 예언 문학에서 제시된 것과 같이 유대인의 소명적 자기-해석은 세계의 민족들에 대한 야웨의 통치가 확립되는 일에서 그 열쇠를 보았다. 이후 더 많은 본보기가 제시될 것이다. 이 지점에서 묻게 되는 것은 이것이다. 어떤 집단과 어떤 소명 의식이 역사 전체를 이해하는 열쇠를 줄 수 있는가? 우리가 대답하고자 하면, 이미 보편성을 주장하는 역사 해석이 전제되어 있음이 분명해진다. 우리는 이미 그 열쇠의 사용을 정당화하고 그 열쇠를 활용한 것이다. 이것은 조직신학이 그 안에서 작동하고 있는 "신학적 순환"의 불가피한 결과다.[17] 하지만 그것은 역사의 궁극적 의미를 묻는 곳마다 존재하는 불가피한 순환이다. 열쇠와 그 열쇠가 개봉하는 것은 한 가지 동일한 행위에서 경험된다. 명확한 역사적 집단이

---

16   역주. 아리스토텔레스는 시인 에우리피데스의 말을 인용하여 다음과 같이 말한다. "그래서 시인들은 '그리스인들이 비그리스인들을 지배하는 것은 당연하다'고 말하는데 이는 비그리스인과 노예는 본성적으로 동일하다는 뜻이다." 아리스토텔레스, 『정치학』, 천병희 옮김(고양: 도서출판 숲, 2012), 18(1952b).

17   역주. "신학적 순환" 또는 "신학의 순환"은 『폴 틸리히 조직신학 1』, 서론, B, 3을 참조하라.

소명 의식을 긍정하는 일과 이 소명 의식에 내포되어 있는 역사적 전망은 함께 간다. 이러한 신학적 체계의 순환 속에서 우리는 열쇠와 대답을 바로 기독교에서 발견한다. 기독교적 소명 의식에서 역사는 긍정되는데 그 긍정은 역사적 차원의 생명의 모호성에 내포되어 있는 문제들이 "하나님 나라"라는 상징을 통해 대답되는 방식으로 이루어진다. 하지만 이것은 주장이며 이 주장은 이 상징과 역사를 이해하는 다른 주요 유형들과 대조하고 이 대조에 비추어 상징을 재해석함으로써 검사받아야 한다.

역사 해석에는 역사에 관한 물음에 대한 대답보다 더 많은 것이 포함되어 있다. 역사는 모든 것을 포괄하는 생명의 차원이기 때문이고 역사적 시간은 시간의 다른 모든 차원이 전제되어 있는 시간이기 때문에 역사의 의미에 관한 대답에는 보편적인 존재의 의미에 대한 대답이 내포되어 있다. 역사적 차원은 종속되어 있기만 한 차원으로서일지라도 생명의 모든 영역에 현존해 있다. 인간의 역사에서 역사적 차원은 실현된다. 하지만 역사적 차원은 실현된 이후 다른 차원의 모호성과 문제들을 역사적 차원 자체 안으로 끌어들인다. 하나님 나라라는 상징에 의하면, 이 사실은 "나라"에는 모든 영역이 포함되어 있거나 존재하는 모든 것은 역사의 내적 목표—완성 또는 궁극적 숭고화(sublimation)—를 지향하는 열망에 참여한다는 것을 의미한다.

물론 그런 주장은 역사의 해석에 관한 물음에 대한 대답보다 더 폭넓다. 그 주장에는 해석이 내포되어 있다. 따라서 이런 물음이 제기된다. 조직신학에서 나타나는 것처럼 역사의 내적 목표에 관한 이 개별적 이해는 어떻게 서술될 수 있으며 정당화될 수 있는가?

2. 역사의 의미 물음에 대한 부정적 대답들

모든 차원에서 나타나는 생명의 모호성들에 관한 최종적 표현인 역사의 모호성은 역사와 생명 자체에 대한 가치 평가에서 기본적 분열을 가져왔다. 우리는 새로운 존재와 그 기대에 관해 논의하면서 역사를 해석하는 두 가지 대조적인 유형들―비역사적 유형과 역사적 유형―로 그 분열을 언급했다. 비역사적 유형, 곧 우리가 고찰한 첫 번째 주제는 다음의 사실을 전제하고 있다. 역사적 시간의 "전진"에는 역사 안이나 역사 위의 목표가 없으며 역사는 개체적 존재자들이 자신의 인격적 생명의 영원한 **텔로스**를 알지 못한 채 살아가는 "장소"다. 이것은 대다수의 사람이 역사를 대하는 태도다. 우리는 그런 비역사적 역사 해석의 세 가지 형식인 비극적 형식, 신비주의적 형식, 기계론적 형식을 구별할 수 있다.

비극적 역사 해석은 그리스 사상에서 고전적으로 표현되었지만, 결코 그것만으로 제한되지 않는다. 이런 관점에 따르면 역사는 역사적이거나 초역사적인 목표를 향해 나아가지 않고 그 기원으로 되돌아간다. 역사의 과정에서 역사는 모든 존재자에게 탄생, 절정, 쇠퇴를 제공하는데 각 존재자는 역사의 한 시점에 명확한 한계를 가진 채 존재한다. 숙명에 의해 결정되는 시간의 범위를 벗어나거나 초월할 수 있는 존재자는 없다. 우주적 순환 속에서 그 전체가 악화 과정을 구축하고 있는 시대들을 구별할 수 있는데 그 시대들은 근원적 완벽함에서 시작했지만 점차 세계와 인간의 본질이 심하게 왜곡된 단계로 타락하는 시대들이다. 시간과 공간 속의 실존 그리고 개인과 개인의 분열은 비극적 죄책인데 그 죄책은 반드시 자기-파괴로 귀결된다. 하지만 비극은 위대함을 전제하고 있는데 이런 관점은 중심성, 창조성, 숭고화와 관련된 위대함을 매우 강조한다. 자연적·민족적·인격적 생명의 영광이 칭송받으며 바로 이런 이유로 생명의 단점, 비참, 비극적 성질을 깊이 슬퍼하게 된다. 하지만 역사의 내재적 완성이나 초월적 완성을 향한 희망이나 기대는 없다. 그것은 비역사적이며 탄생과 쇠퇴의 비극적 순환이 있을 뿐이다. 생명의 모호성 중 그 무엇도 정복되지 않는다. 생명의 해체하고 파괴하며 불경화하는 측면에 대한 어떠한 위로도 없다. 그리고 비극의 유일한 자원은 영웅과 현자를 역사적 실존의 우여곡절 위로 격상시키는 용기다.

역사를 초월하는 이 방법은 두 번째 비역사적인 역사 해석 유형인 신비주의적 유형을 가리킨다. 그 유형은 (예를 들어 신플라톤주의와 스피노자주의 같이) 서구 문화에서도 나타나지만, 베단타 힌두교, 도교, 불교 같은 동양 문화에서 가장 완전하고 효과적으로 발전했다. 역사적 실존 자체에는 의미가 없다. 우리는 역사적 실존 안에서 살고 이성적으로 행위해야 하지만, 역사 자체는 새로운 것을 창조할 수도 없고 참으로 실재적인 것이 될 수도 없다. 역사 속에서 살아가면서도 역사 너머로 고양되기를 요구하는 이런 태도는 역사적 인류 안에서 가장 넓게 퍼져 있는 태도다. 성장과 쇠퇴라는 우주적 순환들과 어떤 시대에서 또 다른 시대를 거쳐 우리가 지금 살고 있는 마지막 시대에 이르는 역사적 인류의 악화 과정에 관한 스토아주의의 사색과 유사한 사색이 어떤 힌두교 철학들에도 있다. 하지만 일반적으로는 역사적인 시간에 관한 깨달음과 이런 유형의 비역사적 역사 해석에서 역사가 향하고 있는 종말에 관한 깨달음이 없다. 강조점은 개인과 특히 인간의 곤경을 깨닫고 있는 상대적으로 소수인 계몽된 개인에게 있다. 다른 사람들은 책임을 져야 할 이전 생의 업(karma)에 따라 바리새인적인 심판의 대상이 되거나 몇몇 불교 형식들에서 그러하듯이 동정의 대상, 즉 종교적 요구를 그들의 계몽되지 않은 단계에 적응시켜야 하는 대상이 된다. 어떤 경우든 이 종교들에는 역사를 보편적 인간성과 정의를 지향하는 방향으로 변형하고자 하는 충동이 없다. 역사에는 시간 속에 있는 목표도 영원 속에 있는 목표도 없다. 그 결과 모든 차원의 생명의 모호성들은 정복되지 않는다. 모호성들에 대처하는 유일한 방법은 모호성들을 초월하는 것과 이미 궁극적 일자에게 복귀한 사람으로서 모호성들 안에서 살아가는 것이다. 그는 실재를 변형한 것이 아니라 자신이 실재에 관여하는 일을 정복한 것이다. 하나님 나라라는 상징과 유사한 상징은 없다. 하지만 생명의 모든 차원에 존재하는 보편적 고난에 대한 심오한 동정은 존재한다. 서구에서 나타난 역사적인 역사 해석의 영향력에는 이 요소가 종종 결여되어 있다.

모든 차원의 실재에 대한 근대과학적 해석의 충격은 역사 이해도 변화시켰는데 신비주의적 역사 해석뿐만 아니라 비극적 역사 해석과 관련해서도 변화가 일어났다. 물리적 시간이 시간 분석을 완전히 통제하기 때문에 생물학적 시간의 특질도, 더 나아가 역사적 시간의 특질도 나타날 수 없다. 역사는 물리적 우주에서 일어나는 연속적인 우연한 일들, 인간의 흥미를 유발하고 기록되고 연구될 가치가 있는 일들이 되었지만, 실존 해석 자체에는 특별히 기여하는 바가 없었다. 우리는 이것을 기계론적인 비역사적 역사 해석 유형이라고 부를 수 있을 것이다. (여기서 "기계론"이라는 용어는 "환원주의적 자연주의"라는 의미로 사용되었다.) 기계론은 역사의 비극적 요소를 그리스의 고전적 자연주의가 강조했던 만큼 강조하지 않는다. 기계론은 과학과 기술이 수행하는 기술적인 자연 지배와 긴밀하게 연결되어 있기 때문에 어떤 경우에는 기계론에도 진보주의적 특징이 있다. 하지만 기계론 역시 실존 일반과 개별 역사를 냉소적으로 평가 절하하는 정반대의 태도에 개방되어 있다. 보통 기계론적 관점은 인간의 역사적 실존의 위대함과 비극성을 그리스인들만큼 강조하지 않으며 역사가 지향하는 역사 내적 또는 초역사적 목표라는 관점을 따르는 역사 해석을 훨씬 더 적게 보유하고 있다.

3. 역사의 의미 물음에 대한 긍정적이지만 부적절한 대답들

어떤 경우 기계론적 역사 해석은 앞으로 논의될 첫 번째 역사적인 역사 해석 유형인 "진보주의"와 연결된다. 이 유형에서 "진보"는 (경험론적 사실이기도 하지만) 경험론적 사실 이상의 것이다. 진보는 유사-종교적인 상징이 되었다. 진보에 관한 부분에서 우리는 진보 개념의 경험론적 타당성과 한계에 관해 논의했다. 여기서 우리는 진보 개념을 역사의 역동성을 결정하는 보편적 법칙으로 활용하는 것을 살펴보아야 한다. 진보주의적 이데올로기의 의의는 그 이데올로기가 모든 창조 행위의 진보적 의도를 강조한다는 것과, 그 이데올로기가 생명의 자기-창조가 이루어지는 분야들을 알고 있다는 것인데, 이 분야들에서 진보는 관심을 기울이는 실제의 본질이다. 예를 들면 기술이 그렇다. 이런 식으로 진보라는 상징에는 목표를 향해 나아가는 역사적 시간이라는 중요한 요소가 포함되어 있다. 진보주의는 진정으로 역사에 대한 역사적인 해석이다. 역사의 어떤 시대에는 진보의 상징적 힘이 거대 종교가 역사를 해석하는 상징들—그 상징에는 하나님 나라라는 상징도 포함된다—만큼 강력했다. 진보주의는 역사적 행위에 추동력을, 혁명에 열정을, 다른 모든 신앙을 상실해버린 많은 사람의 삶에, 진보주의적 신앙의 최종적 붕괴가 정신적 재앙이 되었던 사람들에게 의미를 제공했다. 간단히 말해서 진보는 그 역사-내적 목표에도 불구하고 유사-종교적 상징이었다.

우리는 진보주의의 두 가지 형식, 곧 진보를 끝없는 무한한 과정으로 믿는 믿음과 최종적 완성의 상태, 예를 들어 제3의 단계라는 개념이 의미하는 상태를 믿는 믿음을 구별할 수 있다. 첫 번째 형식은 엄밀한 의미의 진보주의다. 두 번째 형식은 (별도의 논의가 필요한) 유토피아주의다. 끝없는 진보 자체를 믿는 믿음인 진보주의는 현대 산업 사회에 대한 관념론 진영의 철학적 자기-해석으로 성립되었다. 신칸트주의가 무한한 진보 관념의 발전에 가장 중요한 역할을 했다.[18] 실재는 인간의 문화적 창조성이 수행하는, 결코 끝나지 않는 창조다. 이 창조 배후에 "물자체" 같은 것은 없다. 헤겔의 변증법적 과정은 그 구조 속에 무한한 진보라는 요소를 가지고 있었으며 그 요소는 부정이라는 추진력이었다. 베르그송이 매우 강조했듯이 부정이라는 추진력은 미래에 대해서 심지어 하나님에게도 무한한 개방성을 요구한다. 헤겔이 자기 철학의 변증법적 운동을 멈추었다는 사실은 그의 원리에 부수적인 것이었으며,[19] 그 사실은 그의 철학이 19세기 진보주의에 영향을 끼친 가장 강력한 영향 중 하나가 되는 것을 막지 못했다. (콩트나 스펜서가 보여주었듯이) 19세기 철학의 실증주의 진영은 자기 방식대로 진보주의를 수용할 수 있었다. 그리고 이 학파는 진보를 보편적인

---

18 역주. 신칸트학파의 실질적 창시자로 평가받는 Hermann Cohen은 인식을 무한한 전진 과정으로 이해했는데, 그 인식의 목표는 대상 세계를 합리적으로 파악하여 "모든 주관적인 것을 보편타당한 객관성으로 대체"하는 것이었다. 하지만 그는 이 목표가 끝내 도달하지 못할 목표임도 알고 있었다. Hans Joachim Storig, 『세계철학사』, 827.

19 역주. Hegel의 국가 이해는 Johannes Hirschberger, 『서양철학사(下)』, 강성위 옮김(대구: 이문출판사, 1992), 608-11을 참조하라. Hirschberger는 다음과 같이 평가한다. "그다음으로 두드러지는 것은 헤겔의 국가는 어떤 경우에라도, 설사 그것이 기형화되었다고 하더라도 긍정되지 않으면 안 된다고 하는 것이다. 가장 추악한 인간도 인간이고, 따라서 가장 추악한 국가도 여전히 신이라는 것이다. 이런 비교는 알맞지가 않고 분명히 자연주의를 지지하고 있다. 스피노자와 마찬가지로 헤겔도 그 국가철학에 있어서는 자기 자신을 벗어나고 있다. 이미 이념은 선택의 원리가 아니며 그것이 무엇이건 이젠 공간과 시간 안에 있는 것이 이념인 것이다"(611).

역사 법칙으로서 과학적으로 정당화하고자 많은 자료를 제공했는데 그 법칙은 생명의 모든 차원에서 나타나지만 오직 인간 역사에서만 의식되는 것이었다. 진보주의적 믿음은 우리 세기에 겪은 다음과 같은 경험들에서 무너졌다. 세계사가 오래전에 정복된 줄 알았던 비인간성의 단계로 퇴보했고, 진보가 이루어지는 영역에서 진보의 모호성이 나타났으며, 목적 없는 무한한 진보의 무의미성을 느끼게 되었고, 새롭게 태어난 모든 인간에게는 선과 악을 향해 다시 출발할 수 있는 자유가 있음을 통찰했다. 진보주의의 붕괴가 얼마나 급작스러웠고 철저했는지 알면 놀랄 것이다. 너무나 철저했기 때문에 20년 전 진보주의 이데올로기와 맞서 싸웠던 (나를 포함한) 오늘날의 많은 사람은 이 개념이 가진 정당한 요소를 옹호하도록 지금 내몰리고 있는 것 같다.

아마도 무한한 진보에 대한 가장 예리한 공격은 원래 동일한 뿌리에서 성장한 관념, 즉 유토피아적 역사 해석으로부터 나왔다. 유토피아주의는 명확한 목표, 곧 생명의 모호성이 정복된 역사의 단계에 도달하는 것을 가진 진보주의다. 유토피아주의를 논할 때, 진보주의의 경우와 마친가지로 유토피아적 추동력과 문자적으로 해석된 유토피아적 상징을 구별하는 것이 중요한데 후자는 역사 발전의 "제3의 단계"다. 유토피아적 추동력은 진보적 추동력의 강화에서 나오는데, 유토피아적 추동력과 진보적 추동력을 구별하는 기준은 현재의 혁명적 행위가 실재의 최종적 변형, 곧 우-토포스(*ou-topos*, [no-place, 존재하지 않는 곳])가 보편적인 장소가 되는 역사의 단계를 가져올 것이라는 믿음이다. 이 장소는 지구, 곧 이 행성일 것인데, 천동설적 세계관에서 이 행성은 천상의 영역으로부터 멀리 떨어져 있는 곳이었으며, 지동설적 세계관에서 이 행성은 다른 것들과 동일한 위엄, 동일한 유한성, 동일한 내적 무한성을 가진 하나의 별이 되었다. 그리고 이 장소는 인간, 소우주, 우주의 모든 차원의 대표자일 것인데 지구는 인간을 통해서 낙원에서는 단지 잠재성이었던 것의 완성상태에 이르게 될 것이다. 르네상스의 이런 관념들이 근대의 많은 세속적 유토피아주의 형식들의 배후에 자리 잡고 있으며 현시대에 이르기까지 혁명 운동을 장려했다.

유토피아적 역사 해석의 문제 있는 특징은 20세기의 발전들을 통해서 명백하게 노출되어왔다. 확실히 유토피아적 추동력의 힘과 진리는 르네상스의 유토피아들에서 예견되었던 것처럼 진보의 법칙이 타당성을 가지는 모든 영역에서 아주 성공적으로 나타났다. 하지만 동시에 인간의 자유가 관여되어 있는 영역들에서는 진보와 붕괴의 완벽한 모호성이 나타났다. 르네상스의 유토피아주의자들과 지난 300년 동안 혁명 운동을 해왔던 그들의 계승자들은 인간의 자유가 관여되어 있으면서도 모호하지 않은 완성의 상태에 도달한 영역들을 기대하기도 했다. 하지만 이 기대들은 깊은 실망으로 좌절하게 되었는데, 그 실망은 유한한 것에 대한 모든 우상숭배적 의존에서 기인한 것이었다. 현대에 나타난 그러한 "실존적 실망"의 역사는 냉소주의, 대중적 무관심, 지도층에서 나타나는 분열 의식, 열광주의, 독재의 역사였다. 실존적 실망은 개인적이고 사회적인 질병과 재앙을 낳는다. 즉 그것은 우상숭배적 황홀경이라는 대가를 지불해야 한다. 문자적으로 받아들여진 유토피아주의는 우상숭배적이기 때문이다. 그런 유토피아주의는 잠정적인 것에 궁극성을 부여한다. 그것은 한정적인 것(미래의 어떤 역사적 상황)을 무조건적인 것으로 만들며 동시에 늘 현존해 있는 실존적 소외, 생명과 역사의 모호성을 간과한다. 이로 인해 유토피아적 역사 해석은 부적절하고 위험한 것이 된다.

부적절한 역사 해석의 세 번째 형식은 "초월적" 유형이라 할 수 있을 것이다. 그 형식은 신약과 아우구스티누스까지 포함하는 초기 교회의 종말론적 분위기에 함축되어 있다. 이 형식은 정통주의 루터파에서 급진적 형식으로 받아들여졌다. 역사란 구약의 준비 작업 이후에 그리스도가 죄의 속박, 죄책의 지배를 받고 있는 교회 안의 개인을 구원할 목적과 그 개인이 죽음 이후 천상의 영역에 참여할 수 있게 할 목적으로 등장했던 장소다. 역사적 행위, 특히 아주 정치적인 영역에서 이루어지는 역사적 행위는 힘들의 모호성들로부터 내적으로나 외적으로 벗어날 수 없다. 하나님 나라의 정의와 권력 구조의 정의 사이에는 아무런 관계도 없다. 그 두 가지 세계 사이는 연결될 수 없다. 소종파적 유토피아주의 역사 해석과 칼뱅주의적 신정주의 역사 해석은 거부된다. 부패한 정치 조직을 변형하려는 혁명적 시도는 하나님의 섭리적 행위로 표현되는 하나님의 의지와 모순된다. 역사가 구원하는 계시의 현장이 된 이후 본질적으로 새로운 어떤 것도 역사에서 기대될 수 없다. 이런 관념에서 표현된 태도는 후기 봉건시대 중부와 동부 유럽에 살았던 대부분의 사람의 곤경에 매우 적절했다. 그리고 그 태도에는 모든 역사 시대에 살았던 수많은 개인들의 상황에 부합하는 요소가 포함되어 있다. 신학에서 그 태도는 세속적 유토피아주의뿐만 아니라 종교적 유토피아주의의 위험에 대해서도 필수적인 대칭을 이룬다. 하지만 그 태도에는 적절한 역사적인 역사 해석이 결여되어 있다. 그 태도의 가장 명확한 단점은 다음과 같다. 그 태도는 개인의 구원과 역사적 집단과 우주의 변형을 대조하며 따라서 전자와 후자를 분리시킨다. 토마스 뮌처(Thomas Muenzer)가 이런 오류를 날카롭게 비판했다. 그는 루터의 태도를 비판하면서 대중에게는 영적 생명을 위해서 남아 있는 시간과 힘이 없고 심판만이 있다고 제시했다. 그 심판은 19세기 후반과 20세기 초반 산업화된 도시에서 살아가는 프롤레타리아가 처한 사회학적·심리학적 상황에 대한 종교사회주의자들의 분석을 통해 반복되었다. 초월적 역사 해석의 또 다른 단점은 그 유형이 구원의 영역과 창조의 영역을 대조하는 방식에 있다. 힘 자체는 선하게 창조된 것이며, 생명의 본질적 구조에 속한 요소다. 구원이 아무리 파편적일지라도, 힘 자체가 구원 밖에 있다면 생명 자체도 구원 밖에 있게 된다. 그런 결과들을 통해 초월적 역사관이 가진 마니교적 위험이 드러난다.

마지막으로 이런 관점은 하나님 나라라는 상징을 개인이 죽음 이후에 들어가는 정적인 초역사적 질서로 해석한다. 이와 달리 성서 저자들은 우리가 주기도문에서 기도하듯이 이 상징을 땅에 임하는 역동적인 힘으로 이해했으며, 성서적 사유에 따르면 그 힘은 교회뿐만 아니라 제국에서도 강력한 마성적 권세들과 투쟁하고 있다. 결국 초월적인 역사 해석 유형은 부적절하다. 이 유형은 구원하는 역사 과정에서 자연뿐만 아니라 문화도 배제하기 때문이다. 이런 일이 자연과 가장 긍정적 관계를 맺고 있으며―루터를 따라서―문화의 예술적 기능과 인지적 기능에 가장 크게 공헌했던 개신교의 역사 해석 유형에서도 나타난다는 사실은 이해하기 힘든 일이다. 하지만 정치, 사회 윤리, 역사를 대하는 루터파의 초월적 태도 때문에 이 모든 것은 별다른 결과를 낳지 못한 채 현대 기독교에 남아 있다.

진보주의적·유토피아적·초월적 역사 해석은 불만족스러웠기 때문에 (그리고 비역사적 유형을 거부했기 때문에) 1920년대 초반에 종교사회주의자들은 그 부적절함은 피하면서 성서의 예언자주의에 기반을 둔 해결책을 시도하게 되었다. 이 시도는 하나님 나라라는 상징을 재해석하는 방식으로 이루어졌다.

4. 역사의 의미 물음에 대답하는 "하나님 나라" 상징

a) "하나님 나라" 상징의 특질들

모호하지 않은 생명의 세 가지 상징에 관한 장에서 우리는 "하나님 나라"라는 상징과 "영적 현존", "영원한 생명"이라는 상징들의 관계를 서술했다. 우리는 그 상징들 각각에 다른 두 상징이 포함되어 있음을 알았지만, 상징이 되는 자료의 차이 때문에 영적 현존은 인간 정신과 그 기능의 모호성에 대한 대답으로, 하나님 나라는 역사의 모호성에 대한 대답으로, 영원한 생명은 보편적인 생명의 모호성에 대한 대답으로 사용하는 것이 정당하다는 점을 확인했다. 그럼에도 하나님 나라라는 상징의 함의는 다른 두 개의 함의보다 더 포괄적이다. 이것은 하나님 나라의 이중적 특징에서 나온 결과다. 하나님 나라에는 역사-내적 측면과 초역사적 측면이 있다. 역사-내적으로 그 상징은 역사의 역동성에 참여한다. 초역사적으로 그 상징은 역사의 역동성의 모호성에 내포되어 있는 물음에 대답한다. 전자의 성질을 지닌 그 상징은 영적 현존을 통해서 현현한다. 후자의 성질을 지닌 그 상징은 영원한 생명과 동일하다. 하나님 나라가 가진 이 이중적 성질로 인해서 이 상징은 기독교 사상에서 가장 중요하고 가장 어려운 상징이 되며—더 나아가—정치적 절대주의와 교회의 절대주의 양쪽을 향한 가장 비판적인 상징 중 하나가 된다. 그 상징은 대단히 비판적이기 때문에 기독교회가 발전하고 두 보편교회가 성례를 강조하면서 그 상징은 버림받았다. 그리고 오늘날 사회 복음 운동과 몇몇 형식의 종교 사회주의가 이 상징을 사용한 이후에 (그리고 부분적으로 세속화한 이후에) 그 상징은 다시 그 힘을 상실해버렸다. 예수의 설교가 "하나님 나라가 가까이 왔다"[20]는 메시지로 시작했으며 기독교는 매일 주기도문을 통해 그 나라의 도래를 기도하고 있다는 사실을 보았을 때, 이것은 주목할 만한 일이다.

그 상징을 살아 있는 상징으로 복원하는 일은 기독교와 아시아 종교의 만남, 특히 불교와의 만남에서 이루어질 수 있다. 인도에서 발원한 거대 종교들이 모든 종교를 자기-초월적 보편성을 가진 부분적 진리로 받아들일 수 있을지라도, 그 종교들이 하나님 나라 상징을 그 근원적 의미대로 수용할 수는 없을 것 같다. 그 상징적 소재는 불교의 기본적 경험을 통해 철저하게 초월하는 분야들―인격적·사회적·정치적 분야들―에서 얻을 수 있다. 하지만 그 분야들은 기독교적 경험에서 본질적인, 결코 놓칠 수 없는 요소들이다. 이러한 동방과 서방의 종교적 차이, 문화적 차이로 인해 세계사적 결과가 초래되었는데 "하나님 나라"만큼 명확하게 그 차이가 발생하는 궁극적 원인을 제시하는 기독교의 상징은 없는 것 같다. 특히 그 상징을 "열반"(Nirvana)이라는 상징과 대조했을 때 그러하다.

하나님 나라가 가진 첫 번째 함의는 정치적인 것이다. 이것은 정치적 분야가 역사의 역동성에서 우세하다는 사실에 부합한다. 하나님 나라(kingdom)라는 상징이 구약에서 발전하면서 그 상징은 하나님이 다스리는 영역이라기보다 하나님에게 속해 있는 지배력 자체, 적들에 대한 승리 이후에 하나님이 갖게 될 지배력 자체가 되었다. 하지만 영역으로서의 나라는 눈에 잘 띄지는 않더라도 부재하는 것은 아니며 시온산, 이스라엘, 열방들, 우주와 동일시되었다. 이후에 유대교와 신약에서 신적 통치의 영역은 더 중요해졌다. 그것은 변형된 하늘과 땅, 역사의 새로운 시대에 존재

---

20   역주. 막 1:15.

할 새로운 실재다. 그것은 하나님이 만유 안에서 만유가 되는 새로운 창조를 통해 옛것이 재탄생함으로써 이루어진다. 정치적 상징은 그 정치적 함의를 상실하지 않은 채 우주적 상징으로 변형되었다. 신적 위엄을 이런 방식과 다른 많은 방식으로 상징화하는 "왕"은 비록 민주주의 형식과 같은 다른 어떤 구축적 형식의 반대를 받을지라도, 상징의 자료에 어떤 특별한 구축적 형식을 도입하지 않는다. 왜냐하면 초창기부터 (다른 지배 형식들과는 달리) "왕"은 정치적 지배의 가장 높고 가장 신성한 중심이 될 권리를 가진 상징이었기 때문이다. 그러므로 그 상징을 하나님에게 적용하는 일은 일반적으로 이해할 수 있는 이중적 상징화다.

하나님 나라의 두 번째 특질은 사회적인 것이다. 이 특질에는 평화와 정의라는 관념들이 포함되어 있는데 그 관념들은 정치적 성질과 대조되지 않으며 따라서 힘과도 대조되지 않는다. 이런 식으로 하나님의 나라는 "하나님의"라는 수식어를 가지고 평화와 정의에서 유토피아적 특징을 제거하면서도 평화와 정의의 영역에 대한 유토피아적 기대를 성취한다. 왜냐하면 이 수식어는 지상적 성취의 불가능성을 암묵적으로 인정하고 있기 때문이다. 하지만 그럴지라도 그 상징의 사회적 요소는 당위적 정의, 정의에 관한 무조건적인 도덕적 명령이 없으면 거룩함도 없다는 사실을 지속적으로 상기시킨다.

하나님 나라에 내포되어 있는 세 번째 요소는 인격주의적인 것이다. 궁극적 동일성으로 복귀하는 것이 실존의 목표임을 보여주는 상징들과는 달리 하나님 나라는 개체적 인격에게 영원한 의미를 부여한다. 역사가 지향하는 초역사적 목표는 모든 개인의 인간성이 소멸되는 것이 아니라 완성되는 것이다.

하나님 나라의 네 번째 특질은 그 보편성이다. 그것은 인간만의 나라가 아니다. 그것에는 모든 차원의 생명의 완성이 포함된다. 이것은 생명의 다차원적 일치에 부합한다. 즉 어떤 차원에서의 완성은 모든 차원에서의 완성을 내포하고 있다. 이것이 개체적·사회적 요소를 부정하지 않으면서 초월하는 "하나님 나라" 상징의 성질이다. 바울은 역사의 역동성이 그 종말에 도달한 때 "하나님이 만유의 주(all in all)가 되심", "그리스도가 역사를 다스리는 통치권을 하나님께 넘겨드림"이라는 상징들로 이를 표현했다.[21]

b) "하나님 나라" 상징이 가진 내재적 요소와 초월적 요소

"하나님 나라" 상징이 역사의 의미 물음에 긍정적이면서 적절한 대답이 되고자 한다면, 그 상징은 내재적인 동시에 초월적이어야 한다. 어떠한 단편적인 해석도 그 상징의 힘을 박탈해버릴 것이다. 역사의 의미 물음에 대한 부적절한 대답을 다루는 부분에서 우리는 유토피아적 해석과 초월적인 해석을 논의했으며 개신교 전통에서 유래했던 그 둘의 본보기를 제시했다. 이 사실은 "하나님 나라" 상징을 사용한다는 것만으로는 적절한 대답임을 보증할 수 없음을 보여준다. 비록 그 상징의 역사는 대답의 모든 요소를 제시하지만, 그 동일한 역사는 이 각각의 요소들이 억압될 수도 있고 그 상징의 의미가 왜곡될 수도 있음을 보여준다. 그러므로 하나님 나라 관념의 기본적 발전에서 이 요소들이 등장했던 것을 보여주는 것이 중요하다.

예언 문학은 역사 내적·정치적 측면을 강조한다. 이스라엘의 운명은 예언자들이 야웨의 특징과 행위를 이해하는 계시적 매개였고 이스라엘의

---

21   역주. 고전 15:28; 15:24.

미래는 이스라엘의 적과의 투쟁에서 드러날 이스라엘의 하나님의 승리로 간주되었다. 시온산은 모든 민족의 종교적 중심이 될 것이고 "야웨의 날"에 무엇보다 심판이 있을지라도 또한 역사적·정치적 의미의 완성이 있을 것이다. 하지만 이 이야기가 다가 아니다. 심판과 완성의 전망에는 역사 내적 또는 내재적이라고 말할 수 없는 요소가 포함되어 있다. 야웨가 이스라엘보다 수와 힘에서 무한히 우월한 적들과의 전투에서 승리한다는 것이다. 하나님의 거룩한 산은 지리학적으로는 무의미할지라도 모든 민족이 예배드리러 오는 장소가 될 것이다. 참된 하나님, 정의의 하나님은 부분적으로는 정치적이고 부분적으로는 마성적인 중앙집중화된 권세를 정복한다. 새로운 시대를 일으킬 메시아는 초인간적 흔적을 가진 인간이다. 민족들 사이의 평화에는 자연도 포함되며 그래서 가장 사나운 동물들도 서로 평화롭게 살아가게 될 것이다.[22] 하나님 나라 관념에 대한 매우 내재적이고 정치적인 해석 안에 있는 이 초월적 요소들은 그 이중적 특징을 제시한다. 하나님 나라는 역사 내적 발전만으로는 생산되지 않는다. 로마 시대 유대교의 정치적 격변기 동안 내인자적 예견이 가진 이 이중적 특징은 거의 망각되었으며 이로 인해 이스라엘의 민족적 실존은 완전히 파괴되기에 이르렀다.

　　로마 시대에 있었던 이와 같은 경험들로 인해 로마 시대 훨씬 이전부터 이와 같은 경험은 하나님 나라 관념과 관련해서 강조점을 내재적·정치적 측면에서 초월적·보편적 측면으로 바꾸어놓았다. 이것은 중간기의 소위 묵시 문학에서 가장 인상적으로 드러났는데 구약의 가장 후대 부분에는 묵시 문학의 몇몇 선구자들이 있었다. 역사적 전망은 우주적 전망으로

22　역주. 사 11:6-9.

확대되고 대체되었다. 이 땅은 옛것이 되었고 마성적 힘들이 이 땅을 차지했다. 우주적 특징을 가진 전쟁, 질병, 자연재해가 있고 나서야 만물의 재탄생, 하나님이 결국 민족들의 통치자가 되고 예언자의 희망이 성취될 새로운 시대가 있을 것이다. 이런 일은 역사적 발전을 통해서 일어나는 것이 아니라 신적 개입과 새로운 창조를 통해서 일어나며 새 하늘과 새 땅으로 귀결된다. 그런 전망은 어떠한 역사적 상황과도 무관하며 인간의 행위에 의해 한정되지 않는다. 신적 매개자는 역사적 메시아가 아니라 사람의 아들, 곧 하늘의 사람이다.[23] 이런 역사 해석은 신약에서 결정적인 것이었다. 로마 제국의 역사 내적·정치적 목표들은 도달할 수 없는 것이었다. 그 제국은 제국이 가진 선한 요소에 따라서 수용되어야 하며(바울),[24] 또한 제국의 마성적 구조 때문에 하나님의 심판을 받게 될 것이다(요한계시록).[25] 분명히 이것은 역사 내적 진보주의나 유토피아주의와는 매우 다르다. 그럼에도 이 역사 해석에 내재적·정치적 요소가 없는 것은 아니다. (때때로 일련의 제국들 중에서 최종적이며 가장 거대한 것으로 간주되는) 로마 제국에 대한 언급은 마성적 힘들에 대한 전망이 가상적인 것만은 아님을 보여준다. 그 전망은 그 전망이 구상되었던 그 시대의 역사적 힘들과 관련되어 있다. 그리고 우주적 재앙에는 민족들의 세계 안에서 일어나는 역사적 사건들이 포함되어 있다. 인간 역사의 최종적 단계는 역사 내적인 색채로 묘사되었다. 이후 반복해서 사람들은 자신의 역사적 실존이 묵시론자들의 신화론적 심상을 통해서 묘사되었음을 알게 되었다. 신약은 이 전망들에 새로운 요소를 첨가했다. 그 요소는 그리스도이자 교회의 토대인 예수가 역사의

---

23   역주. 단 7:9-14.
24   역주. 롬 13:1-7.
25   역주. 계 17-18.

한가운데에서 역사 내적으로 출현했다는 것이다. 이 모든 것은 "하나님 나라" 상징의 초월성을 강조한다고 해도 대단히 중요한 역사 내적 특징이 배제되지 않음을 보여준다. 이것은 내재적 요소가 우월하다고 해도 초월 적 상징 체계를 배제하지 않는 것과 마찬가지다.

　이런 발전은 "하나님 나라" 상징에 내재적 측면과 초월적 측면을 모 두 표현할 수 있는 힘이 있음을 보여준다. 비록 보통은 어떤 한 측면이 우 월하더라도 말이다. 이것을 기억하면서 이후로는 역사의 안과 위에 있는 하나님 나라의 실재에 관해 논할 것이다.

II. 역사 속에 있는 하나님 나라

A. 역사의 역동성과 새로운 존재

1. "구원사"라는 관념

"역사적 인류에서 이루어지는 영적 현존의 현현"(제4부, II, B)에서 우리는 영에 관한 교설과 인간의 역사적 실존을 연결시켰다. 하지만 역사적 차원 자체를 고찰한 것은 아니었다. 영적 현존 및 영적 현존과 인간 정신의 관계에 관해 논의하면서 우리는 역사를 다루지 않았는데, 이것은 역사가 정신적 생명의 모든 순간에 작용하는 것은 아니기 때문이 아니라 서로 다른 관점들이 연이어서 다루어질 수 있기 때문이었다. 이제 우리는 영적 현존과 그 현현들이 역동적인 역사에 참여한다는 관점에서 살펴보아야 한다.

신학은 **구원사**(Heilsgeschichte)라는 용어로 이 문제에 관해 말해왔다. 이 용어에는 해결되지 않은 많은 문제가 함축되어 있기 때문에 나는 그 용어를 엄격하게 규정하여 잠정적으로 사용하고 있다. 첫 번째 물음은 구원사와 계시사의 관계에 관한 것이다. 기본적인 대답은 이미 제시되었다(제1부, Ⅱ, B). 계시가 있는 곳에 구원이 있다! 우리는 이 진술을 이렇게도 돌려 말할 수 있다. 구원이 있는 곳에 계시가 있다. 구원은 계시를 포괄하며 존재의 근거가 현현하는 구원에 내포되어 있는 진리 요소를 강조한다. 그러므로 ("일반" 계시가 아니라) 보편 계시에 관해 말하면서 우리는 보편 구원에 관해 암묵적으로 말했다. 두 번째 물음은 인간적 창조성의 결과인 역사와 구원사의 관계에 관한 것이다. 그것들은 동일하지 않다. 그것들을 동일화하는 오류를 고대의 관념론과 종종 진보주의 역사 해석과 연결되었던 몇몇 자유주의 신학이 행했었다. 세계사를 구원사와 동일시하는 것은 역사적 차원을 포함한 모든 차원에서 나타나는 생명의 모호성들 때문에 불가능하다. 구원은 이런 모호성들을 정복하는 것이다. 그것은 그 모호성들에 맞서기 때문에 그것들이 효력을 발하고 있는 영역과 동일시될 수 없다. 나중에 우리는 구원사는 종교사와 동일하지 않다는 것과 또한 교회가 하나님 나라를 대표할지라도 구원사는 교회사와도 동일하지 않다는 것을 살펴보게 될 것이다. 구원하는 힘은 역사 안으로 침입하고 역사를 통해서 일하지만, 역사에 의해 창조되지는 않는다.

그러므로 세 번째 물음은 이런 것이다. 구원사는 세계사 속에서 어떻게 현현하는가? 계시적 경험에 관해 묘사—이것은 제1부, Ⅱ, "계시의 실재"에서 제시되었는데, 그것은 제5부에 속해 있는 어떤 관념들을 예견한 것이었다—하면서, 영적인 힘의 현현을 계시의 인지적 요소와 관련하여 그렸고, 개인과 공동체에 끼친 영적 현존의 효과를 다루는 부분에서(제4부, Ⅲ), 구원하는 힘의 현현이 전체적으로 서술되었다. 하지만 이 현현들의 역사적 차원과 그것들의 역동성을 세계사의 역동성과 관련하여 논하지는 않았다.

만약 "구원사"라는 용어가 정당화된다면, 그 용어는 구원하는 힘이 역사 과정에 침투하는 일련의 사건들을 제시할 것이다. 구원하는 힘은 이런 과정에 의해 준비되어 수용될 수 있게 되며 그 과정을 변화시켜 구원하는 힘이 역사에 영향력을 끼칠 수 있게 한다. 이런 방식으로 보면, 구원사는 보편사의 일부다. 구원사는 측정된 시간, 역사적 인과율, 명확한 공간, 구체적 상황에 따라서 확인될 수 있다. 세속적 역사 기술의 대상으로서의 구원사는 역사적 탐구 방법을 엄격하게 적용하도록 요구받는 검사를 거쳐야 한다. 하지만 동시에 구원사는 역사 안에 있다 하더라도 역사에서 기원하지 않는 것을 나타낸다. 이런 이유로 구원사는 신성한 역사라 불리기도 했다. 구원사는 동일한 일련의 사건들 속에서 신성하기도 하고 세속적이기도 하다. 구원사를 통해서 역사는 자기-초월적 특징, 궁극적 완성을 향한 그 열망을 보여준다. 구원사를 "초역사적"이라고 부를 이유는 없다. "초"(supra)라는 접두어는 세계사와는 관련 없이 신적 행위가 발생하는 더 높은 수준의 실재를 가리킨다. 이런 방식으로 역사에서 나타나는 궁극적인 것의 역설은 초자연주의로 대체되는데 초자연주의는 세계사를 구원사로부터 분리한다. 그런데 그것들이 분리되면, 우리는 초자연적 사건들이 세계사의 과정 안에서 어떻게 구원하는 힘을 가질 수 있는지를 이해할 수 없게 된다.

"구원사"라 이름 붙은 이런 잘못된 해석들 때문에 그 용어를 피하고 역사에서 발생하는 하나님 나라의 현현에 관해 말하는 것이 더 선호된다. 그리고 당연히 하나님 나라의 현현이 있는 곳에는 계시와 구원도 있다. 하지만 이런 현현에 리듬—일종의 진보 또는 흥기와 쇠퇴 혹은 어떤 구조들의 반복—이 있는가 아니면 전혀 없는가라는 물음이 남는다. 이 물음에 일반적인 용어로는 대답할 수 없다. 그 물음에 대한 대답은 종교 집단의 구체적인 계시 경험을 표현하며, 따라서 물음을 제기하는 신학적 조직의 특징에 의해 결정된다. 이후의 대답이 근거로 삼고 있는 것은 기독교의 상징 체계와 나사렛 예수가 그리스도, 즉 역사에서 나타난 새로운 존재의 최종적 현현이라는 기독교의 핵심적 주장이다.

2. 역사에서 나타난 하나님 나라의 중심적 현현

역사에서 나타나는 하나님 나라의 현현들의 리듬이 어떠하든지 기독교는 하나님 나라의 중심적 현현에 기초를 두고 있다고 주장한다. 그러므로―역사가 자기-초월적 특징을 가지고 있다고 간주한다면―기독교는 그리스도로서의 예수의 출현을 역사의 중심으로 간주한다. "역사의 중심"이라는 용어는 양적 측정과는 아무 관계가 없는데, 그러한 양적 측정은 역사의 중심을 불확정적인 과거와 불확정적인 미래 사이의 중간값으로 이해하고자 하기 때문이다. 또 그 용어는 과거의 흐름들이 연합하여 미래를 결정하는 지점에 도달하는 문화적 과정의 역사적 순간을 묘사하지도 않는다. 역사에는 그런 지점이 없다. 역사의 중심과 문화의 관계에 해당되는 내용은 역사의 중심과 종교의 관계에도 해당된다. "중심"이라는 은유는 이전과 이후의 모든 것이 그 순간의 준비와 수용이 되는 어떤 역사적 순간을 표현한다. 그 중심은 역사 속에서 나타나는 구원하는 힘의 기준이자 원천이다. 이 조직신학의 제3부와 제4부에서 이 주장을 충분히 발전시키고 있지만, 역사적 차원은 아직 고찰하지 못했다.

　　우리가 그리스도의 출현을 역사의 중심이라고 한다면, 역사 속에서 이루어진 하나님 나라의 현현은 각기 상대적 타당성과 힘을 가진 비일관적인 현현들일 수 없다. "중심"이라는 용어는 상대주의에 대한 비판을 표현하고 있다. 신앙은 신앙이 모든 계시적 사건들의 기준이 되는 사건에 의존하고 있음을 과감하게 주장한다. 신앙에는 그런 비범한 주장을 과감하게 하는 용기가 포함되어 있으며 오류의 위기를 감수한다. 하지만 이런 용기도 없고 위기도 없다면, 그것은 신앙이 아닐 것이다. "역사의 중심"이라는 용어 또한 역사 속에서 이루어지는 하나님 나라의 현현들에 관한 모든 진보주의적 관점들을 비판하고 있다. 분명히 (진보를 본질로 삼는 영역을 제외하면) 역사의 중심인 것을 넘어서는 진보란 있을 수 없다. 중심을 계승하는 모든 것은 그 중심이라는 기준 아래에 있으며 그 중심의 힘에 가담한다. 중심의 출현은 앞에서 "역사적 진보: 그 실재와 한계"라는 제목(제5부, I, A, 3c)에서 논의했듯이 진보적 발전의 결과가 아니다.

예비적인 계시사와 구원사 속에 있는 유일하게 진보적인 요소는 미성숙에서 성숙으로 향하는 역사의 운동이다. 인류는 역사의 중심이 나타날 수 있고 그 중심을 중심으로 받아들일 수 있는 지점까지 성숙해야 했다. 이 성숙의 과정은 모든 역사에서 작동하고 있지만, 최종적 계시를 나타낼 자(Him)를 예비하기 위해서는 개별적 발전이 필수적이었다. 이것이 발전의 기능인데 구약은 이러한 발전을 보여주는 문헌이다. 구약에서 나타나는 하나님 나라의 현현은 그리스도에게서 나타나는 최종적인 하나님 나라의 현현을 위한 직접적 전제 조건을 생산했다. 시간이 무르익었고 때가 되었다. 이런 일은 근원적으로 계시적이며 구원적인 역사 속에서는 한 번 일어났지만, 그 중심이 중심으로 받아들여지는 곳에서는 반복적으로 일어난다. 종교사라는 더 넓은 기초와 더 넓은 기초에 대한 예언자적 비판과 변형이라는 더 작은 기초가 없으면, 그 중심을 수용할 가능성도 없을 것이다. 그러므로 기독교 문화 안팎에서 이루어지는 모든 선교 활동은 종교 의식(consciousness)을 사용해야 하는데 그 의식은 모든 종교와 문화에 현존해 있거나 모든 종교와 문화에서 환기될 수 있는 것이다. 그리고 기독교 문화 안팎에서 이루어지는 모든 선교 활동에는 구약의 예언자들이 행했던 종교 의식 정화 작업이 뒤따라야 한다. 구약이 없으면 기독교는 (구약 예언자들이 비판하고 정화한 주요한 대상이었던) 유대교 역사를 포함하는 보편적인 종교사의 미성숙함 속으로 빠져들 것이다. 그러므로 역사 안에서 이루어진 하나님 나라의 중심적 현현을 지향하는 성숙 과정이나 준비 과정은 기독교 이전의 시대로 제한되지 않는다. 그 과정은 중심이 출현한 이후에도 이어지며 지금 여기에서도 계속되고 있다. 출애굽이라는 주제는 중심을 향한 성숙 과정이고, 그것은 오늘날 일본에서 이루어지고 있는 동서의 만남의 주제이기도 하며, 과거에도 그리고 지금도 여전히 지난 오백년 동안 이루어진 현대 서구의 발전의 주제다. 성서와 신학의 언어로 말하자면, 이것은 모든 시대에 이루어지는 그리스도의 초시간적 현존이라는 상징으로 표현되었다.

반대로 역사 속에서 이루어진 하나님 나라의 중심적 현현을 수용하는 과정도 언제나 존재한다. 물론 중심을 준비하면서 시간과 공간 속에 그 중심이 출현하도록 귀결되는 근원적인 역사가 있는 것처럼 그 중심을 수용하면서 시간과 공간에 출현한 그 중심에서 뻗어나가는 근원적인 역사도 있고 이것이 교회다. 하지만 교회는 과거에 일어난 일을 수용하면서 단순하게 드러난 방식으로 실존하지 않는다. 교회는 미래에 일어날 일을 예견하면서 잠복적으로 실존하기도 한다. 잠복적인 교회는 역사의 중심으로 올 것에 예견적으로 의존한다. 이것이 미래를 선언한다는 "예언"의 의미이며 제4복음서가 그리스도의 선재를 제시하는 구절들, 곧 역사의 모든 시대에 중심이 잠재적으로 현존해 있음을 상징하는 구절들의 의미다.

"역사의 중심"이라는 용어가 가진 이런 함의들에 비추어 우리는 이렇게 말할 수 있다. 역사의 자기-초월이라는 관점에서 보는 인간의 역사는 중심을 향해 전진하는 역동적 운동일 뿐만 아니라 한 지점을 중심으로 구조화된 전체다.

중심점이 있는 곳에서는 그 중심점을 중심으로 삼는 운동의 시작과 종말에 관한 물음이 제기된다. 여기서 우리는 역사 과정 자체의 시작과 종말에 관해 말하고 있는 것이 아니다. 그것은 역사 이전(prehistory)과 역사 이후(posthistory)에 관한 부분에서 논의했다. 여기서 논하는 문제는 이런 것이다. 그리스도의 출현이 중심이 되는 그 운동은 언제 시작하고 언제 끝나는가? 물론 그 대답은 숫자로는 주어질 수 없다. 이런 일이 일어날 때마다 그 대답은 종말과 관련해서는 역사 자체에 의해서, 그리고 시작과 관련해서는 역사적 지식에 의해서 논박되었다. 임박한 종말에 관한 모든 계산은 계산된 날이 이르렀을 때 수포로 돌아갔으며 지상에서 등장한 인류의 기원에 관한 우리의 지식은 성서의 기록을 포함한 역사적 시간에 관한 모든 기록을 무한히 능가해버렸다. 역사의 중심과 연결된 시작과 종말은 역사에서 이루어진 하나님 나라의 현현들의 시작과 종말만을 의미할 수 있고 그 물음에 대한 대답은 중심 자체의 특징에 의해서 결정된다. 계시와 구원의 역사인 그 역사는 인간의 소외된 곤경에 관한 그리고 이 곤경을 극복하는 인간의 운명에 관한 궁극적 물음을 인간이 깨닫는 순간 시작된다. 이 깨달음은 가장 이른 시기 인간의 기록에서 등장한 신화와 예식을 통해서 표현되었다. 하지만 명확한 순간이나 명확한 인물 또는 집단을 확정할 수 있을 가능성은 없다. 우리가 말하는 시작과 동일한 의미의 역사의 종말은 인류가 인간의 곤경에 관한 물음을 묻기를 중단하는 순간에 온다. 이런 일은 우주나 인간에 의해서 유발된 파괴가 역사적 인류를 외적으로 소멸함으로써 일어날 수도 있고 정신 차원을 무화시키는 생물학적이거나 심리학적인 변형에 의해서나 인간에게서 자유를 박탈하고 결국 역사를 가질 가능성을 박탈하는 정신 차원의 내적 퇴보에 의해서나 일어날 수도 있다.

기독교가 자신이 기초로 삼고 있는 사건이 계시와 구원의 역사의 중심이라고 주장할 때, 기독교는 다른 중심적 사건에 대해서 동일한 주장을 하는 다른 역사 해석이 있다는 사실을 무시할 수 없다. 왜냐하면 역사가 진지하게 받아들여지는 곳마다 역사의 중심을 선택하는 것은 보편적인 일이기 때문이다. 민족적 역사 해석—종종 제국적 역사 해석—의 중심은 민족의 소명 의식이 현실적 사건을 통해서나 전설적 전통을 통해서 발생하는 순간이다. 이스라엘의 출애굽, 로마시의 건설, 미국의 혁명 전쟁은 그런 개별 역사들의 중심이다. 유대교에서 그러했듯이 그런 사건들은 보편적 의의를 가진 것으로 격상될 수도 있고 로마에서 그러했듯이 그런 사건들은 제국적 열망의 동기가 될 수도 있다. 세계 종교의 추종자들에게 그 토대가 되는 사건은 역사의 중심이 된다. 이 사실은 기독교와 유대교에도 해당되며 이슬람교, 불교, 조로아스터교, 마니교에도 해당된다. 정치사의 종교사에서 나타나는 이런 유사점들에 비추어보면, 다음과 같은 물음은 불가피하다. 기독교는 자신들이 시간에 뿌리내리고 있는 동시에 역사에서 이루어지는 하나님 나라의 현현들의 보편적 중심에도 기초를 두고 있다는 주장을 어떻게 정당화할 수 있는가? 우리가 이미 언급했던 첫 번째 대답은 실증주의적 대답, 즉 이런 주장은 기독교 신앙의 과감한 용기를 표현한다는 대답이다. 하지만 이것은 그리스도로서의 예수를 신적 로고스의 중심적 현현이라고 부르는 신학에 충분한 대답이 아니다. 기독교의 주장은 "로고스"를 가져야 하는데 그 주장은 신앙에 추가되는 논증이 아니라 로고스에 의해 결정된 신앙에 관한 설명이다. 역사적 시간에 내포되어 있고 역사적 역동성의 모호성에 내포되어 있는 물음들에 다른 기만적인 역사적 중심들로는 대답할 수 없다고 말함으로써 신학은 그런 설명에 동의한다. 정치적으로 결정된 역사적 중심들을 선택하는 원리는 개별적이고 그 원리는 보편적이고자 아무리 제국주의적으로 노력할지라도 그 개별성을 상실할 수 없다. 유대교의 예언자적 자기-비판이 가진 보편주의적 요소에도 불구하고 이 사실은 유대교에도 해당된다.

예언자적이고 묵시론적인 유대교의 기대는 기대로 남아 있고 기독교처럼 역사-내적 완성에 이르지 않는다. 그러므로 출애굽 이후 그 어떤 새로운 역사의 중심도 보이지 않으며 미래의 중심은 중심이 아니라 종말이다. 이 지점에서 유대교적 역사 해석과 기독교적 역사 해석의 근본적이면서 연결될 수 없는 분열이 나타난다. 현실적 기독교에서 하나님 나라의 중심적 현현을 마성화하고 성례적으로 왜곡하는 일이 일어날 수 있지만, 기독교는 또 다른 예비적인 율법 종교가 되기를 원치 않는다면 중심이 **나타났다**는 메시지를 유지해야 한다. (수피즘¹을 제외한) 이슬람교는 율법의 종교이고 성숙을 향한 교육 과정이라는 위대한 기능을 감당하고 있다. 하지만 궁극적인 것과 연관해서 교육적 성숙은 모호하다. 집단뿐만 아니라 개인의 종교 생활에서도 율법을 돌파하는 것은 가장 어렵다. 따라서 기독교가 시작된 때로부터 이어져온 유대교와 이후 시대의 이슬람교는 예수를 그리스도이자 역사의 중심으로 수용하지 못하게 막는 가장 큰 장벽이

---

1   역주. 이슬람교 내부의 신비주의 종파. 수피즘은 정통주의 신학자들로부터 이단 혐의로 탄압을 받았으나, 이슬람교 내부에서 지속적으로 확대되었다. 종교학자 엘리아데는 수피즘이 "민주의 종교적 본능"을 충족시켜주었기 때문이라고 그 이유를 설명한다. 이후 11세기 아부 하미드 알 가잘리에 의해서 수피즘은 이슬람교의 정통 신학에 수용되는 데 성공하지만, 이후 이슬람교 신학은 경직되어갔다. Mircea Eliade, 『세계종교사상사 3』, 박규태 옮김(서울: 이학사, 2014), 197-215 참조.

었다. 하지만 이런 종교들 자체는 또 다른 중심을 제공할 수 없었고 지금도 제공하지 못한다. 예언자 무함마드의 출현은 역사가 보편적으로 타당한 의미를 가지게 되는 사건을 구축하지 못한다. 또 예언자들이 역사를 해석했던 의미로 "선택받은" 민족**인** 어떤 민족의 토대가 역사의 보편적 중심을 제공하는 것도 아니다. 왜냐하면 이 중심의 보편성은 아직 그 개별성으로부터 벗어나지 못했기 때문이다. 비역사적 역사 해석을 논했기 때문에 이 맥락에서 불교에 대해 많은 말을 할 필요는 없다. 부처는 불교도들에게 이전과 이후를 나누는 경계선이 아니다. 부처는 깨달음의 영이 구현된 본보기인데, 깨달음은 이미 일어났고 언제라도 일어날 수 있는 일이다. 하지만 부처는 부처에게로 귀결되고 또 부처에서 기인하는 역사적 운동에서 볼 수 있는 것이 아니다. 이러한 연구를 통해—과감한 신앙과 이 신앙에 대한 합리적 해석을 통해—계시와 구원의 보편적 중심을 볼 수 있게 해주는 유일한 역사적 사건은 기독교가 기초하고 있는 사건임을 알 수 있다. 이 사건은 하나님 나라가 현현하는 역사의 중심이면서 역사적 차원이 온전하고 보편적으로 긍정되는 유일한 사건이다. 그리스도로서의 예수의 출현은 역사가 자신과 자신의 의미를 깨닫게 되는 역사적 사건이다. 경험론적 접근법과 상대주의적 접근법을 따를지라도 이런 주장이 **가능할 만한** 다른 사건은 없다. 하지만 현실적 주장은 과감한 신앙의 문제이며 그런 문제로 남아 있다.

3. "카이로스"와 "카이로스들"

우리는 역사가 구체적 상황에서 하나님 나라의 중심적 현현의 돌입을 수용할 수 있게 될 정도까지 성숙했던 순간에 관해 말했다. 신약은 이 순간을 "시간의 완성"이라고 말했는데 그리스어로는 **카이로스**다. 제1차 세계대전 이후 독일 종교 사회주의 운동과 연관된 신학적·철학적 논의에서 우리가 그 용어를 도입한 이후 이 용어는 자주 사용되었다.[2] 기독교 신학에서 그 용어는 구약의 저자들뿐만 아니라 신약의 저자들도 역사의 자기-초월적 역동성을 깨닫고 있었다는 사실을 환기시킬 목적으로 선택되었다. 그리고 그것은 필연성의 철학에서 논리적이고 범주적인 구조가 아니라 역사의 역동성이라는 측면에서 역사를 다루어야 한다는 점을 환기시킬 목적으로 선택되었다. 무엇보다도 카이로스는 제1차 세계대전 이후 중부 유럽에 사는 많은 사람의 느낌을 표현해주었는데, 그 느낌은 역사와 생명의 의미에 대한 새로운 이해를 잉태할 역사의 순간이 나타났다는 느낌이었다. 이 느낌이 경험론적으로 확증되었든 아니든―부분적으로는 확증되었고 부분적으로는 확증되지 않았다―카이로스 개념 자체는 그 개념의 의의를 보존하고 있으며 조직신학 전체 안에 있다.

그 개념의 원래 의미―바로 그 시간, 어떤 일이 이루어질 수 있는 시간―는 **크로노스**(*chronos*), 측정된 시간 또는 시계로 표시되는 시간과 대조된다. **카이로스**는 질적인 시간이고 **크로노스**는 양적인 시간이다. 우리가 "때"(timing)라는 말로 시간의 질적 특징 중 어떤 것을 표현하며 하나님의 섭리적 행위가 이루어지는 "때"를 말한다면, 이 용어는 카이로스의 의미에 가까워질 것이다. 일상적인 그리스어에서 그 단어는 어떤 행동을 위한 좋은 기회가 주어진다는 실용적 목적으로 사용되었다. 신약에서 그것

---

2   역주. Tillich에 따르면, 제1차 세계대전 이후 종교 사회주의가 직면했던 문제는 루터파의 초월주의와 사회주의의 세속적 유토피아주의의 분열을 극복하는 것이었다. 이를 위해서 종교 사회주의자들이 내세웠던 주요한 개념은 마성적인 것, 카이로스, 신율이었다. Tillich, 『19-20세기 프로테스탄트 사상사』, 301-03.

은 예수가 아직 오지 않은 자신의 시간—자신의 고난과 죽음의 시간—에 관해 말했을 때 사용했던 단어의 번역어였다.[3] 그것은 세례 요한과 예수가 "가까이 온" 하나님 나라와 관련하여 시간의 완성을 선포했을 때 사용되었다.[4] 바울은 하나님이 자신의 아들을 보낼 수 있었던 순간, 역사의 중심이 되도록 선택된 순간에 관해 세계사적 관점에서 말할 때, 카이로스를 사용했다.[5] 우리는 이 "위대한 **카이로스**"를 인식하기 위해서 "시대의 징조"를 볼 수 있어야 한다. 그것은 예수가 자신의 적들이 그 징조를 보지 못한다고 책망하면서 말했던 것이다.[6] 바울은 카이로스에 관해 서술하면서 이방 종교의 상황과 유대교의 상황을 모두 보았으며 신명기적·바울적 문서에서 그리스도의 출현을 바라보는 세계사적이고 우주적인 관점은 점차 중요한 역할을 하게 되었다. 우리는 시간의 완성을 개별적인 종교적·문화적 발전에서 나타나는 성숙의 순간으로 해석했다. 하지만 이에 더해서 성숙은 하나님 나라의 중심적 현현을 수용할 수 있는 능력뿐만 아니라 이에 저항할 수 있는 가장 큰 힘도 의미할 수 있음을 경고해야 한다. 왜냐하면 성숙은 율법에 의한 교육의 결과이고, 율법을 매우 진지하게 받아들이는 자들에게 성숙은 율법에 대한 절망이 되며, 이에 뒤따라서 "복음"으로서의 법을 돌파하는 것을 요청하게 되기 때문이다.

카이로스라는 용어가 사용되지는 않았다고 해도 카이로스 경험은 교회사에서 반복적으로 일어났다. 예언자적인 영이 교회에서 나타날 때마다 "제3의 단계" 즉 "천년왕국" 시대에 이루어지는 "그리스도의 통치" 단

---

3   역주. 마 26:18.
4   역주. 막 1:15.
5   역주. 고후 6:2.
6   역주. 마 16:3.

계가 언급되었다. 이 단계는 직접적으로 내재하는 것으로 간주되었고 왜곡된 단계에 처해 있는 교회들을 향한 예언자적 비판의 기초가 되었다. 교회들이 부분적이고 타협적인 방식으로 이 비판을 거부하거나 수용했을 때, 예언자적인 영은 원래 혁명적인 특징을 가지고 있던 소종파 운동들에 편입되도록 강요받았는데, 그 소종파들이 교회가 되고 예언자적인 영이 잠복적인 것이 될 때까지 강요받았다. 카이로스 경험이 교회사에 속한다는 사실과 "위대한 카이로스", 곧 역사의 중심의 출현은 상대적인 **"카이로스들"**(*kairoi*)을 통해서 반복적으로 재경험된다는 사실은 우리의 고찰에서 결정적이다. 이러한 카이로스들 안에서 나타난 하나님 나라는 개별적 돌파구들을 통해서 현현한다. 하나의 카이로스와 카이로스들의 관계는 기준과 기준의 지배를 받는 것들의 관계이고 힘의 원천과 힘의 원천으로부터 지원을 받는 것들의 관계다. 카이로스들은 잠복적 교회와 현현한 교회의 예비하고 수용하는 모든 운동을 통해서 발생했고 일어나고 있다. 왜냐하면 예언자적인 영은 잠복되어 있거나 역사의 오랜 기간 동안 억눌려져 있었다고 해도 결코 사라지지 않으며 카이로스에서 율법의 장벽은 돌파되기 때문이다.

카이로스를 깨닫는 것은 전망의 문제다. 그것은 심리학적이거나 사회학적인 용어로 제시될 수 있는 그런 분석이나 계산의 대상이 아니다. 그것은 분리된 관찰의 문제가 아니라 관여된 경험의 문제다. 하지만 이것은 관찰과 분석을 배제한다는 말이 아니다. 그것들은 경험을 객관화하고 전망을 명확하고 풍성하게 하는 데 기여한다. 하지만 관찰과 분석이 카이로스 경험을 낳는 것은 아니다. 예언자적인 영은 논증이나 선의지에 의존하지 않으며 창조적으로 사역한다. 하지만 영적임을 주장하는 모든 순간은 검증받아야 하는데 그 기준은 "위대한 **카이로스**"다. 제1차 세계대전 이후 중부 유럽에서 카이로스라는 용어가 비판적이고 창조적인 상황이라는 의미로 사용되었을 때, 위대한 카이로스에 순종하는 종교 사회주의운동뿐만 아니라 민족주의 운동 역시 그 용어를—적어도 의도적으로—사용했다. 민족주의 운동은 나치주의라는 목소리를 통해서 위대한 카이로스와 위대한 카이로스가 지지하는 모든 것을 공격했다. 민족주의 운동이 그 용어를 활용했던 일은 마성적으로 왜곡된 것이었으며 불가피하게 자기-파괴로 귀결되었다. 나치주의가 주장했던 영은 거짓 예언자의 영, 우상숭배적 민족주의와 인종주의를 지지하는 거짓 예언자의 영이었다. 그리스도의 십자가는 예나 지금이나 그런 거짓 예언자를 비판하는 절대적인 기준이다.

카이로스들에 관해서 두 가지 말할 것이 있다. 첫째, 그것들은 마성적으로 왜곡될 수 있다. 둘째, 그것들은 오류일 수 있다. 그리고 뒤의 특질은 언제나 어느 정도까지 타당하다. 심지어 "위대한 카이로스"의 경우에도 그렇다. 오류는 상황의 카이로스적 성질 때문에 발생하는 것이 아니라 물리적 시간, 공간, 인과율과 인간의 반작용 및 역사적 배치 속 미지의 요소를 따라 그 상황의 특징을 판단할 때 발생한다. 다시 말해서 카이로스 경험은 과학적·기술적 의미를 예상할 수 없게 하는 역사적 운명의 질서를 따른다. 카이로스 경험에서는 예언된 어떤 날짜도 결코 옳지 않았다. 카이로스의 결과로 예견된 어떠한 상황도 결코 실현되지 않았다. 하지만 카이로스가 역사 속에서 현현했고 그 이후 역사가 쭉 변해왔듯이 하나님 나라의 힘을 통해서 어떤 사람들에게 중요한 일이 일어났다.

마지막 물음은 이것이다. 어떠한 카이로스도 경험되지 않는 역사적 시대가 존재하는가? 확실히 하나님 나라와 영적 현존은 시간의 어떤 순간에도 부재하지 않는다. 그리고 역사 과정의 본성에 따라 역사는 언제나 자기-초월적이다. 하지만 하나님 나라의 현존이 역사를 결정하는 경험은 늘 주어지는 것이 아니다. 역사는 동일한 리듬으로 움직이지 않는다. 역사는 폭포수나 조용한 개울처럼 움직이는 역동적 힘이다. 역사에는 흥망성쇠의 시대, 급변과 정체, 극단적 창조와 보수적인 전통 집착의 시대가 있다. 구약 후기 시대의 사람들은 영의 결핍을 불평했고 교회사에서 이 불평은 반복되어왔다. 하나님 나라는 언제나 현존해 있지만, 역사를 뒤흔드는 그 나라의 힘을 경험하는 일은 늘 있는 것이 아니다. **카이로스들**은 드물고 위대한 **카이로스**는 유일무이하다. 하지만 그것들은 모두 자기-초월적인 역사의 역동성을 결정한다.

4. 역사적 섭리

우리는 "하나님의 인도하시는 창조성"(제1권, 제2부, II, B, 3c)에서 섭리 교리에 관해 논했다. 우리는 섭리를 "창세 전에" 작정된 신적 설계라는 결정론적 방식으로 이해하면 안 된다는 것을 알게 되었다. 그런 결정론에 따르면 세상은 지금 자신의 경로를 밟아가고 있으며 하나님은 이 세상에 가끔씩 기적적으로 개입한다. 그런 초자연적 기계론 대신 우리는 자유와 운명이라는 기본적인 존재론적 양극성을 하나님과 세계의 관계에 적용했고 하나님의 인도하시는 창조성은 피조물의 자발성과 인간의 자유를 통해서 작동한다고 주장했다. 우리는 역사적 차원을 포함하고 있기 때문에 역사가 지향하는 "새로운" 것—개별적인 새로운 것과 절대적으로 새로운 모든 것—은 역사적 섭리의 목적이라고 말할 수 있다. 신적 "설계"를 결정론적 방식으로 이해하지는 않더라도 신적 "설계"를 말하는 것은 오해의 소지가 있다. 왜냐하면 "설계"라는 용어에는 미리 형태가 구상되었다는 함의가 있으며 설계를 구축하는 모든 개별적인 것들이 포함되어 있기 때문이다. 이로 인해 역사 과정의 우발적 요소는 운명이 자유를 무화시키는 정도까지 제한된다. 하지만 역사는 우발적인 것, 놀라운 것, 유래 없이 새로운 것으로 직조되어 있다. 우리는 편재해 있는 우발적 요소를 포함시키기 위해서 신적 섭리라는 상징을 확장해야 한다. 새의 자발성에는 우발적 요소가 있는데 그 요소는 지금 여기에서 발생한 새의 섭리적 죽음에 기여한다. 그리고 개인과 민족을 파괴하는 독재자가 신적 섭리를 따라 등장하는 일에도 우발성이 있다.

마지막 본보기는 역사적 섭리와 역사에서 나타나는 악한 힘들에 관한 물음을 제시하고 있다. 거대한 도덕적이고 물리적인 악과 역사에서 나타나는 마성적인 것 및 그 비극적 결과는 언제나 역사적 섭리에 대한 믿음을 수용하기를 거부하는 이론적 논증이자 실존적 논증이 되었다. 그리고 실제로 실재의 이런 측면들을 섭리 개념에 받아들이는 신학만이 이 개념을 사용할 권리가 있다. 악을 고려하는 섭리 개념은 계몽주의 철학의 특징인—몇몇 예외도 있나—목직콘직 닉관론과 19세기와 20세기 초의 진보주의를 철저히 배격한다. 첫째, 어떠한 미래적 정의와 행복도 과거의 부정의와 고난을 무화시킬 수 없다. "마지막 세대"의 기만적 복지는 이전 모든 세대의 악과 비극을 정당화할 수 없다. 둘째, 진보주의적·유토피아적 가정은 모든 개인이 가지고 태어나는 "선과 악을 선택하는 자유"의 요소들과 모순된다. 선의 힘이 증가하는 곳에서 악의 힘도 증가한다. 역사적 섭리는 이 모든 것을 포함하고 있으며 이 모든 것을 통해서 역사 안과 위에 있는 새로운 것을 창조적으로 지향한다. 역사적 섭리 개념에는 반동적이고 냉소주의적인 비관론에 대한 거부도 포함되어 있다. 이 개념은 역사 속에 있는 부정성(해체, 파괴, 불경화)이 역사 과정의 시간적 목적과 영원한 목적을 결코 이길 수 없다는 확실성을 제공한다. 이것이 그리스도를 통해 현현한 하나님의 사랑은 마성적 힘들을 정복한다는 바울의 말이 의미하는 바다(롬 8장).[7] 마성적 힘들은 파괴되는 것이 아니라 역사의 목적을 막을 수 없을 뿐이다. 역사의 목적은 존재와 의미의 신적 근거와 재연합하는 것이다.

이런 일이 일어나는 방식은 신적 신비와 동일하며 계산과 서술을 초월한다. 헤겔은 자신이 이 방식을 알고 있으며 변증법적 논리학을 기록된 역사의 구체적인 사건들에 적용함으로써 그 방법을 서술할 수 있다고 주장하는 실수를 저질렀다.[8] 우리는 그의 방법이 서로 다른 문화들의 신화적이고 형이상학적인 배경과 관련해서 중요한 많은 관찰을 할 수 있도록 그의 눈을 열어주었음을 부인할 수 없다. 하지만 그는 기록되지 않은 역사적 발전, 모든 위대한 문화들에서 나타나는 내부적 갈등(이것은 모든 일반적 해석을 제한한다), 미래를 향한 역사의 개방성(이것은 일관적인 설계를 막는다), 위

---

7   역주. Tillich는 롬 8:38-39을 본문으로 "지배자들과 권세들"(Principalities and Powers)이라는 설교에서 섭리에 대해 말한다. "섭리 신앙은 모든 것을 믿는 것입니다. 그것은 숙명이라는 추진력에도 불구하고, 일상적 실존의 불안정성에도 불구하고, 실존의 재앙과 의미의 붕괴에도 불구하고 자신의 생명과 생명 일반에 긍정을 표하는 용기입니다." Paul Tillich, *The New Being* (New York: Charles Scribner's Sons, 1955), 50.

8   역주. Tillich는 Hegel을 다음과 같이 비판한다. "헤겔의 주장에는 역설적인 요소("현실의 막대한 비합리성…에도 불구하고, '섭리적인 활동이 숨겨져 있다는 역설', '모든 피조물, 특히 인간의 비합리적 태도를 통해서 절대정신이 자신을 현현한다는 역설')가 뚜렷하게 있지만, 그는 삶의 신비를 그리스도교가 받아들였던 식으로 받아들이지는 않는다. Hegel은 사물이 지금 발생한 대로 발생했던 이유를 '알고' 있었다. 그는 자신이 말한 역사의 과정이 어떻게 전개되는지 '알고' 있었다. 그 때문에 그는 섭리의 역설에 대한 그리스도교의 긍정에 들어 있는 하나의 요소, 곧 개별적인 것에 관한 신비를 보지 못했다. 그는 개별적인 것을 논하지 않고 일반적 과정 그 자체를 알고 있다고 믿고 있었다. 그는 영원한 본질이나 가능성의 실현으로 역사를 구성했다. 이때 영원한 본질이나 가능성이라는 것은 내적·변증법적 운동을 하는 신적 생명이며 말하자면 신이 자기 자신에서 가지는 놀이다." Tillich, 『19-20세기 프로테스탄트 사상사』, 173.

대한 문화와 종교의 생존과 재생(진화론적 구도에 따르면 위대한 문화와 종교는 오래전에 역사적 의의를 상실했다) 또는 하나님 나라가 역사의 과정에 돌입하여 유대교의 영속성과 기독교 사건의 유일무이성을 창조함 등을 고려하지 않았다. 섭리에 관해 말하지는 않을지라도 역사적 섭리에 관한 구체적 설계를 제공하려는 다른 시도들이 있었다. 그 시도 중 어느 것도 헤겔의 시도만큼 풍성하고 구체적이지 않았는데 심지어 헤겔에 대해서 실증주의적 대척점에 있었던 콩트의 시도도 헤겔 정도는 아니었다. 그 시도들 대부분은 더 신중했고 역사의 역동성 속에서 나타나는 어떤 규칙성으로 제한되었다. 예를 들어 슈펭글러의 성장과 쇠퇴의 법칙, "후퇴"와 "귀환", "도전"과 "응전" 같은 토인비의 일반적 범주 등이 있을 것이다. 그런 시도는 구체적 운동들에 대한 소중한 통찰을 제공했지만, 역사적 섭리에 관한 어떤 그림도 제공하지 않는다. 구약의 예언자들은 이런 사람들보다 훨씬 덜 구체적이었다. 예언자들은 주변의 많은 민족을 다루었지만, 그 목적은 그 민족들의 세계사적 의의를 제시하기 위함이 아니라 그 민족들을 통해 창조, 심판, 파괴, 약속으로 나타나는 신적 행위를 제시하기 위함이었다. 예언자들의 메시지에는 어떠한 구체적인 설계도 내포되어 있지 않다. 그 메시지에는 역사적 창조, 심판, 은혜라는 신적 행위의 보편적 규칙만이 내포되어 있을 뿐이다. 개별적 섭리 행위 전체는 신적 생명의 신비에 은폐된 채 남아 있다.

구체적인 세계사를 해석할 때 필수적인 앞의 내용은 창조적으로 이어지는 개별적 발전을 특별한 관점으로 이해하지 못하게 막지 않는다. 우리는 **카이로스** 관념을 논의하면서 그리고 "위대한 **카이로스**"의 상황을 묘사하면서 이런 일을 시도했다. 기독교적 관점에서 보았을 때, 유대교의 섭리적 특징은 역사 발전에 관한 개별적 해석을 보여주는 영구적인 본보기다. 연쇄적인 세계 권력들에 관한 다니엘서의 서술[9]은 이런 의미로 이해될 수 있으며 이것은 과거의 발전에 비추어 현대의 상황을 비판적으로 분석하는 것을 정당화한다. 카이로스에 대한 깨달음에는 과거 발전들의 형상과 그 발전들의 현재적 의미가 현실적으로 내포되어 있다. 하지만 이를 넘어서는 모든 시도는 "신적 섭리의 자리에 자신을 두는" 헤겔의 엄청난 시도를 반대하는 논증들로 반박해야 한다.

B. 하나님 나라와 교회들

1. 역사 속에서 하나님 나라의 재현자인 교회들

영적 공동체에 관한 논의에서 우리는 교회들을 영적 공동체의 모호한 체현이라 했고 교회들이 영적 공동체를 은폐하기도 하고 드러내기도 하는 역설에 관해 말했다. 역사적 차원과 영적 공동체에 관한 종교적 해석을 보여주는 상징들을 고찰하고 있는 지금 우리는 교회들을 하나님 나라의 재현자(representative)라고 말해야 한다. 이러한 특징은 다른 특징과 모순되지 않는다. "하나님 나라"는 "영적 공동체"보다 더 많은 것을 포괄하고 있다. 그것에는 영적 공동체에 들어올 수 있는 인격만 포함되는 것이 아니라 실재의 모든 요소가 포함된다. 하나님 나라에는 영적 공동체가 포함되어 있지만, 역사적 차원이 다른 모든 차원을 포괄하는 것처럼 하나님 나라는 존재의 모든 영역의 궁극적 목표라는 점에서 그 모든 영역을 포괄한다. 교회

---

9   역주. 단7장.

들은 이런 보편적인 하나님 나라를 재현한다.

교회들을 통한 영적 공동체의 체현이 모호한 것처럼 교회들이 하나님 나라를 재현하는 것 또한 모호하다. 두 가지 기능을 담당하는 교회들은 역설적이다. 즉 교회들은 드러내기도 하고 은폐하기도 한다. 우리는 교회들이 악마의 나라를 재현할 수도 있다고 이미 언급했다. 하지만 악마의 나라는 하나님 나라의 왜곡이며 그것은 자신이 왜곡시키고 있는 것이 없으면 존재할 수 없다. 재현자가 자신이 재현해야 하는 것을 잘못 재현하고 있을지라도, 재현자의 힘은 재현자의 재현 기능에서 나온다. 교회들은 궁극적인 것을 드러내지 않고 은폐하는 권세가 될지라도 교회로 남아 있다. 정신의 담지자인 인간이 담지자이기를 중단할 수 없는 것처럼 역사 속에서 하나님 나라를 재현하는 교회들이 하나님 나라와 모순되게 재현 기능을 실행할지라도 교회들로부터 이 기능을 박탈할 수는 없다. 왜곡된 정신도 여전히 정신이다. 왜곡된 거룩함도 여전히 거룩함이다.

조직신학 제4부에서 교회론을 온전하게 전개했기 때문에 여기서 우리는 교회의 역사적 차원과 관련해서 이면 관련 결과들을 덧붙이기만 하면 된다. 하나님 나라의 재현자인 교회들은 역사의 목표를 지향하는 역사적 시간의 진행을, 또 이 목표에 반대하는 마성화와 불경화의 권세들과 맞서 싸우는 하나님 나라의 역사-내적 투쟁을 능동적으로 공유하고 있다. 기독교회는 근원적인 자기-해석을 통해서 이 이중적 과제를 잘 알고 있었고 예배 생활에서 그 과제를 매우 두드러지게 표현했다. 교회는 세례받는 새신자에게 과거 이교도로 살면서 종속되어 있던 마성적 권세들로부터 떨어져나올 것을 공개적으로 요청했다. 많은 현대 교회가 "입교"(견진) 예식을 통해 젊은 세대를 투쟁하는 교회의 수준으로 끌어들인다. 동시에 모든 교회는 예배, 찬양, 기도를 통해서 하나님 나라의 도래와 모든 사람이 그 도래에 준비되어 있어야 한다는 임무에 대해 말한다. 이런 관념들이 개인주의적 구원 관념으로 격하되었지만, 교회의 깨달음에서 종말론적 역동성을 완전히 지워버리는 것은 위계적이고 정통적인 보수주의에서도 힘든 일이다. 예언자적인 영이 나타날 때마다 그 영은 도래하는 나라에 대한 기대를 되살렸고 그 나라를 증언하고 그 나라를 준비해야 하는 교회들의 과제를 각성시켰다. 이로 인해 교회사에서는 종말론적 운동이 계속해서 반복적으로 일어났는데 그 운동들은 때로는 매우 강력했고 때로는 매우 부조리했다. 교회들은 기대와 준비의 공동체였고 또 늘 그러해야 한다. 교회들은 역사적 시간의 본성과 역사가 지향하는 목표를 제시해야 한다.

마성화와 불경화에 대항하는 투쟁은 이 "종말" 의식에서 열정과 힘을 이끌어낸다. 교회사 내내 이 투쟁이 이어져갈 때 교회들은 하나님 나라의 도구가 된다. 교회들은 도구로서 봉사할 수 있는데 그 이유는 교회들이 소외의 권세를 정복하는 새로운 존재에 근거하고 있기 때문이다. 대중적 상징 체계에 따르면, 악마적인 것은 거룩한 것이 거룩한 말, 기호, 이름, 소재를 통해 나타날 때 거룩한 것의 비매개적 현존을 견뎌낼 수 없다. 하지만 이를 넘어 교회들은 새로운 존재의 힘이 그런 것들을 통해 작용하면서 역사 속에서 나타나는 불경화의 권세뿐만 아니라 마성적 힘도 보편적으로 정복할 것이라고 믿는다. 교회들은 하나님 나라의 투쟁하는 중개인이며 역사의 완성을 향하는 추동력을 가지고 권세를 인도한다. 교회들은 이것을 느끼고 있거나 또는 느껴야 한다.

기독교회가 기초로 삼는 사건에서 새로운 존재가 중심적으로 현현하기 이전에는 현현된 교회가 없었지만, 이 사건 이전과 이후의 모든 역사에는 잠복적 교회—즉 잠복적 상태의 영적 공동체—가 있었으며 있을 것이다. 잠복적인 영적 공동체와 그 준비 작업이 없었으면, 교회들은 하나님 나라를 재현할 수 없었을 것이다. 이전의 거룩한 것 경험, 즉 존재와 당위 경험이 없었다면, 거룩한 것 자체의 중심적 현현도 불가능했을 것이다. 결국 교회들은 존재할 수 없었을 것이다. 따라서 교회들은 역사의 완성을 향하는 추동력을 가지고 권세를 인도한다라고 말한다면, 우리는 이러한 판단에 (교회들이 아닌) 잠복적 교회를 포함시켜야 할 것이다. 그리고 우리는 역사 속에서 하나님 나라는 어떤 집단과 개인에 의해서 재현되는데, 그 집단과 개인은 잠복적 교회가 그 안에서 작용하고 있는 집단과 개인이고, 또 그들의 과거와 미래의 준비 작업을 통해서 현현된 교회이며, 이와 함께 기독교회들이 목표를 지향하는 역사적 운동의 도구가 될 수 있었고 또 될 수 있다고 말해야 한다. 이것은 역사 속에서 하나님 나라를 재현하는 교회들의 기능과 관련하여 교회들을 겸손하게 하는 몇 가지 고찰 중 첫 번째 것이다.

여기서 우리는 이렇게 물어야 한다. 교회들은 영적 공동체의 체현일 뿐만 아니라 모든 것을 포괄하는 특징을 가진 하나님 나라의 재현자라는 사실은 무엇을 의미하는가? 그 대답은 생명의 다차원적 일치와 그 일치가 거룩한 것의 성례적 현현에 가져오는 결과들에 있다. 교회가 신적인 것의 성례적 현현을 강조하는 정도에 따라 교회는 자신 안으로 정신과 역사보다 선행하는 영역들 및 무기적이고 유기적인 우주를 끌어들이게 된다. 그리스 정교회와 같이 매우 성례적인 교회들은 생명의 모든 차원이 역사의 궁극적 목표에 참여하는 것에 관해 심오한 이해를 갖고 있다. 생명의 모든 요소를 성례적으로 신성화하는 것은 모든 것에 궁극적으로 숭고한 것이 현존해 있음을 보여주며 생명의 창조적 근거와 최종적 완성에서 이루어지는 모든 것의 일치를 제시한다. "말씀" 중심의 교회들은 성례적 요소와 함께 인간 외부의 우주를 신성화와 완성으로부터 배제한다는 것, 그것이 "말씀" 중심의 교회들, 특히 율법주의적 형식, 배타적인 인격주의적 형식을 가진 "말씀" 중심의 교회들의 단점 중 하나다. 하나님 나라는 단지 사회적 상징이기만 한 것이 아니다. 그것은 실재 전체로 이루어진 상징이다. 그리고 교회들이 하나님 나라를 재현한다고 주장한다면, 교회들은 하나님 나라의 의미를 한 가지 요소만으로 축소해서는 안 된다.

그런데 이런 주장은 또 다른 문제를 일으킨다. 불경화와 마성화의 권세들과 투쟁하면서 하나님 나라를 재현하는 교회 자체는 종교의 모호성에 종속되어 있으며 불경화와 마성화에 개방되어 있다. 그렇다면 어떻게 마성화된 것이 마성적인 것에 맞선 투쟁을 재현할 수 있으며 어떻게 불경화된 것이 불경한 것에 맞선 투쟁을 재현할 수 있는가? 그 대답은 교회들의 역설에 관한 장에서 제시되었다. 역설적 일치를 이루는 교회들은 불경하면서도 숭고하고 마성적이면서도 신성하다. 이 역설은 교회들에 대한 교회들의 예언자적 비판으로 표현된다. 교회 안에 있는 어떤 것이 교회 전체의 왜곡에 대항한다. 마성적인 것과 불경한 것에 맞선 교회의 투쟁은 먼저 교회 자체 안에 있는 마성적인 것과 불경한 것을 향한다. 그런 투쟁은 개혁 운동으로 귀결될 수 있고, 바로 그런 운동이 존재한다는 사실 때문에 교회들은 자신을 하나님 나라의 운반체로 간주할 수 있는 권리를 부여받으며, 교회사를 포함한 역사 속에서 투쟁하게 된다.

2. 하나님 나라와 교회사

교회들의 역사는 시간과 공간 속에서 교회(the church)가 현실화되는 역사다. 교회는 언제나 교회들을 통해서 현실화되며, 교회들을 통해서 현실화된 바로 그것이 하나의(one) 교회다. 그래서 우리는 교회들의 역사뿐만 아니라 교회의 역사에 관해서도 말할 수 있다. 하지만 어떤 시기(기원후 500년 또는 1500년)에 이르기까지는 시간과 공간 속에서 현실화된 하나의 교회가 있었고 이 시대 이후에는 분열이 일어나 교회들이 생겼다고 주장해서는 안 된다. 그런 주장은 어떤 시대 또는 모든 시대 속에 존재했던 교회 중 한 교회가 자신을 **유일한**(the) 교회라고 주장하는 결과를 초래한다. 성공회는 교회사의 초창기 500년을 다른 시대들보다 격상시키면서 자신이 초기 교회와 더 유사하기 때문에 다른 교회들보다 더 우월하다고 자신을 격상시키는 경향이 있다. 로마 가톨릭교회는 모든 시대에 걸쳐 자신에게 무제한적인 절대성을 부여했다. 그리스 정교회는 자신들의 우월성을 처음 7개의 공의회들에서 이끌어내어 주장하는데 그것은 공의회들과 함께 본질적으로 파손되지 않은 전통 속에서 살아갔다. 개신교회가 사도 시대와 종교개혁 사이의 역사를 교회가 (유대교와 이교도 안에서 그렇게 존재하는 것처럼) 오직 잠복적으로만 존재했던 시대로 간주한다면 유사한 주장을 할 수 있을 것이다. 그리고 적어도 암묵적으로 이런 주장을 하는 신학적이고 교회적인 몇몇 급진주의자들이 있었다. 그 각각의 교회들은 오류가 있으며 결과적으로 마성적 태도는 다음과 같은 진리를 무시함으로써 초래된 것이었다. 교회, 곧 영적 공동체는 교회들 안에 **언제나** 살아 있고 역사 안에서 나타난 하나님 나라 중심적 현현인 그리스도를 자신들의 토대라고 고백하는 교회들이 있는 곳에는 교회가 존재한다.

만약 우리가 교회와 교회들의 두 가지 관계라는 관점으로 교회사를 본다면, 교회사는 하나님 나라와 전혀 동일하지 않으며 교회사는 하나님 나라의 현현이 없이는 결코 존재하지 않는다고 우리는 말할 수 있다. 우리는 이 사실을 명심하고서 교회들의 역설적 특징을 표현하는 교회사의 많은 수수께끼를 보아야 한다. 다음과 같은 물음은 피할 수 없다. 역사 속에서 이루어진 하나님 나라의 중심적 현현에 기초하고 있다는 교회들의 주장은 교회사의 실재와 어떻게 연합될 수 있는가? 특히 이것이 의미하는 바는 이런 것이다. 왜 교회들은 인류의 한 부분—이 부분에서 교회들은 개별적 문명에 속한다—으로 제한되고, 왜 교회들은 이 문명의 문화적 창조물들과 결속되어 있는가? 더욱이 이런 것도 묻게 된다. 거의 500년 동안 기독교 문명 안에서 세속적 운동들이 일어나서 인간의 자기-해석을 철저하게 변화시켰고 많은 경우, 특히 과학적 인문주의와 자연주의적 공산주의에서 기독교를 적대시하게 된 이유는 무엇인가? 이 물음은 오늘날 다음과 같은 또 다른 물음이 추가되어야 할 물음이다. 이 두 가지 세속주의 형식들이 극동의 나라들처럼 비기독교 문명을 가진 나라들에서 그토록 엄청난 힘을 가지게 된 이유는 무엇인가? 기독교의 모든 선교적 노력과 세계의 몇 군데에서 이룬 성공들에도 불구하고 기독교 문명이 이룬 이런 성과들의 확산은 훨씬 더 인상적이다. 물론 그런 고찰은 논증이 아니다. 그것은 교회사의 수수께끼 중 하나에 대한 반작용이다. 다른 수수께끼들은 교회들의 내부적 발전에서 나타난다. 교회들의 대분열이 가장 분명한 수수께끼인데 왜냐하면—로마 가톨릭교회가 주장하는 것처럼 절대적이고 배타적인 진리임을 주장하지는 않더라도—각각의 교회들이 진리임을 주장하기 때문이다. 예수가 그리스도임을 주장하지 않는 기독교회는 (비록 잠복적 교회가 그 안에 있을 수도 있겠지만) 분명히 현현된 기독교회임을 중단한 것이다. 하지만 예수를 그리스도로 인정하는 교회들이 자신들의 배타성 때문에 이 사건에 대한 해석을 달리한다면, 우리는 이렇게 물어야 한다. 교회들의 역사로 체현된 교회사는 교회들이 관련되어 있는 한 가지 사건에 대해서 어떻게 그렇게 모순적인 해석을 생산할 수 있었는가? 우리는 심지어 이렇게 물을 수도 있을 것이다. 인간적 관점에서는 치유책이 보이지 않는 분열로 (역사적 섭리가 창조한 중심에 기초하고 있는) 교회들을 인도함으로써 신적 섭리가 의도하는 것은 무엇인가? 더 심화된 물음은 이런 것이다. 교회사에서 그토록 많은 거룩함의 불경화가 두 가지 측면—즉 예전의 형식화와 세속화—으로 존재하는 일이 어떻게 발생할 수 있는가? 예전의 형식화라는 왜곡은 로마 가톨릭 유형의 기독교에서 더 자주 일어나고 세속화라는 왜곡은 개신교 유형의 기독교에서 더 자주 일어난다. 때로는 예언자적 분노를 가지고서 우리는 이렇게 물어야 한다. 그리스와 로마, 로마 가톨릭 세계의 많은 곳에서, 민족적 집단과 사회적 집단에서 어떻게 역사의 중심으로서의 그리스도라는 이름은 엄청나게 많은 미신적 헌신과 동일시될 수 있었는가? 그 경건이 아무리 원시적일지라도 우리는 이 많은 사람의 경건을 의심하지 않는다. 하지만 우리는 지상적 소원이나 천상적 소원을 성취하기 위해서 헌신적 행위를 하는 사람들의 예전이 신약에서 나타난 그리스도의 모습과 관계가 있는지 의심한다. 그리고 우리는 진지하게 이런 물음을 덧붙여 물어야 한다. 이런 조건들의 개혁을 거부하는 위계질서를 잘 알고 있었고 또 그 위계질서의 옹호를 받던 신학, 그런 신학이 영적 현존의 이런 예전화를 정당화하거나 적어도 용인하는 일이 어떻게 일어날 수 있었는가? 개신교를 살펴보면, 궁극적으로 숭고한 것을 불경화하는 또 다른 형식—세속화—이 나타난다. 세속화는 개신교적 원리의 이름으로 나타나는데, 이것은 성직자(priest)를 속인(layman)으로, 성례를 말로, 거룩한 것을 세속적인 것으로 만든다. 물론 개신교는 성직, 성례, 거룩한 것의 세속화를 의도하지 않았다. 오히려 개신교는 거룩한 것이 개별 장소, 질서, 기능으로 제한되지 않음을 보여주고자 한다. 하지만 그렇게 할 때, 개신교는 거룩한 것을 세속적인 것으로 해소해버리는 경향, (도덕주의든, 지성주의든, 민족주의든) 기독교 문화의 전체적 세속화를 향하는 길을 예비하는 경향을 피하지 못한다. 로마 가톨릭교회에 비해서 개신교는 그 바탕에서부터 세속적 흐름을 덜 반대한다. 하지만 프랑스와 러시아의 역사가 보여주었듯이 로마 가톨릭교회는 기독교적인 모든 것에 반대하는 세속주의의 직접적 맹공을 더 많이 받았다.

궁극적으로 숭고한 것이 불경화되는 세속적 형식은 전 세계로 확산되고 있는데 그 형식은 특히 지난 세기 교회사의 매우 큰 수수께끼였다. 아마도 그것은 현대 세계사의 가장 당혹스럽고 긴급한 문제일 것이다. 여하튼 물음은 이런 것이다. 기독교 문명의 한가운데서 이루어진 이런 전개는 기독교가 역사의 중심인 사건에 관한 메시지를 가지고 있다는 주장과 어떻게 화해를 이룰 수 있는가? 초기의 신학은 헬레니즘-로마 문화의 세속적 창조물을 흡수할 수 있었다. 초기의 신학은 스토아적인 로고스 교설을 통해서 고대 문명을 보편적 교회를 세우기 위한 재료로 사용했는데, 원칙적으로 그 보편적 교회에는 인간의 문화적 창조성에 속해 있는 모든 긍정적 요소들이 포함되어 있었다. 이후 다음과 같은 물음이 제기되었다. 왜 세속 세계는 근대 서구 문명이 이룬 이 연합을 벗어났는가? 그리스도에게서 나타난 새로운 존재의 힘은 근대 자율적 문화의 창조물들을―역사의 중심에서 인격적 현존이 된―로고스에 종속시킬 수 있을 정도로 충분히 강하지 않았거나 강하지 않은 것 아닌가? 이 물음은 이 조직신학에서 결정적인 동기이듯 모든 현대 신학에서 결정적인 동기였다.

마지막 물음이자 아마도 교회사에서 가장 어려운 난제는 교회사에서 나타난 마성적인 것의 힘에 관한 물음이다. 로마서 8장에서 바울의 승리 찬송으로 표현되었듯이 기독교 최고의 주장은 그리스도가 마성적 힘들을 이겼다는 것인데,[10] 이 물음은 이러한 사실로 비추어보았을 때 어려운 난제다. 마성적인 것을 이겼을지라도 마성적 요소의 현존이 거룩한 것의 원시적이며 사제에 의해 용인된 예전적 형식화를 통해서 나타난다는 것은 부인될 수 없다. 또 더 기본적인 마성화, 즉 기독교회들이 자신의 토대와 자신들이 그 토대 위에 세운 건물을 혼동하고서 토대의 궁극성을 건물에 부여했을 때마다 일어났던 마성화도 부인될 수 없다. 기독교에는 한 가지 마성화 노선이 있는데, 이 노선은 기독교가 로마 제국의 국가 종교로 격상된 이후 이단자에 대한 첫 번째 박해로부터 위대한 공의회들의 정죄 선언 정식들, 중세의 소종파들을 근절하려는 전쟁들과 종교 재판의 원리들, 개신교 정통주의의 독재와 개신교 소종파들의 열광주의 및 근본주의의 고루함을 거쳐 교황의 무오류성 선언으로 곧바로 이어진 노선이다. 제자들이 그리스도에게 강요하기 원했지만 그리스도가 개별적 절대성에 관한 모든 주장을 희생시켜버린 사건[11]은 기독교의 메시지를 마성화하는 이 모든 경우에 대해서는 헛된 일이었다.

이런 관점에서 우리는 이런 물음을 묻게 된다. 교회사의 의미는 무엇인가? 한 가지는 명확하다. 우리는 교회사를 "신성한 역사" 또는 "구원사"라고 부를 수 없다. 신성한 역사가 교회사 안에 있기는 하지만 교회사에 제한되지는 않고, 신성한 역사는 교회사에 의해 현현하기도 하지만 은폐되기도 한다. 그럼에도 교회사에는 다른 어떤 역사에도 없는 한 가지 성질이 있다. 교회는 모든 시대에 출현한 교회를 역사 안에서 이루어진 하나님 나라의 중심적 현현과 연결하기 때문에 교회 자체는 자신에 반대하는 궁

---

10   역주. 롬 8:38-39.
11   역주. 마 16:21-24.

극적인 기준, 곧 그리스도로서의 예수에게서 나타난 새로운 존재를 갖고 있다. 이 기준의 현존으로 인해 교회들은 다른 모든 종교적 집단을 넘어서는데, 교회들이 다른 것보다 "더 낫기" 때문이 아니라 교회들이 자신과 대립하면서 암묵적으로는 다른 집단과도 대립하는 더 나은 기준을 가지고 있기 때문이다. 무엇보다도 역사에서 나타난 하나님 나라의 투쟁은 그 나라의 재현자들, 즉 교회들의 생명 안에서 벌어지는 이 투쟁이다. 우리는 이 투쟁을 교회사에서 반복적으로 발생하는 개혁 운동들과 연결했다. 하지만 그 개혁 운동들 안에서 벌어지는 하나님 나라의 투쟁은 극적인 형식의 개혁 운동들에서만 현현하는 것이 아니다. 그 투쟁은 개인과 공동체의 일상생활에서도 계속된다. 투쟁의 결과들은 단편적이고 잠재적이지만, 하나님 나라의 현실적 승리가 없는 것은 아니다. 하지만 극적인 개혁 운동들이나 개인과 공동체의 지각되지 않는 변형들은 교회의 소명과 교회사의 유일무이함을 확인하는 궁극적인 검사가 아니다. 궁극적인 검사는 교회들과 교회들의 역사가 역사의 중심에 존재하는, 심지어 전개된 교회 중 가장 왜곡된 단계에도 존재하는 이 토대와 맺는 관계다.

우리는 앞서 잠복적 교회의 예비적 사역이 없으면 현현한 교회의 역사가 가능하지 않을 것이라고 말한 바 있다. 이 사역은 세계사 안에 은폐되어 있고 역사에서 나타난 하나님 나라의 투쟁에 관한 두 번째 고찰은 세계사에서 나타난 그 투쟁의 효과를 다룬다.

C. 하나님 나라와 세계사

1. 교회사와 세계사

이 장과 앞 장의 맥락에서 "세계"라는 용어의 의미는 "교회"와 "교회들"이라는 용어와 대조함으로써 결정되었다. 그 용어는 "인류"라는 모든 것을 포괄하는 역사적 집단의 일관적이고 지속적인 역사로서의 세계사가 존재한다는 신념을 의미하지 않는다. 앞서 논의했듯이 이런 의미의 인류사는 없다. 인류는 역사적 발전이 이루어지는 장소다. 이런 발전은 부분적으로는 무관하고 부분적으로는 상호의존적이지만, 이런 발전에는 결코 연합된 행위의 중심이 없다. 기술로 인해 인류의 일치가 이루어진 오늘날에도 중심을 가진 인류 자체의 행위는 수행되지 않고 있다. 그리고 예견할 수 없는 미래에 인류 자체가 중심을 가진 행위를 수행하게 된다고 해도 개별적 역사들은 여전히 세계사의 주요 내용일 것이다. 그러므로 우리는 하나님 나라와 세계사의 관계를 고찰하면서 이런 개별적 역사들을 보아야 한다. 그 역사들이 연결되어 있든 아니든 논의 중인 현상들은 각각의 역사들에서 발생한다.

앞부분과 연관해서 살펴볼 첫 번째 문제는 교회사와 세계사의 관계와 관련되어 있다. 이 물음의 난점은 하나님 나라의 재현으로서의 교회사는 세계사의 일부이면서 동시에 세계사를 초월해 있는 것의 일부라는 사실과, 세계사는 (말 그대로의 교회사를 예비하는 잠복적 교회의 행위들이 포함된) 교회사에 대해서 적대적이기도 하고 동시에 의존적이기도 하다는 또 다른 사실에서 유래한다. 확실히 이것은 매우 변증법적인 관계로서 몇 가지 상호적인 긍정과 부정을 포함하고 있다. 다음의 사실들을 고찰해야 한다.

교회들의 역사는 세계사의 모든 특질, 즉 사회적 자기-통합, 자기-창조, 자기-초월의 모든 모호성을 보여준다. 교회들은 이런 면에서 세계다. 교회들은 힘의 구조, 성장의 구조, 숭고화의 구조와 이런 구조들에 내포되어 있는 모호성이 없으면 실존할 수 없다. 이런 관점에서 보았을 때, 교회들은 단지 세계사의 특별한 일부일 뿐이다. 하지만 그 말이 맞을지라도 이런 관점이 배타적 타당성을 주장할 수 있는 것은 아니다. 교회들에는 세계사의 모호성에 맞서는 정복되지 않는 저항과 그 모호성에 대한 단편적인 승리도 있다. 세계사는 영적 공동체를 체현하는 교회의 능력으로 심판받는다. 하나님 나라의 재현자인 교회들은 세계사가 없으면 실존할 수 없지만, 그럼에도 세계사를 심판한다. 교회들은 실천적으로는 세계사를 수용하면서 이론적으로만 세계사를 심판하는 것이 아니다. 교회들의 심판은 예언자적으로 말하는 것만이 아니라 세계사가 그 안에서 움직이고 있는 모호한 상황에서 예언자적으로 물러나는 일이기도 하다. 정치 권력에서 물러난 교회들은 자신의 정치 체제의 의심스러운 특징을 결코 보지 않는 교회들보다 정치 권력의 모호성을 심판하기에 더 좋은 자격을 부여받는다. 그 자체가 아무리 정당할지라도 공산주의에 대한 로마 가톨릭의 판단은 필연적으로 의심을 가져오는데, 그 의심의 내용은 그 판단이 대립하는—각자의 개별적 타당성을 궁극적인 것이라고 주장한다—두 권력 집단이 갈등하기 때문에 이루어지지 않았는가라는 것이다. 개신교의 비판이라고 해서 이 기만으로부터 자유로운 것은 아니지만, 대신에 그 비판은 다음과 같은 물음에 개방되어 있다. 그 비판은 인간의 궁극적 관심의 이름으로 이루어진 것인가, 아니면 (미국에서 나타나는 근본주의와 극단적 보수주의의 연합에서 볼 수 있듯이) 정치경제적 목적을 위해서 종교적 판단을 활용하는 개별적 정치 집단의 이름으로 된 것인가? 공산주의에 반대하는 개신교 집단의 판단은 로마 가톨릭 집단의 판단만큼이나 정당하기도 하고 의심스럽기도 하다. 하지만 개신교 집단은 그 정직성에 대한 검사를 받을 수 있었다. 그 검사는 개신교 집단이 먼저 교회들 자체에 반대하는 심판을, 심지어 교회의 기본 구조 안에서 받았다는 것이다. 그리고 이것은 로마 가톨릭교회는 결코 받을 수 없었던 검사다. 왜냐하면 개체 회원들, 개별 사건들과 관련해서는 제한이 내려질 수 있지만, 로마 가톨릭교회의 교회사는 원칙적으로 어떠한 제한도 없는 신성한 역사이기 때문이다.

교회사는 자신이 세계사의 일부이기 때문에 자신을 심판하면서 세계사도 심판한다. 교회사는 세계사에 영향을 준다. 지난 2,000년 동안 서구 인류에서 세계사는 교회들의 변형하는 영향을 받으며 움직였다. 예를 들어 교회들의 실존은 사회적 관계들의 분위기를 변화시켰다. 이것은 문제이면서 또한 사실이다. 기독교는 수용되는 곳마다 인격 대 인격의 관계를 근본적으로 변화시켰다. 이것은 대부분의 사람이나 많은 사람에 의해서 이 변화의 결과들이 실천되었다는 말이 아니다. 이것은 인간관계의 새로운 방식을 실천하지 않는 자는 그 관계를 알고 있을지라도 양심이 불편히게 되었다는 말이다. 아마 우리는 이렇게 말할 수 있을 것이다. 교회사는 새로운 존재의 충격을 받아들였지만 옛 존재의 방식들을 따르고 있는 자들에게서 불편한 양심을 낳음으로써 세계사에 주요한 충격을 주었다. 기독교 문명은 하나님 나라가 아니지만 그 나라를 지속적으로 기억하게 한다. 그러므로 우리는 세계의 상태가 변했다는 사실을 기독교 메시지의 타당성을 증명하기 위한 기초로 사용해서는 안 된다. 그런 논증으로는 확신시킬 수 없다. 그런 논증은 교회의 역설과 세계사의 모든 단계의 모호성을 간과하고 있기 때문이다. 종종 역사적 섭리는 하나님 나라가 역사 속에서 현실화되는 것을 지향하면서도 교회의 마성화와 불경화를 통해 작동한다. 그런 섭리적 발전이 교회의 왜곡을 양해해주지는 않는다. 하지만 그 발전은 하나님 나라가 그 나라의 역사적 재현자로부터 독립되어 있음을 보여준다.

이런 조건을 고려하면서 교회사를 쓰고자 한다면, 모든 특정한 발전을 기술할 때 이중적 관점을 활용해야 한다. 첫째, 교회사는 사실들과 사실들의 관계를 최상의 역사적 탐구 방법을 활용하여 보여주어야 하며 신적 섭리를 일반적 인과관계 속에 존재하는 개별적 원인으로 끌어들이지 않으면서 보여주어야 한다. 교회사가는 기독교회들의 역사를 쓰면서 세계사에서 이루어진 신적 개입의 역사를 쓰고자 해서는 안 된다. 둘째, 교회사가는 신학자로서 다음과 같은 사실을 깨닫고 있어야 한다. 교회사가는 영적 공동체가 영향을 주는 역사적 실재, 즉 하나님 나라를 재현하는 역사적 실재에 관해서 말하고 있다. 그가 다루고 있는 세계사의 그 일부분에는 모든 세계사를 향한 섭리적 소명이 있다. 그러므로 그는 세계사를 교회사가 그 안에서 움직이는 거대한 틀(matrix)로 보아야 할 뿐만 아니라 세계사를 다음의 세 가지 관점으로 보아야 한다. 첫째, 세계사는 하나님 나라의 재현으로서의 교회사가 준비되어왔으며 준비되고 있는 실재이고, 둘째, 영적 공동체가 변형하는 활동을 하는 대상으로서의 실재이며, 셋째, 교회사를 심판하기도 하고 교회사의 심판을 받기도 하는 실재다. 이런 방법으로 저술된 교회사는 역사적 시간 속에서 현실화된 하나님 나라 역사의 일부다. 하지만 이 역사에는 또 다른 부분이 있는데 그것은 세계사 자체다.

2. 하나님 나라와 역사적 자기-통합의 모호성

우리는 역사의 모호성을 생명 과정 일반의 모호성에 따른 결과라고 서술했다. 역사의 차원에서 이루어지는 생명의 자기-통합은 중심성을 지향하는 충동에 내포되어 있는 모호성을 보여준다. 그 모호성은 "제국"의 모호성과 "지배"의 모호성인데, 전자는 보편적인 역사적 일치를 지향하는 확장 충동으로 나타나며, 후자는 역사를 담지하는 개별 집단의 중심적 일치를 지향하는 충동으로 나타난다. 각각의 경우에서 힘의 모호성이 역사적 통합의 모호성 배후에 자리 잡고 있다. 그래서 이런 물음이 제기된다. 하나님 나라와 힘의 모호성은 무슨 관계인가? 이 물음에 대한 대답은 교회들과 힘의 관계 물음에 대한 대답이기도 하다.

기본적인 신학적 대답은 다음과 같은 것이어야 한다. **유일한** 존재의 힘인 하나님은 모든 개별적인 존재의 힘들의 원천이기 때문에 힘의 본질적 본성은 신적이다. 성서에는 하나님, 그리스도, 교회의 힘을 나타내는 상징들이 풍부하게 나타난다. 그리고 영은 힘과 의미의 역동적 일치다. 가장 평화주의적인 선언들이 힘을 평가 절하하는 모습은 비실재적이면서 동시에 비성서적이다. 힘은 비존재에 저항하는 영원한 가능성이다. 하나님과 하나님 나라는 이 힘을 영원히 "행사"한다. 신적 생명─신적 나라는 이 생명의 창조적 자기-현현이다─안에서 힘, 제국, 지배의 모호성은 모호하지 않은 생명에 의해 정복된다.

역사적 실존 안에서 이 사실의 의미는 다음과 같다. 역사에서 이루어지는 하나님 나라의 승리는 힘의 모호성이 보여주는 해체하는 결과들에 대한 승리다. 이 모호성은 주체와 대상의 실존적 분열에 기초하고 있기 때문에, 이 분열의 정복에는 주체와 대상의 단편적 재연합이 포함되어 있다. 역사를 담지하는 집단의 내부적인 권력 구조와 관련해서 말하자면, 이것은 다음을 의미한다. 역사에서 나타난 하나님 나라의 투쟁은 제도와 태도(attitude)에서 현실적으로 승리하며 보통은 힘으로 이루어지는 강압, 중심을 가진 통제의 대상을 단지 대상일 뿐인 것으로 변형하는 강압을 단편적일지라도 정복한다. 정치적 태도와 제도의 민주화가 힘의 파괴적 함의에 저항하는 일에 기여하는 한 그것은 역사에서 이루어진 하나님 나라의 현현이다. 하지만 민주적 제도를 역사에서 현현한 하나님 나라와 동일시하는 것은 완전히 잘못된 일이다. 많은 사람들의 생각에서 나타나는 이러한 혼동 때문에 민주주의 관념은 직접적인 종교적 상징의 자리로 격상되었고 "하나님 나라"라는 상징이 민주주의 관념으로 대체되었다. 이 혼동에 반대하는 사람들이 오랫동안 귀족적인 위계적 권력 구조가 가장 강한 자의 독재로 인해 인간이 대상으로 완전히 변형되는 일을 막아왔다는 사실을 제시했을 때, 그들은 옳았다. 그리고 여기서 더 나아가 다음의 사실을 올바르게 제시했다. 공동체와 인격성을 창조하는 그들의 노력으로 귀족 계급 제도는 지도자와 대중의 민주적 잠재성을 발전시켰다. 하지만 이런 고찰 때문에 권위주의적 권력 구조는 하나님의 뜻을 표현한다고 찬송하는 일이 정당화되는 것은 아니다. 정치 권력의 구조 안에서 중앙집중화하는 요소와 해방하는 요소가 균형 잡혀 있는 한, 역사에 나타난 하나님 나라는 지배의 모호성을 단편적으로 정복한다. 동시에 이것은 교회들이 정치적 행위와 이론을 판단할 때 따라야 하는 기준이다. 권력 체제에 대한 교회의 판단은 힘을 거부하는 것이 아니라 힘을 긍정하는 것, 심지어 정의가 침해받는 경우에 나타나는 힘의 강압적 요소조차도 긍정하는 것이어야 한다. (여기서 "정의"는 공동체 안에 있는 잠재적 인격으로서의 개인을 보호한다는 의미로 사용되었다.) 따라서 인격적 주체의 "대상화"에 맞선 투쟁은 교회들의 영구 과제이며 예언자적 증언과 제사장적 인도에 의해 수행될지라도 정치 권력을 지배하는 것과 하나님 나라의 이름으로 정치 권력에게 특정한 해결책을 강요하는 것은 교회의 기능이 아니다. 하나님 나라가 역사 속에서 작동하는 방식은 교회들이 역사의 과정을 인도하기 원하는 방식과 같지 않다.

역사적 차원에서 나타나는 생명의 자기-통합의 모호성은 제국의 모든 인간 집단이 재연합을 지향하는 경향에도 작용한다. 또 이렇게 진술되어야 한다. 역사 속에서 나타난 하나님 나라는 중심을 가진 정치 집단들의 만남, 예를 들어 민족들의 만남에서 힘을 부정하는 것을 의미하지 않는다. 개인들을 포함한 살아 있는 존재자들의 모든 만남에서 존재의 힘은 존재의 힘을 만나며 그런 힘의 높고 낮은 등급에 따라서 결정이 내려지게 된다. 정치적 권력 집단들의 만남에서 그런 일이 일어난다. 그리고 개별 집단, 그 집단의 지배 구조에서 그런 일이 일어나듯이 개별 집단과 매 순간―개별 집단이 역사에 나타나는 하나님 나라와 일치됨으로써 의의가 현실화되는 순간―설정을 하는 각각의 집단의 관계에서도 그런 일이 일어난다. 이런 투쟁들을 통해서 완벽한 정치적 패배가 큰 의의를 보여주기 위한 조건이 되는 일이 일어날 수 있는데, 그 의의는 어떤 집단이 역사 속에서 유대 역사 또는 이와 꽤 유사하게 인도 역사나 그리스 역사에서 이루어지는 하나님 나라의 현현과 관련하여 가지는 의의다. 군사적 패배는 히틀러 시대 독일의 경우처럼 역사 속에서 투쟁하는 하나님 나라가 잘못 주장되고 있는 궁극적 의의를 민족 집단에서 제거하는 방식이 될 수 있다. 이런 일이 나치주의를 정복한 자들에 의해 이루어졌을지라도 그 정복자들의 승리가 그 정복자들에게 모호하지 않은 주장, 즉 정복자들 자신이 인류의 재연합의 담지자라는 주장을 제공하는 것은 아니었다. 만약 그런 주장을 한다면, 정복자들은 바로 그로 인해서 자신들에게 그 주장을 성취할 능력이 없음을 보여주게 될 것이다. (예를 들어 미국의 어떤 혐오 선동 문구, 공산주의 러시아의 절대주의를 보라.)

기독교회들에게 이것이 의미하는 바는 교회들이 평화주의와 군사주의 사이에서 길을 찾고자 노력해야 한다는 것이다. 평화주의는 역사를 담지하는 집단들의 관계에서 (압제를 포함한) 힘이 필요함을 간과하거나 부정하며, 군사주의는 개별적인 역사적 집단이 세계 정복을 통해 인류의 일치를 달성할 수 있을 것이라는 가능성을 믿는다. 제국 건설의 모호성은 더 높은 정치적 일치들이 창조될 때 단편적으로 정복된다. 그 일치들에 힘의 강압적 요소가 없지는 않더라도 일치가 발생한다. 연합된 집단들 사이에서 공동체가 발전할 수 있으며 그 집단 중 어떤 집단도 한낱 중심을 가진 지배의 대상으로 변형되지 않는 방식으로 그 일치가 이루어질 수 있다.

더 큰 일치를 지향하며 확장하는 힘의 문제에 대한 기본적 해답이 제국 건설과 전쟁에 대한 교회의 태도를 결정할 수밖에 없다. 전쟁은 더 높은 제국적 일치를 창조하는 일에 속해 있는 강압적 요소의 이름이다. "정당한" 전쟁은 (예를 들어 미국 남북 전쟁 같이) 더 높은 일치에 대한 자의적 저항을 박멸해야 하는 전쟁일 수도 있고 (예를 들어 미국 독립 전쟁 같이) 억압만으로 더 높은 일치를 창조하거나 유지하려고 하는 시도에 저항하는 전쟁일 수도 있다. 과거나 지금의 전쟁 중 어떤 것이 이런 의미의 정당한 전쟁인지 말할 수 있는 방법은 과감한 신앙 말고는 없다. 하지만 이 불확실성이 모든 기준과 판단을 포기하는 냉소주의적 실재론을 정당화하지는 않으며, 역사에서 힘의 강압적인 요소를 제거할 수 있는 가능성을 믿는 유토피아적 이상주의를 정당화하지도 않는다. 하지만 하나님 나라의 재현자인 교회들은 전쟁의 모습을 띠고 있지만 실제로는 보편적 자살인 전쟁을 정죄해야 하며 또 할 수 있다. 우리는 결코 정당한 전쟁임을 주장하면서 핵전쟁을 시작할 수는 없다. 그 전쟁은 하나님 나라에 속하는 일치에 기여하지 않기 때문이다. 하지만 상대편이 원자력 무기를 먼저 사용한다면 우리는 핵무기를 가지고서라도 동일하게 대응할 준비를 해야 한다. 위협 자체는 억제 수단이 될 수 있을 것이다.

이 모든 것이 함의하는 바는 평화주의적 방법이 역사 속에서 하나님의 나라가 나타나는 방법이 아니라는 것이다. 하지만 분명히 이것은 영적 공동체의 재현자인 교회들의 방법이다. 교회들이 그리스도의 메시지를 확산시키기 위한 도구로 군사적이거나 경제적인 무기를 사용한다면, 재현자로서의 특징을 상실하게 될 것이다. 평화주의 운동들, 집단들, 개인들에 대한 교회의 평가는 이런 상황에서 유래한다. 교회들은 정치적 평화주의를 거부해야 하지만, 권력 투쟁의 강압적 요소에 참여하기를 거부함으로써 "하나님 나라의 평화"를 상징적으로 재현하고자 하는 집단과 개인 및 자신이 속해 있기도 하고 자신이 그 안에서 보호받고 있기도 한 정치 권력들이 행하는 불가피한 반작용을 기꺼이 짊어지는 집단과 개인을 지지한다. 이는 퀘이커 같은 집단과 양심적 병역 거부자 같은 개인들과 관련이 있다. 그 집단과 개인들은 정치적 집단 안에서 힘의 포기를 보여주고 있는데, 힘의 포기는 교회들에게는 본질적이지만 그 집단들과 개인들이 국가(body politic)에 부여하는 법이 될 수는 없다.

3. 하나님 나라와 역사적 자기-창조의 모호성

역사적 자기-통합의 모호성은 정치 권력의 문제로 귀결되는 반면, 역사적 자기-창조의 모호성은 사회적 성장의 문제로 귀결된다. 역사에서 등장하는 옛것과 새것의 관계로 인해 혁명과 전통의 갈등이 일어난다. 세대와 세대의 관계는 성장 과정에서 양쪽이 경험하는 불가피한 요소, 불공정함이 드러나는 전형적 본보기다. 하나님 나라의 승리는 전통과 혁명의 일치를 창조하는데 그 일치를 통해서 사회적 성장의 불공정함과 그 불공정함의 파괴적 결과, "거짓과 살인"은 정복된다.

하나님 나라의 초월적 측면의 이름으로 혁명과 전통을 거부할지라도 그것들은 극복되지 않는다. 많은 기독교 집단이 가지고 있는 원칙적인 반(anti)혁명적 태도는 그것이 무혈의 문화적 혁명에 관련된 것이든 무혈과 유혈의 정치적 혁명에 관련된 것이든 근본적으로 잘못되었다. 모든 혁명에 뒤따르는 혼란은 창조적 혼란일 수 있다. 역사를 담지하는 집단들이 이 위기를 기꺼이 감수하지 않으면서 어떠한 혁명도, 심지어 피 흘리지 않는 혁명조차도 피하는 데 성공한다면, 역사의 역동성은 그 집단들을 뒤처지게 할 것이다. 그리고 확실히 그 집단들은 자신의 역사적 고루함이 하나님 나라의 승리라고 주장할 수 없을 것이다. 하지만 이것은 하나님 나라의 완성과 "지상에서" 이루어지는 그 나라의 정의를 강요하려는 혁명을 통해서 문화적이고 정치적인 생명의 기존 구조를 파괴하려는 혁명적 집단의 시도에 관한 것이 아니다. 모든 혁명을 끝내는 기독교적 혁명이라는 그런 관념에 반대하면서 로마서 13장에서 바울은 힘 있는 권위자들에게 복종해야 하는 임무에 관해 기록했다. 성서의 진술들을 정치적·신학적으로 남용하는 많은 사례 중 하나는, 바울의 말을 어떤 교회—특히 루터파 교회—의 반혁명적 편견을 정당화하는 진술로 이해하는 것이다. 하지만 이런 말들이나 신약의 다른 진술들은 정치 권력을 얻는 방법을 다루는 말이 아니다. 로마서에서 바울은 혁명적 정치 운동에 대해 말하는 것이 아니라 종말론적 열광주의자에 대해 말하고 있다.

하나님 나라는 역사적 성장의 모호성에 승리를 거두는데 혁명이 전통으로 확립되고 있음을 식별할 수 있는 곳에서만 승리한다. 그 확립은 모든 구체적 상황 속에 있는 긴장 상태와 모든 개별 문제와 관련된 긴장 상태에도 불구하고 역사의 궁극적 목표를 지향하는 방향으로 창조적 해결책을 찾아내는 방식으로 이루어진다.

정치적 중심성에 관한 물음, 정치적 성장에 관한 물음과 관련하여 다음의 사실이 민주적 제도들의 본성이라 할 수 있다. 그 제도들은 대립하는 양쪽의 진리를 연합시키고자 한다. 여기서 양쪽은 새것과 옛것이며, 혁명과 전통으로 나타난다. 법률적 수단으로 정부를 제거할 수 있는 가능성은 그렇게 시도된 연합이다. 그리고 그 시도가 성공하는 한 그 시도는 역사에서 이루어진 하나님 나라의 승리를 나타낸다. 왜냐하면 그 시도가 분열을 극복하기 때문이다. 하지만 이로 인해서 민주적 제도 자체에 내재된 모호성이 제거되는 것은 아니다. 봉건적 사회 제도나 절대주의 이전의 사회 제도에서 볼 수 있듯이 정치 체제에는 전통과 혁명을 연합시키는 다른 방법들이 있었고 우리는 민주주의가 대중의 순응성을 낳을 수 있다는 것을 잊어서는 안 된다. 대중의 순응성은 공개적으로 작동하고 있는 절대주의보다 역사의 역동적 요소와 그 혁명적 표현에 더 위험하다. 하나님 나라는 부정주의적 비순응주의(negativistic non-conformism)에 적대적이듯 확립된 순응주의(established conformism)에도 적대적이다.

교회들의 역사를 살펴보면 기독교를 포함한 종교는 보수적·전통주의적 측면에 크게 의지해 왔음을 알 수 있다. 예언자적 정신이 교리적이고 예전적인 제사장적 전통에 도전했던 종교사의 위대한 순간들은 예외적 순간들이며 상대적으로 드물다(유대의 예언자들, 예수와 사도들, 종교개혁자들). 왜냐하면 규범적인 생명의 성장은 유기적이고 느리며 성장에는 파멸적인 중단이 없다는 일반적 법칙을 따르기 때문이다. 이런 성장의 법칙은 기존의 것이 신성한 금기로 주어지는 영역과 결국 기존의 것에 대한 모든 공격이 금기의 위반으로 느껴지는 영역에서 가장 효과적이다. 현재까지 이어지는 기독교의 역사는 이런 느낌들의 본보기로 가득 차 있으며 결국 전통주의적 해결책으로 가득 차 있다. 하지만 정신적 힘이 정신적 혁명을 생산할 때마다 기독교의 한 단계는 (그리고 일반적 종교는) 다른 단계로 변형되었다. 전통의 축적에 대한 예언자적 공격이 의미 있으려면 그 이전에 전통이 많이 축적되어야 한다. 이것은 종교적 혁명보다 종교적 전통이 양적으로 우세한 이유를 설명해준다. 하지만 영의 힘으로 이루어지는 모든 혁명은 제사장적 보존과 전통의 지속적 성장을 위한 새로운 기초를 창조한다. (생물학적 영역과 심리학적 영역과 유사하게) 역사의 역동성이 보여주는 이러한 리듬은 하나님 나라가 역사에서 사역하는 방식이다.

4. 하나님 나라와 역사적 자기-초월의 모호성

역사적 자기-초월의 모호성은 실현된 하나님 나라와 기대되는 하나님 나라의 긴장으로 인해 발생한다. 마성적 결과는 역사에서 역사의 목표가 단편적으로 성취된 것을 절대화함으로써 일어난다. 반대로 실현 의식이 완전히 부재하면, 냉소주의의 온상인 불가피한 실망과 함께 유토피아주의가 출현한다.

그러므로 실현된 완성의 의식이나 완성의 기대가 부정되면 하나님 나라의 승리는 주어지지 않는다. 우리가 살펴보았듯이 "제3의 단계"라는 상징은 두 가지 방식으로 사용될 수 있다. 하지만 그 상징은 역사에 하나님 나라가 현존한다는 의식과 아직 현존하지 않는다는 의식을 연합시키는 방식으로도 사용될 수 있다. 이것이 초기 교회의 문제였고, 자기-초월적 특징을 가진 세속적 형식의 역사뿐만 아니라 교회사에서도 문제가 되었다. 하나님 나라의 현존과 미현존의 연합이 필요함을 이론적으로 아는 것은 상대적으로 쉬운 일이지만, 그 연합이 교회의 만족이나 세속적 만족을 위한 피상적인 "중간의 길"로 악화되지 않으면서 생생한 긴장 상태를 유지하는 것은 매우 어려운 일이다. 교회의 만족이나 세속적 만족의 경우 현 상태(status quo)의 유지에 관심이 있는 저 사회적 집단들은 배타적이지는 않더라도 대체적으로 그 상황에 책임이 있다. 그리고 현 상태를 비판하는 자들은 각각의 경우 유토피아적 용어로 "희망의 원리"(에른스트 블로흐)를 재진술함으로써 반작용한다. 기대에 찬 그런 운동들이 아무리 비실재적일지라도, 그런 운동들을 통해서 투쟁하는 하나님 나라는 서로 다른 사회학적 형식이나 심리학적 형식으로 나타나는 현실에 안주하려는 힘에 대해서 승리한다. 그렇지만 당연히 그것은 불안정하고 단편적인 승리다. 왜냐하면 그 승리의 담지자들에게는 하나님 나라의 기존 현존이 있지만, 단편적인 현존을 무시하는 경향이 있기 때문이다.

이 사실이 역사 속 하나님 나라의 재현자인 교회들에게 주는 함의는 현존 의식과 도래의 기대 사이에서 긴장 상태를 생생하게 유지하는 것이 교회들의 과제라는 것이다. 수용하는 (성례적인) 교회들의 위험은 교회들이 현존을 강조하고 기대를 간과한다는 점이다. 그리고 행동주의적 (예언자적) 교회들의 위험은 교회들이 기대를 강조하고 현존 의식을 간과한다는 점이다. 이 차이는 어떤 집단은 개인적 구원을 강조하고 다른 집단은 사회적 변형을 강조하는 대조적 모습에서 가장 분명하게 표현된다. 그러므로 성례적 교회가 사회적 변형의 원리를 교회의 목표로 받아들이거나 또는 행동주의적 교회가 모든 사회적 조건에서 나타나는 영적 현존을 선언하면서 수평적인 역사적 행위를 극복하는 수직적 구원을 강조한다면, 그것은 역사 안에서 나타난 하나님 나라의 승리다. 그리고 그 수직선은 주로 개인적인 것에서 궁극적으로 나아가는 선이기 때문에 다음의 물음이 제기된다. 역사 안에서 투쟁하는 하나님 나라는 어떻게 역사적으로 실존하는 개인의 모호성을 극복하는가?

5. 하나님 나라와 역사 속 개인의 모호성

개인이 역사의 역동성에 능동적으로 참여하는 한 이 맥락에서 "역사 속 개인"이라는 구절은 개인을 의미한다. 정치적으로 행위하는 자만 역사에 참여하는 것이 아니라 창조성의 어떤 영역에서 역사의 보편적 운동에 공헌하는 모든 사람은 역사에 참여한다. 그리고 역사적 실존에서 정치적인 것이 우세할지라도 이것은 사실이다. 그러므로 모든 사람은 이 참여의 모호성들에 종속되어 있으며 그 모호성들의 기본적 특징이 역사적 희생의 모호성이다.

만약 개인이 초월적인 하나님 나라의 이름으로 역사 참여에서 벗어나고자 한다면, 그것은 역사 안에서 이루어진 하나님 나라의 승리가 아니다. 그것은 불가능할 뿐만 아니라 그 시도 자체는 개인을 역사적 집단과 그 집단의 창조적 자기-실현으로부터 분리하여 개인에게서 온전한 인간성을 박탈한다. 초월적인 것은 역사-내적인 것에서 현실화되기 때문에 우리는 역사-내적인 하나님 나라의 투쟁에 참여하지 않으면서 초월적인 하나님 나라에 이를 수 없다. 모든 개인은 역사적 실존의 비극적 운명에 내던져진다. 그가 유아로 죽든지 역사적으로 위대한 지도자로 죽든지, 그는 그 비극적 운명을 피할 수 없다. 모든 사람의 운명은 역사적 실존의 영향을 받는다. 하지만 누군가의 운명이 그의 능동적 참여에 의해 더 많이 직접적으로 결정될수록 역사적 희생도 더 많이 요구된다. 그런 희생이 성숙하게 수용되는 곳에서는 하나님 나라의 승리가 이미 일어났다.

하지만 역사 속 개인에 관한 물음에 대해서 다른 대답이 없다면, 인간의 역사적 실존은 무의미해질 것이며 "하나님 나라"라는 상징은 정당성을 갖지 못하게 될 것이다. "무엇을 위한 희생인가?"라는 물음을 묻자마자 이 사실은 명확해진다. 희생의 목적이 희생을 요구받는 자와 아무런 관련도 없는 경우 희생은 희생이 아니라 강요된 자기-무화일 뿐이다. 참된 희생은 희생하는 자를 무화시키는 것이 아니라 완성한다. 따라서 역사적 희생은 단지 정치적 구조의 힘이나 집단의 생명이나 역사적 운동의 진보나 인류사의 최고 단계보다 더 많은 것이 성취되는 목표에 굴복하는 것이어야한다. 게다가 그 목표를 위한 희생으로 굴복한 자의 인격적 완성 또한 산출될 수 있는 그런 목표이어야 한다. 인격적 목표인 **텔로스**가 고대 그리스 시대처럼 "영광"일 수도 있고 봉건 문화처럼 "명예"일 수도 있다. 또는 민속수의 시대처럼 민족과의 신비적 동일화일 수도 있다. 혹은 신집단주의 (neo-collectivism) 시대처럼 정당과의 동일화일 수도 있다. 또는 과학주의처럼 진리의 확립일 수도 있다. 혹은 진보주의처럼 인간적 자기-실현의 새로운 단계를 달성하는 것일 수도 있다. 또는 윤리적 종교 유형처럼 하나님의 영광일 수도 있다. 혹은 신비주의적 종교경험처럼 궁극적 일자와의 연합일 수도 있다. 또는 고전 기독교처럼 존재의 신적 근거와 목적 안에서 누리는 영원한 생명일 수도 있다. 역사적 희생과 인격적 완성의 확실성이 이런 방식으로 연합될 때마다 하나님 나라의 승리는 이미 일어났다. 개인의 역사적 실존 참여는 궁극적 의미를 부여받았다.

지금 개인이 역사적 역동성에 참여하는 일의 궁극적 의미를 보여주는 다양한 표현을 비교하면, 우리는 하나님 나라라는 상징으로 그 모든 표현을 초월할 수 있을 것이다. 이 상징은 우주적·사회적·인격적 요소들을 연합하고 있기 때문이다. 그것은 하나님의 영광과 하나님의 사랑을 연합하면서 신적 초월성 속에 있는 끝없이 다양한 창조적 잠재성을 보여준다.

이러한 고찰은 제5부의 마지막 장인 조직 신학 전체의 마지막 장으로 이어진다. "역사의 종말로서의 (또는 영원한 생명으로서의) 하나님 나라."

Ⅲ. 역사의 종말로서의 하나님 나라

A. 역사의 종말 또는 영원한 생명

1. "역사의 종말"의 이중적 의미와 그 종말의 영구적 현존

역사 안에서 나타나는 하나님 나라의 단편적 승리들은 그 특징을 통해 역사 "위에 있는" 하나님 나라의 비단편적 측면을 나타낸다. 하지만 역사의 "위"라고 해도 하나님 나라는 역사와 연관되어 있다. 그것이 역사의 "종말"이다.

    "종말"은 영어에서 마지막과 목표를 모두 의미한다. 보통 말하는 종말은 하나님 나라의 두 가지 측면인 초월적 측면과 역사-내적 측면을 표현하기 위한 탁월한 도구다. 우주가 발전하는 어떤 순간에 인간의 역사, 지구의 생명, 지구 자체, 지구가 속해 있는 우주의 단계는 종말에 이를 것이다. 그것들은 시간과 공간 속에서 실존하기를 그치게 될 것이다. 이 사건은 우주적인 시간 과정 안에 존재하는 작은 사건이다. 하지만 "종말"은 목표를 의미하기도 한다. **피니스**(*finis*)라는 라틴어와 그리스어 **텔로스**(*telos*)는 시간적 과정이 목표로 삼고 있는 것을 의미하는데 "종말"이 그런 의미다. "종말"이라는 단어가 역사적 시간의 종말과 관련된 극적·초월적 상징 체계—예를 들어 묵시문학과 어떤 성서적 관념들에서 나타나는 상징 체계—를 비신화화한다는 바로 그 이유 때문에 "종말"의 첫 번째 의미는 신학적 의의를 갖게 되었다. 하지만 생물학적이거나 물리적인 가능성의 역사의 마지막은 두 번째 의미의 역사의 종말이 아니다. 그것은 (역사라고 불리기도 하는) 우주의 더 큰 발전 속에 존재하는 한순간이 아니다. 그것은 시간적 과정의 모든 순간을 초월해 있다. 그것은 시간 자체의 종말이다. 그것은 영원이다. 역사의 내적 목표 또는 **텔로스**로서의 역사의 종말은 "영원한 생명"이다.

"역사의 종말" 교리에 해당하는 고전적 용어는 "종말론"이다. 영어 "end"와 마찬가지로 **에스카토스**(*eschatos*)라는 그리스어에도 공간적·시간적 의미와 질적·가치 평가적 의미가 결합되어 있다. 그 단어는 시간과 공간에서 마지막 것, 가장 먼 것을 제시하기도 하며 최상의 것, 가장 완벽한 것, 가장 숭고한 것—하지만 때로는 가장 저급한 것, 극단적으로 부정적인 것—을 제시하기도 한다. "종말론"이라는 용어, "마지막 또는 마지막 것들에 관한 교리"라는 용어가 사용된다면, 이런 함의들이 현존해 있는 것이다. 그 용어의 가장 원초적이면서 가장 직접적으로 신화론적인 함의는 "이어지는 모든 날 중 마지막 날"이다. 이날은 시간적 과정을 이루는 모든 날 전체에 속한다. 이날은 그날 중 하나이지만, 그날 이후에는 다른 날이 없을 것이다. 그날에 일어날 모든 사건은 **"마지막 것들"**(*ta eschata*)이라고 불린다. 이런 의미의 종말론은 모든 날 중 마지막 날에 일어나게 될 일에 관해 서술한다. 시적이고 극적이며 회화적인 상상력을 가지고 묵시문학으로부터 마지막 심판, 천국과 지옥에 관한 그림들에 이르는 것들을 풍부한 방식으로 기술해왔다.

하지만 우리의 물음은 이런 것이다. (결코 유대교적이고 기독교적이지만은 않은) 이 모든 심상들의 신학적 의미는 무엇인가? 에스카토스의 질적 함의를 강조하기 위해서 나는 단수 **에스카톤**을 사용한다. 종말론의 신학적 문제는 앞으로 일어날 많은 것이 아니라 한 가지 "것"으로 이루어지는데 그것은 어떤 것이 아니라 시간적인 것과 영원한 것의 관계에 대한 상징적 표현이다. 더 특별하게 말하자면, 그것은 시간적인 것에서 영원한 것으로의 "이행"을 상징화한다. 그리고 그것은 창조 교리에 나타난 영원한 것에서 시간적인 것으로의 이행, 타락 교리에 나타난 본질에서 실존으로의 이행, 구원 교리에 나타난 실존에서 본질로의 이행 등과 유사한 은유다.

복수 **에스카타**(eschata)를 단수 **에스카톤**(eschaton)으로 이렇게 환원함으로써 종말론적 문제에 비매개적인 실존적 의의가 더해진다. 그 문제는 시간과 공간 속에서 꽤 멀리 있는 (또는 가까운) 재앙에 관련된 '상상적 문제가 되기를 중단하며, 비록 개별적 시간 양태를 통해서일지라도 우리가 영원에 직면한 모든 순간에 자리 잡고 있음을 표현한다. 과거라는 양태가 창조에 관한 모든 상징 체계를 통해 나타나는 것처럼 미래라는 양태는 모든 종말론적 상징 체계를 통해 나타난다. 하나님은 세계를 **창조했고** 세계를 그 종말로 **이끌어갈 것이다**. 하지만 시간적인 것과 영원한 것의 관계가 그 두 경우로 상징화될지라도 상징의 실존적인 의미가 다르기 때문에 신학적인 의미도 다르다. 과거라는 양태를 가지고 시간적인 것과 영원한 것의 관계를 나타낸다면, 피조물적 실존의 의존성이 제시될 것이다. 만약 미래라는 양태를 가지고 그 관계를 나타낸다면, 영원에서 이루어질 피조물적 실존의 완성이 제시될 것이다.

과거와 미래는 현재에서 만나며, 그 둘은 영원한 "지금"에 포함되어 있다. 하지만 그것들이 현재에 삼켜지는 것은 아니다. 그것들은 각자 독립적이고 서로 다른 기능을 가진다. 신학의 과제는 그것들이 속해 있는 상징 체계 전체와 일치하도록 이 기능들을 분석하고 묘사하는 것이다. 이런 방식으로 **에스카톤**은 그 미래적 차원을 상실하지 않으면서도 현재적 경험의 문제가 된다. 즉 우리는 **지금** 영원을 직면하고 있지만, 영원 속에서 역사의 종말과 시간적인 모든 것의 종말을 바라보면서 영원을 직면하고 있는 것이다. 이로 인해 종말론적 상징은 긴급성과 진지함을 부여받으며, 기독교의 설교와 신학 사상은 종말론을—그렇지 않았다면 종결되었을 조직신학의—부차적인 부록으로 취급할 수 없게 된다. 이런 일은 개인의 종말과 관련하여 이루어진 적이 없다. 다시 말해서 **죽음을 기억하라**(*memento mori*)는 설교는 언제나 교회에서 중요했으며 개인의 초월적 운명은 언제나 큰 신학적 관심을 받는 문제였다. 하지만 역사의 종말, 즉 영원 속에서 이루어지는 우주의 종말에 관한 물음은 거의 묻지 않았으며 물어졌다고 해도 진지하게 대답되지 않았다. 20세기 전반기의 역사적 재앙들과 중반부터 이어진 인간의 자기-무화의 위협으로 인해서 종말론적 문제에 대해 때로는 열정적인 관심이 온전하게 발생했다. 그리고 역사의 종말, 즉 우주의 종말에 대한 고찰 없이는 개인의 영원한 운명 문제도 대답할 수 없다는 사실을 여기서 말해야 할 것이다.

2. 역사의 종말: 시간적인 것이 영원으로 상승

앞서 보았듯이 역사는 질적으로 새로운 것을 창조하면서 궁극적으로 새로운 것을 지향하는데, 궁극적으로 새로운 것은 역사 자체 안에서는 결코 달성될 수 없다. 왜냐하면 궁극적인 것은 모든 시간적 순간을 초월하기 때문이다. 역사의 완성은 영구적으로 현존하는 역사의 종말인데 그 종말은 하나님 나라의 초월적 측면, 즉 영원한 생명이다.

다음 물음에 대해서 세 가지 대답이 있을 수 있다. 영원하다고 하는 생명의 내용은 무엇인가? 또는 하나님이 다스리는 초월적 완성 상태인 그 나라의 내용은 무엇인가? 첫 번째 대답은 대답을 거절하는 것이다. 그것은 접근 불가능한 신비, 곧 신적 영광의 신비로 간주되기 때문이다. 하지만 종교는 언제나 이러한 제한을 위반해왔으며 신학은 위반해야 한다. 왜냐하면 "생명"과 "나라"는 구체적이고 개별적인 상징들이며 종교사와 궁극적인 것의 세속적 표현들에서 나타났던 다른 것들과 구별되기 때문이다. 구체적 상징들이 사용된다면, 그것들의 의미에 관해 침묵하기만 해서는 안 된다.

이와 다르게 대중적 상상력과 (그 상상력과 개념적 동맹 관계인) 신학적 초자연주의의 대답은 정반대다. 대중적 상상력과 신학적 초자연주의는 초월적인 나라에 관해 아주 많은 것을 알고 있다. 그 이유는 그것들이 초월적 나라에서 생명—역사 속에서 그리고 실존의 보편적 조건에서 경험된 생명—의 이상적 복제품을 보기 때문이다. 우리가 보았던 생명의 부정적 특질, 예를 들어 유한성, 악, 소외 등이 제거되어 있다는 것이 이 복제품의 특질이다. 인간과 인간적 세계의 본질적 본성에서 도출된 모든 희망이 성취된다. 대중적 희망의 현실적 표현들은 본질적으로 정당한 희망의 한계를 훨씬 능가한다. 그런 표현들은 시간적 생명의 모든 모호한 소재들과 그 소재들이 불러일으키는 욕망을 초월적 영역에 투사한 것이다. 그런 초자연적 영역은 역사와 우주의 발전과 아무런 직접적 관련이 없다. 그런 영역은 영원에 세워지며 인간 실존의 문제는 개인이 초월적 영역에 들어갈 수 있는 가능성과 방법의 문제가 된다. 역사는 인간의 지상 생활에서만 중요한 요소라고 평가된다. 역사는 개인이 그 안에서 결정을 내리게 되는 유한한 구조(texture)이며 개인 자신의 구원에는 적절하지만 역사 너머 하나님 나라에는 부적절하다. 확실히 역사는 이로 인해서 궁극적 의미를 박탈당한다. 다시 말해 역사는 개인이 천상의 영역에 들어가기 위해서 벗어나야 하는 지상의 영역이다. 역사적 행위는 아무리 진지하고 정신적으로 수행될지라도 천상의 나라에 기여하지 못한다. 심지어 교회들조차도 구원의 기관, 즉 개인의 구원을 위한 기관일 뿐 새로운 존재의 현실화는 아니다.

역사와 영원한 생명의 관계 물음에 대한 세 번째 대답이 있다. 그 대답은 시간적인 것과 영원한 것의 관계에 관한 반(anti)초자연주의적인 또는 역설적인 이해뿐만 아니라 "하나님 나라" 상징에 관한 역동적·창조적 해석에도 부합한다. 그 기본적 주장은 항상 현존하는 역사의 종말이 역사의 긍정적 내용을 영원으로 상승시키는 동시에 부정적인 것이 종말에 참여하는 것을 막는다는 것이다. 그러므로 역사에서 창조되어온 모든 것은 하나도 상실되지 않으면서도 실존 속에서 자신을 결박하고 있던 부정적 요소로부터 해방된다. 역사가 영원으로 상승할 때 긍정적인 것은 모호하지 않게 긍정적인 것으로 현현하고 부정적인 것은 모호하지 않게 부정적인 것으로 현현한다. 그렇게 해서 영원한 생명은 역사의 긍정적 내용을 포함하게 되고 부정적 왜곡으로부터 해방되며 그 잠재성을 완성한다. 이렇게 진술되는 역사는 주로 인간의 역사다. 하지만 생명의 모든 차원에는 역사적 차원이 있기 때문에 비록 그 정도는 다를지라도 그 차원들은 모두 이 진술에 포함된다. 보편적 생명은 종말을 향해 나아가고, 영원한 생명은 그 생명의 궁극적이고 늘 현존하는 종말 속으로 올려진다.

완전히 상징적인 언어로 우리는 이렇게 말할 수 있을 것이다. 창조되고 인간 역사에서 특별한 방식으로 존재하는 전체 생명은 시간의 모든 순간에 하나님 나라와 그 나라의 영원한 생명에 기여한다. 시간과 공간 속에서 일어나는 일, 가장 위대한 인물뿐만 아니라 물질의 가장 작은 미립자에서 일어나는 일도 영원한 생명에게 의의가 있다. 그리고 영원한 생명이란 신적 생명에 참여하는 것이기 때문에 모든 유한한 일들은 하나님에게 의의가 있다.

창조는 종말을 위한 창조다. 즉 "근거"에 "목표"가 현존해 있다. 하지만 시작과 종말 사이에 새로운 것이 창조된다. 신적인 존재의 근거에 관해 우리는 다음과 같이 두 가지를 말해야 한다. 창조된 것은 잠재적으로 근거에 뿌리내리고 있기 때문에 새롭지 않지만, 창조된 것의 현실성은 운명과 일치하는 자유에 기초하고 있고 자유는 실존하는 모든 새로움의 전제 조건이기 때문에 창조된 것은 **새롭다**. 필연적으로 뒤따르는 것은 새롭지 않다. 그것은 한낱 옛것의 변형에 불과하기 때문이다. (하지만 "변형"이라는 용어조차도 새로움의 요소를 제시한다. 전체적 결정론은 변형조차도 불가능하게 한다.)

3. 역사의 종말: 부정적인 것을 부정적인 것으로 폭로함 또는 "궁극적 심판"

실존에 있는 긍정적인 것이 영원한 생명으로 상승함은 긍정적인 것이 부정적인 것과의 모호한 혼합으로부터 해방됨을 의미하는데, 그 모호한 혼합은 실존의 조건에 처해 있는 생명의 특징이다. 종교의 역사는 이런 관념에 관한 상징들로 가득한데 최종적 심판이라는 유대교, 기독교, 이슬람교의 상징이나 **업**(karma)의 법칙에 따른 윤회라는 힌두교와 불교의 상징 같은 것들이 있다. 이 모든 경우에 심판은 개인에게만 한정되지 않고 우주와도 연관되어 있다. 현재의 우주가 온전히 불타고 다른 우주가 태어난다는 그리스와 페르시아의 상징은 종말에 부정적인 것이 부정된다는 특징을 표현하고 있다. 심판에 해당하는 그리스어(*krinein*["분리함"])는 우주적 심판의 본성을 가장 적절하게 제시한다. 그것은 선과 악, 참과 거짓, 수용된 자와 거부된 자를 분리하는 행위다.

언제나 현존함으로서의 역사의 종말 이해나 지속적으로 역사를 영원으로 상승시킴으로서의 역사의 종말 이해와 관련하여 궁극적 심판이라는 상징은 다음과 같은 의미를 얻었다. 지금 여기서 시간적인 것이 영원으로 지속적으로 이행할 때, 부정적인 것은 자신이 긍정적이라고 주장함으로써와 자신은 긍정적인 것을 사용하고 있고 긍정적인 것과 모호하게 혼합되어 있기 때문에 긍정되어야 한다고 주장함으로써 패배한다. 그런 방식으로 부정적인 것은 자신이 긍정적임을 보여준다(예를 들면, 병, 죽음, 거짓말, 파괴, 살인, 일반적인 악). 긍정적인 악의 출현은 영원한 것 앞에서 사라진다. 이런 의미에서 영원한 생명인 하나님은 "타오르는 불"이라 불리며, 긍정적인 척하지만 긍정적이지 않은 것을 태워버린다. 긍정적인 것은 어떤 것도 불타지 않는다. 그 어떤 심판의 불도, 심지어 신적 진노의 불도 그런 일을 하지 않는다. 왜냐하면 하나님은 자신을 부정할 수 없으며 긍정적인 모든 것은 존재-자체의 표현이기 때문이다. 그리고 오로지 부정적이기만 한 것은 없기 때문에(부정적인 것은 자신이 왜곡하는 긍정적인 것으로 인해 살아 있기 때문에) 존재하는 어떤 것도 궁극적으로는 무화될 수는 없다. 존재하는 한 존재하는 어떤 것도 영원으로부터 배제될 수 없다. 하지만 존재하는 것이 비존재와 혼합되어 있고 비존재로부터 해방되어 있지 않은 한 그것은 배제될 수 있다.

이것이 개인에게 무엇을 의미하는가라는 물음은 나중에 논의할 것이다. 여기서 우리는 자연스럽게 이런 물음을 묻게 된다. 시간적인 것에서 영원한 것으로의 이행은 어떻게 일어나는가? 시간에서 영원으로 이행할 때 비인간적인 사물들과 존재자들에게는 무슨 일이 일어나는가? 이 이행에서 부정적인 것은 어떻게 그 부정성을 드러내며 무화되는가? 긍정적인 어떤 것도 부정되지 않는다면, 정확히 무엇이 부정되는 것인가? 조직 전체의 맥락 속에서 그런 물음들에 대해 주요 개념들(존재, 비존재, 본질, 실존, 유한성, 소외, 모호성 등)의 함의뿐만 아니라 핵심적인 종교적 상징(창조, 타락, 마성적인 것, 구원, **아가페**, 하나님 나라 등)의 함의로 대답할 수 있다. 그럴 수 없다면 대답은 단지 의견, 섬광 같은 통찰, (계시하지만 개념적 힘은 없는) 시적이기만 한 것이 될 것이다. 이 체계의 맥락에서는 다음과 같은 대답들이 가능하다. 창조가 시간적 사건이 아닌 것처럼 시간적인 것에서 영원한 것으로의 이행, 시간적인 것의 "종말"도 시간적 사건이 아니다. 시간은 창조된 유한한 것의 형식이고(따라서 유한한 것과 함께 창조된 것이며), 영원은 창조된 유한한 것의 내적 목표인 **텔로스**이며 유한한 것을 영원 자체로 계속 상승시킨다. 대담한 은유를 활용해서 우리는 이렇게 말할 수 있을 것이다. 시간적인 것은 지속적 과정을 통해서 "영원한 기억"이 된다. 하지만 **영원한** 기억은 기억된 사물을 생생하게 유지한다(living retention). 그것에서 과거, 현재, 미래라는 시간의 세 양태는 모두 함께 초월적 일치를 이룬다. 시적 심상을 통해서가 아니라면 더 많은 것을 말할 수 없다. 하지만 말할 수 있는 적은 것—대부분은 부정적인 용어로 말하게 된다—이 시간과 영원에 대한 우리의 이해에서 중요한 결과를 낳는다. 즉 영원은 사물들이 미래에 처할 상태가 아니다. (영원을 깨달은) 사람뿐만 아니라 존재 전체 안에 존재하는 모든 것에도 영원은 늘 현존해 있다. 그리고 시간과 관련해서 우리는 이렇게 말할 수 있다. 시간의 역동성은 앞으로 나아갈 뿐만 아니라 위를 향해서도 나아가며 두 운동은 앞과 위를 모두 향하는 상승곡선에서 연합된다.

두 번째 물음은—시간적인 것이 영원한 것으로 이행할 때 부정적인 것은 부정된다는—이 장의 주요 주장을 설명할 것을 요구한다. 만약 우리가 "영원한 기억"이라는 은유를 다시 적용한다면, 우리는 이렇게 말할 수 있을 것이다. 생생한 유지라는 의미를 따를 때 부정적인 것은 영원한 기억의 대상이 아니다. 망각은 적어도 기억의 순간을 전제하고 있기 때문에 부정적인 것은 망각되지 않는다. 부정적인 것은 전혀 기억되지 않는다. 부정적인 것은 그대로 비존재로 인식된다. 그렇지만 부정적인 것이 영원히 기억되는 것에 아무 영향도 주지 않는 것은 아니다. 그것은 정복되는 것이나 그 적나라한 무성으로 내던져지는 것(예를 들어, 거짓말)으로서 영원한 기억에 현존해 있다. 이것이 이른바 궁극적 심판이라는 상징의 정죄하는 측면이다. 또 우리는 이렇게 고백해야 한다. 이런 엄청나게 부정적인 진술을 넘어가면 시적인 언어 말고는 우주의 심판에 관해서 아무것도 말할 수 없게 된다. 하지만 궁극적 심판의 구원하는 측면에 관해서는 무언가를 말해야 한다. 우주 안에 있는 긍정적인 것은 영원한 기억의 대상이 된다고 진술할 때, 이 맥락에서 등장하는 "긍정적"이라는 용어를 설명할 필요가 있다. 그 용어의 비매개적 의미는 그 용어가 참된 실재—사물의 창조된 본질—를 가지고 있다는 것이다. 이로 인해 "긍정적인" 것과 본질적 존재의 관계 및 반대로 "긍정적인" 것과 실존적 존재의 관계라는 더 심화된 물음을 묻게 된다. 우선적이면서 어느 정도는 플라톤적인 대답은 영원으로 상승된 존재에는 본질(what a thing essentially is)로의 회귀가 포함되어 있다는 것이다. 이것을 셸링은 "본질화"라고 했다.[1] 이 정식은 단지 본질성 또는 잠재성일 뿐인 것의 상태로 회귀하는 것을 의미할 수 있는데, 여기에는 실존의 조건에서 실재적이었던 모든 것이 제거된다는 사실이 포함된다. 그런 식으로 본질화를 이해하면, 본질화라는 개념은 이스라엘에서 유래한 종교들보다도 인도에서 유래한 종교들에 더 적합한 개념이 된다. 세계의 과정 전체는 새로운 어떤 것도 낳지 않을 것이다. 그 과정에는 본질적 존재에서 떨어져 나오고 다시 회귀한다는 특징이 있다. 하지만 "본질화"는 시간과 공간에서 현실화된 새로운 것이 본질적 존재에 어떤 것을 더하는 것과, 본질적 존재와 실존에서 창조된 긍정적인 것을 연합하는 것, 따라서 궁극적으로 새로운 것, "새로운 존재"를 시간적 생명에서처럼 단편적으로가 아니라 온전하게 생산하여 완성된 하나님 나라에 기여하는 것을 의미할 수도 있다. 그런 생각은 아무리 은유적이고 부적합하게 표현될지라도 시간과 공간 속에서 이루어지는 모든 결정과 창조에 무한한 중요성을 부여하며 "궁극적 심판"이라는 상징의 진지한 의미를 확증한다. 영원한 생명에 참여하는 것은 한 존재자의 본질적 본성과 그 존재자가 시간적 실존 안에서 만들어낸 것의 창조적 종합에 의존한다. 부정적인 것이 그 존재자

---

1   역주. "본질화"는 Schelling의 후기 철학에서 등장하는 용어인데 Tillich는 Schelling에 관해 강의하면서 "본질화"(essentialization)를 다음과 같이 설명한다. "그녀(카롤리네 쉘레겔)의 이른 죽음은 셸링에게선 하나의 무서운 파멸이었다. 그 뒤 얼마 안 있어 두 개의 저서가 나왔다. 하나는 플라톤적인 대화 형식을 사용했던 대화록 『클라라』(Clara)인데, 여기서 그는 영원한 생명이란 우리가 우리의 본질적인 존재 안에 가지고 있는 것―이것은 신에 의해 보인다―의 **본질화**(강조-역자)를 의미한다는 그의 사상을 전개시켰다. 영원한 생명이란 시간과 공간에서 존재가 계속된다는 것이 아니고 우리가 본질적으로 함께 있는 그 영원에 참여한다는 것이다." Tillich, 『19-20세기 프로테스탄트 사상사』, 193-94.

를 계속 소유하고 있다면 그 존재자는 자신의 부정성을 통해서 드러나고 영원한 기억에서 배제된다. 반면에 본질적인 것이 실존적 왜곡을 정복하면 그 존재자의 지위는 영원한 생명 안에서 더 높아진다.

4. 역사의 종말과 생명의 모호성의 최종적 정복

궁극적 심판을 통해 부정적인 것이 드러나고 배제되면서 생명의 모호성은 정복된다. 하나님 나라의 역사-내적 승리처럼 단편적으로만 정복되는 것이 아니라 전체적으로 정복된다. 최종적 완벽함의 상태는 단편적 완벽함의 규범이고 생명의 모호성의 기준이기 때문에 종말론적 상징을 개념화하는 모든 시도에서 활용되어야 할 그 상태를 부정적인 은유를 통해서라도 제시할 필요가 있다.

존재의 세 가지 양극성과 이에 상응하는 생명의 세 가지 기능과 관련해서 우리는 영원한 생명에서 이루어지는 자기-통합, 자기-창조, 자기-초월의 의미를 물어야 한다. 영원한 생명은 완성된 하나님 나라와 동일하기 때문에 그것은 생명의 모호성의 비단편적이고 전체적이며 완벽한 정복이다. 그리고 이런 일은 생명의 모든 차원에서 이루어지는데, 다른 은유를 사용하자면 존재의 모든 등급에서 이루어진다.

그렇다면 첫 번째 물음은 이런 것이다. 영원한 생명의 특질인 모호하지 않은 자기-통합은 무엇을 의미하는가? 그 대답은 존재의 구조에 있는 양극적 요소들의 첫 번째 조합, 즉 개체화와 참여를 지시한다. 영원한 생명에서 이 양극은 완벽한 균형을 이룬다. 그것은 양극적 대립을 초월하는 것에서, 즉 신적 중심성에서 연합을 이루는데, 신적 중심성은 존재의 힘들을 죽은(dead) 동일성으로 무화시켜버리지 않으면서 존재의 힘들의 우주를 포함한다. 신적 생명의 중심화된 일치 안에서도 존재의 힘들은 자기-관계성을 상실하지 않았다는 사실을 제시하면서, 우리는 존재의 힘들의 자기-통합에 관해 계속해서 말할 수 있다. 영원한 생명은 여전히 생명이며, 보편적 중심성은 개체적 중심들을 해소해버리지 않는다. 이것은 영원한 생명의 의미 물음에 대한 첫 번째 대답인데, 그 대답은 완성된 하나님 나라의 특징을 모호하지도 않고 단편적이지도 않은 사랑의 생명이라고 규정하기 위한 첫 번째 조건을 제시하기도 한다.

두 번째 물음은 이런 것이다. 영원한 생명의 특질인 모호하지 않은 자기-창조는 무엇을 의미하는가? 그 대답은 존재의 구조에 있는 양극적 요소들의 두 번째 조합, 즉 역동성과 형식을 지시한다. 영원한 생명에서 이 양극적 요소들은 완벽한 균형을 이룬다. 양극은 양극적 대립을 초월하는 것에서, 즉 신적 창조성에서 연합을 이루는데, 신적 창조성은 유한한 창조성을 유한한 창조성 자체의 기술적 도구로 만들지 않으면서 유한한 창조성을 포함한다. 자기-창조적 자기는 완성된 하나님 나라 안에서 보존된다.

세 번째 물음은 이런 것이다. 영원한 생명의 특질인 모호하지 않은 자기-초월은 무엇을 의미하는가? 그 대답은 존재의 구조에 있는 양극적 요소들의 세 번째 조합, 즉 자유와 운명을 제시한다. 영원한 생명에서 이 두 양극은 완벽한 균형을 이룬다. 양극은 양극적 대립을 초월하는 것, 즉 신적 자유에서 연합을 이루는데, 신적 자유는 신적 운명과 동일하다. 신적 자유의 힘으로 모든 유한한 존재자는 자신을 넘어서서 자유와 운명이 궁극적 일치를 이루는 신적 운명의 완성을 향해 나아간다.

영원한 생명에 관한 앞의 은유적 "묘사들"은 인간 정신의 차원을 포함한 생명의 모든 차원에서 나타나는 생명의 세 가지 기능과 연관되어 있다. 하지만 정신의 세 가지 기능들을 영원한 생명과 관련하여 각각 다루는 것 또한 중요하다.

앞서 했던 기본적 진술은 역사의 종말에 도덕, 문화, 종교라는 세 가지 기능이 그 기능들 자체의 종말에 도달한다는 것이다. 영원한 생명은 도덕의 종말이다. 영원한 생명에는 존재하지 않으면서 동시에 존재해야만 하는 것이 없기 때문이다. 본질화가 있는 곳에는 법이 없다. 법이 요구하는 것은 오직 본질과 실존에서 창조적으로 풍성해진 본질이기 때문이다. 영원한 생명을 보편적이며 완벽한 사랑이라고 부를 때, 우리는 동일한 것을 주장하는 것이다. 사랑은 법을 요구하기 전에 이미 법이 요구하는 것을 행하기 때문이다. 다른 말로 이렇게 표현할 수 있다. 영원한 생명에서 개체적 인격의 중심은 모든 것을 연합시키는 신적 중심 안에 머무르게 되며, 신적 중심에서 개체적 중심은 다른 인격의 중심과 공동체를 이루게 된다. 따라서 다른 인격의 중심을 인격으로 인정하라는 요구와 보편적 일치의 소외된 부분인 다른 인격의 중심과 연합하라는 요구는 필요치 않다. 영원한 생명은 도덕의 종말이다. 도덕이 요구했던 것이 영원한 생명에서 완성되기 때문이다.

그리고 영원한 생명은 문화의 종말이다. 문화를 정신 차원에서 이루어지는 생명의 자기-창조라고 정의하고서 실재를 수용하는 **테오리아**와 실재를 형성하는 **프락시스**로 구분했다. 우리는 이미 영적 현존의 교리와 관련하여 이 구분의 제한적 타당성을 보여주었다. 영원한 생명에는 제4복음서의 의미에 따른 "행해지지" 않은 진리도 없으며,[2] 실재가 아닌 미학적 표현도 없다. 이를 넘어서서 정신적 창조성으로서의 문화는 동시에 영적

---

2   역주. 요 3:21.

창조성이 된다. 영원한 생명 속에서 나타나는 인간 정신의 창조성은 신적인 영의 계시인데, 그 창조성은 영적 공동체에서 이미 단편적으로 나타났던 것이다. 인간의 창조성과 신적인 자기-현현은 완성된 하나님 나라에서 하나가 된다. 문화가 인간의 독립적인 작업이라면, 문화는 역사의 종말에서 종말에 이른다. 문화는 영의 유한한 담지자들을 통해서 영원한 신적 자기-현현이 된다.

마지막으로, 역사의 종말은 종교의 종말이다. 성서적 용어법으로 말하자면 이것은 "하늘의 예루살렘"에 대한 묘사를 통해 표현되는데, 그 도시에는 하나님이 있기 때문에 성전은 없다.[3] 종교는 인간이 자신의 존재의 근거로부터 소외되어 있기에 그 근거로 회귀하고자 시도하는 결과물이다. 이 회귀는 영원한 생명 안에서 발생했으며 하나님은 모든 것 안에서와 모든 것에게 모든 것이 된다.[4] 세속적인 것과 종교적인 것의 분열은 극복된다. 영원한 생명 안에 종교는 없다.

하지만 이제 이런 물음이 제기된다. 부정의 요소가 없으면 어떠한 생명도 생각할 수 없는데, 영원한 것의 성취는 부정의 요소와 어떻게 연합될 수 있는가? 감정적 분야에 속해 있지만 존재, 비존재와 관련하여 영원한 생명의 문제를 포함하고 있는 개념을 고찰함으로써 그 물음에 가장 잘 대답할 수 있다. 그 개념은 신적 생명에 적용되는 복(blessedness) 개념이다.

---

3   역주. 계 21:22.
4   역주. 롬 11:36; 고전 15:28.

5. 영원한 복: 부정적인 것의 영원한 정복

"복"(*makarios, beatus*)이라는 개념은 신적인 영에 사로잡힌 자들에게 단편적으로 적용될 수 있다. 그 단어는 영적 현존에 의해 완성의 느낌이 생산된 마음의 상태를 가리키는데, 그 완성의 느낌은 다른 차원들의 부정성으로 방해받지 않는다. 육체적 고난뿐만 아니라 심리학적 고난도 복을 받은 "초월적 행복"을 파괴할 수 없다. 유한한 존재자들 안에서 이 긍정적 경험은 언제나 그 반대편 상태, 불행, 절망, 정죄 상태의 깨달음과 연합되어 있다.[5] 이 "부정적인 것의 부정"에 의해서 복은 역설적 특징을 부여받는다. 하지만 이 사실이 영원한 복에도 적용되는가라는 물음이 남아 있다. 부정성의 요소가 없으면 생명이나 복도 상상할 수 없다.

"영원한 복"이라는 용어는 신적 생명에도 적용되고 신적 생명에 참여하는 자들의 생명에도 적용된다. 우리는 하나님과 인간이라는 양쪽의 경우에서 물어야 한다. 영원한 복을 누리는 생명을 가능케 하는 부정성은 무엇인가? 그 문제는 생성의 철학자들에 의해 진지하게 제기되었다. 만약 하나님의 "생성"에 관해 말한다면, 우리는 부정적 요소를 도입한 것이다. 우리는 생성의 모든 순간 뒤에 남겨진 것의 부정이라는 문제를 제기하는 것이다. 생명은 그런 신론 속의 하나님에게 가장 강하게 덧붙여진다. 하지만 이를 기초 삼아 하나님 안에 있는 영원한 복 개념을 해석하는 것은 어려운 일이다. 왜냐하면 완전한 완성이 영원한 복 개념에 내포되어 있기 때문이다. 단편적 완성은 시간적이면서 영원하지 않은 복을 창조할 수 있다. 그리고 신적인 복에 한계를 두는 모든 일은 신적인 것의 신성을 제한하는

---

5   역주. 사 6:5; 눅 5:8.

일이 될 것이다. 생성의 철학자는 후회, 고뇌, 인내, 희생을 하나님에게 덧붙이는 성서의 진술을 언급할 수도 있다. 살아 있는 하나님을 바라보는 시선(vision)에 관한 그런 표현들은 교회가 거부한 관념, 이른바―그리스도의 고난을 통해서 성부도 고난을 겪었다는―성부수난설로 귀결되었다. 하지만 그런 주장은 하나님의 무감정(impassibility)이라는 근본적인 신학 교리와 명백하게 대립하는 것이었다. 교회의 판단에 따르면, 그것은 그리스 신화에 나오는 격정적이고 고난을 겪는 신들의 수준으로 하나님을 낮추는 것이었다. 하지만 성부수난설을 거부한다고 해서 신적 생명의 복에 있는 부정적인 것에 관한 물음이 해결되는 것은 아니다. 오늘날의 신학은 대부분―거의 예외 없이―그 물음을 무시하거나 조사 불가능한 신적 신비라고 간주하는 방식으로 그 문제를 외면하려 한다. 하지만 신정론이라는 가장 실존적인 문제에 대해 그 물음이 가진 의의라는 관점에서 보았을 때, 그런 도피는 불가능하다. 만약 신적 신비로의 도피가 다른 곳에서, 예를 들어 하나님의 전능한 힘과 늘 현존하는 사랑에 관한 교회의 가르침과 일상적으로 경험하는 실존의 부정성을 해석하고자 하는 가르침에서 사용되는 것이 아니면, "한계 상황" 속에 있는 인간은 이 지점에서 신적 신비로 도피하는 것을 수용하지 않을 것이다. 신학이 그런 실존적 물음에 대답하기를 거부한다면, 자신의 과제를 방치한 것이다.

신학은 생성의 철학자들의 문제를 진지하게 받아들여야 한다. 신학은 영원한 복의 교리와 생명을 가능케 하며 복이 복일 수 있게 하는 부정적 요소라는 두 가지를 결합해야 한다. 복의 본성 자체가 신적 생명의 영원성 안에 있는 부정적 요소를 요구한다.

이 사실은 다음과 같은 근본적인 주장에 도달한다. 신적인 생명은 부정적인 것의 영원한 정복이다. 이것이 신적인 생명의 복이다. 영원한 복은 변함없는 완벽함의 상태가 아니다. 생성의 철학자들은 그런 개념을 거부한다는 점에서 옳다. 하지만 신적인 생명은 투쟁과 승리를 통해 주어지는 복이다. 만약 어떻게 복이 심각한 투쟁의 본성에 속해 있는 위기 및 불확실성과 연합될 수 있는가라고 묻는다면, 우리는 그리스도의 유혹의 심각함에 관해 말했던 내용을 기억하면 된다.[6] 이 논의에서 유혹의 심각함과 하나님과 교제함의 확실함은 양립가능한 것으로 묘사되었다. 이것은 하나님과 그리스도 자신이 이루는 영원한 동일성의 유비―와 유비 이상의 것―일 수 있는데, 이 동일성은 그가 자신에게서 나가 실존의 부정성과 생명의 모호성 안으로 들어가는 것과 모순되지 않는다. 그는 자기-변형에서도 자신의 동일성을 상실하지 않는다. 이것이 영원한 복이라는 역동적 관념을 위한 기초다.

영원한 복은 신적 생명에 참여한 자들에게 주어지는데, 인간에게만 주어지는 것이 아니라 존재하는 모든 것에게 주어진다. "새 하늘과 새 땅"[7]이라는 상징은 완성된 하나님 나라의 복의 보편성을 제시한다. 다음 장에서 영원과 개체적 인격의 관계에 관해 논의할 것이다. 여기서 우리는 이렇게 물어야 한다. 영원한 복이라는 상징은 인간과 별개인 우주에게는 무슨 의미가 있는가? 신적 영광을 드러내고 찬양하는 일에 자연이 참여한다는 관념을 보여주는 구절이 성서에 존재한다. 하지만 동물은 신적 돌봄으로부터 배제되며(바울)[8] 인간이 꽃이나 동물보다 더 낫지 않다는 사실에서 인간의 비참함을 본다(욥)[9]고 말하는 다른 구절들도 있다. 첫 번째 표현

---

6   역주. 『폴 틸리히 조직신학 2』, 제3부, Ⅱ, B, 4, b.
7   역주. 계 21:1.
8   역주. 고전 9:9-10.
9   역주. 욥 14:1-3.

들에서는 자연이 어느 정도 신적인 복에 참여한다(대재앙의 전망을 통해서 상징적으로 표현됨). 반면에 두 번째 표현에서는 자연과 인간이 영원으로부터 배제된다(구약의 대부분). 우리가 앞에서 "본질화"에 관해 말했던 것을 연장해서 다음과 같이 대답할 수도 있을 것이다. 모든 것은―그것들은 창조로 인해 선하기 때문에―자신의 본질에 따라서 신적 생명에 참여한다. (이것을 본질은 신적 마음에 있는 영원한 관념이라는 후기 플라톤 학파의 교설과 비교하라.)[10] 바울이 (롬 8장에서) 말했던 것과 같이 실존의 조건에서 발생하는 자연의 갈등과 고난 및 구원을 향한 자연의 열망은 존재하는 모든 것 안에 있는 부정적인 것이 부정된 이후에 이루어질 본질적 존재의 풍부화에 기여한다. 물론 그런 고찰은 거의 시적이고 상징적인 것이며 그 고찰들을 시간과 공간 안에서 존재하는 대상과 사건에 관한 묘사로 다루어서는 안 된다.

B. 개체적 인격과 그의 영원한 운명

1. 보편적 완성과 개체적 완성

앞의 다섯 장에서 했던 몇 가지 진술들은 역사 "위"의 하나님 나라 또는 일반적인 영원한 생명과 연관되어 있었다. 생명의 모든 차원은 생명의 궁극

---

10   역주. 신플라톤주의자 플로티노스는 신적인 것, 마음(*nous*), 혼(*psyche*), 물질로 이어지는 유출론에 기반한 위계구조를 제시했다. 신적인 것은 누스를 통해 자신을 나타내는데, "참된 온갖 것, 아름다운 온갖 것은 누스(*nous*) 안에 곧 신적인 정신과 그의 자기 관조[자기 직관] 안에 포함되어 있다." Tillich, 『그리스도교 사상사』, 110.

적 **텔로스** 고찰에 포함되어 있었다. 이제 우리는 정신의 차원과 정신의 담지자인 개체적 인격의 차원을 추려내야 한다. 개체적 인격은 언제나 종말론적 상상력과 사상의 중심에 있었는데, 그 이유는 인간인 우리 자신이 인격이기 때문이기도 하고 인격의 운명이 자기 자신에 의해서 결정되기 때문이기도 하다. 그 결정 방식은 정신의 차원이 아닌 생명의 다른 차원의 영향력이 운명을 결정하지 않는 방식이다. 유한한 자유로서의 인간은 영원한 생명과 관계를 맺고 있는데, 영원한 생명은 필연성이 우세한 존재자들의 생명과 다르다. "당위" 요소의 깨달음, 그리고 이와 함께 책임, 죄책, 절망, 희망의 깨달음은 인간과 영원의 관계의 특징이다. 시간적인 모든 것은 영원한 것과 "목적론적" 관계를 맺고 있지만, 인간만이 영원한 것을 깨닫고 있다. 그리고 이 깨달음으로 인해서 인간은 영원한 것에서 돌아서는 자유도 부여받는다. 소외의 비극적 보편성에 관한 기독교의 주장에는 모든 인간이 자신의 **텔로스**에서, 영원한 생명에서 돌아섰다는 사실과 동시에 인간은 **텔로스**를 열망한다는 사실이 담겨 있다. 이로 인해 "본질화"라는 개념은 심오한 변증법적 개념이 된다. 개체인 인간의 **텔로스**는 운명이 자신에게 부여한 잠재성을 기초로 삼아 인간이 실존에서 실행하는 결정들로 결정된다. 인간은 자신의 잠재성을 전부는 아닐지라도 낭비할 수 있으며 완전히는 아닐지라도 성취할 수 있다. 따라서 궁극적 심판이라는 상징에는 개별적 진지함이 포함된다. 인격 속에 있는 부정적인 것을 부정적인 것으로 폭로하면, 영원한 생명에는 긍정적인 것이 많이 남지 않을 것이다. 그런 폭로로 인해 왜소함으로 격하될 수도 있다. 하지만 그 폭로로 인해 위대함으로 격상될 수도 있다. 그것은 완성된 잠재성들과 관련해서 극단적 빈곤을 의미할 수도 있지만, 잠재성들의 극단적 풍족함을 의미할 수도 있다. 왜소함과 위대함, 빈곤함과 풍족함은 상대적 가치 평가다. 상대적이기 때문에 그것들은 "패배 또는 승리", "버려짐 또는 구원받음", "지옥 또는 천국", "영원한 죽음" 또는 "영원한 생명" 같은 종교적 상징 체계에서 나타나는 절대적 심판과 모순된다. 본질화의 단계들이라는 관념은 이 상징들과 개념들의 절대성을 약화시킨다.

유한한 존재자들이나 우연한 일들에 대한 절대적 심판은 불가능하다. 절대적 심판은 유한한 것을 무한한 것으로 만들기 때문이다. 이것이 신학적 보편주의와 영원에서 이루어지는 "만물의 회복" 교설에 담겨 있는 진리다. 하지만 "회복"이라는 단어는 부적합하다. 즉 본질화는 회복 이상의 것일 수도 있고 이하의 것일 수도 있다. 교회는 오리게네스의 **만물의 회복**(*apokatastasis panton*) 교설을 거부했는데,[11] 그 이유는 이 기대가 "버려짐"이나 "구원받음" 같은 절대적 위협과 희망에 내포된 심각함을 제거하는 듯 보였기 때문이다. 이런 갈등을 해결하기 위해서 "생명에서 버려지는" 위협의 절대적 심각함과 유한한 실존의 상대성을 결합해야 한다. "본질화"라는 개념적 상징은 이 공리를 성취할 수 있다. 그것은 자신의 잠재성을 낭비했다는 절망을 강조하면서도 실존 안에 있는 (심지어 가장 미완성된 생명 안에도 있는) 긍정적인 것이 영원으로 격상되는 것 역시 보증하기 때문이다.

이 해결책은 필연적 구원이라는 기계론적 관념을 거부하면서도 개인의 운명을 지속적으로 정죄받거나 지속적으로 구원받는 것으로 묘사했던

---

11   역주. Tillich는 오리게네스의 "만물의 회복" 교설을 다음과 같이 정리한다. "죄에 대한 인간의 벌은 지옥이다. 지옥이란 우리의 양심[의식] 안에서 타고 있는 불을 뜻한다. 다시 말해서 이것은 우리가 신에게서 떠나 있는 것에 대한 절망의 불이다. 그렇지만 이러한 상태는 혼의 정화의 과도적 상태다. 마지막에 모든 인간은, 그리고 모든 것은 정신화되고 영광스럽게 된다. 물질적[육체적] 실존은 사라질 것이다. 이것이 유명한 *apokatastasiston panton* 곧 신과 통일되는 만물의 복귀에 관한 교설이다." Tillich, 『그리스도교 사상사』. 126.

전통적 해결책과 대립하지 않는다. 이 관념의 가장 의심스러운 형식, 이중 예정론에는 마성적 함의가 있다. 즉 그것은 하나님 자신 안에 영원한 분열을 끌어들인다. 하지만 예정이 없으면 절대적으로 반대되는 개인들의 영원한 운명에 관한 교리가 하나님의 자기-현현과 인간의 본성이라는 두 가지 관점에서 옹호될 수 없다.

두 갈래의 영원한 운명이라는 이미지의 배경에는 인격과 인격의 철저한 분리 및 성서적 인격주의에서 유래하는 인격적인 것과 인격 이하의 것의 분리가 있다. 정신 차원에서 나타나는 개체화가 참여를 정복할 때 강한 중심을 가진 자기가 창조되는데, 그 자기는 금욕적 자기-절제와 자신의 영원한 운명에 대한 책임을 고독하게 수용함으로써 자신을 피조물들의 일치로부터 분리한 자기다. 하지만 기독교는 인격주의를 강조하면서도 완성된 하나님 나라에 보편적으로 참여한다는 관념도 가지고 있다. 이 관념이 더 많이 강조될수록 기독교는 후기 헬레니즘 시대의 강한 이원론적 경향으로부터 간접적으로 더 적게 영향을 받았다.

신적 자기-현현의 관점에서 보았을 때, 두 갈래의 영원한 운명에 관한 교설은 하나님이 유한한 것을 "매우 선한" 것으로 영구히 창조한다는 관념(창 1장)과 모순된다. 존재 자체가 선하다면—아우구스티누스의 위대한 반이원론적 진술이다—존재하는 어떤 것도 완벽한 악이 될 수 없다. 어떤 것이 존재한다면, 그것이 존재를 가지고 있다면 그것은 창조적 신적 사랑에 포함되어 있는 것이다. 신적 사랑과 하나님 나라에서 만물이 일치를 이룬다는 교리는 지옥이라는 상징으로부터 "영원한 정죄"라는 특징을 제거한다. 이 교리는 신적 심판의 정죄하는 측면이 가진 심각함과 부정적인 것의 폭로를 경험하는 절망을 제거하지 않는다. 하지만 그것은 지옥과 천국에 관한 문자적 이해의 부조리함을 제거하며 또 영원한 운명과 지속적인 고통 또는 즐거움의 상태를 혼동하는 것을 허용하지 않는다.

인간적 본성의 관점에서 보았을 때, 두 갈래의 영원한 운명에 관한 교설은 어떤 인간도 신적 심판의 이편이나 저편에 모호하지 않게 위치할 수 없다는 사실과 모순된다. 심지어 성자(saint)도 죄인이며 용서를 필요로 한다. 그리고 죄인도 신적 용서 아래에 있는 한 성자다. 성자가 용서를 받아들인다면 그의 용서 수용은 모호하게 남을 것이다. 죄인이 용서를 거부한다면 그의 용서 거부는 모호하게 남을 것이다. 영적 현존 역시 우리를 절망 경험으로 몰아가는 데 작용한다. 구약과 신학의 상징적 언어에서 나타나듯이 선한 자와 악한 자의 질적 대립은 선과 악 자체의 대립적인 성질(예를 들어 참과 거짓, 공감과 난폭함, 하나님과의 연합과 하나님으로부터의 분리)을 의미한다. 하지만 이 질적 대립은 개체적 인격들의 철저하게 선한 특징과 철저하게 악한 특징을 묘사하는 것이 아니다. 모든 인간적 선함의 모호성에 관한 교리와 구원이 오직 신적 은혜에만 의존한다는 교리는 우리를 이중 예정 교리로 되돌아가게 하거나 아니면 보편적 본질화 교리로 나아가게 한다.

인간적 본성의 또 다른 측면이 있는데, 그 측면은 인격과 인격의 분리 관념, 그리고 두 갈래의 영원한 운명 교리의 전제인 인격 이하의 것과 인격적인 것의 분리 관념과 모순되는 것이다. 모든 개인의 의식적 측면과 무의식적 측면을 포함한 전체적 존재는 사회적 조건에 의해서 대체적으로 결정된다. 개인은 실존하게 될 때 사회적 조건의 영향을 받는다. 개인은 사회적 상황과 상호 의존하면서 성장한다. 그리고 생명의 차원들이 상호 내재하기 때문에, 인간 정신의 기능들은 생명의 물리적 요인, 생물학적 요인과 구조적 일치를 이룬다. 모든 개인의 자유와 운명은 연합되어 있으며 후자로부터 전자를 분리해내는 것이 불가능한 방식으로, 결과적으로 인류 전체의 운명, 그리고 인류의 모든 현현이 보여주는 운명으로부터 개인의 영원한 운명을 분리해내는 것이 불가능한 방식으로 연합되어 있다.

이것이 생명의 왜곡된 형식들의 의미를 묻는 물음에 대한 최종적 대답이다. 그 형식들은—때 이른 파괴, 유아의 죽음, 생물학적이고 심리학적인 질병, 도덕적으로나 영적으로 파괴적인 환경의 경우와 같이—물리적·생물학적·심리학적·사회학적 조건들 때문에 낮은 수준으로도 자신의 본질적 **텔로스**를 성취할 수 없는 형식들이다. 분리되어 있는 개체의 운명을 가정하는 관점에 따르면 대답이 결코 존재할 수 없다. 오직 우리가 본질화 또는 긍정적인 것이 보편적 참여의 문제인 영원한 생명으로 격상되는 것을 이해하는 경우에만 물음과 대답이 가능하다. 다시 말해, 최소한으로 현실화된 개인의 본질에 다른 개인들과 간접적으로는 모든 존재자의 본질이 현존해 있다. 누군가를 영원한 죽음으로 정죄하는 자마다 자신을 정죄하는 것이다. 그의 본질과 다른 사람의 본질은 절대적으로 분리될 수 없기 때문이다. 그리고 자신의 본질적 존재로부터 소외되어 있으면서 전체적인 자기-거부의 절망을 경험하는 자는 다음과 같은 말을 들어야 한다. 그의 본질은 높은 완성 단계에 도달했던 모든 자의 본질에 참여하며 이 참여를 통해서 그의 존재는 영원히 긍정된다. 개체적인 것이 모든 존재자와 일치를 이루며 본질화된다는 이 관념은 대리적 완성 개념을 이해할 수 있게 해준다. 또 그 관념은 영적 공동체 개념에 새로운 내용을 제공한다. 마지막으로 그것은 민족이나 교회 같은 집단들이 완성된 하나님 나라와 일치를 이루는 자신의 본질적 존재에 참여한다는 관점을 지지하는 기초를 제공한다.

2. 상징으로서의 불멸과 개념으로서의 불멸

개인이 영원한 생명에 참여하는 것과 관련하여 기독교는 ("영원한 생명" 이외에) "불멸"과 "부활"이라는 두 가지 용어를 사용한다. 이 둘 중에서 오직 "부활"만이 성서적이다. 하지만 영혼 불멸에 관한 플라톤의 교설에서 나타나는 의미의 "불멸"은 일찍부터 기독교 신학과 개신교 사상의 많은 부분에서 사용되었으며 부활 상징을 대체했다. 어떤 개신교 국가에서는 불멸이 모든 기독교 메시지 중에서 마지막 잔여물이 되었다. 하지만 죽음 이후 몸 없이 이어지는 개인의 시간적 생명과 이런 비기독교적이고 거짓 플라톤적인 형식을 통해서 불멸은 그렇게 되었다. 불멸이라는 상징이 이 대중적 미신을 표현하기 위해 사용되는 곳마다 기독교는 그 상징을 철저히 거부해야 한다. 영원에 참여하는 것은 "피안의 생명"이 아니기 때문이다. 그것은 인간 영혼의 본성적 성질도 아니다. 오히려 그것은 하나님의 창조적 행위인데, 하나님은 시간적인 것이 자신으로부터 분리되어 영원한 것으로 돌아가게 한다. 이 난점을 깨닫고 있는 기독교 신학자들이 대중적 미신 형식의 "불멸"뿐만 아니라 올바른 플라톤적 형식의 "불멸"이라는 용어도 완전히 거부한 것은 이해할 만한 일이다. 하지만 그것은 정당하지 않다. 그 용어가 디모데전서 6:16에서 하나님에게 적용된 방식으로 사용된다면, 그 용어는 영원이라는 용어가 긍정적으로 표현하는 것을 부정적으로 표현한 것이다. 다시 말해 그 용어가 의미하는 것은 죽음 이후 이어지는 시간적 생명의 지속이 아니라 시간성을 초월하는 성질이다.

이런 의미의 불멸은 영원한 생명이라는 상징과 모순되지 않는다. 하지만 그 용어는 전통적으로 "영혼 불멸"이라는 말로 사용되어왔다. 이로 인해 기독교 신학에서는 그 용어를 사용하는 것과 관련된 더 심각한 문제가 발생했다. 즉 그 용어는 영혼과 몸의 이원론을 도입하는데 그것은 존재의 모든 차원을 포함하고 있는 기독교적인 영(Spirit) 개념과 모순되는 것이고 "몸의 부활"이라는 상징과 양립 불가능하다. 하지만 여기서 다시 우리는 그 용어의 의미가 비이원론적 방식으로 이해될 수 있는지 물어야 한다. 아리스토텔레스는 형상과 질료라는 자신의 존재론을 통해서 이 가능성을 보여주었다. 만약 영혼이 생명 과정의 형식이라면, 영혼 불멸에는 이 과정을 구축하는 모든 요소가 포함된다. 비록 영혼 불멸에 그 요소들이 본질로서 포함된다고 하더라도 말이다. 그렇다면 "영혼 불멸"의 의미에는 본질화의 힘이 포함될 것이고, 세계-혼에 관한 플라톤의 후기 교설에는 보편적 본질화라는 의미의 불멸 관념이 내포되어 있는 것처럼 보인다.[12]

흥미롭게도 불멸에 관한 대부분의 논의에서 증거 물음이 내용 물음보다 우선했다. 영혼 불멸에 대한 믿음에 무슨 증거가 있는가라는 물음을 물었고, 결코 만족스럽지 않았지만 결코 포기되지도 않았던 플라톤주의적 논증으로 대답했다. (신의 실존 논증에 관련된 상황과 유사한) 이 상황은 "불멸"이 상징에서 개념으로 변형된 사실에 기인한다. 상징으로서의 "불멸"은 신들과 하나님에 연관되어 사용되었으며 존재와 의미라는 측면에서 궁극성의 경험을 표현해왔다. 인간이 유한하다는 사실과 이에 대한 깨달음을 통해서 인간은 유한성을 초월한다는 사실 및 이런 사실들에 대한 인

---

12   역주. 플라톤의 『티마이오스』에 따르면, "데미우르고스가 만든 최초의 것은 세계의 영혼이다. 이 세계 영혼은 감각적인 것도 아니고, 볼 수 있는 것도 아니며, 사고하고 살아 있는 실체다. 세계 영혼은 한 편으로는 나눌 수 없고, 영원히 변하지 않는 실재와 다른 편으로는 나눌 수 있고 변하는 실재가 혼합되어 있는 것임에도 불구하고 눈에 보이지 않으며 비감각적인 것이다. 세계 영혼도 인간의 영혼과 마찬가지로, 신체 즉 우주의 질료로서 감싸여져 있다. 세계 영혼은 우주에다 생명을 부여하고 예견과 생명력을 통해 우주, 즉 만들어진 신들과 인간, 동물과 식물 및 생명이 없는 질료를 형성한다." Hirschberger, 『서양철학사(上)』, 188.

간의 비매개적 깨달음의 확실성이 이 상징에 있었다. "불멸의 신들"은 무한성을 상징적·신비주의적으로 재현한 것인데 그 무한성은 필멸의 존재인 인간은 그것으로부터 배제되어 있지만 신들에게서 받을 수 있는 것이다. 신들의 영역을 존재하는 만물의 근거이자 목표인 일자의 실재로 변경했던 예언자적 비신화화 이후에도 이 구조는 타당하게 남았다. 인간은 "자신의 필멸성에 불멸성의 옷을 입힐" 수 있다(고전 15:53).[13] 우리의 유한성은 유한성이기를 중단하지 않으면서 무한한 것, 곧 영원한 것 "안으로 옮겨진다."

불멸이라는 용어의 개념적 용법이 그 상징적 용법을 대체할 때 인지적 상황은 완전히 변한다. 이 순간 불멸은 영혼이라는 인간의 일부가 가진 특질이 되고 영원한 생명의 확실성을 보증하는 경험적 근거 물음은 개별적 대상인 영혼의 본성을 조사하는 것으로 변한다. 분명히 플라톤의 대화편들은 이러한 전개에 큰 책임이 있다. 하지만 플라톤 자신은 불멸을 대상화하는("구체화하는") 이해에 반대하는 단절을 보여주었음을 강조해야 한다. 즉 그의 논증은 "인신 공격의 오류"(ad hominem[현재의 용어로는 실존적 논증])였다. 그 논증은 선함과 아름다움과 참됨에 참여하는 자와 그 논증의 초시간적 타당성을 깨닫는 자만이 파악할 수 있다. 객관적 의미의 논증으로는 "우리는 그것을 완전히 확신할 수 없다"(플라톤, 『파이돈』).[14] 우리는 플라톤의 불멸 관념에 대한 아리스토텔레스의 비판을 이렇게 이해할 수 있

---

13   역주. 원서에는 고전 15:33으로 나와 있으나 15:53의 오기다. 독일어본에는 15:53로 수정되어 있다. "썩을 몸이 썩지 않을 것을 입어야 하고, 죽을 몸이 죽지 않은 것을 입어야 합니다."

14   역주. 파이돈의 말을 들은 에케크라테스는 의기소침하여 이렇게 말한다. "우리는 앞으로 대체 어떤 주장을 믿을 것인가?" 플라톤, 「파이돈」, 『소크라테스의 변론/크리톤/파이돈/향연』, 천병희 옮김(고양: 숲, 2012), 88c(172).

다. 그 비판은 그 관념의 불가피한 원시화에 저항하면서 플라톤의 사상을—신적 마음(*nous*)의 영원한 자기-직관에 인간이 참여하는[15]—최고의 완성에 대한 자신의 상징으로 삼으려는 시도다. 황홀경 경험을 통해 개체(the one)와 일자(the One)의 신비주의적 연합으로 가는 플로티노스의 방법은 여기서 멀지 않다.[16] 기독교 신학은 개체적 인격과 그 인격의 영원한 운명을 강조했기 때문에 이 길을 갈 수 없었다. 그 대신 기독교 신학은 플라톤에게로 돌아가서 그의 불멸의 영혼 개념을 종말론적 이미지 전체의 기초로 사용했으며 불가피하게 뒤따르는 원시주의적이고 미신적인 결과는 두려워하지 않았다. 로마 가톨릭과 개신교의 자연신학은 영혼 불멸을 지지하는 옛 논증과 새 논증을 활용했으며, 그 두 가지는 모두 신앙의 이름으로 이 개념을 수용할 것을 요구했다. 그 신학들은 상징과 개념의 혼동에 공식적인 지위를 부여했으며, 따라서 형이상학적 심리학을 펼친 철학적 비판자들로부터 이론적 반작용을 불러일으켰다. 로크, 흄, 칸트가 그런 심리학의 본보기다. 기독교 신학은 그들의 비판을 "불멸" **상징**에 대한 공격이 아니라 본성적으로 불멸인 실체, 영혼 **개념**에 대한 공격으로 간주해야 했다. 이렇게 이해했다면, 영원한 생명의 확실성이 불멸의 영혼 개념과 위

---

15   역주. "인간의 사유는 또는 이보다 (밀감과 꿀이) 합쳐진 존재들의 사유는 일정 기간이 지나서야 어떤 (좋은) 상태에 있지만 {왜냐하면 인간의 사유는 (신처럼) 이때나 저 때나 (어느 때나) '좋음'을 갖지는 않으며, 자신과는 다른 것을, 즉 '가장 좋은 것'(최고선)을 일정 기간이 다 지나서야 비로소 갖기 때문이다.} (신의) '자신에 대한 사유'(자기 사유)는 그러한 (최고의) 상태에 영원히 계속 놓여 있다." 아리스토텔레스, 『형이상학』, 김진성 옮김(서울: 이제이북스, 2010), 12권, 9장, 1075a8-10(528).

16   역주. Hirschberger는 플로티노스의 황홀경에 관해 이렇게 덧붙인다. "물론, 이 일치는 모든 것의 완성이기도 하다. 그러나 엑스타시스(Ekstase)에 있어서도 인간이 신으로는 되지 않는다. 우리는 신으로 되지 않고, 신을 닮은 것으로 될 뿐이다. 인간의 정신은 그 신적인 영혼의 불꽃 속에서도 항상 진짜로 신적인 원상의 묘사에 지나지 않는다. 이런 사실을 플로티노스는 『엔네아데스』 6권 8장 18절에서 여러 차례 매우 강조해서 말하고 있다." Hirschberger, 『서양철학사(上)』, 372.

험하게 연결되는 일은 없었을 것이다.

이런 상황 때문에 가르치고 설교할 때 미신적 함의를 방지할 수 있는 경우에만 "영원한 생명"이라는 용어를 사용하고 "불멸"에 관해 말하는 것이 현명한 행동일 것이다.

3. 부활의 의미

인간이 죽음을 넘어 영원한 생명에 참여하는 것을 "몸의 부활"이라는 매우 상징적인 구절로 더 적합하게 표현할 수 있다. 교회는 후자를 특정하게 기독교적인 표현으로 인식했다. 사도신경의 구절은 "육체(flesh)[17]의 부활", 즉 정신과 반대되는 몸, 소멸할 수 있는 몸이라는 특징을 가진 것의 부활이다. 하지만 그 구절은 오해의 소지가 있으므로 예배에서 "몸(body)의 부활"로 대체되어야 하며, "영적인 몸"[18]이라는 바울의 상징으로 해석되어야 한다. 물론 이 구절에도 해석이 필요하다. 그것 역시 이중적 부정으로 이해되어야 하며, 단어들의 역설적 소합으로 표현되어야 한다. 먼저 그 구절은 단지 정신적 실존일 뿐인 것의 "벗어남"(nakedness)을 부정하며, 따라서 플라톤 학파, 신플라톤 학파뿐만 아니라 동방의 이원론 전통에서도 나오는 주장과 대조를 이룬다. "몸"이라는 용어는 창조의 선함에 대한 예언자적 신앙의 증표이며 이런 전통과 대립한다. 구약의 반이원론적 견해는 몸이 영원한 생명에 속해 있다는 관념을 통해서 강하게 표현되었다. 하지만 바울은 이 상징의 난점, 즉 이 상징이 "육체와 피"가 하나님 나라에 참여한

---

17   역주. 라틴어 *carnis*, 그리스어 *sarx*.
18   역주. 그리스어 *soma pneumatikos*, 고전 15:44.

다는 의미로 이해될 수 있는 위험을—사도신경보다 더 잘—알았다. 다시 말해 바울은 육체와 피가 하나님 나라를 "상속할" 수 없다고 주장했다.[19] 그리고 이런 "물질주의적" 위험에 맞서서 그는 부활을 "영적인" 몸이라 칭했다. (바울 신학의 핵심적 개념인) 영은 인간의 정신에 현존하는 하나님인데, 인간의 정신에 침입하고, 그 정신을 변형시키며, 정신을 정신 너머로 상승시킨다. 그렇다면 영적인 몸은 영적으로 변형된 인간의 총체적 인격성을 표현하는 몸이다. 우리는 "영적인 몸"이라는 상징에 관해서 이 지점까지 말할 수 있다. 개념은 이것 너머로 나아갈 수 없지만, 시적이고 예술적인 상상력은 나아갈 수 있다. 그리고 여기서 제시된 제한적 진술이 이중적 부정의 긍정적 함의를 제시하는데, 그 함의는 그 진술이 직접적으로 긍정적인 것을 제시하는 것보다 더 많은 것을 진술할 수 있다는 것이다. 만약 우리가 부활이라는 상징이 가진 이런 고도로 상징적인 특징을 망각하게 되면, 수많은 부조리가 나타나게 되고, 그 부조리들은 부활의 참되고 매우 중요한 의미를 은폐하게 된다.

우선 부활은 하나님 나라에 존재의 모든 차원이 포함되어 있다고 말한다. 인격성 전체는 영원한 생명에 참여한다. 만약 우리가 "본질화"라는 용어를 사용한다면 다음과 같이 말할 수 있을 것이다. 인간의 심리학적·정신적·사회적 존재가 인간 몸의 존재에 내포되어 있고 이것은 존재하는 다른 모든 것의 본질과 일치를 이룬다.

기독교가 강조하는 "몸의 부활"은 유일무이한 개체적 인격의 영원한 의의를 강하게 긍정한다. 인격의 개체성은 그의 몸의 모든 세포, 특히 그의 얼굴을 통해서 표현된다. 초상화라는 예술은 다음과 같은 놀라운 사실

---

19   역주. 고전 15:10.

을 유념할 것을 요구한다. 분자와 세포는 인간 정신의 기능과 운동을 표현할 수 있는데, 그 기능과 운동은 인간의 인격적 중심에 의해서 결정되기도 하고 상호의존적으로 인간의 인격적 중심을 결정하기도 한다. 이를 넘어 초상화가 진정한 예술 작품이라면 초상화는 예술적 예견을 통해서 "본질화"라 불렸던 것을 반영한다. 초상화는 개인의 삶의 과정의 어떤 특정한 순간을 재생해내는 것이 아니라 어떤 이미지를 통해서 이 모든 순간을 농축적으로 재생해낸다. 그 이미지는 개인이 자신의 잠재성을 기초 삼고 자신의 삶의 과정의 경험과 결정을 통해 본질적으로 이루어낸 이미지다. 이런 관념은 그리스 정교회의 성상(icon) 교리, 그리스도, 사도, 성자를 본질화한 초상화 교리를 설명해줄 수 있으며, 특히 성상은 성상이 재현하는 자의 천상적 실재에 신비적으로 참여한다는 관념을 설명해줄 수 있다. 역사 지향적인(history-minded) 서구 교회는 이 교리를 상실했으며 성상은 종교화로 대체되었다. 종교화는 거룩한 인물의 시간적 실존 속에서 나타나는 특정한 흔적을 생각하게 한다. 이런 일은 더 오래된 전통에서 여전히 이루어지고 있었다. 하지만 고전적인 표현 형식은 점차 이상주의적 형식으로 대체되었는데, 이상주의적 형식들은 이후 종교적 투명성을 상실한 자연주의적 형식으로 대체되었다. 시각 예술에서 나타난 이러한 전개는 인간 본성의 모든 차원에서 나타나는 개체적 본질화를 이해하는 데 도움을 줄 수 있다.

개인의 영원한 운명과 관련하여 가장 자주 제기된 물음은 자기-의식적 자기가 영원한 생명에서 현존하는가라는 것이다. 영적인 몸에 관한 주장처럼 여기에서 유일하게 의미 있는 대답은 두 가지 부정적인 진술로 제시된다. 첫 번째는 자기-의식적 자기는 영원한 생명에서 배제될 수 없다는 것이다. 영적 생명은 생명이지만 무차별적 동일성은 아니기 때문에, 또 하나님 나라는 사랑의 보편적 현실화이기 때문에 개체화 요소는 제거될 수 없다. 그렇지 않으면 참여 요소 또한 사라질 것이다. 참여하는 개체적 중심이 없다면 참여도 없다. 두 개의 양극은 서로를 한정한다. 그리고 참여하는 개체적 중심들이 있는 곳에서 실존의 주체-대상 구조는 의식의 조건이 되고 (만약 인격적 주체가 있다면) 자기-의식의 조건이 된다. 이 사실은 중심을 가진 자기, 곧 자기-의식적 자기는 영원한 생명에서 배제될 수 없다는 진술로 귀결된다. 모든 기능에 자기-의식을 전제하고 있는 정신의 차원은 영원한 완성에서 부정될 수 없다. 영원한 완성이 생물학적 차원에서 부정될 수 없으며 그리하여 몸에서도 부정될 수 없는 것과 마찬가지다. 이 이상의 말은 할 수 없다.

하지만 이제 정반대의 부정도 동일한 정도로 표현해야 한다. 즉 몸의 존재가 영원한 생명에 참여하는 것이 옛 또는 새로운 물리적 미립자가 끝없이 지속되는 것이 아닌 것처럼 중심을 가진 자기의 참여는 개별적 의식의 흐름이 기억과 예견을 통해서 끝없이 지속되는 것이 아니다. 우리의 경험에서 보자면, 자기-깨달음의 과정 속에서 자기-의식은 지각하는 주체와 지각된 대상의 시간적 변화에 의존하고 있다. 하지만 영원은 시간성을, 이와 함께 자기-의식의 경험된 특징을 초월한다. 시간과 시간 속의 변화가 없으면 주체와 대상은 서로 수렴될 것이다. 동일자는 동일자를 무한히 지각하게 될 것이다. 그것은 인사불성의 상태와 유사한데, 그 상태에서 지각하는 주체는 자신이 지각하고 있음을 반성할 수 없으며 따라서 자기-의식을 결여하고 있다. 이러한 심리학적 유비는 영원한 생명에서의 자기-의식을 묘사하려는 것이 아니라 두 번째 부정적 진술을 지지하고자 하는 것이다. 그것은 영원한 생명에서 존재하는 자기-의식적 자기는 시간적 생명에서 존재하는 자기-의식적 자기가 아니라는 것이다. (시간적 생명에는 대상화의 모호성이 포함되어 있다.) 이런 두 가지 부정적 진술을 넘어서서 말하는 모든 것은 신학적 개념화가 아니라 시적 상상이다.

부활 상징은 시간적 생명의 죽음에서 나오는 영원한 생명의 확실성을 표현하는 더 일반적 의미로 자주 사용된다. 이런 의미의 부활은 새로운 존재라는 핵심적인 신학 개념을 표현하는 상징적인 방식이다. 새로운 존재는 또 다른 존재자가 아니라 옛 존재의 변형인 것처럼, 부활은 옛 실재를 이긴 또 다른 실재의 창조가 아니라 죽음에서 일어나는 옛 실재의 변형이다. 이런 의미의 "부활"은 (몸의 부활에 대한 특별한 언급 없이) 종말론적 희망을 위한 보편적인 상징이 되었다.

4. 영원한 생명과 영원한 죽음

성서의 상징 체계에서 존재자의 영원한 운명과 관련해서 부정적 심판을 표현하는 두 가지 주요 개념은 영구적인 처벌과 영원한 죽음이다. 영원한 생명이 영구적인 행복의 비신화화인 것처럼 영원한 죽음은 영구적인 처벌의 비신화화로 간주할 수 있다. 영원한 죽음이 인간의 영원한 운명의 초시간적 특징을 고려하고 있기 때문에 영원한 죽음은 신학적 의의를 가지게 된다. 또 영원한 죽음은 해석을 필요로 하는데, 표면적 가치대로 받아들인 영원한 죽음에는 완전히 모순적인 두 가지 개념들—영원과 죽음—이 결합되어 있기 때문이다. 이렇게 조합된 단어들은 영원에서 "떨어져 나간"(away) 죽음, 영원에 도달하지 못한 실패, 시간적인 일시성에 남겨짐을 의미한다. 영원한 죽음은 시간성에 매여 있어서 시간성을 초월하지 못하는 모든 자에게 인격적 위협이다. 그에게는 영원을 예견하는 경험이 없기 때문에 그에게 영원한 생명은 무의미한 상징이다. 부활의 상징 체계를 따르면, 그는 죽어 있으며 부활에 참여하고 있지 않다고 말할 수 있을 것이다.

하지만 이것은 창조된 모든 것이 영원한 존재의 근거에 뿌리내리고 있다는 진리와 모순된다. 이런 면에서 비존재는 모든 창조된 것을 이길 수 없다. 그러므로 두 가지 고찰이 어떻게 연합될 수 있는가라는 물음이 제기된다. 즉 영원한 생명에서 "떨어져 나간" 죽음의 심각한 위협과 모든 것은 영원에서 나와서 영원으로 되돌아가야 한다는 진리, 우리는 이 둘을 어떻게 화해시킬 수 있을까? 기독교 사상사를 살펴보면, 두 가지 모순적인 면이 강하게 제시되고 있음을 알게 될 것이다. 즉 "영원으로부터 떨어져 나간 죽음"의 위협은 대부분의 교회의 실천적 가르침과 설교에서 우세하고 많은 교회에서 공식적 교리로 주장되고 옹호되고 있다. 비록 영원에서 돌아섰다고 하더라도 영원에 뿌리내리고 있으며 따라서 영원에 속해 있다는 확실성은 교회들, 소종파들 내에서 일어나는 신비주의 운동과 인문주의 운동에서 우세한 태도다. 첫 번째 유형의 대표자는 아우구스티누스, 토마스, 칼뱅 등이며, 두 번째 유형의 대표자는 오리게네스, 소키누스, 슐라이어마허 등이다. 논의의 중심이 되는 신학 개념은 오리게네스의 **"만물의 회복"**(*apokatastasis panton*)이다. 이 개념은 시간적인 모든 것은 자신이 발원한 영원한 것으로 되돌아감을 의미한다. 구원의 개별성에 대한 믿음과 구원의 보편성에 대한 믿음 사이의 갈등을 통해서 모순적인 관념들은 지속적인 긴장과 실천적 중요성을 보여주었다. 이런 논쟁의 상징적 틀이 과거에도 지금도 원시적이라 해서 논의의 요점은 신학적으로 중요하며 아마 심리학적으로는 더 많이 중요할 것이다. 그 논쟁에는 하나님과 인간 및 이 둘의 관계의 본성에 관한 전제들이 내포되어 있다. 그 논쟁은 궁극적 절망과 궁극적 희망 또는 피상적인 무관심과 심오한 진지함을 생산할 수 있다.

그 논쟁은 사변적으로 보일지라도 기독교 사상에서 가장 실존적인 문제 중 하나다.

매우 예비적인 대답이라도 제공하려 한다면, 그 두 태도의 바탕에 있는 동기를 살펴볼 필요가 있다. "영원에서 떨어져 나간 죽음"의 위협은 윤리적·교육적 사고 유형에 속하는데, 당연히 그 유형은 교회들의 기본적 태도다. 교회들은 (오리게네스의 경우와 유니테리언적 보편주의가 제시하는) **회복**(*apokatastasis*)의 가르침이 종교적이고 윤리적인 결정의 심각함을 파괴할지 모른다고 두려워한다. 이 두려움에는 근거가 있다. 우리는 영원한 죽음의 (심지어 영구적인 처벌의) 위협을 설교하지만 동시에 **회복** 교설의 진리를 고수해야 한다는 것도 가끔씩 추천받아왔기 때문이다. 아마 대부분의 그리스도인은 자신의 죽음을 예측할 때, 죽게 되는 다른 사람들과 자기 자신을 위한 유사한 해결책을 가지고 있을 것이다. 아무도 스스로는 영원한 죽음의 위협을 견뎌낼 수 없다. 하지만 이것이 불가능하다고 해서 그 위협을 무시할 수는 없다. 신화적으로 말하자면, 아무도 지옥을 자기 자신이나 그 밖의 다른 사람의 영원한 운명으로 긍정할 수 없다. 우리의 궁극적 운명에 대한 불확실성은 제거할 수 없지만, 이 불확실성 너머에는 우리가 발원한 영원으로 회귀하는 것을 역설적으로 확신케 하는 순간들이 있다. 교리적으로 말하면 이것은 이중적 진술로 귀결되는데, 그 진술은 시간적인 것과 영원한 것의 관계를 표현하는 다른 모든 이중적 진술과 유사하다. 즉 영원한 죽음의 위협 그리고 회귀의 안정성은 거부되어야 한다.

기독교 안팎에서 이 첨예한 양극성을 극복하려는 시도가 있었다. 그 시도 중 세 가지, 즉 "윤회", "중간 상태", "연옥"의 관념들이 중요하다. 이 세 가지는 죽음의 순간을 인간의 궁극적 운명에 결정적인 것으로 만들어서는 안 된다는 느낌을 표현하고 있다. 예를 들어, 유아, 아이, 미성숙한 어른의 경우라면 이것은 완전한 부조리일 것이다. 성숙한 사람의 경우라면 이것은 모든 성숙한 인격적 생명에 들어와서 생명의 심오한 모호성을 유발하는 수많은 요소를 무시하는 것이다. 개별적 순간보다도 오히려 생명 과정 전체가 본질화의 정도에 결정적이다. 개체적 생명의 윤회라는 관념은 수백만의 아시아인들에게 큰 영향력을 끼쳤고 여전히 어느 정도 끼치고 있다. 하지만 거기서도 "죽음 이후의 생명"이라는 주장은 위로하는 관념이 아니다. 반대로 모든 생명의 부정적 특징이 윤회로 귀결되는데, 이것은 영원한 것으로 회귀하는 고통스러운 방식이다. 18세기 어떤 사람들, 특히 위대한 독일의 시인이자 철학자였던 레싱은 자신의 궁극적 운명에 대한 최종적 결정은 죽음의 순간에 이루어진다는 정통주의적 믿음 대신 이 교설을 수용했다. 하지만 모든 윤회 교설의 난점은 서로 달리 나타나는 육화들 사이에서 주체의 동일성을 경험할 방법이 없다는 점이다. 그러므로 윤회는—불멸과 마찬가지로—개념이 아니라 상징으로 이해되어야 한다. 윤회는 모든 존재자에게 현존하고 있고 높고 낮은 완성도로 개체의 본질화를 결정하고자 서로 싸우고 있는 높고 낮은 힘들을 제시한다. 우리는 다음 생에서 동물이 **되지는** 않더라도 비인간적 성질이 인간의 인격적 특징을 이길 수도 있고 인간의 본질화의 성질을 결정할 수도 있다. 하지만 이런 해석은 죽음 이후 자기에게 일어날 수 있는 전개를 묻는 물음에 대한 대답이 아니다. 힌두교나 불교가 가진 개체적 자기에 대한 부정적 태도를 기초로 한다면, 아마 그 물음에 결코 대답할 수 없을 것이다. 하지만 그 물음에 대답한다면, 그 대답은 로마 가톨릭의 연옥 교리와 그다지 멀지 않은 교설을 전제하고 있을 것이다. 연옥은 영혼이 시간적 실존의 왜곡하는 요소로부터 "정화된" 상태다. 로마 가톨릭 교리에 따르면, 고난만으로 정화가 이루어진다. 중단 없이 이어지는 고통스럽기만 한 시대를 상상하는 것이 심리학적으로 불가능하다는 점을 제외하면, 고통 속에서 복을 제공하는 은혜에서가 아니라 오직 고통에서만 변형을 이끌어내는 것은 신학적 실수다. 여하튼 죽음 이후의 진보는 (모든 존재자에게는 아닐지라도) 많은 존재자에게 보장되어 있다.

개신교는 탐욕스러운 성직자들과 미신적인 대중이 연옥 교리를 심각하게 남용했기 때문에 그 교리를 폐지했다. 하지만 개신교는 연옥이라는 상징을 낳았던 그 문제들에 만족스럽게 대답할 수 없었다. (윤회라는 희귀한 관념을 제외하면) 죽음 이후 개인의 진보라는 문제를 해결하기 위해서 오직 한 가지 시도, 훨씬 약한 시도가 이루어졌을 뿐이다. 그 시도는 죽음과 (완성의 날에 이루어질) 부활 사이의 중간 상태라는 교리였다. 이 교리의 주요한 약점은 몸이 없는 중간 상태라는 관념인데, 이 상태는 생명의 다차원적 일치라는 진리와 모순되며, 또 측정 가능한 시간을 죽음 너머의 생명에 비상징적으로 적용하고 있다.

죽음 이후 개인의 전개에 관한 세 가지 상징 중 어느 것도 그 상징을 만들어낸 원인이 있던 기능을 완수될 수 없었다. 그 기능은 모든 사람의 영원한 긍정적 운명에 관한 전망과 대부분의 사람 또는 어쩌면 모든 사람이 처해 있는 이 운명을 성취하기 위한 물리적·사회적·심리학적 조건의 결핍을 조합하는 것이었다. 오직 엄격한 예정론 교리만이 단순한 대답을 줄 수 있었다. 그리고 하나님은 인간으로 태어났지만 성숙한 나이나 상태에 도달하지 못한 아주 많은 자는 돌보지 않는다고 주장함으로써 그 교리는 대답을 제시했다. 하지만 이렇게 주장하면 하나님은 악마(a demon)가 될 것이며 모든 창조된 잠재성의 완성을 목적으로 세계를 창조하는 하나님과 모순을 이루게 될 것이다.

영원과 시간의 관계 또는 초시간적 완성과 시간적 진보의 관계를 다루는 더 적합한 대답이 제시되어야 한다. 초시간적 완성에 생명의 성질이 있다면 시간성이 초시간적 완성에 포함되어 있을 것이다. 앞의 경우들과 마찬가지로, 우리는 진리가─긍정적으로나 직접적으로 표현할 수는 없는 진리가─위치해 있는 그 사실을 뛰어넘어 양극적 주장을 할 필요가 있다. 영구적인 변화는 시간적 과정 안에서 일어나기 때문에 영원은 무시간적 동일성도 아니고 영구적인 변화도 아니다. 시간과 변화는 영원한 생명의 깊이에 현존해 있지만, 신적 생명의 영원한 일치에 포함되어 있기도 하다.

우리가 이 해결책을 어떠한 개체적 운명도 우주의 운명과 분리되어 있지 않다는 관념과 결합시킨다면, 우리는 어떤 틀을 가지게 될 것이다. 그리고 영원한 생명에서 이루어지는 개인의 진보에 관한 거대한 물음은 그 틀 안에서 최소한의 제한적인 신학적 대답이나 찾을 수 있을 것이다.

병자를 위한 기도와 희생(sacrifice)을 권하는 로마 가톨릭 교리는 영원한 생명 안에서 개체적 운명과 보편적 운명이 일치를 이룬다는 믿음을 강력하게 표현해준다. 그 관념의 실천적 수행에서 나타나는 많은 미신과 남용 때문에 이 진리 요소를 망각해선 안 된다. 모든 것을 말한 이후에 "천국"과 "지옥"이라는 상징을 언급하는 것은 거의 불필요하다. 무엇보다도 그것들은 상징이지 어떤 지역에 대한 묘사가 아니다. 두 번째, 그것들은 복과 절망의 상태를 표현하고 있다. 세 번째, 그것들은 복과 절망의 객관적 기초, 즉 개체의 본질화를 향한 많은 완성과 미완성을 제시하고 있다. "천국"과 "지옥"의 상징들은 이 세 가지 의미로 진지하게 받아들여져야 하고, 신적인 것의 경험 속에 존재하는 양극적 궁극자들에 대한 은유로 사용되어야 한다. "천국"과 "지옥"의 문자적 활용에 따른 빈번한 심리학적 악효과는 그 상징들을 완벽하게 제거해버릴 충분한 이유가 되지 못한다. 그 상징들은 "영원에서 떨어져 나간 죽음"의 위협과 정반대인 "영원한 생명의 약속"에 관한 생생한 표현을 제공한다. 우리는 실존의 궁극적 의미와 관련된 위협과 절망의 기본적 경험을 "심리학적인 것으로 치부해버릴"(psychologize away)[20] 수 없다. 예견된 완성에 존재하는 복의 순간을 심리학적인 것으로 치부해버릴 수 없는 것과 마찬가지다. 심리학은 두 가지 상징을 문자주의적으로 왜곡해서 발생한 신경증적 결과들을 해소할 수 있을 뿐이고 그렇게 할 충분한 이유가 있다. 신학과 설교와 가르침에서 이 상징들을 문자적으로 활용하는 미신적 함의를 제거한다면, 심리학이 그렇게 할 이유가 적어질 것이다.

C. 하나님 나라: 시간과 영원

1. 영원과 시간의 운동

우리는 영원을 무시간성과 끝없는 시간으로 이해해서는 안 된다. 영원은 시간성의 부정도 아니며 시간성의 지속도 아니다. 이런 기초 위에서 우리는 영원한 생명에서 일어날 수 있는 개인의 진보에 관한 물음을 논의할 수

---

20 역주. Heidegger는 불안이라는 조건에 처해 있는 인간/현존재에 대한 존재론적 분석은 심리학, 인간학, 생물학과 같은 실증적 탐구와 다르다고 말한다. "인간학, 심리학, 생물학은 우리 자신이 그것인 그 존재자의 존재 양식에 대한 물음에 명확하고 존재론적으로 충분히 근거가 제시된 대답을 못하고 있다고 지적함으로써 이 분과의 긍정적인 작업에 대해서 판단을 내리고 있는 것이 아니다. 그러나 다른 한편 언제나 거듭 의식하고 있어야 하는 것은 이런 존재론적 기초가 추가적으로 경험적인 재료에서부터 가설적으로 열어 밝혀질 수는 없으며, 오히려 경험적인 재료가 수집되기만 할 때조차도 그 기초는 '거기에' 언제나 이미 있다는 점이다." Martin Heidegger, 『존재와 시간』, 이기상 옮김(서울: 까치글방, 2005), 77.

있었다. 이제 우리는 정식화된 방식으로 시간과 영원의 물음에 직면해야 한다.

그렇게 하려면, 공간적 형상인 도형(diagram)의 도움을 받아서 영원과 관련된 시간의 운동을 살펴보는 것이 유용할 것이다. 시간이 영원히 자신에게 회귀하는 것에 대한 공간적 유비로서 피타고라스주의자들이 원운동을 사용한 이후에 이런 일은 지속적으로 행해졌다. 그 순환적 특징 때문에 플라톤은 시간을 "영원의 움직이는 모상"이라고 불렀다.[21] 플라톤이 영원에 일종의 시간성을 부여했는가라는 물음은 열린 물음이다. 만약 "모상"(image)이라는 단어가 진지하게 받아들여진다면, 이것은 논리적으로 불가피해 보인다. 모상으로 존재하는 원상은 반드시 있어야만 한다. 그렇지 않다면 모상에는 모상을 모상으로 만드는 유사성이라는 특징이 결여될 것이다. 플라톤은 후기 대화편에서 본질들의 영역에서 일어나는 변증법적 운동을 제시했던 것처럼 보인다. 하지만 이 모든 것은 고전 그리스 사상에서 효과가 없었다. 지금 시간이 지향하고 있는 목표가 없었기 때문에, 결과적으로 시간의 시작과 종말에 해당하는 상징들도 결여되었다. 아우구스티누스가 시간의 운동에 관한 원의 유비를 거부하고 원을 창조로 시작해서 모든 것의 변형으로 끝나는 직선으로 대체하였을 때, 아우구스티누스는 큰 걸음을 걸은 것이다. 이 관념은 하나님 나라를 역사의 목표로 바라보는 기독교적 관점에서 가능한 것이었을 뿐만 아니라 그 관점에 따라 요구되는 것이기도 했다. 시간은 영원을 반영하기만 하는 것이 아니라 각 순간 영원한 생명에 공헌하기도 한다. 하지만 직선이라는 도형은 영원으로부터 와서 영원으로 가는 시간의 특징을 보여주지는 않는다. 그렇기

---

21   역주. 플라톤, 『티마이오스』, 김유석 옮김(파주: 아카넷, 2019), 37d(62).

때문에 자연주의적이거나 관념론적인 현대 진보주의는 양방향으로 무한히 시간의 선을 연장했고 시작과 끝을 부정했으며, 따라서 시간적 과정을 영원에서 철저하게 분리해낼 수 있었다. 이 때문에 우리는 다음과 같은 물음을 묻게 되었다. "어디서 와서" "어디로 전진하고" "어디로 상승하는" 성질들을 어떻게든 연합시키는 도형을 상상할 수 있는가? 나는 시간이 위로부터 와서 앞과 아래를 향하다가 "실존적 지금"(*nunc existentialle*)인 가장 깊은 곳에 도달하고 유사한 방식으로 왔던 곳, 앞과 위를 향해서 되돌아가는 곡선(curve)을 제안하고자 한다.[22] 이 곡선은 경험된 시간의 모든 순간에 그려질 수 있고 시간성 전체에 대한 도형으로 간주할 수도 있다. 그 곡선은 시간적인 것의 창조, 시간의 시작과 시간적인 것이 영원한 것으로 회귀함, 시간의 종말 등을 내포하고 있다. 하지만 시간의 종말은 과거나 미래의 명확한 순간으로 구상되지 않는다. 영원한 것에서 시작함과 영원한 것에서 끝남은 물리적 시간 속에 있는 결정 가능한 순간의 문제가 아니며 신적인 창조가 그렇듯이 모든 순간에 계속되는 과정이다.[23] 언제나 창조와 완성, 시작과 종말이 있다.

2. 영원한 생명과 신적 생명

하나님은 영원하다. 이것은 하나님을 하나님으로 만드는 성질 중에서 결정적이다. 하나님은 시간적 과정에도 이와 함께 유한성의 구조에도 종속되지 않는다. 영원한 하나님에게는 무시간적인 절대적 동일성도, 끝없는

---

22   역주. 바울 또한 "앞"과 "위"의 이미지를 사용하고 있다. 빌 3:13-14.
23   역주, Tillich, 『폴 틸리히 조직신학 1』, 제2부, Ⅱ, B, 3, b, "하나님의 지속하시는 창조성"을 참조.

과정도 없다. 하나님은 "살아 있는데", 이는 하나님 자신에게 동일성과 변형의 일치가 있음을 의미하고 이 일치는 생명의 특징이며 영원한 생명에서 완성된다.

이로 인해 곧바로 이런 물음을 묻게 된다. 살아 있는 하나님이기도 한 영원한 하나님은 모든 피조물의 내적 목표로서의 영원한 생명과 무슨 관련이 있는가? 서로 평행하는 두 가지 영원한 생명의 과정은 있을 수 없다. 그리고 신약은 오직 하나님만을 "영원한 분"이라고 함으로써 이런 관념을 직접적으로 배제한다. 유일하게 가능한 대답은 영원한 생명은 영원한 것 안에 있는 생명, 즉 하나님 안에 있는 생명이라는 것이다. 이 사실은 시간적인 모든 것은 영원한 것에서 발원하여 영원한 것으로 회귀한다는 주장과 일치하며, 궁극적 완성 상태에서 하나님은 모든 것 안에서 (또는 모든 것에 대하여) 모든 것이 될 것이라는 바울의 전망과 일치한다.[24] 우리는 이 상징을 "종말론적 범재신론"(eschatological pan-en-theism)이라 부를 수 있을 것이다.

하지만 신학 사상의 조직 전체 안에서 차지하는 이 해결책의 위치로 인해 몇 가지 문제들이 발생한다. 또한 그 문제들을 신학 조직의 마지막 부분에서 다루는 것은 적합한 일이다. 첫 번째 문제는 우리가 영원한 생명이 하나님 "안에" 있는 생명이라고 말할 때 "안"의 의미에 관한 것이다.

"하나님 안에"라는 구절에서 "안"은 먼저 창조적 근원으로서의 "안"을 의미한다. 그것은 존재하는 모든 것이 존재의 신적 근거 안에 현존함을, 잠재성의 형식으로 현존함을 제시한다. (고전적 정식으로 말하자면, 이것은 창조된 모든 것의 본질 또는 영원한 형상 또는 관념이 신적 마음 안에 현존한다고 이해

---

24   역주. 롬 11:36; 고전 15:28.

될 수 있다.) "안"의 두 번째 의미는 존재론적 의존성으로서의 "안"이다. 여기서 "안"은—심지어 소외와 절망의 상태에도—영구적인 신적 창조성의 지지하는 힘이 없으면 유한한 어떤 것도 존재할 수 없음을 제시한다. "안"의 세 번째 의미는 궁극적 완성으로서의 "안", 모든 피조물의 본질화 상태로서의 "안"이다.

시간적인 것이 영원한 것 "안에 있음"이 보여주는 세 가지 의미는 신적 생명과 보편적 생명의 리듬을 보여준다. 우리는 이 리듬을 본질에서 실존적 소외를 거쳐 본질화에 이르는 방식이라고 언급할 수 있을 것이다. 그것은 단지 잠재적이기만 한 것에서 현실적 분리를 거쳐 잠재성과 현실성의 분열을 초월하는 완성에 이르는 재연합 과정이다. 영원한 생명과 신적 생명이 동일시되는 완성을 예견하는 종교적 표현, 또 사상의 일관성이 우리를 추동했기 때문에 영원한 생명에서 나타나는 신적 생명과 피조물적 생명의 관계에 관해서 묻는 것은 적합한 일이다. 기독교 사상사가 보여주듯이 그런 물음은 불가피할 뿐만 아니라 최상의 종교적·시적 상징 체계가 아니고서는 내답할 수 없다. 우리는 몇 가시 시섬에서 특히 삼위일체석 상징 체계와 신적인 복을 논하면서 그 물음을 다루었다. 정반대 가능성을 정복하지 않고서는 복도 존재할 수 없다. 그리고 "타자성"이 없는 곳에는 생명도 없다. 창조와 구원에서 나타나는 신적 자기-현현의 원리인 로고스라는 삼위일체적 상징은 타자성 요소를 신적인 생명 안으로 도입하는데, 그 요소가 없으면 그것은 생명이 아닐 것이다. 로고스와 함께 본질의 우주, 즉 존재의 신적 근거에 "내재되어 있는 창조적 잠재성"이 주어진다. 시간 안으로 들어가는 창조는 피조물의 자기-실현, 소외, 화해 가능성을 낳는데, 종말론적 용어로 하자면 그 가능성은 본질에서 실존을 거쳐 본질화에 이르는 과정이다.

이런 관점에 따르면, 세계 과정은 하나님에게 중요하다. 하나님은 기분에 따라 움직이면서 자신이 원하는 것을 창조하고 자신이 원하는 사람을 구원하는, 분리되어 있는 자기-충족적 실재(entity)가 아니다. 오히려 영원한 창조 행위는 사랑에 의해 추동되는데, 사랑은 사랑을 거부하거나 수용할 수 있는 자유를 가진 타자를 통해서만 완성에 이를 수 있다. 말하자면, 하나님은 존재하는 모든 것의 현실화와 본질화를 향해서 나아간다. 우주에서 일어나는 일의 영원한 차원은 신적 생명 자체이기 때문이다. 그것이 신적인 복의 내용이다.

신적 생명, 또 신적 생명과 우주의 생명의 관계 등과 관련된 그런 정식들은 "신학적 순환" 안에서조차 인간적 주장이라는 가능성을 초월하는 것처럼 보인다. 그런 정식들은 신적 "심연"의 신비를 침해하는 것처럼 보인다. 먼저 신학은 사용되는 언어가 상징적이라는 사실을 제시함으로써 그런 비판에 대답해야 한다. 주체-대상 구도는 하나님을 분석될 수 있고 묘사될 수 있는 대상으로 왜곡시키기 때문에 신학은 궁극적 신비를 그 구도에 종속시키는 위험을 피해야 한다. 세 번째, 신학은 모든 것을 포괄하는 상징 체계를 통해서 참된 종교적 관심(interest)이 보존된다고, 즉 영원한 것의 관점에서 생명의 궁극적 진지함을 긍정하는 것이 보존된다고 대답해야 한다. 앞의 고찰에 따르면, 하나님에게 외부적이기만 하고 내부적이지는 않은 세계는 하나님을 향한 어떠한 본질적 관심도 없는 신적 놀이터(divine play)일 뿐이기 때문이다. 확실히 이것은 성서적 관점이 아니다. 성서적 관점은 자신의 창조물을 향한 하나님의 무한한 관심을 많은 방식으로 강조한다. 이 종교적 확실성의 개념적 함의를 자세히 설명한다면(이것이 신학의 기능이다), 우리는 여기서 제시된 정식들과 유사한 정식들을 제안하게 될 것이다. 그리고 하나님과 세계를 포괄하는 보편적 신학을 향한 비판에 응답하는 세 번째 대답이 존재할 수 있을 것이다. 그 대답은 다음과 같다. 신학은 우주 중심적이기만 한 신학과 인간 중심적이기만 한 신학을 예리하게 초월하면서 실존의 의미에 대한 신중심적 전망을 표현한다. 신학적 순환 안에서 제시되는 고찰들은 대부분 하나님과의 관계 속에서 인간 및 인간의 세계를 다루지만, 우리의 마지막 고찰은 정반대로 인간 및 인간의 세계와 관계 맺고 있는 하나님에 관해 말한다.

이런 일은 인간 실존에 내포되어 있는 물음에 대한 대답으로 해석되어 온 상징으로만 가능한 일일지라도, 인간적 조건의 분석으로 시작하는 신학이 할 수 있고 또 해야 하는 일이다. 왜냐하면 그런 신학에서 종교적 상징은 소망하는 인간의 상상력의 산물이라고 쉽게 오해받을 수 있기 때문이다. 이것은 특히 "피안의 생명" 같은 종말론적 상징에 해당된다. 그러므로 우리를 인간에게서 하나님에게로 돌려세우는 그런 종말론적 상징을 사용하여 신적 생명 및 그 생명의 영원한 영광과 복이 인간에게 가진 의의를 통해서 인간을 고찰하는 것이 적합하다.

폴 틸리히 조직신학 3
생명과 영, 역사와 하나님 나라

Copyright ⓒ 새물결플러스 2024

1쇄 발행 2024년 12월 16일

지은이 폴 틸리히
옮긴이 남성민
펴낸이 김요한
펴낸곳 새물결플러스

편 집 왕희광 정인철 노재현 이형일 나유영 노동래
디자인 황진주 김은경
마케팅 박성민
총 무 김명화 이성순
영 상 최정호
아카데미 차상희

홈페이지 www.holywaveplus.com
이메일 hwpbooks@hwpbooks.com
출판등록 2008년 8월 21일 제2008-24호
주 소 (우) 04114 서울특별시 마포구 신촌로28가길 29
전 화 02) 2652-3161
팩 스 02) 2652-3191

ISBN 979-11-6129-293-9 93230
      979-11-6129-209-0 94230(세트)

책값은 뒤표지에 있습니다.